Empirische Studien zum bürgerschaftlichen Engagement

Herausgegeben von
Bundesministerium für Familie, Senioren, Frauen und Jugend, Berlin, Deutschland

Herausgegeben von
Bundesministerium für Familie, Senioren, Frauen und Jugend, Berlin, Deutschland

Thomas Gensicke

Freiwilliges Engagement in Deutschland

Freiwilligensurvey 2009

Unter Mitarbeit von Sabine Geiss

Bundesministerium
für Familie, Senioren, Frauen
und Jugend

Springer VS

Thomas Gensicke
TNS Infratest Sozialforschung
München, Deutschland

Empirische Studien zum bürgerschaftlichen Engagement
ISBN 978-3-658-03409-2

Die Deutsche Nationalbibliothek verzeichnet diese Publikation in der Deutschen Nationalbibliografie; detaillierte bibliografische Daten sind im Internet über http://dnb.d-nb.de abrufbar.

Springer VS
© Springer Fachmedien Wiesbaden 2015

Gedruckt auf säurefreiem und chlorfrei gebleichtem Papier

Springer Fachmedien Wiesbaden ist Teil der Fachverlagsgruppe Springer Science+Business Media
(www.springer.com)

Inhaltsverzeichnis

Zivilgesellschaft, soziales Kapital und freiwilliges Engagement in Deutschland 1999 – 2004 – 2009

Hauptbericht des Freiwilligensurveys 2009: Ergebnisse der repräsentativen Trenderhebung zu Ehrenamt, Freiwilligenarbeit und bürgerschaftlichem Engagement

Zusammenfassung: Wichtige Trends der Zivilgesellschaft und des freiwilligen Engagements im Überblick

Allgemeine Daten zur Zivilgesellschaft und zum freiwilligen Engagement

- **Reichweite der Zivilgesellschaft:** Der aktuelle Freiwilligensurvey zeigt, dass 2009 71 % der Bevölkerung in Vereinen, Organisationen, Gruppen oder öffentlichen Einrichtungen (also im Dritten Sektor bzw. in der Infrastruktur der Zivilgesellschaft) teilnehmend aktiv waren, nach 66 % im Jahr 1999 (Grafik Z1). Im Freiwilligensurvey wird der Umfang der öffentlichen Beteiligung von Bürgerinnen und Bürgern in einem organisierten Kontext als „Reichweite der Zivilgesellschaft" bezeichnet. Je mehr Menschen Kontakt und Zugang zur zivilgesellschaftlichen Infrastruktur haben, desto mehr können auf freiwillige oder ehrenamtliche Tätigkeiten angesprochen werden. Direkte Übergänge aus dem privaten Leben in freiwilliges Engagement sind dagegen weiterhin eher selten. Personen, die ohnehin in öffentliche Systeme integriert sind, wie Erwerbstätige und Menschen in der Bildungs- und Ausbildungsphase, haben auch mehr Kontakt zur Zivilgesellschaft. Bei den Familien stellt sich der Zugang häufig durch die Kinder her. Immer mehr ältere Menschen sind seit 1999 öffentlich aktiv geworden und damit besser sozial integriert. Die öffentliche Beteiligung ist in den alten Ländern weiterhin höher als in den neuen Ländern, wobei sie in Ostdeutschland deutlich zugenommen hat (West 73 %, Ost 64 %).

- **Freiwilliges Engagement:** Die sogenannte Engagementquote, also der Anteil freiwillig Engagierter an der Bevölkerung, ist zwischen 1999 und 2009 von 34 % auf 36 % gestiegen (Grafik Z1). Von den 71 % der Menschen, die 2009 in Deutschland öffentlich aktiv waren, hatten somit etwa die Hälfte bestimmte Aufgaben, Arbeiten oder Funktionen in der Zivilgesellschaft übernommen. Das sind freiwillige Tätigkeiten, die längerfristig ausgeübt werden, im Durchschnitt seit etwa 10 Jahren. Die andere Hälfte der Aktiven beteiligt sich zwar an Veranstaltungen, in Gruppen oder Mannschaften und an anderen Aktivitäten, legt sich jedoch nicht verbindlich auf eine Tätigkeit oder Aufgabe fest. Der moderate Anstieg der Engagementquote geht wie bei der öffentlichen Aktivität vor allem auf die Periode zwischen 1999 und 2004 zurück; zwischen 2004 und 2009 verblieb sie bei 36 %. Nach wie vor ist das freiwillige Engagement bei Männern, Erwerbstätigen, jungen Leuten in der (verlängerten) Ausbildungsphase, bei höher Gebildeten und bei Menschen mit einem gehobenen Berufsprofil erhöht. Gestiegen ist das Engagement bei Menschen mit Kindern und Jugendlichen im Haushalt (Familien), vor allem aber bei älteren Menschen. Arbeitslose, Menschen mit einfachem Sozial- und Bildungsstatus und solche mit einem Migrationshintergrund üben deutlich weniger als im Durchschnitt der Bevölkerung freiwillige Tätigkeiten aus.

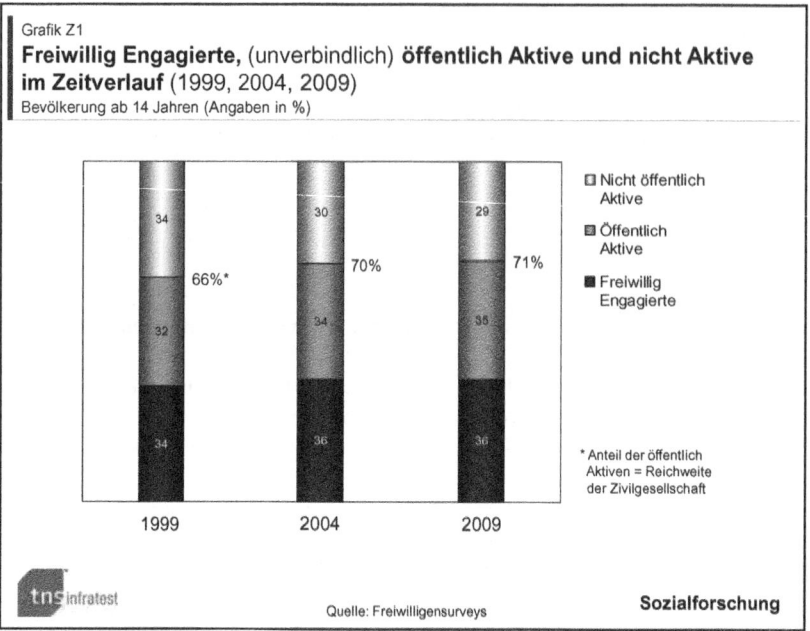

Grafik Z1

Freiwillig Engagierte, (unverbindlich) öffentlich Aktive und nicht Aktive im Zeitverlauf (1999, 2004, 2009)

Bevölkerung ab 14 Jahren (Angaben in %)

- **Bereiche des Engagements:** Etwa 10 % der Bevölkerung waren 2009 freiwillig im Bereich Sport und Bewegung tätig, ganz überwiegend in Vereinen. Damit blieb Sport und Bewegung der ungleich größte Engagementbereich (Grafik Z2). Nachgeordnet folgen die Großbereiche Kindergarten und Schule und Kirche und Religion, wiederum mit einem gewissen Abstand das soziale Engagement sowie der Bereich Kultur und Musik sowie Freizeit und Geselligkeit. Von den anderen Bereichen überschreiten nur die freiwillige Feuerwehr bzw. die Rettungsdienste die 3-Prozentmarke. Die Daten des Freiwilligensurveys zeigen somit die große und über eine Dekade hinweg weitgehend stabile thematische Vielfalt der Möglichkeiten, sich freiwillig zu engagieren bzw. die Wahrnehmung dieser Möglichkeiten durch die Bürgerinnen und Bürger. Die Verteilung über die Bereiche hinweg hat sowohl etwas mit den Interessen der Freiwilligen zu tun als auch mit den Angeboten der Zivilgesellschaft. Man erkennt das auch daran, dass sich Frauen und Männer sowie Jüngere und Ältere jeweils in einigen Bereichen mehr, in anderen weniger einbringen. Seit 1999 gab es einen Zuwachs beim sozialen und gesundheitlichen sowie beim kinder- und jugendbezogenen Engagement, weiterhin beim kulturellen und ökologischen Engagement. Leicht rückläufig war das Engagement im Bereich Sport und Bewegung, vor allem jedoch bei Freizeit und Geselligkeit, wo auch die öffentliche Aktivität deutlich zurückging.

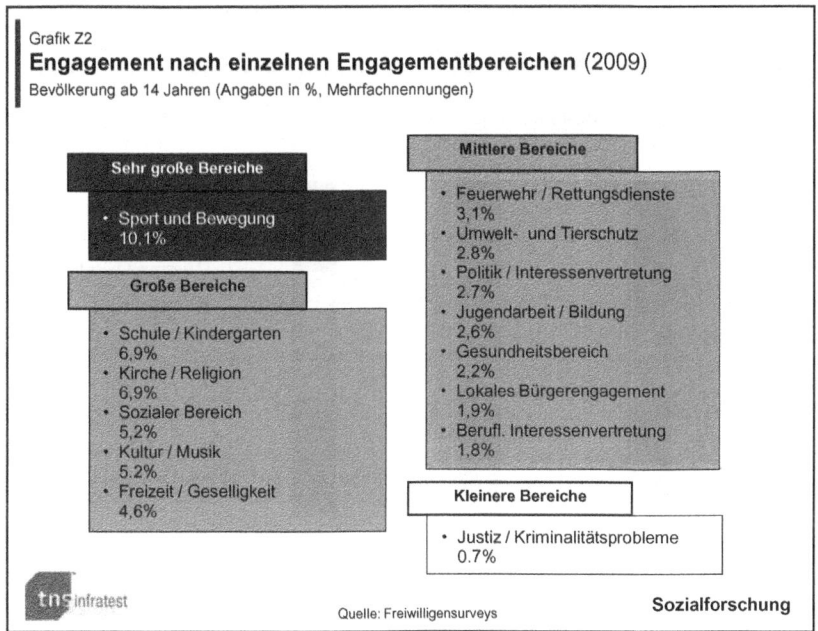

Grafik Z2
Engagement nach einzelnen Engagementbereichen (2009)
Bevölkerung ab 14 Jahren (Angaben in %, Mehrfachnennungen)

Sehr große Bereiche
- Sport und Bewegung
  10,1%

Große Bereiche
- Schule / Kindergarten
  6,9%
- Kirche / Religion
  6,9%
- Sozialer Bereich
  5,2%
- Kultur / Musik
  5,2%
- Freizeit / Geselligkeit
  4,6%

Mittlere Bereiche
- Feuerwehr / Rettungsdienste
  3,1%
- Umwelt- und Tierschutz
  2,8%
- Politik / Interessenvertretung
  2,7%
- Jugendarbeit / Bildung
  2,6%
- Gesundheitsbereich
  2,2%
- Lokales Bürgerengagement
  1,9%
- Berufl. Interessenvertretung
  1,8%

Kleinere Bereiche
- Justiz / Kriminalitätsprobleme
  0.7%

tns infratest   Quelle: Freiwilligensurveys   **Sozialforschung**

- **Engagementpotenzial:** Der Freiwilligensurvey untersucht nicht nur aktuell ausgeübtes freiwilliges Engagement, sondern ermittelt bei Menschen, die nicht engagiert sind, ob sie zum Engagement bereit sind („externes Potenzial"). Der Anteil der zum Engagement Bereiten hat sich in der Bevölkerung zwischen 1999 und 2009 von 26 % auf 37 % stark vergrößert (Grafik Z3). Im Gegensatz zum aktuellen Engagement gab es bei der Bereitschaft auch zwischen 2004 und 2009 einen deutlichen Zuwachs (von 32 % auf 37 %). Der Umfang der Gruppe der Engagierten und der zum Engagement Bereiten ist inzwischen fast identisch, während 1999 die Gruppe der Engagierten noch klar dominierte. Der Haupttrend der Periode ist somit eine immer aufgeschlossenere Einstellung der Bevölkerung zum Engagement und weniger eine Zunahme des tatsächlichen Engagements. Besonders auf eine freiwillige Tätigkeit hin ansprechbar sind jene 11 % der Bevölkerung, die sich bestimmt engagieren wollen. Junge und kürzerfristig regional mobile Menschen sind für diese Gruppe besonders typisch. Aber nicht nur in der aktuell nicht engagierten Bevölkerung, sondern auch bei den bereits Engagierten gibt es weiteres Potenzial („internes Potenzial"): Der Anteil derjenigen, die sich vorstellen können, ihr Engagement auszuweiten, ist seit 1999 deutlich gestiegen, ganz besonders bei jungen Engagierten.

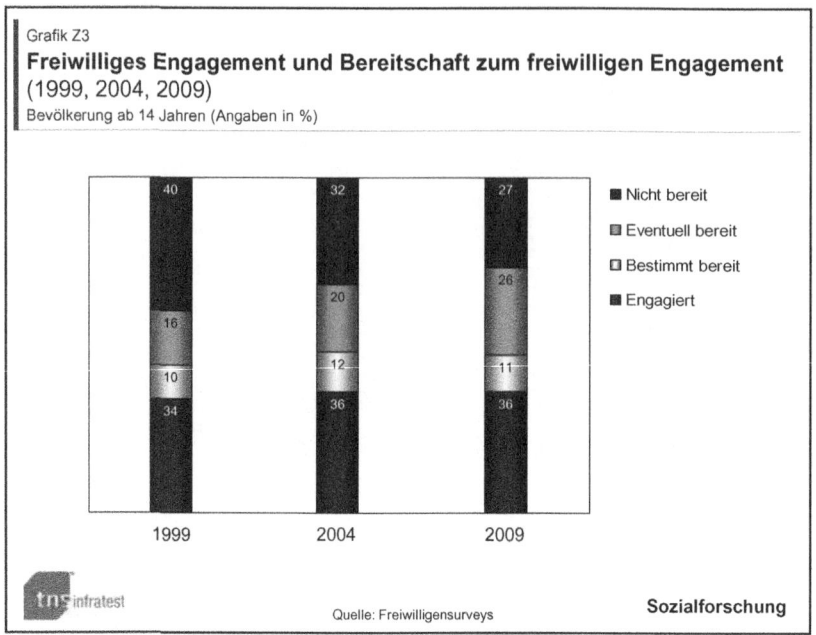

Quelle: Freiwilligensurveys

Zivilgesellschaft und freiwilliges Engagement im gesellschaftlichen Wandel

- **Räumliche Mobilität:** Immer weniger Menschen wohnen in Deutschland noch an dem Ort, an dem sie geboren wurden und aufwuchsen. Immer häufiger mussten und müssen sie in einer neuen Umgebung zurechtkommen und neue soziale Netzwerke aufbauen, vor allem, wenn die Mobilität weiträumiger und auf Dauer angelegt ist. Kürzerfristig mobil sind besonders jüngere Menschen im Alter von bis zu 45 Jahren, besonders Menschen in der Phase der Ausbildung und beruflichen Etablierung sowie die Familienjahrgänge[1], die sich oft an einem neuen Wohnort dauerhaft einrichten. Besonders die Familien sehen in öffentlicher Aktivität und freiwilligem Engagement eine Möglichkeit zur sozialen Integration in einem neuen Wohnumfeld, in Kindergärten und Schulen, aber auch in Sport-, Kultur- und Freizeitvereinen oder bei den Kirchen. Für jüngere Menschen ist der Aufenthalt am neuen Wohnort oft eine Durchgangsphase und inzwischen mit einer Reduktion des Engagements verbunden. 1999 wohnten noch 46 % der bis 30-Jährigen an ihrem Geburtsort, 2009 nur noch 34 %. Hätte es diese zunehmende Mobilität nicht gegeben, wäre das Engagement junger Leute 2009 sogar höher gewesen als 1999, da sich die immobilen jungen Menschen inzwischen sogar deutlich mehr engagieren (Grafik Z4).

---

[1] Wenn in der Folge immer wieder von den „Familienjahrgängen" die Rede ist, meinen wir damit diejenigen Menschen, die sich im Alter der Familiengründung bzw. des folgenden Lebensabschnitts befinden, in dem sie Eltern von Kindern und Jugendlichen sind.

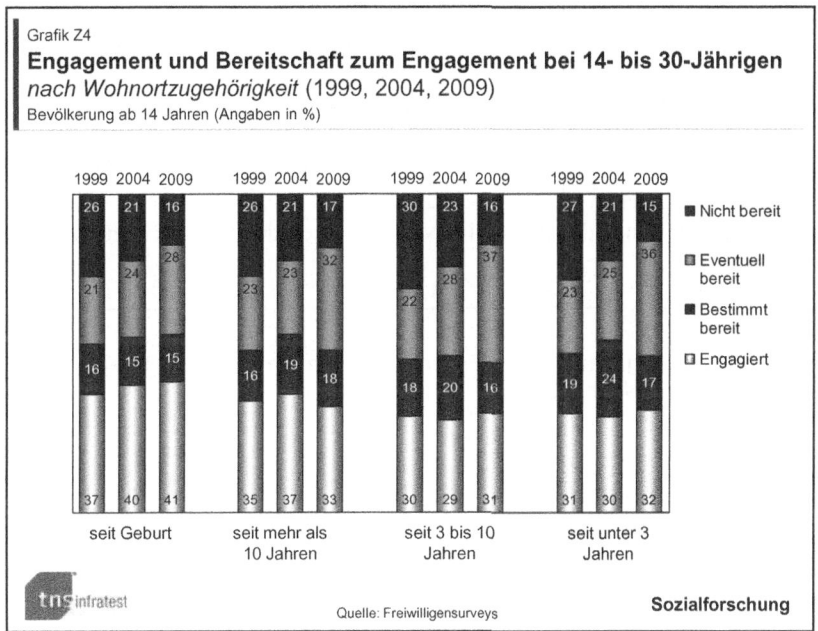

Grafik Z4
Engagement und Bereitschaft zum Engagement bei 14- bis 30-Jährigen
nach Wohnortzugehörigkeit (1999, 2004, 2009)
Bevölkerung ab 14 Jahren (Angaben in %)

Quelle: Freiwilligensurveys

• **Wachsende Bedeutung des öffentlichen sozialen Kapitals:** Gestiegene Mobilität stellt eine Herausforderung für das soziale Kapital in Deutschland dar. Der Einfluss des gesellschaftlichen Wandels auf das private soziale Kapital wird auch in der Dekade des Freiwilligensurveys deutlich erkennbar. Zwar verlassen sich heute sehr viele Menschen darauf, im Zweifelsfall auf die Unterstützung hilfsbereiter Personen in ihrem engeren und weiteren Umfeld zurückgreifen zu können (1999: 89 % und 2009: 87 %), dennoch erbringen immer weniger solche Unterstützungsleistungen (1999: 74 %, 2009: 64 %). Vor allem die Kontinuität des Rückgangs ist auffällig. Fast ebenso stetig verkleinerten sich in dieser Zeit die Freundes- und Bekanntenkreise („groß" 1999: 29 %, 2009: 23 %; „klein" 1999: 27 %, 2009: 32 %, Rest mittelgroße Kreise). Da im entsprechenden Zeitraum die Reichweite der Zivilgesellschaft und das freiwillige Engagement gestiegen sind bzw. seit 2004 zumindest stabil blieben, kann man im Zusammenhang mit weiteren Indikatoren des sozialen Kapitals von einem Kulturwandel von der privaten zur öffentlichen Integration sprechen. Der Freiwilligensurvey bildet diesen Wandel in seinem Zeitfenster von bisher 10 Jahren ausschnittartig ab. Die Verlagerung sozialer Beziehungen in die Öffentlichkeit kann aber ein Gefühl des Verlusts inniger sozialer Verbundenheit mit sich bringen, wie es die private Vernetzung besser gewährt als die öffentliche.

• **Veränderungen im Zeitregime:** Laut dem aktuellen Freiwilligensurvey können nur 57 % der Erwerbstätigen ihre freie Zeit unter der Woche verlässlich planen; für 20 % ist das nur teilweise möglich und für 23 % gar nicht. Diese Unterschiede des Zeitregimes haben erhebliche Konsequenzen für das freiwillige Engagement. Diejenigen, die für ihre Freizeit über eine wirkliche Planungssicherheit verfügen, sind weit überdurchschnittlich engagiert (45 %) (Grafik Z5). Wer diesen Vorteil nur teilweise hat, liegt genau im Durchschnitt (36 %) und diejenigen ohne echte Möglichkeiten zum Planen deutlich darunter (30 %). Das Zeitregime zeigt damit einen Riss in der gesellschaftlichen Kultur an, der es Teilen der erwerbstätigen Bevölkerung schwerer macht, sich mehr in der Zivilgesellschaft zu engagieren. Dass die große Gruppe der Angestellten ihre Freizeit mit 58 % immerhin im durchschnittlichen Maße planen kann, stützt die Engagementquote. Das Engagement von Schülerinnen und Schülern, Auszubildenden und Studierenden hängt weniger von der Planbarkeit der Freizeit ab. Bei den Studierenden steht allerdings die eventuelle Notwendigkeit des Jobbens dazu in einer gewissen Konkurrenz.

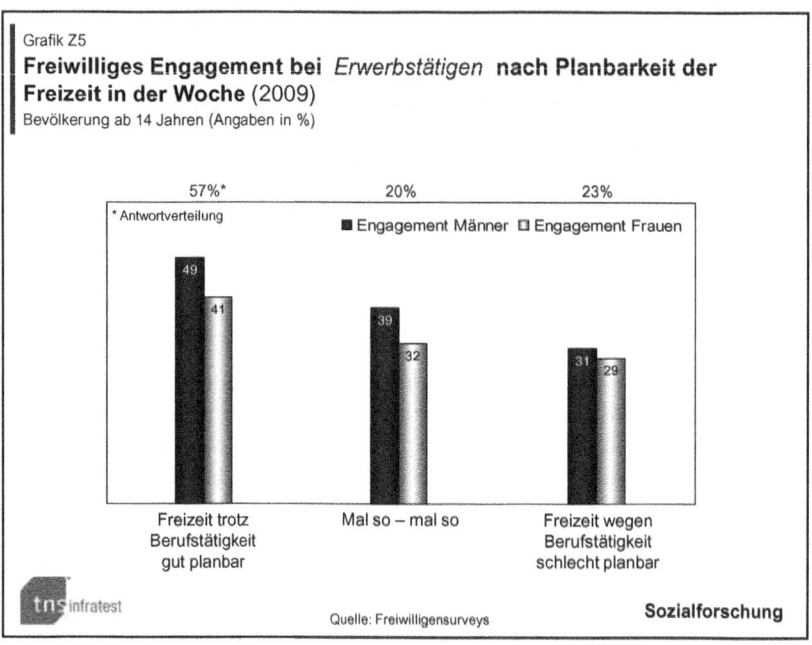

Grafik Z5

Freiwilliges Engagement bei *Erwerbstätigen* **nach Planbarkeit der Freizeit in der Woche** (2009)

Bevölkerung ab 14 Jahren (Angaben in %)

57%*   20%   23%

* Antwortverteilung   ■ Engagement Männer ▢ Engagement Frauen

49
41
39
32
31 29

Freizeit trotz   Mal so – mal so   Freizeit wegen
Berufstätigkeit   Berufstätigkeit
gut planbar   schlecht planbar

tns infratest   Quelle: Freiwilligensurveys   **Sozialforschung**

Motive und Selbstverständnis des freiwilligen Engagements

- **Gemeinwesenbezug:** Mit ihrem Engagement im Rahmen der Zivilgesellschaft wollen Bürgerinnen und Bürger etwas zum Gemeinwesen beitragen. Dieses Kernkriterium der Zivilgesellschaft schließt allerdings andere Motive, Zwecke und Wirkungen nicht aus. Dennoch ist die gute Absicht wesentlich und muss in der Praxis den Kriterien der Öffentlichkeit, Kooperativität und Toleranz gerecht werden, die neben der Orientierung am Gemeinwohl die Zivilgesellschaft bestimmen. Trotz der heute bei vielen Menschen vorhandenen Politikverdrossenheit engagieren sich die allermeisten Menschen weiterhin deswegen, weil sie die Gesellschaft (zumindest im Kleinen) mitgestalten wollen, allerdings in leicht rückläufigem Maße (Grafik Z6). Ungebrochen ist das Bedürfnis, Gemeinschaft mit anderen zu finden, was angesichts des Kulturwandels vom Privaten zum Öffentlichen verständlich ist. Weiterhin ist (schon aus Gründen einer nachhaltigen Motivation) das Bedürfnis nach einem Engagement, das inhaltlich befriedigt und

Freude bereitet, ganz besonders ausgeprägt (Grafik Z7). Das gilt auch für Bereiche, in denen die Tätigkeiten vermehrt mit belastenden Erfahrungen verbunden sind. Wichtig am freiwilligen Engagement ist außerdem die Möglichkeit, eigenes Wissen und Können einbringen und erweitern zu können.

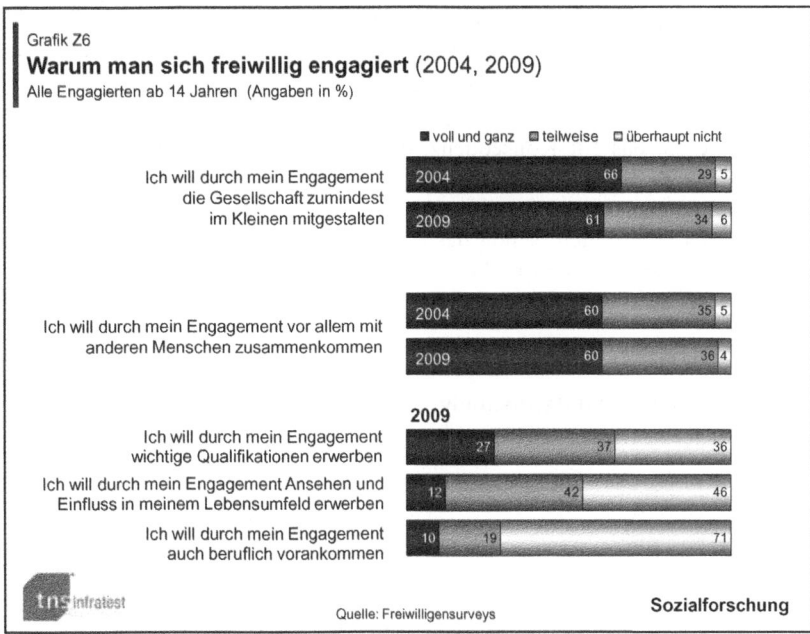

Grafik Z6
Warum man sich freiwillig engagiert (2004, 2009)
Alle Engagierten ab 14 Jahren (Angaben in %)

- voll und ganz teilweise überhaupt nicht

Ich will durch mein Engagement die Gesellschaft zumindest im Kleinen mitgestalten
2004: 66 | 29 | 5
2009: 61 | 34 | 6

Ich will durch mein Engagement vor allem mit anderen Menschen zusammenkommen
2004: 60 | 35 | 5
2009: 60 | 36 | 4

2009
Ich will durch mein Engagement wichtige Qualifikationen erwerben: 27 | 37 | 36
Ich will durch mein Engagement Ansehen und Einfluss in meinem Lebensumfeld erwerben: 12 | 42 | 46
Ich will durch mein Engagement auch beruflich vorankommen: 10 | 19 | 71

tns infratest
Quelle: Freiwilligensurveys   **Sozialforschung**

Grafik Z7
Erwartungen an die freiwillige Tätigkeit (2009)
Zeitaufwendigste freiwillige Tätigkeiten (Mittelwerte)

unwichtig — außerordentlich wichtig
1   2   3   4   5

Dass die Tätigkeit Spaß macht: 4,4
Dass man damit anderen Menschen helfen kann: 4,1
Dass man etwas für das Gemeinwohl tun kann: 4,0
Dass man mit sympathischen Menschen zusammenkommt: 4,0
Dass man die eigenen Kenntnisse und Erfahrungen einbringen kann: 3,8
Dass man die eigenen Kenntnisse und Erfahrungen erweitern kann: 3,7
Dass man mit Menschen anderer Generationen zusammenkommt: 3,7
Dass man eigene Verantwortung und Entscheidungsmöglichkeiten hat: 3,5
Dass man für die Tätigkeit auch Anerkennung findet: 3,1
Dass man eigene Interessen vertreten kann: 2,9

tns infratest
Quelle: Freiwilligensurveys   **Sozialforschung**

- **Qualifikation wird wichtiger:** An das freiwillige Engagement werden auch persönliche Interessen herangetragen, besonders von jungen Leuten (Grafik Z8) und von arbeitsuchenden Menschen. In diesen Gruppen ist das Interesse an Möglichkeiten zur Qualifizierung im Engagement besonders stark ausgeprägt, auch im Sinne eines beruflichen Nutzens. Das Qualifikationsbedürfnis jüngerer Leute steht jedoch nicht im Gegensatz zu ihrem Anspruch, mit der freiwilligen Tätigkeit etwas für das Gemeinwohl und für andere Menschen tun zu können. Vielmehr handelt es sich um einen Reflex auf die zunehmende Verdichtung der jugendlichen Bildungs- und Ausbildungsphase, die oft mit einer Überfrachtung mit immer höheren Anforderungen einhergeht. Für die jungen Leute hat das zur Konsequenz, dass sie ihr angespanntes Zeitbudget auch in Bezug auf die Zivilgesellschaft effektiv einsetzen wollen, und das geht am besten, wenn sich Engagement und Qualifikation verbinden lassen. Das ist besonders bei jungen Frauen zu beobachten, schon deswegen, weil sie neben Ausbildung und Berufseinstieg auch die Familiengründung aufmerksamer im Blick haben als die jungen Männer.

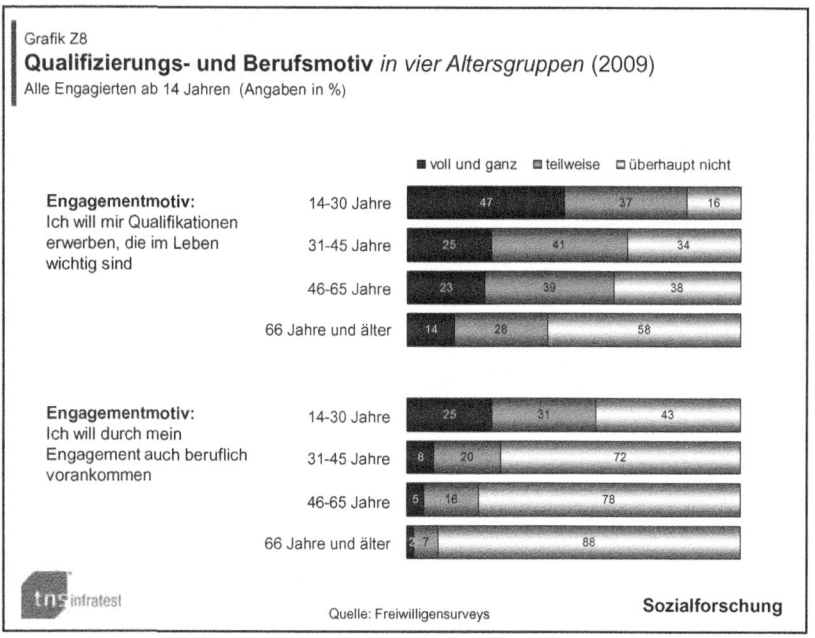

Grafik Z8
Qualifizierungs- und Berufsmotiv *in vier Altersgruppen* (2009)
Alle Engagierten ab 14 Jahren (Angaben in %)

■ voll und ganz ▨ teilweise ▢ überhaupt nicht

Engagementmotiv:
Ich will mir Qualifikationen erwerben, die im Leben wichtig sind

	14-30 Jahre	47	37	16
	31-45 Jahre	25	41	34
	46-65 Jahre	23	39	38
	66 Jahre und älter	14	28	58

Engagementmotiv:
Ich will durch mein Engagement auch beruflich vorankommen

	14-30 Jahre	25	31	43
	31-45 Jahre	8	20	72
	46-65 Jahre	5	16	78
	66 Jahre und älter	2	7	88

tns infratest   Quelle: Freiwilligensurveys   **Sozialforschung**

- **Selbstverständnis der Freiwilligen:** Auch 2009 wählten Engagierte am häufigsten den Begriff „Freiwilligenarbeit", um ihre Tätigkeit zu charakterisieren. Die zweitpopulärste Begrifflichkeit, das „Ehrenamt", behauptet sich in dieser Konkurrenz (auch gemessen an der immer wieder zu hörenden Prognose einer „Krise des Ehrenamtes") mit auffälliger Vitalität. Dennoch steht der Vorrang der Freiwilligenarbeit in Umfragen im Gegensatz zur Praxis, in der sich die meisten Engagierten ganz selbstverständlich als Ehrenamtliche bezeichnen. Diese Begriffsverwendung geht allerdings vor allem auf die begriffliche Abgrenzung gegenüber den Hauptamtlichen zurück, die bezahlt tätig sind. Unabhängig von diesen Unterschieden gab es in der Dekade, die der Freiwilligensurvey beobachtet hat, keine Abwendung vom Ehrenamt. Zwar ist diese kulturelle Vorstellung weiterhin mehr für ältere Menschen und für Männer typisch, dennoch hat sie inzwischen auch bei den Menschen im Alter von unter 46 Jahren wieder mehr Anhänger gewonnen (Grafik Z9). Auch der Begriff des bürgerschaftlichen Engagements genießt seit 1999 mehr Popularität, allerdings weiterhin auf eher niedrigem Niveau (1999: 6 %, 2009: 9 %).

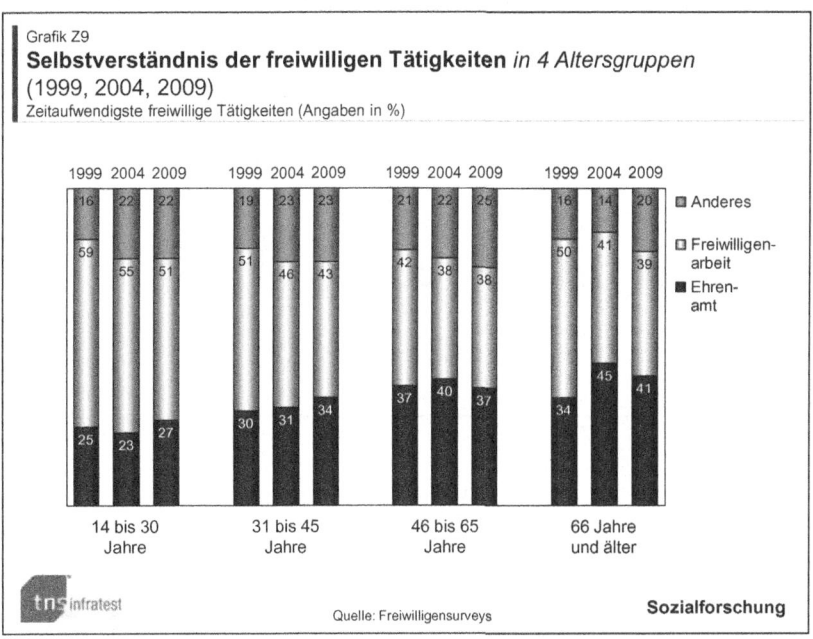

Grafik Z9
Selbstverständnis der freiwilligen Tätigkeiten *in 4 Altersgruppen* (1999, 2004, 2009)
Zeitaufwendigste freiwillige Tätigkeiten (Angaben in %)

Quelle: Freiwilligensurveys

- **Komplexer Motivwandel:** Die Entwicklungen des Selbstverständnisses und der Motive des freiwilligen Engagements sind komplex und ordnen sich in einen allgemeinen gesellschaftlichen Kultur- und Wertewandel (Helmut Klages) ein. Seit den 1960er-Jahren wurden innerhalb der Bevölkerung, vor allem der jüngeren, persönliche Motive gegenüber Pflichtmotiven aufgewertet. Diese Entwicklung machte auch vor der Zivilgesellschaft nicht halt und hat sie oft sogar gefördert. Andererseits gab es seit den 1990er-Jahren trotz einer weiterhin hohen Bedeutung persönlicher Motive eine Aufwertung des Gemeinwesens als Bezugspunkt der Lebenskultur. Gerade dieser Prozess war typischer für die jüngeren Menschen, während die zunehmende Betonung persönlicher Motive bei älteren Menschen als eine Art nachholender Motivwandel erklärbar ist. So ist es zu verstehen, dass im Zeitraum des Freiwilligensurveys (von einem niedrigen Niveau aus) bei jüngeren Menschen ein Typ von Engagierten stark zugenommen hat, der bisher eigentlich für die Älteren charakteristischer war. Gab es 2009 bei den Jüngeren deutlich mehr Gemeinwohlorientierte als 1999, so bei den Älteren zunehmend mehr Interessenorientierte, die persönliche Motive verstärkt betonen (Grafik Z10).

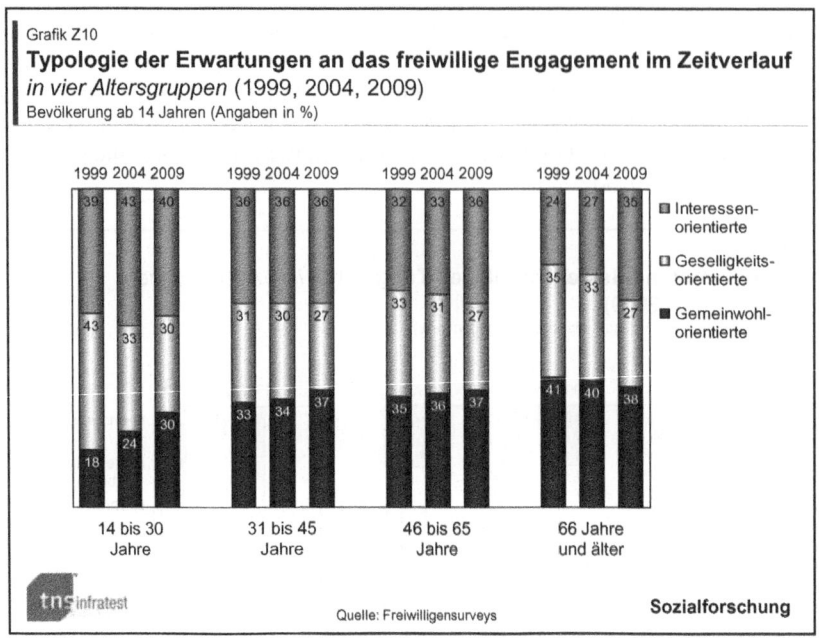

Grafik Z10

Typologie der Erwartungen an das freiwillige Engagement im Zeitverlauf
in vier Altersgruppen (1999, 2004, 2009)
Bevölkerung ab 14 Jahren (Angaben in %)

14 bis 30 Jahre · 31 bis 45 Jahre · 46 bis 65 Jahre · 66 Jahre und älter

Legende: Interessenorientierte · Geselligkeitsorientierte · Gemeinwohlorientierte

Quelle: Freiwilligensurveys · tns infratest · Sozialforschung

Freiwilliges Engagement in ausgewählten Bevölkerungsgruppen

- **Familien:** Familien (mit Kindern im Haushalt) sind ein wichtiger Garant für die Lebendigkeit der Zivilgesellschaft. Eltern verbessern durch ihr Engagement die Bedingungen, unter denen ihre Kinder aufwachsen, Kinder und Jugendliche sammeln wertvolle Erfahrungen und erhöhen ihre Kompetenzen, was für sie selbst und die Gesellschaft von Vorteil ist. Die Aktivitäten der Familien werden immer wichtiger, weil sich ihr Anteil an der Bevölkerung im Zuge des demografischen Wandels verringert. Einerseits werden Eltern durch ihre Kinder in vielfältige Zusammenhänge des Engagements hineingezogen, ganz besonders in die Bereiche Kindergarten und Schule, aber auch Sport, Kultur und Musik, Kirche und Jugendarbeit. Andererseits finden in den genannten Bereichen Kinder und Jugendliche vielfältige Möglichkeiten, sich freiwillig zu engagieren. Je größer die Familien, desto umfassender ihre Aktivitäten in der Zivilgesellschaft. Man erkennt die Bedeutung der Familien auch an der besonders hohen und steigenden Engagementquote der Gruppe der 35- bis 44-Jährigen (Grafik Z11). Eine gewisse Ausnahme sind die Alleinerziehenden, die vor allem aufgrund ihrer oft angespannten Lebenslage weniger engagiert sind, immerhin aber zu 32 %.

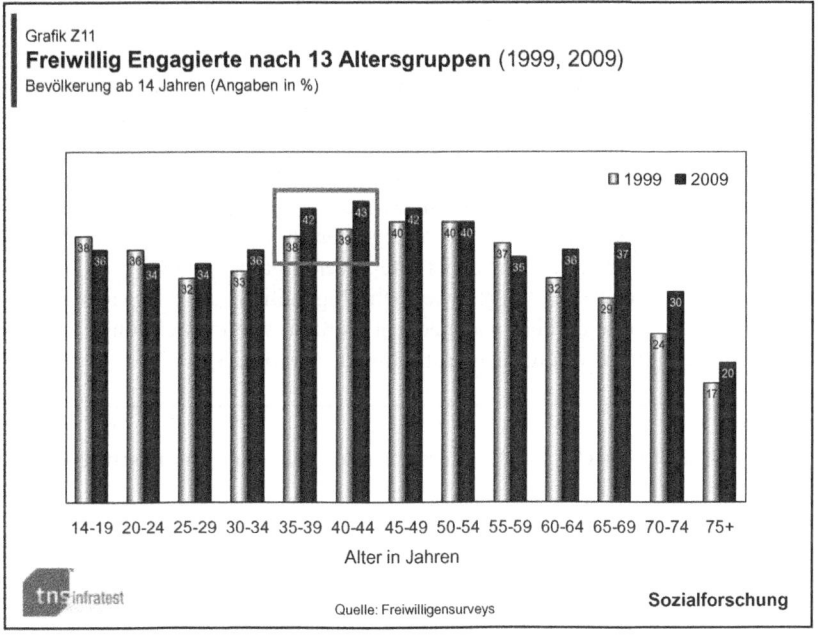

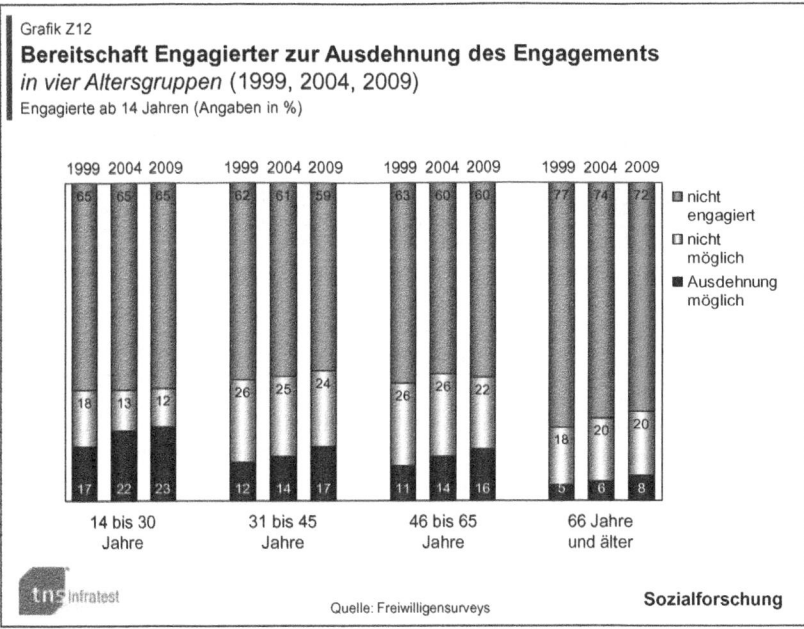

- **Jugendliche:** Junge Menschen im Alter zwischen 14 und 24 Jahren sind eine zivilgesellschaftlich sehr aktive Gruppe. Ihre besonderen Schwerpunkte sind der Sport, die
Jugendarbeit und die Rettungsdienste. Allerdings ist ihr freiwilliges Engagement in der

letzten Dekade langsam, aber kontinuierlich auf einen nur noch knapp durchschnittlichen Wert gesunken (1999: 37 %, 2009: 35 %). Gerade bei jungen Menschen führen die erhöhte räumliche Mobilität und der damit verbundene Verlust der sozialen Wurzeln zu mehr Abbrüchen freiwilliger Tätigkeiten. Dennoch ist das Engagementpotenzial in dieser Altersgruppe weiterhin groß, besonders auch das bestimmte. Zu berücksichtigen ist, dass zum Engagement bereite Jugendliche besonders häufig Bedürfnisse nach (beruflicher) Qualifikation äußern. Großes Potenzial gibt es jedoch auch bei den bereits engagierten Jugendlichen. 25 % Engagierten, die noch mehr tun könnten, stehen nur 10 % gegenüber, die sich nicht intensiver engagieren wollen (alle Engagierten 16 % zu 20 %). Neben der Frage, wie mehr Jugendliche zum Engagement bewogen werden könnten, sollte darüber nachgedacht werden, warum sich junge Engagierte im Vergleich zu älteren so wenig ausgelastet fühlen (Grafik Z12).

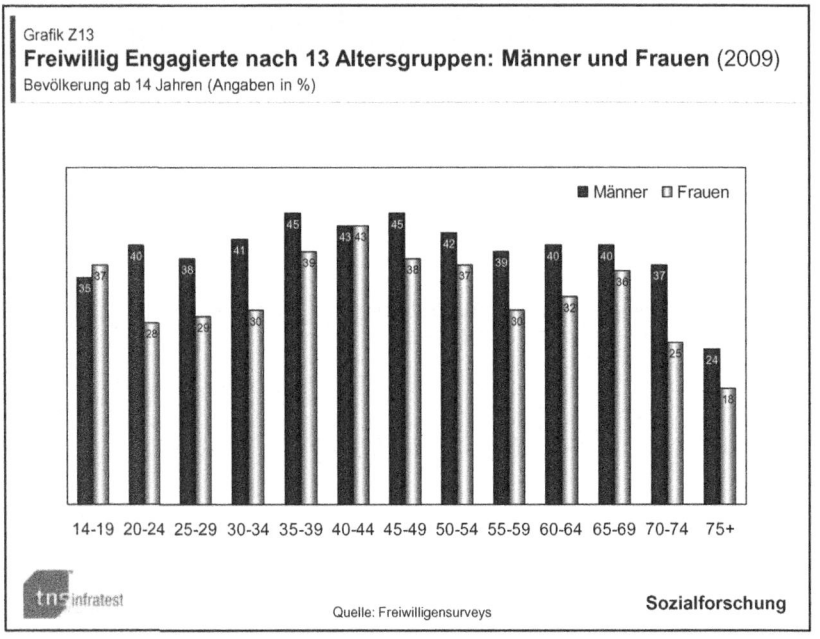

Grafik Z13
Freiwillig Engagierte nach 13 Altersgruppen: Männer und Frauen (2009)
Bevölkerung ab 14 Jahren (Angaben in %)

■ Männer □ Frauen

14-19 20-24 25-29 30-34 35-39 40-44 45-49 50-54 55-59 60-64 65-69 70-74 75+

tns infratest   Quelle: Freiwilligensurveys   **Sozialforschung**

• **Männer und Frauen:** Immer noch sind mit einem Anteil von 40 % deutlich mehr Männer als Frauen freiwillig engagiert (32 %). Dominierende Bereiche, wie etwa der Sport, überhaupt das gesamte vereins- und verbandsbasierte Wesen, mehr noch das politische und berufsbezogene Engagement sowie die freiwillige Feuerwehr und die Rettungsdienste, sind stark von Männern geprägt. Hingegen ist das Engagement von Frauen in Kindergarten und Schule zwar umfangreich, aber oft zeitlich begrenzt. Bei den Kirchen spielen sie eine wichtige Rolle, allerdings nicht selten ohne ausreichende Mitbestimmung. Auffällig ist das gegenüber Männern starke Zurückbleiben des Engagements von Frauen im Alter zwischen 20 und 34 Jahren (Grafik Z13). Für Frauen in diesem Alter konkurriert oft der Wunsch nach guter beruflicher Qualifikation und beruflichem Erfolg mit dem Bedürfnis, die Familiengründung nicht zu weit herauszuschieben. Sind die Kinder außer Haus, wird die oft einseitig auf die Familie bezogene

Seite des weiblichen Engagements deutlich und eine neue Orientierung des Engagements fällt nicht leicht. Frauen haben dennoch ein hohes Engagementpotenzial, das seit 1999 von 28 % auf 39 % in 2009 gestiegen ist.

- **Ältere Menschen:** Eine besonders deutliche und kontinuierliche Steigerung des freiwilligen Engagements gab es über die gesamte Periode bei den älteren Menschen. Im Alter von über 65 Jahren stieg ihre Engagementquote von 23 % (1999) auf 26 % (2004) und auf 28 % (2009). Zwischen 1999 und 2004 stieg die Engagementquote besonders stark bei den 60- und 69-Jährigen, zwischen 2004 und 2009 bei der älteren Gruppe im Alter ab 70 Jahren (1999: 20 %, 2004: 22 %, 2009: 26 %). Bis zur Altersgrenze von 75 Jahren ist das Engagement der Älteren mit 29 % bemerkenswert hoch (Grafik Z14). Die eindrucksvolle Entwicklung geht besonders auf jene Jahrgänge zurück, für die in jüngeren Jahren der zivilgesellschaftliche Aufschwung der 1960er- und 1970er-Jahre ein prägender Eindruck war. Dieser Sondereffekt wird jedoch bei den jüngeren Seniorinnen und Senioren bald auslaufen. Wegen ihrer steigenden Fitness und ihres verbesserten Bildungsniveaus werden die älteren Menschen weiterhin für freiwilliges Engagement aufgeschlossen sein, sich jedoch in steigendem Maße als kritische und selbstbewusste Engagierte erweisen. Zwar kümmern sich engagierte Seniorinnen und Senioren, vor allem im sozialen Bereich, verstärkt um ältere Menschen, dennoch richtet sich ihr Engagement zunehmend auch direkt auf das Gemeinwesen.

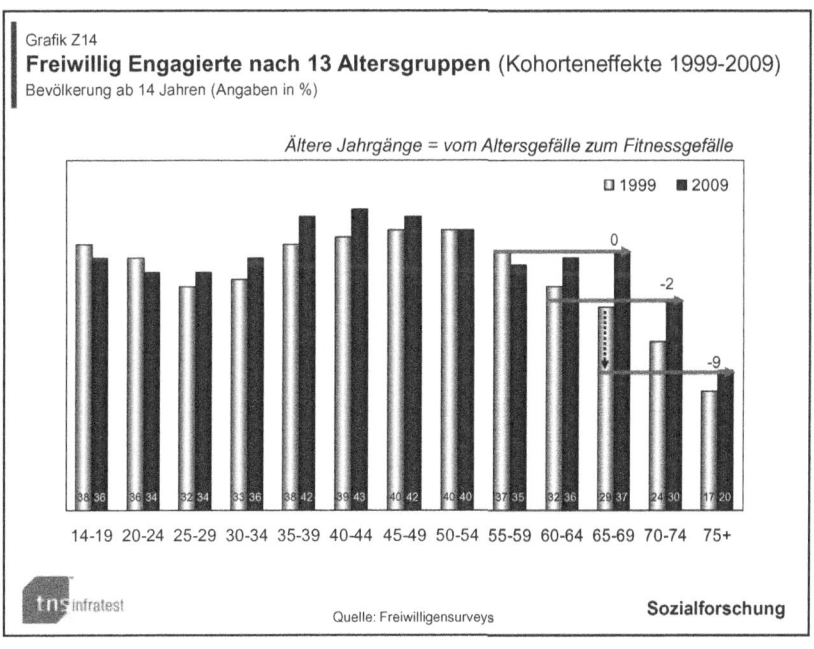

Grafik Z14
Freiwillig Engagierte nach 13 Altersgruppen (Kohorteneffekte 1999-2009)
Bevölkerung ab 14 Jahren (Angaben in %)

Ältere Jahrgänge = vom Altersgefälle zum Fitnessgefälle

□ 1999   ■ 2009

14-19 20-24 25-29 30-34 35-39 40-44 45-49 50-54 55-59 60-64 65-69 70-74 75+

Quelle: Freiwilligensurveys

tns infratest   Sozialforschung

- **Kontakt der Generationen:** Ein Austausch zwischen den Generationen im Rahmen der Zivilgesellschaft wird umso wichtiger, desto weniger er in den privaten Netzwerken möglich ist. Der soziale Wandel und die gestiegene Mobilität verringern die intergenerativen Kontakte. Dabei geht es nicht nur um Jung und Alt, sondern auch um die mittleren Generationen. Ab der Altersgrenze von 45 Jahren ist es Freiwilligen besonders wichtig, dass sich im Rahmen des Engagements Kontakte mit anderen Generationen ergeben. Das gilt ebenso für Menschen, die sich bestimmt engagieren würden. Bei der jungen Generation steht der Kontakt mit anderen Generationen im Rahmen des Engagements nicht so im Vordergrund. Zum einen sind ihre typischen Engagementformen thematisch und praktisch oft jugendzentriert. Zum anderen leben sie zumeist in größeren Haushalten und verfügen noch über Verwandtschaftsnetzwerke, in denen die Kontakte zwischen den Generationen recht intensiv sind. Für ältere Menschen, die diesen zwischengenerativen Kontakt weniger haben, ist daher das Engagement als Kontaktmöglichkeit zu Menschen in jüngeren und mittleren Jahren wichtiger. Interessant ist, dass auch engagierte Arbeitslose besonders häufig Kontakte zu anderen Generationen wünschen.

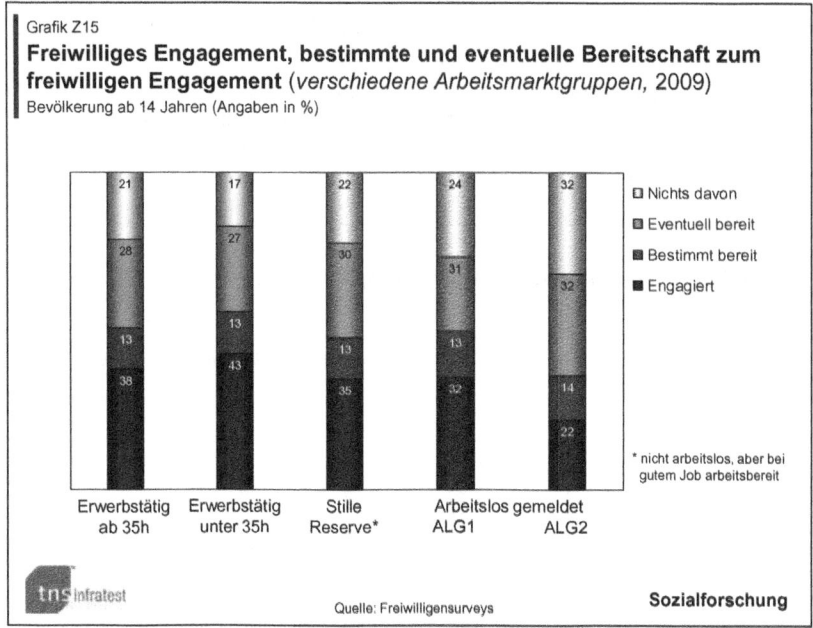

Grafik Z15

Freiwilliges Engagement, bestimmte und eventuelle Bereitschaft zum freiwilligen Engagement (*verschiedene Arbeitsmarktgruppen*, 2009)
Bevölkerung ab 14 Jahren (Angaben in %)

□ Nichts davon
▨ Eventuell bereit
■ Bestimmt bereit
■ Engagiert

* nicht arbeitslos, aber bei gutem Job arbeitsbereit

Quelle: Freiwilligensurveys   **Sozialforschung**

- **Arbeitslose:** Bei Arbeitslosen war zwischen 1999 und 2004 das Engagement besonders gestiegen, 2009 setzte sich diese Entwicklung nur noch bei den Männern fort. Das Engagementpotenzial ist jedoch weiterhin besonders hoch. Mit der stärkeren Einbeziehung von Arbeitslosen in den Arbeitsmarkt im Zuge der Hartz-Reformen wurde in gewissem Maße das Zeitpotenzial für freiwilliges Engagement verringert, teils auch die Motivation. Bei Hartz-IV-Empfängerinnen und -Empfängern ist der Einbezug in die Zivilgesellschaft niedrig, ganz besonders bei einfach gebildeten. Dennoch gibt es auch bei Bezieherinnen und Beziehern von Arbeitslosengeld 2 viel Engagementpotenzial (Grafik Z15). Gerade in Ostdeutschland sind die Übergänge zwischen freiwilligem Engagement und (in der Regel geringfügig) bezahlten Tätigkeiten fließend. Engagement wird von Arbeitslosen auch als Verdienstmöglichkeit oder als Sprungbrett für eine bezahlte Tätigkeit gesehen, wenigstens jedoch als sinnvolle Beschäftigung. Wie bei den Jugendlichen und Frauen sind auch engagierten Arbeitslosen eigene Interessen und eigene Verantwortung besonders wichtig. Dazu kommt der Wunsch nach sozialer Integration, Qualifikation und gesellschaftlicher Mitgestaltung.

* **Migrantinnen und Migranten:** Das Engagement von Migrantinnen und Migranten kann durch das methodische Design des Freiwilligensurveys nur ausschnittweise abgebildet werden. Die Interviews werden ausschließlich in deutscher Sprache geführt, wodurch vor allem besser integrierte Migrantinnen und Migranten an der Umfrage teilnehmen. Selbst diese Auswahl zeigt jedoch, dass zwar die öffentliche Aktivität dieser Gruppe recht hoch ist, das freiwillige Engagement hingegen niedrig. Zwischen 1999 und 2009 gab es in dieser Bevölkerungsgruppe keinen Anstieg des Umfangs des Engagements. Mit der Aufenthaltsdauer in Deutschland steigt bei den Zugewanderten das freiwillige Engagement erheblich an. Engagement und Integration erscheinen bei Migrantinnen und Migranten oft als verschiedene Seiten einer Medaille. Viele Menschen aus dieser Gruppe würden sich freiwillig engagieren, dennoch werden Hindernisse, die dem entgegenstehen, anhand der vielen Probleme erkennbar, die Engagierte aus ihrem Alltag berichten. Darin wird auch ein besonders hoher öffentlicher Unterstützungsbedarf des Engagements von Menschen mit Migrationshintergrund erkennbar. Wenn sie sich engagieren, sind ihnen die Erweiterung ihrer Kenntnisse und Erfahrungen sowie berufliche und qualifikatorische Fragen besonders wichtig.

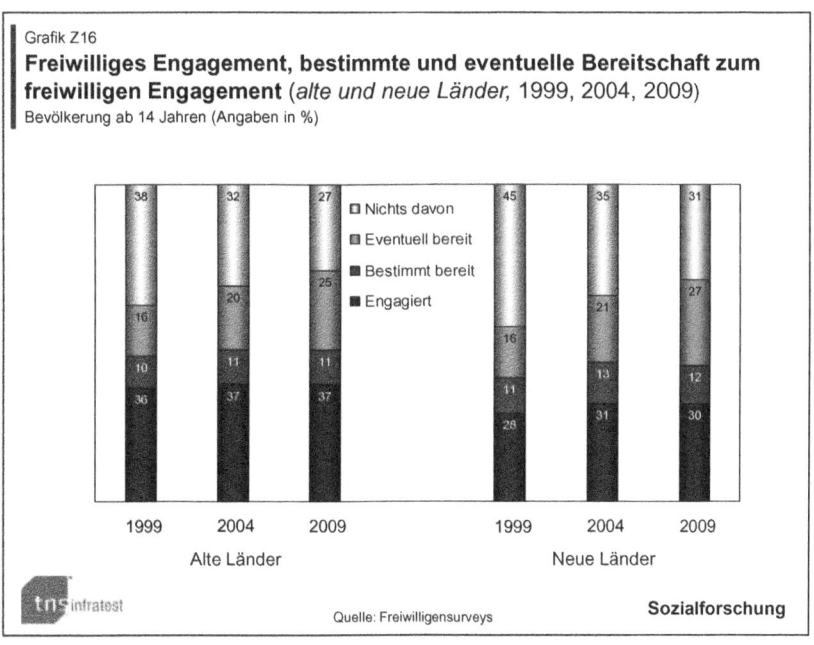

Grafik Z16

Freiwilliges Engagement, bestimmte und eventuelle Bereitschaft zum freiwilligen Engagement (*alte und neue Länder,* 1999, 2004, 2009)

Bevölkerung ab 14 Jahren (Angaben in %)

Quelle: Freiwilligensurveys

Regionale und internationale Unterschiede

- **Neue Länder:** In den neuen Ländern hatte das Engagement zwischen 1999 und 2004 um 3 Punkte zugenommen (1999: 28 %, 2004: 31 %). Seitdem ging allerdings die Engagementquote leicht zurück. Damit bleibt das Engagement weiter deutlich hinter den alten Bundesländern zurück. War die Entwicklung zwischen 1999 und 2004 im Raum Berlin- Brandenburg besonders dynamisch, wurde seit 2004 nur noch in Sachsen ein gewisses Wachstum erkennbar. Dagegen fiel Sachsen-Anhalt deutlich hinter die anderen neuen Flächenländer zurück, in der Tendenz betraf das auch Mecklenburg-Vorpommern. Die Unterschiede zwischen den einzelnen neuen Ländern haben sich damit deutlich erhöht, während der Flächenländervergleich 2004 noch überall eine weitgehend ähnliche Situation anzeigte. Wie 2004 überwiegt in den neuen Ländern auch 2009 das zivilgesellschaftliche Potenzial das tatsächliche Engagement, und diese Dominanz hat seit 2004 weiter zugenommen (Grafik Z16). Dennoch ist es positiv zu bewerten, dass in den neuen Ländern das Engagement in der jüngeren Bevölkerung im Alter von bis zu 45 Jahren über die gesamte Periode hinweg deutlich vorangekommen ist, zwischen 1999 und 2004 besonders bei den 31- bis 45-Jährigen und seit 2004 bei den 14- bis 30-Jährigen.

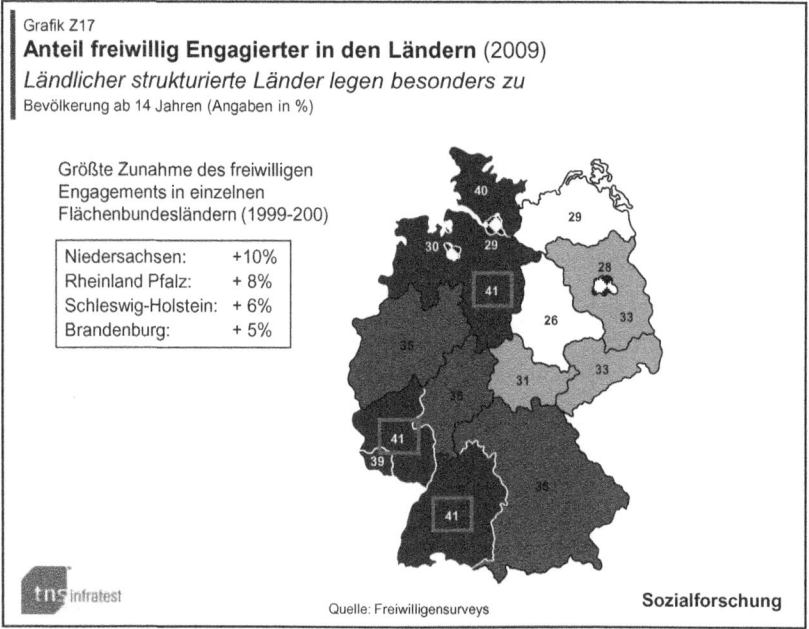

Grafik Z17
Anteil freiwillig Engagierter in den Ländern (2009)
Ländlicher strukturierte Länder legen besonders zu
Bevölkerung ab 14 Jahren (Angaben in %)

Größte Zunahme des freiwilligen Engagements in einzelnen Flächenbundesländern (1999-200)

Niedersachsen:	+10%
Rheinland Pfalz:	+ 8%
Schleswig-Holstein:	+ 6%
Brandenburg:	+ 5%

Quelle: Freiwilligensurveys

tns infratest   **Sozialforschung**

- **Alte Länder und Stadtstaaten:** Baden-Württemberg teilt seit 2009 seine bisherige Spitzenstellung mit Rheinland-Pfalz und Niedersachsen, den besonders erfolgreichen zivilgesellschaftlichen Aufsteigern der Dekade von 1999 bis 2009 (Grafik Z17). Dicht auf diese Dreiergruppe an der Spitze folgen das Saarland und Schleswig-Holstein, die im Freiwilligensurvey 2009 erstmals mit größeren Landesstichproben vertreten waren. Die Engagementquoten der Stadtstaaten bewegen sich etwas unter dem eher niedrigen

Durchschnitt aller deutschen Großstädte. Das 2009 erstmals mit einer eigenen Stichprobe vertretene Bremen nähert sich diesem Durchschnitt an. Die Stadtstaaten repräsentieren mit einem relativ niedrigen Anteil an Engagierten, aber hoher öffentlicher Beteiligung die Besonderheiten der Zivilgesellschaft in großstädtischen Ballungskernen. Insgesamt konnten die alten Länder beim Engagement seit 1999 nur leicht zulegen, sodass die neuen Länder etwas aufgeholt haben. Allerdings gilt das nur bis 2004, seitdem konnten die neuen Länder keinen Boden mehr gutmachen. Der 1999 noch deutlich erkennbare Vorsprung des deutschen Südwestens gegenüber dem Nordwesten ist kaum noch zu erkennen.

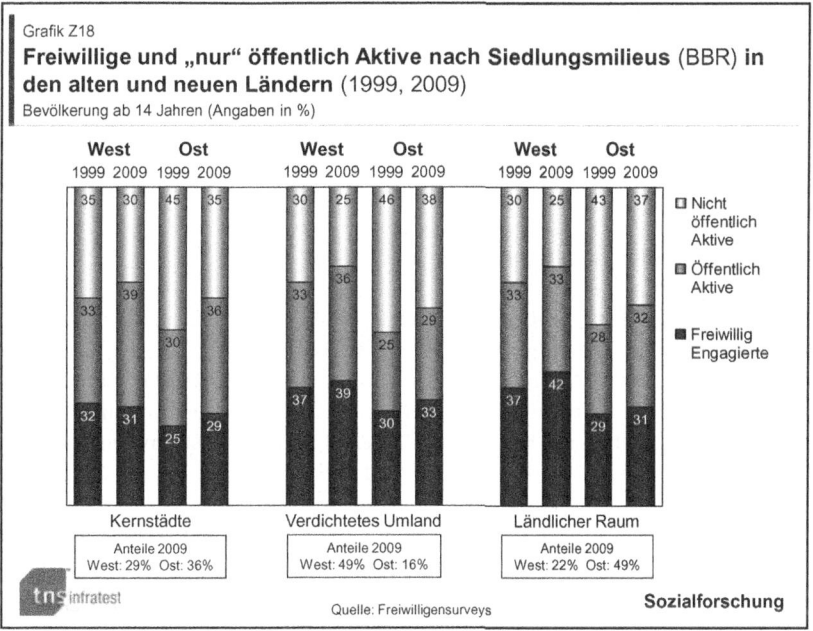

Grafik Z18

Freiwillige und „nur" öffentlich Aktive nach Siedlungsmilieus (BBR) in den alten und neuen Ländern (1999, 2009)

Bevölkerung ab 14 Jahren (Angaben in %)

Quelle: Freiwilligensurveys

- **Stadt und Land:** Freiwilliges Engagement ist in der ländlichen Fläche stärker verbreitet als in großstädtischen Kernbereichen und dieser Vorsprung hat sich seit 1999 weiter verstärkt. Auch weil auf dem Lande weniger institutionelle und kommerzielle Angebote verfügbar sind, gewährleistet hier das Bürgerengagement ein besonders wichtiges Stück sozialer Lebensqualität. Die verdichteten Ränder der Ballungsräume sowie die städtisch verdichteten ländlichen Räume nehmen eine Zwischenstellung ein. Hier siedeln sich viele Menschen aus der Mittelschicht an, die oft aus dem Ballungsraum herausziehen. Oft mit Kindern und Jugendlichen im Haushalt haben sie am neuen ländlichen oder kleinstädtischen Wohnort ein Bedürfnis nach sozialer Integration und das wird oft durch freiwilliges Engagement gewährleistet, z. B. in Kinder- und Jugendeinrichtungen oder in Vereinen. Dass die neuen Länder viel ländlicher strukturiert sind als die alten und dort auf dem Land die Engagementquote besonders deutlich zurückbleibt, erklärt einen guten Teil der Unterschiede zwischen Ost und West (Grafik Z18). Zwar ist auch im Umland der Ballungsräume der neuen Länder das Engagement erhöht, allerdings gibt es hier solche suburbanen Räume weniger als im Westen.

- **Internationale Einordnung:** Der Freiwilligensurvey hat ein besonderes Profil und lässt sich nicht direkt mit den welt- oder europaweiten Studien vergleichen. Diese stellen von ihrem Zuschnitt her nur kleine nationale Stichproben zur Verfügung und geben dem freiwilligen Engagement, vor allem in qualitativer Hinsicht, wenig Raum. Vertiefende Analysen sind auf dieser Basis nicht möglich. So geht es zumeist um Rangordnungen der jeweiligen Mitgliedschafts- und Engagementquoten. Der World Value Survey und insbesondere der European Social Survey (ESS) sind in der Lage, eine empirisch gesicherte, wenn auch relativ grobe Einordnung Deutschlands in die internationale Entwicklung vorzunehmen. Deutschland lässt sich auf dieser Grundlage einer Gruppe wirtschaftsstarker Länder mit einer ausgeprägten Zivilgesellschaft zurechnen. Innerhalb der zivilgesellschaftlich führenden Ländergruppe bewegt sich Deutschland auf einem mittleren Platz, hinter den USA, Norwegen, Schweden und Holland. Der (quantitative) Stand ist mit der Schweiz, Österreich und Dänemark vergleichbar und liegt deutlich über Großbritannien und Frankreich. Der europäische Vergleich auf der im Moment weitesten Grundlage zeigt, dass die östlichen und südlichen Gebiete Europas zivilgesellschaftlich besonders wenig entwickelt sind.

Organisatorische Rahmenbedingungen

- **Hohe Bedeutung der Vereine:** Der Verein ist weiterhin die ungleich wichtigste Organisationsform des freiwilligen Engagements (Grafik Z19). Mit 47 % war 2009 fast die Hälfte der freiwilligen Tätigkeiten in Vereinen angesiedelt. Das war etwas weniger als 2004 und 1999 und betraf ganz besonders den Sport, aber auch die Bereiche Freizeit und Geselligkeit sowie Kultur und Musik. Im Anteil fast unverändert ist das Engagement unter dem Dach der Kirchen und Religionsgemeinschaften (2009: 14 %). Engagement in Gruppen, Initiativen oder Selbsthilfegruppen hat etwas zugenommen (1999: 11 %, 2009: 13 %), zu beobachten besonders in den Bereichen Schule und Kindergarten und Jugendarbeit und Erwachsenenbildung. Über die Periode von 1999 bis 2009 hinweg war etwa ein Zehntel der Freiwilligen in Verbänden, Gewerkschaften und Parteien engagiert. Dasselbe trifft auch auf das Engagement in den staatlichen oder kommunalen Einrichtungen zu. Dieser Typ der Anbindung ist besonders typisch für den Bereich der freiwilligen Feuerwehr und der Rettungsdienste (2009: 41 %). Dagegen sind inzwischen Tätigkeiten im Bereich Kindergarten und Schule deutlich seltener in staatlichen oder kommunalen Einrichtungen beheimatet (1999: 40 %, 2009: 27 %).

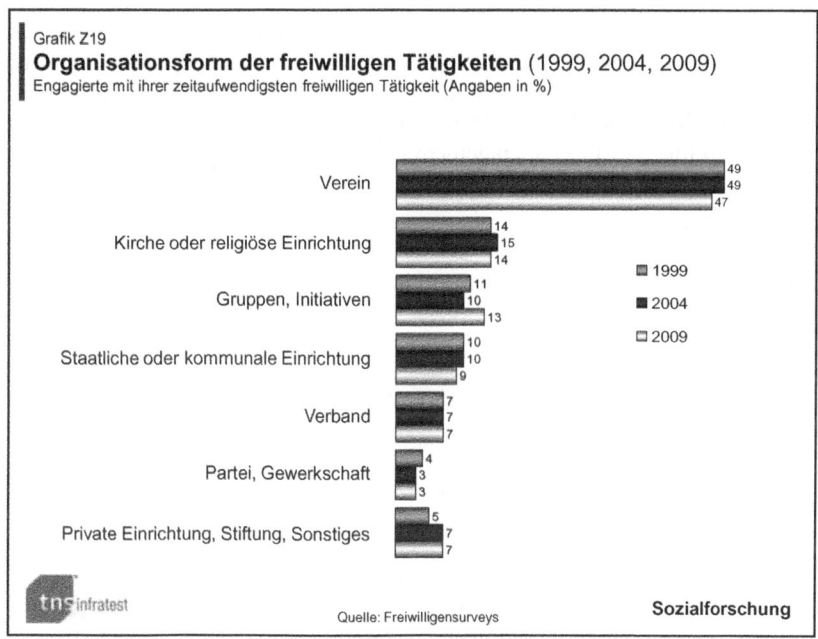

Grafik Z19
Organisationsform der freiwilligen Tätigkeiten (1999, 2004, 2009)
Engagierte mit ihrer zeitaufwendigsten freiwilligen Tätigkeit (Angaben in %)

- **Leitungs- und Vorstandsfunktionen:** Seit 1999 haben kontinuierlich weniger Freiwillige Leitungs- und Vorstandsfunktionen übernommen. Waren das 1999 noch 38 %,
so 2004 35 % und 2009 32 %. Männer hatten bereits 1999 mehr solcher Funktionen
inne als Frauen (1999: 44 % und 31 %) und der Rückgang bei ihnen war geringer als
bei den Frauen (2009: 39 % und 24 %). Eine besonders deutliche Abnahme gab es bei
den Familienjahrgängen im Alter zwischen 31 und 45 Jahren (von 39 % auf 28 %), eine auffällige Parallele zum Bereich Kindergarten und Schule (von 36 % auf 22 %).
Auch bei Hausfrauen und -männern war der Rückgang besonders gravierend (von
36 % auf 21 %). Aber auch im sozialen Bereich gingen Leitungs- und Vorstandstätig-
keiten deutlich zurück. Sehr typisch sind sie weiterhin für die Politik (1999: 60 %,
2009: 56 %). Im vereinsgestützten Bereich blieb die Situation bei Kultur und Musik
und Freizeit auf erhöhtem Niveau weitgehend stabil (so war es auch im Bereich der
freiwilligen Feuerwehr und der Rettungsdienste), während im Sport der Anteil der Leitenden zurückging, aber weniger stark als im Durchschnitt aller Bereiche. Fast in gleichem Maße verringerte sich in den alten und neuen Ländern der Anteil von Leitungstätigkeiten.

- **Hauptamtliches Personal:** Ansprechpartner für Freiwillige können hauptamtliche
oder freiwillige Mitarbeiterinnen und Mitarbeiter sein, z. B. in Leitungspositionen.
Konstant reichlich zwei Fünftel der Freiwilligen berichteten 2004 und 2009 über das
Vorhandensein von hauptamtlichem Personal (vgl. Grafik Z20), fast immer in den Bereichen Justiz und Kriminalitätsprobleme (91 %), sehr häufig in den Bereichen Kirche
und Religion (75 %), berufliche Interessenvertretung (72 %) und im sozialen Bereich
(68 %), häufig im Bereich Gesundheit (62 %) sowie Jugendarbeit und Erwachsenenbildung (58 %), aber inzwischen nur noch leicht überdurchschnittlich im Bereich Kin-

dergarten und Schule (2004: 56 %, 2009: 44 %, vgl. auch die inzwischen geringere Anbindung des dortigen Engagements an staatliche bzw. kommunale Einrichtungen). Besonders im Umfeld von Parteien gibt es seit 1999 deutlich weniger Hauptamtliche. Wenig sind Hauptamtliche weiterhin im Bereich Freizeit und Geselligkeit präsent (19 %), beim lokalen Bürgerengagement (19 %), bei Kultur und Musik (22 %), etwas mehr im Sport (28 %).

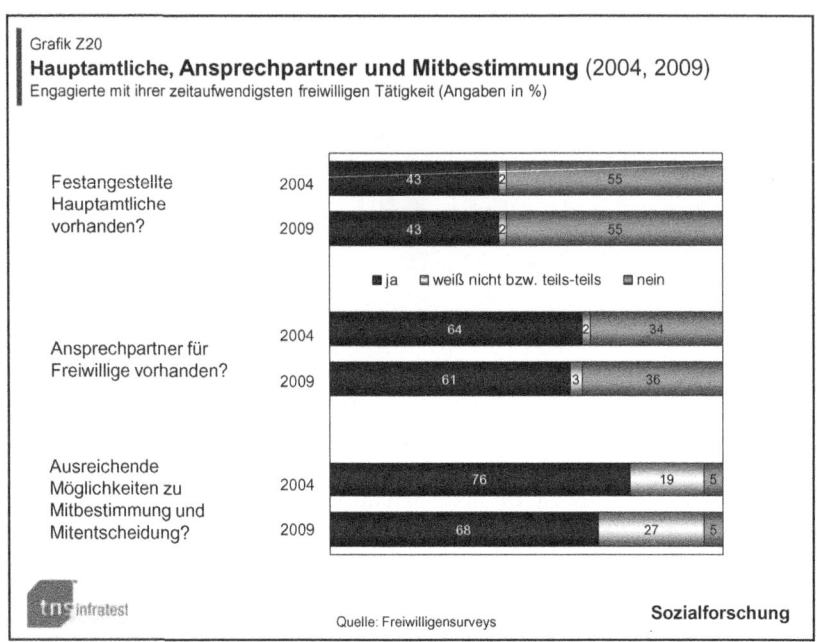

Grafik Z20
Hauptamtliche, Ansprechpartner und Mitbestimmung (2004, 2009)
Engagierte mit ihrer zeitaufwendigsten freiwilligen Tätigkeit (Angaben in %)

Quelle: Freiwilligensurveys

- **Ansprechpartnerinnen und Ansprechpartner für Freiwillige:** Angemessenes Management freiwilligen Engagements heißt heute, Engagierten in Vereinen, Organisationen und Einrichtungen Ansprechpartnerinnen und Ansprechpartner zur Seite zu stellen, die sich um ihre Fragen, Anregungen oder Wünsche kümmern. Im Jahre 2004 erstmals danach befragt, gaben 64 % der Engagierten an, über solche Ansprechpartnerinnen und Ansprechpartner zu verfügen. 2009 hatten hingegen nur noch 61 % der Engagierten die Möglichkeit, sich an jemanden zu wenden, der für sie zuständig war (wieder Grafik Z20). Wegen der dominierenden Rolle der Vereine als Organisationsform wirkt es sich besonders gravierend aus, dass dort inzwischen weniger Ansprechpartnerinnen bzw. Ansprechpartner verfügbar sind (2004: 63 %, 2009: 56 %). Da Hauptamtliche hier auf niedrigem Niveau stabil vertreten waren und leitende Freiwillige nur moderat weniger, scheinen sich diese Personen weniger um die Freiwilligen kümmern zu können. Die Situation bei den Kirchen waren bei den Ansprechpartnerinnen und Ansprechpartner auf hohem Niveau besonders stabil (jeweils 77 %), ebenso die staatlichen und kommunalen Einrichtungen (74 %, 73 %). Institutionen und Einrichtungen zeigen hier ihre Stärke, die vor allem auf der hauptamtlichen Personalausstattung beruht.

- **Kultur der Mitbestimmung und Mitentscheidung:** Engagierte haben sich freiwillig zu einer Tätigkeit entschlossen, die dem Gemeinwesen oder anderen Menschen zugutekommen soll. Folgerichtig wollen sie in ihrer Organisation über wichtige Dinge, die sie selbst oder ihre Tätigkeit betreffen, mitbestimmen und mitentscheiden. Diese Möglichkeit war 2004, als die Frage zum ersten Mal gestellt wurde, immerhin zu drei Vierteln gegeben. Diese wichtige Grundlage für eine nachhaltige Motivation des Engagements wurde jedoch seitdem nicht etwa gestärkt, sondern ist geringer geworden (2009: 76 %, 2004: 68 %; wieder Grafik Z20). Zwar ist die Gruppe der Freiwilligen, die das Gefühl haben, kaum etwas mitbestimmen zu können, gleich geblieben. Deutlich mehr geworden sind aber diejenigen, die diesbezüglich zumindest Einschränkungen wahrnehmen. Bereits 2004 war auffällig, dass Engagierte, bei denen es keine Hauptamtlichen im Umfeld gab, mehr über Möglichkeiten der Mitbestimmung verfügten (84 %) als solche mit hauptamtlichem Personal (66 %). Allerdings ist bei den Ersteren der Eindruck, mitbestimmen zu können, ebenso gesunken (-8 Punkte) wie bei den Letzteren (-9). Vermutlich ist die Sensibilität der Freiwilligen gegenüber Einschränkungen der Möglichkeiten zur Mitsprache allgemein gestiegen.

Das Zeitregime des Engagements

- **Zeitvolumen des Engagements:** Die Zeit, die Engagierte für ihre freiwillige Tätigkeiten pro Woche aufwenden, hat sich zwischen 2004 und 2009 wenig verändert. Nach wie vor investiert jeweils etwa ein Drittel der Freiwilligen bis zu zwei Stunden pro Woche bzw. drei bis fünf Stunden pro Woche in ihr Engagement. Immerhin 17 % der Engagierten waren 2009 zwischen sechs und zehn Wochenstunden im Einsatz. Knapp jeder zehnte Engagierte wandte sogar mehr als zehn Stunden pro Woche für das Engagement auf. Dabei ist zu berücksichtigen, dass nicht wenige Engagierte zwei oder mehr Tätigkeiten ausüben. Frauen waren seit 2004 regelmäßiger tätig, was sich zugunsten eines häufigeren Engagements von bis zu zwei Stunden und von zwei und fünf Stunden pro Woche auswirkte. Männer können nach wie vor mehr freie Zeit für ihr Engagement einsetzen, 41 % sogar mehr als 5 Stunden pro Woche (31 % der Frauen). Das wegen der oft vorhandenen Doppelbelastung durch Berufs- und Familienarbeit angespannte Zeitbudget der Frauen wirkt sich somit nicht nur auf eine geringere Beteiligung am Engagement aus, sondern auch auf die Zeit, die dafür verbleibt.

- **Zeitaufwand pro Tätigkeit:** In ihre wichtigste Tätigkeit investierten die Freiwilligen 1999 durchschnittlich 18 Stunden pro Monat. Bis 2009 reduzierte sich dieser Zeitaufwand auf 16 Stunden (vgl. Grafik Z21). Besonders deutlich war der Rückgang bei älteren Engagierten, die sich auch in diesem Punkt an die mittleren Altersgruppen anpassten. Der gesunkene Zeitaufwand bei den älteren Freiwilligen wird jedoch durch den inzwischen höheren Anteil von Seniorinnen und Senioren im Engagement kompensiert. Auffällig ist, dass Erwerbstätige, die sich von ihren Arbeitgebern unterstützt sehen, deutlich mehr Zeit für ihr Engagement aufbringen können als nicht unterstützte (19 gegenüber 13 Stunden). Arbeitslose erbringen einen besonders hohen Einsatz für ihr Engagement (22 Stunden). Schülerinnen und Schüler haben in den letzten 10 Jahren ihren zeitlichen Einsatz am stärksten zurückgenommen (1999: 17 Stunden, 2009:

13 Stunden), allerdings ohne dass ihre Engagementquote gesunken wäre. Auch bei dieser Kennzahl des Zeitregimes des Engagements liegen die Männer vor den Frauen (18 und 14), ein zusätzlicher Hinweis auf das angespanntere Zeitbudget der Frauen.

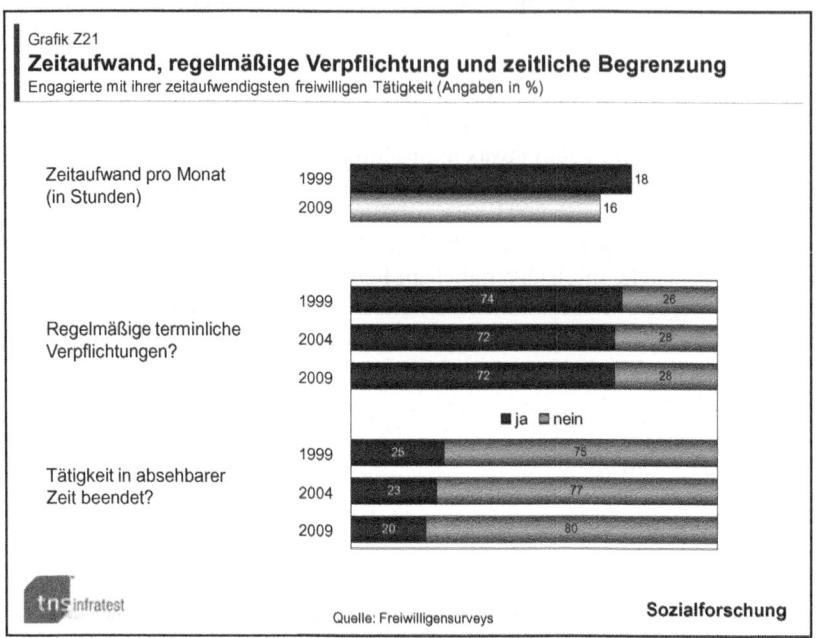

Grafik Z21
Zeitaufwand, regelmäßige Verpflichtung und zeitliche Begrenzung
Engagierte mit ihrer zeitaufwendigsten freiwilligen Tätigkeit (Angaben in %)

Quelle: Freiwilligensurveys

- **Regelmäßige und langfristige Anlage des Engagements:** Die Ausübung der Tätigkeiten ist für die große Mehrheit der Engagierten mit terminlichen Verpflichtungen verbunden, die eine gewisse Regelmäßigkeit aufweisen (1999: 73 %, 2004: 72 %, 2009: 72 %; wieder Grafik Z21). Im Unterschied zu anderen Indikatoren des Zeitregimes im Engagement unterscheiden sich hierin Frauen und Männer nur wenig. Politisches Engagement und Tätigkeiten bei der freiwilligen Feuerwehr und den Rettungsdiensten sind besonders häufig mit regelmäßigen terminlichen Verpflichtungen verbunden. Die Tätigkeiten von Freiwilligen sind in hohem Anteil und in steigendem Maße zeitlich unbefristet angelegt (1999: 75 %, 2009: 80 %). Das trifft besonders auf Tätigkeiten im Gesundheitsbereich (90 %) und beim Umwelt- und Tierschutz (88 %) zu, auch bei Sport und Bewegung (87 %) und im sozialen Bereich (87 %), während lediglich etwas mehr als die Hälfte der Tätigkeiten in Kindergarten und Schule zeitlich unbeschränkt angelegt sind (2009: 53 %). Das hat allerdings damit zu tun, dass die Kinder, auf die sich die Tätigkeiten beziehen, nur befristet in die jeweiligen Einrichtungen gehen bzw. die Tätigkeiten einer gewissen Rotation unterliegen.

Leistungen und Anforderungen im Engagement

- **Inhalte der Tätigkeiten:** Für knapp zwei Drittel der Engagierten waren 2009 die Organisation und Durchführung von Veranstaltungen der wichtigste Inhalt ihrer Tätigkeit (vgl. Grafik Z22), besonders in den Bereichen Kultur und Musik sowie Freizeit und Geselligkeit (je 81 %). Weniger zentrale Tätigkeiten von Freiwilligen wie Verwaltung, Vernetzung und Mittelbeschaffung, haben über die Zeit zugenommen. Praktische Arbeiten sind für 58 % der Engagierten eine wichtige Aufgabe und stehen besonders im Umwelt- und Tierschutz sowie bei der freiwilligen Feuerwehr und den Rettungsdiensten im Mittelpunkt. Auch persönliche Hilfeleistungen sind für Freiwillige ein wichtiger Inhalt ihrer Tätigkeit, besonders in den Bereichen Soziales und Gesundheit und bei der freiwilligen Feuerwehr und den Rettungsdiensten. Obwohl Männer 2009 häufiger als 1999 Hilfeleistungen erbrachten, blieb Öffentlichkeitsarbeit deutlich wichtiger. In der Politik sind Öffentlichkeitsarbeit ebenso wie Interessenvertretung und Mitsprache die wichtigsten Tätigkeiten. Pädagogische Betreuung und Anleitung von Gruppen haben in der Jugendarbeit und Erwachsenenbildung eine besonders große Bedeutung.

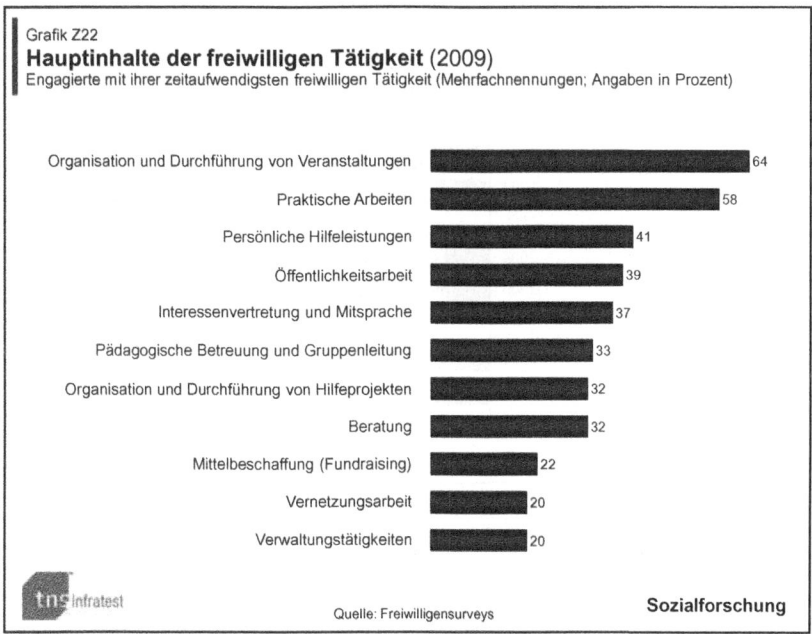

Grafik Z22
Hauptinhalte der freiwilligen Tätigkeit (2009)
Engagierte mit ihrer zeitaufwendigsten freiwilligen Tätigkeit (Mehrfachnennungen; Angaben in Prozent)

Tätigkeit	Prozent
Organisation und Durchführung von Veranstaltungen	64
Praktische Arbeiten	58
Persönliche Hilfeleistungen	41
Öffentlichkeitsarbeit	39
Interessenvertretung und Mitsprache	37
Pädagogische Betreuung und Gruppenleitung	33
Organisation und Durchführung von Hilfeprojekten	32
Beratung	32
Mittelbeschaffung (Fundraising)	22
Vernetzungsarbeit	20
Verwaltungstätigkeiten	20

tns infratest   Quelle: Freiwilligensurveys   **Sozialforschung**

- **Anforderungen an Freiwillige:** Ebenso vielfältig wie die Tätigkeitsinhalte sind die Anforderungen, denen Freiwillige gerecht werden müssen. Auffällig ist, dass das inhaltliche Profil der Tätigkeit von Freiwilligen im Zeitverlauf zwar inhalts- und abwechslungsreicher wurde, aber das Niveau der Anforderungen im Zeitverlauf eher zurückging. Dieser Befund drückt auch den inzwischen deutlich erhöhten Anteil der Älteren im Engagement aus, an die in bestimmten Punkten (altersgemäß) nicht so intensive Anforderungen gestellt werden können. Besonders im Rahmen der Jugendarbeit und der Erwachsenenbildung, in den Bereichen Gesundheit und Soziales stehen die sozialen und emotionalen Kompetenzen an vorderster Stelle. Neu ins Fragenprogramm aufgenommen, erwiesen sich Kreativität und Ideenreichtum sowie ein gutes Zeitmanagement als häufig an Freiwillige gestellte Anforderungen. Das betrifft zwar Engagierte mit höherer Bildung etwas mehr, aber auch Freiwillige mit mittlerer und einfacher Bildung waren hier gefordert. Organisationstalent, Führungsqualität und Fachwissen spielen weiterhin besonders bei männlichen Engagierten eine wichtige Rolle, was sowohl mit vermehrten Leitungsfunktionen als auch mit der thematischen Ausrichtung ihrer Tätigkeiten in Zusammenhang steht.

Engagement als Lernfeld

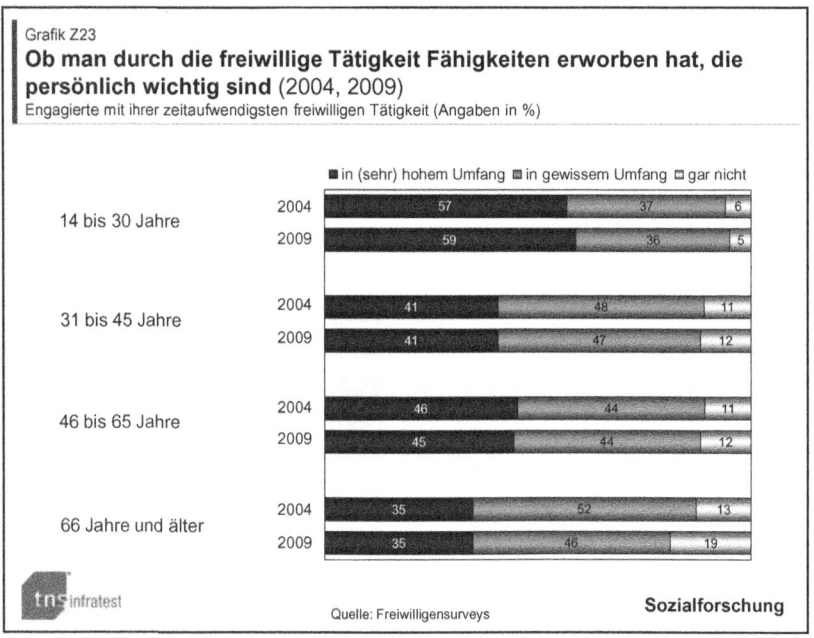

Grafik Z23
Ob man durch die freiwillige Tätigkeit Fähigkeiten erworben hat, die persönlich wichtig sind (2004, 2009)
Engagierte mit ihrer zeitaufwendigsten freiwilligen Tätigkeit (Angaben in %)

■ in (sehr) hohem Umfang ■ in gewissem Umfang ▢ gar nicht

		in (sehr) hohem Umfang	in gewissem Umfang	gar nicht
14 bis 30 Jahre	2004	57	37	6
	2009	59	36	5
31 bis 45 Jahre	2004	41	48	11
	2009	41	47	12
46 bis 65 Jahre	2004	46	44	11
	2009	45	44	12
66 Jahre und älter	2004	35	52	13
	2009	35	46	19

tns infratest   Quelle: Freiwilligensurveys   **Sozialforschung**

- **Kompetenzgewinn durch Engagement:** Freiwilliges Engagement ist ein wichtiges informelles Lernfeld. Im Rahmen des Engagements Erfahrungen zu sammeln und die eigenen Kenntnisse zu verbessern, ist speziell für junge Engagierte motivierend, aber auch ältere Engagierte gewinnen oft neue Erfahrungen und Kenntnisse. Sowohl 2004 als auch 2009 gaben 45 % der Engagierten an, durch ihre Tätigkeit in „sehr hohem" oder „hohem Maße" Fähigkeiten erworben zu haben, die für sie wichtig sind (sehr hoch 11 % bzw. 10 %; vgl. Grafik Z23). Weitere 43 % der Engagierten verfügten 2009 in „gewissem Maße" über Lernmöglichkeiten, nur 12 % gaben an, bisher keine Lernerfahrungen gemacht zu haben. Je jünger die Engagierten, desto intensiver fielen die Lerneffekte aus. Fast alle Anforderungen, denen Freiwillige gerecht werden müssen, sind mit dem Eindruck verbunden, im Engagement etwas zu lernen, insbesondere Fachwissen, Belastbarkeit und Führungsqualitäten. Auch Freiwillige mit einfacher und mittlerer Bildung verbessern ihre Kompetenzen durch das Engagement, sogar etwas mehr als solche mit Hochschulabschluss. Am meisten lernen allerdings Freiwillige mit Abiturabschluss.

- **Weiterbildung:** Veranstaltungen und Kurse zur Weiterbildung wahrnehmen zu können, befördert die Kompetenzen von Freiwilligen und ist außerdem ein Zeichen der Anerkennung für ihre Leistungen. In einigen Bereichen vermitteln Weiterbildungsmaßnahmen zudem (Grund-)Wissen, das für die Ausübung der Tätigkeit Voraussetzung ist (z. B. bei der freiwilligen Feuerwehr und den Rettungsdiensten). Knapp die Hälfte aller Engagierten hatte 2009 wenigstens einmal eine Weiterbildung besucht (47 %). Interessant ist der hohe Anteil an Engagierten, die bereits mehrmals an solchen Veranstaltungen teilgenommen hatten (36 %). Je nach Bereich gibt es unterschiedliche Möglichkeiten (teils auch Notwendigkeiten) zur Nutzung solcher Angebote. Während sich bei der freiwilligen Feuerwehr und den Rettungsdiensten bereits 84 % der Freiwilligen weiterbildeten, hatten sie im lokalen Bürgerengagement und bei Kindergarten und Schule nur zu 20 % bzw. 23 % an Maßnahmen teilgenommen. Etwa durchschnittlich ist der Besuch von Kursen und Seminaren im sportlichen und im sozialen Bereich. Auch bei den Möglichkeiten zur Weiterbildung profitieren alle Bildungsstufen von Angeboten, sogar noch etwas gleichmäßiger, als sie davon berichten, etwas im Engagement gelernt zu haben.

Zielgruppen des freiwilligen Engagements

- **Zielgruppen:** Freiwilliges Engagement kann bestimmten Personengruppen zugutekommen, ist aber nicht notwendig an eine konkrete Zielgruppe gebunden. Die Mehrheit der Tätigkeiten Freiwilliger richtete sich 2009 an keine bestimmte Zielgruppe (59 %, vgl. Grafik Z24). Das ist zunächst eine Frage des Geschlechts, da das Engagement der Männer viel weniger auf Gruppen oder Personen bezogen ist als das der Frauen. Männer engagieren sich mehr für eine Sache, Frauen mehr für Personen. Besonders das Engagement in den Bereichen freiwillige Feuerwehr und Rettungsdienste, Umwelt-, Natur- und Tierschutz sowie in der Politik ist wenig auf Zielgruppen bezogen. Kinder und Jugendliche sind weiterhin bevorzugte Zielgruppen des Engagements (2009: 35 %). Etwas mehr stehen auch ältere Menschen im Mittelpunkt freiwilliger Tätigkeiten (1999: 8 %, 2004: 9 %, 2009: 10 %). An Familien richteten sich 2009 4 % der Tätigkeiten und jeweils 2 % kamen Frauen sowie behinderten Menschen zugute. Etwa 1 % der Tätigkeiten war 2009 auf Ausländerinnen und Ausländer bzw. Zuwanderinnen und Zuwanderer ausgerichtet. Weitere Zielgruppen spielen insbesondere im Bereich berufliche Interessenvertretung eine Rolle (Arbeitnehmerinnen und Arbeitnehmer, Arbeitgeber, Selbstständige).

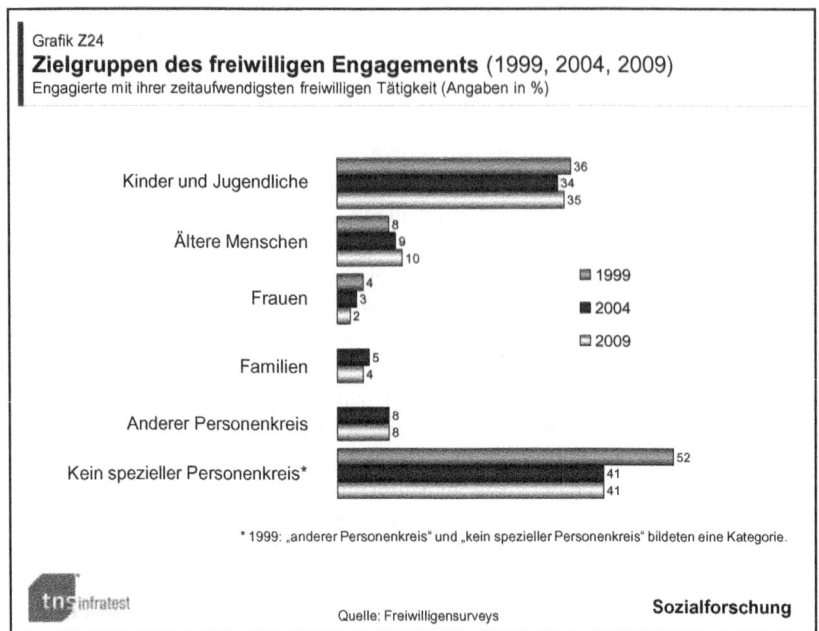

Grafik Z24
Zielgruppen des freiwilligen Engagements (1999, 2004, 2009)
Engagierte mit ihrer zeitaufwendigsten freiwilligen Tätigkeit (Angaben in %)

Kinder und Jugendliche — 36 / 34 / 35
Ältere Menschen — 8 / 9 / 10
Frauen — 4 / 3 / 2
Familien — 5 / 4
Anderer Personenkreis — 8 / 8
Kein spezieller Personenkreis* — 52 / 41 / 41

■ 1999
■ 2004
□ 2009

* 1999: „anderer Personenkreis" und „kein spezieller Personenkreis" bildeten eine Kategorie.

tns infratest

Quelle: Freiwilligensurveys

Sozialforschung

- **Kinder und Jugendliche:** Die verschiedenen Engagementbereiche richten sich aufgrund ihrer thematischen Schwerpunkte unterschiedlich stark auf Zielgruppen aus. Kinder und Jugendliche stehen naturgemäß im Bereich Kindergarten und Schule (92 %) im Vordergrund des Engagements, ebenso in der außerschulischen Jugendarbeit und der Erwachsenenbildung (66 %), auch bei Sport und Bewegung (50 %). Im sportlichen Bereich gewannen Kinder und Jugendliche als Zielgruppe in den letzten zehn Jahren besonders stark an Bedeutung (1999: 42 %, 2009: 50 %). Jugendliche profitieren nicht nur von freiwilligem Engagement, sondern sie waren 2009 auch zu 35 % selbst engagiert. Je jünger die Engagierten, desto häufiger engagierten sie sich zusammen mit ihren Altersgenossinnen und Altersgenossen. Jugendliches Engagement ist also nach wie vor in besonderem Maße auf die eigene „Peergroup" bezogen. Bereits bei Engagierten ab dem Alter von 20 Jahren verlieren Kinder und Jugendliche als Zielgruppe oder Mitengagierte an Bedeutung und stehen erst in der Familienphase wieder im Mittelpunkt. Das freiwillige Engagement von Eltern richtet sich besonders stark auf die eigenen Kinder.

- **Ältere Menschen:** Wie bereits gesehen, besteht der wichtigste Trend des Freiwilligensurveys darin, dass sich Seniorinnen und Senioren durch gemeinschaftliche Aktivität und freiwilliges Engagement immer stärker in die Zivilgesellschaft einbringen. Zugleich stellen sie, auch demografisch bedingt (die Älteren werden immer älter), im betagten Alter eine Zielgruppe des freiwilligen Engagements dar. Ähnlich wie bei jüngeren Menschen gibt es auch beim Engagement für Ältere eine Überschneidung zwischen Altersgruppe und Zielgruppe, wenn auch nicht so deutlich. Dennoch gilt: Je älter die Engagierten, desto häufiger setzten sie sich auch für ältere Menschen ein (33 % der über 65-Jährigen, 38 % der über 75-Jährigen). Es sind bevorzugt die älteren Frauen, die sich um ältere Menschen kümmern. Im Vergleich zu Eltern, die sich besonders im Zusammenhang mit ihren Kindern engagieren, spielt beim Engagement für ältere Menschen Verwandtschaft kaum eine Rolle. Es handelt sich also nicht um eine Verlagerung von Pflege- und Betreuungsleistungen aus dem familiär-privaten in den öffentlichen Bereich. Dennoch sind häuslich pflegende Menschen oft freiwillig engagiert, wohl auch, um sich Rat, Austausch und Unterstützung für ihre private Pflege zu sichern.

Internetnutzung im Engagement

- **Internet immer wichtiger:** Das Internet ist heute aus dem Alltag vieler Menschen nicht mehr wegzudenken. Auch für freiwillige Tätigkeiten wird es verstärkt eingesetzt. Nutzten 2004 erst 44 % der Engagierten das Internet für ihre Tätigkeit, waren es 2009 bereits 59 %. Alle Altersgruppen setzten 2009 das Medium stärker für ihr Engagement ein als 2004, und das war auch in allen Engagementbereichen zu beobachten. Ab der Altersgrenze von 60 Jahren wird das Internet allerdings noch immer selten für die freiwilligen Tätigkeiten genutzt, dennoch gab es auch hier einen deutlichen Zuwachs. Engagierte, deren Organisationstalent und Fachwissen besonders gefordert waren, nutzen häufiger das Internet, ebenso Freiwillige, die Leitungsfunktionen ausüben. In der politischen und beruflichen Interessenvertretung sowie in der Jugendarbeit und Erwachsenenbildung ist die Internetnutzung weiterhin am meisten verbreitet. Obwohl im kirchlichen und sozialen Bereich das Internet noch keine so große Rolle spielt wie in anderen Sektoren, hat es auch dort seit 2004 einen Modernisierungsschub gegeben, der zu einer deutlich größeren Internetnutzung geführt hat.

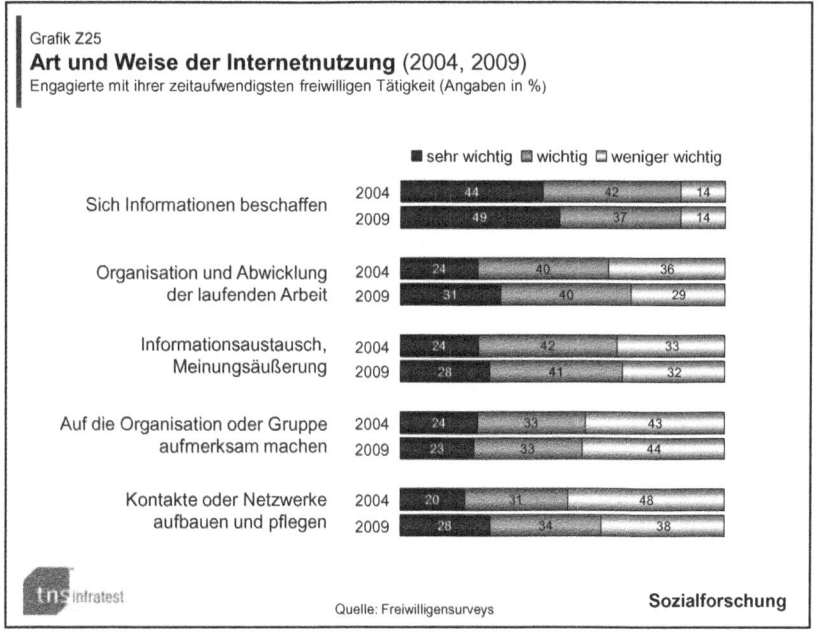

Grafik Z25
Art und Weise der Internetnutzung (2004, 2009)
Engagierte mit ihrer zeitaufwendigsten freiwilligen Tätigkeit (Angaben in %)

■ sehr wichtig ▨ wichtig ☐ weniger wichtig

		sehr wichtig	wichtig	weniger wichtig
Sich Informationen beschaffen	2004	44	42	14
	2009	49	37	14
Organisation und Abwicklung der laufenden Arbeit	2004	24	40	36
	2009	31	40	29
Informationsaustausch, Meinungsäußerung	2004	24	42	33
	2009	28	41	32
Auf die Organisation oder Gruppe aufmerksam machen	2004	24	33	43
	2009	23	33	44
Kontakte oder Netzwerke aufbauen und pflegen	2004	20	31	48
	2009	28	34	38

tns infratest   Quelle: Freiwilligensurveys   **Sozialforschung**

- **Nutzungsarten des Netzes:** Die Möglichkeit der Informationsbeschaffung (2009: 49 % „sehr wichtig"; vgl. Grafik Z25) ist für die Freiwilligen die wichtigste Funktion des Internets. Mit einigem Abstand folgt die Nutzung des Internets zum Zweck der Organisation und Abwicklung der Arbeit (2009: 31 % „sehr wichtig") sowie zum Aufbau und zur Pflege von Kontakten und Netzwerken, ergänzt durch die Rolle als Plattform für den Austausch von Meinungen (2009: jeweils 28 % „sehr wichtig"). Während die Engagierten diese Nutzungsarten 2009 als wichtiger empfanden als 2004, maßen sie dem Internet hinsichtlich der öffentlichen Darstellung ihrer Organisation oder Gruppe keine größere Relevanz bei als 2004. Besonders Bereiche des Engagements mit hoher Internetnutzung (berufliche und politische Interessenvertretung, Jugendarbeit und Erwachsenenbildung) schätzten auch 2009 das Internet in komplexerer Hinsicht als besonders wichtig ein. Die Nutzung des Netzes auch für anspruchsvollere Zwecke (Kontakt- und Netzwerkaufbau sowie -pflege) wird gerade hier als wichtig bewertet.

Monetarisierung: Das materielle Element

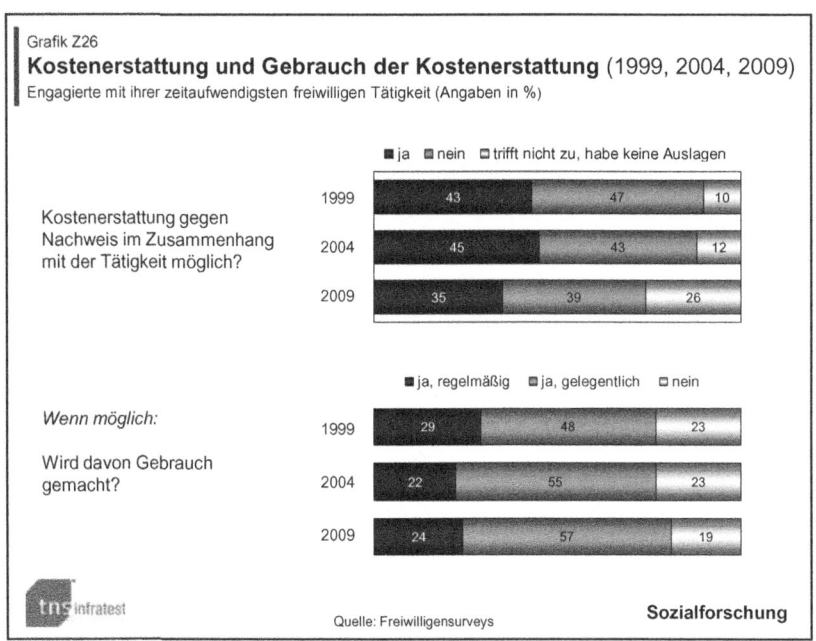

Grafik Z26
Kostenerstattung und Gebrauch der Kostenerstattung (1999, 2004, 2009)
Engagierte mit ihrer zeitaufwendigsten freiwilligen Tätigkeit (Angaben in %)

Quelle: Freiwilligensurveys

- **Möglichkeit der Kostenerstattung:** Freiwillige Tätigkeiten sind oft mit Kosten verbunden. Steigende Fahrtkosten, im privaten wie öffentlichen Verkehr, dürften dabei eine wesentliche Rolle spielen. Dennoch sahen 2009 deutlich weniger Engagierte die Notwendigkeit, Kosten erstattet zu bekommen. Fielen 1999 zu 90 % und 2004 noch zu 88 % Kosten im Zusammenhang mit der freiwilligen Tätigkeit an, war dies 2009 nur noch zu 74 % der Fall (vgl. Grafik Z26). Die sinkende Bedeutung der Kostenbelastung betrifft alle Bereiche des Engagements und viele Bevölkerungsgruppen, wobei typische Unterschiede bestehen blieben. Nach wie vor fallen bei Engagierten, die sich mit beruflicher Interessenvertretung befassten, häufiger Kosten an, während Engagierte in den Bereichen Schule und Kindergarten sowie im lokalen Bürgerengagement weniger finanzielle Auslagen hatten. Hier schlagen sicher die kurzen Wege vor Ort besonders durch, z. B. auch die Möglichkeit das Fahrrad zu benutzen. Die Befunde zur Kostenbelastung sind ein erster Hinweis darauf, dass materielle Aspekte den Engagierten, die der breiten „Normalbevölkerung" zuzuordnen sind, weniger wichtig werden. Das gilt allerdings nicht für materiell prekär Situierte und Arbeitslose.

- **Nutzung der Kostenerstattung:** In Grafik Z26 ist nicht zu übersehen, dass trotz der inzwischen geringeren Kostenbelastung der Engagierten diejenige Gruppe, die keine Kosten erstattet bekommt, wieder größer geworden ist als jene, die eine Erstattung erhält. Mit etwa der Hälfte blieb allerdings der Anteil derjenigen konstant, die bei Vorhandensein der Möglichkeit tatsächlich die Kosten geltend machte. Bei der Kostenerstattung hat sich allerdings der Schwerpunkt auf die gelegentliche Nutzung verschoben. Engagierte in ungünstigen materiellen Verhältnissen nehmen die Kostenerstattung mehr in Anspruch als solche in mittleren oder guten materiellen Umständen. Allerdings ist der Unterschied nicht sehr groß, sodass das materielle Element im Allgemeinen keine durchschlagende Rolle spielt. Dennoch wird es anhand der engagierten Arbeitslosen indirekt erkennbar, welche Kostenerstattungen besonders häufig und auch regelmäßiger als andere Gruppen in Anspruch nehmen. In Zeiten von Hartz IV wird ein Sozialausgleich im Freiwilligenbereich wichtiger, was durch das Verhalten der materiell Bessergestellten auch möglich erscheint.

- **Vergütungen:** 1999 bekamen 18 % der Engagierten eine Vergütung für ihre Tätigkeit, 2009 waren es 23 %. Vermehrt Vergütungen erhielten politisch Engagierte (43 %), ebenso Engagierte bei der freiwilligen Feuerwehr und den Rettungsdiensten (42 %) sowie in der Jugendarbeit und Erwachsenenbildung (36 %). Freiwillige in den Bereichen Kindergarten und Schule (12 %), Freizeit und Geselligkeit und Umwelt- und Tierschutz (jeweils 15 %) sowie Kirche und Religion (17 %) kamen dagegen in deutlich geringerem Maße in den Genuss einer Vergütung. Geringfügige Bezahlung und Honorare haben kaum an Bedeutung gewonnen, wohl aber die pauschale Aufwandsentschädigung. Daneben gab es deutlich öfter Sachzuwendungen, besonders auffällig bei jüngeren Engagierten (vgl. Tabelle). Vergütungen beliefen sich 2009 zumeist auf bis zu 50 Euro pro Monat. Überwiegend wurden die Vergütungen regelmäßig ausgezahlt, wobei 2009 mehr Engagierte als 2004 ihre Vergütungen nur gelegentlich erhielten (Grafik Z27). Obwohl die Vergütung geringer ausfiel und weniger regelmäßig gezahlt wurde, wurde sie 2009 dennoch vermehrt als angemessen eingeschätzt als 1999.

Tabelle: Vergütungsarten nach Alter
           (**Mehrfachnennungen**, keine Addition zu 100 %)

	Vergütungen				
	Pauschale Aufwands-entschä-digung	Honorar	Gering-fügige Bezah-lung	Sach-zuwen-dungen	Keine Vergütung
Alle					
1999	7	2	4	6	82
2009	10	2	5	12	77
14–30 Jahre					
1999	6	3	7	8	78
2009	10	3	8	26	62
31–45 Jahre					
1999	7	2	4	5	83
2009	8	1	3	9	81
46–65 Jahre					
1999	10	2	4	4	81
2009	12	2	4	8	78
66 Jahre +					
1999	7	1	2	4	86
2009	7	2	3	5	86

TNS Infratest Sozialforschung, Angaben in Prozent

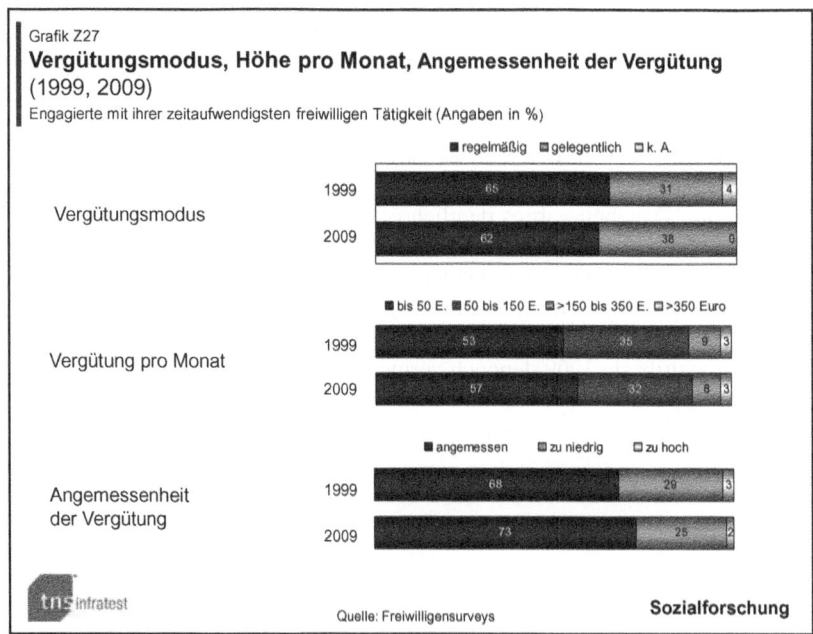

Grafik Z27
Vergütungsmodus, Höhe pro Monat, Angemessenheit der Vergütung
(1999, 2009)
Engagierte mit ihrer zeitaufwendigsten freiwilligen Tätigkeit (Angaben in %)

- **Arbeitsmarktnähe:** Arbeitsmarktnähe des Engagements liegt dann vor, wenn Tätigkeiten mit einem ähnlichen Arbeitsspektrum nebeneinander freiwillig und bezahlt durchgeführt werden. Mehr als jeder vierte Engagierte beobachtete 2009 eine solche Parallelität von Freiwilligkeit und Bezahlung (2009: 27 %, 2004: 22 %, 1999: 25 %). War das der Fall, wollten 2009 27 % dieser Freiwilligen die Tätigkeit lieber gegen Bezahlung ausüben. Eine bedenkliche Entwicklung gab es bei den engagierten Arbeitslosen. Zum einen nahmen diese 2009 sogar zu 37 % eine Parallelität von freiwilliger und bezahlter Arbeit wahr, damit deutlich häufiger als 2004 (19 %). Gleichzeitig stieg bei ihnen der (absolute) Anteil derer, die ihre Tätigkeit lieber gegen Bezahlung ausüben wollten, sprunghaft von 8 % auf 20 % an, inzwischen mehr als der doppelte Prozentsatz als bei den Freiwilligen insgesamt (7 %). Eine andere Frage ist, ob Tätigkeiten, die früher hauptamtlich ausgeübt wurden, inzwischen durch Freiwillige erledigt werden. Insgesamt meinten nur 13 % der Engagierten, dass das in ihrem Umfeld der Fall sei, 80 % sahen das nicht so (Rest: keine Einschätzung). Vermehrt kamen Hinweise aus den Bereichen Jugend und Erwachsenenbildung (24 %), Politik (20 %), Gesundheit (19 %) und Soziales (17 %).

Verbesserungsbedarf bei den Rahmenbedingungen des Engagements

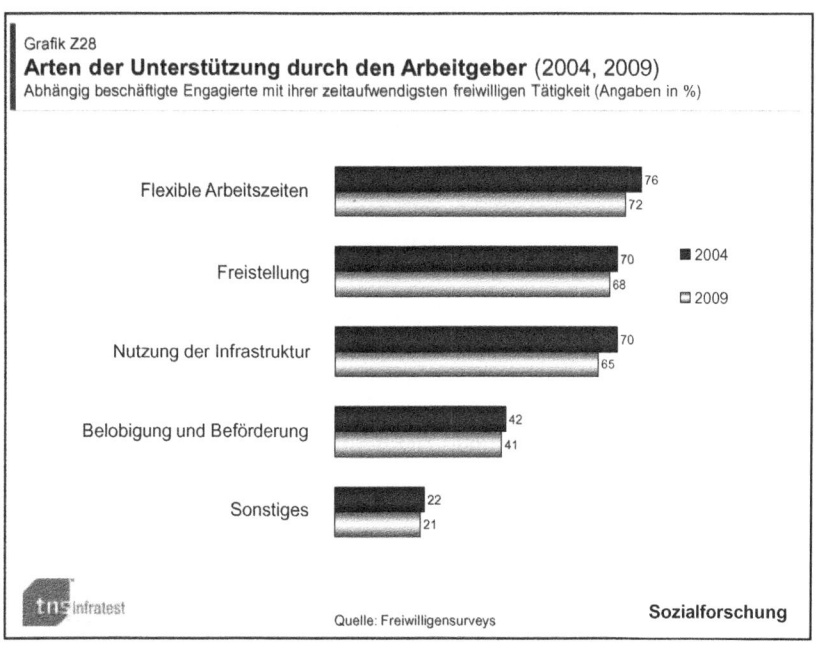

Grafik Z28
Arten der Unterstützung durch den Arbeitgeber (2004, 2009)
Abhängig beschäftigte Engagierte mit ihrer zeitaufwendigsten freiwilligen Tätigkeit (Angaben in %)

	2004	2009
Flexible Arbeitszeiten	76	72
Freistellung	70	68
Nutzung der Infrastruktur	70	65
Belobigung und Beförderung	42	41
Sonstiges	22	21

Quelle: Freiwilligensurveys   Sozialforschung

tns Infratest

- **Unterstützung durch die Arbeitgeber:** 2004 und 2009 erhielten fast gleich viele engagierte Arbeitnehmerinnen und Arbeitnehmer eine Unterstützung seitens des Arbeitgebers (2004: 29 %, 2009: 30 %) und mit 43 % gaben weniger Freiwillige an, nicht von ihrem Arbeitgeber unterstützt zu werden (2004: 53 %). Allerdings schätzten die Arbeitnehmerinnen und Arbeitnehmer auch ihren Bedarf zurückhaltender ein als 2004

(2009: 27 % keine Unterstützung nötig). Vor allem Arbeiterinnen und Arbeiter profitieren inzwischen mehr von der Unterstützung ihres Arbeitgebers (2009: 34 % Unterstützung, 2004: 24 %). Sie gaben allerdings auch häufiger an, auf diese Unterstützung angewiesen zu sein. Im Unterschied zu Männern benötigen Frauen seltener die Unterstützung ihres Arbeitgebers für die Ausübung ihrer freiwilligen Tätigkeit, besonders wenn sie in Teilzeit beschäftigt sind, was auf einen großen Teil zutraf. Am häufigsten wurden Arbeitnehmerinnen und Arbeitnehmer 2009 in Form von flexiblen Arbeitszeiten (72 %) und von Freistellungen (68 %) sowie der Nutzung der betrieblichen Infrastruktur (65 %) unterstützt (vgl. Grafik Z28). Weiterhin sind Arbeitgeber jedoch bei Belobigungen oder gar Beförderungen aufgrund freiwilliger Tätigkeiten eher zurückhaltend.

Grafik Z29
Verbesserungswünsche der Freiwilligen an die Organisationen
(1999, 2004, 2009)
Engagierte mit ihrer zeitaufwendigsten freiwilligen Tätigkeit (Angaben in %)

Da drückt der Schuh, da wären Verbesserungen nötig ...

- Organisationen und Einrichtungen: Bei der Frage, was Organisationen und Einrichtungen aus der Sicht von Freiwilligen verbessern können, herrschte 2009 ein ähnliches Meinungsbild wie 1999 und 2004, wenngleich der Problemdruck im Zeitverlauf rückläufig war (vgl. Grafik Z29). Am dringlichsten wird weiterhin eine bessere Finanzierung der Projektarbeit angemahnt. Mit Abstand folgt der Wunsch nach einer besseren Ausstattung mit Räumen und Sachmitteln. In diesem Punkt stellt sich die Situation inzwischen etwas günstiger dar. Gut ein Drittel der Engagierten mahnte 2009 Verbesserungen bei den Möglichkeiten zur Weiterbildung an. Insbesondere diejenigen, die sich bereits weitergebildet hatten, forderten Verbesserungen, sodass die praktische Beteiligung entsprechende Bedürfnisse weiter zu fördern scheint. Durch hauptamtliches Personal sehen sich die Freiwilligen inzwischen besser anerkannt, wobei bei direktem Kontakt beider Gruppen weiterhin mehr Handlungsbedarf geäußert wird als von Freiwilligen, in deren Umfeld es keine Hauptamtlichen gibt. Auch hier setzt also die Praxis vermehrt Bedürfnisse, besonders bei älteren Engagierten. Bei monetären Aspekten wie der Kostenerstattung oder der Vergütung für Freiwillige ist der Problemdruck weiterhin eher niedrig.

- **Staat und Öffentlichkeit:** Während Engagierte 2004 in Bezug auf die Rahmenbedingungen, die von Staat und Öffentlichkeit beeinflusst werden, weniger Verbesserungen forderten, waren sie 2009 wieder etwas kritischer. Weiterhin wird der unverändert höchste Verbesserungsbedarf bei einer besseren öffentlichen Information und Beratung über die Möglichkeiten des Engagements gesehen (vgl. Grafik Z30). Steuererleichterungen wurden 2004 weniger als 1999 gefordert, seitdem aber wieder etwas häufiger. Verbesserungen bei der steuerlichen Absetzbarkeit von Kosten wünschten weiterhin vermehrt Engagierte in den Bereichen Soziales und berufliche Interessenvertretung. Fehlender Versicherungsschutz wurde 2004 weniger bemängelt, 2009 wieder etwas mehr. Kritik kam hier besonders aus der Jugendarbeit sowie der beruflichen Interessenvertretung. Mehr Anerkennung der freiwilligen Tätigkeit als Weiterbildung bzw. Praktikum wünschten sich besonders Engagierte in den Bereichen Kindergarten und Schule, Jugendarbeit und Erwachsenenbildung sowie Soziales und Gesundheit. Zu wenig Anerkennung durch Presse und Medien blieb auch 2009 ein wichtiger Kritikpunkt und ist neben der besseren Information und Beratung über Möglichkeiten des freiwilligen Engagements einer der Dauerbrenner der Verbesserungswünsche der Freiwilligen.

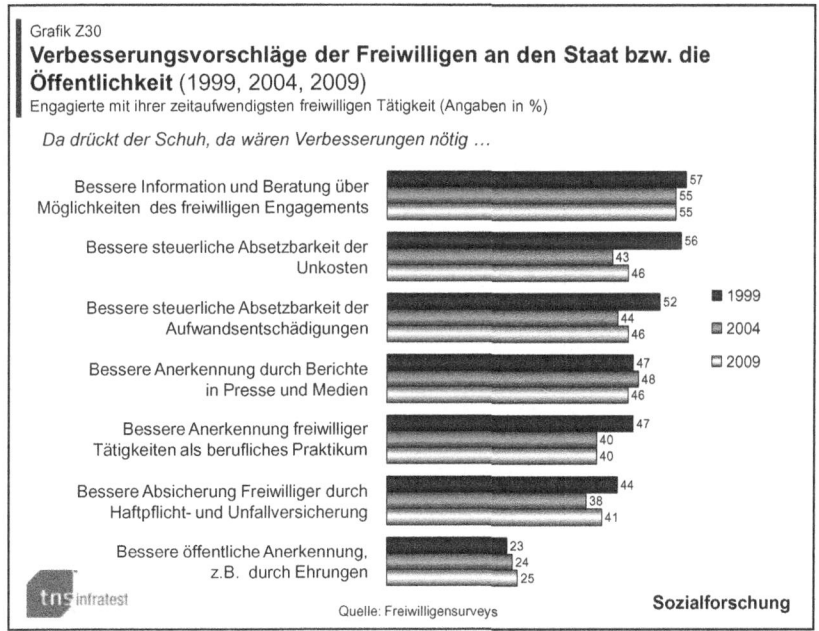

Grafik Z30

Verbesserungsvorschläge der Freiwilligen an den Staat bzw. die Öffentlichkeit (1999, 2004, 2009)

Engagierte mit ihrer zeitaufwendigsten freiwilligen Tätigkeit (Angaben in %)

Da drückt der Schuh, da wären Verbesserungen nötig ...

	1999	2004	2009
Bessere Information und Beratung über Möglichkeiten des freiwilligen Engagements	57	55	55
Bessere steuerliche Absetzbarkeit der Unkosten	56	43	46
Bessere steuerliche Absetzbarkeit der Aufwandsentschädigungen	52	44	46
Bessere Anerkennung durch Berichte in Presse und Medien	47	48	46
Bessere Anerkennung freiwilliger Tätigkeiten als berufliches Praktikum	47	40	40
Bessere Absicherung Freiwilliger durch Haftpflicht- und Unfallversicherung	44	38	41
Bessere öffentliche Anerkennung, z.B. durch Ehrungen	23	24	25

tns infratest

Quelle: Freiwilligensurveys

Sozialforschung

A Einleitung:
Der Freiwilligensurvey als zivilgesellschaftliches Informationssystem

(Thomas Gensicke)

1. Freiwilligensurvey und Engagementpolitik

In der zweiten Hälfte der 1990er-Jahre richtete die Bundesregierung ein umfragegestütztes Informationssystem ein, das die Zivilgesellschaft in Deutschland in repräsentativer Form darstellen sollte, den Freiwilligensurvey (Ehrenamt, Freiwilligenarbeit, bürgerschaftliches Engagement). Damit reagierte sie auf ein immer stärker werdendes Bedürfnis nach öffentlicher Sichtbarkeit eines gesellschaftlichen Bereichs, der neben der Wirtschaft und der Politik auf ganz besondere Weise die soziale Qualität unserer Gesellschaft sichert. Dazu kam die Absicht, die Zivilgesellschaft in gewissen Abständen kontinuierlich zu beobachten. Das Bundesministerium für Familie, Senioren, Frauen und Jugend (BMFSFJ) als federführendes Ministerium hatte 1996 in Reaktion auf eine Große Anfrage des Bundestags eine umfangreiche Recherche[2] durchgeführt, die zu dem Ergebnis kam, dass die verfügbaren Statistiken nicht in der Lage waren, ein verlässliches Bild der Zivilgesellschaft in Deutschland zu zeichnen. In der Folge wählte es den Weg der großen Bevölkerungsbefragung, um ohne den Umweg über Organisationen und Institutionen bei den Bürgerinnen und Bürgern direkt nach deren zivilgesellschaftlichen Aktivitäten nachzufragen.[3]

Das erste Ziel des Surveys war die Gewinnung verlässlicher Informationen über das freiwillige Engagement in allen seinen Formen, über beendetes Engagement und die Potenziale des Engagements bei nicht engagierten Personen. Das zweite, wesentlich anspruchsvollere Ziel bestand darin, qualitative Aussagen[4] über das freiwillige Engagement zu gewinnen, indem Motive und Erwartungen von Freiwilligen ebenso in den Blick genommen wurden, wie ihr Arbeitsumfeld sowie ihre Probleme und Verbesserungsvorschläge. Nicht zuletzt hatte die internationale Debatte über Chancen und Grenzen der Civic Society zu dem Bedürfnis geführt, Deutschland im Kreis der Nationen Europas und der ganzen Welt zu positionieren. Auch das war ein Grund, im Jahr 1999 nach einer Pilotphase einen großen „Ehrenamtsurvey" zu starten. Dieser wandelte sich schnell zu einem „Freiwilligensurvey" und wurde 2009 nach 1999 und 2004 zum dritten Male durchgeführt. Zu diesem Begriffs-

---

[2] Vgl. Bundesministerium für Familie, Senioren, Frauen und Jugend, Bedeutung ehrenamtlicher Tätigkeit für unsere Gesellschaft, Antwort der Bundesregierung auf die Große Anfrage der Fraktionen der CDU/CSU und der FDP. Drucksache des Bundestags 13/5674.

[3] Statistische Informationen, die nicht umfragegeneriert sind und die Zivilgesellschaft stärker von der objektiven Seite her beschreiben, gibt es noch nicht genügend und nicht hinreichend vergleichbar über Organisationen und Bereiche der Zivilgesellschaft hinweg. Der „Bericht zur Lage und zu den Perspektiven des bürgerschaftlichen Engagements in Deutschland" im Auftrag des BMFSFJ hat die verfügbaren Daten aufbereitet. Vgl. Alscher et al. (2010).

[4] Wir verwenden die Begriffe quantitativ und qualitativ nicht im Sinne von Befragungsmethoden, sondern im Sinne des Charakters der gewonnenen Informationen.

wandel trugen theoretische Überlegungen und empirische Ergebnisse des Surveys[5] ebenso
bei wie die internationale Begriffsverwendung bei (z. B. das englische „Volunteering", vgl.
auch das „Internationale Jahr der Freiwilligen" 2001).

Der Freiwilligensurvey war konzipiert, um eine umfassende und detaillierte Beschreibung des freiwilligen Engagements zu ermöglichen, sollte sich also vor allem mit der an-
spruchsvollsten Verhaltensform der Zivilgesellschaft beschäftigen. Dessen verschiedene
Formen, vor allem in Gestalt des Ehrenamts, der Freiwilligenarbeit, des bürgerschaftlichen
Engagements und der Initiativen- und Projektarbeit sollten erfasst werden. Inzwischen geht
der Trend der Engagementforschung zu einer erweiterten Darstellung der Zivilgesellschaft,
die auch die weniger gebundenen öffentlichen Aktivitäten der Bürgerinnen und Bürger
einbezieht. Der Freiwilligensurvey ist gut dazu geeignet, auf diese neue Bedürfnislage
einzugehen, da er von Anfang an auch den weiten Bereich der zivilgesellschaftlichen Aktivitätsformen absteckte.[6] Eine auf Basis des zweiten Freiwilligensurveys erstellte Studie
über die Zivilgesellschaft und das freiwillige Engagement in den neuen Bundesländern hat
bereits die diesbezüglichen Möglichkeiten des Freiwilligensurveys gezeigt.[7]

Die groß angelegte Forschungsaufgabe „Freiwilligensurvey (Ehrenamt, Freiwilligenarbeit und bürgerschaftliches Engagement)" ist kein akademisches Projekt, sondern stand
von Anfang an unter ausdrücklich gesellschaftspolitischen Vorzeichen. Der Zweck war
nicht zuletzt, auf Basis periodisch aktualisierter Informationen eine langfristige politische
Strategie zur Unterstützung der Zivilgesellschaft zu entwickeln. „Engagementpolitik" muss
allerdings berücksichtigen, dass die „Förderung" des Engagements in Gruppen, Vereinen,
Organisationen und öffentlichen Institutionen keine selbstverständliche Sache ist. Die Zivilgesellschaft beruht vor allem auf der Selbstorganisation und den Interessen der Bürgerinnen und Bürger und die daraus erwachsende Eigenlogik der öffentlichen Aktivitäten und
des freiwilligen Engagements muss im Rahmen einer Förderstrategie berücksichtigt bleiben.

Öffentliche Förderung der Zivilgesellschaft sollte deshalb vor allem darin bestehen,
ein positives und anregendes Klima für öffentliche Beteiligung und freiwilliges Engagement zu schaffen, ohne aber dieses Engagement über die durch die Verfassung gegebenen
Standards hinaus reglementieren zu wollen. Sonst gerät die Einmischung seitens der Politik
und der Verwaltung in Konflikt mit Kernkriterien der Zivilgesellschaft, vor allem der Freiwilligkeit und der Selbstbestimmtheit. Ein wichtiges Ziel muss es sein, die Ressource „öffentliche Initiative der Bürgerinnen und Bürger" nicht durch bürokratische Hürden zu ent-
mutigen oder zu lähmen. Gleichzeitig ist es jedoch im Interesse der Zivilgesellschaft, wenn
die öffentliche Hand den Rahmen der Legitimität absteckt und sichert.[8] Die Kunst der En-

---

[5] Z. B. der Befund, dass die meisten Engagierten ihre Tätigkeit als „Freiwilligenarbeit" einstuften und nur eine
(kräftige) Minderheit als „Ehrenamt".

[6] Bei der Erfassung dessen, was man mit „Zivilgesellschaft" benennt, bildete für die Bundesregierung zunächst der
in der deutschen Kultur fest verankerte Begriff des „Ehrenamtes" den Ausgangspunkt. Daher wurde 1998 eine
repräsentative Umfrage über das Ehrenamt ausgeschrieben. Heute dient dem federführenden Ministerium der
Begriff des bürgerschaftlichen Engagements als Kernbegriff der Zivilgesellschaft, nachdem zwischenzeitlich das
„zivilgesellschaftliche Engagement" eine wichtige Rolle gespielt hatte.

[7] Vgl. Gensicke, Olk (2009). Der „Bericht zur Lage und zu den Perspektiven des bürgerschaftlichen Engagements
in Deutschland" im Auftrag des BMFSFJ setzte ebenfalls an diesem Punkt an; vgl. Alscher et al. (2009).

[8] Man denke an die Gründung sogenannter „Bürgerwehren" als Reaktion auf kriminelle Vorfälle, ein Typ der
Bürgerinitiative, der das Gewaltmonopol des Staates unterhöhlen kann. Staatliche Kontrolle und Regulierung sind
ebenso notwendig, wenn öffentliche Institutionen oder Einrichtungen wie Quasi-Unternehmen agieren und im
Schutze ihrer offiziellen Gemeinnützigkeit finanzielle Vorteile erlangen. Ein anderer Fall sind abgeschottete

gagementförderung besteht darin, die Initiative der Bürgerinnen und Bürger anzuregen und zu erleichtern, aber auch deren Nebenwirkungen auszuhalten. Wo allerdings die Bürgerinitiative den gesetzlichen Rahmen zu überschreiten droht, sollte sie (möglichst sanft[9]) reguliert und begrenzt werden.

Mit der Beauftragung des Freiwilligensurveys reagierte die Bundesregierung auf ein gesellschaftspolitisches Bedürfnis – und dieses Bedürfnis ist heute größer denn je. Die Tätigkeit der Enquete-Kommission „Zukunft des Bürgerschaftlichen Engagements" und der ihr folgenden Unterausschüsse des Bundestags trug wesentlich dazu bei. Eine Verbindung mit der akademisch-universitären Forschung wurde über den wissenschaftlichen Projektbeirat hergestellt, außerdem durch die Nutzung des frei verfügbaren Datensatzes des Surveys durch Forscherinnen und Forscher aus dem universitären Bereich. Dennoch wurde der Freiwilligensurvey seitens der politischen und organisatorischen Praktiker der Zivilgesellschaft intensiver genutzt als von den Vertretern der Theorie. Verbände und Organisationen nutzen die Erkenntnisse intensiv, desgleichen die Politik auf Bundes- und Landesebene, teils auch auf kommunaler Ebene. Dahinter blieb die Nutzung im akademisch-universitären Bereich zunächst zurück.

Die Situation hat sich verändert. Ein Fortschritt war die Veröffentlichung der Ergebnisse des Surveys in einem renommierten Verlag der Sozial- und Politikwissenschaft.[10] Dennoch muss Eckhart Priller recht gegeben werden, dass der Freiwilligensurvey als gesellschaftspolitisches Projekt und Instrument besser mit der akademisch-universitären Forschung vernetzt werden muss und Fortschritte in der Theorie der Zivilgesellschaft nötig sind. Woran es besonders fehlt, ist ein System gedanklicher Verbindungsglieder, die zwischen den allgemeinen Theorien der Zivilgesellschaft und der empirischen Forschung vermitteln. Gefragt sind Theorieelemente mittlerer Reichweite, die zwischen der Allgemeinheit der Basistheorien und der Konkretheit der empirischen Wirklichkeit der Zivilgesellschaft vermitteln. Gleichzeitig verlangen sowohl die Empirie der Zivilgesellschaft als auch die Engagementpolitik nach einer ganzheitlichen Sicht, um Strategien zur Förderung der Zivilgesellschaft ausarbeiten zu können.

Auch heute fehlt der Engagementforschung eine theoretische Integration von Begriffen wie öffentliche Beteiligung, freiwilliges, bürgerschaftliches oder ehrenamtliches Engagement, Zivilgesellschaft, Dritter Sektor und soziales Kapital. Dazu wurde jüngst ein Vorschlag gemacht.[11] Sinnvoll erscheint es, den Begriff der Zivilgesellschaft nicht nur auf einen bestimmten gesellschaftlichen Bereich einzugrenzen (Dritter Sektor mit seinen Organisationen und Institutionen), sondern das „Zivilgesellschaftliche" von Strukturen, Verhal-

---

Gruppen wie etwa die Rockertruppe der „Hells Angels", die sich als eingetragener Verein organisieren, aber mit zivilgesellschaftlichem Verhalten nichts zu tun haben, ähnlich Scientology, die sogar die Organisationsform der Kirche für sich beansprucht.

[9] In der Bundesrepublik gab es in dieser Hinsicht schmerzhafte Lernprozesse. Als sich seit Mitte der 1960er-Jahre die Zivilgesellschaft stark zu regen begann, reagierten Staat und Polizei oft zu hart und provozierten dadurch nicht selten Gegenaggression und Übertretungen der Legalität.

[10] Vgl. Gensicke, Picot, Geiss (2006).

[11] Im Zusammenhang mit der Berichterstattung zum dritten Freiwilligensurvey und als Fundierung der empirischen Engagementforschung wurde ein Vorschlag gemacht, wie sich wichtige Begriffe als verschiedene Seiten einer einzigen Medaille „Zivilgesellschaft" verstehen lassen. Das geschah im Rahmen eines begrifflichen Konzepts mittlerer Reichweite, das einen Brückenschlag zwischen Theorie und Praxis anstrebt. Dieser Vorschlag wurde im November 2009 auf einer Tagung des Wissenschaftszentrums Berlin vorgestellt und diskutiert, die unter anderem der Verbesserung der begrifflichen Grundlagen der Engagementforschung gewidmet war. Die Dokumentation soll Ende des Jahres 2010 erscheinen. Vgl. Gensicke (2010c).

tensweisen und Nutzwerten als eine allgemeine soziale Qualität zu fassen. In einem solchen Verständnis geht es gleichzeitig um die Qualität der Gesellschaft als ganzer sowie um diejenige von Organisationen und Institutionen, besonders aber eines menschlichen Verhaltenstyps.[12]

Die Wertidee „Zivilgesellschaft" oder des „Zivilgesellschaftlichen" kann als „Ideal der freien Mitbürgerlichkeit" gefasst werden. Sie nimmt die klassischen demokratischen *Rechte* der Freiheit und der Gleichheit als Werte in sich auf, bezieht sich jedoch ebenso auf die demokratischen *Tugenden*, wie sie in der Gleichheit, besonders aber in der „Brüderlichkeit" enthalten sind.[13] Hohe zivilgesellschaftliche Wertschätzung genießt in der fortgeschrittenen Demokratie inzwischen der Wert der Toleranz, vor allem als kooperative Anerkennung des Unterschiedlichen. Die Zivilgesellschaft verknüpft das durch aktive Toleranz modernisierte bürgerlich-demokratische Werteset mit den Kriterien der Öffentlichkeit, im Sinne der Zugänglichkeit der zivilgesellschaftlichen Organisationen für alle Gutwilligen. Die Kategorien des Clans, des Geheimbunds, aber auch des exklusiven Clubs sind ihr fremd.[14]

Der Begriff des „Dritten Sektors" bestimmt denjenigen Typ öffentlicher Infrastruktur, der den zivilgesellschaftlichen Aktivitäten der Bürgerinnen und Bürger die am besten geeigneten Plattformen zur Verfügung stellt. Die Selbstorganisation in Vereinen, Gruppen und Initiativen hat dabei Vorrang. Bürgerinnen und Bürger wirken jedoch mit ihrem Engagement auch in die öffentlichen Institutionen und Einrichtungen hinein. Eine Aufgabe des Freiwilligensurveys ist es, in regelmäßigen Intervallen zu überprüfen, inwieweit die Strukturen des Dritten Sektors von den Bürgerinnen und Bürgern tatsächlich genutzt werden und aus welchen Gründen das geschieht. Zwar können zivilgesellschaftliche Kriterien auch im Ersten Sektor (Wirtschaft) und im Zweiten Sektor (Staat und Politik) eine Rolle spielen und sie sollten das auch mehr als bisher. Dennoch haben sie dort nur eine ergänzende Funktion.

Die Messung von Beteiligungsquoten der Bevölkerung im Dritten Sektor ist unverzichtbar, stellt jedoch einen quantitativen Typ von Daten zur Verfügung, aus dem qualitative Informationen über die Zivilgesellschaft nicht oder nur durch weitere Vertiefung zu gewinnen sind.[15] Das anspruchsvollere Ziel des Freiwilligensurveys ist es zu überprüfen, ob die Infrastrukturen und Rahmenbedingungen des Dritten Sektors ihren zivilgesellschaftlichen Charakter bewahren. Das stünde in Gefahr, wenn Organisationen und Institutionen in eine zu starke Nähe zum staatlich-politischen Apparat gerieten oder beginnen würden, wie Wirtschaftsunternehmen zu agieren. Deshalb wird überprüft, ob die Selbstbestimmtheit und

---

[12] Bei der Bestimmung der Zivilgesellschaft hilft weder ein „wertfreier" Funktionalismus weiter, noch eine Reduktion auf soziale Organisation. Funktionalität und Organisation sind Kennzeichen aller gesellschaftlichen Bereiche, sie treffen auf Politik und Wirtschaft weit mehr zu als auf die Zivilgesellschaft. Dass es in der Zivilgesellschaft besonders um soziale Werte geht, hat sie mit der Familie gemein, nur dass ihre Werte öffentliche Güter, die der Familie private Güter sind.

[13] Diese Sicht bezieht sich auf die klassischen Werte der bürgerlichen Revolution, wie sie besonders in Frankreich als Programm formuliert wurden. Die Brüderlichkeit war immer der am schwierigsten zu verwirklichende Wert dieser Trias.

[14] Dennoch erkennt der Freiwilligensurvey die sozialen Aktivitäten zugunsten von Benachteiligten seitens exklusiver Clubs wie der Rotarier oder der Lions als zivilgesellschaftlich an. Vorteil des Surveys ist dabei die konkrete Erfassung von Tätigkeiten, was dazu führt, dass allein die Mitgliedschaften in diesen Clubs noch nicht als freiwilliges Engagement gezählt werden, sondern nur konkrete soziale Engagements, die damit verbunden sind.

[15] Die Aufgliederung des Engagements nach 14 thematischen Bereichen, die der Freiwilligensurvey vornimmt, ist bereits eine wesentlich qualitativere Information als die „Engagementquote", die den Prozentsatz der Freiwilligen an der ab 14-jährigen Bevölkerung angibt.

Unabhängigkeit der dortigen Aktivitäten weiterhin gegeben und ob sie tatsächlich auf die Verbesserung des Gemeinwesens bezogen sind.

Der Begriff der Zivilgesellschaft wurde seitens der Demokratiebewegungen Mittel- und Osteuropas im Zusammenhang mit Revolution, Wende und gesellschaftlicher Transformation verwendet, ausdrücklich in Abgrenzung zur Vereinnahmung der Bürgerinnen und Bürger durch den staatlich-politischen Apparat. In freiheitlichen Gesellschaften setzen die Verfassung und die Gesetze dem Staat deutliche Grenzen, die aber immer wieder verteidigt werden müssen, wie die Beispiele Italiens und Ungarns zeigen. Von Verbänden und Institutionen oder von Bürgerinnen und Bürgern erwirkte Entscheidungen des Bundesverfassungsgerichtes, auch gegenüber EU-Institutionen, wahren die Rechte des demokratischen Souveräns. Ein anderes Abgrenzungsproblem zeigt sich in der immer stärkeren Überlappung des Dritten Sektors mit der privaten Wirtschaft. Zwar kann das in Zeiten knapper Kassen neue Möglichkeiten der Unterstützung eröffnen, aber wie bei der potenziellen Vereinnahmung der Bürgerinnen und Bürger durch den staatlich-politischen Apparat droht ein Verlust der besonderen Qualitäten der Zivilgesellschaft.

Trotz der schwierigen Abgrenzung zu Staat und Markt ist der Dritte Sektor am besten als *Strukturbegriff* der Zivilgesellschaft geeignet. Prinzipiell spricht nichts gegen eine gewisse Überlappung der gesellschaftlichen Sektoren. Das gilt zum einen für die Handlungsformen. Auch im Dritten Sektor sollten die Mittel effektiv eingesetzt werden und die Strukturen Entscheidungsfähigkeit gewährleisten, stets jedoch so, dass die engagierten Bürgerinnen und Bürger nicht vereinnahmt oder bevormundet werden. Andererseits sollte der Dritte Sektor ein kompetenter Ansprechpartner von Wirtschaft und Staat sein, um diese für gesellschaftliche Probleme und Chancen sensibilisieren zu können. Wie überall im Leben ist es wichtig, dass man offen füreinander ist, im Gespräch bleibt und sich austauscht. Für die Zivilgesellschaft ist weder Fundamentalopposition noch eine zu große Staats- und Wirtschaftsnähe sinnvoll. Das Kriterium besteht stets darin, ob die soziale Qualität des Gemeinwesens durch die jeweilige Kooperation gesteigert wird.

2. Öffentliches Leben und freiwilliges Engagement

Vielfältige Angebote des Dritten Sektors sind nur die Möglichkeit der Zivilgesellschaft, aber noch nicht deren Wirklichkeit. Lebendig ist sie nur, wenn sich die Menschen beteiligen und die Angebote wahrnehmen. Dieses Leben steigert sich von der sozial wohlwollenden, aber passiven Einstellung in Richtung einer immer intensiveren öffentlichen Aktivität. Ein gewisses Interesse an öffentlichen Angelegenheiten bestimmt die Bereitschaft, zumindest geistig die Schwelle des Privaten in Richtung der Öffentlichkeit zu überschreiten. Es kann sich in einer ersten Stufe zunächst in unverbindlichen Verhaltensformen ausdrücken, z. B. als Besuch von öffentlichen Veranstaltungen, als Beteiligung an einer Sportmannschaft, in einem Chor oder einer Kulturgruppe, an einer politischen, sozialen oder ökologischen Unterschriftenaktion usw. Das ist nur eine kleine Auswahl der Möglichkeiten öffentlicher Beteiligung. Dennoch gilt es festzuhalten, dass es in Deutschland nicht wenige Menschen gibt, die sich in keinem dieser öffentlichen Zusammenhänge einbringen, also Privatmenschen bleiben.

Es ist demnach nicht selbstverständlich, dass ein großer Teil der Bevölkerung in Deutschland seit Jahrzehnten an öffentlichen Angelegenheiten interessiert ist. Zwar schwankt die Intensität des Interesses und ist oft nur mittelmäßig, aber ungeachtet der Politikverdrossenheit in großem Umfang vorhanden (Grafik A1). Ein großer Schritt, mit dem sich Menschen nicht nur „theoretisch" in die Öffentlichkeit einbringen, ist der Eintritt in einen Verein oder eine andere Organisation. Im aktuellen Freiwilligensurvey wurden solche Mitgliedschaften erfasst und zwar mit einer relativ strengen Formulierung als in „gemeinnützigen" Organisationen (Grafik A2). Insgesamt sind 37 % der Bevölkerung Mitglied in einem Verein, einem Verband, einer Bürgerinitiative, einer Partei, einer Gewerkschaft oder einer anderen Organisation. Rechnet man die Kirchen und Religionsgemeinschaften dazu, zählt aber nur diejenigen Mitglieder, die sich mit diesen stark verbunden fühlen, stellt sich der (gemeinnützige) Organisationsgrad mit 44 % höher dar. Noch ausgeprägter ist er (60 %), wenn man diejenigen Befragten dazurechnet, die eine mittlere religiös-kirchliche Bindung[16] angegeben haben.[17]

Höher Gebildete, die vermehrt auch einen höheren Sozialstatus haben, sind häufiger Mitglieder in gemeinnützigen Organisationen. Durch ihre (oft mehrfachen) Mitgliedschaften und ihre vielen Leitungsfunktionen tragen sie die Organisationslandschaft des Dritten Sektors in besonderem Maße. Viele von ihren materiellen, sozialen und geistigen Ressourcen Begünstigte nehmen damit ihre Interessen wahr, geben aber auch etwas an die Gesellschaft zurück, vor allem indem sie zu deren Selbstorganisation beitragen. Dabei ragen anspruchsvolle Themen wie Kultur und Bildung heraus, aber auch die populäre Kategorie des Sports findet bei den Gebildeten vermehrt Zuspruch. Engagementpolitik und Organisationen müssen sich heute vermehrt darum bemühen, mehr Menschen aus einfachen Verhältnissen[18] (vor allem Jüngere) für die Mitgliedschaft in gemeinnützigen Organisationen und für die Teilnahme am freiwilligen Engagement zu gewinnen. Mitgliedsbeiträge sind für sozial Schwache oft schon eine kaum zu überwindende Hürde.

---

[16] Diese qualifizierende Verengung des Kriteriums der Kirchenmitgliedschaft ist deswegen nötig, da es in Deutschland zwar sehr viele Kirchenmitglieder gibt, viele aber nur „formal", im Sinne der (staatlich abgewickelten) Zahlung der Kirchensteuer Mitglieder sind. Sie üben kaum irgendwelche religiöse oder kirchliche Aktivitäten aus. Das betrifft vor allem Menschen ohne Migrationshintergrund in den alten Bundesländern, in den neuen Ländern sind sowohl Mitgliedschaft als auch Religiosität gering. Bei den Migrantinnen und Migranten sind sowohl die Bindung an die Religion als auch an die religiös-kirchlichen Organisationen viel höher als bei Nichtmigrantinnen und Nichtmigranten.

[17] Im WZBrief Zivilengagement vom August 2010 findet sich ein Überblick über die verfügbaren Daten zu Mitgliedschaften in Organisationen.

[18] Darunter sind viele Menschen mit Migrationshintergrund.

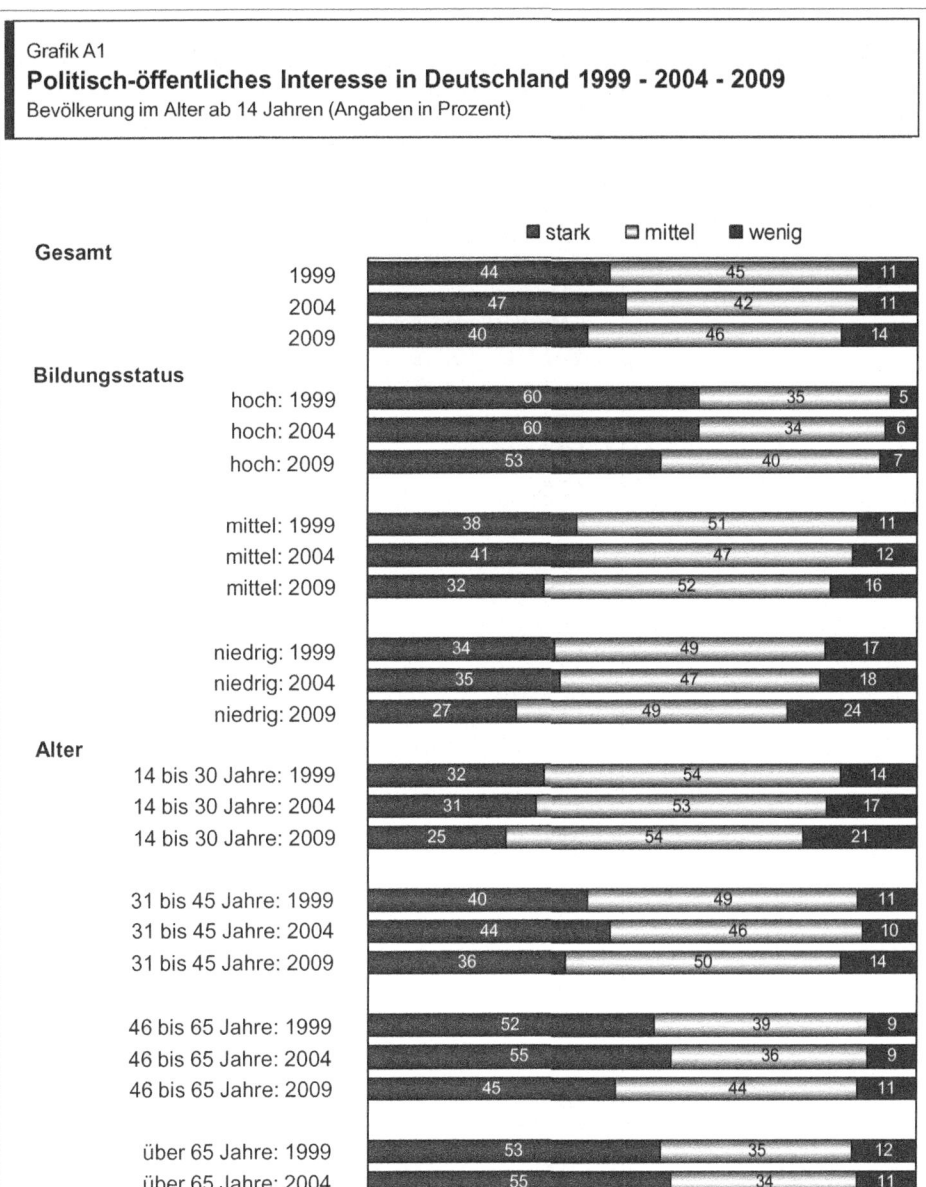

Grafik A1
Politisch-öffentliches Interesse in Deutschland 1999 - 2004 - 2009
Bevölkerung im Alter ab 14 Jahren (Angaben in Prozent)

■ stark ▢ mittel ■ wenig

	stark	mittel	wenig
Gesamt			
1999	44	45	11
2004	47	42	11
2009	40	46	14
Bildungsstatus			
hoch: 1999	60	35	5
hoch: 2004	60	34	6
hoch: 2009	53	40	7
mittel: 1999	38	51	11
mittel: 2004	41	47	12
mittel: 2009	32	52	16
niedrig: 1999	34	49	17
niedrig: 2004	35	47	18
niedrig: 2009	27	49	24
Alter			
14 bis 30 Jahre: 1999	32	54	14
14 bis 30 Jahre: 2004	31	53	17
14 bis 30 Jahre: 2009	25	54	21
31 bis 45 Jahre: 1999	40	49	11
31 bis 45 Jahre: 2004	44	46	10
31 bis 45 Jahre: 2009	36	50	14
46 bis 65 Jahre: 1999	52	39	9
46 bis 65 Jahre: 2004	55	36	9
46 bis 65 Jahre: 2009	45	44	11
über 65 Jahre: 1999	53	35	12
über 65 Jahre: 2004	55	34	11
über 65 Jahre: 2009	50	38	12

tns infratest   **Sozialforschung**

Grafik A2

Mitgliedschaften in gemeinnützigen Organisationen sowie Kirchenmitglieder mit wenigstens mittlerer subjektiver Bindung (2009)

Bevölkerung im Alter ab 14 Jahren (Angaben in Prozent): teils Mehrfachnennungen

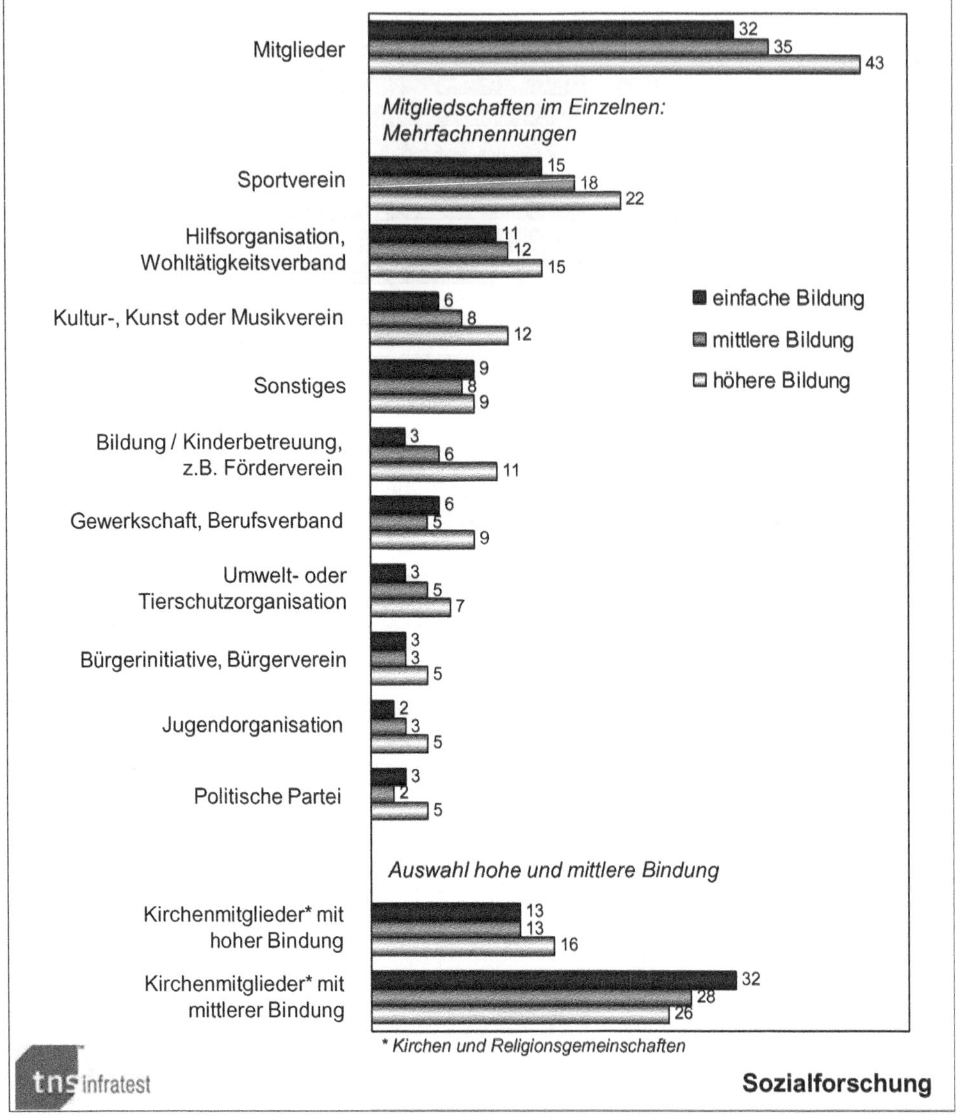

Mitglieder
- 32
- 35
- 43

Mitgliedschaften im Einzelnen: Mehrfachnennungen

Sportverein
- 15
- 18
- 22

Hilfsorganisation, Wohltätigkeitsverband
- 11
- 12
- 15

■ einfache Bildung

Kultur-, Kunst oder Musikverein
- 6
- 8
- 12

▨ mittlere Bildung

Sonstiges
- 9
- 8
- 9

□ höhere Bildung

Bildung / Kinderbetreuung, z.B. Förderverein
- 3
- 6
- 11

Gewerkschaft, Berufsverband
- 6
- 5
- 9

Umwelt- oder Tierschutzorganisation
- 3
- 5
- 7

Bürgerinitiative, Bürgerverein
- 3
- 3
- 5

Jugendorganisation
- 2
- 3
- 5

Politische Partei
- 3
- 2
- 5

Auswahl hohe und mittlere Bindung

Kirchenmitglieder* mit hoher Bindung
- 13
- 13
- 16

Kirchenmitglieder* mit mittlerer Bindung
- 32
- 28
- 26

* *Kirchen und Religionsgemeinschaften*

tns infratest

Sozialforschung

Der dritte Freiwilligensurvey widmete sich erstmals auch den (im engeren Sinne) politischen Aktivitäten der Bürgerinnen und Bürger. Dass es in Deutschland eine gewisse Entfremdung zwischen den Wahlbürgerinnen und Wahlbürgern (vor allem den jüngeren) und der Parteiendemokratie gibt, ist unter dem Schlagwort der „Politikverdrossenheit" heute unumstritten. Führt das jedoch zu einer generellen Abwertung politischer Aktivität? Das scheint nicht unbedingt der Fall zu sein. 53 % der Bürgerinnen und Bürger haben schon einmal an einer Unterschriftenaktion teilgenommen, 41 % an einer Bürgerversammlung, 33 % an einer politischen Demonstration, 27 % an einer Bürgerinitiative. Allerdings haben nur 9 % ein politisches Amt ausgeübt (Tabelle A1). Ob politische Aktivitäten ausgeführt werden, ist wie bei der Mitgliedschaft in gemeinnützigen Organisationen stark vom formalen Bildungsniveau abhängig; die Unterschiede zwischen einfachem und gehobenem Bildungsniveau sind sogar noch größer.

Tabelle A1: Politische Aktivitäten, die man bisher wenigstens einmal durchgeführt hat

Politische Aktivitäten	Ge-samt	Politisches Interesse			Formales Bildungsniveau		
		stark	mittel	wenig	hoch	mittel	einfach
Teilnahme an Unterschriftenaktion	53	71	47	22	66	49	35
Teilnahme an Bürgerversammlung im Ort	41	54	37	18	44	41	36
Demonstration	33	45	28	16	47	27	17
Teilnahme an Bürgerinitiative	27	36	24	12	32	27	18
Politisches Amt / Verantwortung	9	15	5	2	12	6	5

Quelle: Freiwilligensurvey 2009, Zustimmungen in Prozent

Die Zivilgesellschaft gewährt den Bürgerinnen und Bürgern heute viele Möglichkeiten zum unverbindlichen „Hineinschnuppern". Überall gibt es Formen der Beteiligung, die wenig verpflichtend sind, aber vielfältige Anknüpfungen für eine freiwillige Selbstbindung innerhalb der „Infrastruktur der Zivilgesellschaft" bieten. Im Freiwilligensurvey wurde für diesen weiten Einzugsbereich der Begriff der „Reichweite der Zivilgesellschaft" eingeführt.[19] Dass freiwilliges Engagement den Kern oder das Herz der Zivilgesellschaft darstellt, wird kaum bestritten. Dass die Zivilgesellschaft aber noch einen weiteren Rahmen hat und welchen Wert und welche Funktion dieser Aktionsradius der Zivilgesellschaft hat, wurde durch den Freiwilligensurvey besonders herausgestellt. Diese Leistung, eine Reichweitenschätzung der Zivilgesellschaft vornehmen und über die Zeit beobachten zu können, wird noch zu wenig zur Kenntnis genommen.

---

[19] In der bereits zitierten Studie „Zivilgesellschaft in Ostdeutschland".

Sinnvoll erscheint es, Prozessmodelle zu entwickeln, die zeigen, wie Menschen durch ihre öffentliche Aktivität in die Zivilgesellschaft „hineingezogen" werden, die aber auch erklären, warum andere nicht erreicht werden. Erst recht von Interesse ist die Frage, wie es zur Selbstbindung des freiwilligen Engagements kommt und was dem entgegensteht. Darüber hinaus muss in einer mobilen und sich kulturell wandelnden Gesellschaft von zunehmenden Pendelbewegungen zwischen unverbindlicher, teilnehmender öffentlicher Aktivität und freiwilligem Engagement ausgegangen werden, besonders in den großen Metropolen und Städten. Detaillierten Aufschluss darüber können nur Panelstudien oder Befragungen liefern, die näher an der Einzelperson angesiedelt sind als periodische Querschnitte. Dennoch hat der Freiwilligensurvey solche Denkmodelle angestoßen und trägt im Rahmen seiner Möglichkeiten zu ihrer Weiterentwicklung bei.

3.   Stärken und Grenzen des Freiwilligensurveys

Der Freiwilligensurvey hat eine Reihe von Stärken, stößt jedoch als Bevölkerungsbefragung auch an seine Grenzen. Zunächst sollen die Stärken benannt werden, die dazu geführt haben, dass der Survey bereits in einer dritten Untersuchungswelle durchgeführt wurde und inzwischen von Wissenschaftlerinnen und Wissenschaftlern, Politikerinnen und Politikern, Funktionärinnen und Funktionären, Praktikerinnen und Praktikern sowie Engagierten intensiv genutzt wird. Sowohl für die Enquete-Kommission des Bundestags „Zukunft des bürgerschaftlichen Engagements" als auch für die Unterausschüsse des Bundestags, die dem bürgerschaftlichen Engagement gewidmet sind, war und ist der Survey ein wichtiges Arbeitsinstrument.

Hohe Fallzahl: Der erste Freiwilligensurvey startete 1999 mit einem Umfang von 14.922 Interviews und war damit bereits eine der größten deutschen Bevölkerungsbefragungen, der zweite folgte 2004 mit 15.000 Interviews. Ein wichtiger Grund für dieses aufwendige Format ist, dass auch (von der Zahl der Engagierten her) kleine, aber gesellschaftlich wichtige Engagementbereiche abgebildet werden sollten. Es sollten nicht nur Aussagen über Großbereiche wie Sport, Kindergarten und Schule, Religion und Kirche, Kultur und Freizeit gemacht werden, sondern auch über kleinere Bereiche wie die freiwillige Feuerwehr und die Rettungsdienste, die außerschulische Jugend- und Bildungsarbeit, den Umwelt- und Tierschutz, die politische und berufliche Interessenvertretung sowie Gesundheit und lokales Bürgerengagement. Die Vielzahl der größeren und kleineren Bereiche spiegelt die Vielfalt der Möglichkeiten des Engagements und der Interessen der Engagierten in Deutschland wider. Diese „zersplitterte" Situation, die es schwer macht, überhaupt von einem Freiwilligen-„Sektor" zu sprechen[20], erfordert einen hohen statistischen Aufwand, um richtig dargestellt zu werden. Die hohe Fallzahl des Surveys hat noch weitere positive Wirkungen. So konnte von Anfang an fast allen Bundesländern eine Stichprobe von mindestens 900 Befragten zur Verfügung gestellt werden, sodass für die meisten Informationen des Surveys

---

[20] Das ist dennoch nötig, weil die Notwendigkeit unabweisbar ist, die Zivilgesellschaft und das freiwillige Engagement zu einem Politikfeld mit Querschnittcharakter und zentraler Verantwortung zu machen. Jede Regierungschefin und jeder Regierungschef auf Bundes- und Landesebene sollte die Förderung des Bürgerengagements unter ihre bzw. seine Schirmherrschaft nehmen, weil damit einerseits eine große gesellschaftliche Ressource besser genutzt werden kann, andererseits die Freiwilligen sich dadurch anerkannt sehen.

auch landesspezifische Aussagen ermöglicht wurden.[21] Ganz besonders die neuen Bundesländer und die Stadtstaaten profitierten davon.

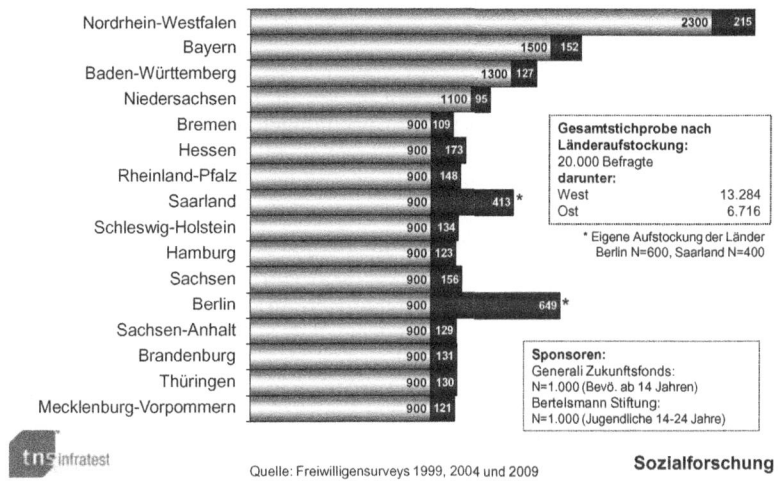

Grafik A3
Freiwilligensurvey 2009: Stichprobe nach Ländergliederung und verschiedenen Aufstockungen

Nordrhein-Westfalen 2300 215
Bayern 1500 152
Baden-Württemberg 1300 127
Niedersachsen 1100 95
Bremen 900 109
Hessen 900 173
Rheinland-Pfalz 900 148
Saarland 900 413 *
Schleswig-Holstein 900 134
Hamburg 900 123
Sachsen 900 156
Berlin 900 649 *
Sachsen-Anhalt 900 129
Brandenburg 900 131
Thüringen 900 130
Mecklenburg-Vorpommern 900 121

Gesamtstichprobe nach
Länderaufstockung:
20.000 Befragte
darunter:
West 13.284
Ost 6.716

* Eigene Aufstockung der Länder
Berlin N=600, Saarland N=400

Sponsoren:
Generali Zukunftsfonds:
N=1.000 (Bevö. ab 14 Jahren)
Bertelsmann Stiftung:
N=1.000 (Jugendliche 14-24 Jahre)

tns infratest

Quelle: Freiwilligensurveys 1999, 2004 und 2009

Sozialforschung

Bedeutende Fallzahlerhöhung 2009: Im Rahmen der dritten Welle des Surveys wurde die Stichprobe des Freiwilligensurveys auf 20.005 Interviews erhöht, sodass nunmehr in allen Flächenländern und Stadtstaaten mindestens 1.000 Interviews durchgeführt wurden (Grafik A3). Diese Stichprobenvergrößerung ging auf mehrere Ursachen zurück. Zum Ersten finanzierte das Ministerium nunmehr auch dem Saarland, Bremen und Schleswig-Holstein eine Stichprobe von 900 Interviews. Zum anderen stockten das Saarland und Berlin ihre Stichproben aus eigenen Mitteln auf, und zwar um jeweils 400 und 600 Interviews. Drittens stellte der Zukunftsfonds der Generali Versicherungen Mittel für weitere 1.000 Interviews zur Verfügung, die den kleineren Länderstichproben (mit jeweils 900 Befragten) zugeschlagen wurden, die nunmehr 1.000 Interviews zur Verfügung haben. Viertens ermöglichte die Bertelsmann Stiftung die Durchführung von 1.000 zusätzlichen Interviews mit Jugendlichen im Alter von 14 bis 24 Jahren. Diese Aufstockungen führten zu deutlichen Verbesserungen der Auswertungsmöglichkeiten des Freiwilligensurveys. Die Größe der Stichprobe, die der Freiwilligensurvey inzwischen erreicht hat, hat die Möglichkeiten verbessert, kleine Engagementbereiche und Bevölkerungsgruppen zu untersuchen, die bei den viel geringeren Stichproben der üblichen Befragungen nicht dargestellt werden können. Das können sehr fein geschnittene Altersgruppen sein (z. B. 14- bis 19-Jährige oder 70- bis 75-Jährige) und eröffnet die Möglichkeit, verschiedene Merkmale zu kombinieren, z. B. Alter mit Geschlecht (etwa um 20- bis 25-jährige Frauen und Männer miteinander zu vergleichen

---

[21] Die Robert Bosch Stiftung finanzierte 1999 5.000 Interviews des Freiwilligensurveys, da sie besonders an länderspezifischen Informationen des Freiwilligensurveys interessiert war.

oder Ähnliches). Nicht zuletzt ist im Rahmen des Surveys 2009 die Lage der Zivilgesell-schaft in den neuen Ländern und in den Stadtstaaten noch besser beschreibbar. Verbessert haben sich ebenfalls die Analysemöglichkeiten für kleinere Gruppen wie etwa Schülerinnen und Schüler oder Arbeitslose. Im Rahmen des aktuellen Freiwilligensurveys ergab sich eine Stichprobe von mehr als 1.000 arbeitslos Gemeldeten, darunter über 600 Empfängerinnen und Empfänger von Arbeitslosengeld 2. Fast 2.500 junge Leute in der Ausbildungsphase wurden befragt (Schülerinnen und Schüler, Auszubildende und Studierende), darunter über 900 Schülerinnen und Schüler.

Erfassung konkreter Tätigkeiten: Um seine Kernaufgabe zu erfüllen, den Umfang des freiwilligen Engagements der Bürgerinnen und Bürger belastbar zu erfassen, stützt sich der Freiwilligensurvey nicht auf die Abfrage von Meinungen und Einstellungen. So wichtig diese sind, um Motive und Hintergründe des Engagements aufzudecken, so wenig reichen sie für eine realistische Bestandsaufnahme des freiwilligen Engagements aus. Dieses be-steht in konkreten Aufgaben, Arbeiten und Funktionen, die Menschen im Rahmen der „Inf-rastruktur der Zivilgesellschaft" längerfristig übernehmen. Diese Infrastruktur wird durch die vielen Vereine, Initiativen und Gruppen gebildet, von Großorganisationen ebenso wie durch die öffentlichen Institutionen und Einrichtungen, in denen Freiwillige tätig sind. Die Tätigkeiten von Freiwilligen und Ehrenamtlichen, ihren menschlichen Einsatz, ihre Leis-tungen sichtbar zu machen, ist eine Kernleistung des Freiwilligensurveys. Es ist schnell gesagt, man sei irgendwo und irgendwie „engagiert". Praktisch wird es jedoch dann, wenn wörtlich beschrieben werden muss, worin dieses Engagement eigentlich im Konkreten besteht. Der Freiwilligensurvey ist die einzige große Befragung, in der *offene* Fragen ge-stellt werden wie: Im Rahmen welcher Organisation oder öffentlichen Einrichtung findet Ihre Tätigkeit statt? Welche Aufgabe, Arbeit oder Funktion üben Sie dort im Moment aus? Es kann nicht genug darauf hingewiesen werden, wie wichtig die Verfügung über diese nicht durch Kategorien gestützten, sondern wörtlichen Angaben ist, um das Engagement in der Zivilgesellschaft realistisch zu erfassen.

Prüfung freiwilliger Tätigkeiten auf Gültigkeit und Bereichszuordnung: Es muss er-staunen, wie wenig noch immer die Frage der exakten Erfassung freiwilligen Engagements und deren Bedeutung für die Qualität der gewonnenen Informationen über die Zivilgesell-schaft diskutiert wird. Die oft vorrangig angesprochenen Fragen der Größe von Stichproben und vor allem der zeitlichen Dichte der entsprechenden Umfragen verdecken eine entschei-dende Schwäche aller zum Thema des freiwilligen Engagements alternativ zum Freiwilli-gensurvey vorliegenden und zitierten Umfragen. Wird das freiwillige Engagement nur oberflächlich mit einzelnen, kurzen Fragen erfasst, richtet sich das Interesse nicht auf wirk-lich ausgeübte, konkrete Tätigkeiten und wird deren Profil nicht durch anschließende Nach-fragen vertieft, können die besten Stichproben und zeitlich dichtesten Wiederholungsbefra-gungen nicht die zwangsläufig auftretenden Qualitätsmängel beheben.[22] Im aktuellen Frei-

---

[22] Hier liegt eine Schwäche der „Bericht zur Lage und zu den Perspektiven des bürgerschaftlichen Engagements" im Auftrag des BMFSFJ (vgl. Alscher et al. 2009). Es fehlt sowohl eine hinreichend scharfe Definition des freiwil-ligen Engagements als auch eine Diskussion der Messqualität in verschiedenen Umfragen. Das ausführlich zitierte Sozioökonomische Panel (SOEP), eine qualitativ hochwertige und jährlich wiederholte Großumfrage der Sozial-forschung, ist eine sehr unzureichende Quelle für Informationen über das freiwillige Engagement. Es wird jedoch in dieser Hinsicht überstrapaziert, obwohl es freiwilliges Engagement nur als randständiges Thema mit einer sehr einfachen Frage zu den Freizeitgewohnheiten der Befragten erfasst.

willigensurvey lagen über 14.000 offene Tätigkeitsangaben vor, die nach Inhalt und organisatorischer Anbindung auf ihre Gültigkeit hin überprüft wurden. Ca. 2.000 Tätigkeiten wurden aussortiert und Tausende von Tätigkeiten zutreffender bestimmten Tätigkeitsbereichen zugeordnet. Dieser Aufwand lohnt sich, indem belastbare Informationen über das freiwillige Engagement in Deutschland gewonnen werden.

Übersicht 1: Auswahl typischer ehrenamtlicher bzw. freiwilliger Tätigkeiten

- THW: Wir sind für die Brandbekämpfung, Unfallrettung und den Katastrophenschutz verantwortlich.
- Ich arbeite in einer Kleingartenanlage e. V.: Ich bin dort Wasserobmann und kümmere mich um die Wasseranlagen im Verein.
- Fußballverein: Ausbau von Sportlerheim
- Unterhaltung für Seniorinnen und Senioren, Kaffeetafel und bunte Nachmittage gestalten
- Verschönerung des Dorfes: Planung, die alte Schule umbauen
- Schule als Arbeitsgemeinschaftsleiter: Arbeit mit Kindern, Vermitteln von Grundkenntnissen am PC
- Kinderchöre Stafflangen: Vorbereitung der Kinderchöre und Räume für Auftritte schmücken
- Schülercafé an meiner Schule, Freizeitgestaltung wie Bastelarbeiten; Pausenversorgung der Mitschülerinnen und Mitschüler
- Soziokultur-Bürgerverein: Vorsitzender
- Kindergarten: Elternbeirat
- Turnverein: Hilfe zu Kinderfesten
- Tierheim: Tiere betreuen
- Landesverband: Organisation des ärztlichen Notdienstes, speziell Kindernotdienst
- Grundschule: Elternvertreter
- Umweltschutz: Vorträge halten und Veranstaltungen selbst organisieren
- Jakobusgesellschaft: Organisiere Samstags-Pilgern auf dem Jakobusweg
- Katholische Erwachsenenbildung in Sachsen-Anhalt: Referententätigkeit
- Programm zur Integration von Langzeitarbeitslosen: Koordinierung von Haushaltsauflösungen
- Schule für lernbehinderte Kinder: Instandsetzung von Spielgeräten
- Kirche: Gemeindeblätter austragen, anfallende Arbeiten
- Handball: Trainerin
- Kreisjagdverband: Ausbildung von Jägerinnen und Jägern
- Rettungshundestaffel vom Arbeiter-Samariter-Bund: Helferin mit eigenem Hund
- Naturschutzverein: Vorsitzender
- Förderverein für eine Grundschule: Hausmeistertätigkeiten
- Die grünen Damen (Hilfsorganisation): Besuchsdienste (Einkaufen, Betreuung bei Seniorenheimbewohnerinnen und -bewohnern)
- Ich bin hier im Angelverein tätig. Jugendbetreuung, ich bin für die Jugendarbeit verantwortlich.
- VDK – Verband der Kriegsbeschädigten und Hinterbliebenen: stellvertretender Vorstand
- Gewerkschaftsjugend: Ich bin stellvertretende Vorsitzende.
- Gießereifachverband: Vorstand (verantwortlich für das Organisieren von Veranstaltungen)
- Fußball: Übungsleiter
- Theatergruppe: Regisseur
- Universität: Betreuung von Studierenden bei Projekten
- Pflegeheim: Spazieren gehen, Singen, Vorlesen
- Schützenverein: Veranstaltungen vorbereiten
- DRK: Zusammenstellung von Kleiderspenden für Bedürftige
- Wassersportclub: Vorsitzende
- Kindergarten: Elternausschuss

- Schule: Lesepause, Musical-AG unterstützen
- Verein zur Rettung einer kleinen romanischen Dorfkirche: Kassiererin und Vorstand
- SOVD (Sozialverband Deutschland – Reichsbund): Kassierer
- Siedlerverein: Arbeiten, die anfallen, z. B. Essen vorbereiten, Aufbauen
- Wanderverein: Wegewart
- Sportverein im Ort: Organisation des Kulturellen (Veranstaltungen, Gestaltung der Räumlichkeiten)
- Deutsche Physikalische Gesellschaft: Weiterbildung
- Seniorenbüro: Zuständig für die Finanzen
- Entwicklungshilfe: Betreuen von Mitgliedern und kümmere mich um den Schriftverkehr
- Katholische Kirche: Wochenendtreff, Bedienung der Gäste, Spiele organisieren, Leitung von Gesprächen
- Pfadfinder: Organisation und Kinderbetreuung
- Baptistengemeinde: Vorbereiten und Durchführen von Kindergottesdiensten, Reinigen der Räume
- Die Tafel: Vorsortieren und Ausgabe der Lebensmittel, Reinigung der Räume
- Menschen mit Behinderungen: Erwachsenenbildung – Einführung in den 1. und 2. Arbeitsmarkt (PC-Handhabung)
- Sportverein: Kassenprüfung
- Turnverein: Abteilungsleiter
- Kirchenvorstand: Baubetreuung
- Chor: Stimmenbildung von den Personen, die im Chor sind
- Fußballverein: Betreuung (Fahrdienst)
- Evangelische Kirchengemeinde: Betreuung der Kindergruppe, z. B. Basteln, Ausflüge mitgestalten und ausführen, Besprechung von Geschichten, Singen mit Kindern
- Bibliotheksförderverein: Vorstandsmitglied
- Tierheim: Tiere sauber halten, Ordnung halten und mit den Tieren reden
- Fördergesellschaft Landeskulturbesitz: Organisation von Arbeitsabläufen und im Verkauf im Museumsshop
- Deutsch-Griechische Gesellschaft: Organisation von Festen und Verkauf
- Telefonseelsorge: allgemeine Fragen der Anruferinnen und Anrufer aus allen Altersgruppen
- Demenzkranke: Betreuung der Demenzkranken
- Gemeinderat: Vorsitzende
- Orchester: Beschaffung und Fördermittel
- SPD: Kassenwart
- Kreisjugendring: Jugendgruppenbetreuer
- Tafel: Telefonistin
- Schwarzwaldverein: Wanderprotokollführung
- Feuerwehr Musikzug: Schriftführerin, Kassenwart
- Kreisverkehrswacht: Schulungen
- Freiwillige Feuerwehr: Gerätewart
- Weißer Ring: Organisation von Veranstaltungen
- CDU: Wahlkampfhelfer
- AWO: Betreuung von Behinderten
- Gewerkschaft Verdi: im Vorstand
- Hilfsschöffe Jugendgericht: Ehrenamtlicher Richter
- Volkssolidarität: Leiterin, Organisation
- DRK: Sanitätsbereich: 2. Vorsitzender
- NABU Naturschutzbund: Ornithologische Bestandserfassung
- Leib und Seele: Lebensmittel werden gesammelt und ausgeteilt
- Mütterzentrum: Organisation und Betreuung
- Selbsthilfegruppe: Stellvertretende Leiterin

- Freiwillige Feuerwehr: Funkbeauftragte
- Fußballverein – Finanzgremium – Aufsichtsrat: Finanztätigkeit
- Schülerparlament: Abgeordneter, Interessenvertretung
- Altenheim: Beschäftigung, Unterhaltung mit Seniorinnen und Senioren
- Gartenverein: Ich übernehme die Elektroarbeiten, Kontrolle von elektrischen Anlagen
- Ausländerbeirat: Verantwortlich für Ausländerpolitik
- Greenpeace Ortsgruppe: Leiter AG Meere
- Tischtennisverein: Zeugwart
- Hospizverein: Begleitung von Sterbenden
- Unabhängige Bürgerinitiative: Unterschriftensammlung
- Gegen die B519: Organisatorische Dinge
- Deutsch-Amerikanisches Institut: Bibliothekarin
- Dombauverein: Vorstand
- Citykids e. V. – Ferienbetreuung: Aufsicht von Kindern in den Ferien in Tschechien
- Schule – Gewaltprävention, Freunde üben Rücksicht: Durchführung von Projekten, Schulungseinheiten 3. und 4. Klassen
- Stadt Oldenburg: Bildungspatenschaften
- DRK: Mehrgenerationenhaus: Hausmeistertätigkeiten, Mithilfe bei der Ausführung von Veranstaltungen
- DLRG: Ausbildung von Schwimmerinnen/Schwimmern und Rettungsschwimmerinnen und Rettungsschwimmern: Arbeit mit unterschiedlichen Generationen, die ihre Schwimmtätigkeiten verbessern möchten.
- Wassersportverein: Pressearbeit
- Bauernverband: Obmann
- Tierpark technische Arbeiten: Pflege der Tiere, technische Maßnahmen
- Moschee: Gruppenleiterin

Große qualitative Breite der Informationen: Über die Frage nach dem Umfang des freiwilligen Engagements und dessen quantitativer Entwicklung im Zeitverlauf hinaus wird oft übersehen, dass eine langfristig angelegte Strategie der Engagementförderung Informationen benötigt, die weit darüber hinausgehen. Das sind Fragen, die sich vor allem auf die Qualität des freiwilligen Engagements beziehen. Verschieben sich die Felder und Inhalte dieses Engagements? Ändern sich die Gründe, warum sich Menschen freiwillig engagieren, oder die Zugangswege, auf denen Menschen zum freiwilligen Engagement kommen? Was wünschen sich die Freiwilligen von Politik und Öffentlichkeit an Unterstützung? Was liegt in der Hand der Organisationen und Einrichtungen, um die Rahmenbedingungen für freiwilliges Engagement zu verbessern? Zu diesen Fragen können die alternativ zum Freiwilligensurvey zitierten nationalen wie internationalen Umfragen keine Antworten geben. Das ist angesichts des Themenspektrums, das sie in erster Linie abbilden sollen (vor allem objektive und subjektive Wohlfahrtsindikatoren), völlig verständlich. Das zeigt aber den besonderen Wert des Freiwilligensurveys, der sich aufgrund seines Zuschnitts intensiv mit der Qualität der Zivilgesellschaft beschäftigen kann. Periodisch bietet er eine Aufnahme von Problemlagen der Zivilgesellschaft, die für die Akteure, die das freiwillige Engagement der Bürgerinnen und Bürger unterstützen wollen, weiterführender sind als quantitative Aspekte.

Grenzen der Umfrageforschung: Der Freiwilligensurvey stößt trotz seiner Bemühungen um eine objektive Erfassung freiwilliger Tätigkeiten an Grenzen, die durch das Verfahren der Umfrageforschung und die heutigen wirtschaftlichen und gesellschaftlichen Verhältnisse gesetzt werden. Im weitesten Sinne ist es der „Faktor Mensch", der mit seiner Subjektivität der objektiven Erfassung seines Verhaltens Grenzen setzt. Das beginnt bereits damit, dass in Umfragen nur Menschen angesprochen werden können, die überhaupt erreichbar sind. Im Falle des Freiwilligensurveys geht es vor allem darum, dass sie in Privathaushalten leben und dort in einem bestimmten Zeitintervall anzutreffen sind. Eine weitere und wesentlichere Hürde wird durch die unterschiedliche Teilnahmebereitschaft der Menschen gesetzt: Besonders vorsichtige oder besonders wenig mitteilsame Menschen können nur schlecht oder gar nicht für ein Interview gewonnen werden. Die kommerziellen Aktivitäten von schwarzen Schafen, die sich der vielen neuen Call-Center bedienen, machen es der seriösen Umfrageforschung schwerer, Personen für ein Interview zu gewinnen, trotz der ausdrücklichen Versicherung, im öffentlichen Auftrag zu handeln und nichts verkaufen zu wollen. Neben der möglichst hohen Objektivierung der Interviewsituation hilft nur ein nachträglicher Ausgleich, der die Effekte der Antreffwahrscheinlichkeit und Teilnahmebereitschaft der Menschen korrigiert (Gewichtung). Und zuallerletzt: Auch wenn es der Politik oft schwerfällt, muss im Umgang mit Umfrageergebnissen berücksichtigt werden, dass es sich um (statistisch und methodisch fundierte) Schätzungen handelt, mit denen versucht wird, sich dem wahren Wert (den jedoch niemand wirklich kennt) anzunähern.

B Trend-Indikatoren zur Entwicklung der Zivilgesellschaft in der Dekade 1999 – 2009

(Thomas Gensicke)

1. Dritter Sektor im Aufschwung: Steigende Reichweite der Zivilgesellschaft

1.1 Die 2-Stufen-Methode des Freiwilligensurveys

Die Methodik, mit der der Freiwilligensurvey die Reichweite der Zivilgesellschaft und deren „Herz", das freiwillige Engagement der Bürgerinnen und Bürger erfasst, wurde bereits ausführlich beschrieben und begründet.[23] Es gilt zunächst daran zu erinnern, dass der Freiwilligensurvey entgegen seiner ursprünglichen Konzeption, nur das freiwillige Engagement und dessen inhaltliche Charakteristik zu erfassen, seine Auswertungsmöglichkeiten bereits in der ersten Welle erweitert hat. Von Anfang an bestand außerdem der Kern des Konzepts darin, das freiwillige Engagement der Bürgerinnen und Bürger nicht direkt, sondern vermittelt über methodisch ausgefeilte Zwischenschritte zu erfassen.

Ausgangspunkt war die Annahme, dass es eine wesentliche Voraussetzung der korrekten Erfassung freiwilligen Engagements ist, zunächst einzugrenzen, ob eine Person überhaupt Zugang zu dem hat, was heute „Infrastruktur der Zivilgesellschaft" oder „Dritter Sektor" genannt wird. Dabei geht es (auch befragungstechnisch) um zwei wichtige Dinge; zum einen um die Rationalisierung des Dialogs mit den Befragten zu einem emotional besetzten Thema, zum anderen um eine Öffnung des Blicks bei denjenigen Befragten, die sich zwar in der Zivilgesellschaft beteiligen, sich dessen aber in der Situation des Interviews nicht ausreichend bewusst sind. Rationalisierung soll heißen, dass der Blick auf das objektiv Erfassbare und Sachliche gelenkt wird; auf praktische Zusammenhänge, auf bestimmte Tätigkeiten und Leistungen. „Öffnung" meint, dass das für einen Teil der Befragten zwar Selbstverständliche, aber nicht unbedingt sofort Präsente korrekt und vollständig erfasst wird.

Verengung und Erweiterung sind zwei Ziele des Freiwilligensurveys. Verengung soll insofern erreicht werden, als die emotionalen Aspekte des Sozialen und Mitbürgerlichen, die „nur" Einstellung und nicht Verhalten sind, zwar im Rahmen des Surveys ihren angemessenen Platz finden, aber aus dem Prozess der Erfassung eines praktischen Verhaltens, des freiwilligen Engagements, herausgehalten werden. Die objektive Zählung freiwilliger Tätigkeiten in organisatorischen Kontexten ist etwas anderes als die Erfassung sozialer Einstellungen, so wichtig diese in der Umfrageforschung sind. Auf der anderen Seite muss diese Zählung auch umfassend und vollständig sein. Man sollte nicht unterschätzen, dass es nicht wenige Menschen gibt, die ihre prosozialen Aktivitäten zu wenig würdigen und spontan im Interview gar nicht oder unvollständig bekunden. Hier ist oft eine Erweiterung des Blicks nötig, um diese Tätigkeiten zu erfassen.

Eine objektivierende Zähl-Methodik muss also sowohl dem „Überschäumen" eines eher emotionalen Menschentyps entgegensteuern als auch dem sozialen „Understatement"

---

[23] Vgl. Gensicke, Picot, Geiss (2006), Gensicke (2010a).

eines eher sachlichen Charaktertyps. Beides wird durch die Ansprache von organisatorischen oder institutionellen Kontakten einer Person zur „Infrastruktur der Zivilgesellschaft" erreicht. Die vielfältigen Kontakte, die nicht wenige Menschen in Deutschland zur „Landschaft" der Organisationen und Institutionen haben, sind ihnen, durch den Anruf der Interviewerin bzw. des Interviewers aus ihrem Alltag herausgerissen, nicht unbedingt gleich präsent. Aber auch unabhängig davon, ob eine Person im Rahmen ihrer Beziehungen zum Dritten Sektor auch konkrete Tätigkeiten oder Funktionen übernommen hat (freiwilliges Engagement), lohnt es sich auch die nur oberflächlichen oder lockeren Beziehungen der Menschen zu den Organisationen und Institutionen zu erfassen. Damit werden bereits wesentliche Aussagen zur zivilgesellschaftlichen und sozialen Qualität unserer Gesellschaft möglich, insbesondere wenn sich diese Beziehungen thematisch und über die Zeit hinweg darstellen lassen.

Letztlich geht es dabei um die mehr oder weniger intensive Integration des Individuums der modernen Gesellschaft in die sogenannte Meso-Ebene der Gesellschaft, die zwischen der Mikroebene der kleinen Gemeinschaften und der Makroebene der sozialen Systeme angesiedelt ist und im modernen Gemeinwesen eine wichtige Vermittlungsfunktion übernimmt. Diesen Typ der meso-sozialen Integration zu erfassen, ist ein wesentliches Forschungsthema der Sozialforschung, aber kein theoretischer Selbstzweck: Mitglieder von Organisationen, aber in vielen Fällen auch Teilnehmerinnen und Teilnehmer von informellen Gruppen und Projekten, von Veranstaltungen und anderen Aktivitäten im Rahmen von Vereinen, Organisationen, öffentlichen Einrichtungen und Institutionen sind wesentlich besser auf die Übernahme freiwilliger Tätigkeiten ansprechbar bzw. erhalten mehr Anregungen dazu als Menschen, die sich (aus welchen Gründen auch immer) von den öffentlichen Organisationen und Institutionen fernhalten.

Setzt man diese Sichtweise in einem Befragungskonzept wie dem Freiwilligensurvey um, dann fällt zunächst auf, dass es vergleichsweise viele Menschen gibt, die keine Beziehungen zur Zivilgesellschaft bzw. zum Dritten Sektor haben. Diesen Menschen fehlt jene zivilgesellschaftliche Vermittlung zwischen der kleinen und der großen Struktur der Gesellschaft. Einen Typ der öffentlichen Vermittlung zwischen Mikro- und Makroebene der Gesellschaft stellt auch die Erwerbstätigkeit dar und diese Vermittlung überschneidet sich empirisch mit der zivilgesellschaftlichen, da Erwerbstätige deutlich häufiger freiwillig engagiert sind als z. B. Rentnerinnen und Rentner oder Arbeitslose. Eine öffentliche Vermittlungsfunktion ähnlicher Art haben auch die Bildungs- und Ausbildungseinrichtungen. Sie wird empirisch dadurch belegt, dass junge Leute in der Ausbildungsphase, insbesondere der verlängerten, intensiven Kontakt zum Dritten Sektor haben.

Kommunale Informations- und Kontaktstellen wissen, wie schwierig es ist, aufs Geratewohl Menschen auf freiwillige Tätigkeiten hin anzusprechen. So wichtig ihre Aufgabe in einer inzwischen weniger milieuintegrierten und regional mobileren Gesellschaft ist, so sind doch die traditionellen Kanäle der Gewinnung von Freiwilligen über Vereine und Organisationen, die durch die Traditionen und die Mundpropaganda der Familien-, Verwandtschafts-, Freundes- und Bekanntennetzwerke verstärkt und vermittelt werden, weiterhin von großer Bedeutung. Zwar steigt der Anteil der Menschen, die über eigene Initiative in eine freiwillige Tätigkeit finden. Dennoch kommt immer noch die große Mehrheit der freiwilligen Tätigkeiten dadurch zustande, dass Menschen im Rahmen von Organisationen und Institutionen von leitenden Personen auf die Übernahme einer Tätigkeit hin angesprochen werden.

Menschen, die sich nicht über die Schwelle ihres privaten Daseins in die organisierte Öffentlichkeit begeben, die also außerhalb der Reichweite der Zivilgesellschaft verbleiben, sind somit viel schwieriger zu erreichen als solche, die sich bereits im Einzugsbereich der Zivilgesellschaft bewegen. Zwar geben persönliche Erlebnisse und Eindrücke immer mehr Menschen Anstöße für ein Engagement, aber eine organisatorische oder institutionelle Einbindung ist ein erleichternder Faktor, wodurch aus solchen Anstößen auch dauerhafte Tätigkeiten werden. Die Methodik des Freiwilligensurveys spiegelt damit die Praxis des Engagements wieder. Ihr Vorteil besteht darin, dass sie auf einem Prozessdenken beruht. Das idealtypische Modell postuliert zunächst eine einfache lineare Entwicklungskette, die mit öffentlichem Interesse beginnt, das von Kindern und Jugendlichen durch Erziehung in der Familie und in den Bildungseinrichtungen verinnerlicht wird. Diese Disposition mündet in eine kind- und jugendgemäße, noch unverbindliche zivilgesellschaftliche Beteiligung und letztlich in die Übernahme einer zivilgesellschaftlichen Aufgabe. Von diesem Idealpfad her lassen sich mannigfaltige Abweichungen denken, punktuell kann es sogar ganz andere Modelle geben.

Prozessdenken geht davon aus, dass Menschen nicht nur aus teilnehmender Aktivität in Organisationen und Institutionen in eine freiwillige Tätigkeit wechseln, sondern sich oft auch in den Status der teilnehmenden Aktivität zurückbewegen. Neben die Idee eines folgerichtigen Übergangs aus öffentlicher Aktivität in eine langfristige freiwillige Tätigkeit tritt somit die wohl zeitgemäßere Idee des Pendelns zwischen „nur" öffentlicher Aktivität und eines Engagements mit verbindlichem Charakter. „Pendeln" verweist wörtlich auf das Phänomen der modernen regionalen Mobilität. Der Idealpfad des Übergangs junger Menschen in das Engagement hat viel mit einer Verwurzelung in einem lokalen Milieu zu tun. Das ist dort immer noch zu beobachten, allerdings ist heute diese dauerhafte Einbindung junger Leute in ein vertrautes lokales Milieu immer weniger gegeben. Die Konsequenzen für das Engagement jüngerer Menschen werden sich wie ein roter Faden durch die aktuelle Berichterstattung des Freiwilligensurveys ziehen.

Unter den jüngeren Menschen ist der Anteil derjenigen stark zurückgegangen, die noch an ihrem Geburtsort leben. Immer mehr bewegen sich damit aus vertrauten Strukturen heraus und müssen sich woanders neu orientieren und integrieren. Vielen gelingt es, neue private wie öffentliche Beziehungen aufzubauen, aber das braucht Zeit. Damit weichen gerade die jüngeren Menschen zunehmend vom Idealpfad des Hineinwachsens in die Zivilgesellschaft ab bzw. sie zeigen in ihrem Lebensverlauf, dass dieser Pfad von zumeist temporären Brüchen geprägt ist. Hätte der Freiwilligensurvey die Kategorie der sogenannten „nur öffentlich Aktiven" (aber nicht freiwillig Engagierten) nicht von Anfang an eingeführt, dann müsste sie heute erfunden werden, gerade für die jungen Leute. Das gilt ebenso für Menschen mit Migrationshintergrund und die Bewohnerinnen und Bewohner der Großstädte (beides überlagert sich oftmals), insbesondere für Metropolen wie Berlin oder Hamburg. Immer mehr junge Leute sind im Rahmen der Zivilgesellschaft teilnehmend aktiv, dennoch haben (langsam, aber stetig) immer weniger freiwillige Tätigkeiten übernommen.

Diese Phänomene stehen in auffälliger Parallelität zur Entwicklung der Zivilgesellschaft in den Kernen der großen Ballungsräume. Das Prozessdenken knüpft auch an die Unterschiede der Siedlungsweise an. Bei jungen Leuten ist die Familiengründung, oft in Richtung der 30er-Lebensjahre hinausgeschoben, der Punkt, an dem das Engagement wieder sprunghaft ansteigt. Jetzt gilt es sich zu integrieren, oft an einem neuen Wohnort. Man richtet sich ein, je nach Lebensart in den eher zentralen szenigen Vierteln, den locker bebauten Vierteln der Großstädte, die etwas außerhalb liege bzw. weiter draußen in den Siedlungen am Stadtrand oder in den verdichteten Regionen um die Ballungsräume herum. Über die Kinder, aber auch anderweitig ergeben sich vielfältige Netzwerke, die zumeist eng mit der Zivilgesellschaft verknüpft sind, sei es über die Selbstorganisation oder öffentliche Institutionen und Einrichtungen. Je ländlicher das Milieu, desto mehr ist zivilgesellschaftliche Integration auch unmittelbare soziale Integration, während in den Ballungsräumen die ausgebaute kommerzielle Kultur- und Freizeitinfrastruktur eine Alternative setzt, wobei die Übergänge zwischen öffentlicher und kommerzieller Struktur oft gleitend sind.

Glücklicherweise eignet sich das Instrumentarium des Freiwilligensurveys sowohl zur Beschreibung des Idealpfads als auch der zunehmenden Diskontinuitäten des Engagements. Es ist somit für traditionelle wie auch für moderne Muster des Engagements und der entsprechenden Zugänge offen. Der Freiwilligensurvey erfasst den Zugang der Bevölkerung zur Zivilgesellschaft mittels der Abfrage der öffentlichen Aktivitäten von Befragten in 14 thematischen Bereichen. Die Eingangsfrage richtet die Aufmerksamkeit der Befragten auf die Infrastruktur der Zivilgesellschaft und grenzt diese klar von der Arbeitswelt und vom Privatleben ab. Das wird auch mit Hilfe der Ansprache öffentlicher Organisationsformen erreicht (Übersicht 2). Diese Abgrenzung wird in der Folge in fast jedem Aktivitätsbereich durch spezifische organisatorische Beispiele konkretisiert (z. B. Sportverein, Musikgruppe, Wohlfahrtsverband, Jugendgruppe, Bürgerinitiative usw.). In einigen Bereichen gewährleistet die Nennung bestimmter Funktionen die Hinführung zu einer passenden Bereichszuordnung besser (Elternvertretung, Helfer, Schöffe). Im Bereich Unfall- oder Rettungsdienst oder in der freiwilligen Feuerwehr liegen die Verhältnisse so eindeutig, dass auf eine Nennung von Beispielen ganz verzichtet werden konnte.

Die Abfrage der öffentlichen Aktivitäten setzt zunächst einen relativ weiten, im Vergleich zu anderen Lebensaktivitäten allerdings verengenden Filter, der im Interview eine doppelte Funktion erfüllt. Zum einen trägt das Verfahren der Tatsache Rechnung, dass es sich bei den Aktivitäten im Rahmen der Infrastruktur der Zivilgesellschaft zumeist um seltener ausgeübte Tätigkeiten handelt als bei solchen, die bei der Erwerbs- und Familienarbeit anfallen, aber auch um seltenere Tätigkeiten als die vielfältigen Unterhaltungs- und Erholungsaktivitäten. Es geht im Interview darum, diese Tätigkeiten, die in der Erinnerung weniger präsent sind, in die Aufmerksamkeit der Befragten zu rücken. Zum anderen soll auch die Besonderheit dieser Aktivitäten ins Bewusstsein gerufen werden, um sie von anderen (Arbeit, Familie, Freizeit), zu denen zumeist gewisse Überlappungen bestehen, abzugrenzen. Dazu trägt die Ansprache von organisatorischen Einbindungen oder Funktionen bei, die die Möglichkeiten der zivilgesellschaftlichen Beteiligung vor den Befragten ausbreiten.

Es kostet im Interview viel Zeit, die Liste möglicher öffentlicher Aktivitäten (vgl. Übersicht 2) vorzulesen. Dennoch ermöglicht dieses Verfahren eine möglichst vollständige Erfassung der zivilgesellschaftlichen Aktivitäten. Befragte, die sich in keinem der angesprochenen Zusammenhänge beteiligen, werden in der Folge zum Thema „aktuell ausgeübtes freiwilliges Engagement" nicht weiter befragt, wohl aber zu ihrem früheren Engagement oder zu ihrer Bereitschaft zum freiwilligen Engagement. Die beschriebene Abfrage hat jedoch nicht nur methodischen Charakter im Sinne eines schrittweisen Verfahrens zur Identifizierung der „echten" Freiwilligen, sondern liefert bereits wichtige inhaltliche Informationen. Sie zeigt zum Beispiel das Gewicht verschiedener Themen für die öffentliche Mobilisierung der Bevölkerung: Welchen Bereichen gelingt es am ehesten, die Menschen über die

Schwelle des Privaten zu locken und in die öffentliche Infrastruktur der Zivilgesellschaft wenigstens in lockerer, teilnehmender Form einzubinden?

Massenwirksamkeit öffentlicher Aktivitätsbereiche bedeutet jedoch nicht, dass es auch gelingt, die vielen dort eher locker eingebundenen Menschen auch für längerfristige Aufgaben, Arbeiten und Funktionen zu gewinnen. Dennoch wäre es ein großer Fehler, die Bedeutung der populären Themen als Sprungbrett für die Einbeziehung breiter Bevölkerungsgruppen in die Öffentlichkeit zu unterschätzen. Das Beispiel des Sports, der einen sehr großen Anteil, besonders auch der jüngeren Bevölkerung (darunter auch Migrantinnen und Migranten) mobilisiert, weist darauf hin, wie sich auf der Basis gemeinsamer Interessen massenhaft Sozialisationsformen entwickeln, die letztlich auch den Zusammenhalt der Gesellschaft sichern.

Übersicht 2: Erfassung von teilnehmender Aktivität in der Infrastruktur der Zivilgesellschaft

Es gibt vielfältige Möglichkeiten, außerhalb von Beruf und Familie irgendwo mitzumachen, beispielsweise in einem Verein, einer Initiative, einem Projekt oder einer Selbsthilfegruppe. Ich nenne Ihnen verschiedene Bereiche, die dafür in Frage kommen. Bitte sagen Sie mir, ob Sie sich in einem oder mehreren dieser Bereiche aktiv beteiligen.

Sind Sie irgendwo aktiv ...

(1)   im Bereich **Sport und Bewegung,**
       z. B. in einem Sportverein oder in einer Bewegungsgruppe?
(2)   im Bereich **Kultur und Musik,**
       z. B. einer Theater- oder Musikgruppe, einem Gesangsverein, einer kulturellen Vereinigung oder einem Förderkreis?
(3)   im Bereich **Freizeit und Geselligkeit,**
       z. B. in einem Verein, einer Jugendgruppe oder einem Seniorenclub?
(4)   im **sozialen Bereich,**
       z. B. in einem Wohlfahrtsverband oder einer anderen Hilfsorganisation, in der Nachbarschaftshilfe oder einer Selbsthilfegruppe?
(5)   im **Gesundheitsbereich,**
       z. B. als Helfer in der Krankenpflege oder bei Besuchsdiensten, in einem Verband oder einer Selbsthilfegruppe?
(6)   im Bereich **Schule oder Kindergarten,**
       z. B. in der Elternvertretung, der Schülervertretung oder einem Förderkreis ?
(7)   in der **außerschulischen Jugendarbeit oder der Bildungsarbeit für Erwachsene,**
       z. B. Kinder- oder Jugendgruppen betreuen oder Bildungsveranstaltungen durchführen?
(8)   im Bereich Umwelt, Naturschutz oder Tierschutz,
       z. B. in einem entsprechenden Verband oder Projekt?
(9)   im Bereich **Politik und politische Interessenvertretung,**
       z. B. in einer Partei, im Gemeinderat oder Stadtrat, in politischen Initiativen oder Solidaritätsprojekten?
(10) im Bereich der **beruflichen Interessenvertretung außerhalb des Betriebes,**
       z. B. in einer Gewerkschaft, einem Berufsverband, einer Arbeitsloseninitiative?
(11) im **kirchlichen oder religiösen Bereich,**
       z. B. in der Kirchengemeinde, einer kirchlichen Organisation oder einer religiösen Gemeinschaft?
(12) im Bereich der **Justiz und der Kriminalitätsprobleme,**

> *z. B. als Schöffin bzw. Schöffe oder Ehrenrichterin bzw. Ehrenrichter in der Betreuung von Straffälligen oder Verbrechensopfern?*
>
> (13) im **Unfall- oder Rettungsdienst oder in der freiwilligen Feuerwehr**?
> (14) im Bereich **sonstiger bürgerschaftlicher Aktivität an Ihrem Wohnort**,
>
> *z. B. in Bürgerinitiativen oder Arbeitskreisen zur Orts- und Verkehrsentwicklung, aber auch in Bürgerclubs und Sonstigem, das bisher nicht genannt wurde?*

1.2   Organisationsformen und Engagementbereiche

2009 waren mehr als zwei Fünftel der Bevölkerung (42 %) in sportlichen Zusammenhängen öffentlich beteiligt sei es in Vereinen (ganz überwiegend), Verbänden oder informellen Gruppen (Grafik B2). Die Bereiche der Freizeitaktivitäten sowie der kulturellen, künstlerischen und musischen Aktivitäten haben ebenfalls eine wichtige sozialintegrative Funktion, wobei der seit 2004 zu beobachtende Rückgang der öffentlichen Beteiligung im Freizeitbereich auffällig ist. Die thematisch besonders populären Bereiche ziehen viele Menschen über die Schwelle privater Aktivität und Gesellung. Mit den Bereichen Sport, Freizeit und Kultur ist der Sektor der klassischen Vereinsaktivitäten zum großen Teil abgedeckt. Die in der Größenordnung folgenden Bereiche Soziales, Kindergarten und Schule sowie Kirche und Religion stehen vermehrt für die Struktur- und Organisationsformen der öffentlichen Institutionen und Einrichtungen. Alle haben im Zeitverlauf Zuwächse zu verzeichnen. Es wird sich zeigen, dass sie, obwohl sie im Vergleich zum populären Vereinssektor weniger Menschen teilnehmend einbeziehen, vermehrt in der Lage sind, öffentlich Aktive als Engagierte langfristig zu binden. Das hat verschiedene Gründe: Es kann der ethische oder religiöse Grad an Verbindlichkeit sein, aber auch das familiäre Interesse an einer guten Betreuung, Förderung und Bildung eigener Kinder in öffentlichen Einrichtungen.

Es wäre allerdings falsch, die verschiedenen Bereiche der Zivilgesellschaft in einen künstlichen Gegensatz zu stellen. Die thematische Vielfalt der öffentlichen Beteiligung ist Ausdruck unterschiedlicher Lebenslagen, der besonderen Anforderungen bestimmter Lebensphasen sowie unterschiedlicher ethischer Ansprüche. Außerdem sind die Bereiche der Zivilgesellschaft auch inhaltlich unterschiedlich strukturiert, was das Verhältnis von unverbindlich Beteiligten und denjenigen Menschen betrifft, die regelmäßig Verantwortung für Funktionen, Aufgaben und Arbeiten übernehmen. Mannschaften und Chöre, Jugend-, Wander- und Reisegruppen haben oft einen großen Umfang, die Organisatorinnen bzw. Organisatoren und Betreuerinnen bzw. Betreuer bilden jedoch im Vergleich dazu eine ziemlich kleine Minderheit. Im sozialen Bereich legen dagegen die meisten mit Hand an, indem sie praktische Arbeiten übernehmen, Klientinnen und Klienten betreuen und beraten, Spenden sammeln usw. Das ist auch in der Kirche, im Umweltschutz und in anderen Bereichen der Fall. Im sozialen Bereich herrscht darüber hinaus wegen der angespannten Lage der öffentlichen Kassen oft finanzielle Knappheit, ebenso bei den öffentlichen Kindergärten und Schulen. Deshalb besteht die Gefahr, dass Freiwillige, oft Frauen, dauerhaft zu „Lückenbüßern" einer notorisch „klammen" öffentlichen Hand werden. Auf der anderen Seite verstärkt das Ausweichen der Besserverdienenden auf private Kindergärten und Schulen soziale Schieflagen.

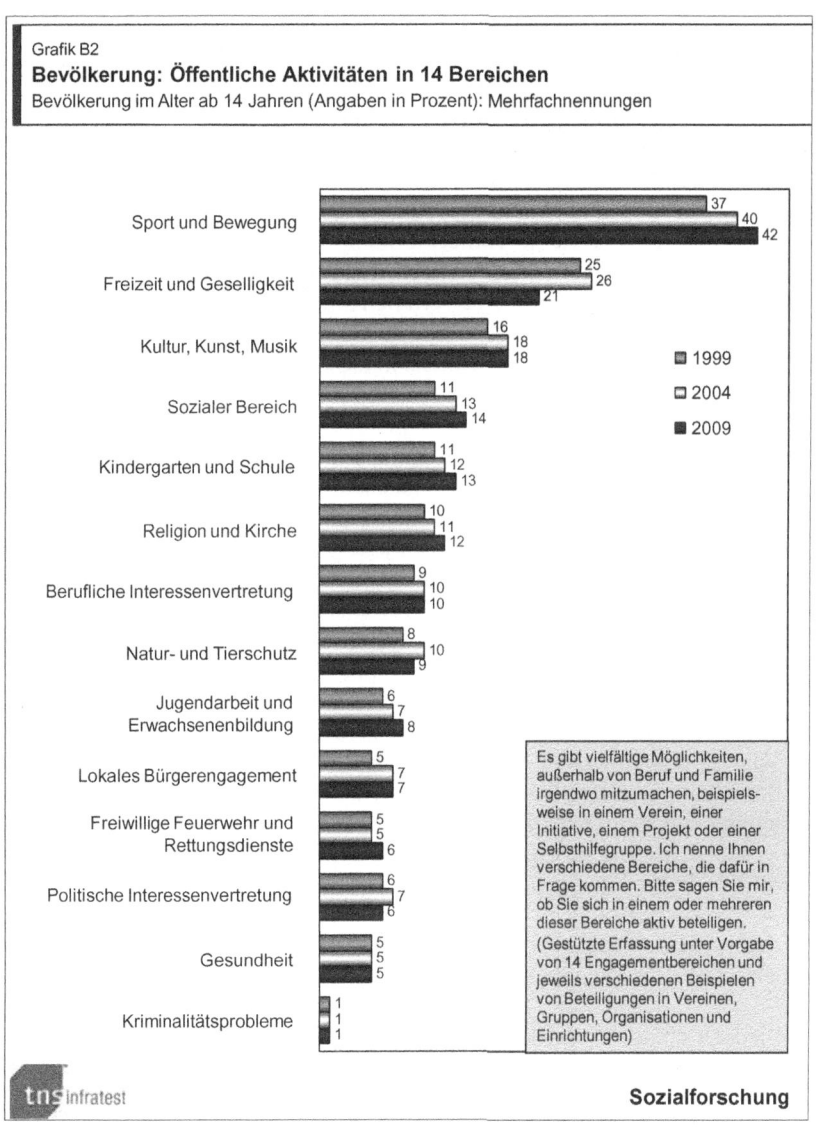

Grafik B2
Bevölkerung: Öffentliche Aktivitäten in 14 Bereichen
Bevölkerung im Alter ab 14 Jahren (Angaben in Prozent): Mehrfachnennungen

Verschiedene Bevölkerungsgruppen haben zu den Bereichen der öffentlichen Aktivität eine unterschiedliche Affinität. Im Sportbereich sind besonders viele jüngere Leute aktiv, im Bereich Kirche und Religion und Soziales vermehrt ältere Menschen. Dennoch integriert die Kirche auch viele junge Menschen, vor allem mit Freizeit- und Kulturangeboten. Teilweise ist die erhöhte Bedeutung von Kirche und Religion für junge Leute jedoch auch Effekt des in dieser Gruppe deutlich erhöhten Anteils an Migrantinnen und Migranten. Der Bereich freiwillige Feuerwehr und Rettungsdienste ist auf dem Lande besonders stark vertreten und stützt sich bevorzugt auf junge Leute und Erwerbstätige. Letztere sind naturgemäß im Bereich der beruflichen Interessenvertretung vermehrt aktiv. Dieser Sektor verzeichnet auch besonders große Unterschiede zwischen Frauen und Männern, ebenso Politik, freiwillige Feuerwehr und Rettungsdienste sowie lokales Bürgerengagement. Das sind Bereiche, in denen besonders viele Männer öffentlich aktiv sind. In den großen Bereichen Sport, Kultur, Freizeit und Soziales in etwa gleichem Umfang wie die Männer vertreten, sind Frauen vermehrt in den Bereichen Kindergarten und Schule, Religion und Kirche sowie Gesundheit öffentlich aktiv.

Familien setzen in charakteristischer Weise eigene Aktivitätsschwerpunkte. Im Sport fallen sie mit einer Aktivitätsquote von etwa 50 % besonders auf, noch mehr im Bereich Schule und Kindergarten, wo die 4-Personen-Haushalte mit 27 % und die 5-Personen-Haushalte (und größere) sogar mit 29 % vertreten sind (alle Befragten: 13 %). Die großen Familien ab 5 Personen sind auch sehr stark im Bereich Kirche und Religion aktiv, wohl auch eine Folge des erhöhten Migrantenanteils in dieser Haushaltsform.

Neben der Auflistung öffentlicher Aktivitäten der Bevölkerung in einzelnen Themenbereichen lässt sich auch im Allgemeinen etwas über die Reichweite der Zivilgesellschaft sagen. Diese Größe, die die Ansprechbarkeit der Bevölkerung für zivilgesellschaftliche Funktionen und Aufgaben im Rahmen der organisatorischen und institutionellen Infrastruktur anzeigt, hat sich zwischen 1999 und 2009 deutlich erhöht. Kriterium der Ermittlung der Reichweite der Zivilgesellschaft ist, dass Befragte in mindestens einem der 14 Bereiche teilnehmend aktiv sind. Die Reichweite stieg von einem bereits hohen Stand von 66 % auf 71 % (Grafik B3). Der Zuwachs war in Ostdeutschland ausgehend von einem deutlich geringeren Niveau (1999: 56 %, 2009: 64 %) besonders deutlich, sodass darin (wie auch bei der Engagementbereitschaft nicht freiwillig Engagierter) die größte Annäherung beider Landesteile erkennbar wird.

Bei diesen Zahlen ist allerdings wie auch beim freiwilligen Engagement zu berücksichtigen, dass es eine Grauzone zwischen öffentlicher Beteiligung und Nichtbeteiligung bzw. von Privatheit und Öffentlichkeit gibt, die einen unscharfen Rand des Übergangs und der Überlappung darstellt. Diese soll im Freiwilligensurvey nicht weiter aufgelöst werden, während bei der Erfassung des freiwilligen Engagements weitgehende Möglichkeiten geschaffen wurden, diesen Rand genauer abzugrenzen.

1.3   Unterschiede des Zugangs zur Zivilgesellschaft

Zuvor soll jedoch überprüft werden, wie sich die Reichweite der Zivilgesellschaft in den verschiedenen Bevölkerungsgruppen darstellt bzw. ob sich die bereits 1999 und 2004 erkennbaren Unterschiede abgeschwächt oder verstärkt haben. Im Rahmen der Berichtsperiode waren beide Geschlechter und die meisten Altersgruppen an der Erhöhung der Reichweite der Zivilgesellschaft beteiligt (Grafik B3). Auffällig ist allerdings, dass die öffentliche Beteiligung der Gruppe der 46- bis 65-Jährigen seit 2004 stagniert. Im Gegensatz dazu wird in der 10-Jahresperiode zwischen 1999 und 2009 bei den älteren Menschen im Alter von über 65 Jahren ein starker und kontinuierlicher Anstieg der öffentlichen Beteiligung von 52 % auf 66 % erkennbar. Zum anderen zeigt sich, dass der Unterschied der Beteiligung zwischen Frauen und Männern erhalten geblieben ist. Die älteren Menschen haben sich deutlich an die jüngeren Altersgruppen im Alter von bis zu 65 Jahren angenähert und liegen mit 66 % öffentlicher Beteiligung 2009 bei Weitem nicht mehr so deutlich unter dem bundesweiten Durchschnitt von 71 %.

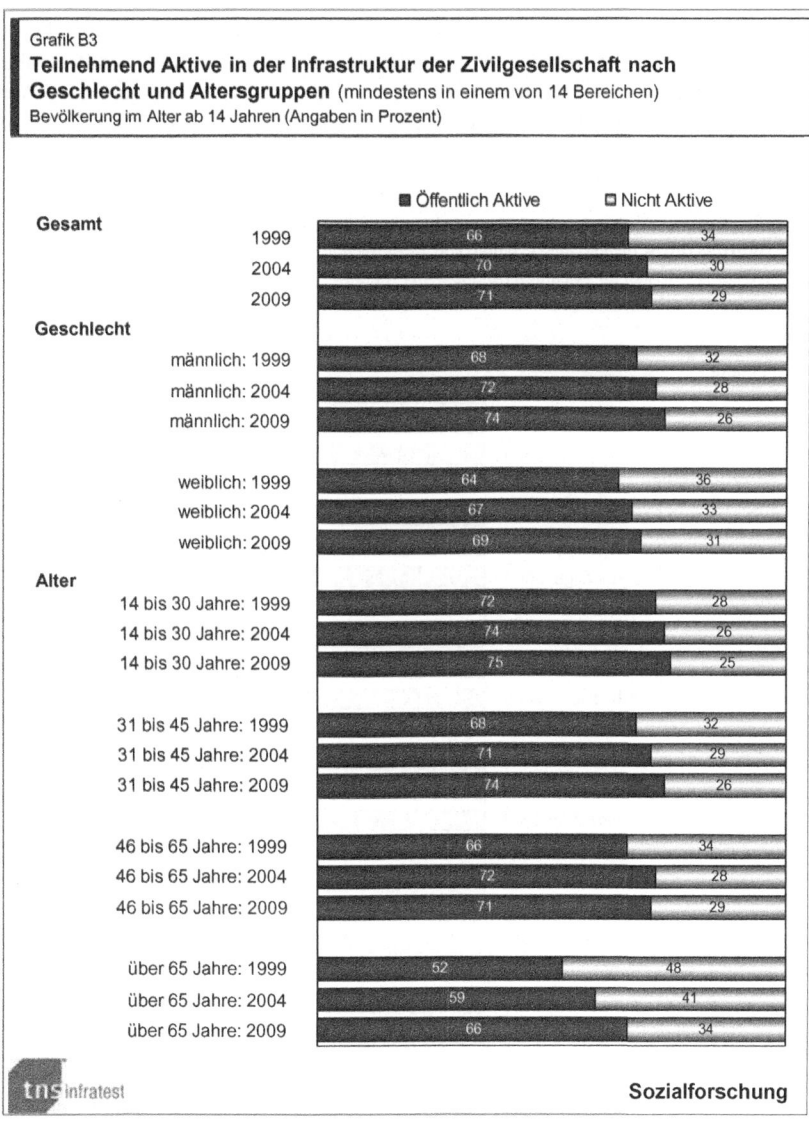

Grafik B3
Teilnehmend Aktive in der Infrastruktur der Zivilgesellschaft nach Geschlecht und Altersgruppen (mindestens in einem von 14 Bereichen)
Bevölkerung im Alter ab 14 Jahren (Angaben in Prozent)

Erweitern lässt sich das Bild durch den Einbezug von Gruppen mit unterschiedlicher Stellung zum Erwerbsbereich (Grafik B4). Danach sind die jungen Leute in den verschiedenen Phasen der Ausbildung (Schülerinnen und Schüler, Auszubildende, Studierende) die öffentlich aktivste Gruppe, gefolgt von den Erwerbstätigen. Auf die Erwerbstätigen wird bei der Analyse des freiwilligen Engagements noch detailliert eingegangen: Hier soll der Hinweis genügen, dass bei Teilzeitarbeit die öffentliche Aktivität zwar höher ist als bei Vollzeittätigkeit, dennoch alle Arbeitszeitgruppen öffentlich recht aktiv sind. Bei einer Arbeitszeit von 16 bis 20 Stunden wird mit 80 % ein besonders hoher Beteiligungswert erreicht. Den Rekord halten jedoch die Schüler mit 85 %, noch vor den Studierenden mit 80 %, wobei

der Wert der Gymnasiastinnen und Gymnasiasten mit 91 % seinesgleichen sucht. Arbeitslose Menschen sind am wenigsten in die Infrastruktur der Zivilgesellschaft einbezogen.
Dieser Befund deckt sich mit zahlreichen anderen Indikatoren, die zeigen, dass Arbeitslosigkeit mit verminderter sozialer Integration und anderen Benachteiligungen einhergeht.

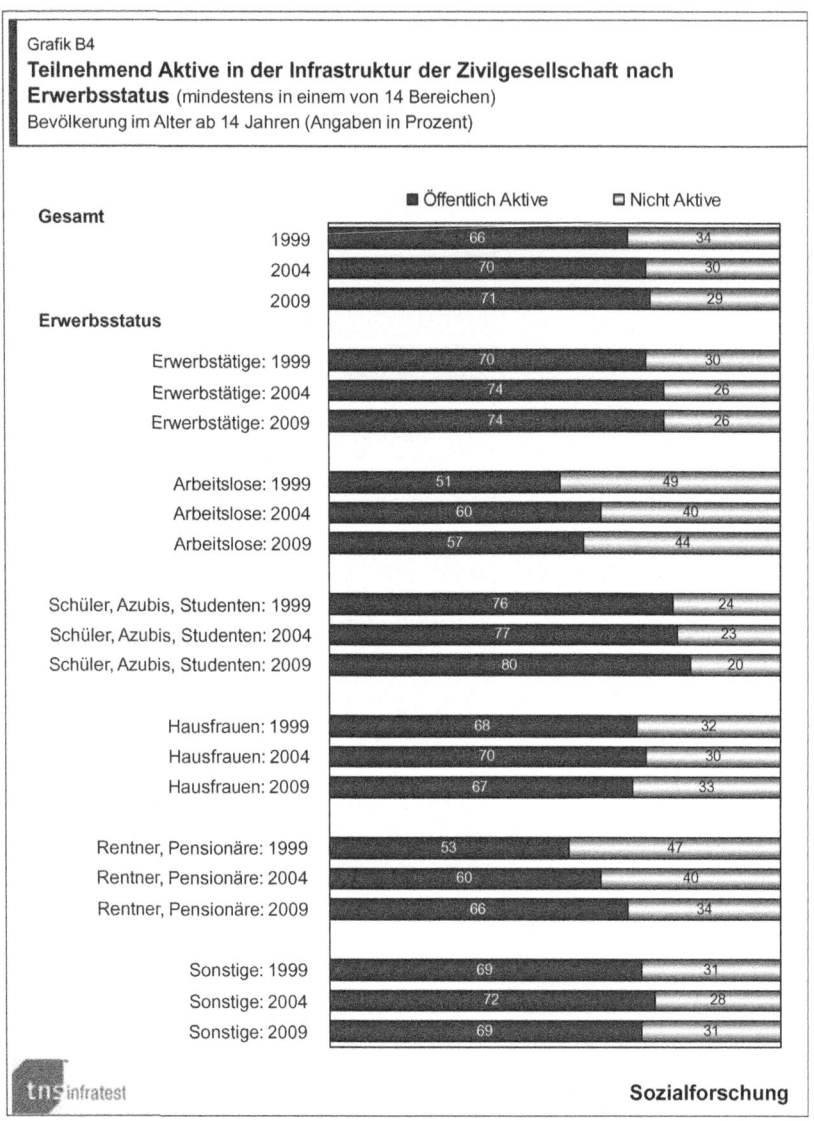

Grafik B4

Teilnehmend Aktive in der Infrastruktur der Zivilgesellschaft nach
Erwerbsstatus (mindestens in einem von 14 Bereichen)
Bevölkerung im Alter ab 14 Jahren (Angaben in Prozent)

■ Öffentlich Aktive   □ Nicht Aktive

Gesamt

	Öffentlich Aktive	Nicht Aktive
1999	66	34
2004	70	30
2009	71	29

Erwerbsstatus

	Öffentlich Aktive	Nicht Aktive
Erwerbstätige: 1999	70	30
Erwerbstätige: 2004	74	26
Erwerbstätige: 2009	74	26
Arbeitslose: 1999	51	49
Arbeitslose: 2004	60	40
Arbeitslose: 2009	57	44
Schüler, Azubis, Studenten: 1999	76	24
Schüler, Azubis, Studenten: 2004	77	23
Schüler, Azubis, Studenten: 2009	80	20
Hausfrauen: 1999	68	32
Hausfrauen: 2004	70	30
Hausfrauen: 2009	67	33
Rentner, Pensionäre: 1999	53	47
Rentner, Pensionäre: 2004	60	40
Rentner, Pensionäre: 2009	66	34
Sonstige: 1999	69	31
Sonstige: 2004	72	28
Sonstige: 2009	69	31

tns infratest   **Sozialforschung**

Die Zunahme der öffentlichen Aktivität von Arbeitslosen zwischen 1999 und 2004 hat sich
in der Folgeperiode nicht weiter fortgesetzt. Dabei ist zu berücksichtigen, dass sich unter
den Arbeitslosen wegen des zunehmenden Drucks, eine Beschäftigung aufzunehmen, immer mehr Menschen finden, die (zumindest nach den offiziellen Kriterien) als „schwer

vermittelbar" gelten. Sie sind zumeist mit längerer und deswegen deprimierender bzw. desaktivierender Arbeitslosigkeit konfrontiert. Vorausgreifend soll darauf hingewiesen werden, dass bei freiwillig engagierten Arbeitslosen ein starkes Integrationsbedürfnis daran erkennbar wird, dass sie dabei einen besonders ausgeprägten Wunsch nach sozialen Kontakten haben.

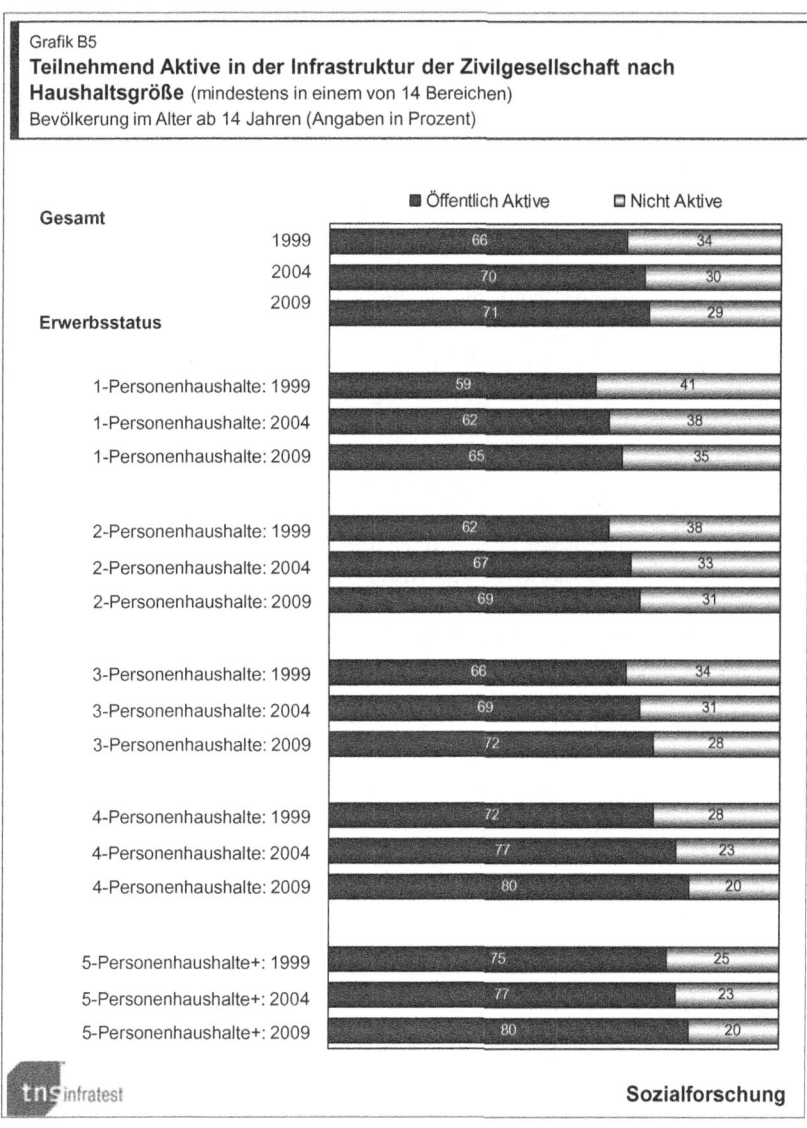

Grafik B5

Teilnehmend Aktive in der Infrastruktur der Zivilgesellschaft nach Haushaltsgröße (mindestens in einem von 14 Bereichen)

Bevölkerung im Alter ab 14 Jahren (Angaben in Prozent)

Besonders aufschlussreich ist die Aufschlüsselung der teilnehmenden öffentlichen Aktivität nach der Größe der Haushalte (Grafik B5). Bereits 1999 galt: je größer die Familien, desto größer die öffentliche Aktivität ihrer Mitglieder. Von den Alleinlebenden waren nur 59 %

öffentlich aktiv, in Haushalten ab 5 Personen dagegen 75 %. Erfreulich ist, dass in der Dekade zwischen 1999 und 2009 in allen Haushaltstypen die öffentliche Beteiligung in der Infrastruktur der Zivilgesellschaft deutlich zugenommen hat. Die Niveauunterschiede sind allerdings erhalten geblieben, sodass keine Angleichung zwischen den Haushaltsgrößen zu erkennen ist. Insbesondere bei den Alleinlebenden lohnt eine Differenzierung nach Alter. Hartnäckig wird in der Öffentlichkeit angenommen, das Alleinleben im Haushalt wäre typisch für jüngere Menschen. Das ist jedoch nicht der Fall: Mehr als zwei Drittel der solcher Haushalte werden von Menschen im Alter ab 45 Jahren gebildet, wobei dabei die über 65-Jährigen dominieren. Und für die älteren Alleinlebenden sind die Frauen besonders typisch, vor allem wegen ihrer höheren Lebenserwartung. Mit 61 % teilnehmender Aktivität war bei älteren Menschen in 1-Personen-Haushalten auch 2009 die Aktivitätsquote am niedrigsten, gleichermaßen bei Frauen und Männern. Junge Alleinlebende im Alter von bis zu 30 Jahren sind zu 72 % und damit immerhin durchschnittlich öffentlich aktiv.

In den größeren Haushalten ab 4 Personen sind hohe Aktivitätsquoten in etwa gleichermaßen für die verschiedenen Altersgruppen typisch, insbesondere für die Kinder- und Elterngeneration. Man erkennt daran die wichtige Rolle der Familien für die Zivilgesellschaft und findet auch die Erklärung dafür: Sowohl Eltern als auch Kinder und Jugendliche beteiligen sich oft in der Infrastruktur der Zivilgesellschaft. Wie gesehen, spielen dabei die Betreuungs- bzw. Bildungseinrichtungen als organisatorischer Rahmen eine große Rolle. Darüber hinaus sind es die (vor allem vereinsgestützten) Großbereiche Sport, Kultur, Freizeit sowie der Bereich Kirche und Religion, die für die Familien bedeutsam sind. Nicht ganz so stellt sich die Lage bei Alleinerziehenden dar, die in etwa durchschnittlich öffentlich aktiv sind. Die Erklärung dafür dürfte der erhöhte Stress aufgrund der Belastungen durch Familien- und Berufsarbeit sein, wobei diese Deutung noch mehr die unterdurchschnittliche Beteiligung am zeitaufwendigeren freiwilligen Engagement erklärt.

Es gilt zu berücksichtigen, dass sich der demografischen Wandel auch auf die Zivilgesellschaft auswirkt. Da der Anteil von Personen in 1- und 2-Personen-Haushalten zunimmt, besteht die Gefahr, dass die größeren Familien längerfristig ihre tragende Rolle in der Zivilgesellschaft verlieren. Zwischen 1999 und 2009 konnte allerdings trotz des abnehmenden Anteils der größeren Familien die Reichweite der Zivilgesellschaft steigen, weil in allen Haushaltsgrößen die öffentliche Aktivität gestiegen ist. Über die inzwischen noch stärkere Einbindung der größeren Haushalte in die Zivilgesellschaft hinaus führt diese Entwicklung somit dazu, dass auch die kleineren Haushalte zunehmend besser in die Zivilgesellschaft integriert sind. Besonders für die Alleinlebenden, worunter (wie gesehen) viele ältere Menschen sind (vor allem Frauen), ist diese öffentliche Einbindung und soziale Integration sehr positiv zu bewerten.

Ältere Menschen im Alter von über 65 Jahren zeigten 2009 mit 69 % ihre höchste öffentlichen Aktivität in 2-Personen-Haushalten, einem Haushaltstyp, der nach dem 1-Personen-Haushalt für sie am typischsten ist. Bei älteren Menschen in 3-Personen-Haushalten ist die öffentliche Beteiligung mit 62 % fast so niedrig wie in den Singlehaushalten der ältesten Gruppe. Dafür könnten vermehrt Pflegeverpflichtungen für ein drittes älteres Haushaltsmitglied die Erklärung sein. Frauen sind in größeren Haushalten ab 4 Personen öffentlich am aktivsten. Die Unterschiede zu den Männern beruhen besonders auf den Konstellationen der 2- und 3-Personen- Haushalte, in denen Männer deutlich aktiver sind als Frauen. Wie gesehen, gibt es bei Alleinlebenden keine Unterschiede zwischen den Geschlechtern (auch älterer Jahrgänge) bei der öffentlichen Aktivität, die beiderseits relativ niedrig ist.

Eine weitere Steigerung der öffentlichen Aktivität der Alleinlebenden mittlerer, vor allem aber älterer Jahrgänge wäre besonders wünschenswert. Das wird sich jedoch auf herkömmlichem Wege eher schwierig gestalten, da bei Alleinlebenden familiäre oder soziale Gelegenheiten und Motive weniger wirksam sind, die Personen aus größeren Haushalten unmittelbar in die Reichweite der Zivilgesellschaft bringen. Eher isoliert lebende Menschen müssen vermehrt mittels öffentlicher Kanäle auf Möglichkeiten und Vorteile organisierter oder institutionalisierter Beteiligung angesprochen werden als Menschen, die von Lebensstil und Gesellung, von Gelegenheit und Motivation fast von selbst in das Umfeld der Zivilgesellschaft hereingezogen werden.

2. Mehr öffentliches, weniger privates soziales Kapital?

2.1 Steigender öffentlicher Zusammenhalt

Die Kategorie der Reichweite der Zivilgesellschaft, die im Freiwilligensurvey empirisch durch die Handlungsform der öffentlichen Aktivität der Bürgerinnen und Bürger dargestellt wird, hat einen doppelten Charakter. Einerseits steht sie in enger Beziehung zum Begriff des Dritten Sektors, im Sinne von dessen Funktion als „Infrastruktur der Zivilgesellschaft", und zeigt an, inwieweit diese von der Bevölkerung aktiv wahrgenommen und genutzt wird. Andererseits wird durch diese Handlungsform öffentliches soziales Kapital geschaffen, sodass sie als Beteiligung vieler Menschen auch ein Indikator des sozialen Kapitals ist. Dieses kann aber auch direkt dargestellt werden. Seit 2004 misst der Freiwilligensurvey einen besonders wichtigen Indikator des sozialen Kapitals. Es handelt sich dabei um das Gefühl *sozialen Zusammenhalts* im Lebensumfeld und zwar nicht nur im familiären Kreis, sondern auch am Lebensort, den man mit anderen, zumeist nicht verwandten Menschen teilt. Soziale Nähe gilt gemeinhin als Privileg der ländlichen und kleinstädtischen Lebensweise. Sie wird besonders von den Städtern vermisst, obwohl sie in den kleinräumigen Siedlungsmilieus oft mit gewissen Nachteilen erkauft wird (soziale Kontrolle, Abgelegenheit, weniger kulturelle Angebote).

62 % der Befragten empfinden den sozialen Zusammenhalt in ihrem Wohnviertel (bzw. im Wohnort, wenn es im Dorf oder der Kleinstadt keine Viertel gibt) wenigstens als gut und nur 8 % als schlecht. Dass 28 % der Befragten die Verhältnisse als nur befriedigend einstufen und 2 % dazu keine Angabe machen, muss als realistisches Ergebnis eingestuft werden. Dennoch war nicht unbedingt damit zu rechnen, dass sich in Deutschland die „Nachbarschaftlichkeit", die dem mit dem Begriff des sozialen Kapitals arbeitenden Kommunitarismus so wichtig ist, so günstig darstellen würde. Die Einschätzungen des sozialen Zusammenhalts im Wohnumfeld haben sich zwischen 2004 und 2009 sogar verbessert; was angesichts einer gegenläufigen öffentlichen Meinung besonders bemerkenswert ist. Immerhin ein Viertel der Bevölkerung schätzt das soziale Klima im lokalen Lebensumfeld inzwischen sogar als sehr gut ein. Naheliegend ist es, diese Entwicklung anhand der Unterschiede der Siedlungsstruktur der Bevölkerung zu überprüfen: Partizipieren auch Menschen in großen Städten an dem recht guten bzw. verbesserten sozialen Klima? Zu diesem Zweck kann man einen regionalen Indikator des Bundesamtes für Bau und Raumordnung (BBR) heranziehen, der eine differenzierte Aufgliederung der Siedlungsweise Deutschlands ermöglicht (Grafik B6).

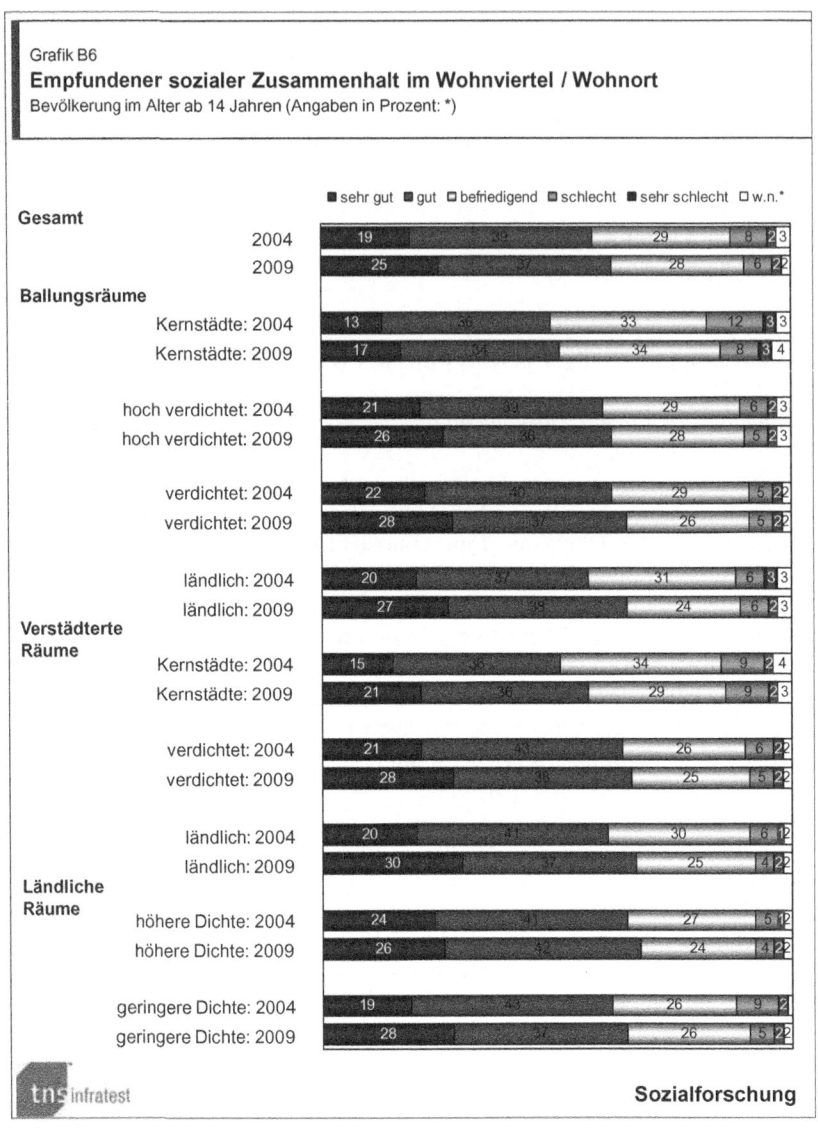

Grafik B6
Empfundener sozialer Zusammenhalt im Wohnviertel / Wohnort
Bevölkerung im Alter ab 14 Jahren (Angaben in Prozent: *)

* *weiß nicht oder keine Angabe*

Erwartungsgemäß ist das Gefühl sozialen Zusammenhalts im ländlichen Raum ausgeprägter als in großen Städten. Vor allem in den Kernzonen der Ballungsräume wird mit nur
51 % gutem sozialen Zusammenhalt ein relativ ungünstiger Wert erreicht. Die Konzentration der Bevölkerung auf engem Raum und eine gewisse Anonymität, die in den großen
Ballungskernen schwer zu vermeiden ist, führen zu einem erhöhten Prozentsatz nur „befriedigender" Einschätzungen. Es kann allerdings nicht die Rede davon sein, dass das soziale Klima in den Ballungskernen schlecht sei; der Prozentsatz wirklich ungünstiger Einschätzungen hat sich seit 2004 sogar deutlich reduziert und ist 2009 mit 11 % nicht hoch.

Mit abnehmender Bevölkerungsdichte verbessern sich die Urteile auch innerhalb der Ballungsräume immer mehr zu guten Werten. Dennoch verbleiben selbst in den ländlichen Räumen niedrigster Bevölkerungsdichte deutliche Prozentsätze nur befriedigender Einschätzungen und zu einem gewissen Anteil auch ungünstige. In diesen sozial am besten integrierten Siedlungsmilieus wird die Zwei-Drittel-Mehrheit guter Einschätzungen zwar fast erreicht, aber nirgends signifikant überschritten.

Auffällig ist allerdings, dass sich seit 2004 gerade in den sozial am besten situierten unverdichteten Siedungsformen die stärksten Verbesserungen des sozialen Klimas ergeben haben, während die Kerne der Ballungsräume nur wenig von der allgemeinen Verbesserung des Gefühls des sozialen Zusammenhalts profitierten. Es gilt zu berücksichtigen, dass in den Ballungskernen nicht nur die Konzentration der Bevölkerung auf geringem Raum typisch ist,, die zu einer gewissen Abgrenzungsneigung und sozialen Unverbindlichkeit führt. Darüber hinaus ist auch die soziale und kulturelle Vielfalt, wie sie sich am auffälligsten in den verschiedenen Migrantenmilieus und -kulturen ausdrückt, besonders groß und vor allem auch ansteigend, was ebenso die Differenzierung der Lebensstile der Einheimischen betrifft. Solche Faktoren können die Neigung zur Abgrenzung weiter verstärken, wobei in den Metropolen zumeist ein einigermaßen wohlwollendes Laisser-faire der verschiedenen Sozial- und Kulturmilieus die Regel ist.

Nachbarschaftlicher Zusammenhalt ist eine öffentliche Dimension des sozialen Kapitals, allerdings im überschaubaren sozialen Nahraum der Person. Die Vernetzung der Menschen in Freundes- und Bekanntenkreisen drückt mehr die private bzw. gemeinschaftliche Dimension des sozialen Kapitals aus. Bezogen auf den Wohnort oder die nähere Region erleichtert eine ursprüngliche bzw. lange Ortsansässigkeit den Aufbau und die Pflege solcher privaten Netzwerke. Darüber, wie groß und wie kontaktreich so ein privates Netzwerk sein sollte, gehen die Meinungen der Menschen auseinander, aber sozial isoliert und kontaktarm möchte kaum ein Mensch in der modernen Gesellschaft leben. Gerade bei älteren Menschen ist die soziale Einbindung besonders wichtig. Die Gefahr der Vereinsamung im Alter ist im Zeitalter der Kleinfamilie, der regionalen Mobilität und des immer längeren Lebens ein viel diskutiertes Thema. Im Rahmen der Analyse des sozialen Kapitals in Deutschland ist zunächst interessant, dass die öffentliche Dimension des sozialen Zusammenhalts und die private der Freundes- und Bekanntenkreise eng miteinander zusammenhängen. Dieses Geflecht aus gemeinschaftlicher, sozialer und lokaler Integration vervollständigt sich dadurch, dass auch die Frage der Länge der Ansässigkeit am Wohnort bzw. die regionale Immobilität mit dem Gefühl eines guten sozialen Zusammenhalts im lokalen Lebensumfeld verknüpft ist.

Das Geflecht der sozialen Zusammenhänge hat sich 2004 stärker auf die ohnehin bereits gut integrierten Bürgerinnen und Bürger konzentriert. Die Verbesserung des Gefühls des sozialen Zusammenhalts in den letzten 5 Jahren hat z. B. mehr mit den besseren Einschätzungen der unverändert am Geburtsort oder der bereits länger am Wohnort Ansässigen zu tun, als mit den Urteilen der erst kürzlich Zugezogenen (Grafik B7). Das steht in einer gewissen Parallele zu den verbesserten Urteilen aus denjenigen kleinstädtischen und ländlichen Siedlungsmilieus, die besonders gut integriert sind. Noch stärker in diese Richtung geht die Entwicklung des Zusammenhangs des Gefühls des sozialen Zusammenhalts mit der Intensität der Vernetzung im Freundes- und Bekanntenkreis. Auffällig ist, wie wenig Menschen, die nur über ein kleines Netzwerk verfügen, seit 2004 an der Verbesserung der Einschätzungen des sozialen Zusammenhalts beteiligt waren. Dagegen sehen inzwischen sogar

38 % der Menschen, die über ein großes privates Netzwerk verfügen, die soziale Qualität ihres Lebensumfeldes als „sehr gut" an, was nur auf 14 % der Menschen mit einem kleinen Netzwerk zutrifft. Man hat den Eindruck, dass sich die verschiedenen gemeinschaftlichen, sozialen und lokalen Indikatoren des sozialen Kapitals immer mehr zusammenballen, und Menschen mit weniger guter sozialer Integration weniger davon profitieren.

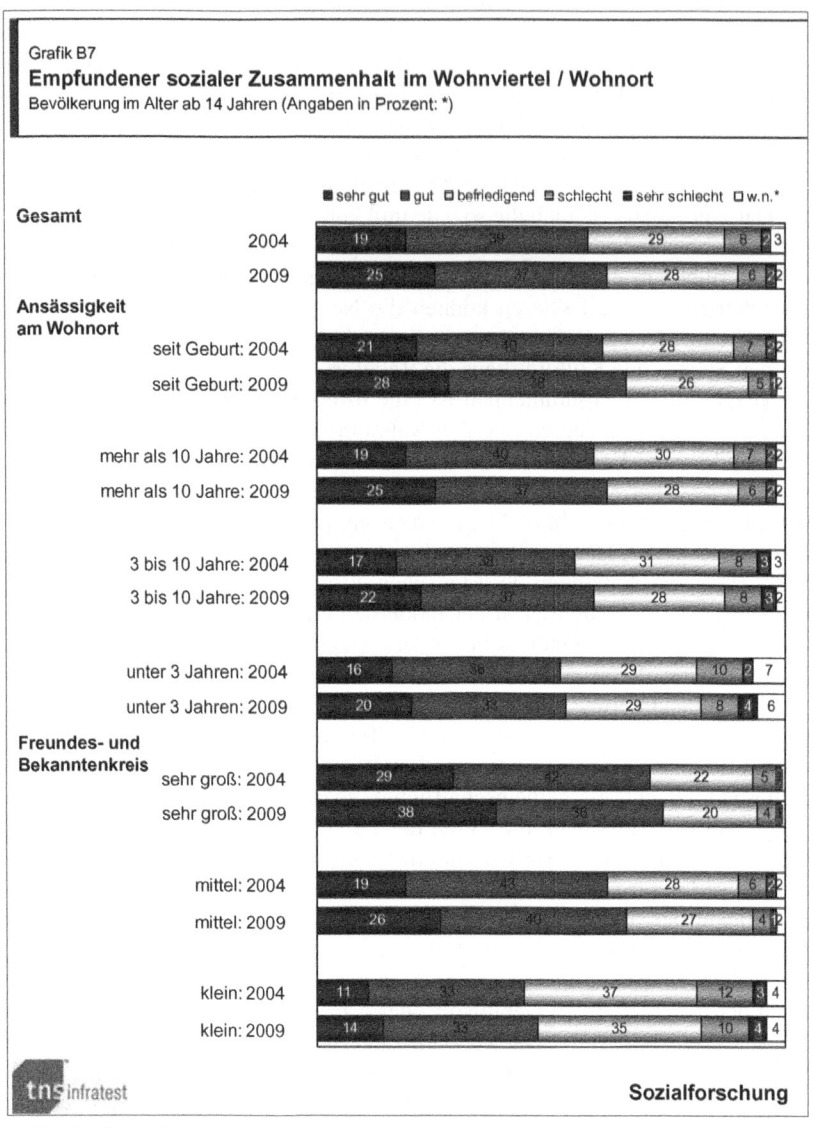

Grafik B7
Empfundener sozialer Zusammenhalt im Wohnviertel / Wohnort
Bevölkerung im Alter ab 14 Jahren (Angaben in Prozent: *)

* weiß nicht oder keine Angabe

Dieser Befund wäre nicht so wichtig, wenn der Freiwilligensurvey einen über die Zeit durchweg günstigen Befund über die Entwicklung der lokalen und privaten Integration vorlegen könnte. Wir werden im Folgenden zeigen, dass die Intensität der privaten sozialen Integration eher zurückgegangen ist, während sich die öffentliche Integration (öffentliche Aktivität, sozialer Zusammenhalt) über die Zeit günstiger entwickelt hat. Das ist allerdings kein dramatischer Befund und belegt eher die bereits angesprochene säkulare Verschiebung des Sozialen vom Privaten zum Öffentlichen. Sie entspricht der Veränderung des Lebensstils vieler Menschen, wie er typisch für die Moderne ist; ein Prozess, der im Moment von den mittleren, vor allem aber den älteren Jahrgängen vorangetrieben wird.[24] Allerdings gilt es festzuhalten, dass sich die seit Jahrzehnten wichtiger gewordene öffentliche Dimension des Sozialen für eine gefühlstiefe gegenseitige Selbstvergewisserung der Menschen im Sinne sozialer „Ur-Emotionen" psychisch weniger eignet als die privat-lokale Verwurzelung. Darin drückt sich ein typisches Dilemma der Moderne aus. Der Mensch strebt aus der Enge der traditionellen Beziehungen hinaus, vermisst aber die emotionale Intensität der Bindungen, die jene gewährten. Eine „romantische" Erinnerung, die die einstigen Nachteile verdrängt hat, erzeugt soziale Verlustgefühle.

2.2 Kleinere Freundes- und Bekanntenkreise

Wie gesehen, ist die gesellschaftliche Einbindung der Bevölkerung in den letzten 10 Jahren intensiver geworden. Im Freiwilligensurvey wird das anhand des Zugangs der Bevölkerung zu den öffentlichen Organisationen und Institutionen („Infrastruktur der Zivilgesellschaft") und des Empfindens von sozialem Zusammenhalt im örtlichen Umfeld erkennbar. Diese Entwicklungen vollziehen sich bemerkenswerterweise in einer Zeit des schwankenden und zuletzt abnehmenden politisch-öffentlichen Interesses, was deutlich macht, dass die Distanz der Bevölkerung zum politischen Betrieb ihrer gesellschaftlichen Einbindung im lokalen Umfeld keinen Abbruch tut. Nunmehr soll die Entwicklung der privaten Dimension des Sozialen bzw. von deren Mischformen mit der öffentlichen Dimension untersucht werden. Es wurden bereits Indikatoren der privaten sozialen Integration als Hintergrund der öffentlichen Integration angesprochen. Man findet nunmehr auf diesem Gebiet (soziale Mikro-Ebene) im Gegensatz zur Öffentlichkeit (und hier vor allem der Meso-Ebene) Rückgänge der Intensität der sozialen Einbindung.

Über die letzten 10 Jahre hinweg schätzten die Menschen langsam, aber stetig ihre Freundes- und Bekanntenkreise kleiner ein (Grafik B8). Beurteilten 1999 noch mehr Menschen ihr privates Netzwerk als groß (29 %) denn als klein (27 %), hatte sich diese Gewichtung 2009 deutlich in Richtung der kleinen Freundes- und Bekanntenkreise verschoben (23 % groß zu 32 % klein). Diese Verlagerung war bei Frauen stärker als bei Männern, deutlicher auch bei den Familienjahrgängen der 31- bis 45-Jährigen, bei denen die Einbindung in öffentliche Netzwerke im gleichen Zeitraum gestiegen ist. Nur bei den jüngeren Menschen im Alter von bis zu 30 Jahren dominierten zuletzt die größeren privaten Netzwerke noch die kleinen. Bei den älteren Menschen war dieses Verhältnis schon immer umgekehrt und hat sich weiter zu einer geringeren privaten Vernetzung verschoben. Bei den Älteren ist (mehr noch als bei den Familienjahrgängen) der Kontrast zur verstärkten öffentlichen Integration bemerkenswert. Ihre öffentliche Beteiligung in der „Infrastruktur der Zivilgesellschaft" ist im gleichen Zeitraum stark angestiegen (bei den über 65-Jährigen

---

[24] In der jungen Generation ist diese säkulare Verschiebung im Zuge des Wertewandels schon länger beendet und geht eher wieder in die andere Richtung. Vgl. Gensicke (2010b)

von 52 % auf 66 %, also von etwa der Hälfte auf fast zwei Drittel der Gruppe). Das sind Anzeichen eines bemerkenswerten Kulturwandels vom Privaten zum Öffentlichen bei den älteren Menschen, der aber nicht nur bei ihnen stattfand.

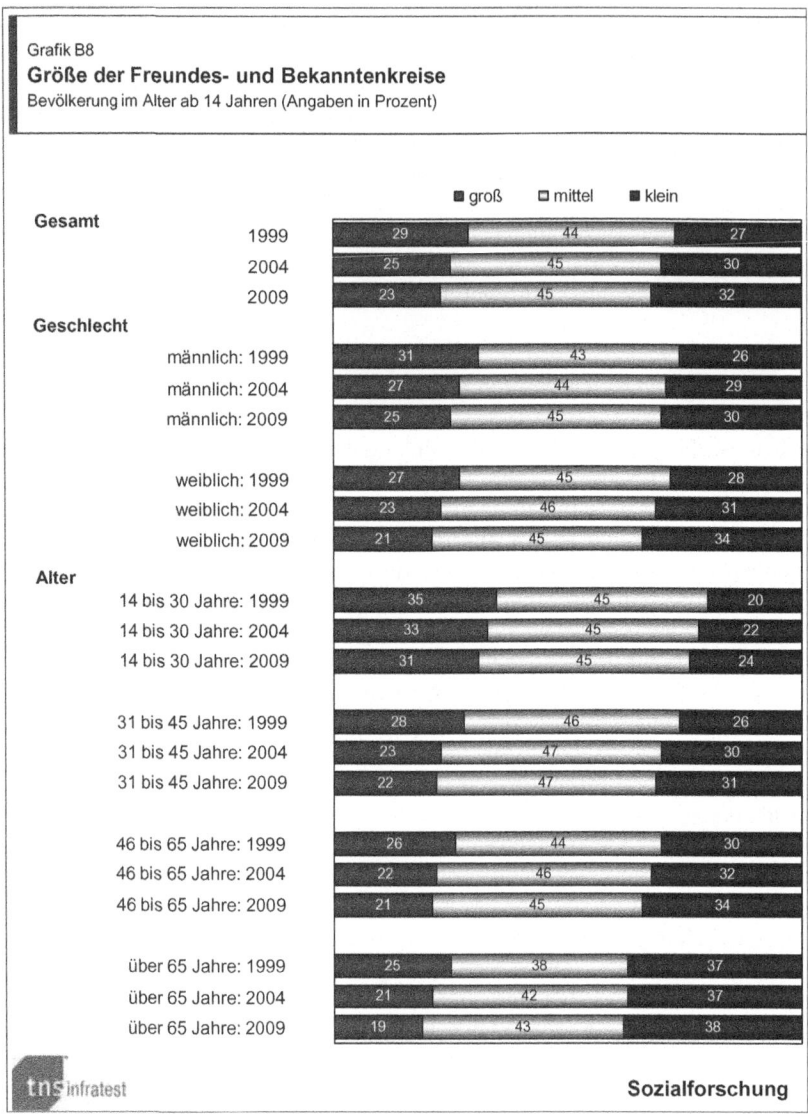

Grafik B8
Größe der Freundes- und Bekanntenkreise
Bevölkerung im Alter ab 14 Jahren (Angaben in Prozent)

■ groß   ▢ mittel   ■ klein

	1999	2004	2009

Gesamt
1999: 29 / 44 / 27
2004: 25 / 45 / 30
2009: 23 / 45 / 32

Geschlecht
männlich: 1999: 31 / 43 / 26
männlich: 2004: 27 / 44 / 29
männlich: 2009: 25 / 45 / 30

weiblich: 1999: 27 / 45 / 28
weiblich: 2004: 23 / 46 / 31
weiblich: 2009: 21 / 45 / 34

Alter
14 bis 30 Jahre: 1999: 35 / 45 / 20
14 bis 30 Jahre: 2004: 33 / 45 / 22
14 bis 30 Jahre: 2009: 31 / 45 / 24

31 bis 45 Jahre: 1999: 28 / 46 / 26
31 bis 45 Jahre: 2004: 23 / 47 / 30
31 bis 45 Jahre: 2009: 22 / 47 / 31

46 bis 65 Jahre: 1999: 26 / 44 / 30
46 bis 65 Jahre: 2004: 22 / 46 / 32
46 bis 65 Jahre: 2009: 21 / 45 / 34

über 65 Jahre: 1999: 25 / 38 / 37
über 65 Jahre: 2004: 21 / 42 / 37
über 65 Jahre: 2009: 19 / 43 / 38

tns infratest   **Sozialforschung**

Auffällig ist allerdings auch, dass bei den Älteren der Anteil derjenigen, die nur über einen kleinen Freundes- und Bekanntenkreis verfügen, praktisch kaum zugenommen hat. Der Anteil der privat relativ sozial Isolierten ist zwar unter allen Altersgruppen der größte, aber im Gegensatz zu den anderen Gruppen konstant. Bei den älteren Menschen hat als einziger Altersgruppe die Kategorie der mittelgroßen privaten Netzwerke zugenommen, sodass die

Abnahme der großen privaten Netzwerke nicht mit einer sozialen Isolierung einherging. Das kann mit der geringen regionalen Mobilität der Älteren zusammenhängen, die im Gegensatz dazu bei Menschen im Alter von unter 46 Jahren stark und zunehmend ist. Zum anderen war der Schub bei der öffentlichen Integration der Älteren sehr stark. Möglicherweise hat die öffentliche Einbindung den Rückgang der privaten Integration teilweise kompensiert, was mit den Besonderheiten der öffentlichen Aktivitäten zu tun haben kann, die ältere Menschen ausüben. Hiermit sind wichtige Themen für eine weitere vertiefende Erforschung der Entwicklung der privaten und öffentlichen Integration älterer Menschen benannt.

2.3 Steigende regionale Mobilität

Lenkt man den Blick wieder auf die jungen Leute, fällt vor allem deren deutlich gestiegene regionale Mobilität auf (Grafik B9). Wohnten 1999 noch 46 % der jungen Leute an ihrem Geburtsort, so waren es 2009 nur noch 34 %. Fast die Hälfte der bis 30-Jährigen waren 2009 höchstens 10 Jahre an ihrem Wohnort ansässig, sogar ca. ein Fünftel noch keine 3 Jahre. Nimmt man nur die älteren Jugendlichen in der zweiten Hälfte der 20er-Lebensjahre, dann wohnen in dieser äußerst mobilen Gruppe sogar 60 % seit höchstens 10 Jahren am aktuellen Wohnort. Das ist der absolute Höhepunkt der lokalen bzw. regionalen Mobilität in der Altersfolge. Diese „Entwurzelung" bestimmter älterer jugendlicher Jahrgänge muss man bei der Analyse des freiwilligen Engagements in der Zivilgesellschaft, also der zeitintensiven und verbindlichen Übernahme bestimmter Aufgaben, immer im Auge behalten.

Dennoch zeigen auch die Familienjahrgänge der 31- bis 45-Jährigen eine hohe regionale Mobilität. Auch in dieser Gruppe sind 43 % erst seit 10 Jahren am Wohnort ansässig. Wenn hier Kinder im Haus sind, sind diese in den meisten Fällen ebenfalls betroffen. Die hohe regionale Mobilität der Jahrgänge im Alter von bis zu 45 Jahren kann bereits den Rückgang der privaten Integration erklären. Deren Fehlen ist bei am Wohnort zugezogenen Menschen natürlich ein besonderes Problem und kann durch eine Beteiligung in der öffentlichen Infrastruktur der Vereine und Institutionen wenigstens teilweise kompensiert werden, vor allem wenn diese den Zugezogenen gegenüber einladend gestaltet sind. Bei den Menschen im Alter von über 45 Jahren spielt der Faktor Mobilität keine große Rolle, bzw. diese Mobilität liegt oft schon lange zurück, z. B. wegen Vertreibung aus den früheren Ostgebieten, der Abwanderung aus der DDR oder wegen Ausbildung, Beruf und Familiengründung vor längerer Zeit.

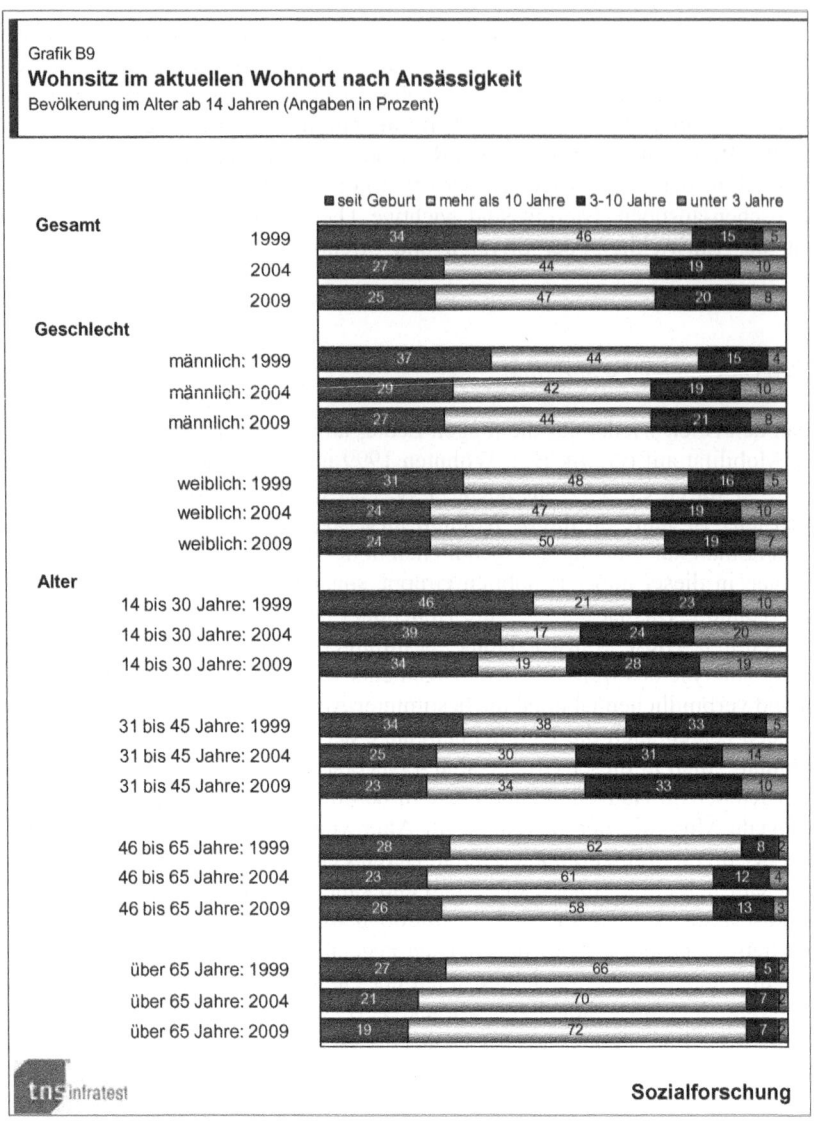

2.4 Weniger informelle Hilfeleistungen

Von Anfang an hat sich der Freiwilligensurvey nicht nur für die öffentlichen Netzwerke in Deutschland interessiert, sondern auch für die informellen Unterstützungsleistungen, die Menschen sich gegenseitig gewähren. Das geschah unter zwei verschiedenen Aspekten: Zum einen sollte überprüft werden, inwiefern die Menschen den Eindruck hatten, im Zweifelsfall auf die Unterstützung durch andere zurückgreifen zu können. Zum anderen ging es darum, inwieweit solche Unterstützungsleistungen tatsächlich erbracht werden. Beide Indikatoren des sozialen Kapitals in Deutschland haben in den letzten 10 Jahren ein anderes Verlaufsmuster gezeigt. Die Gewissheit, sich auf die Unterstützung anderer Menschen verlassen zu können, ist in der letzten Dekade weitgehend stabil geblieben, aber die Angaben der Befragten, solche Leistungen auch zu erbringen, sind deutlich zurückgegangen (Tabelle B1). Die Menschen fühlen sich zwar weiterhin sozial geborgen, aber ein sinkender Anteil an der Bevölkerung erbringt tatsächlich informelle Unterstützungsleistungen. Dieser Befund reiht sich in eine Reihe von Belegen ein, die eine Verschiebung der sozialen Integration auf die öffentliche bzw. organisierte Ebene anzeigen.

Tabelle B1: Informelle Unterstützungsleistungen im Zeitverlauf

	1999	2004	2009
Wenn Sie mal Hilfe brauchen, z. B. bei Besorgungen, kleineren Arbeiten oder der Betreuung von Kindern oder Kranken: Gibt es da Personen außerhalb Ihres Haushaltes, an die Sie sich ohne Probleme wenden können?	89	88	87
Verwandte	56	58	60
Nachbarn	34	36	42
Bekannte, Freundinnen und Freunde	50	53	62
Andere	3	4	11
Gibt es umgekehrt Personen außerhalb Ihres Haushalts, denen Sie selbst regelmäßig oder gelegentlich helfen, z. B. bei Besorgungen, kleineren Arbeiten oder der Betreuung von Kindern oder Kranken?	74	68	64
Verwandte	45	41	40
Nachbarn	30	27	28
Bekannte, Freundinnen und Freunde	43	41	42
Andere	0	2	6

TNS Infratest Sozialforschung 2009, Angaben in Prozent; nicht hervorgehobene Felder bezeichnen Mehrfachnennungen, die nur Befragte abgegeben haben, die im ersten Fall Unterstützungen empfangen können bzw. im zweiten Fall leisten

Der Befund wird dadurch eindringlicher, dass sich bezogen auf bestimmte Personengruppen sogar der Eindruck verstärkt hat, gegebenenfalls auf Hilfeleistungen zurückgreifen zu können (Nachbarn, Verwandte, Freundinnen und Freunde oder Bekannte, „Andere"), während die eigenen informellen Unterstützungen für diese Gruppen entweder zurück gehen oder stagnieren, vor allem die Leistungen für Verwandte. Ausnahme sind nur die „anderen", nicht näher zu spezifizierenden Personengruppen, die aber nur wenig von Bedeutung sind. Menschen vor allem mittleren und älteren Alters treten zunehmend über die Schwelle des Privaten, aber die Kehrseite besteht darin, dass die öffentliche Integration nicht jene innigen Gefühle der sozialen Nähe vermittelt wie die traditionelle privat-lokale Integration.

Der Prozess der modernisierenden Umorientierung unserer sozialen Kultur hat sich zwischen der zweiten und dritten Welle des Freiwilligensurveys abgeschwächt und scheint langsam in einen stabileren Zustand überzugehen. Neben diesem Prozess, der vor allem die breite Mittelschicht mittleren und älteren Alters betrifft, gibt es allerdings einen Trend zur relativen Marginalisierung der sozial und kulturell weniger gut integrierten Menschen und Milieus. Es war bereits erkennbar geworden, wie die sozial gut Integrierten ihr öffentliches Umfeld im Laufe der Zeit deutlich besser einschätzten, ein Vorgang, an dem die weniger gut Einbezogenen kaum beteiligt waren. Zwar sind diese weniger gut integrierten Milieus nicht groß, aber es stellt sich zunehmend die Aufgabe, diese sogenannten sozialen oder kulturellen Randgruppen besser in das öffentliche Leben zu integrieren.

Die Grafiken B10 und B11 zeigen, dass sich über die gesamte Periode der Rückgang der informellen Unterstützungsleistungen in allen aufgeführten Gruppen vollzog. Dennoch erkennt man bei den Altersgruppen unterschiedliche Ausgangswerte und Verläufe. Die aktiven Unterstützungsleistungen waren bei den Familienjahrgängen der 31- bis 45-Jährigen 1999 am höchsten, und sind besonders deutlich zurückgegangen. Einen ähnlich starken Rückgang erkennt man bei den jungen Leuten im Alter zwischen 14 und 30 Jahren. Es sind also die jüngeren Jahrgänge, die den Trend rückläufiger Unterstützungsleistungen besonders tragen. Bei den Jahrgängen im Alter von über 45 Jahren hat sich seit 2004 kein Trend mehr gezeigt. Bemerkenswert sind wiederum die Verhältnisse bei den älteren Menschen im Alter von über 65 Jahren. Diese waren 1999 erst zu 52 % in die organisierte Zivilgesellschaft einbezogen, leisteten jedoch zu 57 % informelle Unterstützungsleistungen. 2009 hatte sich dieses Verhältnis umgekehrt, nunmehr waren bereits 66 % zivilgesellschaftlich teilnehmend aktiv, aber nur noch 50 % leisteten Unterstützungen. Man erkennt ganz deutlich die Umstrukturierung des Lebensstils der Älteren von der informell-privaten zur öffentlich organisierten Aktivität.

Die Daten für die älteren Menschen finden eine Parallele in der Kategorie der 1-Personen-Haushalte, die für sie besonders typisch sind. Hier sank zwischen 1999 und 2004 die informelle Unterstützungsaktivität stark ab, um dann gleich zu bleiben, während in derselben Periode die öffentliche Aktivität der 1-Personen-Haushalte in der Zivilgesellschaft von 59 % auf 65 % anstieg. Wie die Älteren sind jedoch auch die Alleinlebenden weiterhin sowohl informell als auch zivilgesellschaftlich unterdurchschnittlich eingebunden, was einen erhöhten Bedarf an sozialer Integration anzeigt. Nach wie vor sind Personen in größeren Haushalten ab 3 Personen sowohl informell als auch zivilgesellschaftlich besonders aktiv, wobei sich auch bei ihnen der Schwerpunkt vom Informellen zum Öffentlichen verschoben hat.

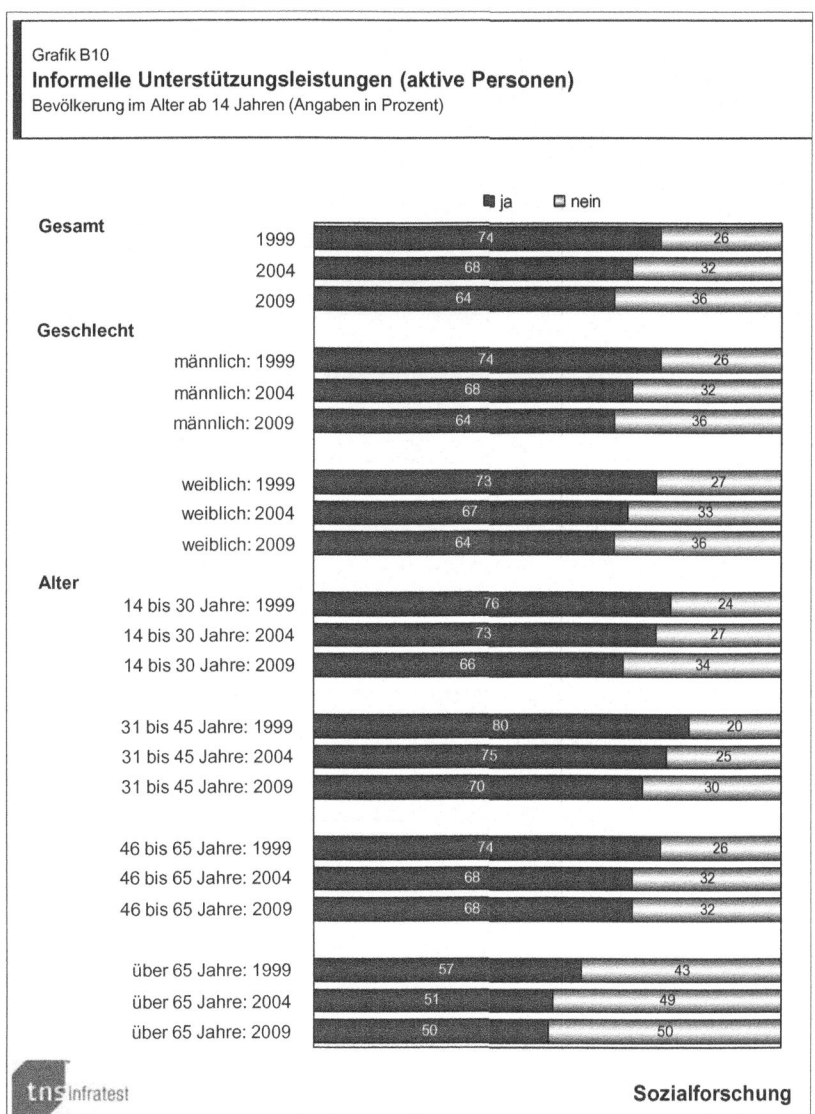

Grafik B10
Informelle Unterstützungsleistungen (aktive Personen)
Bevölkerung im Alter ab 14 Jahren (Angaben in Prozent)

■ ja   ☐ nein

	ja	nein
Gesamt		
1999	74	26
2004	68	32
2009	64	36
Geschlecht		
männlich: 1999	74	26
männlich: 2004	68	32
männlich: 2009	64	36
weiblich: 1999	73	27
weiblich: 2004	67	33
weiblich: 2009	64	36
Alter		
14 bis 30 Jahre: 1999	76	24
14 bis 30 Jahre: 2004	73	27
14 bis 30 Jahre: 2009	66	34
31 bis 45 Jahre: 1999	80	20
31 bis 45 Jahre: 2004	75	25
31 bis 45 Jahre: 2009	70	30
46 bis 65 Jahre: 1999	74	26
46 bis 65 Jahre: 2004	68	32
46 bis 65 Jahre: 2009	68	32
über 65 Jahre: 1999	57	43
über 65 Jahre: 2004	51	49
über 65 Jahre: 2009	50	50

tns infratest   **Sozialforschung**

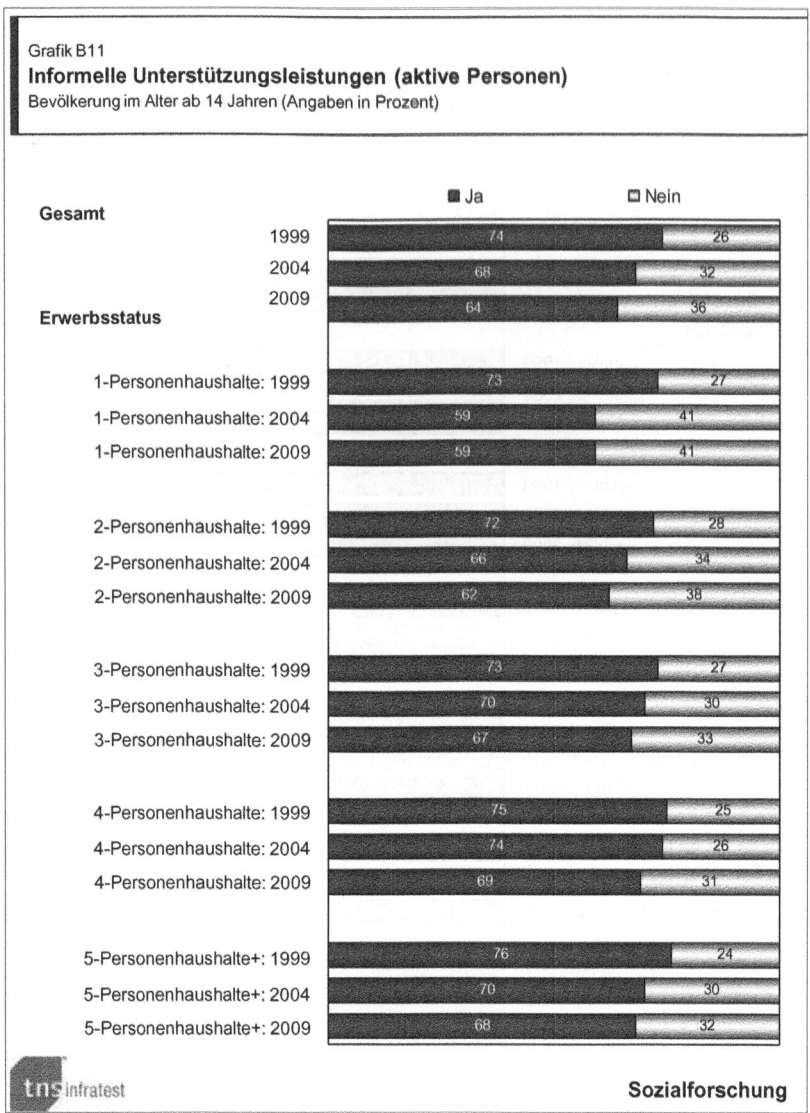

Grafik B11
Informelle Unterstützungsleistungen (aktive Personen)
Bevölkerung im Alter ab 14 Jahren (Angaben in Prozent)

3.   Freiwilliges Engagement – das Herz der Zivilgesellschaft

3.1   Wortgenaue Erfassung freiwilliger Tätigkeiten

Öffentliche Beteiligung ist eine wichtige Quelle der Entwicklung der Zivilgesellschaft und unserer Gesellschaft überhaupt, aber erst das freiwillige Engagement beschreibt in Form eines Handlungsbegriffs den innersten Kern der Zivilgesellschaft. Aus unverbindlicher Beteiligung, sozusagen dem „Hereinschnuppern" in die thematische, organisatorische und institutionelle Vielfalt der Zivilgesellschaft, wird eine verbindliche Übernahme von praktischen Tätigkeiten. Prosoziale Einstellungen werden zu öffentlicher Aktivität und diese geht in eine dauerhafte Übernahme von Aufgaben und Arbeiten in der Zivilgesellschaft über: Das wäre zumindest der idealtypische Verlauf, der sich in Wirklichkeit sicher nicht immer findet. Man kann auch freiwillig eine Tätigkeit übernehmen, weil man ein Problem angehen will oder einfach neugierig ist, und dann erst prosoziale Einstellungen entwickeln. Die Kategorie der Wechselwirkung, oft in der Sozialwissenschaft fruchtbar, spielt auch in diesem Zusammenhang eine wichtige Rolle.

Im Rahmen des Freiwilligensurveys wurde von Anfang an großer Wert auf die genaue Abgrenzung des freiwilligen Engagements von (nur) teilnehmenden öffentlichen Aktivitäten gelegt. Dieses Verfahren wurde einer anderen Methode vorgezogen, die ebenfalls das Verhältnis der Menschen zur organisierten Öffentlichkeit des Dritten Sektors bestimmen soll, und zwar mittels der Erfassung von Mitgliedschaften in Organisationen. Im Freiwilligensurvey galt es zum einen zu vermeiden, sogenannte „Karteileichen" mitzuerfassen, also nur passive Mit- gliedschaften. Wichtiger war jedoch der Umstand, dass sich eine Reihe öffentlicher Aktivitäten und auch das freiwillige Engagement der Bürgerinnen und Bürger unabhängig von Mitglied- schaften vollzieht, z. B. direkt über Institutionen, wie bei Elternvertretungen oder Heimbeiräten, aber auch im Rahmen kommunaler Aktivitäten. In jedem der 14 Bereiche öffentlicher Aktivitäten ermittelt der Freiwilligensurvey konkrete Tätigkeiten von Bürgerinnen und Bürgern, die sie im Rahmen der organisierten und institutionalisierten Strukturen des Dritten Sektors unentgeltlich oder gegen geringe Aufwandsentschädigung ausüben.

Dieser Typ der textgenauen Erfassung freiwilligen Engagements im Rahmen des Freiwilligensurveys ist in der Engagementforschung einmalig (Übersicht 3). Dieses Verfahren erfordert einen hohen Aufwand, sowohl bei der korrekten Aufnahme der Tätigkeiten durch die Telefon- Interviewerinnen und -Interviewer als auch bei der anschließenden Prüfung der Tätigkeiten durch die wissenschaftliche Projektleitung. Das Team des Freiwilligensurveys kann bei 20.000 Interviews während der Erhebungszeit nur stichprobenweise in die Interviews hineinhören. In der Folge wird nicht jede Angabe von Befragten übernommen, die die Interviewerinnen und Interviewer aufgenommen haben. Das kann nur nach einer Detailprüfung der offenen Angaben geschehen. Insgesamt wurden 14.000 Tätigkeiten sozusagen „manuell" auf ihre Gültigkeit geprüft. Übersicht 1 in Teil A dieser Studie weist typische Angaben der Befragten über ihre freiwilligen Tätigkeiten aus. Damit kann die Leserin bzw. der Leser sich ein exemplarisches Bild von der Informationsbasis des Freiwilligensurveys machen, die zur Bildung einer sogenannten Engagementquote nötig ist und auf die sich jeweils die inhaltliche Beschreibung der Engagierten bezieht, die im Laufe des Interviews mit Hilfe eines umfangreichen Fragenkatalogs erhoben wird.

Übersicht 3: Erfassung von freiwilligem Engagement im Freiwilligensurvey

> Uns interessiert nun, ob Sie in den Bereichen, in denen Sie aktiv sind, auch *ehrenamtliche Tätigkeiten* ausüben oder *in Vereinen, Initiativen, Projekten oder Selbsthilfegruppen engagiert* sind. Es geht um *freiwillig übernommene Aufgaben und Arbeiten*, die man *unbezahlt* oder *gegen geringe Aufwandsentschädigung* ausübt.
>
> Sie sagten, Sie sind im Bereich *Sport und Bewegung* aktiv. Haben Sie derzeit in diesem Bereich auch Aufgaben oder Arbeiten übernommen, die Sie freiwillig oder ehrenamtlich ausüben?
>
>   1: Ja.… ☐
>   2: Nein. ☐
>   3: k. A. ☐
>
> Und in welcher Gruppe, Organisation oder Einrichtung sind Sie da tätig? Sagen Sie mir bitte den Namen und ein Stichwort, worum es sich handelt.
> *(Bezeichnung eintragen)*
>
> Und was machen Sie dort konkret? Welche Aufgabe, Funktion oder Arbeit üben Sie dort aus?
> *(Stichworte eintragen)*

Schon bei der Lektüre dieser kleinen Auswahl des Originaltons der Engagierten erstaunt die Vielfalt der Ausrichtung der einzelnen freiwilligen Tätigkeiten, die letztlich die große Themenvielfalt unserer Gesellschaft widerspiegeln. Trotz der großen inhaltlichen Bandbreite ist es unvermeidlich, dieses Spektrum in ein bestimmtes vereinfachendes Raster zu fassen, das ebenso wie die Engagementquote erst nach Prüfung aller Tätigkeiten endgültig feststand. Belässt man die Reihenfolge der Bereiche so wie in Grafik 2, die den Umfang der Bereiche der öffentlichen Aktivität anzeigt, erkennt man, dass die Rangfolge beim freiwilligen Engagement eine andere ist. (Grafik B12). Der Sport behauptet sich zwar als führender Bereich, allerdings angesichts der schieren Größe der öffentlich sportlichen Beteiligung bei Weitem nicht so eindrucksvoll. In den Kindergärten und Schulen sowie in den Kirchen und religiösen Gemeinschaften ist der Anteil der engagierten Bürgerinnen und Bürger im Verhältnis zu den nur unverbindlich Beteiligten viel höher, auch im sozialen Bereich.

Man sollte jedoch an diese Verhältnisse interpretieren sollte man bedenken, dass jene Bereiche, in denen das Verhältnis von Beteiligten und Engagierten besonders zu den Letzteren verschoben ist, auch diejenigen sind, die besonders durch bezahlte Mitarbeiterinnen und Mitarbeiter getragen werden. In den Vereinen geben nur 28% der Freiwilligen an, in ihrem Umfeld gäbe es hauptamtliche Mitarbeiter, während dieser Wert in den Verbänden, Kirchen und öffentlichen Einrichtungen mit über zwei Dritteln viel höher ist. Das ist letztlich der Widerschein der Tatsache, dass sich hier Freiwillige oft in institutionalisierte Strukturen einbringen, die für ihre Aufgaben zumeist öffentlich finanziert und professionalisiert sind. Freiwillige tragen hier die Arbeitsstruktur weniger, als dass sie sie ergänzen. Trotz des deutlich geringeren Anteils von Freiwilligen an den insgesamt Beteiligten stellen die Vereine dennoch fast die Hälfte der Freiwilligen in Deutschland. Sie halten damit in Stadt und Land flächendeckend vielfältige Angebote für eine sehr große Anzahl an Teilnehmerinnen und Teilnehmern aufrecht.

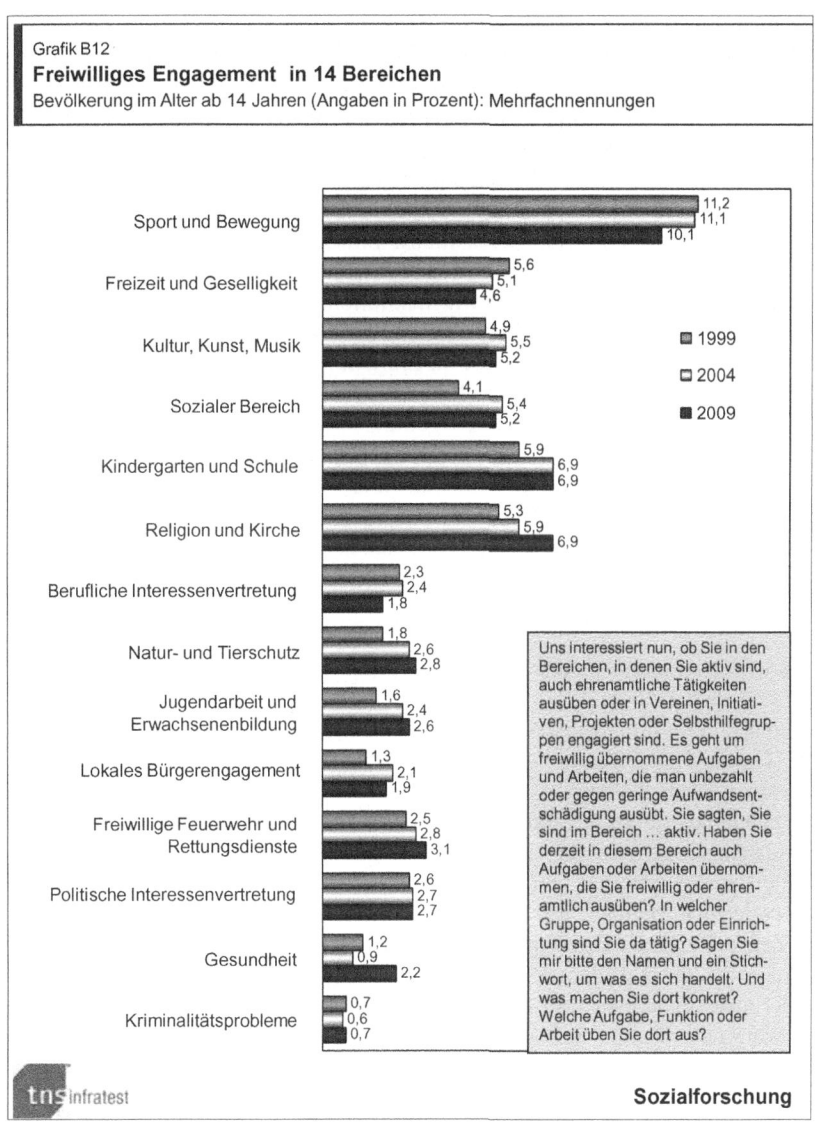

Grafik B12
Freiwilliges Engagement in 14 Bereichen
Bevölkerung im Alter ab 14 Jahren (Angaben in Prozent): Mehrfachnennungen

Das wirft ein interessantes Licht auf die Bereiche der „Freizeitstruktur" im weiteren Sinne, wenn man Sport, Freizeit und Kultur darunter fassen will. Angebote, die hier von engagierten Bürgerinnen und Bürgern vorgehalten werden, sind im Sinne des öffentlichen Rechtes eines sozialen Staates nicht in dem Maße „notwendig", wie die Pflichtaufgaben einer öffentlich geregelten Betreuung von Kindern, Jugendlichen und älteren Menschen, von sozial Schwachen, Kranken und Behinderten. Demzufolge finanzieren hier Mitglieder (vor allem von Vereinen) mit ihren Beiträgen den laufenden Betrieb mit, wobei das im Vergleich zur staatlichen Alimentierung der öffentlichen Leistungen nicht ausreicht, einen großen Stab von bezahlten Mitarbeiterinnen und Mitarbeitern zu unterhalten. Die Freiwilligen sind in diesen großen Freizeit-Sektoren in einem ganz anderen Maße wichtig, um die laufende Arbeit aufrechtzuerhalten. Aber auch das würde nicht reichen, wenn nicht noch Spenden, Sponsoring und Werbeeinnahmen dazukämen. Das bedeutet aber, dass hier die (im Anteil) weniger vorhandenen Freiwilligen Angebote ermöglichen, die sehr vielen Menschen eine erhöhte Lebensqualität bieten, oft genug Familien sowie Menschen auf dem Lande und in Kleinstädten. Ohne diese flächendeckenden Leistungen von Freiwilligen wäre Deutschland ein sozial wenig lebenswertes Land.

Es wäre allerdings falsch, die Verhältnisse in den unterschiedlich organisierten Großsektoren der Zivilgesellschaft gegeneinander aufzurechnen. Die Gesellschaft benötigt beides, gruppen- und vereinsgestützte sowie institutionengestützte Angebote, um eine gute Lebensqualität für die gesamte Bevölkerung aufrechtzuerhalten. Insgesamt hat der vereinsgeprägte Sektor in der gesamten Dekade an Freiwilligen verloren, vor allem bei Sport und Freizeit, und dort besonders bei jungen Menschen. Vor allem zwischen 1999 und 2004 ist dagegen die Bedeutung des institutionell gebundenen Engagements gestiegen, und diese Steigerung beruht vor allem auf den mittleren und älteren Jahrgängen.[25] In diesem Zeitraum erhöhte sich auch die Bedeutung des Umwelt- und Tierschutzes und der Jugend- und Bildungsarbeit, Bereiche, in denen Verbände vermehrt von Bedeutung sind. Die Steigerung bei der freiwilligen Feuerwehr und den Rettungsdiensten geht vor allem auf ein zunehmendes Engagement der 35- bis 55-Jährigen zurück.

3.2   Freiwilliges Engagement seit 2004 stabil

Im Rahmen des Freiwilligensurveys ist es neben der Ermittlung der Reichweite der Zivilgesellschaft (Umfang der öffentlichen Beteiligung) wichtig, die Verbreitung des freiwilligen Engagements in der Bevölkerung zu ermitteln. Diese Größe ist unter dem Begriff der sogenannten Engagementquote bekannt. Da eine hohe Beteiligung der Bevölkerung am Engagement wünschenswert ist, war es von Anfang an eine Aufgabe des Freiwilligensurveys, diesen Anteil an Bürgerinnen und Bürgern zu ermitteln. Neben dieser Reichweitenschätzung interessiert naturgemäß, wie sich diese Beteiligung der Bevölkerung am Engagement über die Zeit entwickelt. Die Engagementquote wird ermittelt, indem gezählt wird, wie viele Befragte im Freiwilligensurvey mindestens eine freiwillige Tätigkeit angegeben haben, die der anschließenden Prüfung standgehalten hat. Dieses Kriterium ist deswegen zu beachten, weil nicht wenige Befragte zwei oder mehr freiwillige Tätigkeiten ausüben. 2009 waren das z. B. 43 % der Engagierten. Auf der Ebene der Personen werden sie jedoch nur als einziger Kopf gezählt.[26] Am Beginn der Messung konnten deutschlandweit 34 %, 2004 36 % und 2010 unverändert 36 % der Bevölkerung als freiwillig Engagierte eingestuft werden (Grafik B13).

---

[25] Die höheren Werte des kirchlich-religiösen Engagements beruhen auch auf einer im Laufe der Zeit genaueren Bereichszuordnung von Tätigkeiten bei der Auswertung, also Tätigkeiten, die von Befragten ursprünglich anderen, in der Interviewabfolge vorher genannten Bereichen zugeordnet wurden, aber eindeutig in das kirchlich-religiöse Umfeld gehören (z. B. Kirchenchöre oder kirchliche Kinder- und Jugendarbeit). Außerdem waren im Bereich Gesundheit vor allem Tätigkeiten, die Befragte dem Bereich Soziales zugeordnet hatten, wegen ihres eindeutigen Gesundheitsbezugs korrekter einzuordnen.

[26] Das geschieht nur auf der Ebene des Tätigkeitendatensatzes des Freiwilligensurveys.

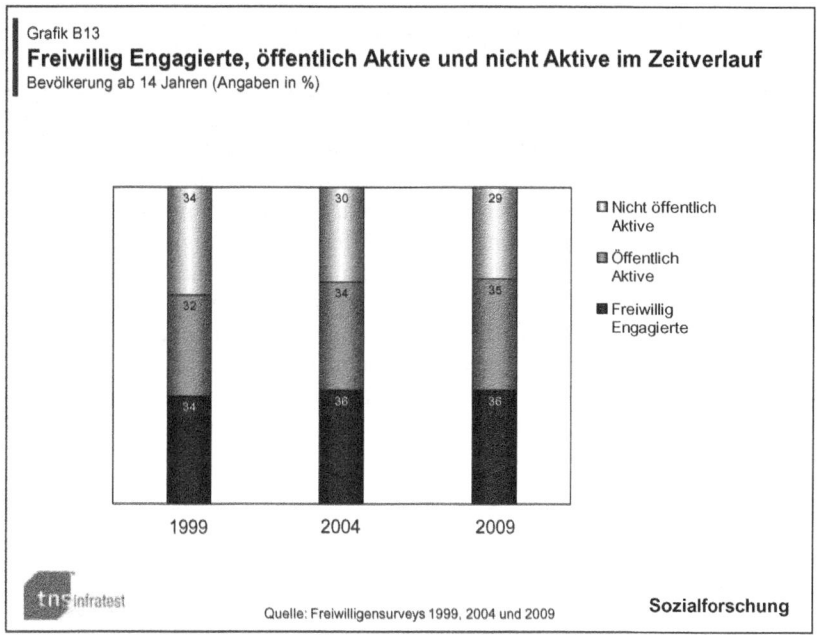

Grafik B13
Freiwillig Engagierte, öffentlich Aktive und nicht Aktive im Zeitverlauf
Bevölkerung ab 14 Jahren (Angaben in %)

Quelle: Freiwilligensurveys 1999, 2004 und 2009

Weitere 35 % der Bevölkerung waren 2009 zwar öffentlich aktiv, hatten aber keine freiwillige Tätigkeit übernommen. Auch diese Gruppe ist seit 1999 größer geworden, insbesondere zwischen 1999 und 2004. Wie auch der Bericht zur Lage des freiwilligen Engagements der Bundesregierung zeigt[27], liegt der Freiwilligensurvey mit seiner Engagementquote etwa in der Mitte einer großen Bandbreite an Schätzungen des Anteils freiwillig Engagierter, die von 18 % bis 52 % reicht. Diese Enge und Weite an Schätzungen in Umfragen ist methodenabhängig. Der Freiwilligensurvey hat sich bemüht, bei der Ermittlung des Engagements ein vertretbares Maß an Offenheit auch für informelle Tätigkeiten einzuhalten, also nicht nur gut zu benennende Funktionen und Ämter zu erfassen. Diese werden bevorzugt von Männern und Menschen in mittleren Jahren und weniger von Frauen und jungen Menschen ausgeübt. Es galt jedoch ebenso, nicht jede sporadische Tätigkeit aufzunehmen, vor allem aber keine nur wenig objektivierbaren Selbsteinschätzungen.

Das freiwillige Engagement war in Deutschland in den letzten 5 Jahren alles in allem zwar keine dynamische, aber eine stabile Größe. Es ist jedoch sehr wichtig, den qualitativen Hintergrund hinter der recht abstrakten Quantität der Engagementquote wahrzunehmen. Das ist die wichtigere und anspruchsvollere Aufgabe des Freiwilligensurveys. Der ausschließliche Blick auf diese Zahl und ihre Stabilität verdeckt die hohe Komplexität, die sich dahinter verbirgt, sowie kräftige Veränderungen, die sich hinter dem Bild scheinbarer Konstanz der abstrakten Zahlen verbergen. Darauf wird im Rahmen dieses Berichtes immer wieder einzugehen sein. Es soll hier nur darauf hingewiesen werden, dass der Rückgang der Familien an der Bevölkerung im Rahmen des demografischen Wandels durchaus auch einen Rückgang der Engagementquote hätte bewirken können. Das geringere quantitative Gewicht der jüngeren Jahrgänge im Alter von unter 45 Jahren, die für die Zivilgesellschaft

---

[27] Vgl. Alscher et al. (2009), S. 11.

besonders wichtig sind, wurde jedoch zwischen 2004 und 2009 durch andere Kräfte ausgeglichen.

Eine andere Frage sind die regionalen Besonderheiten Deutschlands, die sich hinter der pauschalen Engagementquote verbergen. Jenseits der Durchschnittswerte für Deutschland insgesamt lassen sich erhebliche regionale Unterschiede ausmachen. Grafik B14 zeigt, dass bereits die Einteilung Deutschlands in 3 Großregionen und die Gegenüberstellung mit den ganz anders als die Flächenländer strukturierten Stadtstaaten interessante Aufschlüsse bezüglich des freiwilligen Engagements und der öffentlichen Aktivität ergeben. Besonders stark war bereits 1999 „Deutschland-Südwest", zu dem die Länder Bayern und Baden-Württemberg, die südlichen Teile von Hessen (Regierungsbezirk Darmstadt) und von Rheinland-Pfalz (Regierungsbezirk Rheinhessen-Pfalz) sowie das Saarland zählen. Allerdings gab es hier in der beobachteten Dekade beim freiwilligen Engagement kaum eine Veränderung, allerdings wie überall in Deutschland ein Ansteigen der öffentlichen Aktivität. Das Saarland, 2009 erstmals mit einer größeren Stichprobe vertreten, konnte auf Anhieb eine gute Engagementquote vorzeigen.

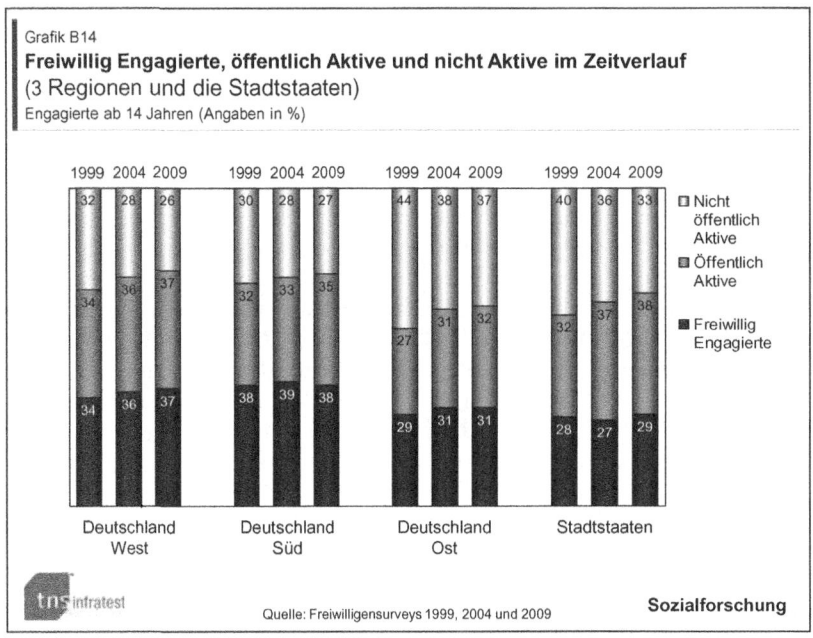

Grafik B14

Freiwillig Engagierte, öffentlich Aktive und nicht Aktive im Zeitverlauf
(3 Regionen und die Stadtstaaten)
Engagierte ab 14 Jahren (Angaben in %)

Quelle: Freiwilligensurveys 1999, 2004 und 2009

Sozialforschung

Der größte Aufsteiger ist die Region „Deutschland-West", also Nordrhein-Westfalen, Niedersachsen und Schleswig-Holstein, sowie die nördlichen Teile von Hessen und Rheinland-Pfalz, wo das Engagement von 34 % auf 37 % anstieg, und zwar ganz besonders in Niedersachsen, das sogar zu Baden-Württemberg als dem beim freiwilligen Engagement führendem Bundesland aufschließen konnte. Rheinland-Pfalz konnte ebenfalls zur Spitze der Bundesländer aufsteigen. Stabil bis rückläufig war die Beteiligung am Engagement in NRW und in Hessen. Eine starke Beteiligung am freiwilligen Engagement kann Schleswig-Holstein vorweisen. Die Region „Deutschland-Ost", die durch die neuen Flächenländer gebildet wird, konnte zwischen 1999 und 2004 beim Engagement zulegen, ist aber seitdem bei der Engagementquote nicht mehr vorangekommen. Diese Stagnation verdeckt allerdings große Fortschritte bei den jüngeren Menschen, zwischen 1999 und 2004 besonders bei den 31- bis 45-Jährigen und zwischen 2004 und 2009 bei den 14- bis 30-Jährigen, vor allem bei denjenigen mit Hochschulreife.

In den Stadtstaaten Berlin, Hamburg und dem 2009 erstmals mit einer größeren Stichprobe vertretenen Bremen ist beim Engagement kaum eine Entwicklung zu beobachten, ein Befund, der der Entwicklung in den großen Ballungskernen in Deutschland insgesamt entspricht. In den Ballungskernen ist die Bevölkerung zwar zunehmend in die Zivilgesellschaft einbezogen, aber wie am Anteil der Gruppe der „nur" Aktiven erkennbar, vor allem teilnehmend aktiv. Besonders stark war bereits 1999 das freiwillige Engagement im ländlichen Raum, und diese starke Stellung wurde seit 1999 weiter ausgebaut. Das betrifft die ländliche Fläche ebenso wie die ländlichen Regionen am Rand der Ballungsräume. Der Kontrast der Ballungskerne zu den ländlichen Räumen beim freiwilligen Engagement ist vor allem damit zu erklären, dass kommerzielle und kulturelle Freizeitangebote in den Ballungskernen vielfältiger und besser erreichbar sind als auf dem Lande. Sie sind durchaus eine Konkurrenz für die Chancen der Zivilgesellschaft, Menschen zur Übernahme von verantwortungsvollen Tätigkeiten zu verpflichten.

Auf dem Lande übernimmt das zivilgesellschaftliche Engagement auch eine Funktion bei der Freizeitgestaltung und als Kontaktbörse. Außerdem setzt der hohe und zunehmende Anteil von Menschen mit Migrationshintergrund die Engagementquoten in den Ballungszentren unter Druck. Ähnlich wie junge Leute in Großstädten sind Migrantinnen und Migranten zwar oft teilnehmend aktiv, aber weniger freiwillig engagiert im Sinne der längerfristigen Übernahme einer bestimmten Tätigkeit oder Verantwortung. In den Ballungsräumen war im beobachteten Jahrzehnt außerdem der Trend zur Abwanderung der Besserverdienenden und der Familien an die ländlichen Stadtränder weiterhin erkennbar (Suburbanisierung, Zersiedelung). Ob die erwartete bzw. beginnende Rückbewegung von Familien, vor allem aber von älteren Menschen in die Innenstädte auch zivilgesellschaftlich neue Entwicklungen setzt, muss in Zukunft weiter beobachtet werden.

3.3   Mehr Engagement bei Älteren und Familien

Die folgende Grafik B15 zeigt, dass sich hinter den Durchschnittsquoten des Engagements der Bevölkerung verschiedene Veränderungen der Altersgruppen verbergen. Vor allem erkennt man einen eindrucksvollen Trend: das zunehmende Engagement der älteren Menschen. Bei den über 65-jährigen Menschen ist es von 23 % auf 28 % gestiegen. Dieser Anstieg war allerdings zwischen 2004 und 2009 nicht mehr ganz so deutlich wie zwischen 1999 und 2004. Wie später noch zu sehen sein wird, war in der ersten Periode die Zunahme des Engagements bei den jüngeren Seniorinnen und Senioren auffälliger, während sich in der folgenden Periode die Zuwächse mehr auf die älteren Seniorinnen und Senioren konzentrierten.

Da der Anteil der älteren Gruppe in der Bevölkerung mit 22 % relativ groß ist und in der betreffenden Dekade gestiegen ist, konnte sie zwischen 2004 und 2009 den Rückgang bei der größten Altersgruppe der 46- bis 65-Jährigen (32 %) ausgleichen. Von der jüngsten Gruppe, deren Anteil in der Bevölkerung abgenommen hat (von 25 % auf 22%), kamen in der gesamten Phase keine zusätzlichen Impulse beim Engagement. In den Familienjahrgängen hat das Engagement zwar zugenommen, allerdings konnte auch diese Gruppe 2009 den Durchschnitt wegen ihrer rückläufigen Größe (von 28 % auf 24 %) weniger beeinflussen als 1999.

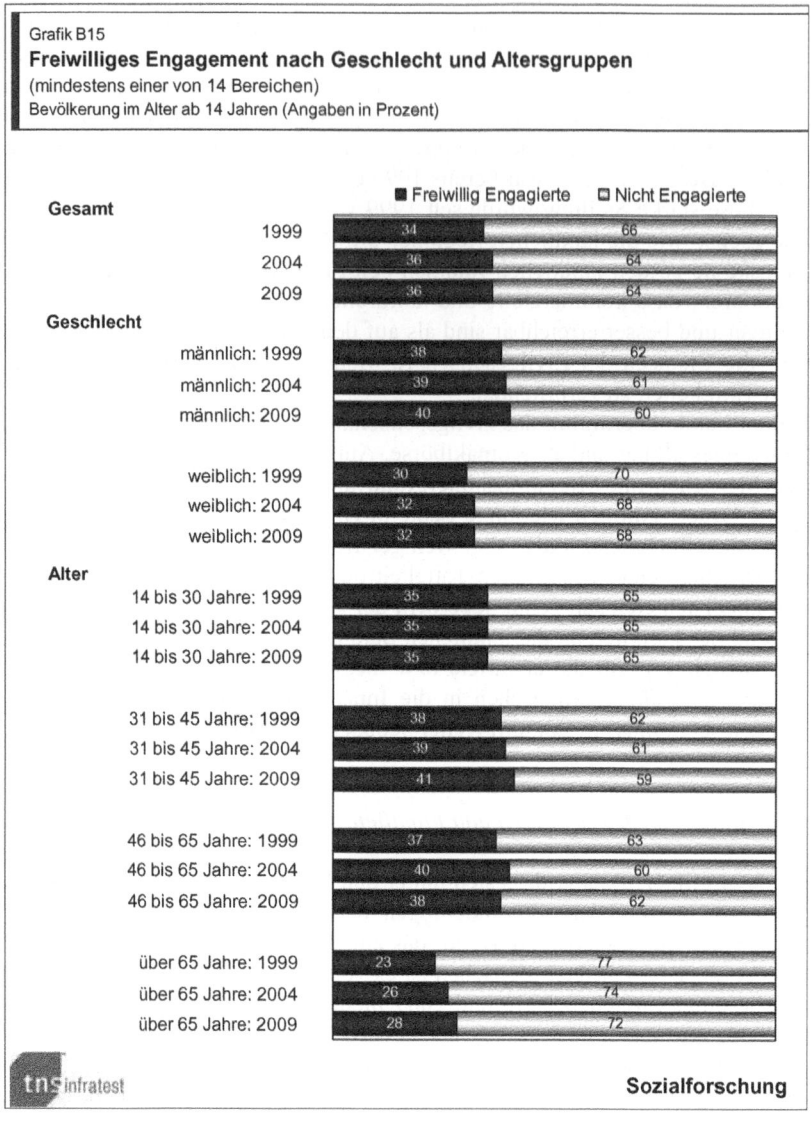

Grafik B15
Freiwilliges Engagement nach Geschlecht und Altersgruppen
(mindestens einer von 14 Bereichen)
Bevölkerung im Alter ab 14 Jahren (Angaben in Prozent)

■ Freiwillig Engagierte   ☐ Nicht Engagierte

		Freiwillig Engagierte	Nicht Engagierte
Gesamt	1999	34	66
	2004	36	64
	2009	36	64
Geschlecht			
	männlich: 1999	38	62
	männlich: 2004	39	61
	männlich: 2009	40	60
	weiblich: 1999	30	70
	weiblich: 2004	32	68
	weiblich: 2009	32	68
Alter	14 bis 30 Jahre: 1999	35	65
	14 bis 30 Jahre: 2004	35	65
	14 bis 30 Jahre: 2009	35	65
	31 bis 45 Jahre: 1999	38	62
	31 bis 45 Jahre: 2004	39	61
	31 bis 45 Jahre: 2009	41	59
	46 bis 65 Jahre: 1999	37	63
	46 bis 65 Jahre: 2004	40	60
	46 bis 65 Jahre: 2009	38	62
	über 65 Jahre: 1999	23	77
	über 65 Jahre: 2004	26	74
	über 65 Jahre: 2009	28	72

tns infratest   **Sozialforschung**

Der demografische Wandel hat dazu geführt, dass der Anteil der bis 45-Jährigen von 53 % in 1999 auf nur noch 46 % in 2009 gesunken ist, während die ab 46-Jährigen nunmehr mit 54 % der Bevölkerung stellen. Deshalb hing in der betreffenden Periode besonders viel vom Verhalten der letzteren Gruppe ab. Das hat z.B. dazu beigetragen, dass zwischen 1999 und 2004 die Quote steigen konnte, weil sich in dieser Periode neben den Älteren auch die

46- bis 65-Jährigen vermehrt engagierten. Anders zwischen 2004 und 2009: In diesem Zeitraum konnte die Engagementquote im Großen und Ganzen wenigstens konstant bleiben, weil sowohl die älteren Menschen als auch die Familienjahrgänge sich stärker engagierten. Letztere konnten dadurch ihren abnehmenden Anteil an der Bevölkerung einigermaßen ausgleichen. Positiv ist, dass das Engagement in der ältesten Gruppe der über 65-Jährigen bei beiden Geschlechtern in der gesamten Periode anstieg (Frauen von 18 % auf 25 %, Männer von 27 % auf 33 %,). Dagegen gab es in der Altersgruppe der 46- bis 65-Jährigen zwischen 2004 und 2009 sowohl bei Frauen als auch bei Männern einen Rückgang. Bei den Familienjahrgängen waren es besonders die Männer, die den Anstieg zwischen 2004 und 2009 getragen haben.[28]

Die Haushaltsgröße zeigte bereits eine deutliche Verknüpfung mit der teilnehmenden Aktivität der Bürgerinnen und Bürger in der Zivilgesellschaft und das ist ebenso beim freiwilligen Engagement zu erkennen (Grafik B16). In den letzten Jahren haben sich die Haushalte mit einer Größe von 4 Personen an die Spitze des Engagements geschoben und übertreffen inzwischen die Haushalte mit 5 und mehr Personen. Über die gesamte Periode gesehen hat das freiwillige Engagement in den 1-Personen-Haushalten kaum, dafür aber in den Haushalten mit zwei und drei Personen deutlich zugenommen. Immerhin waren jedoch die Alleinlebenden seit 1999 immer stärker über ihre teilnehmende Aktivität in die Zivilgesellschaft integriert. Der starke Anstieg des Engagements in Haushalten mit 4 Personen geht besonders auf die beiden mittleren Altersgruppen zurück, die 31- bis 45-Jährigen und die 46- bis 65-Jährigen. Bei den Letzteren gibt es eine eindrucksvolle Entwicklung zu berichten, da das Engagement seit 1999 von 45 % auf 49 % in 2004 stieg und 2009 den Rekordwert von 54 % erreichte. Die bereits angesprochenen Verluste beim Engagement der großen Altersgruppe der 46- bis 65-Jährigen seit 2004 stammen dagegen vor allem von den 1-Personen-Haushalten und auch von den Haushalten mit 2 Personen.

Die folgende Grafik B17 vertieft die Befunde des Freiwilligensurveys anhand des Erwerbsstatus der Befragten. Wie bereits in den ersten beiden Wellen des Surveys bestätigt es sich wieder, dass die Erwerbstätigen, die ca. die Hälfte der Bevölkerung umfassen, ein ganz besonders wichtiger Träger der Zivilgesellschaft sind. Diese tragende Rolle bei der Übernahme freiwilliger Tätigkeiten ist sogar noch wichtiger als bei der teilnehmenden Aktivität in der Zivilgesellschaft. Dagegen ist das Engagement von Arbeitslosen wesentlich niedriger, wenn auch insgesamt gestiegen. Die gute soziale Integration und positive Lebensmotivation der Erwerbstätigen ist im Vergleich zu den Arbeitslosen offensichtlich der wichtigere Faktor als Hindernisse, die dem Engagement Erwerbstätiger aufgrund der zeitlichen Beanspruchung entgegenstehen.

---

[28] Die Geschlechterfrage wird im Abschnitt 6.4 weiter vertieft.

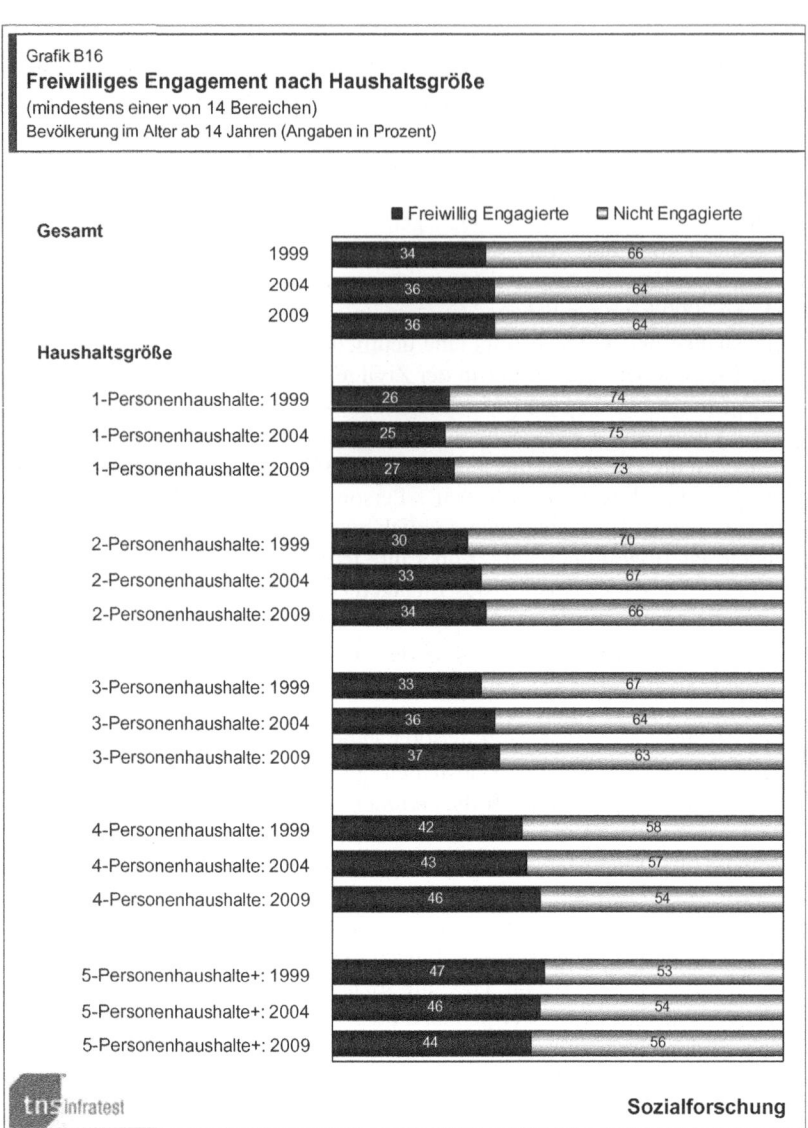

Grafik B16
Freiwilliges Engagement nach Haushaltsgröße
(mindestens einer von 14 Bereichen)
Bevölkerung im Alter ab 14 Jahren (Angaben in Prozent)

■ Freiwillig Engagierte   ▢ Nicht Engagierte

Gesamt

	Freiwillig Engagierte	Nicht Engagierte
1999	34	66
2004	36	64
2009	36	64

Haushaltsgröße

	Freiwillig Engagierte	Nicht Engagierte
1-Personenhaushalte: 1999	26	74
1-Personenhaushalte: 2004	25	75
1-Personenhaushalte: 2009	27	73
2-Personenhaushalte: 1999	30	70
2-Personenhaushalte: 2004	33	67
2-Personenhaushalte: 2009	34	66
3-Personenhaushalte: 1999	33	67
3-Personenhaushalte: 2004	36	64
3-Personenhaushalte: 2009	37	63
4-Personenhaushalte: 1999	42	58
4-Personenhaushalte: 2004	43	57
4-Personenhaushalte: 2009	46	54
5-Personenhaushalte+: 1999	47	53
5-Personenhaushalte+: 2004	46	54
5-Personenhaushalte+: 2009	44	56

tns infratest   **Sozialforschung**

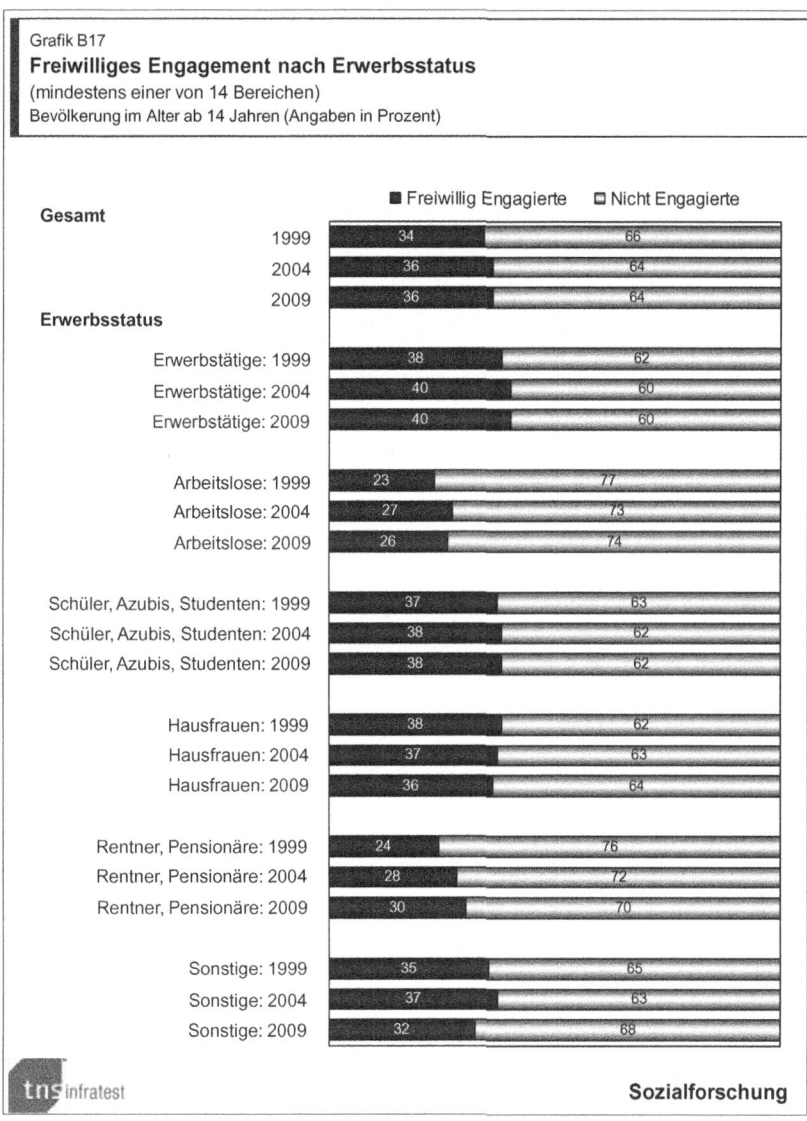

Grafik B17
Freiwilliges Engagement nach Erwerbsstatus
(mindestens einer von 14 Bereichen)
Bevölkerung im Alter ab 14 Jahren (Angaben in Prozent)

■ Freiwillig Engagierte   ▢ Nicht Engagierte

Gesamt

	Freiwillig Engagierte	Nicht Engagierte
1999	34	66
2004	36	64
2009	36	64

Erwerbsstatus

Erwerbstätige: 1999	38	62
Erwerbstätige: 2004	40	60
Erwerbstätige: 2009	40	60
Arbeitslose: 1999	23	77
Arbeitslose: 2004	27	73
Arbeitslose: 2009	26	74
Schüler, Azubis, Studenten: 1999	37	63
Schüler, Azubis, Studenten: 2004	38	62
Schüler, Azubis, Studenten: 2009	38	62
Hausfrauen: 1999	38	62
Hausfrauen: 2004	37	63
Hausfrauen: 2009	36	64
Rentner, Pensionäre: 1999	24	76
Rentner, Pensionäre: 2004	28	72
Rentner, Pensionäre: 2009	30	70
Sonstige: 1999	35	65
Sonstige: 2004	37	63
Sonstige: 2009	32	68

tns infratest   **Sozialforschung**

Unter den Arbeitslosen gibt es große Unterschiede: Wer Arbeitslosengeld 1 bezieht, ist mit 31 % viel öfter engagiert, als diejenigen, die Arbeitslosengeld 2 beziehen (22 %). Die Engagementquote von arbeitslosen Menschen geht auf einen absoluten Tiefpunkt hinunter (12 %), wenn Empfängerinnen und Empfänger von Arbeitslosengeld 2 nur einen einfachen Bildungsstatus haben. So gibt es eine Art Teufelskreis: ein niedriger Bildungsstatus erhöht das Risiko der Arbeitslosigkeit, und deren soziale und psychische Folgen motivieren nicht gerade zum freiwilligen Engagement. Immerhin sind bei den niedrig gebildeten Empfängerinnen und Empfängern von Arbeitslosengeld 2 30 % wenigstens teilnehmend in der Zivilgesellschaft aktiv, was allerdings auch bedeutet, dass weit mehr als die Hälfte dieser Gruppe nicht in die Zivilgesellschaft integriert ist.

Bei mittel und höher gebildeten Empfängerinnen und Empfängern von Arbeitslosengeld 2 ist immerhin mehr als die Hälfte in der Zivilgesellschaft beteiligt oder engagiert. Empfängerinnen und Empfänger von Arbeitslosengeld 1 liegen deutlich über diesen Werten, insbesondere bei mittlerem und höherem Bildungsstatus. Es gilt allerdings nicht nur die Bildung, sondern die ungünstige materielle, soziale und psychische Gesamtsituation der Arbeitslosen zu berücksichtigen. Rentnerinnen und Rentner haben oft auch einen eher niedrigen Bildungsstatus, dennoch liegt ihr Engagement inzwischen deutlich über dem der Arbeitslosen. Das verweist auf die heute zumeist günstigeren Faktoren der Lebenslage der Ruheständlerinnen und Ruheständler, insbesondere gegenüber Langzeitarbeitslosen.

Engagement der Rentnerinnen und Rentner sowie der Pensionärinnen und Pensionäre als einer Gruppe mit viel verfügbarer Zeit wird durch eine andere Gruppe deutlich übertroffen, deren Zeitbudget zumindest durch Erwerbstätigkeit kaum geschmälert ist. Zwar haben die Hausfrauen (und die ganz wenigen Hausmänner) den Großteil der Haus- und Familienarbeit zu leisten, sind aber dennoch hoch engagiert. Allerdings geht dieses Engagement langsam, aber stetig zurück. Daneben ist es interessant, dass die meisten Hausfrauen bzw. Hausmänner ihr häusliches Dasein gerne insofern erweitern würden, als sie erwerbstätig sein wollen (59 %, mehr noch die sehr kleine Gruppe der „Sonstigen" mit 69 %). Allerdings gilt das unter der Voraussetzung, einen guten und nicht irgendeinen Job zu finden. Dieser Wunsch steht mit einer geringeren Engagementquote in Beziehung. Zwar gibt es dazu noch keinen Trend, weil die Frage 2009 zum ersten Mal gestellt wurde, aber man könnte sich vorstellen, dass ein zunehmender Erwerbswunsch bei Hausfrauen bzw. Hausmännern in einer gewissen Opposition zur Engagementneigung steht.

3.4   Zeitregime und freiwilliges Engagement

Eine weitere höher engagierte Gruppe sind die jungen Menschen in Ausbildung (Schülerinnen und Schüler, Auszubildende, Studierende). Die verschiedenen Untergruppen werden in einem vertiefenden Abschnitt noch detailliert beleuchtet. An dieser Stelle sollen für diese Gruppe, außerdem auch für die Erwerbstätigen jeweils einige Fragen zum Zeitregime ausgewertet werden. Dabei geht es um die Auswirkungen der Planbarkeit der Freizeit und der Zeitverfügung allgemein auf das Engagement, bei Erwerbstätigen auch in Kombination mit der Betreuung eigener Kinder und mit Pflegeleistungen für Familienmitglieder. Das soll eine Vorstellung ermöglichen, inwiefern zum einen die zunehmende Mobilität und Zeitverdichtung in Ausbildung und Erwerbstätigkeit, zum anderen Leistungen bei der Betreuung und Pflege Familienangehöriger das Engagement beeinflussen. Diese Themen müssen allerdings im Rahmen spezieller Studien vertieft werden.

Tabelle B2: Indikatoren des Zeitregimes bei Erwerbstätigen und Menschen in Schule, Ausbildung und Studium

	Antwort-verteilung	Engagement-quote
Erwerbstätige: Können Sie Ihre Freizeit über die Woche hinweg einigermaßen planen? Oder ist Ihr Wochenablauf wegen Ihrer beruflichen Verpflichtungen zu unregelmäßig?		
Ja.	57	45
Mal so – mal so.	20	36
Nein.	23	30
Erwerbstätige mit Kindern bis zu 5 Jahren: Bleibt Ihnen neben der Kinderbetreuung, der Hausarbeit und Ihrer beruflichen Tätigkeit noch genügend Zeit für andere Dinge übrig?		
Ja.	27	47
Teilweise.	47	44
Nein.	26	32
Erwerbstätige mit Kindern; jüngstes Kind im Alter bis zu 2 Jahren: Bleibt Ihnen neben der Kinderbetreuung, der Hausarbeit und Ihrer beruflichen Tätigkeit noch genügend Zeit für andere Dinge übrig?		
Ja.	27	45
Teilweise.	43	39
Nein.	29	33
Erwerbstätige, die Angehörige pflegen: Bleibt Ihnen neben der Pflege, der Hausarbeit und Ihrer beruflichen Tätigkeit noch genügend Zeit für andere Dinge übrig?		
Ja.	36	53
Teilweise.	45	48
Nein.	20	40
Schülerin bzw. Schüler, in Ausbildung, im Studium: Können Sie Ihre Freizeit über die Woche hinweg einigermaßen planen? Oder ist Ihr Wochenablauf wegen Ihrer Verpflichtungen in Schule, Ausbildung oder Studium zu unregelmäßig?		
Ja.	56	40
Mal so – mal so.	26	35
Nein.	18	34
Schule, Berufsschule, Fachschule: Bleibt Ihnen neben der Schule, der Ausbildung noch genügend freie Zeit für andere Dinge?		
Ja.		
Mal so – mal so.	59	36
Nein.	32	34
	9	36
Fachhochschule, Universität mit regelmäßigem oder gelegentlichem Job: Bleibt Ihnen neben dem Jobben und dem Studium noch genügend freie Zeit für andere Dinge?		
Ja.	36	47
Mal so – mal so.	40	48
Nein.	24	36

TNS Infratest Sozialforschung 2009, Angaben in Prozent

Zunächst erkennt man in Tabelle B2, dass nur 57 % der Erwerbstätigen ihre Freizeit unter der Woche durchgängig planen können. Auf junge Erwerbstätige im Alter bis zu 30 Jahren trifft das sogar nur zu 50 % zu, auf Männer etwas weniger als auf Frauen und auch auf erwerbstätige Ostdeutsche nur zur Hälfte. Der größte Unterschied besteht allerdings zwischen den kleinen Berufsgruppen der Beamtinnen bzw. Beamten und der Selbstständigen, die Ersten genießen sogar zu 65 % Planungssicherheit, die Zweiten nur zu 43 %. Beide Gruppen sind allerdings besonders häufig freiwillig engagiert, die Beamtinnen und Beamten mit dem Rekordanteil von 55 %, die Selbstständigen mit 48 % nicht ganz so häufig. Ihr Bildungsstatus unterscheidet die Erwerbstätigen in der Frage der Planbarkeit der Freizeit kaum. Obwohl höher Gebildete mit 46 % überdurchschnittlich engagiert sind, ist ihre Möglichkeit, unter der Woche ihre Freizeit zu planen, nicht besser oder schlechter als die der einfach gebildeten Erwerbstätigen, die jedoch nur zu 27 % engagiert sind.

Die geringere Planungssicherheit der jüngeren und ostdeutschen Erwerbstätigen, aber auch die Unterschiede zwischen Selbstständigen und Beamtinnen bzw. Beamten verweisen darauf, dass es besonders Faktoren der beruflichen Flexibilität und der Mobilität sein dürften, die die Planungssicherheit beeinflussen. Das Fehlen dieser Sicherheit ist ganz eindeutig mit einem geringeren freiwilligen Engagement verbunden. Bereits wenn sich die Planbarkeit wechselhaft darstellt („Mal so – mal so"), ist das Engagement von Erwerbstätigen deutlich unterdurchschnittlich (36 %), erst recht, wo Planbarkeit kaum gegeben ist (30 %). Die Unterschiede sind ganz erheblich und müssen zu denken geben. Betrachtet man dagegen die jungen Menschen in Schule, Ausbildung und Studium, so gibt es bei der vergleichbaren Frage zwar auch Unterschiede, die jedoch bei Weitem nicht so deutlich sind wie bei den Erwerbstätigen. Besonders signifikant ist vor allem die Tatsache, dass Studierende, denen wegen des Jobbens die freie Zeit fehlt, deutlich weniger engagiert sind als andere. Allerdings ist diese Gruppe mit etwa einem Viertel der Studierenden nicht besonders groß.

In Bezug auf das freiwillige Engagement verblassen gegenüber mangelnden Möglichkeiten der Freizeitplanung Einschränkungen, die mit Verpflichtungen der familiären Kinderbetreuung zu tun haben (zumindest wenn es sich nicht um ganz kleine Kinder handelt), ja sogar mit der Pflege eigener Familienangehöriger. Solche Verpflichtungen führen bei den Erwerbstätigen zwar erkennbar zu einer Zeitverknappung. Solange sich allerdings diese Knappheit in gewissen Grenzen hält – und das ist zu einem sehr großen Anteil der Fall –, verbleibt die Engagementquote auf einem außerordentlich hohen Niveau. Bei den Erwerbstätigen mit Kindern liegt das zum einen daran, dass auch diejenigen, denen teilweise die Freizeit fehlt, in etwa durchschnittlich ihre Freizeit planen können. Zum anderen stellen Kinder und Jugendliche eine Brücke ins Engagement dar, z. B. im Verein, in Kindergarten und Schule, in der Kirche und der Jugendarbeit.

Diejenigen, die durch Pflege zumindest teilweise in ihrer Freizeit eingeschränkt sind, können zwar ihre Freizeit nicht so gut planen, haben jedoch eine sehr hohe Engagementquote (53 %). Auch diejenigen, die wegen der Pflege in großer Zeitknappheit sind, sind mit 40 % vermehrt engagiert. Hier kann man sich vorstellen, dass zum einen die Pflege spezifische Anstöße für das Engagement setzt, außerdem die Motivation für das Engagement hoch ist und die Arbeitszeit an die Pflegetätigkeit angepasst ist. Bei denjenigen Erwerbstätigen, die Kinder im Alter von unter drei Jahren im Haushalt haben, erklärt sich die mit der Verknappung der Freizeit stark abnehmende Engagementbeteiligung vor allem aus den Ergebnissen der Frauen. Für diese wirkt sich die Betreuungsverpflichtung zum einen besonders stark in Richtung einer Verringerung der Freizeit aus, zum anderen aber auch in Richtung einer Reduktion des Engagements. Bei erwerbstätigen Männern ist das in dieser Lebensphase viel weniger zu beobachten.

3.5 Freiwilliges Engagement – stabil und doch im Wandel

Unabhängig von seiner quantitativen Entwicklung über die Zeit zeichnet sich das freiwillige Engagement der Bürgerinnen und Bürger in Deutschland durch eine hohe Verbindlichkeit aus: Im Durchschnitt werden die freiwilligen Tätigkeiten bereits seit ca. 10 Jahren durchgeführt (zu 32 % sogar seit über 10 Jahren) (Grafik B18). Zum anderen wird das Engagement mit großer Regelmäßigkeit ausgeführt: 90 % der Engagierten üben ihre Tätigkeit mindestens einmal im Monat aus, 56 % einmal in der Woche und sogar 33 % mehrmals in der Woche.[29] Naturgemäß sind jüngere Befragte erst seit Kürzerem und zwar seit durchschnittlich 4 Jahren in ihrer aktuellen Tätigkeit aktiv, bei älteren Engagierten sind das im Durchschnitt fast schon 18 Jahre. Bei diesen Angaben geht es allerdings nicht darum, wann man überhaupt begonnen hat, sich zu engagieren. Dieser Zeitpunkt liegt bei den meisten Engagierten bereits sehr früh im Leben.

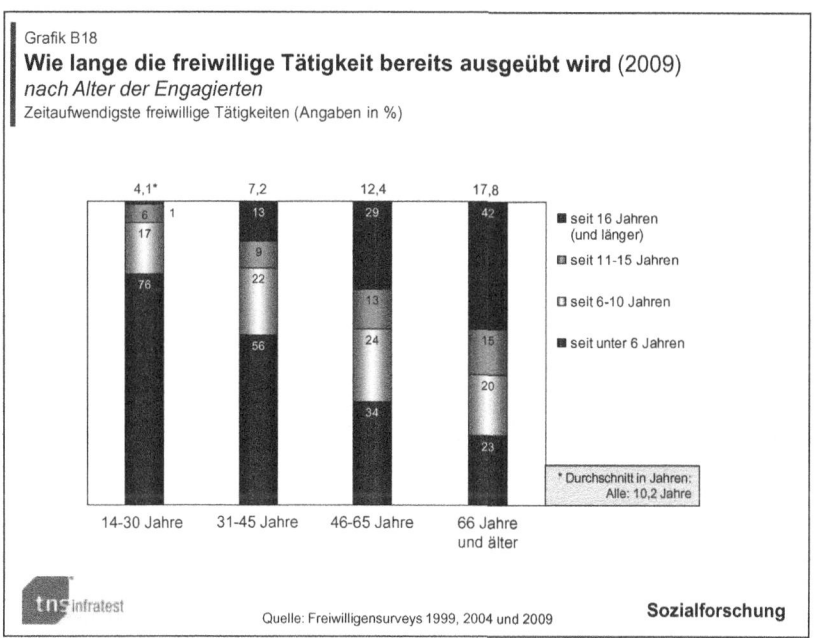

Grafik B18
Wie lange die freiwillige Tätigkeit bereits ausgeübt wird (2009)
nach Alter der Engagierten
Zeitaufwendigste freiwillige Tätigkeiten (Angaben in %)

Quelle: Freiwilligensurveys 1999, 2004 und 2009

Auch andere Daten belegen die hohe, teils wachsende Verbindlichkeit und Verlässlichkeit des Engagements: War den Engagierten ihr Engagement bereits vor 10 Jahren zu 78 % ein wichtiger Teil ihres Lebens, so hat sich dieser Anteil bis heute auf 85 % erhöht (Grafik B19). Die Tätigkeiten sind auch zunehmend stabiler angelegt: Gingen 1999 noch 25 % der Engagierten davon aus, ihre Tätigkeit würde in absehbarer Zeit beendet sein, so waren das 2009 nur noch 21 %. Diese Eckdaten zeigen, dass das freiwillige Engagement der Bürgerinnen und Bürger eine verlässliche Größe auf der gesellschaftlichen Agenda ist, mit einem über die gesamte Dekade positiven qualitativen Trend. Im Kapitel über das Engagement-

---

[29] Vgl. hierzu im Detail das Kapitel über das Zeitregime des Engagements in Teil C.

potenzial wird allerdings noch erkennbar werden, dass diese Stabilität des Engagements nicht absolut, sondern prozessartig zu verstehen ist.

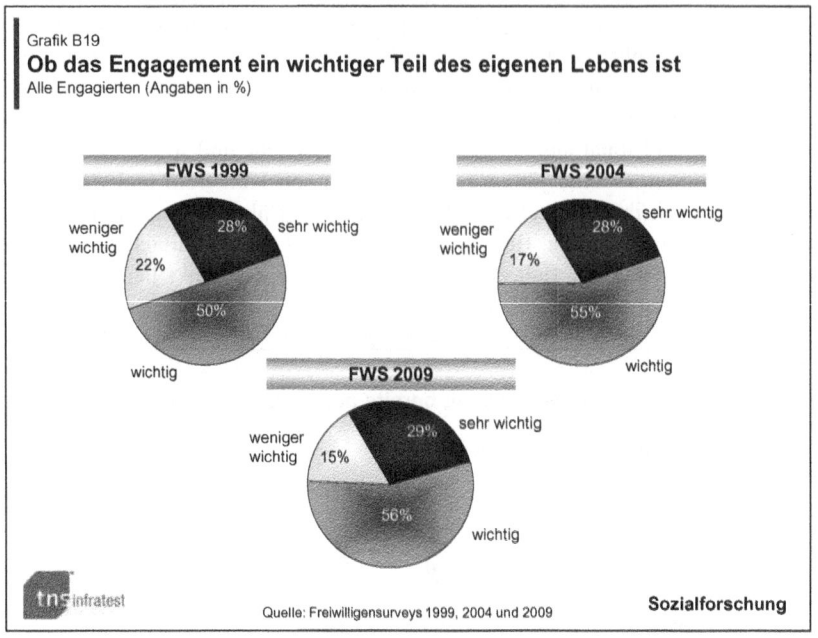

Grafik B19
Ob das Engagement ein wichtiger Teil des eigenen Lebens ist
Alle Engagierten (Angaben in %)

FWS 1999

weniger wichtig — 28% — sehr wichtig
22%
50%
wichtig

FWS 2004

weniger wichtig — 28% — sehr wichtig
17%
55%
wichtig

FWS 2009

weniger wichtig — 29% — sehr wichtig
15%
56%
wichtig

tns infratest   Quelle: Freiwilligensurveys 1999, 2004 und 2009   Sozialforschung

Die Verbindlichkeit, mit der viele Menschen ihr Engagement ausüben, schließt nicht aus, dass Engagierte auch immer wieder freiwillige Tätigkeiten beenden. Bei älteren Menschen ist es natürlich, dass dem Engagement irgendwann gesundheitliche Hindernisse entgegenstehen, einige setzen sich auch vorher von ihrem langjährigen Engagement sozusagen zur Ruhe. Bei jungen Menschen reißt oftmals die Verbindung zu ihrem vertrauten Umfeld ab, wenn sie wegen Ausbildung, Studium oder im Zusammenhang mit Beruf oder Partnerschaft regional mobil werden. Dann müssen am neuen Wohnort erst neue Verbindungen geknüpft werden; dieser Ersatz der von Kindheit an gewachsenen Beziehungen durch neue ist nicht immer einfach. Da die Mobilität der jüngeren Menschen zugenommen, andererseits ihre Bedeutung im Freiwilligensektor aus demografischen Gründen abgenommen hat, ist es vor allem die hohe Verbindlichkeit des Engagements der mittleren Jahrgänge, die die relative Stabilität des Engagementverhaltens erklärt. Der Aspekt der zunehmenden Instabilität des Engagements jüngerer Menschen wird im Abschnitt zum Engagementpotenzial weiter vertieft. Allerdings wird es auch darum gehen, dass es trotz der objektiven Instabilität des Engagements jüngerer Menschen, z. B. durch regionale Mobilität und die Verdichtung der Ausbildung und der Berufseinmündung, auf der subjektiven Seite sogar eine zunehmende Verbindlichkeit der Motivation gibt, die wieder stärker in Richtung Gemeinwohl und soziale Unterstützung geht.

Gerade bei jüngeren Menschen wird erkennbar, wie hoch motiviert sie in ihrem Engagement sind. Zwar ist über den gesamten Zeitraum in allen Altersgruppen der Anteil an freiwillig Engagierten gestiegen, die sich nicht ausgelastet fühlen und ihr Engagement noch ausdehnen könnten, falls sich etwas Interessantes bietet. Waren das 1999 erst 12 % der

Bevölkerung, so 2004 bereits 14 % und 2009 schon 16 %. Mit 23 % ist diese Gruppe gerade unter jüngeren Menschen besonders groß, wo sie fast zwei Drittel der Engagierten umfasst (Grafik B20). Bei der Engagementförderung gerade auch auf dieses „interne" Potenzial (Helmut Klages) zu achten, ist heute angesichts des demografischen Wandels und stagnierender Engagementquoten mehr denn je wichtig. Wie später bei der Analyse des „externen" Potenzials, also der Menschen, die aktuell nicht engagiert sind, sich das aber bestimmt oder eventuell vorstellen können, verwundert es, wie wenig das Potenzial letztlich wirksam wird, ganz besonders bei jüngeren Menschen. Der Hebel bzw. Engpass scheint sich in der Frage zu verbergen, die die Freiwilligen beantwortet haben. Es muss eben auch etwas Interessantes sein, das sich anbietet oder das angeboten wird. Das ist beim externen Potenzial nicht anders.

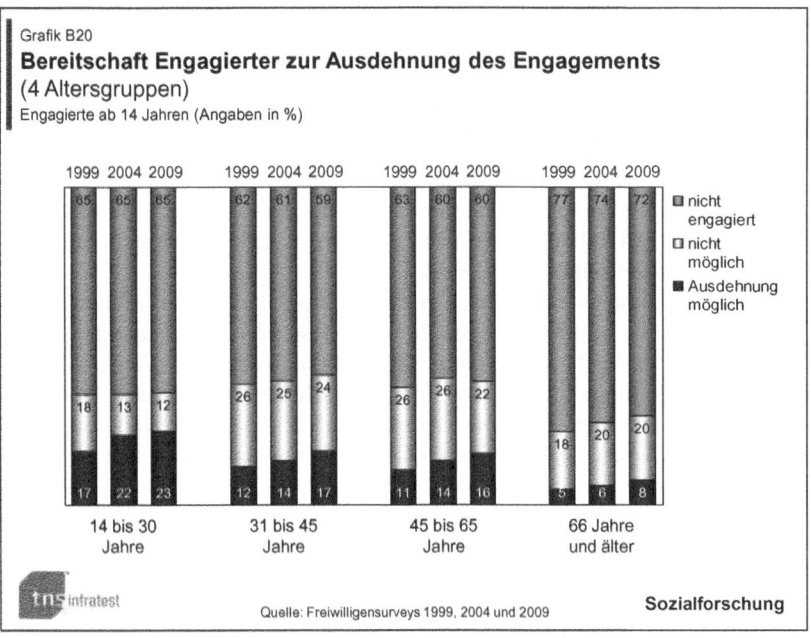

Grafik B20
Bereitschaft Engagierter zur Ausdehnung des Engagements
(4 Altersgruppen)
Engagierte ab 14 Jahren (Angaben in %)

Quelle: Freiwilligensurveys 1999, 2004 und 2009

Angesichts der Förderaktivitäten sowohl seitens des Bundes, der Länder und der Kommunen als auch der zivilgesellschaftlichen Organisationen und Institutionen mag es verwundern, dass der Umfang des freiwilligen Engagements in der Bevölkerung seit 2004 nicht mehr vorangekommen ist und dass das erhebliche Potenzial nicht gehoben wurde. Wahrscheinlich hatte diese Förderung (vor allem in den letzten fünf Jahren) zwei positive Haupteffekte. Zum einen trug sie zur Stabilisierung des vorhandenen Engagements bei, zum anderen dazu, das freiwillige Engagement in der öffentlichen Meinung positiver zu besetzen. Die Ursachen der unterschiedlichen Entwicklung öffentlicher Aktivität, freiwilligen Engagements und des Meinungsklimas über das Engagement zu ermitteln, ist nicht nur eine wichtige Aufgabe der Hauptberichterstattung des Freiwilligensurveys, sondern eine Forschungsaufgabe für die nächsten Jahre.

Ziemlich unzweifelhaft ist es, dass in den letzten fünf Jahren ein Bündel gesellschaftlicher Faktoren der langfristigen Aufwertung des freiwilligen Engagements entgegengewirkt hat; z. B. der soziale Stress, ausgelöst durch die Wirkungen sozialer Reformen und die stärkere Inanspruchnahme der Bevölkerung durch den Arbeitsmarkt und die Arbeitgeber. Die Politik setzte im Rahmen der Reformen stark auf soziale Eigenverantwortung, eine Lebenshaltung, die in Deutschland traditionell nicht so stark verankert ist wie etwa in der angelsächsischen Welt. Verschiedene Veränderungen der Arbeitswelt verknappten die verfügbare Zeit und Kraft der Bevölkerung für das Engagement. Ein größerer Teil der Bevölkerung wurde wegen der Reformen, aber auch als Wirkung langfristiger Prozesse in den Arbeitsmarkt einbezogen (Arbeitslose, Hartz-IV-Empfängerinnen und -Empfänger, Frauen), die Erwerbstätigen verstärkt zu Überstunden herangezogen. Generell gibt es einen Prozess zur Verdichtung der Arbeitsabläufe.[30]

Die Eingliederung jüngerer Menschen in den Arbeitsmarkt verläuft oftmals nicht geradlinig und manchmal problematisch, z. B. durch den Erwerb von notwendigen Zusatzqualifikationen, durch Praktika und nur befristete Beschäftigung, aber auch dadurch, dass die fachlichen und beruflichen Neigungen der jungen Menschen nicht immer mit den Notwendigkeiten des Arbeitsmarktes übereinstimmen. Zu den Nebenwirkungen ökonomischer und sozialer Prozesse kommen heute die Wirkungen des demografischen Wandels: Auch in zivilgesellschaftlichen Organisationen fehlt der Nachwuchs. Die Wirkungen dieser Prozesse sind noch nicht voll in der Gesellschaft angekommen. Aber dadurch, dass sie sich mit der Verdichtung und Verkomplizierung der Phasen der Ausbildungs-, Berufs- und Familieneinmündung verknüpft haben, stehen das Engagement der Jugend und damit ihr wichtiger Beitrag zur Zivilgesellschaft unter Druck.

Schon immer besonders erkennbar war dieser Druck bei jungen Frauen, vor allem in den 20- er Lebensjahren, und zwar wegen ihres zunehmenden Engagements in Ausbildung und Beruf und der auch heute nicht genügenden Möglichkeiten der Vereinbarkeit von Familie und Beruf. Viele junge Frauen haben hohe berufliche *und* familiäre Ansprüche, während viele junge Männer sich nach wie vor mehr auf den Beruf konzentrieren. Dass dennoch das allgemeine Niveau des freiwilligen Engagements seit 2004 gehalten werden konnte, zeigt die Stärke des Trends auch unter schwierigen gesellschaftlichen Bedingungen. Angetrieben wird diese Entwicklung vor allem durch das steigende formale Bildungsniveau der Bevölkerung sowie durch die Aufwertung der Öffentlichkeit im Lebensstil vieler Menschen, inzwischen besonders der älteren Generation.

---

[30] Diese allgemeine Charakteristik gilt für die Zeit vor der Finanzkrise und wurde durch diese nur teilweise durchbrochen. Inzwischen stellen sich die Verhältnisse von vor der Finanzkrise wieder her.

4. Selbstverständnis, Motive und Erwartungen freiwillig Engagierter

4.1 Keine Krise des Ehrenamts

Die Diskussion über sich wandelnde Strukturen, vor allem aber über den Wandel der Motive und anderer subjektiver Hintergründe des freiwilligen Engagements wurde in den 1980er- und 1990er-Jahren oft unter dem Titel „Krise des Ehrenamts" geführt. Mit der Enquete-Kommission zur Zukunft des bürgerschaftlichen Engagements und der zunehmenden Wirksamkeit der Ergebnisse des Freiwilligensurveys konnte diese besorgte Diskussionslinie in eine vorsichtig zuversichtliche verändert werden. Auch im Freiwilligensurvey spielt der Begriff des „Ehrenamtes" als eine im deutschen Kulturraum tief verankerte Größe eine wichtige Rolle. Die Assoziationen der „Ehre" und des „Amtes" sind dabei zunächst traditionell bestimmt. Der Wert der Ehre wurzelt im Standeskanon des Adels und wurde in modernisierter Form in den bürgerlichen Tugend-Kanon übernommen. Das „Amt" stellt eine Verbindung zu Regierung und Verwaltung her, also zur bürokratischen Organisation.

Sowohl die heutigen Bedeutungsreste des „Feudalen" als auch des „Bürokratischen" stehen im Gegensatz zur modernen zivilgesellschaftlichen Kultur. Die „Ehre" musste noch im späten 19. Jahrhundert im Duell verteidigt werden und diese Assoziation der (ritualisierten) Gewalt ist mit dem zivilgesellschaftlichen Kodex unvereinbar. Auch das Bürokratische verträgt sich nicht mit der Selbstorganisation und der Selbstwirksamkeit demokratischer Bürgeraktivität. Zwar sind den Engagierten die Bedeutungsreste des Begriffs „Ehrenamt" kaum noch bewusst, wohl aber wohl noch unterschwellig vorhanden.

In der Praxis des Engagements ist der Begriff der „Ehrenamtlichen" sehr weit verbreitet, und diese Bezeichnung bedeutet vor allem eine Abgrenzung zu den Hauptamtlichen, vor allem da, wo diese zahlreich vorhanden sind wie in öffentlichen Institutionen und Großorganisationen oder wo es neben den freiwilligen Feuerwehren und den Freiwilligen in den Rettungsdiensten eine professionelle Parallelstruktur von bezahlten Beschäftigten gibt. Mit dem praktischen Begriff „Ehrenamtliche" wird offensichtlich vor allem die Unentgeltlichkeit der freiwilligen Arbeit betont und damit indirekt auch der besondere moralische Anspruch der Tätigkeit.

Der Freiwilligensurvey konnte allerdings bereits 1999 zeigen, dass der Begriff des „Ehrenamtes" nicht mehrheitlich gewählt wird, wenn freiwillig Engagierte das grundlegende Selbstverständnis ihrer Tätigkeit ausdrücken wollen (Grafik B21). Zwar bezeichnen inzwischen weniger Engagierte (50 %) ihre Tätigkeit als Freiwilligenarbeit; dennoch kam dieser Rückgang in den letzten 10 Jahren dem Ehrenamt nur teilweise zugute, vor allem deswegen, weil (wenn auch auf quantitativ niedrigem Niveau) mehr Engagierte ihre Tätigkeit als bürgerschaftliches Engagement verstanden. Dennoch gilt es festzuhalten, dass das Ehrenamt trotz seiner traditionellen Bezüge (oder gerade deswegen) eine erstaunliche Vitalität an den Tag gelegt hat und heute wieder stärker mit dem Begriff der Freiwilligenarbeit konkurriert.

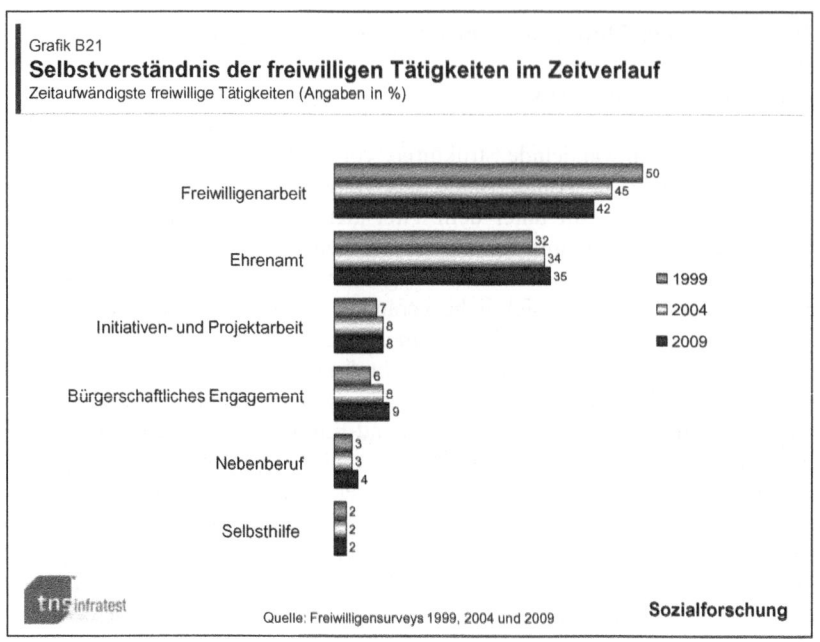

Grafik B21
Selbstverständnis der freiwilligen Tätigkeiten im Zeitverlauf
Zeitaufwändigste freiwillige Tätigkeiten (Angaben in %)

Quelle: Freiwilligensurveys 1999, 2004 und 2009

Bereits 1999 konnte festgestellt werden, dass der Begriff „Ehrenamt" besonders bei Menschen im Alter von über 45 Jahren das Verständnis der eigenen Tätigkeit bestimmt, wobei sich allerdings die älteste Gruppe der über 65-Jährigen nicht so deutlich von den jüngeren Menschen im Alter von bis zu 45 Jahren abhob (Grafik B22). Dennoch passten die Ergebnisse von 1999 einigermaßen zu der Annahme, das Ehrenamt wäre vor allem eine traditionelle Angelegenheit, die nur noch in den reiferen Jahrgängen populär sei. Das legte die Folgerung nahe, dass das Ehrenamt zukünftig immer weniger von Bedeutung sein würde. Um diese Hypothese angesichts eines Anstieges der Bedeutung des „Ehrenamtes" aufrechtzuerhalten, könnte man einwenden, dass es gerade der Aufschwung des Engagements bei älteren Menschen und der demografiebedingte Rückgang an jüngeren Menschen gewesen sein könnten, die die relative Stärke des „Ehrenamtes" erklärten.

Wie Grafik B22 zeigt, liegen die Verhältnisse anders: Bei den jüngeren Befragten im Alter von bis zu 30 Jahren gab es zwischen 1999 und 2009 eine leichte Zunahme des Selbstverständnisses der Tätigkeit als Ehrenamt (von 25 % auf 27 %), bei den 31- bis 45-Jährigen sogar eine deutlichere von 30 % auf 34 %. Beides widerspricht der Annahme vom „Aussterben des Ehrenamtes". Der Verlauf bei den Menschen im Alter von über 45 Jahren ist noch überraschender. Hier stieg zwischen 1999 und 2004 zunächst die Bedeutung des Ehrenamtes an, um dann aber wieder zurückzufallen. Dieser Verlauf war umso deutlicher, je älter die Engagierten waren. Dennoch verblieb 2009 mit Ausnahme der großen Gruppe der 46- bis 65-Jährigen in allen Altersgruppen ein Bedeutungsgewinn für das Ehrenamt, besonders in der ältesten Gruppe, wo das Ausgangsniveau von 1999 deutlich übertroffen wurde.

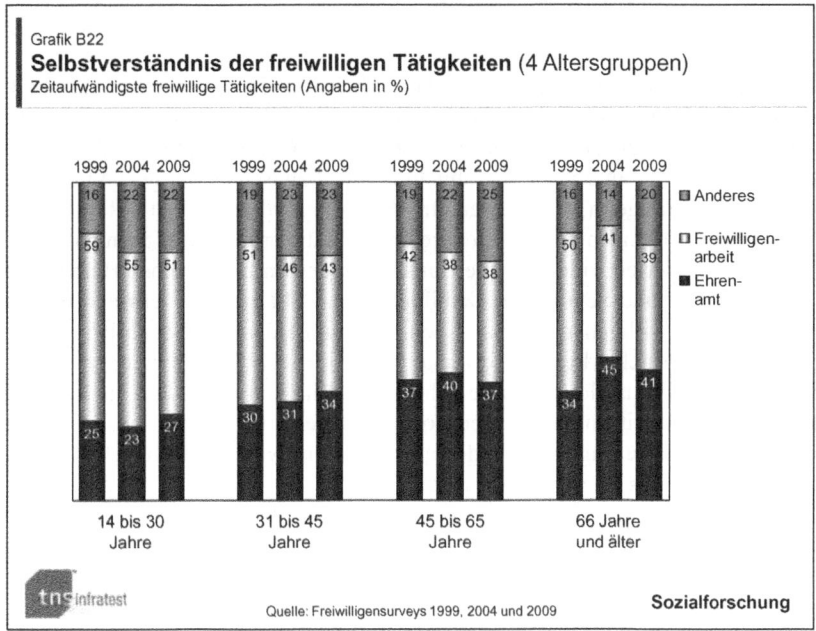

Grafik B22
Selbstverständnis der freiwilligen Tätigkeiten (4 Altersgruppen)
Zeitaufwändigste freiwillige Tätigkeiten (Angaben in %)

Quelle: Freiwilligensurveys 1999, 2004 und 2009

Das Ehrenamt kann damit als kulturell robuste Idee eingeschätzt werden, die weiterhin in einem gewissen Umfang auch die jüngeren Menschen beeinflusst. Das „Bürgerschaftliche" als Leitvorstellung des Engagements hat im betrachteten Zeitraum in allen Altersgruppen an Bedeutung gewonnen. Allerdings prägt es das Selbstverständnis des Engagements bei Weitem nicht so, wie der Begriff in Teilen der politischen Öffentlichkeit verwendet wird. Mit 11 % ist das bürgerschaftliche Engagement etwas typischer für die 46- bis 65-Jährigen und mit 7 % weniger typisch für die jungen Leute bis zu 30 Jahren. Es ist jedoch nicht nur das Alter, das deutliche Unterschiede beim Selbstverständnis der Engagierten setzt.

Seit Beginn der Berichterstattung durch den Freiwilligensurvey stuften Männer ihre Tätigkeiten wesentlich häufiger als Frauen als Ehrenämter ein; daran hatte sich auch 2009 nichts geändert. Mit 46 % „Ehrenamt" wurde 2009 der Spitzenwert bei Männern im Alter von über 65 Jahren erreicht. Dennoch gab es gerade bei den Frauen über die Zeit die stärkste Entwicklung hin zum „Ehrenamt": Verstanden 1999 erst 26 % der Frauen ihre Tätigkeit als Ehrenamt, so 2009 bereits 31 %. Der Bedeutungsgewinn des Ehrenamts geht also ganz besonders auf die Frauen zurück, für die dieses Verständnis bisher weniger typisch war. Vor allem Frauen im Alter von über 65 Jahren, teils aber auch die unter 46-jährigen Frauen sahen sich seit 1999 mehr im Ehrenamt tätig.

Wichtig ist es außerdem festzuhalten, dass der Zuwachs in Richtung Ehrenamt seit 1999 fast ausschließlich auf den Angaben der westdeutschen Engagierten beruhte. Ostdeutsche sehen sich weiterhin weniger als Westdeutsche im Ehrenamt tätig (2009: West 36 %, Ost 31 %). Auch bei den jungen Befragten beruhte die Zunahme des ehrenamtlichen Verständnisses des Engagements ausschließlich auf den jungen westdeutschen Engagierten, die sich hierin von 25 % auf 30 % sogar besonders markant gesteigert haben. In Ostdeutschland fiel das ohnehin schon geringere ehrenamtliche Verständnis junger Engagierter im Alter bis zu 30 Jahren von 20 % in 1999 auf 18 % in 2009 sogar weiter zurück, sodass sich in dieser Hinsicht zwischen jungen Leuten in Ost und West inzwischen ein auffälliger Unterschied aufgetan hat.

Ergänzend muss hinzugefügt werden, dass arbeitslose Engagierte ihre Tätigkeit inzwischen deutlich häufiger als Ehrenamt ansehen. Zwischen 1999 und 2009 nahm bei ihnen die Bedeutung der Freiwilligenarbeit stark ab (von 52 % auf 41 %), im Gegenzug die des Ehrenamtes zu (von 31 % auf 35 %). Sie ähneln damit inzwischen weitgehend den freiwillig engagierten Erwerbstätigen (36 % Ehrenamt, 40 % Freiwilligenarbeit). Rentnerinnen und Rentner bzw. Pensionärinnen und Pensionäre spiegeln die erhöhte Bedeutung des Ehrenamtes bei älteren Engagierten wider und die Hausfrauen dessen zunehmende Betonung bei den Frauen. Schülerinnen und Schüler, Auszubildende und Studierende vertreten nach wie vor am stärksten die Freiwilligenarbeit. Bei ihnen spielt außerdem (wie auch bei Arbeitslosen) die Initiativen- und Projektarbeit eine erhöhte Rolle (jeweils 11 %). Engagierte junge Leute in der Bildungs- und Ausbildungsphase sehen ihre Tätigkeit außerdem auch vermehrt als nebenberufliche Tätigkeit an (6 %), ebenso die kleine Gruppe der „sonstigen" nicht Erwerbstätigen. Arbeitslose Engagierte reden auch vermehrt von „Selbsthilfe" (4 %), wenn es um das Verständnis ihres Engagements geht.

Letztlich ist es jedoch auch eine Frage der inhaltlichen Ausrichtung der freiwilligen Tätigkeit, wie diese verstanden wird. Die höchsten Werte für die Freiwilligenarbeit werden im Sport (48 %) sowie in Kindergarten und Schule erreicht (47 %), die niedrigsten bei Justiz und Kriminalität (18 %) und in der Politik (22 %). Am stärksten ist das Verständnis als Ehrenamt bei der freiwilligen Feuerwehr und den Rettungsdiensten (45 %) sowie im Bereich Kirche und Religion (44 %), am schwächsten in Kindergarten und Schule (27 %) und im Umwelt- und Tierschutz (29 %). Somit zeigt sich die deutlichste Alternative zugunsten der Freiwilligenarbeit im weiblich dominierten Bereich Kindergarten und Schule. Sucht man nach Heimstätten des bürgerschaftlichen Engagements, so wird man besonders beim lokalen Bürgerengagement (25 %), im politischen Bereich (22 %) und bei Justiz und Kriminalität (22 %) fündig. Initiativen- und Projektarbeit sind vor allem in der Jugend- und Bildungsarbeit verbreitet (15 %), bei Kultur und Musik (14 %) und im sozialen Bereich (14 %).

Die Verhältnisse bei der freiwilligen Feuerwehr und den Rettungsdiensten sowie bei den Kirchen verweisen besonders deutlich auf traditionelle Hintergründe des Ehrenamts mit „quasi-amtlichen" wie „ehrenhaften" Tätigkeiten des Schützens, Rettens und Helfens, die in bestimmten Situationen auch mit öffentlich-hoheitlichen Funktionen und Rechten einhergehen sowie mit anspruchsvollen psychosozialen Betreuungsrollen.

4.2 Mitgestaltung und Gemeinschaft

Die Engagementforschung spricht schon seit Längerem von einem Motivwandel des freiwilligen Engagements. Im Zuge des Wertewandels, den Deutschland seit den 1960er- Jahren erlebt hat, sei auch im Bereich der Zivilgesellschaft das persönliche Element, also die Bedürfnisse und Ansprüche der Engagierten wichtiger geworden gegenüber der selbstverständlichen Pflichterfüllung, dem Aufgehen in der Organisation, in der Sache oder in der Idee. Niemand kann heute bezweifeln, dass die Aufwertung des Individuellen und Persönlichen in allen Sphären der modernen gesellschaftlichen Kultur eine Tatsache ist. Dieser Prozess wurzelt in dem westlichen, demokratisch verfassten Gesellschaftstyp, der der persönlichen Freiheit mehr Raum als traditionelle oder autoritäre Gesellschaften lässt. Diese Typik musste sich in Deutschland seit der Nachkriegszeit mit dem Übergang zur westlich zivilisierten Normalität in Kultur und Lebensstil der Massen erst ausprägen.[31] Die Wechsel- und Katastrophenhaftigkeit der politischen und sozialen Geschichte Deutschlands hatte bis dahin eine stetige Entwicklung des modernen Gesellschaftstyps und einer angemessenen Kultur behindert.

Der Streitpunkt der Forschung besteht darin, ob der Trend zum Individuellen und Persönlichen in einem grundsätzlichen Gegensatz zur Wertschätzung des Überpersönlichen steht, also ob das „Ich" mit dem „Wir" in einem unauflöslichen Konflikt steht. In der öffentlichen Meinung wurde und wird das immer wieder suggeriert und diese Sicht hat auch in der Sozialforschung ihre Vertretung. Dennoch zeigen die meisten Umfragen, die im Zuge des Wertewandels durchgeführt wurden, dass die meisten Menschen den Gegensatz des Individuellen und Gesellschaftlichen nicht wollen und im Grunde auch nicht sehen. Zwar wird dieser Gegensatz im Lebensstil kleinerer Milieus kultiviert, die teils elitäre, teils randständige Gruppen sind. Diese exotischen Lebensstile sind in der Medienwirklichkeit stärker präsent als die Normalität der breiten mittelständischen Bevölkerung. Mentalität und Lebensstil dieser großen und in sich gegliederten Masse werden auch heute nicht von der Alternative des Ich und des Wir geprägt.

Freiwilliges Engagement hat schon von der Definition her einen überpersönlichen Charakter hat; das Wohl des Gemeinwesens und anderer Menschen sollen im Vordergrund stehen. Wo das Persönliche und Individuelle zu dominieren beginnen, löst sich die Besonderheit auf. Geschieht das im größeren Maßstab, droht die Eigenart zivilgesellschaftlichen Verhaltens zu verschwinden. Der Freiwilligensurvey hat sich diesem Problem von Anfang an gestellt. Auch zur Vergewisserung, ob es sich bei dem, was erfasst wird, tatsächlich um zivilgesellschaftliches Engagement handelt, wurden bereits 1999 die Erwartungen erfasst, die Freiwillige an ihre Tätigkeit herantragen. Es konnte gezeigt werden, dass diese Form der Aktivität einen kräftigen Unterbau an Bedürfnissen hat, die sich auf das Gemeinwohl und das Wohl anderer Menschen beziehen.

Von großer Bedeutung ist jedoch der Umstand, dass freiwilliges Engagement zumeist nicht als entbehrungsreiche und pflichtgemäße Tätigkeit empfunden wird, sondern als Aktivitätsform, die einen hohen Ertrag an Wohlbefinden gewährt. Die gemeinwohlbezogene Tätigkeit macht den Engagierten Freude, und gerade das ist ihnen wichtig. In einer besonderen Beziehung steht die Freude an der freiwilligen Tätigkeit zum sozialen Klima im Umfeld des Engagements. Engagierte, die meinten, ihr Engagement gewähre ihnen die Möglichkeit, mit interessanten Menschen zusammenzukommen, hatten besonders viel Freude an ihrer Tätigkeit. Dieses Element der Geselligkeit war in den Messungen des Freiwilligensurveys von Anfang an vorhanden und zeigt sich auch heute in verschiedenen Facetten.

Neben den unmittelbar tätigkeitsbezogenen Aspekten ermöglicht der Freiwilligensurvey seit 2004 auch Aussagen über Motive, die Menschen dazu führen, sich zu engagieren. Besonders viele Bürgerinnen und Bürger engagieren sich, weil sie (vor allem im kleineren Maßstab) etwas für die Gesellschaft tun wollen (Grafik B23). Man kann das so interpretieren, dass der Vertrauensverlust in die große Politik viele Menschen dazu führt, ihr öffentliches Engagement auf überschaubare und als unmittelbar beeinflussbar wahrgenommene Felder zu richten. Allerdings wird der Anspruch auf gesellschaftliche Gestaltung seit 2004

---

[31] Die DDR verdient diesbezüglich eine eigene, differenzierte Analyse, die hier nicht geleistet werden kann. Vgl. dazu und zur Frage des Wertewandels Gensicke (2009).

weniger intensiv vorgetragen. Das gilt für alle Altersgruppen, besonders aber für junge Leute. Das Motiv ist dennoch weiterhin deutlich zu erkennen und umfasst (wenigstens in teilweiser Bedeutung) fast alle Engagierte (nur 6 % der Engagierten nicht).

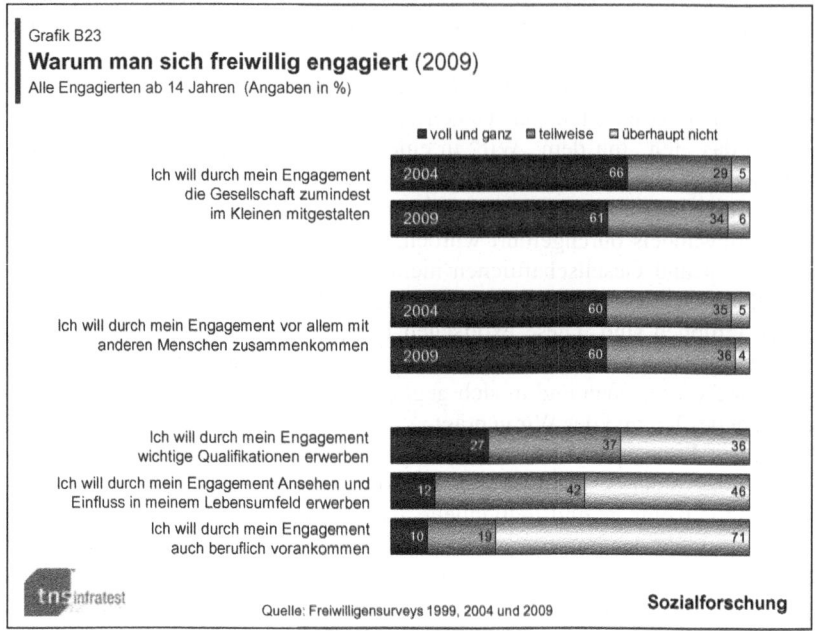

Freiwilliges Engagement ist auch eine Gelegenheit, über das private Leben hinaus mit anderen Menschen zusammenzukommen. Diese Funktion des Engagements als soziale Kontaktbörse ist für junge Menschen besonders wichtig und inzwischen sogar bedeutsamer als die Möglichkeit zu gesellschaftlicher Gestaltung. Der Freiwilligensurvey konnte bestätigen, dass zu den gesellschaftlichen und geselligen Motiven, sich zu engagieren, auch individuelle interessenbezogene Gründe gekommen sind, ohne allerdings gesellschaftliche und soziale Motive zu verdrängen. Vor allem für junge Menschen in der Phase der Ausbildung sowie Arbeitslose ist das freiwillige Engagement auch eine Möglichkeit zur Qualifikation und gelegentlich auch ein Sprungbrett in eine berufliche Tätigkeit. Gegen gesellschaftliche und gesellige Motive stehen alle bisher vom Freiwilligensurvey gemessenen Motive deutlich zurück, sowohl das nur 2004 erhobene soziale Pflichtgefühl und die politische Absicht des Engagements, als auch das Bedürfnis nach Qualifikation und nach Einfluss im lokalen Umfeld, erst recht beruflicher Vorteile, die das freiwillige Engagement gewähren soll.

Allerdings verdecken bei den Motiven der Qualifikation und des beruflichen Nutzens die Durchschnittswerte starke Unterschiede zwischen den Altersgruppen, insbesondere zwischen jüngeren und älteren Menschen. Bei jüngeren Leuten besteht geradezu eine Sondersituation der Motivation zum freiwilligen Engagement (Grafik B24). Die Frage der Qualifikation ist hier für fast die Hälfte der Engagierten ein besonders wichtiges Thema und immerhin für ein Viertel betrifft das auch die Frage beruflicher Vorteile. Weitere große Gruppen der jüngeren Leute tragen beide Aspekte teilweise an das Engagement heran. Für die Frage der Engagementförderung junger Leute stellen sich damit deutlich andere Probleme als bei älteren Menschen, bei denen Fragen der Qualifikation und erst recht des Berufsvorteils kaum eine Rolle spielen. Wir werden diese Themen in der Vertiefung für die Jugendlichen wieder aufgreifen.

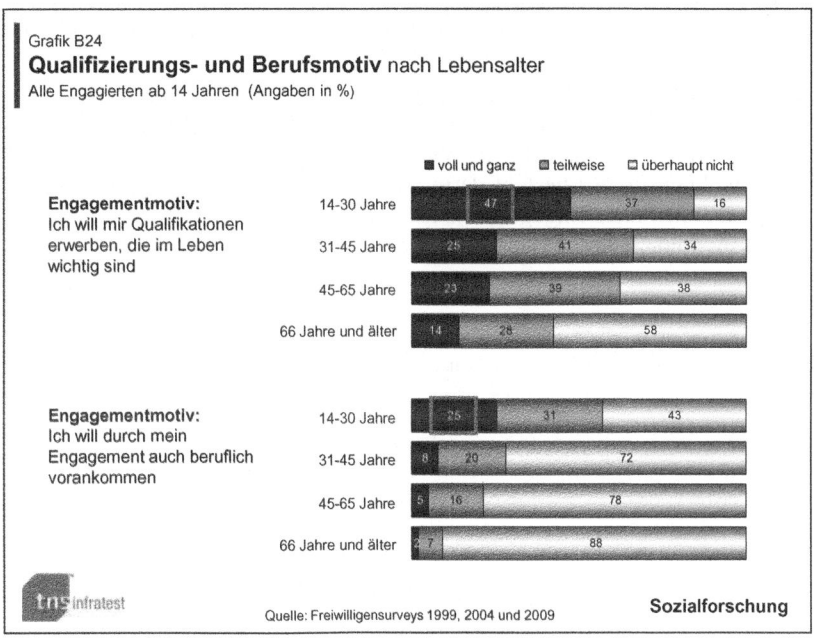

Grafik B24

Qualifizierungs- und Berufsmotiv nach Lebensalter

Alle Engagierten ab 14 Jahren (Angaben in %)

		voll und ganz	teilweise	überhaupt nicht

Engagementmotiv:
Ich will mir Qualifikationen erwerben, die im Leben wichtig sind

- 14-30 Jahre: 47 / 37 / 16
- 31-45 Jahre: 25 / 41 / 34
- 45-65 Jahre: 23 / 39 / 38
- 66 Jahre und älter: 14 / 28 / 58

Engagementmotiv:
Ich will durch mein Engagement auch beruflich vorankommen

- 14-30 Jahre: 25 / 31 / 43
- 31-45 Jahre: 8 / 20 / 72
- 45-65 Jahre: 5 / 16 / 78
- 66 Jahre und älter: 2 / 7 / 88

tns infratest   Quelle: Freiwilligensurveys 1999, 2004 und 2009   **Sozialforschung**

4.3 Mix aus gesellschaftlichen und persönlichen Motiven

Neben den grundsätzlichen Motiven sich zu engagieren, geben die Erwartungen von Freiwilligen an ihre konkrete Tätigkeit ein besonders differenziertes Bild von den subjektiven Hintergründen freiwilliger Tätigkeiten. In diesem praktischen Kontext wurde im Rahmen des Freiwilligensurveys von Anfang an erkennbar, dass die meisten Menschen einen Mix an Bedürfnissen an ihr Engagement herantragen, der sich aus gesellschaftlichen, sozialen und persönlichen Motiven zusammensetzt. Oberste Maxime einer freiwilligen Tätigkeit war und ist für fast alle Engagierten, dass die Tätigkeit auch Freude bereitet, und dieser subjektive Ertrag ist auch zum allergrößten Teil gegeben. Es kann also nicht die Rede davon sein, freiwilliges Engagement wäre vorrangig eine aufopferungsvolle und selbstlose Tätigkeit, auch wenn viele Engagierte angaben, in ihrer Tätigkeit käme es auf hohe Einsatzbereitschaft und Belastbarkeit an. Selbstlosigkeit ist zumeist nur in einem gewissen Maße gefordert, und das ist ein seit 1999 stabiler Befund. Selbst bei den freiwilligen Feuerwehren und den Rettungsdiensten geben die Engagierten nur zu 26 % an, dass sie in hohem Maße selbstlos sein müssten.[32]

Freude an der Tätigkeit ist für sehr viele Freiwillige kaum davon zu trennen, dass sie damit auch einen Beitrag zum Gemeinwohl erbringen und anderen Menschen helfen wollen

---

[32] Vgl. Kapitel 3 zu den Anforderungen an die freiwilligen Tätigkeiten in Teil C.

(Grafik B25). Diese Gewichtung der Erwartungen, die Freiwillige mit ihrer Tätigkeit ver-binden, ist über die Zeit sehr stabil, auch bei jungen Menschen. Die Grafik zeigt außerdem, dass das Engagement als Lernfeld angesehen wird, in dem Kenntnisse und Erfahrungen erweitert werden können. Die Engagierten berichten in großer Zahl davon, dass sie im En-gagement tatsächlich wichtige Dinge gelernt haben, besonders häufig junge Menschen. 2009 konnte erstmals gezeigt werden, dass auch das Einbringen von Kenntnissen und Er-fahrungen ein wesentlicher Aspekt freiwilligen Engagements ist. Das ist für ältere Men-schen etwas wichtiger, während die Erweiterung von Kenntnissen und Erfahrungen für jüngere Engagierte eine etwas erhöhte Bedeutung hat. Eine andere neue Erkenntnis des aktuellen Freiwilligensurveys besteht darin, dass sich 62 % der Engagierten ausdrücklich wünschen, im Rahmen ihres Engagements mit Menschen anderer Generationen zusammen-zukommen, insbesondere ältere Menschen.

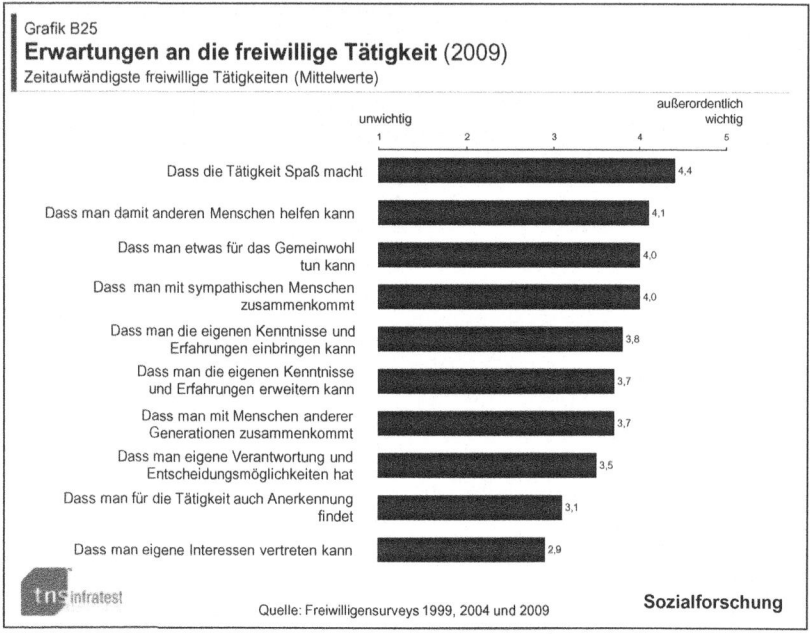

Grafik B25
Erwartungen an die freiwillige Tätigkeit (2009)
Zeitaufwändigste freiwillige Tätigkeiten (Mittelwerte)

Quelle: Freiwilligensurveys 1999, 2004 und 2009

Wie wichtig das Gemeinwohl als subjektive Grundlage des freiwilligen Engagements ist, zeigt auch eine Beziehungsanalyse zwischen den Erwartungen an das freiwillige Engage-ment und der persönlichen Wichtigkeit dieses Engagements für die Engagierten (Übersicht 4). Wie bereits gesehen, ist diese Wichtigkeit des Engagements seit 1999 stetig gestiegen, zum anderen wird dieser subjektive Wert des Engagements vor allem von dem Bedürfnis gestützt, etwas für das *Gemeinwohl* tun zu können. Der Wunsch nach Spaß und Eigenver-antwortung erhöht ebenfalls die persönliche Bedeutung des Engagements für die Engagier-ten, beides ist jedoch dem Gemeinwohl nachgeordnet. Auch die Möglichkeiten, seine Er-fahrungen und Kenntnisse erweitern und einbringen, mit Menschen aus anderen Generatio-nen zusammenkommen und anderen Menschen helfen zu können, hängen spezifisch mit dem persönlichen Wert des Engagements zusammen, wenn auch nicht so exklusiv wie die Gemeinwohlwirkung.

Übersicht 4:   Bedeutung der Tätigkeitserwartungen für die *Wichtigkeit* des freiwilligen
                Engagements bei Engagierten (Multiple Regression R^2=.14)

Etwas für das Gemeinwohl tun	+++
Spaß an der Tätigkeit	+(+)
Eigenverantwortung	+(+)
Kenntnisse, Erfahrungen erweitern	+
Kenntnisse, Erfahrungen einbringen	+
Mit anderen Generationen zusammenkommen	+
Anderen Menschen helfen	+

Formalisierte Einzelkoeffizienten: ein Plus bedeutet einen Beta-Wert von gerundet 0,05

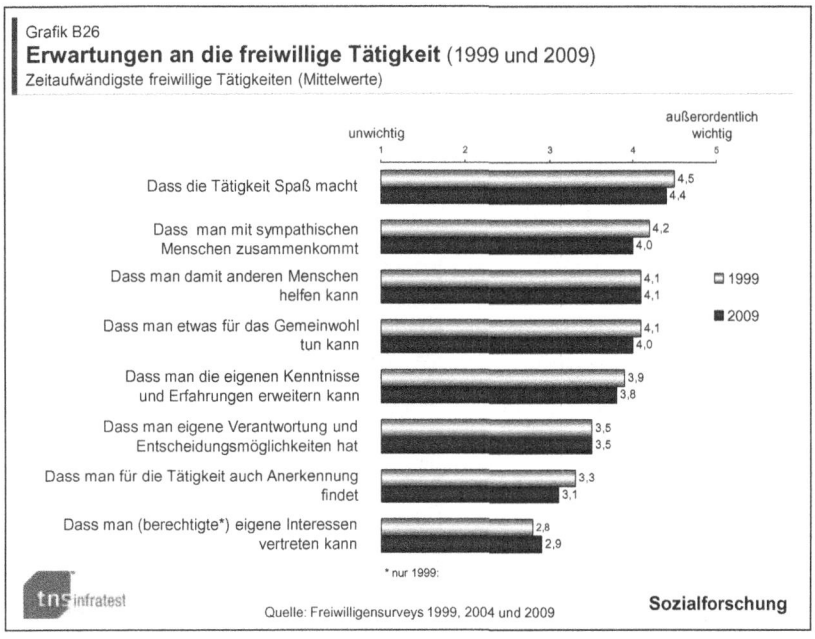

Grafik B26
Erwartungen an die freiwillige Tätigkeit (1999 und 2009)
Zeitaufwändigste freiwillige Tätigkeiten (Mittelwerte)

Quelle: Freiwilligensurveys 1999, 2004 und 2009

Die Bedürfnisse, die die Freiwilligen an ihre Tätigkeit herantragen, haben sich in der Dekade zwischen 1999 und 2009 nur wenig verändert, auch nicht bei den jungen Leuten (Grafik
B26). Allerdings ist in den Mittelwerten erkennbar, dass über die Zeit die soziale und die
Gemeinwohlorientierung im Mittelwert stabil sind, die Bedeutung der Geselligkeit jedoch
abgenommen hat. Das Motivationsprofil der Tätigkeiten ist somit etwas „ernster" geworden. Auch die Frage der Anerkennung der Tätigkeit ist seit 1999 weniger wichtig geworden, was ein Hinweis auf die bessere Würdigung freiwilliger Tätigkeiten in den Organisationen und in der Öffentlichkeit sein kann. Anhand einer Typologie der Erwartungen soll im
Folgenden das Thema „Wandel der subjektiven Hintergründe des Engagements" genauer

untersucht werden. Wir hatten bereits darauf hingewiesen, dass einzelne Erwartungen miteinander in enger Beziehung stehen, wie z. B. das Bedürfnis nach Freude an der Tätigkeit und nach Geselligkeit. Diese Beziehungsstruktur soll nunmehr erneut aufgedeckt werden[33] (und zwar anhand der Merkmale, die über die Zeit identisch erhoben wurden).

4.4   Gemeinwohl, Geselligkeit und Interessen

Die Erwartungen der Freiwilligen an ihre Tätigkeit lassen sich zu drei Grundmustern verdichten, die voneinander relativ unabhängig sind, die Orientierung am *Gemeinwohl*, an der *Geselligkeit* und an *eigenen Interessen*. Grafik B27 zeigt, dass im Rahmen des ersten Musters Bedürfnisse, etwas für das Gemeinwohl und für andere Menschen tun zu wollen, eng miteinander zusammenhängen. Es steht bei denen, die es vertreten, in starker Opposition zum Wunsch, mit dem Engagement eigene Interessen vertreten zu wollen. Hierin ist eine Alternative zwischen Wir und Ich ausgesprochen; und es handelt sich dabei um ein starkes Bekenntnis zum Wir. Die Gemeinwohlorientierung steht in einem weiteren Kontrast zu Bedürfnissen nach Anerkennung für die freiwillige Tätigkeit und zur Frage der Geselligkeit, wenn auch nicht sehr stark.

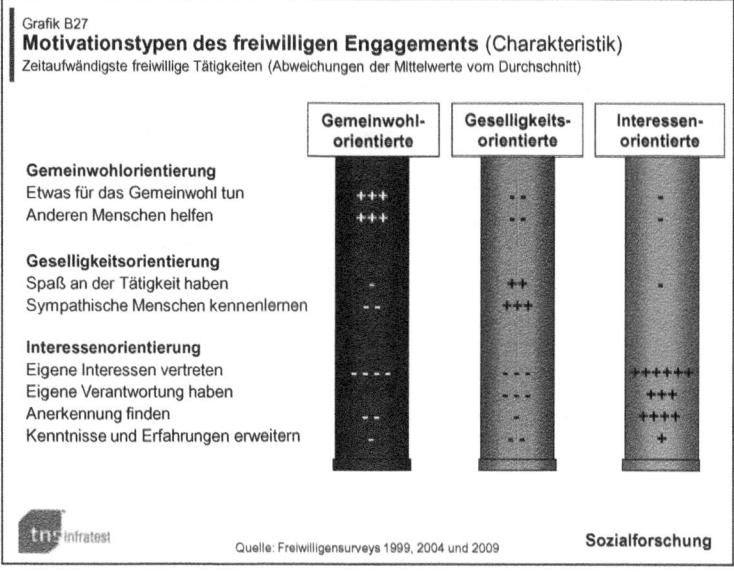

Die Geselligkeitsorientierung setzt sich, zumindest dort, wo sie einen Typus von Engagierten bestimmt (Geselligkeitsorientierte), am deutlichsten von anderen Ansprüchen an das Engagement ab. Diese relative Unverträglichkeit mit anderen Erwartungsmustern bezieht sich fast so deutlich wie bei der Gemeinwohlorientierung auf die Rolle der Eigeninteressen

---

[33] Wir führen hier die Überlegungen der Berichterstattung des zweiten Freiwilligensurveys weiter. Die Typologie wurde neu berechnet, da nicht alle Erwartungen über die Zeit unverändert erhoben wurden und nur diejenigen berücksichtigt werden konnten, die mit denselben Indikatoren gemessen wurden. Vgl. Gensicke, Picot, Geiss (2006).

und auch auf die Eigenverantwortung des Engagements. Wer im Engagement vor allem Geselligkeit und Spaß sucht, dem sind Gestaltungsspielräume nicht so wichtig und dem geht es auch nicht unbedingt darum, etwas dabei lernen zu wollen. Gleichzeitig ist Geselligkeitsorientierten aber auch das Gemeinwohl weniger wichtig. Wer dagegen im Rahmen des Engagements in erhöhtem Maß eigene Interessen verfolgt, dessen Motivation ist sogar etwas mehr mit dem Gemeinwohl verbunden als bei denjenigen, die vor allem nach Geselligkeit suchen.

Das ist ein bemerkenswerter Befund, der die bisherigen Überlegungen differenziert. Zwar ist Gemeinwohlorientierten besonders wenig daran gelegen, ihre Interessen im Engagement zu verwirklichen, sodass hier eine deutliche, moralisch unterlegte Alternative pro Wir und kontra Ich vorliegt. Aber einen eigentlichen mentalen Gegenpol dazu gibt es unter den Engagierten nicht, weil die Interessenorientierten durchaus dem Gemeinwohl und dem Einsatz für das Wohl anderer Menschen verpflichtet bleiben, wenn auch in moderaterer Form als Gemeinwohlorientierte. Wir und Ich kommen bei Interessensorientierten zu einem „pragmatischen" Ausgleich. Das ist zu berücksichtigen, wenn der Freiwilligensurvey zeigt, dass junge Leute eine hohe Affinität zu diesem Typus zeigen.

Ob Freiwillige das Wir besonders gegenüber dem Ich betonen (Gemeinwohlorientierte), ist zunächst eine Frage der Intensität des Engagements. Befragte (38 %), die zwei Tätigkeiten übernommen haben, mehr noch solche mit drei oder mehr Tätigkeiten, gehören deutlich häufiger zu den Gemeinwohlorientierten (40 %) als diejenigen mit nur einer Tätigkeit (33 %). Das wird auch am Zeitaufwand für das gesamte Engagement pro Woche erkennbar: Wer besonders viel Zeit einsetzt, ist auch stärker gemeinwohlorientiert. Deutlich ist dieser Motivationstyp auch mit der persönlichen Wichtigkeit des Engagements verknüpft (vgl. auch Übersicht 4) sowie mit dem Anspruch, mit der freiwilligen Tätigkeit die Gesellschaft mitzugestalten. Allerdings besteht keine Beziehung zu Tätigkeiten, die Leitungs- und Vorstandsfunktionen sind; hierfür ist die Interessenorientierung sogar typischer.

Eine weitere und besonders deutliche Verknüpfung besteht zum Selbstverständnis der freiwilligen Tätigkeit als bürgerschaftliches Engagement (43 % Gemeinwohlorientierte, aber auch bei „Selbsthilfe" 42 %). Auf der (etwas unsicheren) Basis kleiner Fallzahlen wird die Gemeinwohlorientierung auch bei Engagierten erkennbar, deren Zielgruppe Behinderte und Migrantinnen und Migranten sind, also benachteiligte Menschen. Betrachtet man den organisatorischen Hintergrund, dann ist bei Engagierten in Parteien (43 %, ganz besonderer Anstieg seit 1999) und Kirchen bzw. Religionsgemeinschaften (41 %) die Gemeinwohlorientierung besonders hoch, noch höher jedoch in Initiativen und Projekten (44 %). Unübertroffen und seit 2004 von bereits relativ hohem Niveau besonders gestiegen ist dieser Typ der Motivation allerdings in den staatlichen und kommunalen Einrichtungen (48 %). Außerdem ist vor allem dort, wo es im Engagement stark auf Selbstlosigkeit ankommt, die Gemeinwohlorientierung besonders stark (43 %).

Die Befunde bezüglich der organisatorischen Anbindung des Engagements verweisen auf die inhaltliche Ausrichtung des Engagements. Auf der Suche nach Gemeinwohlorientierten wird man im sozialen und im gesundheitlichen Bereich fündig (46 % bzw. 44 %). Schule und Kindergarten schlagen ebenfalls überproportional zu Buche (42 %), auch die Politik (41 %), ebenso Kirche und Religion (43 %). Auf Basis recht geringer Fallzahlen wird unter allen Bereichen bei Justiz und Kriminalität der ungleich höchste Wert erreicht (47 %). Besonders auffällig in dieser vorrangigen subjektiven Ausrichtung auf das Gemeinwohl ist auch das lokale Bürgerengagement (44 %). Niedrige Werte gibt es dagegen in den Bereichen Freizeit, wo die „Geselligkeit" bereits im Bereichsnamen enthalten ist (29 %), auch beim Sport und der beruflichen Interessenvertretung (31 %). Bei Letzterem ist die Interessenfrage im Bereich direkt angesprochen (allerdings auch bei der Politik). Dieser berufliche Bereich (aber nicht die Politik) setzt dann auch mit 49 % den Höchstwert bei den Interessenorientierten, mit 41 % gefolgt von Justiz und Kriminalität. Schule und Kindergarten sowie Soziales und Gesundheit haben besonders wenige Beziehungen zur Geselligkeitsorientierung, noch weniger die politische und berufliche Interessenvertretung, am wenigsten Justiz und Kriminalität (12 %).

4.5   Renaissance des Gemeinwohls?

Grafik B28 zeigt abschließend den Trend, den die verschiedenen Erwartungstypen seit 1999 gesetzt haben. Die Entwicklung ging eindeutig auf Kosten der Geselligkeitsorientierten, was zwar bereits der Mittelwert bei der Geselligkeit andeutete, aber in dieser Perspektive bei Weitem nicht so deutlich wurde wie anhand der typologischen Betrachtung. Jenseits der weitgehend stabilen Mittelwerte der einzelnen Erwartungen hat sich demnach eine Umschichtung vollzogen, der den Anteil der Geselligkeitsorientierten von 36 % auf 27 % reduzierte. Der noch 1999 zahlenmäßig führende Typus der Engagierten schrumpfte somit in 10 Jahren zur kleinsten Gruppe. Die große Überraschung der Dekade besteht aber darin, dass das besonders der Gruppe der Gemeinwohlorientierten zugutekam. Diejenige Gruppe, die im Engagement einen besonders starken Akzent auf das Wir und einen geringeren auf das Ich setzt, ist also der Gewinner der subjektiven Veränderungen des ersten Jahrzehnts des Freiwilligensurveys. „Zweiter Sieger" mit einem Zuwachs von drei Prozentpunkten sind die Interessenorientierten mit ihrer eher ausgeglichenen Sicht des Wir und Ich, die nunmehr allerdings nur noch knapp vor den Gemeinwohlorientierten liegen.

Wiederum könnte man zunächst denken, diese Verschiebung zu einem eher traditionellen, moralisch besonders anspruchsvollen Engagementmuster ginge vor allem auf das inzwischen deutlich größere Gewicht älterer Engagierter im Freiwilligenbereich zurück. Die Analyse nach dem Lebensalter ergibt jedoch eine zweite, noch größere Überraschung. Zwar bestätigt sich die Annahme, dass die Gemeinwohlorientierung typischer für ältere als für jüngere Menschen ist. Aber gerade bei der ältesten Gruppe der über 65-Jährigen ging sie (auf hohem Niveau) sogar etwas zurück (von 41 % auf 38 %) und es nahm gerade die Interessenorientierung stark zu (von 24 % auf 35 %), die eigentlich für jüngere Engagierte typischer ist (Grafik B29). Die älteren Engagierten unterscheiden sich damit inzwischen kaum noch von den Jahrgängen zwischen 46 und 65. Überhaupt war die Situation in den beiden Gruppen mittleren Alters über die Zeit am stabilsten, während die jüngeren und die älteren Engagierten auffällige Veränderungen zeigten.

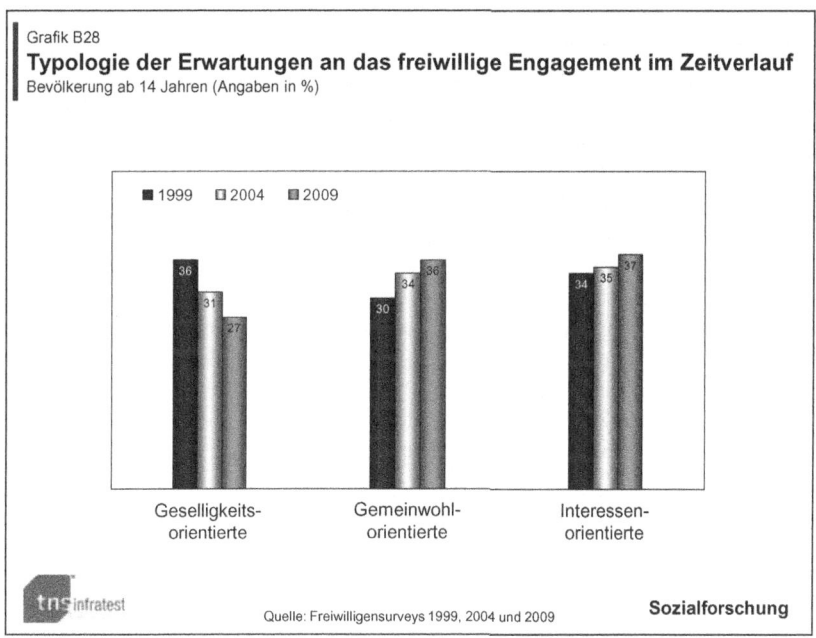

Grafik B28

Typologie der Erwartungen an das freiwillige Engagement im Zeitverlauf
Bevölkerung ab 14 Jahren (Angaben in %)

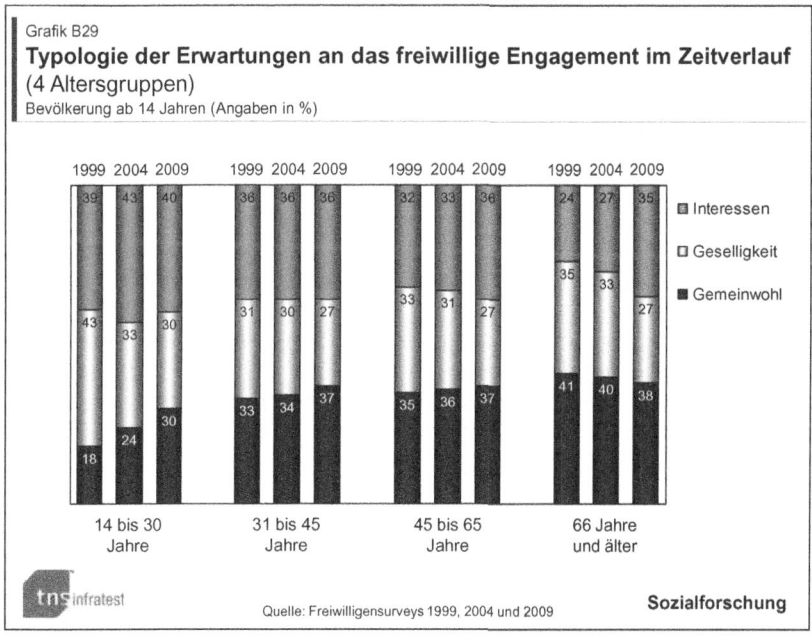

Grafik B29

Typologie der Erwartungen an das freiwillige Engagement im Zeitverlauf
(4 Altersgruppen)
Bevölkerung ab 14 Jahren (Angaben in %)

Die Verschiebungen bei den jüngeren Menschen widerlegen alle Erwartungen eindrucksvoll, dass im Engagement dieser „Trendgruppe" eine subjektive Verschiebung der Bedürfnisse vom Wir zum Ich vorgefallen wäre. In der Dekade des Freiwilligensurveys ist genau

das Gegenteil geschehen. Von einem sehr niedrigen Niveau aus ist die Gruppe der Gemeinwohlorientierten von 18 % auf 30 % gewachsen. Während sich also gerade bei den Älteren eine gewisse Verschiebung vom Wir zum Ich vollzogen hat, so war es bei den Jüngeren gerade umgekehrt. Dennoch ist bei den Jüngeren die Gruppe der Interessenorientierten stark und stabil geblieben. Wie gesehen, setzt diese Gruppe im Rahmen des Engagements zwar nicht einen Vorrang des Ich vor dem Wir, aber dennoch einen ungefähren Ausgleich beider Aspekte. Gerade diese Mentalität erscheint offensichtlich immer mehr Älteren als sinnvolle Einstellung zum Engagement, während sich bei den Jüngeren wieder eine kräftige Minderheit herausgebildet hat, die mit einer sehr moralisch unterlegten Haltung an ihr Engagement herangeht.

Die „Re-Moralisierung" von Teilen des jugendlichen Engagements zwischen 1999 und 2009 war bei jungen Männern und Frauen gleichermaßen zu beobachten (Männer: von 16 % auf 28 %, Frauen: von 20 % auf 32 %). Bei Letzteren gab es gleichzeitig geradezu einen Absturz der Geselligkeitsorientierung von 42 % auf nur noch 26 %. Auf der anderen Seite sieht man gerade bei den älteren Frauen ein dramatisches Anwachsen der Interessenorientierung (von 25 % auf 40 %), die nunmehr sogar die Gemeinwohlorientierung (34 %) klar dominiert. Bei älteren Männern vollzog sich zwar eine ähnliche Entwicklung, dennoch ist für diese auch heute die Gemeinwohlorientierung typischer als die Interessenorientierung (42 % zu 30 %). Man kann das auch so interpretieren, dass die Älteren (und hier besonders die Frauen) den Trend zu einem ausgeglichenen Verhältnis zwischen Wir und Ich verzögert nachvollziehen, während dieser sich bei jüngeren Menschen auf einem weit fortgeschrittenen Niveau schon wieder in die Gegenrichtung gedreht hat.

Die Entwicklung bei den jüngeren Menschen zeigt, dass traditionelle Einstellungs- und Verhaltensmuster in modernen Gesellschaften vital bleiben und sogar wiederkehren können, wenn sie zu einer gewissen Flexibilität fähig sind. Eine modernisierte Gemeinwohlorientierung hat offensichtlich bessere Chancen, wieder an das Lebensgefühl jüngerer Leute anzuknüpfen. Man erkennt das daran, dass die Gemeinwohlorientierung bei jungen Menschen keine so strikte Alternative zwischen Wir und Ich mehr setzt wie noch bei älteren Befragten. Im Muster der Gemeinwohlorientierung jüngerer Leute ist mehr Raum für Eigeninteressen; außerdem auch für Spaß und Lernmöglichkeiten. Dennoch verbleibt auch bei ihnen ein deutlicher Vorrang des Gemeinwohls und der mitmenschlichen Hilfe vor den Eigeninteressen.

Diese Betrachtungen abschließend, muss noch darauf hingewiesen werden, dass der Wandel der Erwartungen an das Engagement zwischen 1999 und 2009 vor allem Westdeutschland und viel weniger Ostdeutschland betraf (Grafik B30). In den neuen Ländern entsprach die Konstellation bereits 1999 annähernd der heutigen gesamtdeutschen. Wie auch auf anderen Gebieten der Umfrageforschung zu beobachten (z. B. bei den Wertorientierungen), waren die Ostdeutschen bereits 1999 Westdeutschland deutlich voraus und die alten Länder vollzogen den Trend nach.

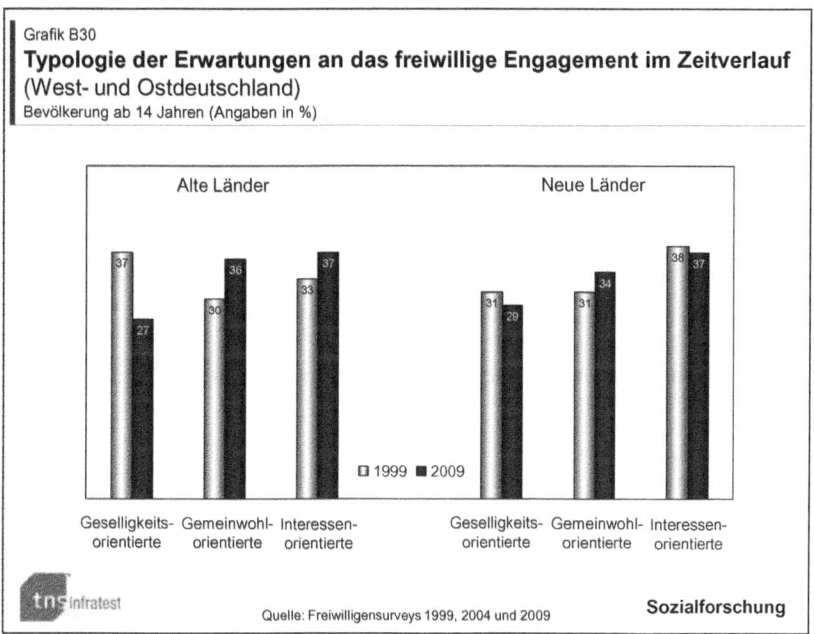

Grafik B30

Typologie der Erwartungen an das freiwillige Engagement im Zeitverlauf (West- und Ostdeutschland)

Bevölkerung ab 14 Jahren (Angaben in %)

Quelle: Freiwilligensurveys 1999, 2004 und 2009

5. Bereitschaft nicht Engagierter, sich zu engagieren

5.1 Würden sich mehr Menschen freiwillig engagieren?

Von Beginn an hatte der Freiwilligensurvey gezeigt, dass sich in Deutschland nicht nur viele Menschen freiwillig engagieren, sondern auch viele der nicht Engagierten bereit waren, sich zu engagieren (Grafik B31). Zwar handelte es sich dabei zumeist um eine eher vorsichtige Bereitschaft, dennoch waren in allen drei Surveys stets mehr als ein Zehntel der Bevölkerung gut für Engagement mobilisierbar. Schon 10 % der Bevölkerung ab 14 Jahren sind etwa 650.000 Personen, die gut auf freiwilliges Engagement hin ansprechbar sind. Es kann davon ausgegangen werden, dass von einer Welle des Surveys auf die nächste viele dieser Menschen eine freiwillige Tätigkeit aufgenommen haben. Das ist auch nötig, da aus den verschiedensten Gründen immer wieder Engagierte ihre Tätigkeit beenden. Ältere stellen aus gesundheitlichen Gründen ihr Engagement ein, Jüngere wechseln wegen Ausbildung oder Studium ihren Wohnort, Erwerbstätige wegen eines neuen Jobs und diese regional Mobilen müssen oft erst einmal wieder Anschluss finden. Manche Frauen können sich wegen ihrer hohen Schwangerschaft oder wenn sie noch sehr junge Kinder haben, nicht engagieren. So muss man sich den Freiwilligensektor als einen ständigen Prozess der Ein- und Ausstiege denken, die mit der menschlichen Biografie ebenso zu tun haben wie mit der zunehmenden Mobilität.

Die Gruppe derjenigen, die bestimmt zum Engagement bereit sind, ist über die Zeit eine ziemlich konstante Größe geblieben und soll im Rahmen des dritten Freiwilligensurveys genauer untersucht werden. Zunächst gilt es jedoch zu interpretieren, was die starke Zunahme derjenigen Menschen bedeutet, die zwar ihre Bereitschaft zum Engagement bekunden, aber in zurückhaltender Form. Diesen Typ des Potenzials kann man sicher nicht mit demjenigen in einen Topf werfen, der eine bestimmte Bereitschaft zum Engagement ausdrückt, insbesondere wenn übertreibend von einer „Reservearmee" von über 20 Millionen und mehr potenziellen Engagierten geredet wird.[34] Das ist gelegentlich getan worden und hat zu Recht Kritik ausgelöst. Ebenfalls fehl am Platz wäre allerdings die Behauptung, die enorme Zunahme des nur vorsichtig geäußerten „Potenzials" hätte keine ernst zu nehmende Bedeutung. Diese muss vor allem darin gesehen werden, dass sich in der Bevölkerung inzwischen ein viel aufgeschlosseneres Meinungsklima zum Thema Engagement findet als noch 1999, und das ist ein wichtiger positiver Befund für die Zivilgesellschaft.

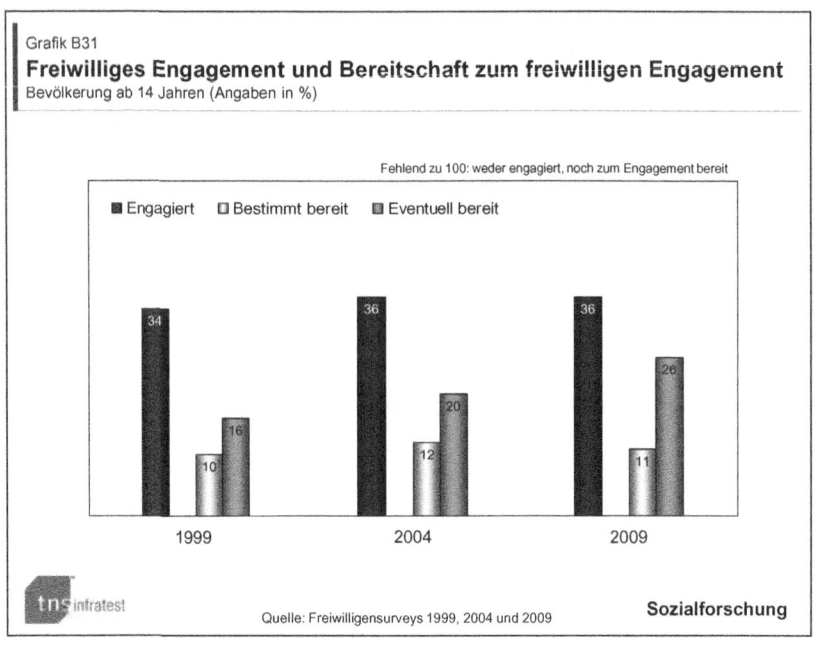

Grafik B31
Freiwilliges Engagement und Bereitschaft zum freiwilligen Engagement
Bevölkerung ab 14 Jahren (Angaben in %)

Fehlend zu 100: weder engagiert, noch zum Engagement bereit

■ Engagiert   □ Bestimmt bereit   ▣ Eventuell bereit

Quelle: Freiwilligensurveys 1999, 2004 und 2009   **Sozialforschung**

Dadurch, dass im Laufe der Zeit die aktuell nicht engagierte Bevölkerung eine immer positivere Einstellung zum Engagement einnahm, ist jene zivilgesellschaftlich distanzierte Gruppe stark zurückgegangen, die die Ausübung einer freiwilligen Tätigkeit prinzipiell ablehnt. Waren das 1999 noch 40 %, so 2009 nur noch 27 %. Das ist ein großer Erfolg der öffentlichen Meinungsbildung und sollte gewürdigt werden. Die erhöhte Aufgeschlossenheit der breiten Bevölkerung für freiwilliges Engagement kann als eine der wichtigsten Leistungen der Förderer und Träger der Zivilgesellschaft angesehen werden, also des Bundes, der Länder und der Kommunen ebenso wie der engagementfördernden Netzwerke, der Organisationen, Einrichtungen und Institutionen sowie der Informations- und Kontaktstellen für freiwilliges Engagement. Niemand kann bestreiten, dass eine grundsätzlich positive Einstellung zum Engagement eine Voraussetzung zur Aufnahme einer freiwilligen Tätigkeit ist. Sie ist allerdings nur einer von verschiedenen Faktoren.

---

[34] Helmut Klages hat zum ersten Freiwilligensurvey eine umfassende Analyse des internen und externen Potenzials vorgelegt. Vgl. Klages (2001).

Es gibt noch andere Gründe, die praktische Bedeutung des großen (vorsichtigen) Potenzials zur Steigerung des Engagements realistisch zu interpretieren. Trotz des bereits 1999 großen externen Potenzials und des großen Schubs in der öffentlichen Meinung zugunsten des Engagements ist zwischen 2004 und 2009 die Beteiligung der Bevölkerung am Engagement nicht mehr gestiegen. Es wurde bereits jenes Bündel an fördernden und hemmenden Faktoren angesprochen, das der Hintergrund dafür ist und gleichzeitig darauf hingewiesen, dass allein das Halten der Engagementquote im besagten Zeitraum eine große Leistung darstellt, eine Leistung, die besonders auf die älteren Menschen und die Familien zurückgeht. Man kann hinzufügen, dass wohl auch das für die Zivilgesellschaft verbesserte öffentliche Klima dazu beigetragen hat, dass die Engagementquote nicht zurückgefallen ist. Außerdem darf nicht vergessen werden, dass es noch einen anderen Typ des Potenzials gibt: Es wurde bereits gezeigt, dass es bei den bereits Engagierten, vor allem bei den jüngeren, großes und steigendes Erweiterungspotenzial gibt. Die große Mehrheit der Jüngeren würde sich durchaus noch umfassender engagieren. Mit den bestimmt zum Engagement Bereiten und den erweiterungswilligen Engagierten gibt es somit wichtige Ansatzpunkte zur Hebung von Potenzialen des Engagements.

Es erscheint besonders sinnvoll, sich näher mit der Gruppe derjenigen zu beschäftigen, die bestimmt zum freiwilligen Engagement bereit sind, da hier die Chancen, aber auch die Hindernisse der Engagementförderung besonders erkennbar sein dürften. In dieser Gruppe befinden sich besonders viele junge und formal höher gebildete Menschen. Könnte ein großer Teil dieser Menschen für das Engagement gewonnen werden, stünde allein dadurch eine erhebliche und qualifizierte Ressource zur Stärkung des freiwilligen Engagements zur Verfügung. Es fällt auf, dass es vermehrt regional mobile Menschen sind, die eine verbindliche Bereitschaft zum freiwilligen Engagement bekunden: 16 % der Menschen, die erst seit weniger als drei Jahren an ihrem neuen Wohnort leben, wollen sich bestimmt engagieren, sowie 14 % derjenigen, die seit 3 bis 10 Jahren dort wohnen. Das trifft ganz besonders auf die Frauen zu, sogar 19 % derer, die erst kurz am neuen Wohnort leben, würden sich bestimmt engagieren, und 15 % der schon etwas länger Ansässigen. Grafik B32 zeigt, dass dem im Vergleich zu Männern geringeren Engagement der Frauen, die erst bis zu 10 Jahre am Wohnort leben, ein höheres verbindliches Potenzial für mehr Engagement gegenübersteht. Bei regional mobilen Menschen in den neuen Ländern sind die Verhältnisse vergleichbar; die bestimmte Bereitschaft erreicht ebenso hohe Prozentsätze wie bei den Frauen.

Menschen an einem neuen Wohnort sind weniger in Familien- und Freundeskreise und in Vereine und Organisationen einbezogen, haben aber gleichzeitig ein besonderes Interesse an privater und sozialer Integration. Sie profitieren sowohl von der Offenheit der Vereins- und Organisationslandschaft für „Ortsfremde" als auch von öffentlichen Informations- und Beratungsangeboten, vor allem, wenn diese zielgenauer Wegweiser zu individuell passenden Angeboten sind. Leider ist das Erste nicht überall gegeben und deswegen sind öffentliche Beratungsangebote gerade für Zugezogene besonders wichtig. Diese Funktion der Beratungsstellen schlägt sich jedoch zumeist noch nicht in einer angemessenen Würdigung ihrer Rolle und damit in einer ausreichenden Finanzierung nieder. Die Bedeutung der regional mobilen Menschen für das bestimmte Engagementpotenzial deckt sich mit unseren Überlegungen, die Zivilgesellschaft als einen Prozess zu sehen, der mit ständigem Ein- und Aussteigen verbunden ist. Die regionale Mobilität betrifft besonders die jüngeren und höher qualifizierten Menschen und es ist gezeigt worden, wie deutlich sie zugenommen hat.

Die Bandbreite der Möglichkeiten, sich in der Zivilgesellschaft freiwillig zu engagieren, ist groß und wird immer größer. Die Zivilgesellschaft reagiert zwar im Rahmen ihrer Möglichkeiten auf gesellschaftliche Entwicklungen, bildet jedoch auch die vielfältigen Interessen der Bürgerinnen und Bürger ab. Beide Aspekte kommen jedoch nicht automatisch zur Deckung. Der in Deutschland traditionell starke Vereinsbereich mit den Sektoren „Sport und Bewegung", „Kultur und Musik" sowie „Freizeit und Geselligkeit" nimmt nach wie vor eine wichtige Stellung ein. Wie gesehen, ist im letzten Jahrzehnt das Engagement in sozialen Institutionen gewachsen: das soziale und gesundheitliche Engagement, das Engagement in Kindergärten und Schulen und in der Jugendarbeit. Vor allem Familien und ältere Menschen sind dabei das treibende Element. Die Entwicklung zum (im weiteren Sinne) sozialen Engagement folgt offen- sichtlich dem Trend zunehmender gesellschaftlicher Herausforderungen.

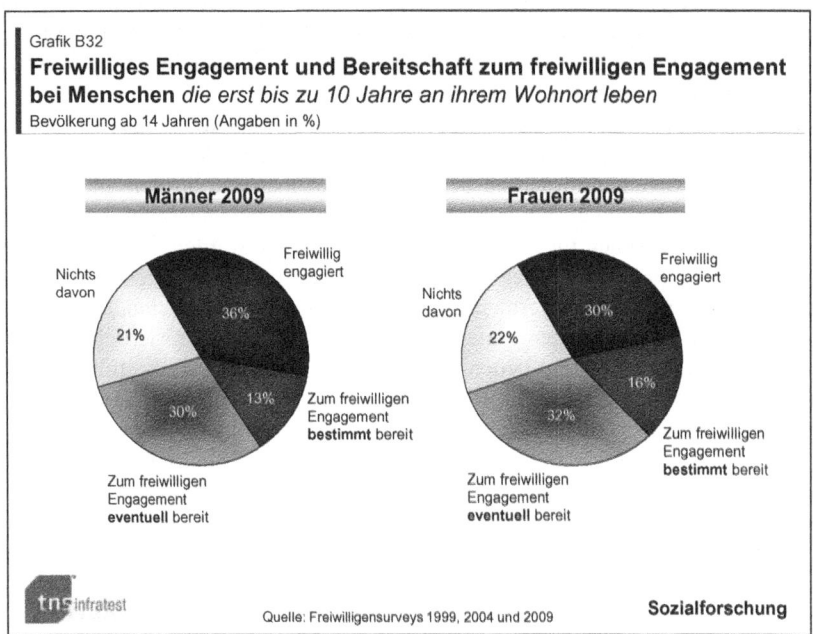

Grafik B32
Freiwilliges Engagement und Bereitschaft zum freiwilligen Engagement bei Menschen *die erst bis zu 10 Jahre an ihrem Wohnort leben*
Bevölkerung ab 14 Jahren (Angaben in %)

Quelle: Freiwilligensurveys 1999, 2004 und 2009

Freiwilliges Engagement kann nicht verordnet werden: Menschen suchen sich je nach Motiv- und Interessenlage ihre Tätigkeiten. Vereine, Organisationen und Institutionen agieren zunehmend auch als mehr oder weniger attraktive Anbieter auf einem „Markt" der Engagementmöglichkeiten. In attraktiven Großstädten konkurrieren sie bei der Freizeitgestaltung mit umfassend ausgebauten kulturellen und kommerziellen Angeboten. Die Zivilgesellschaft ist von Freiwilligkeit geprägt und politisch nur bedingt beeinflussbar. Freiwillige suchen sich Tätigkeiten, die sie interessieren und die etwas mit der besonderen Typik ihrer Lebensphase und ihrer Lebenssituation zu tun haben. Der demografiebedingte Mangel an jungen Menschen und der Zustrom älterer Menschen in den Freiwilligensektor können zu Ungleichgewichten führen, da ältere Freiwillige oft in anderen Themenfeldern engagiert sind als jüngere. Wenn in typischen Arbeitsfeldern junger Menschen wie dem Sport, der freiwilligen Feuerwehr und den Rettungsdiensten Nachwuchs fehlt, können ältere Menschen diese Lücken nur bedingt füllen.

Ein ebenso modernes wie geeignetes Medium ist das Internet, sei es für die Darstellung von Angeboten für freiwillige Tätigkeiten oder als Informationsmöglichkeit für Interessierte. Besonders die jüngeren und mittleren Jahrgänge sind auf diese Weise zu erreichen. Allerdings haben auch diese Jahrgänge bei der Engagementsuche das Netz bisher erst wenig genutzt, während ihre Bereitschaft dazu sehr hoch ist (Grafik B33). Immerhin ist diese Aktivität bei denjenigen, die bestimmt am Engagement interessiert sind, deutlich höher; von diesen haben 17 % schon einmal Erkundigungen über das Internet eingezogen, bei den eventuell Interessierten nur 7 %. Mit 20 % waren das bei den bestimmt am Engagement Interessierten bisher mehr Männer als Frauen (15 %). Menschen mit abgeschlossenem Studium haben sogar zu 25 % das elektronische Netz bereits zur Engagementsuche genutzt.

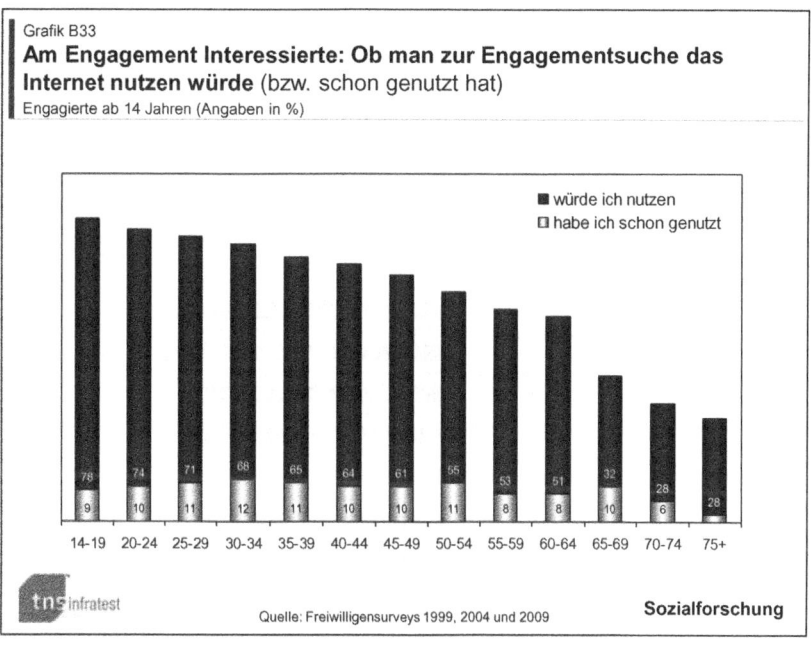

Grafik B33

Am Engagement Interessierte: Ob man zur Engagementsuche das Internet nutzen würde (bzw. schon genutzt hat)

Engagierte ab 14 Jahren (Angaben in %)

■ würde ich nutzen
□ habe ich schon genutzt

14-19	20-24	25-29	30-34	35-39	40-44	45-49	50-54	55-59	60-64	65-69	70-74	75+
78	74	71	68	65	64	61	55	53	51	32	28	28
9	10	11	12	11	10	10	11	8	8	10	6	

tns infratest

Quelle: Freiwilligensurveys 1999, 2004 und 2009

Sozialforschung

5.2   Überforderung des Engagements?

Ebenso wie engagierte Menschen kann man zum Engagement Bereite danach fragen, welche Erwartungen sie an ein freiwilliges Engagement herantragen. Das ist vor allem dann sinnvoll, wenn man wie bei denjenigen, die bestimmt zum Engagement bereit sind, davon ausgehen kann, dass sie sich bereits Gedanken über ein mögliches Engagement gemacht haben. Da fast die Hälfte der sicher zum Engagement Bereiten früher schon einmal engagiert war (49 %), besteht außerdem bereits eine gewisse Erfahrung und ein praktisches Wissen über das freiwillige Engagement. Und so haben 62 % der ausdrücklich zum Engagement Bereiten bereits bestimmte Vorstellungen über die Bereiche des Engagements, die sie interessieren. Es ist für sie auch nicht so sehr das Problem, eine geeignete Ansprechpartnerin bzw. einen geeigneten Ansprechpartner zu finden, wodurch die Aufnahme eines Engagements erleichtert werden würde. Nur 27 % vermissen eine solche Möglichkeit.

Die folgende Analyse soll darauf hinweisen, dass es neben anderen Hindernissen, die dem Engagement bestimmt Engagementbereiter entgegenstehen, auch ein gewisses Missverhältnis zwischen der Realität des Engagements und den Vorstellungen der zum Engagement Bereiten gibt, wodurch die (dauerhafte) Einbeziehung des bestimmten Potenzials verkompliziert wird. Vergleicht man die Erwartungen, die diejenigen bekunden, die bestimmt am Engagement interessiert sind, mit denen der aktuell Engagierten, dann fällt bei den Interessierten zunächst ein allgemein höheres Bedürfnisniveau auf (Grafik B34). Darüber hinaus gibt es bei den bestimmt Interessierten zwei sehr deutliche „Überhöhungen" der von den Engagierten bekundeten Erwartungsniveaus des Engagements: Zum einen sind die Vorstellungen der Potenziellen viel sozial-idealistischer, indem sie sich deutlich mehr als bereits Engagierte wünschen, mit ihrem Engagement anderen Menschen helfen zu können. Die andere „Überhöhung", ja vielleicht sogar Überforderung des Engagements durch die Interessierten besteht darin, dass sie einen viel häufiger hohe Erträge an Kenntnis- und Erfahrungserweiterung erwarten als die bereits Engagierten.

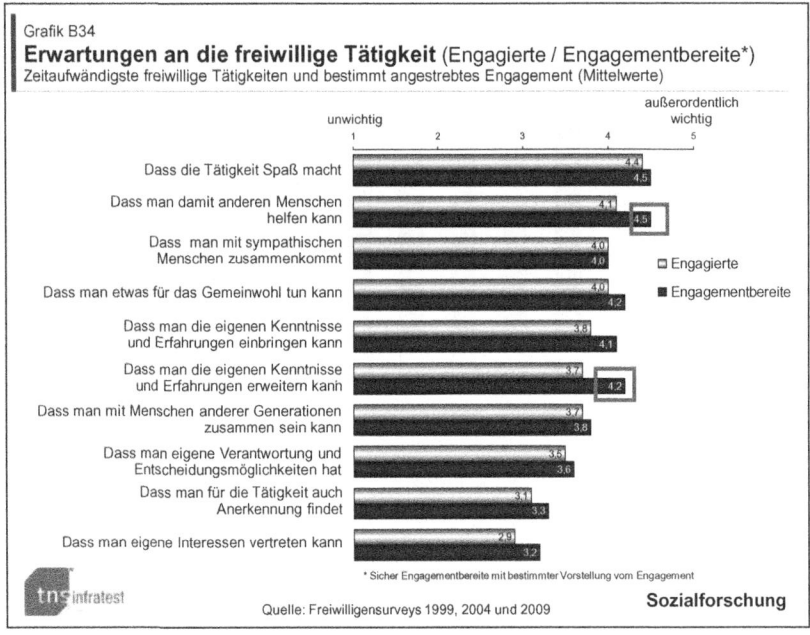

Grafik B34
Erwartungen an die freiwillige Tätigkeit (Engagierte / Engagementbereite*)
Zeitaufwändigste freiwillige Tätigkeiten und bestimmt angestrebtes Engagement (Mittelwerte)

* Sicher Engagementbereite mit bestimmter Vorstellung vom Engagement

Quelle: Freiwilligensurveys 1999, 2004 und 2009

Bei Engagierten, von denen die meisten schon länger engagiert sind, kann man davon ausgehen, dass ihre Erwartungen bereits einen realistischen Abgleich mit den konkreten Möglichkeiten der freiwilligen Tätigkeit hinter sich haben. Sie spiegeln damit die Engagementwirklichkeit in etwa wider. Im ersten Freiwilligensurvey wurden neben den Erwartungen auch die Niveaus der Realisierung ermittelt und festgestellt, dass beide Größen ungefähr im Einklang miteinander stehen. Allerdings blieb gerade bei den idealistischen und bei den Lernaspekten die Realisierung etwas stärker hinter den Erwartungen der Engagierten zurück als bei anderen Merkmalen. Bereits damals konnte von gewissen „Enttäuschungspotenzialen" gesprochen werden, die sich aus dem Zurückbleiben der Befriedigungsniveaus der bereits Engagierten im Vergleich mit den „überhöhten" Ansprüchen der am Engagement Interessierten ergaben.[35] Man kann davon ausgehen, dass sich an diesem Phänomen einer Erwartungsüberhöhung oder gar inhaltlichen „Überforderung" des Engagements seitens der Interessierten nicht viel geändert hat.

Allerdings wird die sich hinter den obigen Überlegungen verbergende These des Einflusses der Engagementerfahrung, die bei Engagierten mittelfristig eine Angleichung „überhöhter" anfänglicher Erwartungen an die realen Verhältnisse fördert, eingeschränkt, da diejenigen Interessierten, die bereits engagiert waren, fast ebenso hohe idealistische wie lernbezogene Ansprüche an ein potenzielles Engagement stellen wie diejenigen, die noch nicht engagiert waren. Überhaupt unterscheidet sich das Erwartungsprofil an ein mögliches Engagement in beiden Gruppen (mit einer Ausnahme) kaum (Grafik B35). Allerdings wird der Gegensatz dieses Befunds gegen die Erfahrungshypothese dadurch eingeschränkt, dass bestimmt zum Engagement Bereite besonders jung sind. Ihre Erfahrung kann deshalb noch nicht so tiefgreifend sein wie bei Engagierten in mittleren und älteren Jahren. Andererseits ist das Anspruchsniveau junger Menschen, wie bereits gesehen, auch im Allgemeinen besonders deutlich in Richtung Wissenserwerb und Qualifikation ausgerichtet. Dieser Befund wird dadurch verstärkt, dass sich unter den bestimmt zum Engagement Bereiten viele höher gebildete Menschen befinden, die den Aspekt der Qualifikation besonders wichtig nehmen.[36]

Das alles bedeutet, dass diejenigen, die bestimmt zum Engagement bereit sind, für Organisationen, Einrichtungen und Institutionen zwar eine attraktive Gruppe sind, die hoch motiviert und besonders kompetent ist, allerdings in Bezug auf die Ausübung einer freiwilligen Tätigkeit auch eine anspruchsvolle Klientel. Das macht den dauerhaften Einbezug dieser Menschen ins Engagement nicht unbedingt einfach und ist eine Herausforderung für eine moderne und anspruchsvolle Engagementförderung. Viele der jüngeren und höher gebildeten Menschen, die angeben, bestimmt zum Engagement bereit zu sein, sind sicher nicht die Rekrutierungsbasis für einfache Helfertätigkeiten in traditionellen Umgebungen oder für routinierte Beschäftigungen innerhalb hierarchischer Strukturen. Sie werden vermehrt Eigenverantwortung verlangen, soziale und andere Eigenwirksamkeit anstreben sowie an kreativen Tätigkeiten interessiert sein, gegebenenfalls auch an Führungsverantwortung.

---

[35] Diese Analyse wurde im Rahmen der ersten Landesstudie des Freiwilligensurveys in Rheinland-Pfalz durchgeführt.

[36] Dahinter steht die empirische Erkenntnis, dass gerade höher Qualifizierte besonders an Weiterbildung interessiert sind, während weniger Qualifizierte mit einem eigentlich höheren Bedarf sich dennoch weniger dafür interessieren.

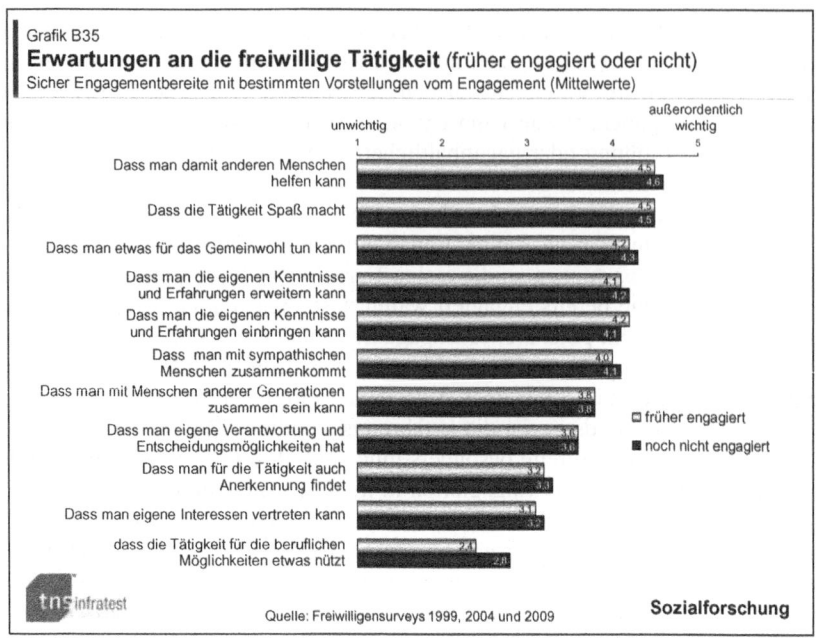

Grafik B35

Erwartungen an die freiwillige Tätigkeit (früher engagiert oder nicht)
Sicher Engagementbereite mit bestimmten Vorstellungen vom Engagement (Mittelwerte)

Quelle: Freiwilligensurveys 1999, 2004 und 2009   **Sozialforschung**

Als einzige größere Abweichung zwischen früher engagierten und nicht engagierten Menschen, die am Engagement deutlich interessiert sind, sticht ins Auge, dass diejenigen Interessierten ohne Engagementerfahrung den beruflichen Nutzen eines möglichen Engagements besonders wichtig finden, die Erfahrenen deutlich weniger. In dieser Hinsicht sind die bereits Erfahrenen realistischer, da dieser Ertrag einer freiwilligen Tätigkeit zumeist nur bedingt vorhanden ist. Im Zeitverlauf gab es bei den Erwartungen seit 1999 einige interessante Veränderungen. Wichtig ist allerdings, dass sich an den deutlichsten „Überhöhungen" oder „Überforderungen" des Engagements kaum etwas geändert hat, den sehr ausgeprägten Wünschen nach sozialer Wirksamkeit und nach Lernmöglichkeiten. Allerdings haben die stark Interessierten zwischen 1999 und 2009 jene Entwicklung sogar etwas stärker mitvollzogen, die zuvor anhand des Zurückgehens der Geselligkeitsorientierung der bereits Engagierten gezeigt wurde. Auch beim Wunsch nach Anerkennung sank wie bei den Engagierten der Bedürfnispegel. Diese „untergründigen" Parallelitäten, teils auch leichten Annäherungen zwischen Engagierten und bestimmt zum Engagement Bereiten sind bemerkenswert und können sowohl auf den von uns vermuteten Austausch beider Gruppen als auch auf allgemeine Veränderungen der Mentalität in den engagementnahen Gruppen verweisen.

Inwiefern spiegeln die Bereiche, für die sich sicher Engagementbereite, die auch bestimmte Vorstellungen von einem eventuellen Engagement haben, interessieren, das eben Gesagte wider (Grafik B36)? Auf jeden Fall in dem äußerst hohen und seit 1999 deutlich gestiegenen Interesse am sozialen Bereich sowie auch am Bereich „Kindergarten und Schule", der im Interesse ganz besonders zugelegt hat. Besonders Ersteres drückt die Seite der hohen sozial- idealistischen Motivation der Interessierten aus. Fast verdoppelt hat sich das Interesse am Engagement im Bereich „Natur- und Tierschutz", in den 1999 noch mäßig nachgefragten Bereichen wie Gesundheit verdoppelt und fast verdoppelt in der Jugendarbeit bzw. der Erwachsenenbildung. Zumindest Letztere stehen im Blick der Engagierten besonders in dem Ruf, lernintensive Bereiche zu sein (vgl. Kapitel 3.3 „Lernprozesse im Engagement" im Teil C), desgleichen und ganz besonders die Politik, noch mehr der Bereich „Freiwillige Feuerwehr und Rettungsdienste", für den sich das Interesse, ausgehend von einem sehr niedrigen Niveau, sogar vervierfacht hat.

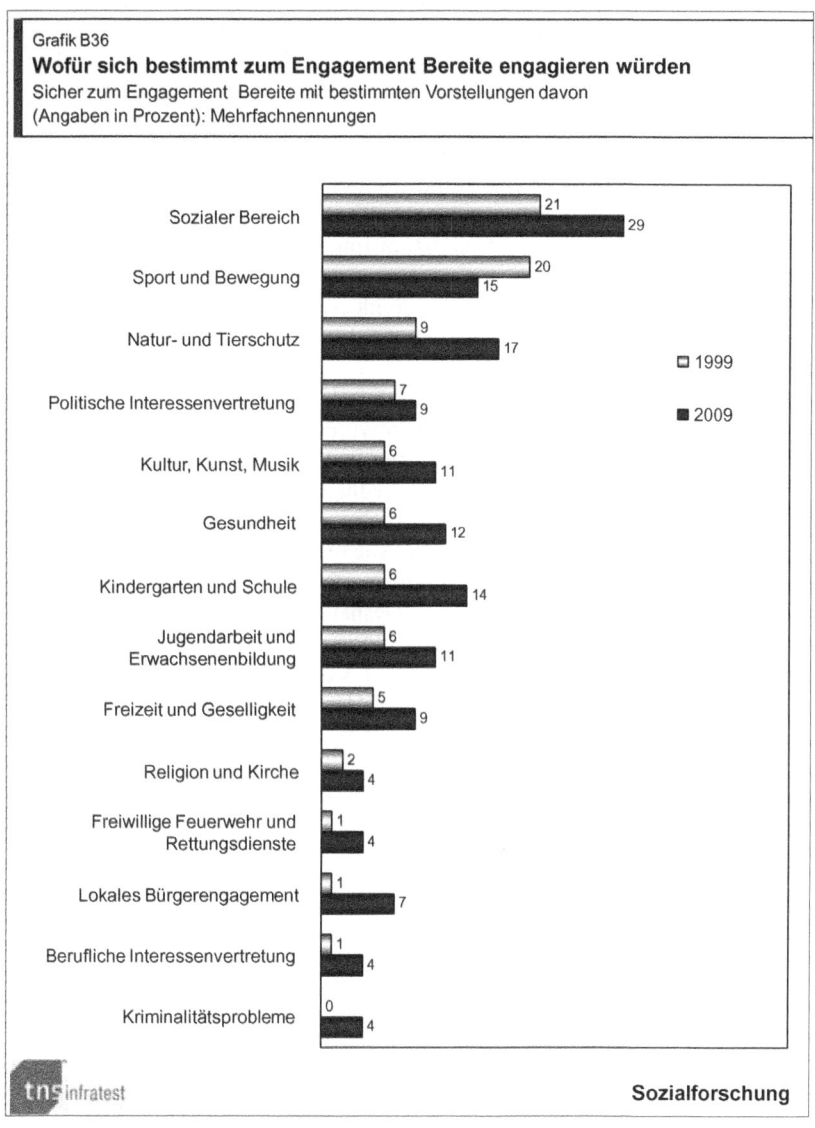

Grafik B36

Wofür sich bestimmt zum Engagement Bereite engagieren würden

Sicher zum Engagement Bereite mit bestimmten Vorstellungen davon
(Angaben in Prozent): Mehrfachnennungen

Natur- und Umweltschutz ist allerdings ein nur durchschnittlich lernintensiver Bereich, ebenso Sport und Bewegung. Letzterer war der einzige, an dem das Interesse seit 1999 markant zurückging, vielleicht ein Hinweis auf eine gewisse Sättigung in diesem ungleich größten, aber seit 1999 auch schrumpfenden Bereich. Der einzige wesentliche Unterschied zwischen früher Engagierten und noch nicht Engagierten besteht darin, dass Erstere deutlich mehr am Sport interessiert sind als Letztere. Natur- und Umweltschutz hat sich an die zweite Stelle der Themen des bestimmten Engagementinteresses geschoben (bei den früher Engagierten allerdings nur an die dritte Stelle, knapp hinter den Sport), außerdem Kindergarten und Schule deutlich nach vorn an die vierte Stelle der Rangliste von 2009.

Unabhängig von den einzelnen Akzentsetzungen und Veränderungen fällt die starke Intensivierung des Interesses gegenüber fast allen Bereichen auf. Gegenüber einem relativ einseitigen Bild, das 1999 noch von den Bereichen Soziales und Sport bestimmt wurde, hat sich eine größere Vielfalt und Pluralität der Bedürfnisse hergestellt. Dahinter könnte sich auch ein inzwischen besserer Kenntnisstand der Bandbreite an Möglichkeiten des Engagements verbergen. Diese Veränderungen sind insgesamt aber nicht mit einer größeren Bestimmtheit der Vorstellungen einhergegangen, wofür man sich engagieren würde. Hatten in dieser Hinsicht 1999 noch 68 % der sicher zum Engagement Bereiten bestimmte Vorstellungen, so waren das 2009 mit 64 % sogar etwas weniger. Das Multiple der Kenntnisse und Bedürfnisse hat also nicht unbedingt die individuelle Klarheit der Bereichswahl erhöht, sodass möglicherweise das größere Bewusstsein der Vielfalt der Möglichkeiten auch die „Qual der Wahl" verstärkt hat.

Außerdem muss bei der Interpretation der Ergebnisse berücksichtigt werden, dass die Bereiche nicht gestützt durch Vorlesen erhoben wurden, sondern durch spontane Nennungen der Befragten, die von den Interviewerinnen und Interviewern erst einer Bereichsliste zugeordnet wurden. Die Messung ist also nur bedingt mit der Erfassung der Bereiche des realen Engagements zu vergleichen, auch deswegen, weil diese indirekt über teilnehmende Aktivitäten und die anschließenden offenen Angaben über die freiwilligen Tätigkeiten ermittelt wurde. Ein nicht unerheblicher Teil dieser Bereichszuordnungen der realen Tätigkeiten wurde im Nachhinein noch korrigiert. Deshalb ist an den Ergebnissen weniger der Vergleich zum realen Engagement interessant, sondern zum einen die jeweiligen spontanen Schwerpunkte des Interesses, zum anderen deren Veränderungen über die Zeit. Und hier geht der Haupttrend zu einer relativen Dominanz des sozialen und auch ökologischen Engagements, ergänzt durch eine allgemeine Erweiterung und damit auch Pluralisierung der Interessen. Das lässt sich insofern auch empirisch nachvollziehen, als dass die Einzelbereiche des Interesses sich 2009 in vier relativ unabhängige Muster von zusammenhängenden Bereichen aufteilen, anstatt wie 1999 in nur drei Muster. Die Zusammenhänge bevorzugter Bereiche erscheinen 2009 auch deutlich plausibler als noch 1999.

5.3   Regionale Mobilität als Stressfaktor des Engagements?

Der Freiwilligensurvey erfasst nicht nur aktuelles Engagement und die gestufte Bereitschaft zum Engagement, sondern auch früheres Engagement. Letzteres diente im vorangegangenen Abschnitt bereits zur Qualifizierung der Engagementerwartungen der sicher zum Engagement Bereiten. 1999 gaben neben den 34 % Engagierten zusätzlich noch 20 % der Bevölkerung ab 14 Jahren an, früher einmal freiwillig engagiert gewesen zu sein. 2004 und 2009 war das bei nunmehr jeweils 36 % aktuell Engagierten zu 22 % bzw. 23 % der Fall. Der Prozentsatz ist also insgesamt gestiegen. Das bedeutet auch, dass derjenige Teil der Bevölkerung, der bisher nie die Erfahrung des freiwilligen Engagements gemacht hatte, in der Dekade des Freiwilligensurveys deutlich zurückgegangen ist, vor allem zwischen 1999 und 2004, kaum noch zwischen 2004 und 2009 (46 %, 42 %, 41 %). Naturgemäß ist der Anteil der ehemals Engagierten bei den älteren Menschen höher als bei den jüngeren und liegt fast konstant bei einem Viertel der Altersgruppe (Grafik B37). In der jüngsten Gruppe im Alter von 14 bis 30 Jahren betrug der Anteil 2009 18 %, was angesichts des noch geringen Alters ein erstaunlich hoher Prozentsatz ist. Noch auffälliger ist, dass der Prozentsatz beendeten Engagements bei gleichbleibendem aktuellem Engagement der Jüngeren seit 1999 sogar kontinuierlich gestiegen ist. Das verweist auf eine zunehmende Diskontinuität des Engagements unter jungen Menschen.

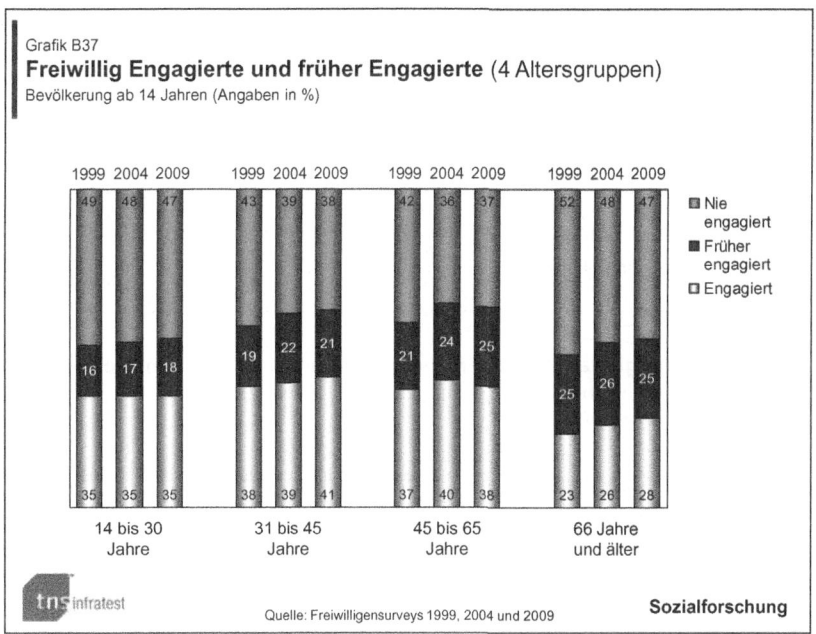

Grafik B37
Freiwillig Engagierte und früher Engagierte (4 Altersgruppen)
Bevölkerung ab 14 Jahren (Angaben in %)

Quelle: Freiwilligensurveys 1999, 2004 und 2009

Bei den 31- bis 45-Jährigen hat der Anteil der früher Engagierten etwa ebenso zugenommen wie in der jüngeren Gruppe, besonders aber bei den 46- bis 65-Jährigen und in beiden Fällen hauptsächlich zwischen 1999 und 2004. In beiden Altersgruppen hat sich der Anteil derer deutlich erhöht, die als Freiwillige oder Ehemalige Erfahrungen mit dem Engagement gemacht haben. In der jüngsten Altersgruppe ist dieser Anteil der Erfahrenen nur wenig gestiegen. Das ist problematisch, da es gerade in diesem Alter besonders darauf ankäme. Engagement ist in dieser Prägephase der Werte und des Lebensstils eine wichtige Chance für eine prosoziale Charakterbildung, eine Möglichkeit, die sich bei den Jüngeren in den letzten 10 Jahren jedoch nur wenig ausgeweitet hat. Bei den Älteren ist der Anteil der Ehemaligen, den man sich hier eigentlich zunehmend hätte denken können, stabil geblieben. Da gleichzeitig das Engagement deutlich gestiegen ist, sind die Älteren, vor allem zwischen 1999 und 2004, deutlich erfahrener mit dem Engagement geworden, hauptsächlich, weil es mehr aktuell Engagierte gab.

Es ist bereits gezeigt worden, dass es Hinweise darauf gibt, dass die Stagnation des Engagements unter den jüngeren Leuten mit zunehmender regionaler Mobilität zusammenhängt. Nunmehr stellt sich die Frage, ob es auch einen Zusammenhang dieser Mobilität mit der Diskontinuität des Engagements gibt (Grafik B37). Das Bild ist ziemlich komplex, eines ist jedoch eindeutig: Diejenigen Jugendlichen, die noch an ihrem Geburtsort leben, waren bereits 1999 besonders stark engagiert und dieses hohe Engagement hat sich in der letzten Dekade weiter erhöht. Die Abbruchquote des Engagements ist niedrig und in etwa konstant. In dieser Gruppe haben immer mehr jüngere Leute Erfahrung mit dem Engagement gesammelt; 1999 waren bereits 49 % entweder aktuell oder früher engagiert, 2009 schon 55 %.

Am höchsten ist die Abbruchquote bei jungen Menschen, die erst weniger als 3 Jahre am Wohnort leben, und diese ist zwischen 2004 und 2009 noch einmal gestiegen (Grafik B38). Trotz oder gerade wegen dieser hohen Quoten hatten in dieser mobilen Gruppe besonders viele jüngere Menschen bereits Erfahrung mit dem Engagement gesammelt (2009: 57 %), was sogar mehr war als bei den Immobilen. Mit ca. 24 Jahren sind die erst kürzlich am Wohnort Lebenden allerdings auch die älteste Gruppe, hatten also bisher mehr Gelegenheit als andere zum Engagement. Es finden sich in der Altersgruppe kaum Jugendliche unter 20 Jahren, dafür in der jüngsten Gruppe noch etwa 40 %, aber ebenso in der Gruppe der seit mehr als 10 Jahren am Wohnort Lebenden. Dennoch ist der Altersunterschied nicht so dramatisch; die beiden Gruppen der regional Immobilen und der schon länger im Wohnort Ansässigen sind im Schnitt ca. 21 Jahre alt, die Gruppe der zwischen 3 und 10 Jahren am Wohnort Lebenden ca. 23 Jahre.

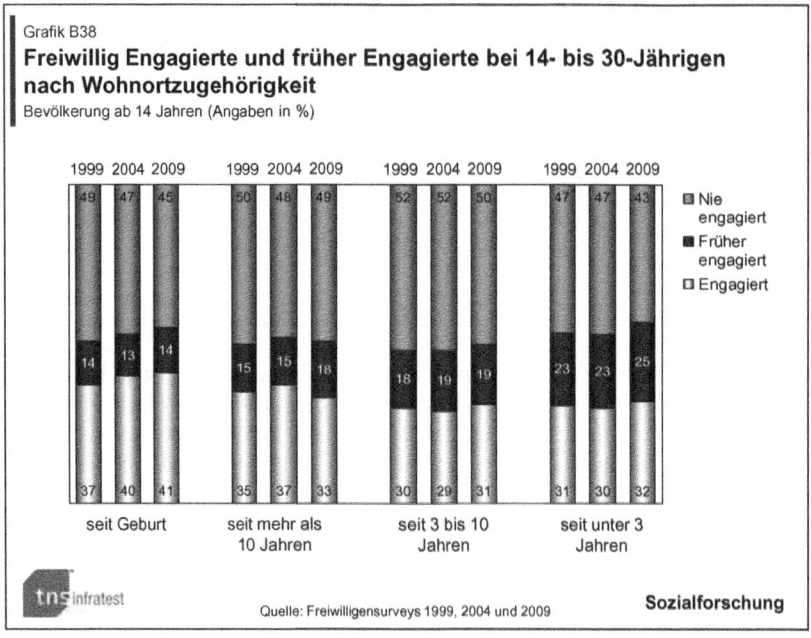

Grafik B38

Freiwillig Engagierte und früher Engagierte bei 14- bis 30-Jährigen nach Wohnortzugehörigkeit

Bevölkerung ab 14 Jahren (Angaben in %)

Quelle: Freiwilligensurveys 1999, 2004 und 2009

In den beiden mittleren Gruppen hat die Erfahrung mit dem Engagement im Laufe der betrachteten Dekade wenig zugenommen. Das liegt bei den eher jüngeren Jugendlichen, die bereits seit über 10 Jahren am Wohnort leben, vor allem am zwischen 2004 und 2009 deutlich rückläufigen aktiven Engagement. In der anderen, schon älteren Mobilitätsgruppe (seit 3 bis 10 Jahren am Wohnort) waren die Verhältnisse über die Zeit eher stagnierend. Diese Entwicklungen müssen vor dem Hintergrund gesehen werden, dass die Verhältnisse unter den mobilen Jugendlichen über die Zeit immer typischer für die gesamte Jugend geworden sind. Die immobile Gruppe mit ihrem besonders günstigen Entwicklungsmuster ist unter den jüngeren Menschen im Alter zwischen 14 und 30 Jahren von 46 % auf 34 % geschrumpft und kann deren Durchschnittswerte damit immer weniger prägen. Komplexere Strukturen, vor allem das Muster der erst kurzfristig am Wohnort lebenden jüngeren Leute, werden immer typischer, was insgesamt das aktive Engagement stagnieren und die Abbruchquote steigen ließ.

5.4   Kann man regional Mobile wieder für das Engagement gewinnen?

Die zunehmende Mobilität hat jedoch nicht nur zu mehr Abbruch des freiwilligen Engagements unter den jüngeren Leuten geführt, sondern auch dazu, dass sich die Verhältnisse bei der Engagementbereitschaft geändert haben. Vor allem zwischen 2004 und 2009 erkennt man einen Rückgang der bestimmten Engagementbereitschaft unter jungen Menschen, die fast ausschließlich von den regional Mobilen herrührt. Vor allem passt sich die Situation des Engagements der mobilen seit 2004 an die der immobilen jüngeren Leute an. Deren bestimmte Bereitschaft zum Engagement ist auf Basis eines hohen und steigenden Engagements eher niedrig, was eine bessere Ausschöpfung der Engagementbereitschaft anzeigt. Bei den kurzfristiger Mobilen bedeuten die höheren, aber geringer werdenden Werte jedoch nicht Ausschöpfung, sondern wohl eine gewisse „Erschöpfung" der Engagementbereitschaft an. Diese Bereitschaft ist in der gesamten Gruppe der bis 30-Jährigen nach einem Anstieg zwischen 1999 und 2004 wieder deutlich gesunken, aber ganz besonders bei jüngeren Menschen, die erst seit weniger als 3 Jahren im Wohnort leben (Grafik B39).

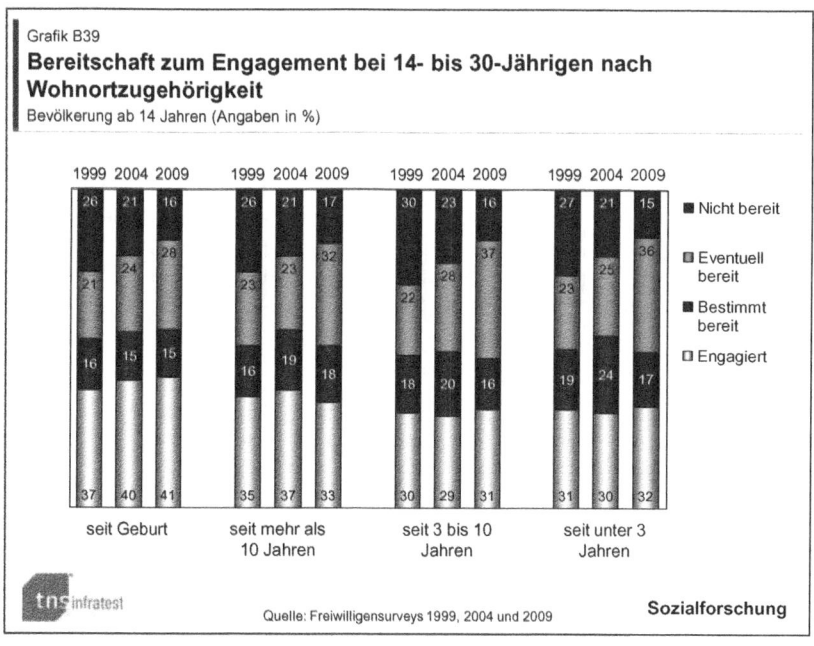

Grafik B39

Bereitschaft zum Engagement bei 14- bis 30-Jährigen nach Wohnortzugehörigkeit

Bevölkerung ab 14 Jahren (Angaben in %)

Zwar ist in allen Gruppen die unbestimmte Bereitschaft zum Engagement stark angestiegen und erreicht inzwischen in den beiden regional kurzfristig mobilen Gruppen hohe Prozentsätze, aber das bedeutet dennoch eine seit 2004 nicht mehr so gute Ansprechbarkeit dieser Gruppen für freiwilliges Engagement. Die Aufgeschlossenheit dieser Gruppen geht zwar nicht verloren, fällt aber sozusagen in eine schwächere Auffangkategorie zurück. Die regionale Mobilität jüngerer Menschen hatte also nicht nur etwas vermehrt Abbrüche des Engagements zur Folge, sondern war in den letzten 5 Jahren auch mit einer weniger bestimmten Bereitschaft zum Engagement verknüpft. Das vereinfacht die Gewinnung der immer mehr werdenden regional mobilen jüngeren Menschen nicht gerade, während Jugendliche durch den demografischen Wandel ohnehin knapper geworden sind.

Von Interesse sind auch die Verhältnisse bei den 31- bis 45-Jährigen, also der Menschen im jüngeren Familienalter. Diese Gruppe war insgesamt sogar regional mobiler als die jüngste Altersgruppe, allerdings liegt die Ortsveränderung schon öfter länger zurück, vergleichsweise oft schon über 10 Jahre. Die erst kurzfristige Ortsveränderung (unter 3 Jahre) ist deutlich seltener anzutreffen als in der jüngsten Gruppe. Bei den 13- bis 45-Jährigen kombiniert sich das Thema der regionalen Mobilität wesentlich stärker mit der beruflichen, familiären und sozialen Etablierung am neuen Wohnort. Betrachtet man zunächst die Immobilen, dann erkennt man auch in dieser Altersgruppe sofort die „Vorteile" der ungebrochenen Wohnortzugehörigkeit für das freiwillige Engagement. Das Bild ist ganz ähnlich wie bei den jüngeren Befragten. Das Engagement ist am höchsten und gestiegen, wobei die Steigerung allerdings nur auf der Periode zwischen 1999 und 2004 beruht (Grafik B40).

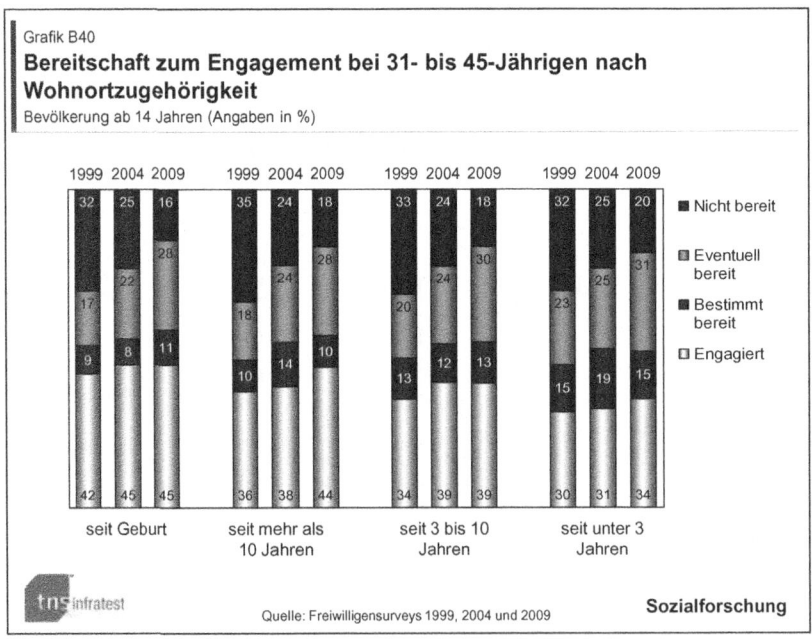

Grafik B40
Bereitschaft zum Engagement bei 31- bis 45-Jährigen nach Wohnortzugehörigkeit
Bevölkerung ab 14 Jahren (Angaben in %)

Quelle: Freiwilligensurveys 1999, 2004 und 2009

Allerdings konnten auch bei den 31- bis 45-Jährigen die regional Immobilen mit ihrem besonders hohen Engagement die Durchschnittswerte immer weniger prägen, da ihr Anteil von 34 % auf 24 % zurückging. Allerdings war diese Verschiebung weniger relevant als bei den

14- bis 30-Jährigen, da hier die Immobilität von einem viel höheren Anteil aus zurückging (von 46 % auf 34 %). Besonders deutlich haben diejenigen 31- bis 45-Jährigen, die seit über 10 Jahren im Wohnort wohnen, ihr Engagement erhöht. Allerdings ging auch ihr Anteil an der gesamten Gruppe zurück (nicht so dramatisch, von 38 % auf 34 %). Die hohen und deutlich gestiegenen Engagementquoten der regional Immobilen und der bereits länger ansässigen Mobilen konnten somit die Verhältnisse in der Altersgruppe immer weniger prägen. Da jedoch (im Unterschied zur jüngeren Gruppe) auch die kurzfristiger regional mobilen 31- bis 45-Jährigen ihr Engagement über die Periode hinweg gesteigert haben, konnte es trotz der erhöhten Mobilität insgesamt eine deutliche Steigerung des Engagements in dieser Gruppe geben. Darüber hinaus gibt es weiteres Potenzial, wenn auch nicht so deutlich wie bei der jüngeren Gruppe, aber auf Basis eines höheren aktuellen Engagements.

Um die Verhältnisse in den beiden jüngeren Altersgruppen der bis 45-Jährigen zu resümieren, kann man sich gut vorstellen, dass die Jüngeren zukünftig beim Übergang zur Familiengründung in das Verhaltensmuster der Familienjahrgänge einschwenken und ihr Engagement verstärken, wenn sie die kritische Phase der beruflichen Etablierung und der Familiengründung gemeistert haben. Unabdingliche Voraussetzung dafür ist allerdings sowohl die öffentliche Unterstützung, z. B. durch Kinderbetreuungsangebote und ein familienfreundliches Agieren der Arbeitgeber gegenüber den Arbeitnehmern. Verunsicherung beim Übergang in das Berufsleben und bei der Familiengründung sowie eine mangelhafte öffentliche Infrastruktur sind für das freiwillige Engagement junger Leute nicht förderlich. Darüber hinaus sind die regionalen und kommunalen Akteure sowie die Organisationen und Institutionen gefordert, ein engagementfreundliches Klima zu schaffen.

5.5 Führt Zeitstress zum Abbruch des Engagements?

Die folgende Tabelle B3 zeigt, wie das Zeitregime bestimmter Gruppen mit dem Abbruch früheren Engagements verknüpft ist. Es wird erkennbar, dass Zeitstress oftmals mit erhöhten Quoten beendeten Engagements verbunden ist. Ausnahme ist die Gruppe der Schülerinnen und Schüler. Dagegen macht sich Stress besonders bei jobbenden Studierenden fühlbar und zwar schon dann, wenn dieser nur ab und zu auftritt. Das wird in dieser Gruppe allerdings auf Basis äußerst hoher Engagementquoten erkennbar und die Situation wird erst dann kritisch, wenn sich die verfügbare Zeit sehr verknappt.

Bei den Erwerbstätigen ist Zeitstress schon dann kritisch, wenn sich wegen der beruflichen Verpflichtungen die Freizeit unter der Woche auch nur teilweise nicht planen lässt. Dann gerät die Engagementquote deutlich unter Druck und geht mit hohen Abbruchquoten des Engagements einher. Ist diese Planbarkeit gar nicht mehr gegeben, fällt das Engagement weit unter den Durchschnitt der Erwerbstätigen. Die Frage des Abbruchs des Engagements verschärft sich zwar nicht weiter, wohl weil in einer solchen kritischen Lage oft gar keines mehr eingegangen wird. Haben Erwerbstätige kleine Kinder im Alter bis zu 5 Jahren, ist das Engagement allgemein besonders hoch. Die hohen Quoten sind aber dann nicht mehr zu halten, wenn neben der Berufs- und Familienarbeit kaum noch freie Zeit für anderes übrig bleibt; die Abbruchquote steigt dann stark an. Noch stärker sind die Effekte der Zeitknappheit bei Erwerbstätigen mit Kindern im Alter von bis zu 2 Jahren im Haushalt. Pflegende Erwerbstätige haben besonders hohe Engagementquoten, selbst wenn die freie Zeit für anderes sehr knapp ist. Allerdings gibt es dann auch einen besonders hohen Anteil abgebroche-nen Engagements.

Tabelle B3: Engagement und früheres Engagement nach dem Zeitregime

	Engagement-quote	Früheres Engagement
Erwerbstätige: Können Sie Ihre Freizeit über die Woche hinweg einiger-maßen planen? Oder ist Ihr Wochenablauf wegen Ihrer beruflichen Ver-pflichtungen zu unregelmäßig?		
Ja.	45	21
Mal so – mal so.	36	27
Nein.	30	26
Erwerbstätige mit Kindern bis zu 5 Jahren: Bleibt Ihnen neben der Kin-derbetreuung, der Hausarbeit und Ihrer beruflichen Tätigkeit noch genü-gend Zeit für andere Dinge übrig?		
Ja.	47	15
Teilweise.	44	18
Nein.	32	23
Erwerbstätige mit Kindern; jüngstes Kind im Alter bis zu 2 Jahren: Bleibt Ihnen neben der Kinderbetreuung, der Hausarbeit und Ihrer beruflichen Tätigkeit noch genügend Zeit für andere Dinge übrig? Ja.		
Teilweise.	45	17
Nein.	39	20
	33	24
Erwerbstätige, die Angehörige pflegen: Bleibt Ihnen neben der Pflege, der Hausarbeit und Ihrer beruflichen Tätigkeit noch genügend Zeit für andere Dinge übrig?		
Ja.	53	19
Teilweise.	48	20
Nein.	40	28
Schülerin bzw. Schüler, in Ausbildung, im Studium: Können Sie Ihre Freizeit über die Woche hinweg einigermaßen planen? Oder ist Ihr Wochenablauf wegen Ihrer Verpflichtungen in Schule, Ausbildung oder Studium zu unregelmäßig?		
Ja.	40	15
Mal so – mal so.	35	14
Nein.	34	21
Schule, Berufsschule, Fachschule: Bleibt Ihnen neben der Schule, der Ausbildung noch genügend freie Zeit für andere Dinge?		
Ja.	36	11
Mal so – mal so.	34	14
Nein.	36	14
Fachhochschule, Universität mit regelmäßigem oder gelegentlichem Job: Bleibt Ihnen neben dem Jobben und dem Studium noch genügend freie Zeit für andere Dinge?		
Ja	47	19
Mal so – mal so.	48	26
Nein.	36	29

TNS Infratest Sozialforschung 2009, Angaben in Prozent

Es lässt sich zeigen, dass gerade junge Erwerbstätige in erhöhtem Maße unter Planungs-stress leiden. Im Alter von bis zu 30 Jahren können 26 % der jungen Leute ihre Freizeit überhaupt nicht planen und 24 % nur teilweise. Nur 50 % der jungen Erwerbstätigen haben eine ausreichende Planungssicherheit, während die 31- bis 45-Jährigen zu 56 % und die 46- bis 65-Jährigen zu 59 % sicher planen können. Diese Unterschiede sind zwar nicht drama-tisch, aber doch auffällig und treffen mit den Schwierigkeiten zusammen, die durch die Mobilität entstehen. Das sind bereits zwei wichtige Faktoren, die das Engagement jüngerer Menschen unter Druck setzen und erklären, warum dieses seit 1999 stagniert. Da sich junge Erwerbstätige immer weniger engagieren, sind unter den jüngeren Leuten vor allem die Studierenden zunehmend die Träger des Engagements und unter diesen vor allem die Män-ner. Damit entsteht die Gefahr, dass sich die personelle Grundlage des Engagements in diesem Alter immer mehr auf die höher gebildete männliche Jugend verlagert. Dieses Prob-lem der sozialen Vereinseitigung des Engagements wird in der Vertiefung für die Jugend wieder aufgegriffen.

Wir hatten bereits gesehen, dass der Zeitfaktor (im Sinne schlechter Planbarkeit) mit dem Abbruch des Engagements zusammenhängt. Die diesbezügliche Rolle des Zeitprob-lems (und zwar im Allgemeinen als Zeitmangel) lässt sich auch direkt nachweisen, indem man früher Engagierte nach den Gründen für die Beendigung des Engagements fragt. Der dritte Freiwilligensurvey hatte aus Platzgründen weniger Raum, diese Abbruchfaktoren im Einzelnen zu erfassen, sodass das Fragemodell gegenüber den ersten beiden Surveys nicht mehr ganz vergleichbar ist. Dennoch lassen sich durchaus gewisse Tendenzen zeigen.

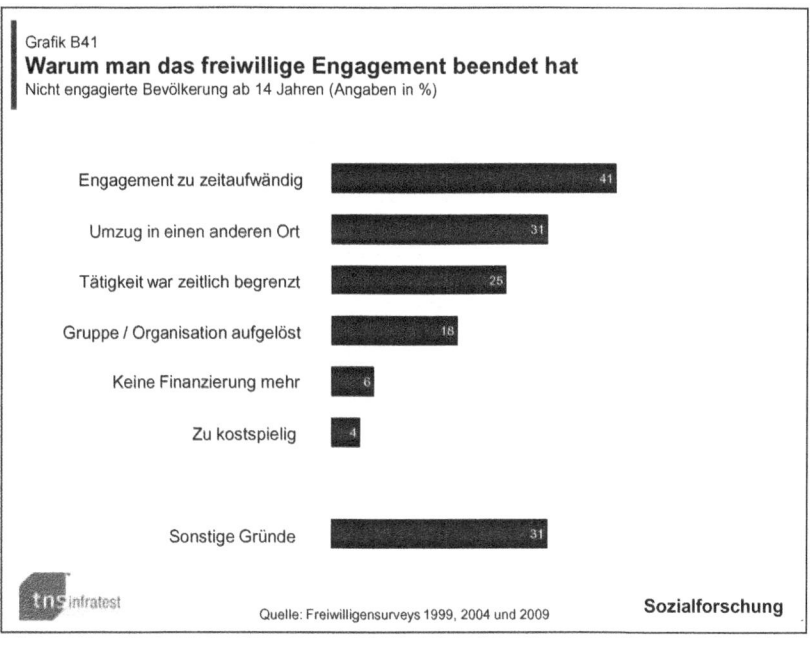

Grafik B41
Warum man das freiwillige Engagement beendet hat
Nicht engagierte Bevölkerung ab 14 Jahren (Angaben in %)

Engagement zu zeitaufwändig	41
Umzug in einen anderen Ort	31
Tätigkeit war zeitlich begrenzt	25
Gruppe / Organisation aufgelöst	18
Keine Finanzierung mehr	6
Zu kostspielig	4
Sonstige Gründe	31

tns infratest   Quelle: Freiwilligensurveys 1999, 2004 und 2009   **Sozialforschung**

Erkennbar wird zunächst, dass der Faktor Zeit einen starken Einfluss auf den Abbruch des Engagements ausübt; zu hoher Zeitaufwand wird als wichtigster Grund dafür genannt (Gra-fik B41). Darauf folgt die regionale Mobilität, die nunmehr neben der Frage der Zeitknappheit als zentrale Problemkategorie des Engagements und der Zivilgesellschaft festgehalten werden kann. Daneben gibt es eine Reihe von Tätigkeiten, die nur zeitlich begrenzt ausgeübt werden, und Instabilitäten auf organisatorischer Ebene, die dazu führten, dass Engagement beendet wurde. Rein finanzielle Probleme spielen eine sehr untergeordnete Rolle. Soweit das wegen des geänderten Fragemodells belegbar ist, haben sich unter den Abbruchgründen besonders die Zeitfragen und die Frage der Mobilität verstärkt, also jene bisher herausgearbeiteten Stresskategorien des Engagements.

Es verbleibt im gekürzten Fragemodell von 2009 eine Restkategorie, in der sich mit hoher Wahrscheinlichkeit vor allem gesundheitliche und altersmäßige Gründe verbergen. Das kann man jedenfalls aus den Antworten von 2004 schließen, in der die Frage der Gesundheitsprobleme eine ganz wesentliche Abbruchursache war, vor allem bei älteren Menschen. Die „sonstigen" Ursachen von 2009 wurden ganz besonders häufig von älteren Menschen genannt, sodass Spezifika des Alters hier eine erhöhte Rolle für die Beendigung des Engagements spielen. Dabei ist neben der Frage der Gesundheit auch an das ganz normale, altersspezifische „Sich-zur-Ruhe-Setzen" vom Engagement zu denken. Die „sonstigen Gründe" von 2009 erscheinen gerade bei denjenigen, die ihr Engagement beendet haben und die sich nicht wieder engagieren wollen (Grafik B42). Das sind ebenfalls vermehrt ältere Menschen. Zum anderen wird erkennbar, dass gerade für wieder Engagementbereite der Zeitaufwand für die Tätigkeit und die regionale Mobilität besonders typische Abbruchgründe sind, Letzteres spezifischer bei bestimmt zum Engagement Bereiten. Darin werden wiederum die Problemlagen jüngerer Menschen stärker erkennbar.

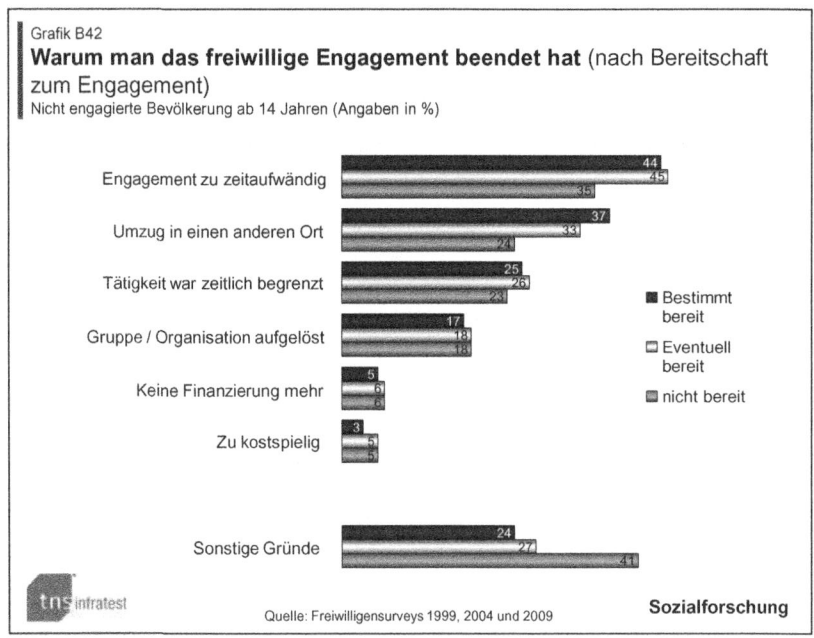

Grafik B42

Warum man das freiwillige Engagement beendet hat (nach Bereitschaft zum Engagement)
Nicht engagierte Bevölkerung ab 14 Jahren (Angaben in %)

Quelle: Freiwilligensurveys 1999, 2004 und 2009

Wir können damit festhalten, dass Zeitstress und Mobilität zwar das Engagement unter Druck setzen, aber immerhin auch vermehrt mit der Bereitschaft einhergehen, wieder ein Engagement aufzunehmen. Außerdem hat regionale Mobilität etwas mehr mit bestimmter als nur eventueller Bereitschaft zum Engagement tun. Man kann die Frage der regionalen Mobilität als Abbruchsursache auch direkt darstellen (Grafik B43). Man erkennt sofort, dass der Umzug an einen anderen Ort in der Tat der wesentliche Grund für regional Mobile ist, Engagement zu beenden. Die Frage des Zeitaufwands hat allerdings wenig Erkennbares mit der Länge der Ansässigkeit am Wohnort zu tun, dafür aber die „sonstigen" Gründe, die für die Immobilen und die schon länger Ansässigen typischer sind. Hierin liegt wieder eine deutliche Überschneidung mit dem Alter, da die Jüngeren die Mobilen und die Älteren die weniger Mobilen sind. Interessanterweise wird auch organisatorische Instabilität vermehrt von den Immobilen oder den schon länger am Wohnort Ansässigen angegeben.

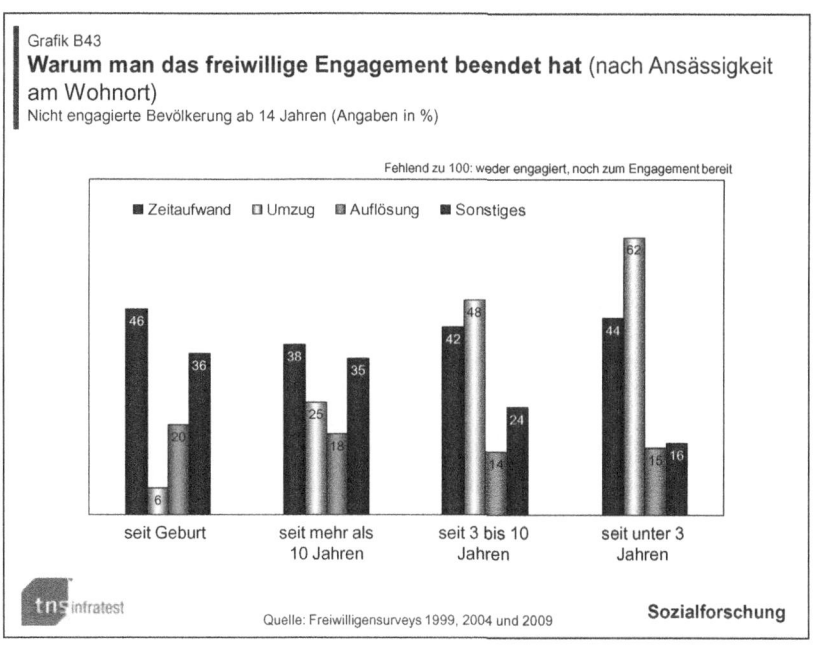

Grafik B43

Warum man das freiwillige Engagement beendet hat (nach Ansässigkeit am Wohnort)

Nicht engagierte Bevölkerung ab 14 Jahren (Angaben in %)

Fehlend zu 100: weder engagiert, noch zum Engagement bereit

Quelle: Freiwilligensurveys 1999, 2004 und 2009

6.   Trends in verschiedenen Bevölkerungsgruppen

6.1   Jugend

Die Statuspassage „Jugend" zwischen Kindheit und Erwachsensein im Sinne der beruflichen und familiären Etablierung ist heute problembelasteter und mehr mit jugendfremden Zumutungen überfrachtet als in den letzten Jahrzehnten. Eigentlich sollte die Jugendzeit[37] aus pädagogischen und entwicklungspsychologischen Gründen eine relativ unbeschwerte Phase der Selbstfindung und der ersten Schritte in das Erwachsenendasein sein. Dennoch werden die Jugendlichen heute immer früher mit hohen Leistungsanforderungen belastet sowie von der Freizeit- und Erlebnisindustrie immer früher in eine virtuelle Erwachsenenwelt versetzt, die sie auch überfordern kann. Freiwilliges Engagement in der Zivilgesellschaft ist nicht nur eine große öffentliche Leistung vieler Menschen, sondern auch eine Möglichkeit, über den privaten Bereich hinaus soziale und emotionale Kompetenzen zu erwerben. Das ist gerade heute für die Charakterbildung und Gesellschaftsfähigkeit junger Menschen besonders wichtig. Dabei kommen bestimmte Angebote und Eigenarten der Zivilgesellschaft jugendlichen Bedürfnissen durchaus entgegen. Jugendliche suchen, gemäß der Typik ihrer Lebensphase, nach Gemeinschaft und Austausch mit anderen jungen Menschen. Durch Engagement kann man (z. B. auf dem Lande, aber nicht nur dort) Freundinnen und Freunde, vielleicht sogar den Partner fürs Leben finden. Zum anderen sehen junge Menschen im freiwilligen Engagement ein wichtiges Qualifikationsfeld, in dem man Kompetenzen erwerben kann, die auch beruflich verwertbar sind.

Der Freiwilligensurvey zeigt, dass sich viele junge Menschen in die Zivilgesellschaft einbringen. Allerdings sind die verbindlichen Beiträge (längerfristige Übernahme von freiwilligen Tätigkeiten) der Jugendlichen in den letzten 10 Jahren von einem überdurchschnittlichen Niveau auf ein nur noch durchschnittliches Niveau gesunken (von 38 % auf 36 %). Dabei war dieser Rückgang bei den 14- bis 19-Jährigen kontinuierlicher als bei den 20- bis 24-Jährigen (Grafik B44). Nimmt man die Gruppe der 25- bis 29-Jährigen zum Vergleich hinzu, erkennt man zwischen 2004 und 2009 allerdings einen Anstieg des Engagements. In der jüngsten Gruppe geht es vor allem um die Schülerinnen und Schüler bzw. die Auszubildenden, in den beiden älteren Gruppen vermehrt um Studierende, bereits Erwerbstätige und ältere Jugendliche in sonstiger Ausbildung. Charakteristisch für die jüngste Gruppe ist zunächst eine Verschiebung zur Gruppe der „nur" öffentlich-aktiv Beteiligten, die keine freiwillige Tätigkeit übernommen haben. Zwar ist damit der Prozentsatz der ganz jungen Menschen, die keine praktische Beziehung zur organisierten Zivilgesellschaft haben, auf einen historischen Tiefstand gesunken (17 %), dennoch gibt es weniger junge Freiwillige, auf die Vereine, Organisationen und Einrichtungen zurückgreifen können. In der nächstälteren Gruppe der 20- bis 24-Jährigen fällt auf, dass hier 30 % der Jugendlichen keinen praktischen Zugang zur organisierten Zivilgesellschaft haben. Diese organisatorische bzw. institutionelle Integration ist bei den 25- bis 29-Jährigen kaum höher, allerdings seit 1999 kontinuierlich gestiegen.

---

[37] Im Freiwilligensurvey wird „Jugend" im engeren Sinne als die Altersgruppe zwischen 14 und 24 Jahren definiert. Man kann allerdings auch von einer verlängerten Jugendphase bis zum Alter von ca. 30 Jahren sprechen.

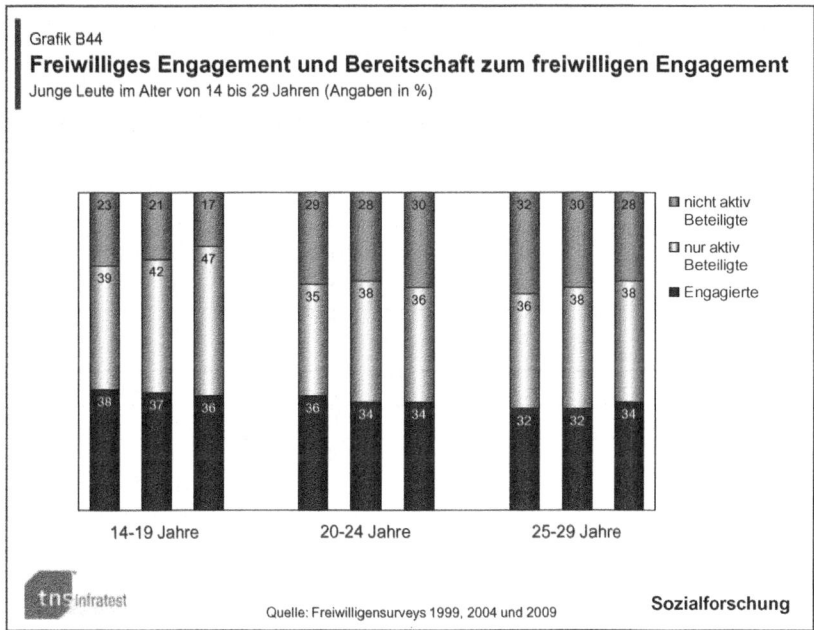

Grafik B44

Freiwilliges Engagement und Bereitschaft zum freiwilligen Engagement

Junge Leute im Alter von 14 bis 29 Jahren (Angaben in %)

Tabelle B4 zeigt, dass deutliche Rückgänge des Engagements bei Haupt- und Mittelschülerinnen und -schülern zu verzeichnen sind, während die Gymnasiastinnen und Gymnasiasten sehr engagiert geblieben sind. Diese Stärke und Stabilität des Engagements in der gehobenen Bildungsgruppe über die Zeit gilt auch für die Studierenden. Immerhin gab es bei Jugendlichen in betrieblicher Ausbildung von einem niedrigen Niveau her eine deutliche Steigerung des Engagements. Da die verschiedenen Bildungswege einen sozial abgestuften Schichthintergrund haben, muss am Beispiel des freiwilligen Engagements von einer Verstärkung sozialer Unterschiede in der zivilgesellschaftlichen Einbindung der Jugend gesprochen werden.[38] Im schulischen Bereich zeichnet sich jedoch noch eine andere Tatsache ab; bei Schülerinnen und Schülern an Ganztagsschulen[39] und am achtjährigen Gymnasium sind die Engagementquoten deutlich niedriger; ein Hinweis auf ein schwierigeres Zeitregime für freiwilliges Engagement.[40] In der Ganztagsschule[41] wäre eine stärkere Berücksichtigung und Einbeziehung des freiwilligen Engagements dringend nötig, in den

---

[38] Auf diese Entwicklung hatte Sibylle Picot bereits im zweiten Freiwilligensurvey hingewiesen. Auf Basis des dritten Survey nahm sie im Auftrag der Bertelsmann Stiftung erneute eine umfassende Analyse vor, die unter anderem auch diesen Befund bestätigte. Vgl. Picot 2006, Picot 2012.

[39] Das Phänomen konzentriert sich besonders auf die Real- und Mittelschulen, weil in diesem Schultyp zum einen der Anteil der Ganztagsschülerinnen und Ganztagsschüler besonders hoch, zum anderen deren Engagement deutlich niedriger ist als bei Halbtagsschülerinnen und -schülern. Im Gymnasium gibt es dagegen in dieser Hinsicht kaum Unterschiede.

[40] Die Daten wurden für Westdeutschland kontrolliert, weil die Verhältnisse in Ostdeutschland wegen der älteren Tradition des G8-Gymnasiums und der Ganztagsschule schon seit Längerem anders gestaltet sind. Allerdings weisen die Daten (zumindest bei den Ganztagsschulen) in dieselbe Richtung wie in Westdeutschland.

[41] Die Daten für die Ganztagsschulen sind wegen recht niedriger Fallzahlen nur bedingt belastbar, dennoch sind sie durchaus plausibel.

G8-Gymnasien eher eine Entlastung von zu großer Stoffdichte, um mehr zeitliche Freiräume für Engagement zu schaffen.

Tabelle B4: Freiwilliges Engagement in verschiedenen Gruppen junger Menschen

	1999	2004	2009
Haupt-/Real- und Mittelschülerinnen und	*	32	27
-schüler, Gymnasiastinnen/ Gymnasiasten	*	46	47
G8	*	*	41
G9	*	*	51
Halbtagsschule	*	39	39
Ganztagsschule	*	**	31
Betriebliche Ausbildung	28	33	34
Berufsschule/Fachschule	36	33	29
FHS/Universität	40	40	43
20–24 Jahre	45	42	40
25–29 Jahre	36	38	47
Junge Erwerbstätige	34	32	31
20–24 Jahre	38	34	32
25–29 Jahre	33	31	30

*TNS Infratest Sozialforschung 2009, Engagementquoten in Prozent, * nicht erhoben, ** zu geringe Fallzahl*

Weiteren Aufschluss über neuere bildungspolitische Entwicklungen erhält man bei der Betrachtung des Engagements der Jugendlichen im Alter von 20 bis 24 Jahren. Der Rückgang des Engagements erklärt sich aus den rückläufigen Werten der jungen Erwerbstätigen, aber auch der Studierenden, die in *dieser* Altersgruppe ihr Engagement auf hohem Niveau deutlich reduziert haben. Das kann ein Hinweis auf die dem freiwilligen Engagement von Studierenden entgegenwirkenden Effekte des Bachelor-Systems sein. Es wird inzwischen als zu verschult eingestuft und erfordert außerdem zusätzliche berufliche Qualifizierung, um damit gute Chancen auf dem Arbeitsmarkt zu sichern. Zeitliche Verdichtung und höhere Inanspruchnahme dürften auch bei den jungen Erwerbstätigen jene Phänomene sein, die sich für die Ausübung einer freiwilligen Tätigkeit als ungünstig erweisen.

Die Zunahme des Engagements bei den 25- bis 29-Jährigen zwischen 2004 und 2009 stammt vor allem von den Studierenden. Auch in dieser Altersgruppe ist das freiwillige Engagement von Erwerbstätigen inzwischen besonders niedrig und liegt weit unter dem hohen Durchschnitt der Gruppe der Berufstätigen (40 %). Zu beachten ist in dieser Altersgruppe die hohe und vor allem deutlich gestiegene Arbeitslosenquote (1999: 4,7 %, 2009: 8,4 %). Die Engagementquote der Erwerbstätigen in der nächsten Altersgruppe der 30- bis 34-Jährigen ist allerdings seit 2004 stark nach oben gegangen (auf 38 %), und bei den 35- bis 39-Jährigen Erwerbstätigen wird mit 43 % inzwischen ein hoher Wert erreicht. Diese Befunde ordnen sich in das Phänomen des Aufschwungs des Engagements der jüngeren Familienjahrgänge ein.

Die rückläufige Engagementquote der Jugendlichen ist nicht etwa aus einer sinkenden Bereitschaft zum Engagement erwachsen. Das Ansehen des Engagements hat sich bei ihnen nicht verschlechtert, sondern verbessert. Zumindest ist in allen jugendlichen Altersgruppen seit 1999 der Prozentsatz an Engagementfernen deutlich zurückgegangen. Allerdings ist seitdem nur die unverbindliche Bereitschaft zur Übernahme einer freiwilligen Tätigkeit gestiegen. Bei den älteren Jugendlichen schwankte die bestimmte Bereitschaft stark, bei den besonders jungen Jugendlichen ging sie dagegen langsam, aber kontinuierlich zurück (Grafik B45).

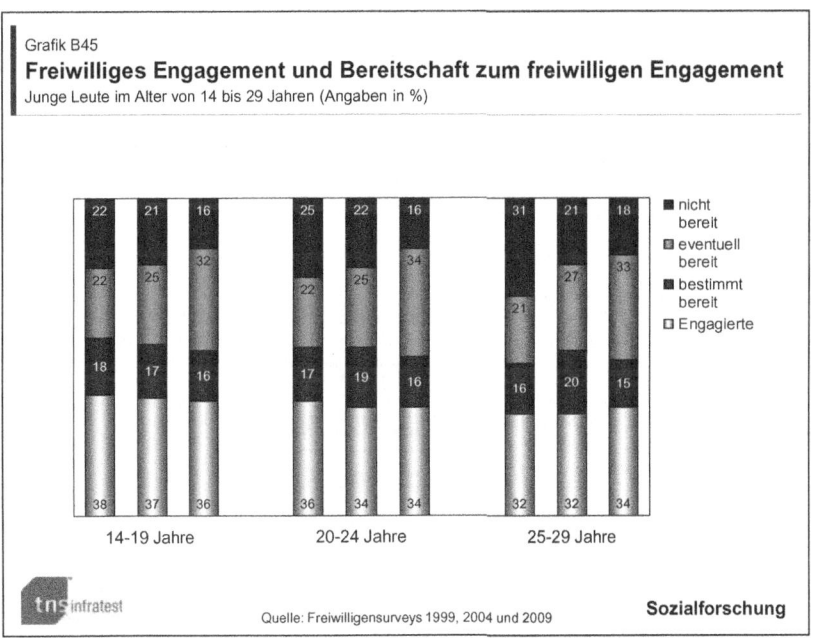

Grafik B45
Freiwilliges Engagement und Bereitschaft zum freiwilligen Engagement
Junge Leute im Alter von 14 bis 29 Jahren (Angaben in %)

Quelle: Freiwilligensurveys 1999, 2004 und 2009

Die Probleme zunehmender regionaler Mobilität, des Zeitstresses und des Übergangs in den Beruf wurden in dieser Studie bereits thematisiert. Es soll hier noch ein anderer Aspekt angesprochen werden, der gerade für Jugendliche bedeutsam ist. In die Dekade, die der Freiwilligensurvey untersucht hat, fällt der rasante Bedeutungsgewinn der neuen elektronischen Medien, besonders des Internets.[42] Junge Menschen waren die Protagonisten dieser Entwicklung. Heutzutage wird diskutiert, ob und inwieweit die intensive Beschäftigung junger Leute mit den Neuen Medien zum freiwilligen Engagement in Konkurrenz steht. Dazu sind vertiefende Untersuchungen nötig, wie auch zum Thema, ob sich ein gewisser Teil des jugendlichen Engagements inzwischen gänzlich in die virtuelle Welt des Internets verlagert hat. Interessant ist auch die Frage, welche Rolle die sogenannten „sozialen Netzwerke" im Internet für die Zivilgesellschaft und das freiwillige Engagement spielen.

Der aktuelle Freiwilligensurvey reißt das Thema „Neue Medien" insofern an, als deren Rolle bei der Freizeitgestaltung von Jugendlichen erfasst wurde (Grafik B46). Bei jungen Männern im Alter von 14 bis 24 Jahren konkurriert die Beschäftigung mit elektronischen Medien in der Tat bereits mit ihren sozialen Kontakten zu Freundinnen, Freunden und Bekannten. Und im Unterschied zu den jungen Frauen dominiert bei jungen Männern

---

[42] Hierzu gibt es interessante Informationen in der 16. Shell Jugendstudie von 2010, vgl. Deutsche Shell (2010). Ein Forschungsprojekt der Technischen Universität Dortmund und des Deutschen Jugendinstituts München hat sich mit dem Thema der jugendlichen Internutzung im Zusammenhang mit dem freiwilligen Engagement beschäftigt. Vgl. Forschungsverbund DJI/TU Universität Dortmund (2011).

die elektronische Beschäftigung inzwischen das Lesen oder andere kreative Beschäftigungen. Eine Zusammenhangsanalyse zeigt allerdings, dass in der Jugend zumindest die allgemeine soziale Integration nicht in einem grundsätzlich gegensätzlichen Verhältnis zur elektronischen Beschäftigung steht und auch nicht zu Sport und Bewegung. Die Scheidelinie der Freizeitstile verläuft viel mehr zu den klassischen kreativen Tätigkeiten und zum Lesen sowie ganz besonders zum freiwilligen Engagement. Um die Effekte auf das Engagement einzuschätzen, aber auch um, Brücken zwischen beiden Verhaltensstilen zu zeigen, wurde eine Freizeit-Typologie berechnet.

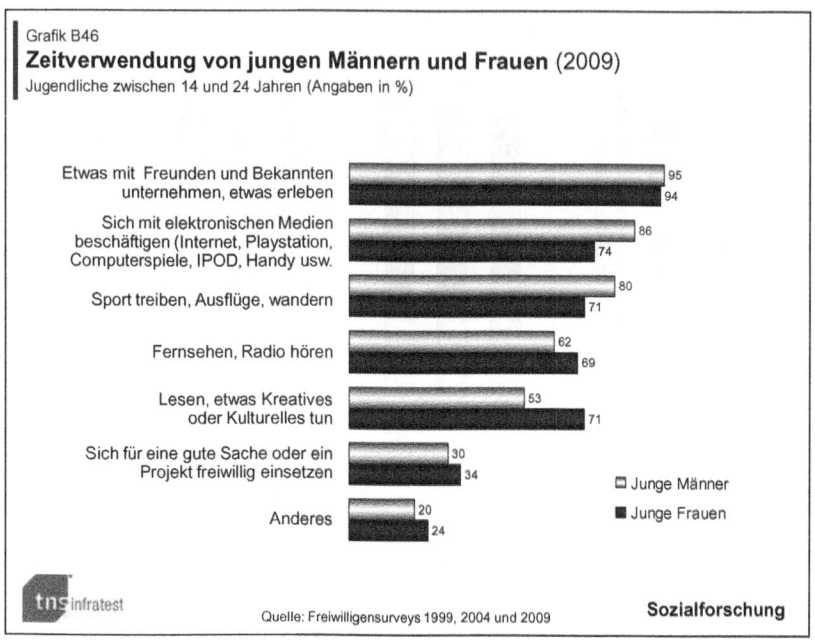

Grafik B46

Zeitverwendung von jungen Männern und Frauen (2009)

Jugendliche zwischen 14 und 24 Jahren (Angaben in %)

Quelle: Freiwilligensurveys 1999, 2004 und 2009

Inzwischen gibt es unter jungen Menschen einen Typus von einseitig an elektronischen Medien orientierten Jugendlichen, bei denen die Dominanz virtueller Tätigkeiten auf Kosten sozialer Kontakte, vor allem aber des Lesens, anderer kreativer Tätigkeiten und des freiwilligen Engagements geht (einseitig Medienorientierte) (Grafik B47). Allerdings ist die Einbindung dieses engagementfernen Freizeittyps in soziale Kontakte und in körperliche Betätigung zumindest einigermaßen gegeben. Dieser Typus, der sich nur zu 21 % freiwillig engagiert, ist unter jungen Frauen weniger vertreten. Ein anderer Typ von Jugendlichen kombiniert virtuelle und nichtvirtuelle Beschäftigungen und ist mit 43 % sogar überdurchschnittlich engagiert (mediennahe Vielseitige). Dieser Typus schlägt eine Brücke zwischen mediennahen und medienfernen Beschäftigungen. Dann gibt es einen unter Frauen stärker verbreiteten Typus (medienferne Kreative), der sich von elektronisch-virtueller Beschäftigung fernhält, was deutlich zugunsten der sozialen Kontakte, der klassischen Kreativität und besonders auch des Engagements geht (54% Engagierte). Schließlich gibt es noch die Freizeitpassiven. Das sind Jugendliche, deren Freizeitaktivität im Allgemeinen deutlich unterdurchschnittlich ist.

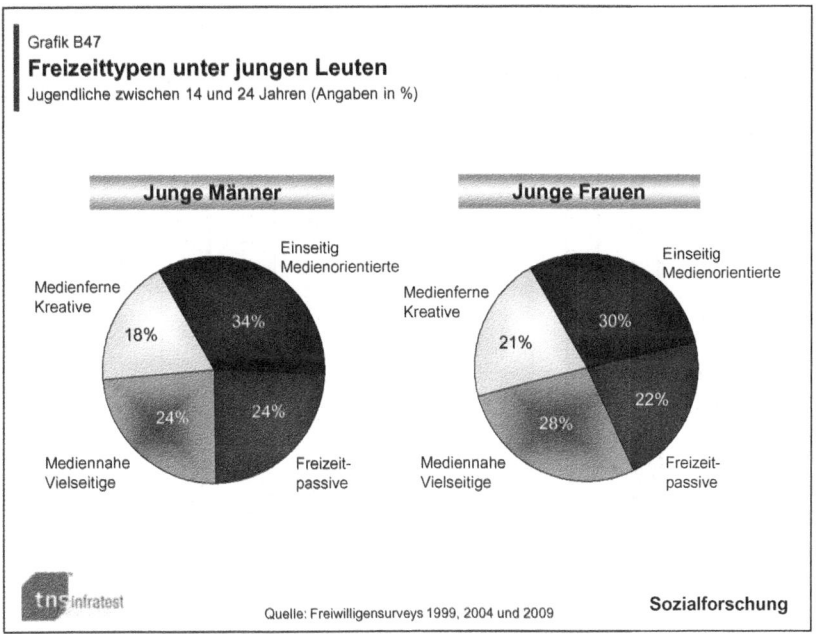

Grafik B47
Freizeittypen unter jungen Leuten
Jugendliche zwischen 14 und 24 Jahren (Angaben in %)

Quelle: Freiwilligensurveys 1999, 2004 und 2009

Wenn Jugendliche sich freiwillig engagieren, erheben sie heute oft den Anspruch, dass ihre Tätigkeit ein Qualifikationsangebot enthält, das ihnen unter Umständen auch beruflich Vorteile bringen kann. Diese Bedürfnislage ist Ausdruck einer Gesellschaft, die Jugendlichen in ihrer Bildungs-, Ausbildungs- und Berufseinmündungsphase in immer kürzerer Zeit immer mehr abverlangt. Dazu kommt für die „älteren Jugendlichen" die Überlappung dieser Herausforderungen mit der Familiengründung, was besonders für junge Frauen problematisch ist, die zumeist zielstrebiger als junge Männer auf ihre berufliche *und* familiäre Etablierung hinarbeiten. Die Bedeutung des Engagements als Lernfeld erschien in dieser Studie bereits bei der Analyse des Engagementpotenzials. Unter den zum Engagement bestimmt Bereiten war der Wunsch nach Erweiterung der Kenntnisse und Erfahrung besonders groß, weit größer als bei den bereits Engagierten. Die Jugendlichen stehen für beides besonders deutlich – für die Bereitschaft zum Engagement und für Lern- und Qualifikationsbedürfnisse. Gerade in der Jugend wird das Qualifikationsbedürfnis auch ganz direkt mit der Frage der beruflichen Etablierung verknüpft.

Die besondere Bedeutung der Qualifikation und des beruflichen Nutzens beim freiwilligen Engagement ist bei jungen Männern und Frauen zu beobachten, bei Letzteren sogar noch etwas mehr. Die Bedeutung dieser Motive im Lebenslauf der Geschlechter ist allerdings unterschiedlich nuanciert (Grafiken B48 und B49). Betrachtet man nur die besonders intensiven Bedürfnisse, dann sind diese bei den ganz jungen Frauen besonders erkennbar. Sie verringern sich bereits am Beginn der 20er-Lebensjahre und dann am Beginn der 30er-Jahre abrupt. Bei den jungen Männern bleibt die deutliche Ausprägung des Qualifikationsmotivs bis zur Mitte der 20er-Lebensjahre in etwa gleich, um dann relativ kontinuierlich abzusinken. Man geht sicher nicht fehl, den Beginn der Familienphase bei Frauen für den abrupten Bedeutungsverlust des Qualifikationsmotivs verantwortlich zu machen, während vorher noch die berufliche Etablierung die Aufmerksamkeit besonders beansprucht.

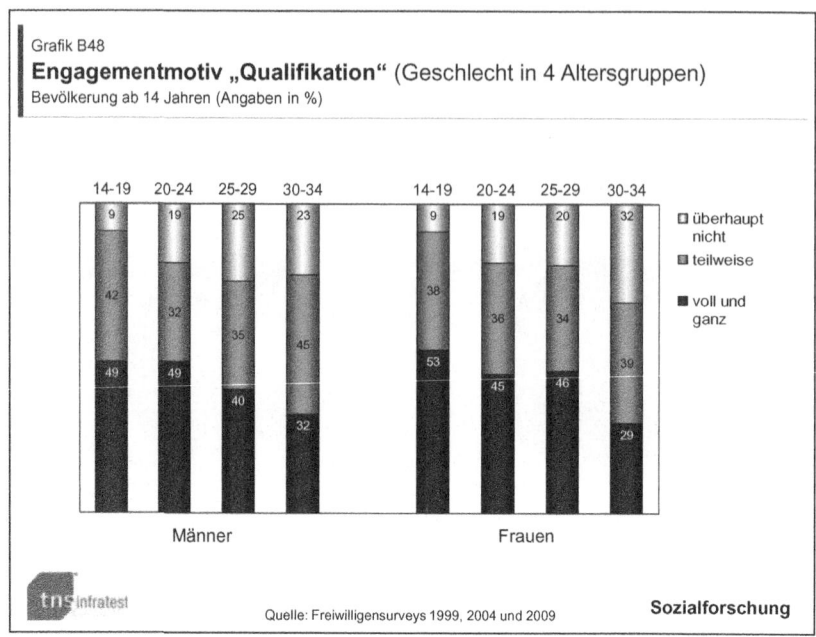

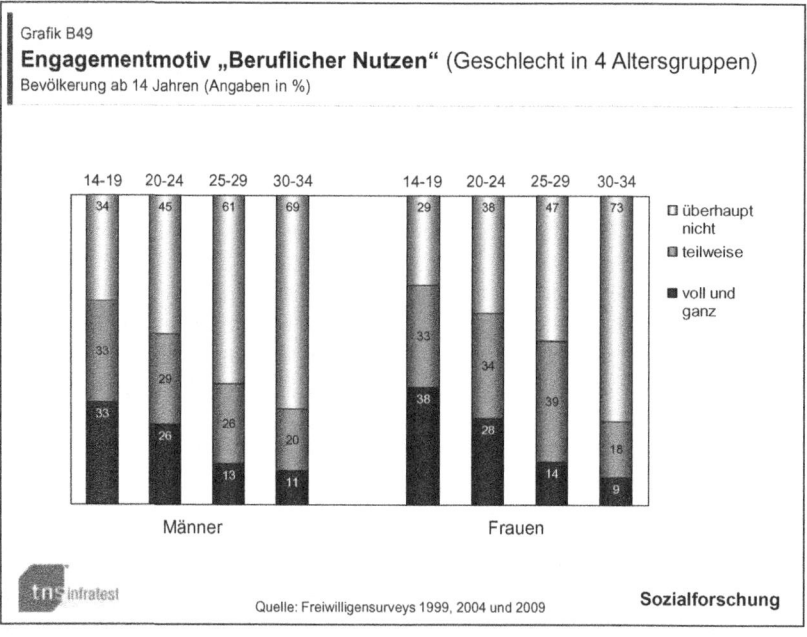

Ebenso interessant ist es zu beobachten, wie sich das Motiv des beruflichen Nutzens bei den Geschlechtern im Älterwerden entwickelt. Dieser Aspekt des Engagements ist für Frauen bis zum Alter von 25 bis 29 Jahren durchweg wichtiger als für Männer dieses Alters. Erst ab der Schwelle der 30er-Lebensjahre tragen die Männer dieses Motiv stärker an das Engagement heran, allerdings wie Frauen dieses Alters auf niedrigem Niveau. Bei dieser Frage lohnt wegen der relativ geringen Besetzung der vollen Zustimmungen auch ein zusätzlicher Blick auf die „teilweisen" Ausprägungen. Diese sind bei den Frauen gerade im Alter von 25 bis 29 Jahren mit 39 % sehr hoch, also in einem Alter, wo sich die Familiengründung anbahnt und sich mit der beruflichen Etablierung überlappt. Im Verbund mit den starken Zustimmungen erwartet sogar mehr als die Hälfte der Frauen wenigstens teilweise einen beruflichen Nutzen des Engagements, was nur auf 39 % der Männer zutrifft. Mit dem Übergang in die Familienphase gleichen sich die Verhältnisse der Geschlechter dann allerdings abrupt an. Jetzt sind nur noch 27 % der Frauen wegen beruflicher Vorteile engagiert und mit 31 % sogar mehr Männer.

6.2 *Ältere Menschen*

Der auffälligste und interessanteste Trend des Freiwilligensurveys war bereits zwischen 1999 und 2004 der deutliche Anstieg des freiwilligen Engagements bei den älteren Menschen. Engagierten sich von den über 65-Jährigen 1999 erst 23 %, so waren es 2004 bereits 25 % und 2009 dann 28 %. Besonders eindrucksvoll erscheint zwischen 1999 und 2004 der Sprung bei den jüngeren Seniorinnen und Senioren im Alter von 60 bis 69 Jahren von 31 % auf 37 % (Grafik B50). Bei den 70- bis 75-Jährigen erhöhte sich das Engagement zwischen 1999 und 2009 von 24 % auf 30 % (besonders deutlich bis 2004), bei den 76- bis 80-Jährigen im gesamten Zeitraum wesentlich langsamer und auf einem deutlich niedrigeren Niveau (19 % auf 21 %). Das zeigt, wie sich die Grenze, bis zu der sich ältere Menschen noch recht aktiv in die Zivilgesellschaft einbringen, in Richtung des Alters von etwa 75 Jahren hinausgeschoben hat. Zunehmend wird selbst diese Grenze überschritten.

Das Engagement der Älteren wird durch deren zunehmende körperliche und geistige Fitness begünstigt, andererseits wirkt es sich positiv auf ihr Wohlbefinden aus. Engagement bedeutet Aktivität, Herausforderung der körperlichen und geistigen Kräfte sowie soziale Integration. Gerade bei älteren Menschen muss immer wieder herausgehoben werden, wie wichtig für ihre soziale Integration bereits die öffentliche Beteiligung in der Infrastruktur der Zivilgesellschaft ist, auch ohne dass sie bestimmte freiwillige Tätigkeiten übernehmen. Wenn heute nur noch 34 % der Menschen im Alter von über 65 Jahren gar nicht in die organisierte Zivilgesellschaft eingebunden sind, dann ist das angesichts der ursprünglichen 48 % aus dem Jahre 1999 ein gewaltiger Schub der öffentlichen Aktivierung.

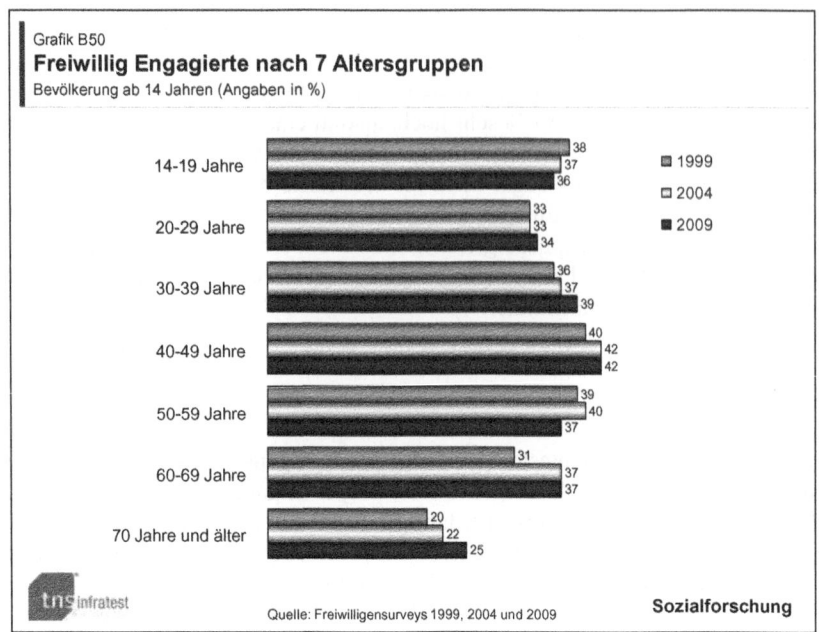

Grafik B50
Freiwillig Engagierte nach 7 Altersgruppen
Bevölkerung ab 14 Jahren (Angaben in %)

Quelle: Freiwilligensurveys 1999, 2004 und 2009

Thematisch liegen die Schwerpunkte des freiwilligen Engagements älterer Menschen weiterhin im kirchlichen und sozialen Bereich (Grafik B51). Allerdings hat sich vor allem seit 2004 der Sport verstärkt als dritter Schwerpunkt des Engagements etabliert, was mit der zunehmenden Fitness der Älteren zu tun haben dürfte bzw. mit ihrem Bedürfnis, länger fit zu bleiben. Weiterhin sind Kultur und Musik sowie der Freizeitbereich größere Domänen des Engagements älterer Menschen. Auffällig ist die relativ kontinuierliche Zunahme des Engagements Älterer in den Bereichen Umwelt- und Tierschutz, Politik und bürgerschaftliches Engagement am Wohnort. Zwar kümmern sich die Älteren vermehrt um gesundheitlich geschwächte bzw. höher betagte ältere Menschen, und hierin begegnet ihr gestiegenes Engagement einer Problemlage, die durch die Alterung der Bevölkerung und den medizinischen Fortschritt ausgelöst wird. Dennoch gilt es festzuhalten, dass sich das Engagement der Älteren in steigendem Maße auch direkt auf die Mitgestaltung des Gemeinwesens richtet. Bei älteren Männern hat das sportliche Engagement einen Umfang erreicht, der weitgehend dem Durchschnitt der gesamten Bevölkerung entspricht (10 %). Frauen sind dagegen ungleich weniger sportlich engagiert (4 %). Überhaupt sind die Unterschiede im gesamten Vereinsbereich zwischen älteren Frauen und Männern groß, bereits bei Kultur und Musik, insbesondere aber bei Freizeit und Geselligkeit. Außerdem wird das inzwischen stark gewachsene ökologische und politische Engagement besonders durch die älteren Männer repräsentiert. Dagegen werden die typischen Schwerpunkte des Engagements älterer Menschen weiterhin ganz besonders markant durch die Frauen gesetzt, sowohl im Bereich Soziales als auch im Bereich Kirche und Religion.

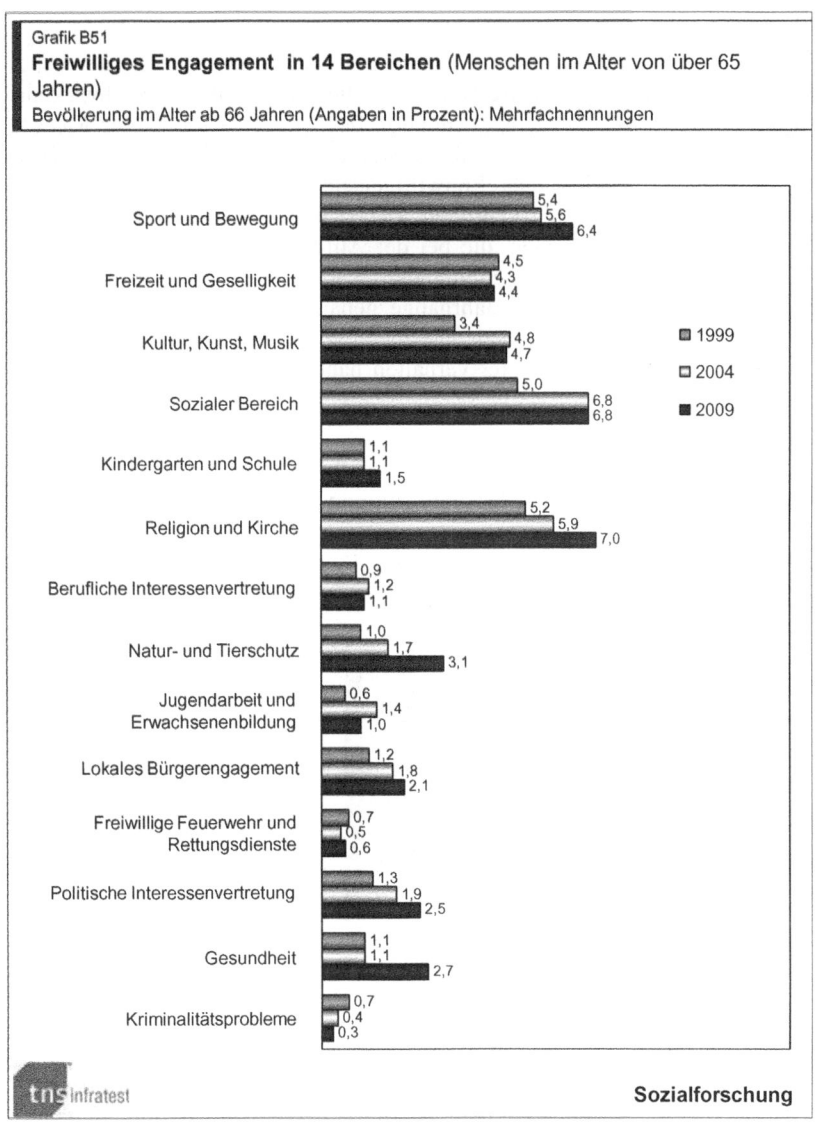

Grafik B51
Freiwilliges Engagement in 14 Bereichen (Menschen im Alter von über 65 Jahren)
Bevölkerung im Alter ab 66 Jahren (Angaben in Prozent): Mehrfachnennungen

Das Engagement für die Zielgruppe der älteren Menschen hat sowohl bei älteren Frauen als auch bei älteren Männern zugenommen. Mit 41 % der Engagierten, die sich im Engagement vorrangig um ältere Menschen kümmern, sind allerdings auch heute die älteren Frauen in dieser Hinsicht wesentlich stärker aktiv als die älteren Männer (24 %). Frauen kümmern sich im Rahmen ihres Engagements auch mehr um die hochbetagten Seniorinnen und Senioren. 8 % der engagierten älteren Frauen setzten sich für Menschen im Alter von über 75 Jahren ein (Männer 2 %). Allerdings ist bei Frauen und Männern bei jeweils mehr als der Hälfte des Engagements, das sich auf ältere Menschen hin ausrichtet, das Altersprofil eher gemischt.

Die deutlichen Veränderungen bei der öffentlichen Aktivität und beim Engagement der älteren Menschen sind jedoch nicht nur der steigenden Fitness der Älteren geschuldet, sondern haben noch andere Ursachen. Diese liegen in der Nachwirkung zeitgeschichtlicher Prozesse auf die heutige Situation des Engagements älterer Menschen und damit unserer gesamten Gesellschaft. Um diese Veränderungen zu verstehen, ist eine historische Betrachtungsweise nötig. Der Freiwilligensurvey ermöglicht wegen seiner hohen Fallzahl und seines inzwischen 10-jährigen Beobachtungszeitraums kleingerasterte Kohortenanalysen[43] der Altersgruppen, die bei der Aufdeckung zeitgeschichtlicher Prozesse helfen können. Man kann diese darstellen, indem man über die letzte Dekade hinweg nahezu identische Gruppen[44] bestimmter Jahrgänge genau 10 Jahre später wieder untersucht. Die Querpfeile in Grafik B52 verfolgen ausgehend vom Jahr 2009 drei Alterskohorten und zeigen, wie sich diese 10 Jahre später verhalten haben: Wie hat sich die Beteiligung am Engagement verändert?

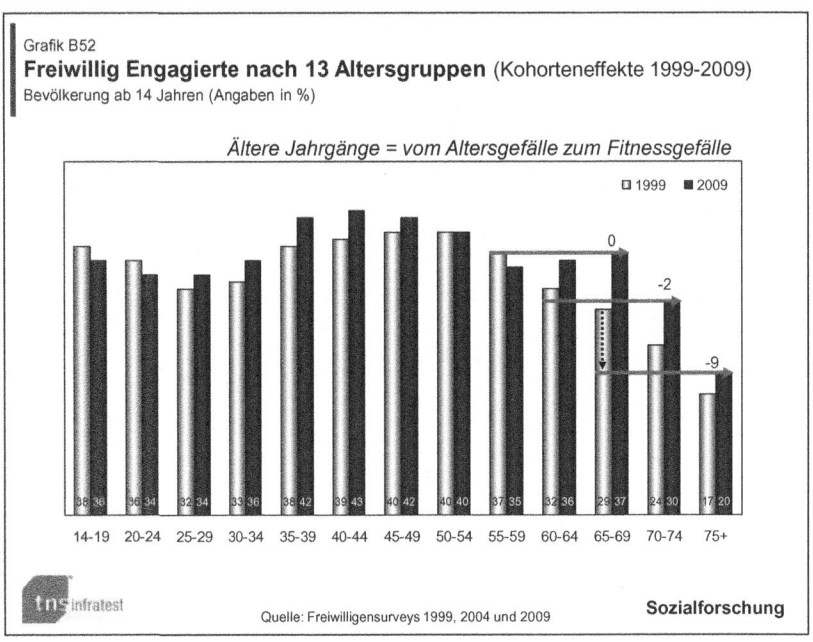

Bei den älteren Menschen stellt sich naturgemäß die Frage, wie weit ihre Neigung, sich zu engagieren, mit zunehmendem Alter trägt oder ob altersspezifische Ursachen sie verstärkt von einem freiwilligen Engagement abhalten. Bei 50-Jährigen kann man mit einer gewissen Wahrscheinlichkeit davon ausgehen, dass sie sich im Alter von 60 Jahren immer noch freiwillig engagieren, aber engagieren sich 60-Jährige auch im Alter von 70 Jahren noch? Liest man die Daten von 1999 zunächst im Querschnitt der Altersgruppen, hat man den Eindruck, dass es zu diesem Zeitpunkt üblich war, im Älterwerden schon relativ

---

[43] Kohortenanalysen verfolgen bestimmte Altersgruppen in bestimmten Abständen auf ihrem Weg durch die Zeitgeschichte.

[44] Nahezu identisch heißt, dass durch Sterblichkeit oder auch durch Abwanderung eine gewisse Veränderung eingetreten ist, die aber insgesamt zu vernachlässigen ist.

frühzeitig das Engagement zu reduzieren. Ab der Altersgruppe der 56- bis 60-Jährigen lagen 1999 die Engagementquoten immer niedriger. Heute ist das jedoch bis zur Altersgrenze von ca. 70 Jahren nicht mehr der Fall. Bis zur Altersgruppe der 65- bis 69-Jährigen gibt es inzwischen sogar einen leichten Anstieg, was im Querschnitt das Bild eines kleinen „Ruhestandsgipfels" erzeugt. Erst ab dem Alter von 70 Jahren, vor allem aber von 75 Jahren, liegen die Engagementquoten deutlich niedriger.

Über die Querschnitte zu beiden Zeitpunkten gehen die Möglichkeiten des Längsschnitts hinaus. Verfolgt man die Alterskohorten von 1999 über die Zeit, erkennt man in den Daten von 2009, dass offensichtlich die zwei 5-Jahres-Kohorten der 1999 55- bis 64-Jährigen ihre Engagementneigung im Älterwerden „mitgenommen" haben. Die beiden Gruppen finden sich 10 Jahre später auf demselben bzw. auf nur leicht reduziertem Niveau ihres freiwilligen Engagements wieder. Mit dieser „Beharrlichkeit" ihres Engagements im Älterwerden haben sie zu einem großen Aufschwung des Engagements in der gesamten Gruppe der Älteren beigetragen und mit dem steigenden Gewicht ihrer Altersgruppe im demografischen Wandel auch zu einer Stabilisierung des Engagements in Deutschland insgesamt. Diese Veränderung lässt sich zunächst vor allem durch eine Auflösung der traditionellen Altersrolle („Altersgefälle") erklären, mit der offensichtlich noch 1999 im Älterwerden ein Rückzug aus dem öffentlichen Leben verbunden war. Nur die Kohorte der 1999 65- bis 69-Jährigen hat ihr Engagement von 29 % auf 20 % stark reduziert. Das zeigt vor allem die Grenzen auch des heutigen Alters für das Engagement an („Fitnessgefälle").

Es geht in den betrachteten Daten des Freiwilligensurveys allerdings nicht nur um einen allgemeinen kulturellen Wandel, der die Altersrolle verändert hat. Es gilt zusätzlich zu berücksichtigen, dass es sich bei den betrachteten Altersgruppen auch um Jahrgänge handelt, die einen *historisch besonderen* Erfahrungshintergrund haben. Menschen, die beim Engagement den Rollenwechsel des Alters besonders getragen haben, wurden um das Kriegsende herum bis in die beginnenden 1950er-Jahre hinein geboren. Sie erlebten ihre prägenden Jahre in den 1960er- und 1970er-Jahren. Auf Basis des wirtschaftlichen Wiederaufstiegs und der ersten Anfänge der Bildungsexpansion wurde für sie der Wandel Deutschlands von einer politischen „Ohne-mich-Gesellschaft" (Helmut Schelsky) in eine lebendige Zivilgesellschaft besonders prägend. Diese Belebung der Zivilgesellschaft erhielt von dem Wertewandelschub von 1965 bis 1975 (Helmut Klages) starke Anstöße. Solche zeit- geschichtlichen Erörterungen kann der Freiwilligensurvey wegen seines aufwendigen Designs (sehr große Stichprobe) besonders gut ableiten.

In der weiteren Berichterstattung des Freiwilligensurveys zu vertiefen ist die Analyse der Entwicklung des Engagements der 55- bis 64-Jährigen (Grafik B53). Diese Gruppe, die 1999 zwischen 45 und 54 Jahre alt war, hat ihr Engagement seitdem um 4 % bis 5 % abgesenkt. Ob sich darin eine lebenszyklische Entwicklung im Sinne des sogenannten „Empty Nests"[45] ausdrückt oder ob ein Teil der Veränderung auch auf den auslaufenden zeitgeschichtlichen Effekt bei den Älteren zurückgeht, erfordert eine nähere Analyse; ebenso die Möglichkeit, dass die Erklärung mehr in negativen Faktoren des Arbeitsmarkts zu suchen ist. Auf jeden Fall hat die Gruppe der 55- bis 59-Jährigen mit 9,5 % die ungleich höchste Arbeitslosenquote, wobei dieses Phänomen auch schon 1999 (9,7 %)

---

[45] Der Begriff „Empty Nest" beschreibt die Phase im Leben von Eltern, wenn die Kinder „flügge" werden und den familiären Haushalt verlassen, wobei diese Phase heute wegen des späteren Gebäralters und des zunehmenden „Nesthockens" von Jugendlichen später einsetzt.

zu erkennen war. Bei den 60- bis 64- Jährigen war die Quote zwar nicht so hoch, ist aber besonders gestiegen (von 3,6 % auf 5,7 %). Solche und weitere Aspekte des freiwilligen Engagements sind weiter zu verfolgen.

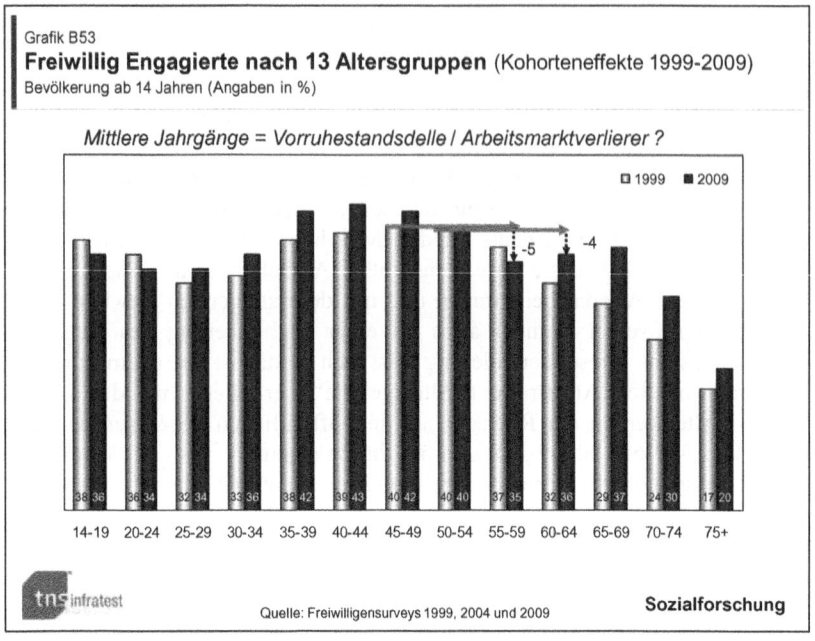

Grafik B53
Freiwillig Engagierte nach 13 Altersgruppen (Kohorteneffekte 1999-2009)
Bevölkerung ab 14 Jahren (Angaben in %)

Mittlere Jahrgänge = Vorruhestandsdelle / Arbeitsmarktverlierer ?

☐ 1999 ■ 2009

-5   -4

| 14-19 | 20-24 | 25-29 | 30-34 | 35-39 | 40-44 | 45-49 | 50-54 | 55-59 | 60-64 | 65-69 | 70-74 | 75+ |

38 36 | 36 34 | 32 34 | 33 36 | 38 42 | 39 43 | 40 42 | 40 40 | 37 35 | 32 36 | 29 37 | 24 30 | 17 20

tns infratest   Quelle: Freiwilligensurveys 1999, 2004 und 2009   **Sozialforschung**

Um sich ein Bild von zukünftig zu erwartenden Entwicklungen zu machen, sind neuere Erkenntnisse zu beachten, nach denen sich die Versorgungslage und die Verfügung über Freizeit für die künftigen Seniorengenerationen verschlechtern werden. Eine so gute öffentliche Versorgung und ein so frühes Rentenalter, wie es viele heutige Seniorinnen und Senioren genießen, wird es in absehbarer Zeit nicht mehr geben. Man kann davon ausgehen, dass die im Vergleich zu früher und zu später besonders günstige aktuelle Lage vieler Seniorinnen und Senioren in Kombination mit ihrem sich modernisierenden Lebensstil ein wichtiger Hintergrund des Aufschwungs der öffentlichen Beteiligung und des freiwilligen Engagements bei den älteren Menschen war. Stimmt diese Diagnose, dann ist in Zukunft nicht mehr mit einem solchen Umfang zivilgesellschaftlicher Dynamik bei den älteren Menschen zu rechnen. Zu vermuten ist, dass sich die Verhältnisse etwa in der Mitte zwischen der früheren und der sehr dynamischen Situation der letzten Jahre einpendeln. Insofern wird die letzte Dekade wohl als ungewöhnliche Zeit eines besonderen zivilgesellschaftlichen Aufschwungs bei den älteren Menschen in die Geschichte eingehen, die durch das Zusammentreffen mehrerer günstiger Faktoren zustande kamen.

6.3   Familien

Es sind nicht nur die älteren Menschen, die seit 1999 einen steigenden Beitrag zur Zivilgesellschaft und zum freiwilligen Engagement erbracht haben, sondern auch diejenigen Jahrgänge, die sich im Familienalter befinden. Dieser Trend ist zwar statistisch nicht so ein-drucksvoll wie bei den älteren Menschen, aber umso wichtiger, da im Zuge des demografi-schen Wandels der Anteil der Familienjahrgänge an der Bevölkerung geschrumpft ist, wäh-rend der Anteil der Älteren gestiegen ist. Man kann also sagen, dass die Familienjahrgänge ihr rückläufiges quantitatives Gewicht in der Bevölkerung aufgrund des demografischen Wandels durch erhöhte Anstrengungen beim freiwilligen Engagement ausgeglichen und damit besonders zur Stabilität des Engagements insgesamt beigetragen haben.

Auch Grafik B54 ermöglicht Beobachtungen im Quer- und im Längsschnitt. Im Quer-schnitt von 1999 zeigt sich, dass einem relativ niedrigen Engagement der 25- bis 34-Jährigen ab der Gruppe der 35- bis 39-Jährigen sprunghaft ein viel höheres folgte das sich dann in der Altersgruppe der 50- bis 54-Jährigen mit 40 %noch etwas höher darstellte, um anschließend wieder geringer auszufallen (prägnant war das ab der Gruppe der 55- bis 59-Jährigen einsetzende kontinuierliche „Altersgefälle"). Aus dieser Konstellation des En-gagements der Altersgruppen ergab sich 1999 ein leicht ansteigendes „Plateau" der Jahr-gänge der 35- bis 54-Jährigen. Dieses Bild hat sich 2009 deutlich verändert. Nunmehr er-kennt man eine Art „Familiengipfel", indem sich das Engagement der 35- bis 49-Jährigen mit deutlich über 40 % besonders aus dem Gesamtbild heraushebt.

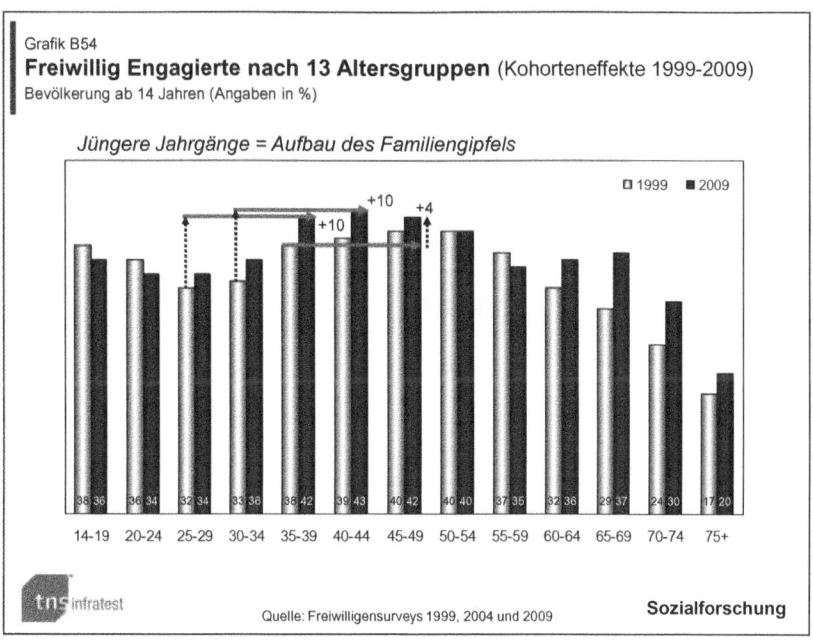

Grafik B54
Freiwillig Engagierte nach 13 Altersgruppen (Kohorteneffekte 1999-2009)
Bevölkerung ab 14 Jahren (Angaben in %)

Jüngere Jahrgänge = Aufbau des Familiengipfels

□ 1999 ■ 2009

+10 +4
+10

14-19	20-24	25-29	30-34	35-39	40-44	45-49	50-54	55-59	60-64	65-69	70-74	75+
38 36	36 34	32 34	33 38	38 42	39 43	40 42	40 40	37 35	32 36	29 37	24 30	17 20

tns infratest   Quelle: Freiwilligensurveys 1999, 2004 und 2009   **Sozialforschung**

Die Betrachtung im Längsschnitt zeigt anhand der Pfeile, dass vor allem die zwei Alters-gruppen der 1999 25- bis 34-Jährigen im Älterwerden ihr freiwilliges Engagement stark erhöht haben (sogar um 10 Prozentpunkte). Damit haben vor allem sie, und in geringerem Maße auch die 1999 35- bis 39-Jährigen, für den Aufschwung des Engagements in den Familienjahrgängen gesorgt. Für diesen Aufschwung müssten noch Erklärungsansätze ge-funden werden, wobei sicher die zunehmende Sorge um ein gutes Aufwachsen der eigenen Kinder und deren Ausbildung eine wichtige Rolle spielen dürfte. Hinweise in diese Rich-

tung erbringt die Analyse des Engagements der 30- bis 49-Jährigen nach Bereichen: Im
Bereich Kindergarten und Schule stieg es von 1999 bis 2009 von 10,9 % auf 13 % und in
der Jugend- und Bildungsarbeit von 1,8 % auf 3,4 %. Dabei war der Anstieg von
12,4 % auf 16,8 % im Bereich Kindergarten und Schule bei den 40- bis 44-Jährigen am
bemerkenswertesten.

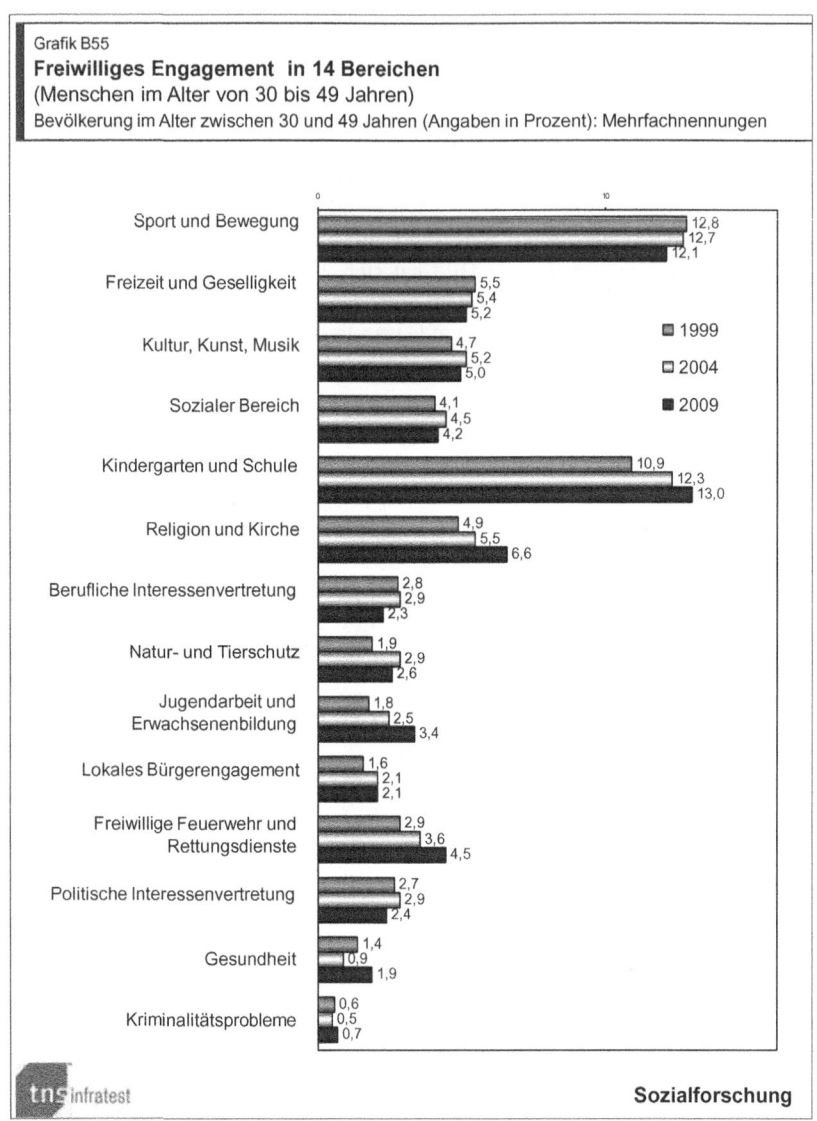

Grafik B55
Freiwilliges Engagement in 14 Bereichen
(Menschen im Alter von 30 bis 49 Jahren)
Bevölkerung im Alter zwischen 30 und 49 Jahren (Angaben in Prozent): Mehrfachnennungen

Insgesamt ist jedoch in den Familienjahrgängen die neben dem schrumpfenden Sportbereich immer stärker zum Tragen kommende Dominanz von Kindergarten und Schule beeindruckend (Grafik B55). Das hohe Engagement im Bereich von Religion und Kirche geht

zum Teil auch auf Kinder- und Jugendarbeit zurück. In diesem Bereich engagieren sich die 40- bis 49- Jährigen besonders intensiv. Der Anstieg von 2,9 % auf 4,5 % bei der freiwilligen Feuerwehr bzw. den Unfall- und Rettungsdiensten erscheint allerdings weniger familienspezifisch unterlegt. Dieser war bei den 35- bis 39-Jährigen am deutlichsten (von 3,1 % auf 5,3 %) und verweist wohl eher auf eine Verlagerung der Aktivität von jungen Leuten hin zu den Familienjahrgängen.

Familien sind somit weiterhin einer der wichtigsten Träger der Zivilgesellschaft in Deutschland. Wir hatten das bereits an der Entwicklung in den verschiedenen Haushaltsgrößen gesehen (Grafik B16). In Haushalten mit mehr als 2 Personen, vor allem aber mit 4 und mehr Personen, war das Engagement bereits 1999 am höchsten. Zwar verringerte sich das Engagement seitdem in den besonders großen Haushalten mit 5 und mehr Personen (auf hohem Niveau). Diese Haushaltskategorie ist jedoch eher selten geworden. Während die deutliche Zunahme des Engagements in den 3- und 4-Personen-Haushalten vor allem auf die wachsende Bedeutung der Familien für die Zivilgesellschaft hinweist, so der Anstieg in den 2-Personen-Haushalten auf die Seniorinnen und Senioren, insbesondere die jüngeren, die häufig in dieser Haushaltskategorie leben. Wie bei den Jahrgängen erkennt man allerdings auch bei den Haushalten den Rückgang des Gewichts der Familien. Inzwischen lebt deutlich mehr als die Hälfte der Bevölkerung ab 14 Jahren in Haushalten mit höchstens 2 Personen, während 1999 Haushalte ab 3 Personen noch leicht dominierten. Diese demografische Verschiebung führte jedoch insgesamt nicht zu einer Verringerung des Engagements, weil sowohl in den 2-Personen-Haushalten als auch in den 3- und 4-Personen-Haushalten das Engagement gestiegen ist. Diese Haushalte glichen den ungünstigen Einfluss des deutlichen Zuwachses der 1-Personen-Haushalte aus, in denen das Engagement weiterhin niedrig ist (27 %).

Tabelle B5: Freiwilliges Engagement nach Vorhandensein von Kindern im Haushalt

Kinder: Konstellation im Haushalt	Engagementquote
1 Kind unter 6 Jahren	34
2 Kinder unter 6 Jahren	38
1 Kind unter 6, 1 Kind 6 bis 14 Jahre	42
1 Kind unter 6 Jahren, 2 Kinder 6 bis 14 Jahre	44
2 Kinder 6 bis 14 Jahre	53
1 Kind 6 bis 14 Jahre	43
Befragte mit Kindern bis 14 Jahren insgesamt	42
Alleinerziehende	32
Befragte ohne Kinder bis 14 Jahren	34

TNS Infratest Sozialforschung 2009

Konzentriert man sich nur auf die Haushalte mit Kindern und Jugendlichen bis zu 14 Jahren, dann werden in den verschiedenen Konstellationen[46] auch unterschiedliche Intensitäten des Engagements erkennbar (Tabelle B5). Ganz allgemein ist in diesen Haushalten das Engagement mit 42 % deutlich höher als in anderen Haushaltstypen (34 %). Gibt es in

---

[46] Wir haben hier nur die statistisch wahrscheinlichen Konstellationen ausgewählt, die auch durch genügend Fallzahlen unterlegt sind.

der Familie nur ein Kind unter 6 Jahren, ist das Engagement mit 34 % noch vergleichsweise niedrig, aber bereits höher, wenn zwei Kinder dieser Altersgruppe vorhanden
sind (38 %). Erst wenn wenigstens 1 Kind im Schulalter im Haushalt wohnt, erreichen die
Engagementquoten das allgemein hohe Niveau der Familien mit Kindern bis zu 14 Jahren.
Sie sind am höchsten, wenn 2 Kinder im Schulalter vorhanden sind (53 %).

Orientiert man sich am Alter des jüngsten Kindes, werden geringere Engagementquoten vor allem dann erkennbar, wenn die Kinder noch sehr klein sind (Grafik B56). Je
älter die jüngsten Kinder im Haushalt, desto höher das Engagement, wobei der Zusammenhang gleichzeitig wellenförmig ist. Im Alter von 2 und 5 Jahren fallen die Quoten
wieder zurück, um dann wieder abrupt anzusteigen. Es scheinen die Übergänge zum Kin-
dergarten- und zum Schulalter zu sein, die hier von Bedeutung sind. Dabei sind die Verhältnisse zwischen den Geschlechtern sehr unterschiedlich. Das zu erklären, bedarf weiterer
Forschung. Alleinerziehende sind (sicher auch wegen ihrer zumeist angespannten sozialen
Situation) weniger freiwillig engagiert als die anderen Familien, auch als die Bevölkerung insgesamt, aber durchaus umfangreich öffentlich in der Zivilgesellschaft aktiv (32 %
Engagierte und 40 % „nur" Aktive).

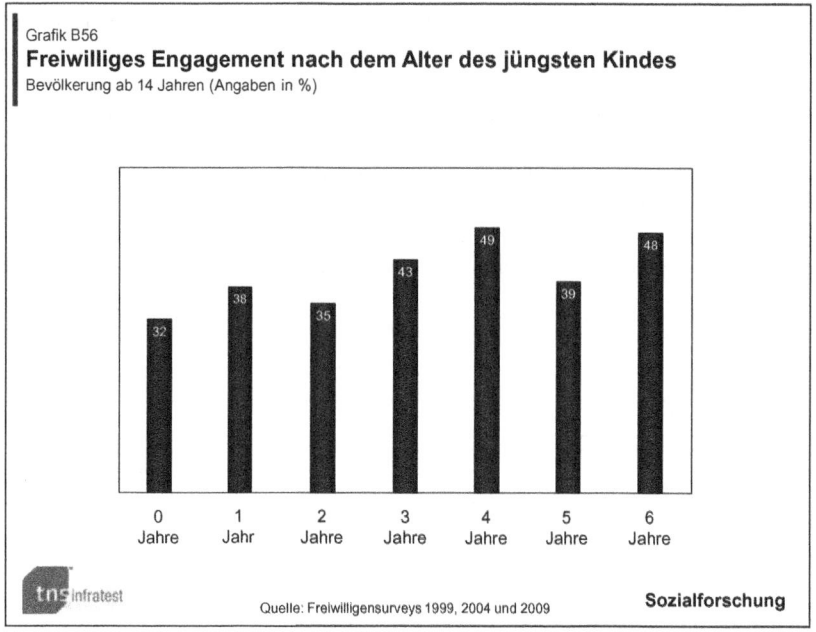

Grafik B56
Freiwilliges Engagement nach dem Alter des jüngsten Kindes
Bevölkerung ab 14 Jahren (Angaben in %)

Quelle: Freiwilligensurveys 1999, 2004 und 2009   Sozialforschung

Die Verhältnisse in den Familien zeigen, dass Privatheit und Öffentlichkeit kein Gegensatz sein müssen und gerade im Rahmen der Zivilgesellschaft in engem und regem
Austausch stehen. Auch Erwerbstätigkeit verträgt sich durchaus mit zivilgesellschaftlicher
Aktivität, auch mit der zeitlich aufwendigeren Handlungsform des freiwilligen Engagements. Gerade wenn Eltern erwerbstätig sind, ist das freiwillige Engagement hoch, bei
erwerbstätigen Frauen allerdings erst, wenn die Kinder älter als 2 Jahre sind. Ist ihr
jüngstes Kind zwischen 3 und 5 Jahre alt, engagieren sich erwerbstätige Frauen sogar
zu 47 %, und dieser Prozentsatz erreicht mit 54 % seinen Höhepunkt, wenn das jüngste

Kind zwischen 6 und 9 Jahre alt ist. Tätigkeiten in Teilzeit sind hier sicherlich vermehrt der Hintergrund.

Ein Bindeglied, um die Trias von Erwerbs- und Familienarbeit sowie freiwilligem Engagement (vor allem für die Frauen) zu sichern, scheint neben einer einigermaßen ausgeglichenen Aufteilung der Familienarbeit im Haushalt die Einbindung in private Unterstützungsnetzwerke zu sein. Die weithin praktizierte Selbsthilfe der Familien, Verwandten, Freundinnen und Freunde sowie Bekannten profitiert auch vom Ausbau der öffentlichen Unterstützung; darüber hinaus sind heute ganz besonders die Arbeitgeber gefordert, familienförderliche Rahmenbedingungen zu gewährleisten. Hier gibt es weiteren Entwicklungsbedarf, z. B. was das Angebot an Teilzeitarbeitsplätzen für beide Geschlechter betrifft sowie die Gewährung besserer Möglichkeiten für jüngere Männer, sich stärker um ihre Familie kümmern zu können.

6.4 Frauen und Männer

Die Geschlechterfrage wird in der gesamten Studie immer wieder aufgegriffen, weil sie trotz einer gewissen Modernisierung der Geschlechterverhältnisse in den letzten Jahrzehnten auch heute eine grundsätzliche Unterscheidungslinie nicht nur in der Zivilgesellschaft, sondern in unserer Gesellschaft überhaupt ist. Die Unterschiede zwischen Frau und Mann stellen sich in den verschiedenen Altersphasen immer wieder neu dar; auch in den jüngeren Altersgruppen spiegeln sich deutliche Geschlechterunterschiede wider, die besonders aus den Schwierigkeiten der Vereinbarkeit von Ausbildung, Beruf und Familie erwachsen. Das Streben junger Frauen nach einer guten Ausbildung, nach Befriedigung und Vorankommen im Beruf ist Ausdruck der Modernisierung der gesellschaftlichen Verhältnisse, die die traditionelle Rollenverteilung der Geschlechter abschwächt oder wenigstens unter Druck setzt. Dennoch tragen die jungen Frauen daran eine besondere emotionale, soziale und materielle Last. Auf der anderen Seite macht der Wertewandel nicht vor den älteren Jahrgängen halt. Wir hatten z. B. gesehen, wie die älteren Frauen sich mehr engagieren und zunehmend selbstbewusst ihre Interessen in das freiwillige Engagement einbringen.

Die zentrale Rolle, die die Analyse der Unterschiede zwischen Frau und Mann auch in der Berichterstattung des Freiwilligensurveys einnimmt, hat gewichtige Gründe. Der mehr oder weniger freiwilligen traditionellen Arbeitsteilung der Geschlechter im Privaten, in der Gesellschaft und im Beruf setzt auch die Zivilgesellschaft kein Alternativmodell entgegen. Das wird schon anhand der unterschiedlichen thematischen Ausrichtung des weiblichen und männlichen Engagements deutlich und an der deutlich geringeren Vertretung von Frauen in Leitungspositionen. Überspitzt kann man es so ausdrücken: Frauen arbeiten mehr am Menschen und Männer mehr an der Sache. Diese Sacharbeit der Männer ist zuweilen mit mehr Attraktivität und Prestige verbunden als die Menschenpflege der Frauen. Hochbetagte Seniorinnen und Senioren profitieren besonders von der Zuwendung der Frauen, aber auch behinderte und sozial benachteiligte Menschen. Unabhängig davon, dass man darüber streiten kann, ob und in welchem Maße Unterschiede zwischen dem Engagement von Männern und Frauen abgebaut werden sollten, ist es die besondere mitmenschliche Qualität des weiblichen Engagements wert, hervorgehoben und anerkannt zu werden.

Frauen müssen ihr Engagement mit einem eher knappen Zeitbudget vereinbaren, das heute zunehmend durch Bildungs-, Ausbildungs- und Erwerbsarbeit bestimmt wird und innerhalb dessen weiterhin mehr als bei Männern Familien- und soziale Beziehungsarbeit (inkl. Pflege von Angehörigen) geleistet werden muss. Dieses angespannte Budget hat Konsequenzen, sowohl bei der Beteiligung am Engagement als auch beim Zeitaufwand für das Engagement (vgl. Teil C zum Zeitregime des Engagements). Bereits zu Beginn der Berichterstattung des Freiwilligensurveys wurde bei der Beteiligung der Geschlechter am freiwilligen Engagement zwischen Frauen und Männern ein deutlicher Unterschied erkennbar, an dem sich wenig geändert hat: Immer noch sind mit einem Anteil von 40 % deutlich mehr Männer als Frauen freiwillig engagiert (32 %). Die intensivere Einbezug der Frauen in die Zivilgesellschaft ist somit (quantitativ gesehen) seit 2004 kaum vorangekommen.

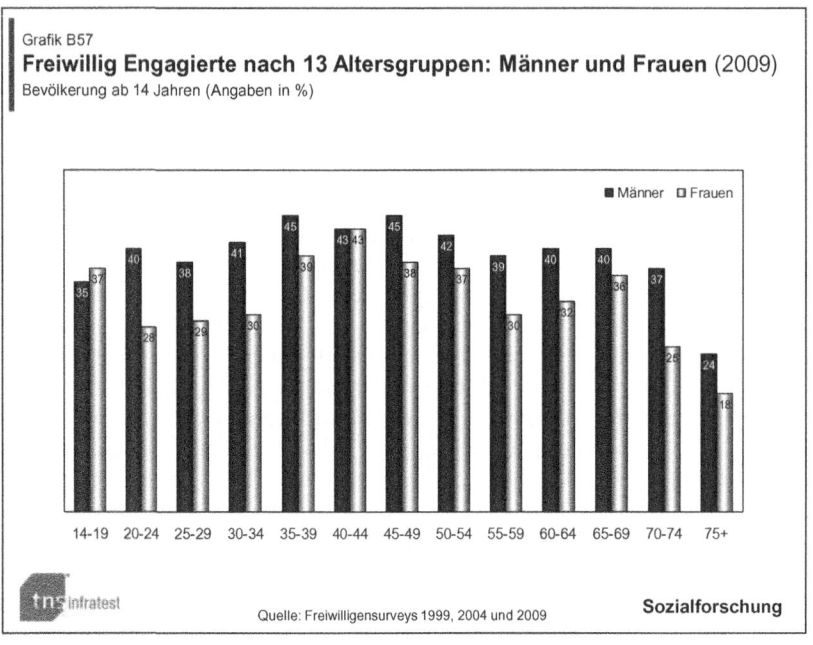

Grafik B57
Freiwillig Engagierte nach 13 Altersgruppen: Männer und Frauen (2009)
Bevölkerung ab 14 Jahren (Angaben in %)

Quelle: Freiwilligensurveys 1999, 2004 und 2009

Auffällig ist das starke Zurückbleiben des weiblichen Engagements im Alter zwischen 20 und 34 Jahren, ebenfalls zwischen 55 und 64 Jahren sowie zwischen 70 und 74 Jahren (Grafik B57). Diese Unterschiede zwischen Frauen und Männern haben komplexe Hintergründe. Einer besteht darin, dass sich das Engagement der Frauen einseitiger als bei Männern an der Familienphase mit Kindern und Jugendlichen im Haushalt ausrichtet. Sie können damit innerhalb ihres angespannten Zeitbudgets zum Teil „zwei Fliegen mit einer Klappe schlagen" – sich einerseits um ihre Kinder kümmern und sich andererseits in deren öffentlichem Umfeld engagieren. Man erkennt das an dem stark ausgeprägten weiblichen „Familiengipfel", auf dem die 40- bis 44-jährigen Frauen mit 43 % die gleiche Engagementquote wie die Männer erreichen.[47] Bei den 35- bis 54-jährigen Männern zeichnet sich

---

[47] Einen weiteren Gipfel erreicht das Engagement der Frauen bei den 65- bis 69-Jährigen, nach einem starken Anstieg von dem relativ niedrigen Wert der 55- bis 59-Jährigen her. Dieser „kleine Ruhestandsgipfel" ist wie

eher ein „welliges" Familienplateau ab, das sich allerdings nicht so sehr aus dem über fast die gesamte Lebensspanne ziemlich stabilen männlichen Verlaufsmuster heraushebt. Der in den gesamten Daten des Freiwilligensurveys bereits erkennbar gewordene Familiengipfel ist somit weitgehend ein weibliches Phänomen.

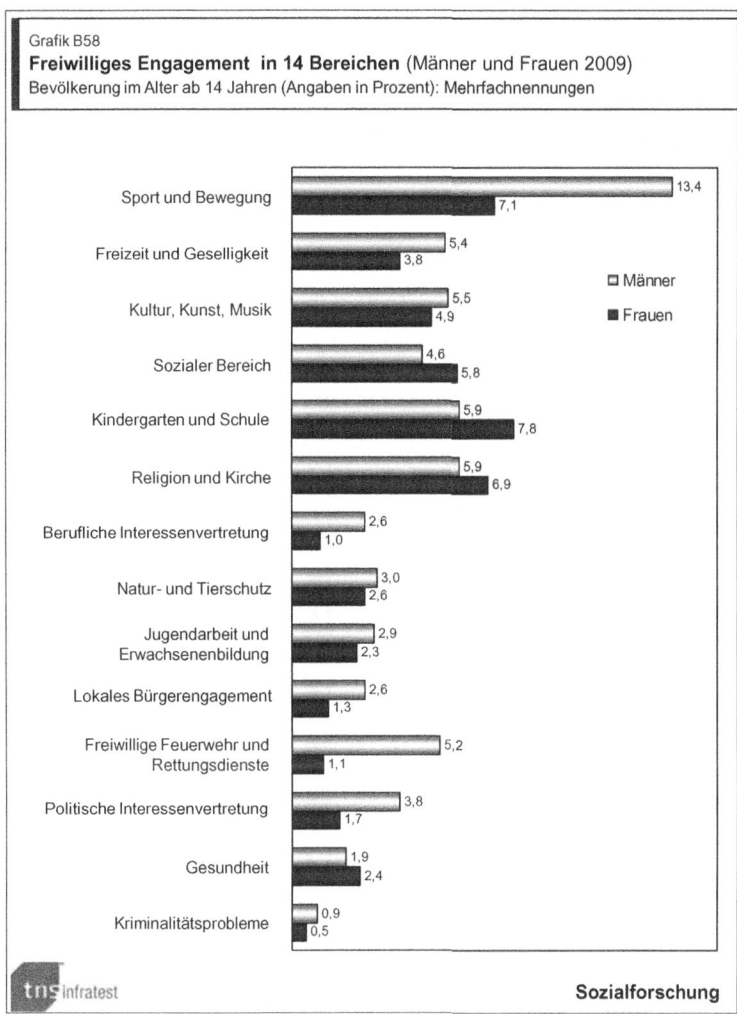

Frauen tragen ganz besonders die (im engeren wie im weiteren Sinne) sozialen Bereiche der Zivilgesellschaft (Kindergarten und Schule, Soziales, Gesundheit, Kirche) (Grafik B58). Dennoch erklärt die starke Stellung der Männer im insgesamt dominierenden Vereinsbereich (besonders bei Sport und Freizeit), im politischen und berufsbezogenen Engagement sowie bei der freiwilligen Feuerwehr bzw. den Rettungsdiensten die insgesamt

---

der „Familiengipfel" und der „Gipfel" in der frühen Jugend somit viel mehr ein weibliches als männliches Phänomen und zeigt noch einmal das stärker lebenszyklische Element des Engagements der Frauen.

deutlich höhere Beteiligung der Männer am Engagement. Der überproportional höhere Anteil der Männer im engeren Bericht der Zivilgesellschaft setzt sich in der bevorzugten Besetzung von zivilgesellschaftlichen Führungspositionen mit Männern fort, sogar in Bereichen, die vom freiwilligen Engagement von Frauen bestimmt werden.

Das Engagement von Frauen, z. B. in Kindergarten und Schule, ist zwar umfangreich, aber oft zeitlich begrenzt. Vorher, in der Ausbildungs- und Berufseinmündungsphase (mit Ausnahme der frühen Jugend, wo es sogar höher ist), und nachher in der Phase des „Empty Nest" bleibt das weibliche Engagement viel geringer als bei Männern.. Grafik B59 zeigt dieses Phänomen auch anhand der jeweiligen Haushaltsgrößen, in denen Frauen und Männer leben. Am deutlichsten bleibt das Engagement der Frauen in der Konstellation des 3-Personen-Haushaltes hinter dem der Männer zurück, deutlich auch in 2-Personen-Haushalten. Ab einer Haushaltsgröße von 4 Personen sind besonders viele Frauen engagiert, kaum weniger als bei den Männern. Das zeigt noch einmal, wie gerade das Vorhandensein von Kindern und Jugendlichen im Haushalt für Frauen Anstöße (aber auch gewisse „Notwendigkeiten des Engagements") in Kindergarten und Schule mit sich bringt.

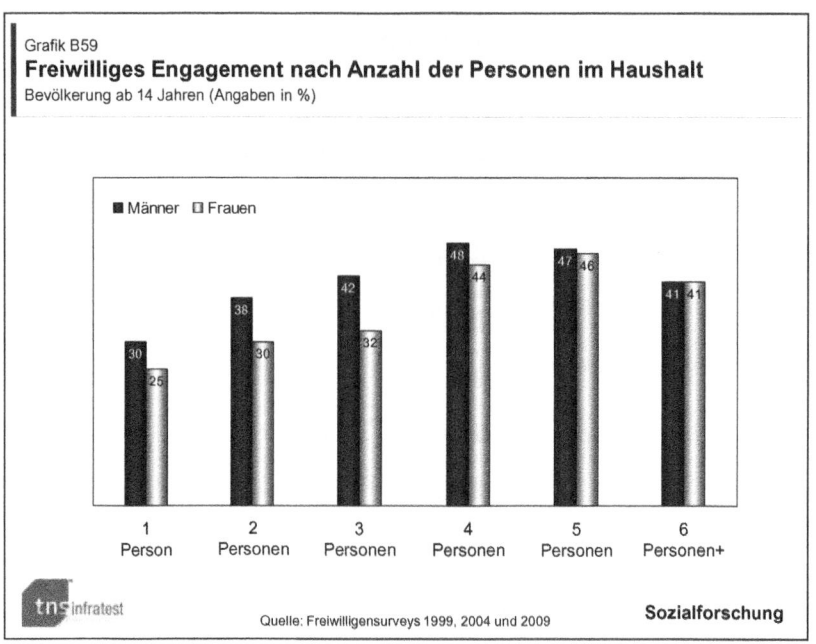

Grafik B59
Freiwilliges Engagement nach Anzahl der Personen im Haushalt
Bevölkerung ab 14 Jahren (Angaben in %)

Männer sind besonders in Bereichen freiwillig tätig, die für die meisten Lebensphasen gleichermaßen typisch sind und daraus erklärt sich auch die relativ gleiche Verteilung ihres Engagements im Lebensverlauf. Im Alter zwischen 20 und 29 Jahren stehen viele junge Frauen unter Druck, ihr Studium zügig zu Ende zu bringen bzw. schnell Arbeitserfahrungen zu sammeln, bevor die Lebensphase „Familie" beginnt. Man sieht das auch an den niedrigen Engagementquoten weiblicher Studierender. Männer scheinen sich in dieser Lebensphase (und nicht nur in Form des Engagements) mehr Freiräume sichern zu können. Und in den Familien ist, besonders wenn die Kinder noch klein sind, die Betreuungs- und Familienarbeit auch heute noch bevorzugt den Frauen zugewiesen.

Arbeiten Frauen in Vollzeit, fällt es ihnen besonders schwer, sich freiwillig zu engagieren (Grafik B60). Am besten gelingt ihnen das, wenn ihre tatsächliche Wochenarbeitszeit 30 Stunden nicht überschreitet.[48] In den klassischen Kategorien zwischen 16 und 30 Stunden sind Frauen ohnehin mit überwältigenden Mehrheiten zwischen knapp 80 % und mehr vertreten, jenseits der 35 Stunden dominieren dagegen die Männer. In diesen höheren Kategorien der Arbeitszeit sind die Männer deutlich stärker freiwillig engagiert und es ist immer wieder gefragt wurden, wie sie das eigentlich zeitlich arrangieren. Es sind vor allem Führungskräfte und Selbstständige, die besonders hohe Arbeitszeiten haben, Positionen, in denen die Männer dominieren. Hier kann man sich enge Kombinationen von beruflichen mit freiwilligen Aktivitäten vorstellen, wobei das auch eine Verbindung von geschäftlichem bzw. beruflichem Interesse mit der Tätigkeit in Vereinen sowie in Organisationen und Institutionen mit sich bringen kann, so dass manchmal am zivilgesellschaftlichen Charakter dieser Aktivitäten gezweifelt werden kann.

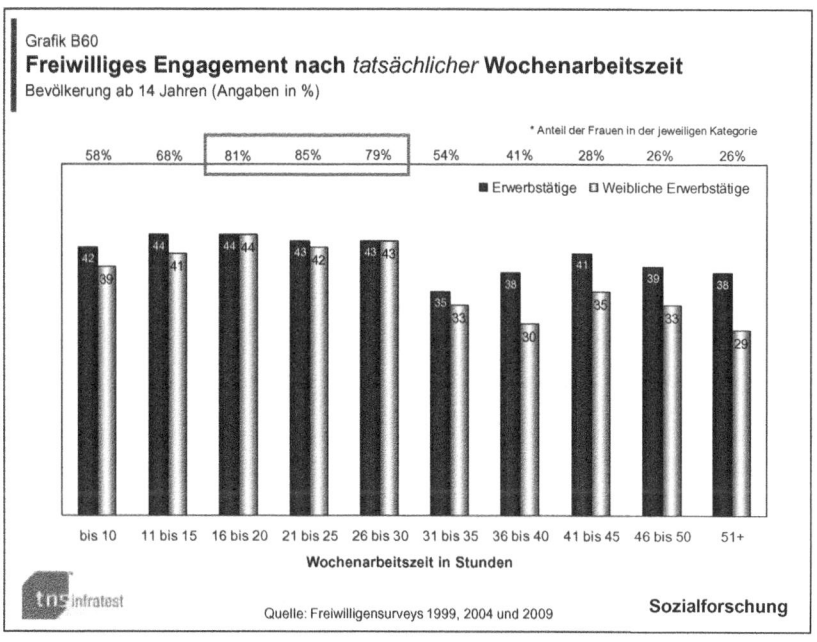

Grafik B60
Freiwilliges Engagement nach *tatsächlicher* **Wochenarbeitszeit**
Bevölkerung ab 14 Jahren (Angaben in %)

---

[48] Wir haben die Arbeitszeiten der Frauen denen aller Erwerbstätigen gegenübergestellt, da die geringe Besetzung der Männer in manchen Kategorien die statistische Sicherheit beeinträchtigt.

C Strukturen des freiwilligen Engagements und Verbesserungsbedarf

(Thomas Gensicke, Sabine Geiss)

1. Organisatorische Rahmenbedingungen des freiwilligen Engagements

Teil C der Berichterstattung zum dritten Freiwilligensurvey befasst sich im Schwerpunkt mit den Strukturen des freiwilligen Engagements in Deutschland. Dabei geht es um die objektive Seite des Engagements und nicht um subjektive Aspekte wie Selbstverständnis, Motive oder Erwartungen der Engagierten. Die Analysen beschäftigen sich mit dem organisatorischen Rahmen freiwilliger Tätigkeiten, dem Zeitregime, den Arten der Tätigkeiten und den Anforderungen, den Zielgruppen des Engagements, der Internetnutzung sowie mit dem Thema Monetarisierung. Außerdem werden von Arbeitgebern, Organisationen, Öffentlichkeit und Staat gesetzte Rahmen- und Arbeitsbedingungen durch die Freiwilligen danach beurteilt, ob Verbesserungen nötig sind. Die Datenbasis sind nunmehr die Beschreibungen derjenigen Tätigkeiten, für die Freiwillige die meiste Zeit aufwenden. Es wird also aus dem gesamten Spektrum eine Auswahl derjenigen freiwilligen Tätigkeiten vorgenommen, denen sich Freiwillige *schwerpunktmäßig* widmen. Angaben, die Freiwillige über weniger zeitintensive Tätigkeiten gemacht haben, werden nur ergänzend dargestellt. Solche Daten Befragter, die mehr als nur eine Tätigkeit ausüben, wurden im dritten Freiwilligensurvey nur sehr eingeschränkt erhoben, um die Interviews zu entlasten.[49] Insbesondere in Teil C trägt der Freiwilligensurvey auch zur Forschung über den Dritten Sektor bei, da die Umfeldbedingungen in den Organisationen und Institutionen differenziert in den Blick genommen werden. Ziel ist es stets, diese Bedingungen und ihre Veränderungen zu verstehen und daraus Hinweise für deren Verbesserung zu gewinnen.

1.1 *Organisationsformen*

Grundlage des Freiwilligensurveys ist ein Engagementbegriff, der über die traditionelle Vorstellung des Ehrenamts hinausgeht. Freiwilliges Engagement soll sich zwar in einem organisatorischen Kontext vollziehen, die Tätigkeiten müssen jedoch nicht an eine klassische Organisation oder Institution gebunden sein (z. B. an einen Verein oder Verband, eine Partei oder Gewerkschaft, eine öffentliche Einrichtung oder eine Kirche usw.). Freiwillige Tätigkeiten können auch in selbstorganisierten Gruppen, Initiativen oder Projekten angesiedelt sein, die besonders unter jungen Menschen beliebt sind. Allerdings zeigt der empirische Überblick weiterhin das starke Übergewicht der klassischen Anbindungen des freiwilligen Engagements an, auch bei jungen Menschen.

---

[49] Der Freiwilligensurvey erfasst zunächst alle Tätigkeiten, die Freiwillige ausüben. Das können im Einzelfall sogar bis zu 10 Tätigkeiten sein. Umfangreich beschrieben wird (schon aus Zeitgründen) nur die zeitaufwendigste Tätigkeit. Wenn Freiwillige mehr als 2 Tätigkeiten ausüben, wird aus den weniger zeitaufwendigsten Tätigkeiten eine nach dem Zufallsprinzip zur Beschreibung ausgewählt.

Trotz der Berücksichtigung informeller organisatorischer Strukturen war der Verein in jedem Freiwilligensurvey die weitaus wichtigste Umfeld freiwilliger Tätigkeiten, hatte allerdings 2009 etwas an Bedeutung eingebüßt (vgl. Grafik C1). Insgesamt spielten sich 2009 46 % der zeitaufwendigsten Tätigkeiten im Verein ab und damit etwas weniger als 1999 und 2004. (Anders sieht es bei weiteren freiwilligen Tätigkeiten von Engagierten aus. Hier waren 1999 nur 33 % der Tätigkeiten organisatorisch im Verein verankert, 2004 waren es bereits 36 % und 2009 38 %.) Mit großem Abstand nach den Vereinen und seit 1999 in etwa unverändertem Umfang waren die zeitaufwendigsten Tätigkeiten unter dem Dach der Kirchen und religiösen Gemeinschaften angesiedelt (2009: 14 %). Etwas mehr Tätigkeiten vollzogen sich in Gruppen oder Initiativen (2009: 13 %), gefolgt von 10 % der Tätigkeiten in einem Verband, einer Partei oder Gewerkschaft. Fast jeder zehnte Freiwillige engagierte sich 2009 in staatlichen oder kommunalen Einrichtungen. Eine (leicht) steigende Anzahl von Engagierten ordnete ihre Tätigkeiten (nicht näher spezifizierten) „sonstigen" Organisationsformen zu.[50]

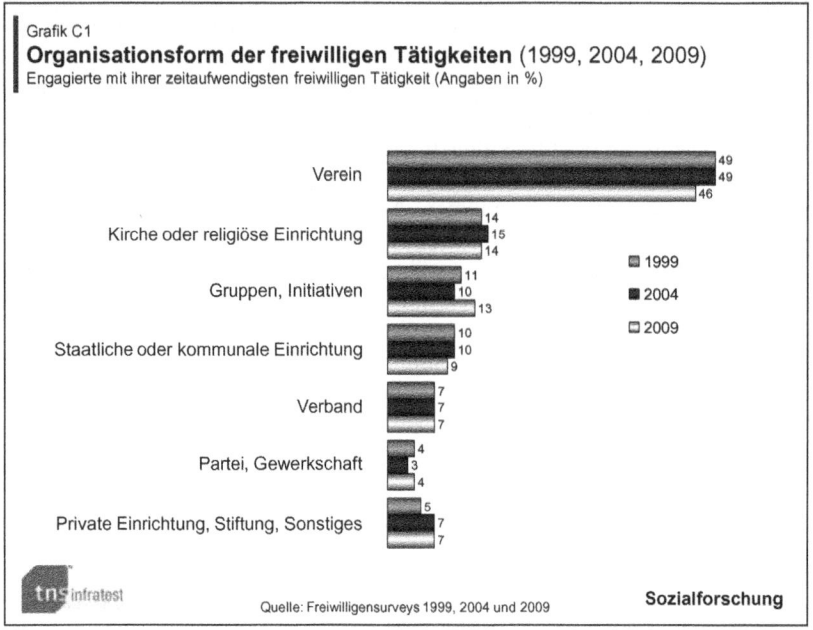

Grafik C1
Organisationsform der freiwilligen Tätigkeiten (1999, 2004, 2009)
Engagierte mit ihrer zeitaufwendigsten freiwilligen Tätigkeit (Angaben in %)

Quelle: Freiwilligensurveys 1999, 2004 und 2009

Insgesamt erweisen sich die Organisationsstrukturen des freiwilligen Engagements in den letzten zehn Jahren als sehr stabil und zeigen nahezu unverändert den Vorrang klassischer und informeller selbstorganisierter Strukturen (Vereine und Gruppen) vor den Institutionen und Großorganisationen an. Das ist auch der Zivilgesellschaft gemäß, die vor allem eine Stätte eigenständigen Engagements der Bürgerinnen und Bürger ist. In den Institutionen und Großorganisationen, in denen viele Hauptamtliche tätig und die Strukturen hierarchischer als in den selbstorganisierten Engagementformen sind, stellt sich in besonderem Ma-

---

[50] Darunter befinden sich auch Befragte, die sich in die 2009 neu aufgenommene Antwortkategorie „allein, nicht in einer Gruppe, Organisation oder Einrichtung" einordneten (2 %). Diese Engagierten, deutlich mehr Frauen als Männer, waren häufiger im sozialen Bereich engagiert.

ße die Aufgabe, eine Kultur der Mitbestimmung und Mitentscheidung für Freiwillige zu sichern. Ein Weg dazu ist die Einrichtung projekt-, gruppen- oder initiativenhafter Strukturen, in denen Teamarbeit und Eigeninitiative möglich sind. Freiwilligen hinreichende Spielräume der Selbstwirksamkeit zur Verfügung zu stellen und zu sichern, ist heute in allen Organisationstypen nötig, insbesondere jedoch in Großorganisationen und Institutionen.

Tabelle C1: Organisationsform, in der sich die freiwilligen Tätigkeiten vollziehen

	Organisationsform der zeitaufwendigsten freiwilligen Tätigkeit										
	Ver- ein	Ver- band	Ge- werk	Par- tei	Kir- che	SH- Grup.	Ini- tiat.	Selb- org. Grup.	Ein- rich- tung	Priv. Stift	Son- stig
Alle											
1999	49	7	1	3	14	1	4	6	10	2	3
2004	49	7	1	2	15	1	4	5	10	3	3
2009	46	7	1	3	14	1	5	7	9	3	4
Sport											
1999	91	4	0	0	0	0	0	3	1	1	0
2004	92	3	0	0	0	0	1	2	1	1	0
2009	90	3	0	0	0	0	1	4	0	1	1
Kultur											
1999	61	5	0	1	7	0	6	9	5	4	2
2004	66	4	0	0	7	0	4	7	7	4	1
2009	67	3	0	0	4	0	6	12	4	3	1
Freizeit											
1999	65	4	0	1	11	1	2	10	3	1	2
2004	67	6	0	0	7	1	3	11	1	3	1
2009	73	7	0	0	4	0	2	11	1	2	0
Soziales											
1999	34	13	1	0	12	8	3	7	9	7	6
2004	29	14	0	0	16	6	5	4	8	9	9
2009	30	12	1	0	15	3	5	6	10	7	11
Gesundheit											
1999*											
2004*											
2009	23	15	1	0	6	14	5	6	9	7	14
Schule											
1999	14	3	0	0	6	3	13	10	40	2	9
2004	18	2	0	0	7	1	11	9	39	4	9
2009	19	2	0	0	5	1	13	21	27	3	9
Jugend / Bildung											
1999	28	15	2	1	27	0	3	7	11	2	4
2004	31	15	1	0	20	0	10	6	7	6	4
2009	39	9	0	0	14	0	6	10	12	4	6

| | Organisationsform der zeitaufwendigsten freiwilligen Tätigkeit | | | | | | | | | | |
	Ver-ein	Ver-band	Ge-werk	Par-tei	Kir-che	SH-Grup.	Ini-tiat.	Selb-org. Grup.	Ein-rich-tung	Priv. Stift	Son-stig
Alle											
1999	49	7	1	3	14	1	4	6	10	2	3
2004	49	7	1	2	15	1	4	5	10	3	3
2009	46	7	1	3	14	1	5	7	9	3	4
Umwelt											
1999	49	15	1	1	0	0	11	9	7	2	5
2004	59	15	0	0	0	0	6	7	6	4	3
2009	54	17	0	0	0	0	10	3	4	7	5
Politik											
1999	6	4	1	59	0	0	2	3	22	0	3
2004	11	6	0	50	1	1	5	4	19	0	3
2009	10	3	1	62	0	0	2	5	16	0	1
Beruf											
1999	16	29	37	0	0	0	2	3	5	4	4
2004	11	32	33	0	1	1	1	8	6	1	6
2009	17	31	36	0	1	0	1	8	3	1	2
Kirche und Religion											
1999	5	4	0	0	87	1	0	2	1	0	0
2004	5	5	0	0	87	0	1	1	0	1	0
2009	9	3	0	0	84	0	1	2	0	1	0
FFW/Rettg.											
1999	32	19	0	0	0	1	0	3	42	1	2
2004	41	14	0	0	0	0	0	1	41	0	3
2009	37	17	0	0	0	0	1	1	41	0	3
Bürgeren-gagement											
1999	46	0	0	1	1	4	24	17	1	3	3
2004	48	5	0	0	3	1	12	13	8	4	7
2009	47	7	0	0	0	1	19	11	4	3	8

TNS Infratest Sozialforschung 2009, Angaben in Prozent, Zeilenprozente
* Werte wegen geringer Fallzahlen nur für 2009 ausgewiesen

Je nach thematischer Ausrichtung (Engagementbereich) unterscheidet sich die Anbindung freiwilliger Tätigkeiten an die Organisationen und Institutionen.. Im größten Bereich, Sport und Bewegung, ist weiterhin der Verein die fast ausschließliche Organisationsform (vgl. Tabelle C1). 90 % der freiwillig Engagierten üben hier ihre Tätigkeit in einem Verein aus (2004: 92 %, 1999: 91 %, vgl. Tabelle C1). Dazu kommen noch 3 %, die in Verbänden tätig sind. Weiterhin sind nur 4 % der sportbezogenen Tätigkeiten in informellen Gruppen angesiedelt. Eine ähnliche Konzentration auf eine Organisationsform ist sonst nur im kirchlich-religiösen Bereich zu beobachten, wenn auch mit leicht abnehmender Tendenz. Hier ordnen 84 % der Freiwilligen ihre Tätigkeit *organisatorisch* (nicht nur thematisch) der Kirche bzw. den Religionsgemeinschaften zu. Etwas mehr Tätigkeiten, die inhaltlich einen kirchlich-religiösen Charakter haben, werden inzwischen im Rahmen von Vereinen ausgeübt (2009: 9 %, 1999 und 2004: 4 %).[51]

Auch in den größeren Engagementbereichen „Kunst, Musik und Kultur" und „Freizeit und Geselligkeit" ist die überwiegende Anzahl der Tätigkeiten im Verein angesiedelt. Im vom Umfang her rückläufigen Freizeitbereich gewann der Verein seit 2004 weiter an Bedeutung (2004: 67 %, 2009: 73 %). In beiden Bereichen ist die selbstorganisierte Gruppe die zweitwichtigste Organisationsform (in „Kunst, Musik und Kultur" seit 2004 zunehmend). Im Freizeitbereich fällt auf, dass die Anbindung freiwilliger Tätigkeiten an die Kirchen und religiösen Gemeinschaften seit 1999 rückläufig ist. Beim lokalen Bürgerengagement waren die Tätigkeiten über alle drei Zeitpunkte eng an Vereine gebunden (2009: 47 %). Darüber hinaus spielen hier auch Gruppen und Initiativen eine wichtige Rolle (2009: 30 %), 2004 und 2009 allerdings deutlich weniger als noch 1999. Gewonnen haben seit 1999 die Verbände.

Im Bereich „Umwelt-, Natur- und Tierschutz" ist über die Hälfte der Tätigkeiten an Vereine gebunden (54 %), weitere 16 % wurden in Verbänden und 13 % in Initiativen oder Gruppen ausgeübt. Der Rückgang der Rolle der Initiativen, noch 2004 erkennbar, hat sich nicht weiter fortgesetzt, dagegen aber der von selbstorganisierten Gruppen. Gewonnen hat im Umweltbereich das Umfeld der privaten Einrichtungen und Stiftungen. In der politischen Interessenvertretung vollziehen sich inzwischen weniger Tätigkeiten in staatlich-kommunalen Einrichtungen, dagegen hat sich die klassische Dominanz der Parteien als Organisationsform des Engagements weiter erhöht. Die Vertretung von beruflichen Interessen hat weiterhin ihre Schwerpunkte bei Verbänden und Gewerkschaften.

Auffälligkeiten gab es auch in der Jugend- und Bildungsarbeit. Stetig hat deren Bindung an Vereine zugenommen und die an Kirchen abgenommen. Das erklärt sich zumindest teilweise aus der inzwischen besseren Verortung (vor allem des jugendbezogenen Engagements) im Rahmen der Nachkontrollen der Surveys von 2004 und 2009. Zum einen wurde (auch auf Vorschläge von Jugendforscherinnen und -forschern sowie der Kirchen hin) die kirchliche Jugendarbeit besser dem Umfeld der Kirchen zugeordnet. Zum anderen wurden andere jugendspezifische Tätigkeiten, die eher unscharf im Freizeitbereich verortet waren (z. B. Pfadfinderinnen bzw. Pfadfinder oder Tätigkeiten in Einrichtungen für Jugendliche), nun explizit in der Jugendarbeit angesiedelt, was dort zum Teil die „Zunahme" der Vereine als Umfeld des Engagements erklärt.[52]

Staatliche und kommunale Einrichtungen sind für den Bereich „freiwillige Feuerwehr und Rettungsdienste" konstant der wichtigste Organisationstyp. 41 % der freiwilligen Tätigkeiten waren 2009 dort angesiedelt, mit weiteren 37 % sind im Bereich inzwischen etwas weniger Tätigkeiten an Vereine gebunden sowie knapp 17 % an Verbände (nach Beruf und Umwelt der höchste Anteil).

Eher weniger Veränderungen des organisatorischen Rahmens freiwilliger Tätigkeiten gab es im sozialen Bereich, abgesehen davon, dass die Anbindung an Vereine etwas ab-

---

[51] Man denke wieder an die genauere Zuordnung der offenen Angaben der Befragten zu ihren freiwilligen Tätigkeiten zum Bereich „Kirche und Religion" im Rahmen der Nachkontrollen der Freiwilligensurveys von 2004 und 2009. Dennoch zeigt die Stabilität der organisatorischen Zuordnung zu den Kirchen und Religionsgemeinschaften im Rahmen der hier ausgewiesenen geschlossenen Frage, dass damit (sozusagen) nicht „Birnen den Äpfeln zugeschlagen" wurden.

[52] Solche Änderungen der Zuordnung sind legitim, da die ursprüngliche Zuordnung deshalb unscharf sein kann, da in der Reihenfolge des Interviews der Bereich Freizeit wesentlich früher genannt wird als Kirche und Religion oder Jugend und Erwachsenenbildung. Außerdem lag stets die wörtliche Tätigkeitsbeschreibung als Kontrollmerkmal vor.

und die unbestimmte Zuordnung an die „sonstigen", nicht näher zu spezifizierenden Zusammenhänge zugenommen hat. Weiterhin ist in diesem Bereich eine besonders große organisatorische Vielfalt zu erkennen. Neben den Vereinen (2009: 30 %) waren sozial Engagierte auch in den Kirchen und religiösen Gemeinschaften (15 %) sowie in Initiativen, in selbstorganisierten Gruppen und auch in Selbsthilfegruppen engagiert. 12 % der Tätigkeiten waren an Verbände und 10 % an staatliche bzw. kommunale Einrichtungen gebunden. Selbsthilfegruppen, im sozialen Bereich 1999 noch zu 8 % vertreten, haben dort an Bedeutung eingebüßt. Dieser „Verlust" ist vor allem darauf zurückzuführen, dass die Bereichszuordnung von Tätigkeiten mit eindeutig auf die Gesundheit bezogenem Inhalt 2009 genauer vorgenommen wurde. Dies betraf fast immer Tätigkeiten, die ursprünglich dem sozialen Bereich zugeordnet waren.

Damit ist der Bereich Gesundheit von Umfang und statistischer Güte her im Freiwilligensurvey von 2009 besser repräsentiert (was aber auch an der insgesamt größeren Stichprobe liegt). Auch das vermehrte Engagement älterer Menschen führte dazu, dass der Bereich Gesundheit 2009 eine kritische Größe überschritt und erstmals tabellarisch ausgewiesen werden kann. Neben 23 % der Tätigkeiten, die in Vereinen ausgeübt wurden, waren im Bereich Gesundheit 15 % der Tätigkeiten den Verbänden zugeordnet. Die Organisationsform „Selbsthilfegruppe" ist mit 14 % unter allen Bereichen ungleich häufiger vertreten. Das Bild der Anbindung freiwilliger Tätigkeiten an die Organisationen ist im Bereich Gesundheit ebenso vielfältig wie im Bereich Soziales, eine Ähnlichkeit, die nicht verwundert, haben doch beide Bereiche starke Überlappungen.

Eine große Vielfalt der Anbindung ist wegen der abnehmenden Bedeutung der staatlichen und kommunalen Einrichtungen inzwischen auch für den Bereich Kindergarten und Schule typisch, ein weiterer besonders vom weiblichen Engagement geprägter Bereich. War hier bis 2004 die staatliche und kommunale Einrichtung noch die wichtigste Organisationsform des Engagements (1999 und 2004 jeweils ca. 40 %), gaben 2009 nur noch 27 % der freiwillig Engagierten diese Zuordnung an. Stattdessen engagieren sich im Bereich Kindergarten und Schule inzwischen mehr Menschen in informellen Strukturen wie Initiativen, vor allem aber in selbstorganisierten Gruppen. Etwa gleich viele wie 2004 sind in Vereinen tätig (19 %). Man könnte vermuten, dass in den kommunalen und staatlichen Einrichtungen stattdessen die weniger zeitaufwendigen Tätigkeiten von Freiwilligen an Bedeutung gewonnen haben. Das trifft aber nicht zu; auch dort wird eine ähnliche Verlagerung der Anbindung aus der Institution in die Informalität erkennbar. Man kann dahinter einen Trend zu einer zunehmenden Selbstorganisation freiwilliger Tätigkeiten in einem vormals stark institutionalisierten Bereich vermuten.

Tabelle C2 weist die Organisationsformen für die Vergleichsmerkmale neue und alte Länder, Männer und Frauen, Alter und Erwerbsstatus aus. Männer sind nach wie vor öfter als Frauen in Vereinen tätig, Frauen weiterhin vermehrt bei den Kirchen und religiösen Gemeinschaften. Letzteres trifft ebenso auf ältere Befragte im Alter von über 65 Jahren zu. Die seit 2004 rückläufige Bindung freiwilliger Tätigkeiten an Vereine geht besonders auf die Familienjahrgänge der 31- bis 45-Jährigen zurück. Für diese Jahrgänge haben im Vergleich der Altersgruppen staatliche und kommunale Einrichtungen weiterhin die höchste Bedeutung (z. B. Kindergärten, Schulen). Hausfrauen und Hausmänner sind hier ebenso stärker vertreten, aber seit 2004 auch mehr in informellen Zusammenhängen tätig. Am meisten ist das jedoch bei jungen Menschen in Schule, Ausbildung und Studium der Fall, die sich zunehmend in Initiativen oder selbstorganisierten Gruppen engagieren. Für Arbeitslose nahm seit 2004 die Bedeutung der Vereine deutlich ab. Ihre Tätigkeiten waren in diesem Zeitraum zunehmend bei den Kirchen angebunden, solche von Hausfrauen bzw. Hausmännern weniger.

1999 hatte das Engagement im Bereich Kirche und Religion in den *neuen Ländern* erst reichlich ein Drittel des Umfangs wie in den alten Ländern, gewann aber in der Folge stark an Bedeutung. 2004 hatte es mehr als die Hälfte des Umfangs Westdeutschlands gewonnen und bei dieser Relation ist es auch 2009 in etwa geblieben. Diese Entwicklung ist bemerkenswert, da mit nur 28 % der Anteil konfessionell gebundener Menschen in den neuen Ländern weiter sehr niedrig ist (West: 1999: 79 %, 2009: 73 %). Die Zunahme im Osten beruht ausschließlich auf dem gestiegenen Engagement der Konfessionellen, die sich in den neuen Ländern 1999 erst zu 7 % (West: 8 %) im Bereich Kirche und Religion engagierten, 2009 aber bereits zu 13 % (West: 10 %). In gewissem Maße drückt sich diese Zunahme auch in der langsam, aber stetig gestiegenen Anbindung des ostdeutschen Engagements an die Organisationsform der Kirchen und religiösen Gemeinschaften aus. Diese Zuordnung hat inzwischen sogar zwei Drittel des Gewichts der alten Länder erreicht.

Im Vergleich zu 1999 sind freiwillige Tätigkeiten in den neuen Ländern inzwischen weniger an staatliche und kommunale Einrichtungen angebunden, sodass sich im Zusammenhang mit der Zunahme der Bedeutung der Kirchen eine Angleichung der organisatorischen Strukturen der Zivilgesellschaft zwischen Ost und West vollzogen hat. Allerdings waren diese Strukturen auch 1999 bereits recht ähnlich. Wie schon 1999 zeigt sich somit der größere Unterschied zwischen neuen und alten Ländern in einer unterschiedlichen öffentlichen Aktivität, vor allem aber in einer geringeren Engagementquote in den neuen Ländern.

Tabelle C2: Organisationsform, in der sich die freiwilligen Tätigkeiten vollziehen

	Organisationsform der zeitaufwendigsten freiwilligen Tätigkeit										
	Ver-ein	Ver-band	Ge-werk	Par-tei	Kir-che	SH-Grup.	Ini-tiat.	Selb-org. Grup.	Ein-rich-tung	Priv. Stift	Sons-tig.
Alle											
1999	49	7	1	3	14	1	4	6	10	2	3
2004	49	7	1	2	15	1	4	5	10	3	3
2009	46	7	1	3	14	1	5	7	9	3	4
Alte Länder											
1999	49	7	1	3	15	2	3	6	9	2	3
2004	49	7	1	2	16	1	3	5	10	3	3
2009	46	7	1	3	15	1	4	7	9	3	4
Neue Länder											
1999	49	7	2	3	8	2	5	6	14	1	3
2004	51	7	1	1	9	2	5	6	12	3	3
2009	47	7	1	2	10	1	5	8	11	3	5

	Organisationsform der zeitaufwendigsten freiwilligen Tätigkeit										
	Ver- ein	Ver- band	Ge- werk	Par- tei	Kir- che	SH- Grup.	Ini- tiat.	Selb- org. Grup.	Ein- rich- tung	Priv. Stift	Sons- tig.
Alle											
1999	49	7	1	3	14	1	4	6	10	2	3
2004	49	7	1	2	15	1	4	5	10	3	3
2009	46	7	1	3	14	1	5	7	9	3	4
Männer											
1999	56	8	2	4	9	1	2	5	9	2	2
2004	55	8	2	3	9	1	3	5	10	2	2
2009	52	8	1	3	10	1	4	6	10	2	3
Frauen											
1999	41	6	1	2	19	2	5	7	11	3	3
2004	42	6	1	1	21	2	4	6	10	3	4
2009	40	6	1	1	19	1	5	9	9	4	5
14–30 Jahre											
1999	51	7	1	2	12	1	4	7	11	1	3
2004	49	6	0	2	13	0	6	7	10	4	3
2009	48	5	1	3	13	0	6	9	8	3	4
46–65 Jahre											
1999	47	8	2	4	14	2	3	5	9	3	3
2004	50	8	2	3	15	1	2	5	9	2	3
2009	48	8	1	2	14	2	3	6	9	3	4
66 Jahre +											
1999	47	7	1	3	20	1	4	5	6	3	3
2004	42	14	0	2	20	2	3	3	7	4	3
2009	40	10	2	3	19	2	4	5	6	4	5
Erwerbs- **tätige**											
1999	53	6	2	3	10	2	3	5	11	2	3
2004	53	6	2	2	12	1	3	5	11	2	3
2009	49	7	1	3	12	1	4	7	11	2	3
Arbeitslose											
1999	51	7	1	2	14	1	1	7	12	2	2
2004	51	8	0	2	11	2	6	5	10	3	2
2009	46	4	0	0	17	3	5	6	11	4	4
Schüler / **Azubis /** **Stud.**											
1999	47	5	0	2	18	2	6	7	10	0	3
2004	47	5	1	2	11	1	7	7	11	5	3
2009	48	4	1	3	13	0	8	11	7	2	3
Hausfrauen*											
1999	38	8	0	1	23	0	4	7	12	4	3
2004	43	4	0	0	28	1	3	5	11	1	4
2009	38	7	0	0	23	1	4	8	13	1	5
Rentner / **Pensionäre**											
1999	45	9	1	4	18	1	3	5	8	3	3
2004	44	12	1	2	18	2	3	4	7	4	3
2009	42	9	2	2	18	3	4	5	6	4	5

TNS Infratest Sozialforschung 2009, Angaben in Prozent, * und Hausmänner

1.2 Leitungs- und Vorstandsfunktionen und hauptamtliche Mitarbeiterinnen und Mitarbeiter

Um den laufenden Betrieb und die strategische Ausrichtung von Freiwilligenorganisationen zu sichern, braucht es Leitungspersonal, das Führungs-, Planungs- und Verwaltungsarbeiten übernimmt. Ein Teil der Freiwilligen übt solche Funktionen aus. Allerdings sind die dabei anfallenden Tätigkeiten im selbstorganisierten Bereich der Vereine, teils auch der Initiativen und Gruppen oft so anspruchsvoll, dass solche Aufgaben auch von hauptamtlichem Personal übernommen werden müssen, das entsprechend qualifiziert ist und bezahlt wird. In öffentlichen Institutionen und Einrichtungen gibt es wegen der staatlichen bzw. im Staatsauftrag durchgeführten Aufgaben ohnehin einen umfangreichen professionellen Apparat von Hauptamtlichen. Aber auch dort übernimmt ein Teil der Freiwilligen Leitungs- und Vorstandsfunktionen, allerdings seltener als in den Vereinen.

Eine Sonderstellung nehmen diejenigen Organisationen ein, die ursprünglich aus der Selbstorganisation der Bürgerinnen und Bürger entstanden sind, aber wegen ihrer Tradition, ihrer Größenordnung und ihren Einflussmöglichkeiten auf das Gemeinwesen sozusagen zur institutionalisierten Organisation geworden sind. Das betrifft vor allem die überregionalen Organisationen der Parteien, Verbände und Gewerkschaften, teils auch die Kirchen. Gesamtgesellschaftliche Ausrichtung und ein enges Verhältnis zum Staat führen dazu, dass solche Organisationen viele Hauptamtliche beschäftigen. Gleichzeitig übernehmen hier jedoch auch viele Freiwillige Leitungsfunktionen. Am meisten war das bisher bei den Parteien der Fall, am wenigsten bei den Kirchen. Die Kirchen sind in gewisser Hinsicht ein eigener Fall, bei denen sich im Zusammenhang mit ihren sehr vielen Hauptamtlichen zeigt, dass sie am weitesten dem Modell einer öffentlichen Institution entsprechen.

Zunächst soll es um diejenigen Freiwilligen gehen, die Leitungs- und Vorstandsfunktionen übernehmen. Über alle Engagementbereiche und organisatorischen Zusammenhänge hinweg übten innerhalb der Dekade des Freiwilligensurveys im Durchschnitt immer weniger Freiwillige Leitungs- und Vorstandsfunktionen aus. 1999 waren es noch 38 %, 2004 35 % und 2009 nur noch 32 %. Diese Entwicklung zu bewerten ist nicht einfach. Deshalb sollen vertiefende Daten herangezogen werden, um ein empirisches Gesamtbild dieses Phänomens zu erstellen. Weiterführend ist zunächst eine Betrachtung nach Bereichen des Engagements (Tabelle C3, zum Vergleich nur für 2004 und 2009 ausgewiesen). Im gesamten Zeitraum von 1999 bis 2009 war die Leitungsquote im Bereich Politik am höchsten und im Bereich Umweltschutz am niedrigsten. Vergleichsweise stabil blieb die Situation in den vorrangig auf Vereinsbasis organisierten Bereichen, am wenigsten beim Sport (von 38 % auf 34 %), etwas stabiler in der Kultur (von 43 % auf 40 %), während Freizeit und Geselligkeit der einzige Bereich ist, in dem der Anteil an leitenden Freiwilligen sogar gestiegen ist (von 41 % auf 44 %).

Sucht man nach stärkeren Rückgängen der Leitungsquote, so wird man besonders in der Jugend- und Bildungsarbeit fündig. Dort war diese Quote allerdings 1999 besonders hoch und sie verblieb immerhin auf überdurchschnittlichem Niveau (1999: 56 %, 2009: 41 %).[53] Mehr auf den gesamten Durchschnitt wirkte sich die Entwicklung in zwei großen Bereichen aus, die beide seit 1999 im Umfang gewachsen sind. Im sozialen Bereich ging der Anteil der Leitenden von einer bereits deutlich unterdurchschnittlichen Quote von 31 %

---

[53] Das kann aber teilweise an den Tätigkeiten liegen, die zunächst dem Freizeitbereich zugeordnet waren, was auch erklärt, dass dort der Anteil der Leitenden stabil geblieben bzw. sogar gestiegen ist.

auf nur noch 22 % zurück. Noch stärker war dieser Rückgang im Bereich Kindergarten und Schule (1999: 36 % auf 23 %). Das sind Bereiche, deren Tätigkeiten besonders auf Institutionen bezogen sind, wobei dieser Bezug im letzteren Fall deutlich rückläufig war. Der Bereich Gesundheit, inzwischen statistisch darstellbar, hatte 2009 eine ähnlich niedrige Leitungsquote wie der soziale Bereich (21 %). Nicht so gering, aber doch unterdurchschnittlich, ist der Anteil der leitenden Freiwilligen im Bereich Kirche und Religion (1999: 30 %, 2009: 28 %). Stabile Verhältnisse finden sich bei der freiwilligen Feuerwehr bzw. den Rettungsdiensten mit 37 % (1999: 38 %), womit dieser Bereich inzwischen einen deutlich überdurchschnittlichen Anteil an leitenden Freiwilligen hat.

Tabelle C3: Organisatorische Umfeldbedingungen des Engagements

	Leitungs- und Vorstandsfunktion		Hauptamtliche Mitarbeiter vorhanden			Ansprechpartner für Freiwillige vorhanden			Ausreichende Möglichkeiten zur Mitsprache und Mitentscheidung		
	ja	nein	ja	nein	w.n.	ja	nein	w.n.	ja	nein	w.n.
Alle											
2004	35	65	43	55	2	64	34	2	76	19	5
2009	32	68	43	55	2	61	36	3	68	27	5
Sport											
2004	36	64	30	67	3	60	37	3	78	18	4
2009	34	66	27	70	3	52	44	4	66	29	5
Kultur											
2004	41	59	23	76	1	57	41	2	83	14	3
2009	40	60	22	77	1	49	49	2	78	19	3
Freizeit											
2004	44	56	18	81	1	60	39	1	83	12	5
2009	44	56	19	81	0	55	44	1	78	18	4
Soziales											
2004	27	73	52	47	1	64	34	2	72	19	9
2009	22	78	66	31	3	75	23	2	62	29	9
Gesundheit*											
2004	33	67									
2009	21	79	62	38	0	69	27	4	53	34	13
Schule/Kiga											
2004	27	73	55	43	2	67	32	1	69	26	5
2009	23	77	43	56	1	58	41	1	63	31	6
Jugend/Bildg.											
2004	45	55	60	38	2	58	41	1	75	20	5
2009	41	59	58	41	1	64	35	1	75	21	4
Umwelt											
2004	21	79	50	47	3	67	29	4	66	26	8
2009	18	82	51	47	2	63	34	3	64	25	11
Politik											
2004	60	40	60	39	1	68	29	3	79	18	3
2009	56	44	51	48	2	48	46	6	79	19	2

	Leitungs- und Vorstandsfunktion		Hauptamtliche Mitarbeiter vorhanden			Ansprechpartner für Freiwillige vorhanden			Ausreichende Möglichkeiten zur Mitsprache und Mitentscheidung		
	ja	nein	ja	nein	w.n.	ja	nein	w.n.	ja	nein	w.n.
Alle											
2004	35	65	43	55	2	64	34	2	76	19	5
2009	32	68	43	55	2	61	36	3	68	27	5
Beruf											
2004	40	60	72	27	1	67	29	4	81	16	3
2009	39	61	72	27	1	67	25	8	67	30	3
Kirche											
2004	26	74	76	22	2	71	26	3	66	27	7
2009	28	72	74	25	1	73	24	3	63	31	6
FFW/Rettung											
2004	39	61	40	60	0	76	23	1	77	18	5
2009	37	63	38	61	1	80	18	2	66	31	3
Lokales BE											
2004	33	67	22	76	2	62	37	1	89	9	2
2009	28	72	19	78	3	56	41	3	72	25	3

TNS Infratest Sozialforschung 2009, Angaben in Prozent
* Werte wegen geringer Fallzahlen nur für 2009 ausgewiesen

Festzuhalten ist somit eine (relative) Stabilität in den vorrangig in Vereinen organisierten Bereichen (am wenigsten im Sport), sodass die Organisationsform des Vereins mit 37 % weiterhin eine Leitungsquote hat, die nunmehr auch stark überdurchschnittlich ist. Diese Quote ist inzwischen mit der der Verbände identisch, die von stark überdurchschnittlichem Niveau aus verloren haben (1999: 49 %, 2009: 37 %). Deutliche Rückgänge gab es auch bei den Gewerkschaften, nur in den Parteien blieb der Anteil freiwilliger Leitender auf sehr hohem Niveau stabil. Die deutlichen Rückgänge an freiwilligen Leitungsfunktionen im Bereich Kindergarten und Schule spiegeln sich auch bei der Organisationsform der staatlichen und kommunalen Einrichtungen wider (1999: 36 %, 2009: 24 %). In den privaten Einrichtungen und Stiftungen gibt es weiterhin nur wenige Freiwillige, die leitend tätig sind. Inzwischen ist im gesamten institutionalisierten Bereich des freiwilligen Engagements die Leitungsquote niedrig, am höchsten noch bei den Kirchen. In den kleineren Gruppen und Initiativen waren die Leitungsfunktionen Freiwilliger schon immer rar gesät und sind weiter zurückgegangen.

Man kann somit zwei Entwicklungen festhalten: Mit Ausnahme der stabilen Verhältnisse bei den Parteien hat sich die Leitungsquote in den überregionalen Großorganisationen (Verbände und Gewerkschaften) an die einigermaßen stabilen Verhältnisse in den Vereinen (also nach unten hin) angenähert. Der Bereich der (öffentlichen, religiösen und privaten) Institutionen hat inzwischen eine Leitungsquote, die sich (ebenfalls nach unten hin) an die Initiativen und Gruppen angenähert hat, bei denen allerdings die niedrigen Anteile an leitenden Freiwilligen seit 1999 noch weiter absanken. Verbände (inkl. Gewerkschaften) sowie Institutionen aller Art waren also der Schwerpunkt der Verringerung der Leitungsaktivitäten von Freiwilligen.

Eine andere Möglichkeit, mehr über die Hintergründe der Verringerung der Leitungsquote zu erfahren, ist der Vergleich wichtiger Bevölkerungsgruppen (Tabelle C4 für 2004
und 2009). Er zeigt zunächst, dass der Anteil an freiwilligen Leitungstätigkeiten in West-
und Ostdeutschland zurückgegangen ist und zwar fast im gleichen Tempo. Bei den Frauen
war dieser Rückgang etwas stärker als bei Männern, was aus ihrer erhöhten Vertretung im
institutionell angebundenen Engagement zu erklären ist. Mit 39 % zu 24 % liegt die Leitungsquote von Männern und Frauen heute noch weiter auseinander als bereits 1999 (44 %
zu 31 %). Unter den Altersgruppen ist der Anteil der Freiwilligen mit Leitungsaufgaben bei
den 31- bis 45-Jährigen am stärksten gesunken (1999: 39 %, 2009: 28 %). Das steht im
Einklang mit der entsprechenden Entwicklung im kinder- und jugendbezogenen Engagement, Tätigkeitsfelder, die für die Familienjahrgänge besonders relevant sind. Diese Altersgruppe hat inzwischen eine ebenso niedrige Leitungsquote wie die jüngste Gruppe der
14- bis 30-Jährigen. Unter den älteren Altersgruppen war die Situation bei den ab 66-
Jährigen am stabilsten (1999: 36 %, 2009: 32 %). Weiterhin die höchste Leitungsrate haben
die 46- bis 65-Jährigen, allerdings war diese deutlich rückläufig (1999: 44 %, 2009: 38 %).
Dennoch ragt diese Gruppe inzwischen deutlicher als bevorzugter Träger freiwilliger Lei-
tungs- und Vorstandsfunktionen heraus, vor allem wegen des starken Rückgangs dieser
Funktionen in den Familienjahrgängen.

Tabelle C4: Organisatorische Umfeldbedingungen des Engagements

	Leitungs- und Vorstands- funktion		Hauptamtliche Mitarbeiter vorhanden			Ansprechpartner für Freiwillige vor- handen			Ausreichende Möglichkeiten zur Mitsprache und Mitentscheidung		
	ja	nein	ja	nein	w.n.	ja	nein	w.n.	ja	nein	w.n.
Alle											
2004	35	65	43	55	2	64	34	2	76	19	5
2009	32	68	43	55	2	61	36	3	68	27	5
Alte Länder											
2004	36	64	44	54	2	63	34	3	75	20	5
2009	33	67	44	54	2	60	37	3	67	28	5
Neue Länder											
2004	33	67	40	58	2	66	32	2	79	16	5
2009	29	71	42	56	2	65	33	2	71	23	6
Männer											
2004	43	57	38	61	1	61	36	2	81	16	3
2009	39	61	40	59	1	59	38	3	72	23	5
Frauen											
2004	26	74	49	48	3	67	31	2	70	23	7
2009	24	76	48	50	2	62	35	3	63	31	6

	Leitungs- und Vorstands- funktion		Hauptamtliche Mitarbeiter vorhanden			Ansprechpartner für Freiwillige vor- handen			Ausreichende Möglichkeiten zur Mitsprache und Mitentscheidung		
	ja	nein	ja	nein	w.n.	ja	nein	w.n.	ja	nein	w.n.
Alle											
2004	35	65	43	55	2	64	34	2	76	19	5
2009	32	68	43	55	2	61	36	3	68	27	5
14–30 Jahre											
2004	28	72	48	49	3	68	29	3	70	23	7
2009	28	72	48	50	2	63	33	4	64	30	6
31–45 Jahre											
2004	34	66	42	56	2	61	36	3	74	22	4
2009	28	72	41	57	2	59	38	3	64	31	5
46–65 Jahre											
2004	41	59	40	59	1	62	36	2	80	15	4
2009	38	62	41	58	1	60	38	2	71	24	5
66 Jahre											
2004	37	63	48	51	1	68	29	3	77	17	6
2009	32	68	48	50	2	62	35	3	69	24	7
Erwerbstätige											
2004	38	62	39	59	2	61	37	2	78	18	4
2009	36	64	41	58	1	59	38	3	70	26	4
Arbeitslose											
2004	29	71	45	53	2	71	26	3	75	19	6
2009	26	74	42	56	2	66	33	1	64	28	8
Schü./Ausb./St.											
2004	26	74	51	46	3	70	28	2	69	24	7
2009	28	72	49	49	2	62	34	4	62	31	7
Hausfr./Hausm.											
2004	28	72	55	43	2	69	27	4	69	25	6
2009	21	79	45	52	3	63	34	3	59	33	8
Rentner/Pens.											
2004	37	63	44	55	1	65	33	2	76	18	6
2009	32	68	46	52	2	63	35	2	68	26	6
Leitung											
ja											
2004			35	64	1	57	41	2	86	12	2
2009			36	64	0	54	45	1	84	15	1
nein											
2004			48	50	2	67	30	3	70	23	7
2009			48	50	2	64	32	4	59	33	8

TNS Infratest Sozialforschung 2009, Angaben in Prozent

Neben dem Schwerpunkt der rückläufigen Entwicklung freiwilliger Führungsfunktionen bei den Verbänden und Institutionen gibt es somit (mit einer gewissen Überlappung) eine zweite Auffälligkeit bei den mittleren Jahrgängen, insbesondere bei denen im jüngeren Familienalter. Hier gab es seit 1999 zwar mehr Engagierte, aber diese hatten weniger Leitungsfunktionen übernommen. Bei den älteren Menschen im Alter ab 66 Jahren ist die

Engagementquote seit 1999 noch mehr gestiegen, dennoch war hier der Rückgang der Leitungsfunktionen weniger stark. Diese Altersschwerpunkte werden ergänzt durch besonders auffällige Rückgänge bei drei Gruppen von nicht Erwerbstätigen, den Hausfrauen und Hausmännern, Arbeitslosen und „sonstigen" nicht Erwerbstätigen, die weder den anderen Gruppen angehören noch Schülerinnen bzw. Schüler, Auszubildende oder Studierende sind (Letztere behielten ihre bereits 1999 niedrige Leitungsquote in etwa bei). Erwerbstätige und Rentnerinnen bzw. Rentner bzw. Pensionärinnen und Pensionäre vollzogen die allgemeine Entwicklung weniger deutlich mit und bilden somit ein Spiegelbild zu den Engagierten im Alter von über 65 Jahren.

Wenn Freiwillige weniger Leitungs- und Vorstandsfunktionen ausüben, können entsprechende Arbeiten auch durch hauptamtliches Personal übernommen werden. Wie hat sich dessen Umfang seit 1999 entwickelt? Die Vertretung von Hauptamtlichen in den verschiedenen Feldern und Organisationen des freiwilligen Engagements wird im Freiwilligensurvey in indirekter Weise ermittelt. Die Engagierten werden gefragt, ob es in ihrem Arbeitsumfeld hauptamtliches Personal gibt, das für seine Tätigkeiten bezahlt wird. Im Durchschnitt über alle Bereiche des Engagements blieb zwischen 2004 und 2009 der Anteil derjenigen Freiwilligen völlig identisch, die in ihrem Umfeld hauptamtlich Tätige wahrnahmen (wieder Tabelle C3). Allerdings ist der Durchschnitt gerade in diesem Punkt weniger aussagekräftig, da es in den unterschiedlichen Organisationsformen, die wiederum im engen Verhältnis mit bestimmten Bereichen des Engagements stehen, ganz erhebliche Unterschiede gibt, insbesondere zwischen dem Bereich der Selbstorganisation und den Institutionen.

Freiwillige in den Bereichen Freizeit und Geselligkeit, Kultur und Musik sowie Sport und Bewegung nehmen in deutlich unterdurchschnittlichem Maße hauptamtliche Mitarbeiter in ihrem Umfeld wahr und diese Einschätzung ist im Großen und Ganzen stabil geblieben (vgl. auch die Organisationsform der Vereine: 2004: 28 %, 2009: 29 %). Daher kann man bereits an dieser Stelle sagen, dass in den Vereinen organisatorisch besonders viel am freiwilligen Leitungspersonal hängt, das im Umfang immerhin einigermaßen stabil blieb. Diese Abhängigkeit betrifft jedoch die Initiativen und Gruppen noch mehr, die am informellsten strukturiert sind und noch weniger freiwilliges Leitungspersonal als die Vereine zur Verfügung haben. Von diesen können sich die Initiativen und Projekte weit mehr auf Hauptamtliche stützen (31 %) als die selbstorganisierten Gruppen (mit dem ungleich niedrigsten Wert von 16 %). Das deutet auf eine engere Anbindung der Initiativen und Projekte an formelle Organisationen oder an Institutionen hin. Ähnlich scheint es bei den Selbsthilfegruppen zu sein, die allerdings im Freiwilligensurvey statistisch nur sehr unsicher abzubilden sind.

Am niedrigsten und weiter rückläufig ist allerdings die Bedeutung hauptamtlichen Personals im Bereich lokales Bürgerengagement, wo sich die Situation zugespitzt haben müsste, da es hier inzwischen auch weniger leitende Freiwillige gibt (2004: 33 %, 2009: 28 %, Zahlen für 1999 unsicher). Das Gegenstück zum Bürgerengagement sind die Verhältnisse in den Kirchen. Da hier (mit leicht abnehmender Tendenz) drei Viertel der Engagierten hauptamtliches Personal um sich haben, ist die eher niedrige Quote leitender Freiwilliger bei den Kirchen zumindest organisatorisch verschmerzbar. Im Vergleich zu 2004 gab es 2009 im sozialen Bereich eine erheblich stärkere Präsenz von Hauptamtlichen (von 52 % auf 66 % gestiegen). Hier bildet die Zunahme hauptamtlichen Personals eine gegenläufige Tendenz zum Rückgang der leitenden Freiwilligen. Im Bereich Jugendarbeit und Erwachsenenbildung blieb es bei einer hohen Quote an Hauptamtlichen, während die Leitungsquote der Freiwilligen deutlich sank.

Wieder anders war die Entwicklung im Bereich Kindergarten und Schule. Der Informalisierung der Struktur (weg von der Institution, hin zu Gruppen und Vereinen) entsprach auch ein Rückgang des hauptamtlichen Personals. Beide Entwicklungen waren jedoch auch mit einer stark sinkenden Quote an freiwilligen Führungsfunktionen verbunden. Kein Bereich hat in der letzten Zeit einen in allen Dimensionen so starken Trend in Richtung der Informalität erlebt wie Kindergarten und Schule. Eher unauffällig und stabil, wie auch bei anderen organisatorischen Indikatoren, präsentieren sich der Umweltschutz (mit eher mehr Hauptamtlichen) sowie die freiwillige Feuerwehr bzw. die Rettungsdienste (mit eher weniger Hauptamtlichen). Der 2009 eigenständig ausgewiesene Gesundheitsbereich nähert sich (wie so oft) dem sozialen Bereich mit dessen inzwischen hohen Quoten an hauptamtlichem Personal an.

Der Vorteil der Institutionen, als Umfeld der Freiwilligenarbeit auf hauptamtliches Personal zurückgreifen zu können, wird noch deutlicher erkennbar, wenn die Organisationsformen der Kirchen und religiösen Gemeinschaften und der staatlichen und kommunalen Einrichtungen ohne Umweg über die Bereiche des Engagements direkt betrachtet werden. Und inzwischen verfügen auch die privaten Einrichtungen und Stiftungen zunehmend über diesen Vorteil. In den religiösen Institutionen nehmen Freiwillige sogar zu konstant 82 % Hauptamtliche in ihrem Arbeitsumfeld wahr, bei den staatlichen und kommunalen Einrichtungen waren es 2004 noch 69 %, 2009 etwas weniger (66 %) und in den privaten Einrichtungen bzw. Stiftungen 2004 erst 43 %, aber 2009 schon 66 %. Dennoch darf die hohe Bedeutung hauptamtlichen Personals bei den Gewerkschaften, Verbänden und Parteien nicht vergessen werden, bei den Letzteren mit deutlich rückläufiger Tendenz. Das erklärt sich bei diesen Organisationen auch aus der Überregionalität des Aufgabenspektrums und dem entsprechenden hohen Organisationsgrad.

Frauen bewegen sich als Freiwillige mehr im Umfeld der Institutionen und deshalb haben sie auch mehr Hauptamtliche in ihrem Arbeitsumfeld als Männer (wieder Tabelle C4). Das Lebensalter zeigt einen interessanten Verlauf an. Jüngere Menschen im Alter von bis zu 30 Jahren nehmen in ihrer freiwilligen Tätigkeit in höherem Maße hauptamtliches Personal wahr, während das für die mittleren Jahrgänge der 31- bis 65-Jährigen weniger zutrifft. Erst für die älteren Menschen spielen Hauptamtliche wieder eine erhöhte Rolle und bei diesen erklärt vor allem die erhöhte Anbindung des Engagements an Institutionen dieses Phänomen. Bei jungen Menschen kommt als Erklärung neben den Bildungseinrichtungen, in deren Umfeld sie sich vermehrt bewegen (vgl. auch die Schülerinnen und Schüler, Auszubildenden und Studierenden), auch ihre höhere Vertretung in der außerschulischen Jugend- und Bildungsarbeit in Frage. Eine starke Veränderung gab es bei den Hausfrauen und Hausmännern, deren Tätigkeiten sich nur noch durchschnittlich im Zusammenhang mit hauptamtlichem Personal abspielen (vgl. auch Kindergarten und Schule und Jugendarbeit), während das 2004 noch deutlich häufiger der Fall war.

Das Faktum, dass Freiwillige, die leitende Funktionen wahrnehmen, in deutlich geringerem Umfang Hauptamtliche in ihrem Umfeld wahrnehmen als solche, die nicht leitend tätig sind zeigt noch einmal indirekt, wie die Selbstorganisation des freiwilligen Engagements auch an den leitenden Freiwilligen hängt. Wo es weniger hauptamtliches Personal gibt, und das ist vor allem im Rahmen der Selbstorganisation der Fall, da sichern leitende Freiwillige in höherem Maße den Betrieb und die Strategie der Organisationen ab, als da, wo das institutionelle Arrangement oder der Personalapparat überregionaler Großorganisationen diese Funktionen übernimmt.

1.3   Ansprechpartner für Freiwillige und die Kultur der Mitbestimmung

Wünschenswert ist es, dass freiwillig Engagierten in den Organisationen, Einrichtungen oder Institutionen spezielle Ansprechpartner zur Verfügung stehen, an die sie sich wenden können, wenn sie Fragen und Anregungen haben. Das können leitende Freiwillige ebenso sein wie hauptamtliches Personal. Im Freiwilligensurvey 2004 wurde erstmals nach dem Vorhandensein solcher Ansprechpartner gefragt. Die große Mehrheit der Freiwilligen verfügte sowohl 2004 als auch 2009 über spezielle Ansprechpartner, allerdings mit leicht rückläufiger Tendenz (2004: 64 %, 2009: 61 %; wieder Tabelle C3 im Folgenden). Ansprechpartner für Freiwillige stehen häufiger in Bereichen mit einem hohen Anteil an hauptamtlichem Personal zur Verfügung, besonders im sozialen Bereich (und hier vermehrt, schon weil seit 2004 mehr Hauptamtliche vorhanden sind), im kirchlich-religiösen Bereich sowie in der beruflichen Interessenvertretung. Aber auch Freiwillige bei der Feuerwehr und im Rettungswesen, wo hauptamtliches Personal seltener ist, konnten sich 2009 zu 80 % an Ansprechpartner wenden. Hierfür sind wohl die speziellen Anforderungen und anspruchsvollen Tätigkeitsinhalte der Engagierten verantwortlich.

In Bereichen, die vermehrt in Vereinen organisiert sind (und damit auch über weniger Hauptamtliche verfügen), waren dennoch für eine Mehrheit der Freiwilligen Ansprechpartner vorhanden. So berichtete 2009 etwa die Hälfte der Engagierten in „Sport und Bewegung" (52 %), „Kultur, Musik und Kunst" (49 %) und „Freizeit und Geselligkeit (55 %) über spezielle Ansprechpartner. In diesen Bereichen standen allerdings 2009 durchweg deutlich weniger Ansprechpartner zur Verfügung als 2004. Wegen der im Gegensatz zu den Institutionen und Großorganisationen vergleichsweise wenigen Hauptamtlichen sind die Freiwilligen hier viel mehr auf andere Freiwillige verwiesen, insbesondere die Leitenden. Diese müssen jedoch neben ihrer unbezahlten Arbeit auch Zeit und Motivation aufbringen, um ihre Rolle als Ansprechpartner wahrzunehmen. Das scheint jedoch in geringerem Umfang als früher der Fall zu sein, was sicher mehr an einem anspruchsvolleren Aufgabenprofil und nicht so sehr am fehlenden Willen liegt.

In Projekten, Initiativen und Gruppen berichten Freiwillige seit 2004 konstant zu etwas mehr als der Hälfte von speziellen Ansprechpartnern für Freiwillige, was (abgesehen von den inzwischen stark veränderten Verhältnissen in den Parteien) der niedrigste Anteil unter allen Organisationstypen ist (vgl. Grafik C2). Hier ist wegen der besonders wenigen Hauptamtlichen und leitenden Freiwilligen der Grundstock an geeignetem Personal ganz besonders gering. Allerdings ist es in den oft überschaubaren Strukturen wohl oft auch nicht nötig, spezielle Ansprechpartner vorzuhalten, da Kontakt und Kommunikation unter den Freiwilligen ohnehin besonders eng sind. Dieses Argument gilt auch für die vielen Vereine kleinen Ausmaßes, in denen sich die Situation nahezu ebenso informell gestalten dürfte wie in den gruppenhaften Strukturen.

Besonders rückläufig hat sich die Verfügbarkeit von Ansprechpartnern für Freiwillige (aber nicht deren Mitbestimmung!) in den Parteien entwickelt. Dort konnten sich 2004 noch fast drei von vier Engagierten an spezielle Ansprechpartner wenden; 2009 hatte jedoch nur noch weniger als die Hälfte der Engagierten dazu die Möglichkeit. Die rückläufige Quote an hauptamtlichem Personal macht das zwar ein wenig verständlich, aber nicht eine solche Drastik der Veränderung, vor allem wenn man berücksichtigt, wie extrem hoch hier die Leitungsquote der Freiwilligen ist (65 %!). In den Verbänden und Gewerkschaften waren Ansprechpartner ungefähr auf dem hohen Niveau von 2004 verfügbar (hier waren allerdings die Mitsprachemöglichkeiten für die Freiwilligen stark zurückgegangen!).. Dieses hohe Niveau ist weiterhin auch anhand der Verhältnisse der kirchlich-religiösen und staatlich-kommunalen Einrichtungen zu erkennen. Wesentlich günstiger ist inzwischen auch die Lage in den privaten Einrichtungen, den Stiftungen und den sonstigen, nicht näher spezifizierten Bereichen geworden.

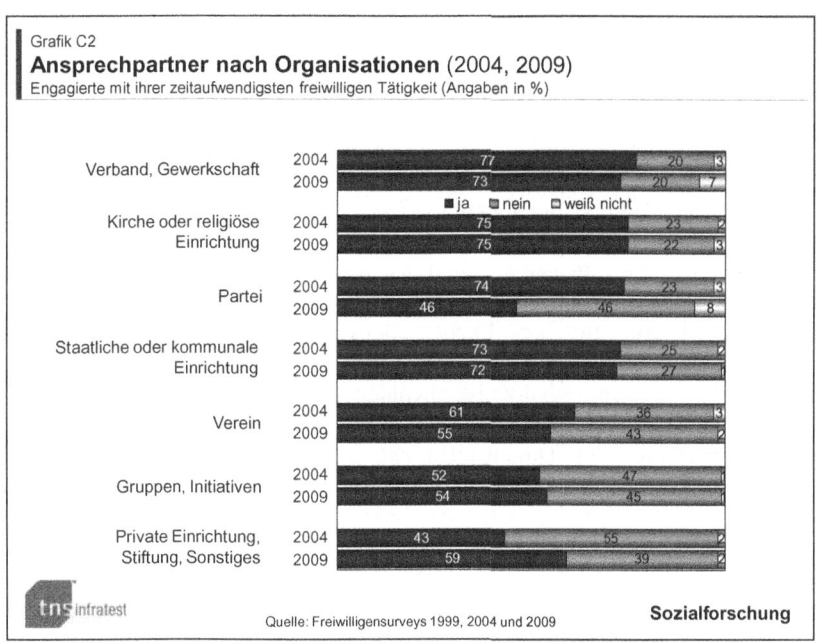

Grafik C2
Ansprechpartner nach Organisationen (2004, 2009)
Engagierte mit ihrer zeitaufwendigsten freiwilligen Tätigkeit (Angaben in %)

Quelle: Freiwilligensurveys 1999, 2004 und 2009

Weniger Ansprechpartner für Freiwillige beobachteten 2009 auch Engagierte im Bereich „Schule und Kindergarten". Dort hat die stark veränderte Organisationsstruktur (weniger staatliche oder kommunale Einrichtungen, mehr selbstorganisierte Gruppen) zu weniger hauptamtlich Beschäftigten und gleichzeitig zu weniger Ansprechpartnern für Freiwillige geführt. Gegen den Trend waren dagegen im Bereich Jugend und Bildung sogar mehr Ansprechpartner für die Freiwilligen vorhanden. Dennoch verfügten jüngere Menschen, aber auch Ältere 2009 über weniger Ansprechpartner. Das betraf auch weibliche Engagierte überdurchschnittlich (vgl. wieder Tabelle C4, auch im Folgenden). Auch freiwillig engagierte Hausfrauen bzw. Hausmänner und arbeitslose Engagierte konnten sich 2009 in geringerem Maße an spezielle Ansprechpartner wenden.

Freiwillige räumen dem freiwilligen Engagement zunehmend eine wichtige Rolle in ihrem Leben ein. Eine Beziehungsanalyse zwischen den Erwartungen an die Tätigkeit und der persönlichen Wichtigkeit des Engagements zeigt, dass neben einem Grundbedürfnis, etwas für das Gemeinwohl tun zu wollen, auch der Wunsch nach *Spielräumen* der Mitentscheidung und Mitgestaltung die Bedeutung des Engagements für die Freiwilligen bestimmt. Wie aber haben sich die Möglichkeiten für Engagierte, die Dinge und Angelegenheiten im Rahmen ihrer Tätigkeit mitbestimmen zu können, seit 2004 (wo sie erstmals erhoben wurden) entwickelt?

Im Jahr 2004 schrieben sich immerhin drei von vier Engagierten ausreichende Möglichkeiten zur Mitbestimmung und Mitentscheidung zu (76 %), jeder Fünfte nur teilweise (19 %) und lediglich 5 % sahen für sich in dieser Hinsicht praktisch keine Chancen (vgl. Tabelle C3). Fünf Jahre später wurden diese Möglichkeiten auffällig ungünstiger eingeschätzt. Ausreichende Mitsprache sehen nur noch reichlich zwei Drittel Engagierten (68 %). 27 % sahen diese nur zum Teil und weiterhin 5 % als nicht gegeben. Der Trend ging also ausschließlich zu nur noch eingeschränkt wahrgenommener Teilhabe an Entscheidungen. Wie die Abnahme der Leitungsquote bei Freiwilligen ist auch dieser Befund bedenklich, im Grunde mehr als im ersten Fall. Die Möglichkeit für Engagierte, mitbestimmen zu können, ist ein Kernkriterium der Zivilgesellschaft, und deshalb ist eine über die Zeit ungünstigere Wahrnehmung seitens der Freiwilligen ein kritischer Befund.

Wieder hilft eine detaillierte Analyse dieses Phänomens weiter. Bereits der Überblick ergibt allerdings das interessante Resultat, dass die durch Freiwillige deutlich geringer eingeschätzte Teilhabe an Entscheidungen ein breit gefächertes Phänomen ist. Es wird in sehr vielen Bereichen des Engagements und fast allen Bevölkerungsgruppen erkennbar, bei Frauen und Männern, in West- und Ostdeutschland, bei Engagierten aller Altersgruppen und in allen Erwerbsgruppen. Dabei blieben allerdings deutliche Niveauunterschiede zwischen den einzelnen Gruppen weitgehend bestehen.

Obwohl Freiwillige in vielen Zusammenhängen des Engagements ihren Handlungsspielraum kritischer beurteilen, gilt es etwas Wesentliches festzuhalten: Freiwillige, die Leitungs- und Vorstandsfunktionen ausüben, nahmen 2009 kaum einen Verlust an Mitsprache wahr, dafür aber umso mehr diejenigen, die solche Funktionen nicht ausüben. Zwar ist es plausibel, dass freiwillig Engagierte, die Leitungs- und Vorstandsfunktionen ausüben, ihre Arbeitssituation selbstbestimmter wahrnehmen als solche, die das nicht tun. Leitende sind von der Definition her viel öfter als andere an Entscheidungen beteiligt. Da Männer, Engagierte im Alter von über 45 Jahren und höher gebildete Engagierte vermehrt in leitenden Positionen tätig sind, empfinden sie die Spielräume ihrer Tätigkeiten höher als engagierte Frauen, jüngere und niedriger gebildete Engagierte.

Bedenklich ist es jedoch, wenn die ohnehin gegebenen Unterschiede zwischen Engagierten mit und ohne Leitungs- und Vorstandsfunktionen über die Zeit deutlich zunehmen. Das war seit 2004 der Fall. Empfanden leitende Freiwillige ihre Entscheidungsspielräume 2004 zu 86 % als ausreichend, so waren es 2009 fast genauso viele (84 %). Dagegen beurteilen Freiwillige, die keine Leitungs- und Vorstandsfunktionen ausüben, ihre Möglichkeiten zu Mitentscheidung und Mitgestaltung inzwischen deutlich ungünstiger („ausreichend" 1999: 70 %, 2009: 59 %). Da inzwischen eine geringere Zahl von Freiwilligen Leitungsfunktionen innehat, kann von einer stärkeren „Konzentration" der Entscheidungsspielräume gesprochen werden. Allerdings wäre es falsch, diese Entwicklung vorschnell erklären und bewerten zu wollen. Es ist nicht hilfreich, den Leitenden zu unterstellen, sie zögen immer stärker die „Macht" in den Organisationen und Institutionen an sich. Eher schon kann die Konzentration der Entscheidungen auf die Leitenden aus der geringeren Leitungsquote erklärt werden. Dennoch befriedigt auch diese Erklärung nicht wirklich und die Suche nach Hintergründen sollte sich vor allem mit übergreifenden Entwicklungen beschäftigen, die Leitende und nicht Leitende zugleich betreffen. Je nach Zusammenhang ginge es dabei um Fragen wie die Professionalisierung von Organisationen, ihre zunehmende Marktorientierung und Bürokratisierung. Das wären Zukunftsthemen für die empirische Organisationsforschung.

Neben der Frage, ob Freiwillige Leitungsfunktionen ausüben oder nicht, haben auch die Unterschiede der Vertretung von Hauptamtlichen in den Organisationen, Einrichtungen oder Gruppen einen Einfluss auf die von Freiwilligen wahrgenommenen Mitsprachemöglichkeiten. Die Bedeutung der Hauptamtlichen hängt wiederum mit den verschiedenen Organisationsformen zusammen. Hier sind zunächst die Niveauunterschiede zu diskutieren. Engagierte, die in einer gruppenartigen Struktur tätig sind, und solche, die sich Vereinen engagieren, schätzten 2004 ihre Einflussmöglichkeiten besonders hoch ein. Das ist gut nachzuvollziehen, sind solche Strukturen doch informell und selbstorganisiert, weswegen es dort auch vergleichsweise wenige Hauptamtliche gibt. Aber auch in dieser „besten aller Welten" der Mitbestimmung machten Freiwillige 2009 deutliche Einschränkungen.

Seit 2004 ging, ausgehend von einem recht guten Niveau, der wichtigste Indikator für eine Kultur der Mitbestimmung bei Verbänden und Gewerkschaften dramatisch zurück. Eine ähnliche (aber nicht ganz so krasse) Veränderung gab es im Bereich der privaten Einrichtungen und Stiftungen (inkl. Sonstiges). Diese kritischen Entwicklungen vollzogen sich merkwürdigerweise auf Basis einer hohen Verfügbarkeit von Ansprechpartnern für Freiwillige (vgl. Verbände und Gewerkschaften) bzw. eines stark gestiegenen Angebots solcher Partner bei privaten Institutionen. Bei den Parteien, wo solche Ansprechpartner inzwischen viel weniger zur Verfügung stehen, ist dennoch der Eindruck der Mitbestimmung höher denn je und so hoch wie in keiner anderen Organisationsform. Das zeigt vor allem, dass das Vorhandensein vieler Ansprechpartner für Freiwillige noch nicht bedeutet, dass diese ihr Engagement als besonders selbstbestimmt empfinden.

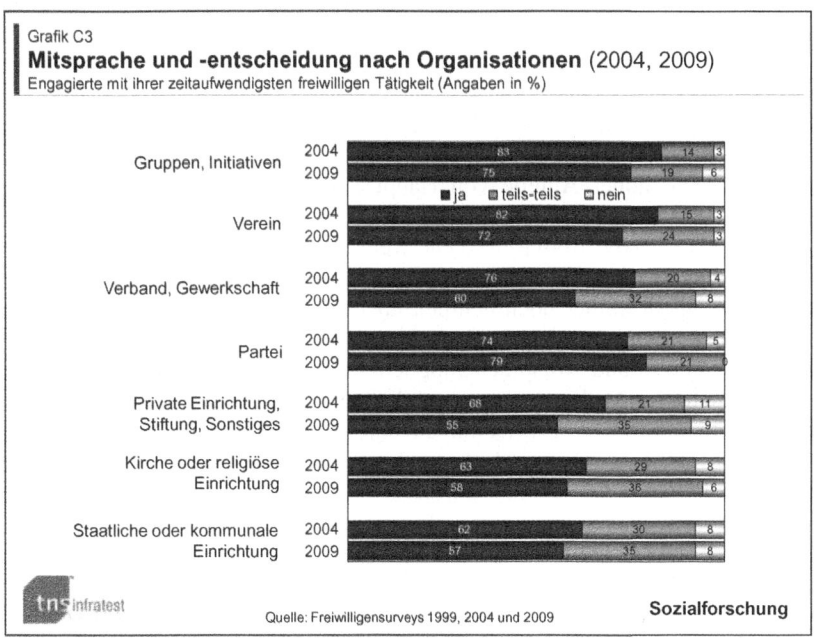

Grafik C3
Mitsprache und -entscheidung nach Organisationen (2004, 2009)
Engagierte mit ihrer zeitaufwendigsten freiwilligen Tätigkeit (Angaben in %)

Quelle: Freiwilligensurveys 1999, 2004 und 2009

Die religiösen, staatlichen und kommunalen Institutionen taten sich bereits 2004 schwerer, ihren Freiwilligen das Gefühl der Mitbestimmung zu vermitteln, und sie konnten das 2009 noch weniger. Unter den Kirchen war hierbei die katholische bereits 2004 das Schlusslicht, während die evangelische Kirche von einem relativ guten Niveau aus inzwischen deutlich verloren hat. Bei den Kirchen sowie den staatlichen und kommunalen Einrichtungen ist die Parallelität vieler Hauptamtlicher sowie vieler für die Freiwilligen verfügbarer Ansprechpartner und eines deutlich geringeren Empfindens, über Handlungsspielräume zu verfügen, am klarsten greifbar. Dieser Zusammenhang hat sich inzwischen auch bei den privaten Institutionen und Stiftungen hergestellt.

Was das Gemisch aus Umfeldbedingungen und Empfindungen von Freiwilligen in Bezug auf Spielräume der Mitentscheidung betrifft, gibt es in einzelnen Bereichen des Engagements auch Sondersituationen. Im Bereich Sport und Bewegung ist das Empfinden von Spielräumen stark gesunken (2004: 78 %, 2009: 66 %). Das kann weder mit der Höhe noch der Entwicklung der Vertretung von Hauptamtlichen in diesem Bereich zu tun haben, eher schon mit der sinkenden Leitungsquote, vor allem aber mit den zunehmend fehlenden Ansprechpartnern. Die Entwicklung ist sicher komplex und müsste eigens untersucht werden, wobei auch an die Frage einer möglichen Kommerzialisierung und ihre Folgen gedacht werden kann. Unter allen Bereichen hatten auch 2009 die oft in Vereinen organisierten Freiwilligen im Kultur- und Freizeitbereich 2009 noch am meisten das Gefühl, mitbestimmen zu können. Der Bereich Jugend und Bildung konnte seinen durchschnittlichen (aber recht guten) Stand von 2004 auch 2009 verteidigen.

Dagegen hat die Informalisierung des Engagements im Bereich Kindergarten und Schule (weniger in Institutionen, weniger Hauptamtliche im Umfeld) keine Steigerung, sondern sogar eine Verringerung des Gefühls der Mitbestimmung mit sich gebracht, ausgehend von einem bereits 2004 unterdurchschnittlichen Niveau. Überproportional waren auch die Verluste solcher Gefühle bei den Freiwilligen in der beruflichen Interessenvertretung (vgl. Verbände und Gewerkschaften!), beim lokalen Bürgerengagement, bei der freiwilligen Feuerwehr und den Rettungsdiensten und auch im sozialen Bereich. Den Tiefpunkt markieren die nur 53 % im Bereich Gesundheit. Dagegen glänzt die Politik mit konstant 79 % Freiwilligen, die auch 2009 ein Gefühl ausreichender Mitbestimmung empfanden, trotz weiterhin recht hoher Anteile von Hauptamtlichen im Arbeitsumfeld (aber vielen Freiwilligen in Leitungspositionen!). Soziales und Gesundheit hatten 2009 recht hohe Quoten an Hauptamtlichen, die freiwillige Feuerwehr und die Rettungsdienste durchschnittliche, das Bürgerengagement besonders niedrige. Im letzten Fall geht das (trotz der Rückgänge) auch mit einem immer noch deutlich überdurchschnittlichen Gefühl von Freiwilligen einher, wichtige Dinge mitentscheiden oder mitbestimmen zu können.

Mitentscheidungs- und Mitsprachemöglichkeiten sind den Engagierten wichtig. Ungünstiger eingeschätzte Mitbestimmungsmöglichkeiten müssen deshalb ernst genommen werden, und Organisationen, Einrichtungen und Institutionen sollten an einer besseren Kultur der Mitbestimmung arbeiten. Insbesondere Engagierte, die keine Leitungsfunktionen ausüben, sollten besser in Entscheidungsprozesse eingebunden werden. In der rückläufigen Beurteilung der Mitbestimmung kann sich allerdings auch ein Bewusstseinswandel der Freiwilligen ausdrücken. Dieser Wandel kann zum einen durch eine veränderte „Innenwahrnehmung" der Freiwilligen hervorgerufen sein. Wie noch deutlich werden wird, sehen sich die allermeisten Engagierten ihren Anforderungen gewachsen. Gleichzeitig werden ihre Tätigkeitsprofile immer komplexer.[54] Außerdem wird sich zeigen, dass die Tätigkeiten

---

[54] Während Engagierte 1999 anhand einer vorgegebenen Liste typischer Aktivitäten im Schnitt erst 2,6 Tätigkeitsinhalte angaben, die sie regelmäßig durchführten, waren es 2004 bereits 3,2 und 2009 sogar 4,0 verschiedene Inhalte. Vgl. Kapitel 3 des Teils C.

von Freiwilligen zunehmend langfristig angelegt sind. Von ihren Erfahrungen profitieren sie und erwerben wichtige Kompetenzen.

Viele Freiwillige nehmen wahr, dass Organisationen, Einrichtungen und Institutionen ihre Dienstleistungen ohne das Engagement von Freiwilligen nicht mehr aufrechterhalten könnten. Zum wachsenden Selbstbewusstsein der Freiwilligen trägt auch bei, dass die mediale Aufmerksamkeit für Engagement seit einiger Zeit zugenommen hat. Es verwundert deshalb nicht, dass Freiwillige zunehmend eine selbstbewusste Position einnehmen und erhöhte Ansprüche erheben. Nach allem, was der Freiwilligensurvey bisher an Befunden zu den organisatorischen Umfeldbedingungen des Engagements erbracht hat, gilt es, den Freiwilligen weiterhin die Freiheit und Selbstbestimmung ihrer Tätigkeit zu sichern, da sie ansonsten demotiviert werden können oder die besondere Qualität ihrer Arbeit verloren gehen kann. Und gerade auf diese Qualitäten, die besonders im mitmenschlichen Bereich liegen, kommt es auch zukünftig an.

2. Zeitliche Beanspruchung der Freiwilligen

Die gesellschaftliche Bedeutung von Arbeit und Freizeit, aber auch Ansprüche an diese Lebensbereiche und deren Inhalte haben sich in den letzten Jahrzehnten gewandelt. Die Soziologie definiert Freizeit nicht nur als arbeitsfreie Zeit, sondern auch als besonders selbstbestimmten und sinnerfüllten Lebensbereich. Allerdings wird die Freizeit mit ihrer eigentümlichen Qualität heute durch den Wandel der Lebens- und Arbeitsverhältnisse und die zunehmende Verdichtung der Berufsarbeit eingeschränkt. Diesen Trend können flexible Arbeitszeiten, der Einsatz elektronischer Medien und neue Formen der Selbstständigkeit teilweise kompensieren, manchmal verstärken sie allerdings auch die Fremdbestimmung der Freizeit und der Privatsphäre. Freiwilliges Engagement, für das ausreichend Freizeit zur Verfügung stehen muss, wird von diesen Veränderungen wesentlich beeinflusst.

2.1 Längerfristige zeitliche Bindung des Engagements

Die Bedeutung des freiwilligen Engagements im Leben der Menschen manifestiert sich auch in einer mittel- bis längerfristigen Bindung an ihre freiwillige Tätigkeit. Diese ist zuallermeist gegeben: Im Schnitt übten Freiwillige 2009 ihre zeitaufwendigste Tätigkeit bereits seit ca. zehn Jahren aus und damit etwas länger als 1999 (1999: 9,3 Jahre, 2004: 9,8, 2009: 10,2). Auch weniger zeitaufwendige Tätigkeiten sind keine Sache der Beliebigkeit, sie begleiteten 2009 ebenso seit ca. zehn Jahren das Leben der Freiwilligen. Hinter diesen Durchschnittswerten verbirgt sich allerdings eine große Spannweite, die in erster Linie vom Lebensalter der Engagierten abhängt. Während drei von vier jüngeren Engagierten im Alter von bis zu 30 Jahren seit maximal 5 Jahren engagiert waren, blickten 42 % der Engagierten im Alter von über 66 Jahren auf eine beeindruckende „Engagementkarriere" von 16 Jahren und länger zurück (vgl. Grafik C4).

Dass junge Menschen ihre Tätigkeiten noch nicht so lange ausüben, bedeutet jedoch nicht, dass sie ihre Tätigkeiten besonders kurzfristig anlegen, sondern es zeigt in erster Linie, dass viele in ihrem bisherigen Lebensverlauf noch gar nicht die Gelegenheit hatten, eine Tätigkeit 10 oder gar 20 Jahre lang auszuüben. Zwischen 1999 und 2009 blieb die

Tätigkeitsdauer bei jungen Menschen stabil bei ca. 4 Jahren. Gestiegen ist sie bei Menschen im Alter ab 66 Jahren von 16,8 auf 17,8 Jahre, etwas gesunken bei 46- bis 65-Jährigen. In den meisten Bereichen wurden die Tätigkeiten zwischen neun und elf Jahren ausgeübt. Besonders lange waren Freiwillige im Bereich „Freiwillige Feuerwehr und Rettungsdienste" engagiert, im Jahr 2009 im Schnitt 14,5 Jahre, und das, obwohl hier besonders viele junge Menschen engagiert sind.

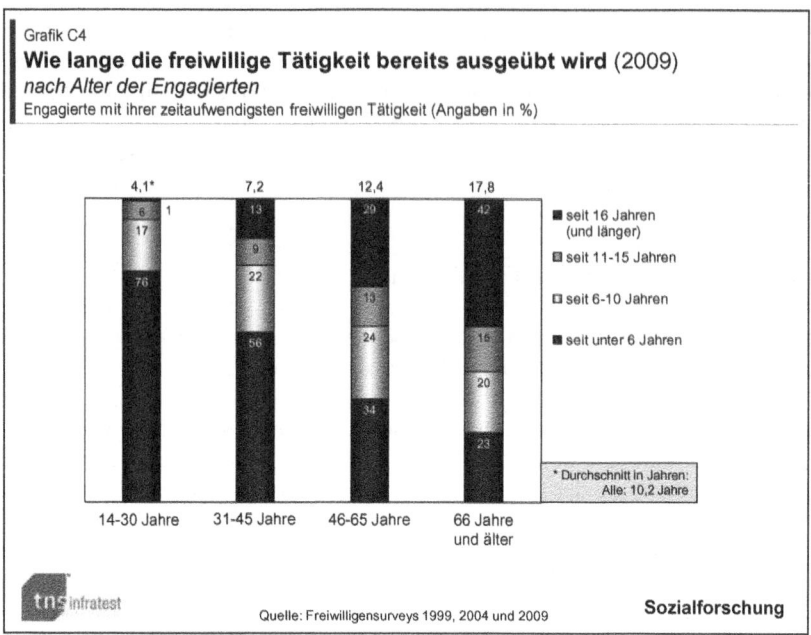

Auch Engagierte im kirchlich-religiösen Bereich und in der beruflichen Interessenvertretung waren ihrer zeitaufwendigsten Tätigkeit bereits seit Längerem treu (2009: 11,8 bzw. 11,3 Jahre). Hier waren die Engagierten im Schnitt auch deutlich älter als in den mehr von jüngeren Leuten bestimmten Bereichen (48,5 bzw. 52 Jahre). Engagierte in den Bereichen Freizeit, Sport und Umwelt waren 2009 länger in ihrer Tätigkeit aktiv als 1999 und 2004. Freiwillige in diesen Bereichen waren im Schnitt einige Jahre älter als 1999 (besonders in den Bereichen Freizeit und Umwelt). Eher kurzfristig sind Tätigkeiten im Bereich „Schule und Kindergarten" angelegt (2009: 4,9 Jahre). Dort waren zeitlich begrenzte Tätigkeiten schon immer typisch, da sie oft an bestimmte Abschnitte der Lebensphase „Familie und Kinder" gebunden sind. Wie bereits in Teil B zu sehen war, ist ein besonders hohes Engagement in der Phase, in der Kinder und Jugendliche im Haushalt leben, typischer für Frauen als für Männer, die im Lebensverlauf gleichmäßiger freiwillig tätig sind.

2.2   Investition von Zeit: Planbarkeit des Wochenablaufs und monatliches Zeitbudget

Freiwilliges Engagement beansprucht zeitliche Ressourcen, die mit Bildung und Ausbildung, Erwerbsarbeit und Familienarbeit vereinbart werden müssen. Der Freiwilligensurvey zeigt regelmäßig, dass freiwilliges Engagement nicht in zeitlicher Opposition zu den Verpflichtungen durch Erwerbsarbeit oder durch Schule, Studium und Ausbildung stehen muss. Gerade Erwerbstätige und Familien mit Kindern, deren Zeitbudget eigentlich besonders angespannt ist (vor allem da sich beides oft überlappt), sind besonders engagierte Bevölkerungsgruppen. Dagegen sind Arbeitslose und immer noch Menschen im Ruhestand (auch wenn die jüngeren Seniorinnen und Senioren 2009 viel häufiger als 1999 engagiert waren) deutlich weniger engagiert als Erwerbstätige oder junge Menschen im Bildungs- und Ausbildungssystem. Das Zeitregime des freiwilligen Engagements muss sich aber mit den Anforderungen des Privat- und Berufslebens vereinbaren lassen und kann, sofern diese Verpflichtungen zu- oder abnehmen, Veränderungen unterworfen sein.

Die in den letzten Jahren zunehmende Arbeitsverdichtung und die Anforderungen an die Flexibilität, kürzere Schul- und Ausbildungszeiten sowie ein erhöhter Zeit- und Leistungsdruck waren Anlass, in den Freiwilligensurvey eine neue Frage zu den individuellen Möglichkeiten, die eigene Freizeit zu planen, aufzunehmen. Sie wurde zum einen Erwerbstätigen gestellt, zum anderen jungen Leuten in der Bildungs- und Ausbildungsphase.[55] Auf diese Weise sollte untersucht werden, inwiefern Verpflichtungen in der Arbeits- und Bildungswelt die Planbarkeit der Freizeit einschränken und welche Auswirkungen das auf das freiwillige Engagement hat. Schülerinnen und Schüler, Azubis und Studierende wurden außerdem gefragt, ob ihnen neben der Schule, der Ausbildung bzw. neben dem Studium (und ggf. dem Jobben) noch genügend Zeit für andere Dinge bleibt.

Grafik C5 zeigt, dass 57 % der Erwerbstätigen ihre Freizeit über die Woche hinweg gut planen können, diese Planung also nicht durch unregelmäßige berufliche Verpflichtungen beeinflusst wird. Einschränkungen, was die Planbarkeit der Freizeitaktivitäten angeht, äußerte jeder fünfte Erwerbstätige, und bei 23 % war der Wochenablauf durch berufliche Anforderungen zumeist fremdbestimmt. Beamte konnten am häufigsten ihre Freizeit problemlos planen (65 %). Dagegen war die Wochenplanung von Selbstständigen deutlich öfter durch berufliche Verpflichtungen fremdbestimmt und dadurch die Freizeitplanung erheblich eingeschränkt.

Anhand der Berufsgruppen wird deutlich, dass eine gute Planbarkeit der Freizeit einen positiven Effekt auf die Übernahme einer freiwilligen Tätigkeit hat. In allen vier Gruppen waren Erwerbstätige mit einem höheren Grad an freier Zeiteinteilung häufiger engagiert als solche, die einer Fremdbestimmung ihrer Freizeit unterlagen. Auch eine Zusammenhangsanalyse bestätigt, dass die Frage der Freizeitplanung einen Einfluss darauf hat, ob sich Erwerbstätige freiwillig engagieren. Eine unsichere Freizeitplanung ist dabei allerdings nur ein Einflussfaktor unter anderen. Dies wird daran deutlich, dass Selbstständige zum einen vermehrt solche Planungsprobleme haben, aber dennoch zu den hoch engagierten Gruppen gehören, und zum anderen 2009 sogar stärker als 1999 und 2004 freiwillig engagiert waren (1999: 44 %, 2009: 49 % Engagierte).[56]

Auch der Vergleich zwischen Beamten sowie Arbeiterinnen und Arbeitern macht deutlich, dass eine freie Zeiteinteilung nur ein Erklärungsfaktor von mehreren für freiwilli-

---

[55] Der genaue Wortlaut der Frage war: „Können Sie Ihre Freizeit über die Woche hinweg einigermaßen planen? Oder ist Ihr Wochenablauf wegen Ihrer beruflichen Verpflichtungen (bzw. an Schülerinnen und Schüler, Azubis, Studierende: wegen Ihrer Verpflichtungen in Schule, Ausbildung oder Studium) zu unregelmäßig?" Als Antwortkategorien standen zur Verfügung: 1: Kann meine Freizeit meistens planen. 2: Mein Wochenablauf ist zu unregelmäßig. 3: Ist mal so – mal so.
[56] Zu einem erhöhten Engagement kann auch beigetragen haben, dass Selbstständige 2009 ihre Wochenarbeitszeit deutlich niedriger einschätzen als 1999.

ges Engagement ist. Während Beamte eine hoch engagierte Gruppe (2009: 55 %) mit großer Planungssicherheit sind (65 % freie Einteilung), konnten immerhin auch 55 % der Arbeiterinnen und Arbeiter ihre Freizeit ohne Einschränkungen planen; freiwillig engagiert
waren sie aber nur zu 30 %. Auszubildende, die eine betriebliche Ausbildung absolvierten,
konnten 2009 zu 57 % ihre Freizeit meist frei planen, für ein knappes Viertel der Azubis
war die Planbarkeit eingeschränkt, und jeder Fünfte konnte seine Freizeit kaum planen. Das
Engagement von Auszubildenden war 2009 relativ niedrig (34 %), aber immerhin deutlich
höher als 1999 (28 %).

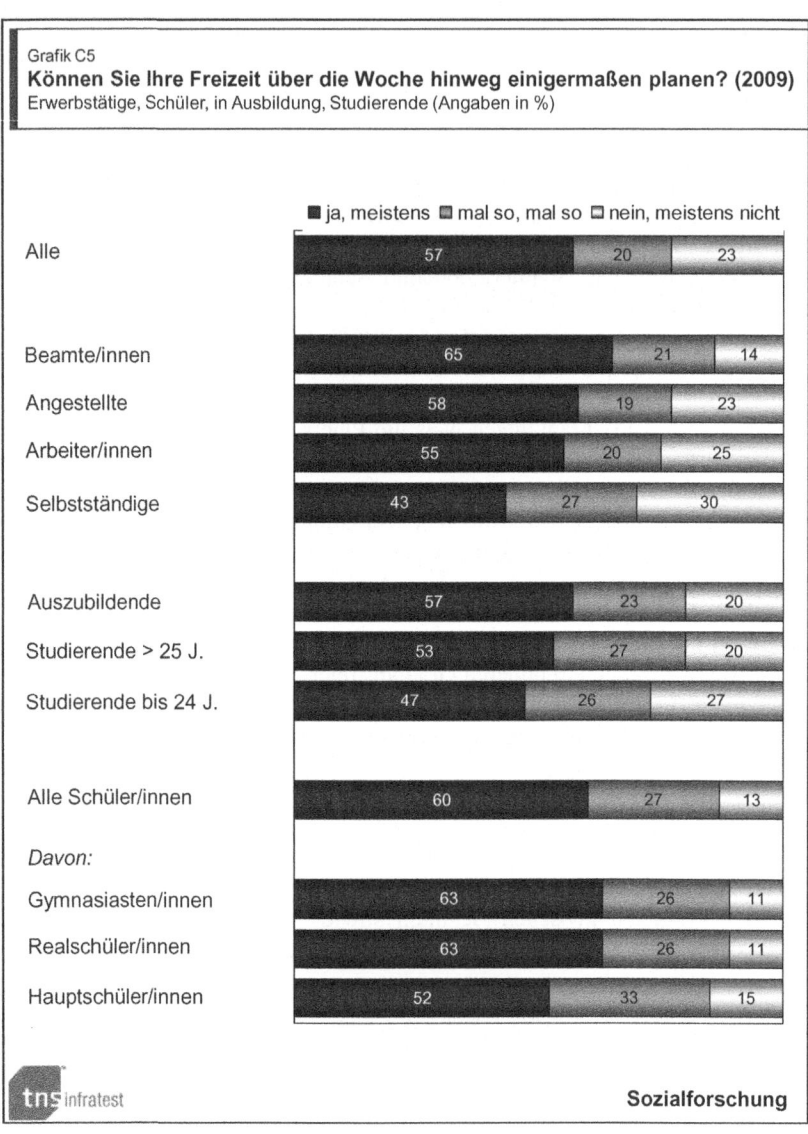

Grafik C5
Können Sie Ihre Freizeit über die Woche hinweg einigermaßen planen? (2009)
Erwerbstätige, Schüler, in Ausbildung, Studierende (Angaben in %)

■ ja, meistens ▨ mal so, mal so ☐ nein, meistens nicht

	ja, meistens	mal so, mal so	nein, meistens nicht
Alle	57	20	23
Beamte/innen	65	21	14
Angestellte	58	19	23
Arbeiter/innen	55	20	25
Selbstständige	43	27	30
Auszubildende	57	23	20
Studierende > 25 J.	53	27	20
Studierende bis 24 J.	47	26	27
Alle Schüler/innen	60	27	13
Davon:			
Gymnasiasten/innen	63	26	11
Realschüler/innen	63	26	11
Hauptschüler/innen	52	33	15

tns infratest   **Sozialforschung**

Studierende waren schon immer eine hoch engagierte Gruppe (1999, 2004, 2009: 42 %). Allerdings war das Engagement unter Studierenden im Alter von bis zu 24 Jahren seit 1999 deutlich rückläufig (1999: 46 %, 2004: 42 %, 2009: 40 %), während solche im Alter ab 25 Jahren häufiger engagiert waren (1999: 40 %, 2004: 41 %, 2009: 46 %). Jüngere Studierende schätzten ihre freien Zeitressourcen 2009 eingeschränkter ein als ältere Studierende und konnten ihre Freizeitaktivitäten aufgrund der Verpflichtungen im Studium seltener regelmäßig planen. Zu denken geben sollte, dass jüngere Studierende die Planbarkeit ihrer Freizeit nur geringfügig besser beurteilten als selbstständige Erwerbstätige.

Die Veränderungen im Engagement von jüngeren Studierenden gehen zeitlich einher mit den in diesem Zeitraum eingeführten Bachelor-Studiengängen. Das drei- bis vierjährige Studium wird oft als stofflich überfrachtet empfunden; zudem ist der Leistungsdruck gestiegen, was auch mit der beruflichen Qualifizierung während des Studiums bzw. mit der Anknüpfung an ein Masterstudium zu tun hat. Ähnlich wie bei den Erwerbstätigen hat die Freizeitplanung auch für Studierende einen Einfluss auf die Aufnahme einer freiwilligen Tätigkeit. Ausschlaggebend für die Ausübung einer freiwilligen Tätigkeit sind daneben aber weitere Faktoren. Das nach wie vor hohe Engagement ist auch deswegen beachtlich, weil sie ihre freien Zeitressourcen neben Studium und Jobben (was für zwei Drittel der Studierenden zutrifft) im Vergleich zu denen der Schülerinnen bzw. Schüler und jungen Menschen in Ausbildung eher niedrig einschätzten.

Keinen Einfluss auf das freiwillige Engagement hat die Frage der Freizeitplanung bei den Schülerinnen und Schülern, die ohnehin mehrheitlich ihre Freizeit frei einteilen können. Hauptschülerinnen und Hauptschüler können ihre freie Zeit zwar oft etwas weniger planen als Gymnasiastinnen und Gymnasiasten sowie Realschülerinnen und Realschüler, allerdings ist der Anteil der zeitlich fremdbestimmten Schülerinnen und Schüler in allen drei Schultypen niedrig.[57] Vielmehr ist das Engagement junger Menschen stark davon abhängig, welchen Schultyp sie besuchen und damit von der schichtspezifischen Herkunft determiniert.[58] Das freiwillige Engagement wird vom Interesse an Politik und öffentlichem Leben sowie von der Konfessionszugehörigkeit bzw. der Kirchenbindung, weiterhin von der Größe des Freundes- und Bekanntenkreises besonders positiv sowie vom Migrationshintergrund negativ beeinflusst.

Unter Sozialforscherinnen und Sozialforschern werden inzwischen die Wirkungen des neu eingeführten achtjährigen Gymnasiums auf das freiwillige Engagement der Schülerinnen und Schüler diskutiert. Erhöhter Leistungsdruck, nicht zuletzt wegen der im Rahmen der Zeitreduktion zu wenig angepassten Lehrinhalte, lässt befürchten, dass negative Wirkungen der verkürzten Schulzeit auf das freiwillige Engagement von Schülerinnen und Schülern bereits eingetreten sind. Im Rahmen des aktuellen Freiwilligensurveys kann das freiwillige Engagement der G8- und G9-Schülerinnen und -Schülern getrennt untersucht werden.[59]

---

[57] Unter Hauptschülerinnen und Hauptschülern ist der Anteil an Ganztagsschülerinnen und Ganztagsschülern besonders hoch, weswegen wohl die Planbarkeit der Freizeit in dieser Gruppe etwas eingeschränkter eingeschätzt wird.

[58] Der Einfluss der Schicht auf das freiwillige Engagement, indirekt erkennbar am besuchten Schultyp, war bereits 2004 erheblich; vgl. die Auswertungen für Jugendliche im zweiten und dritten Freiwilligensurvey in Picot (2006) und Picot (2012). Bestätigt wird das auch durch die aktuelle Shell Jugendstudie. Vgl. Deutsche Shell (2010).

[59] Wir beziehen in die folgenden Analysen nur Gymnasiastinnen und Gymnasiasten in Westdeutschland ein, wo das sog. G8 erst im Laufe der letzten Jahre eingeführt wurde und entsprechende Effekte dort auftreten sollten. In Ostdeutschland hat das achtjährige Gymnasium eine längere Tradition

Tatsächlich ist die Freizeitplanung von G8-Gymnasiasten unsicherer als die von G9-Gymnasiasten. Gleichzeitig waren Erstere 2009 seltener freiwillig engagiert als Zweitere (G8: 45 %, G9: 53 %). Eine vertiefende Analyse der Zusammenhänge bestätigt einen (gewissen) spezifischen und ungünstigen Einfluss des G8 auf das freiwillige Engagement. Allerdings bleiben Interesse an Öffentlichkeit und Politik sowie Religionszugehörigkeit bzw. Kirchenbindung wesentliche Faktoren für das freiwillige Engagement junger Menschen. Beides ist jedoch bei jungen Menschen geringer ausgeprägt als bei älteren.

Es kann festgehalten werden, dass die Möglichkeit für Erwerbstätige und teilweise für junge Menschen im Ausbildungs- und Bildungssystem, ihre Freizeit einigermaßen selbstbestimmt planen zu können, für das freiwillige Engagement wichtig ist. Daneben wirken sich bei jungen Leuten die soziale Herkunft und die damit verbundenen geistigen und praktischen Anregungen aus dem Elternhaus besonders gravierend und leider auch zunehmend auf die Disposition zum freiwilligen Engagement aus. Die Förderung und Anregung des Engagements junger Menschen mit mittlerem, vor allem aber mit niedrigem Bildungsstatus ist eine wichtige Aufgabe der Zukunft, die sich jedoch nur im Verbund mit allgemeinen Verbesserungen im öffentlichen Bildungs- und Betreuungssystem lösen lässt. Die öffentlichen Einrichtungen und ihre ausreichende Ausstattung spielen dabei eine Schlüsselrolle.[60] Auch die Verbindung mit der Frage des Migrationshintergrundes ist dabei unübersehbar.

Im Folgenden wird das wöchentliche Zeitbudget für freiwilliges Engagement[61] im Zeitverlauf untersucht. Grafik C6 zeigt, dass sich am Zeitbudget, das für freiwilliges Engagement zur Verfügung stand, zwischen 2004 und 2009 wenig geändert hat. Gut ein Drittel der Freiwilligen war bis zu zwei Stunden pro Woche engagiert, ein weiteres Drittel zwischen drei und fünf Stunden. Die überwiegende Mehrheit war also bis zu fünf Stunden im Einsatz, 17 % der Engagierten konnten zwischen 6 und 10 Stunden investieren und immerhin fast jeder Zehnte war mehr als 10 Stunden in der Woche in das freiwillige Engagement eingebunden (2009: 9 %). An der Tatsache, dass sich freiwillige Tätigkeiten ganz überwiegend in regelmäßigen zeitlichen Intervallen vollziehen, hat sich also nichts geändert; 2009 waren sogar etwas weniger Tätigkeiten als 2004 zeitlich unregelmäßig gestaltet (2004: 8 %, 2009: 6 %).

Männer waren sowohl 2004 als auch 2009 in der Lage, ein höheres Zeitbudget für freiwilliges Engagement aufzubringen als Frauen (vgl. Grafik C7). So waren 31 % der Männer mehr als sechs Stunden pro Woche im Einsatz, während Frauen nur zu 21 % dazu in der Lage waren. Am häufigsten engagierten sich Frauen bis zu zwei Stunden pro Woche (42 %) oder zwischen drei und fünf Stunden (30 %). Die Ressourcen von Frauen und Männern differieren erheblich nach der Größe der Haushalte, in denen sie leben. Leben sie allein, setzen beide ungefähr dasselbe Zeitbudget für freiwilliges Engagement ein. Leben sie jedoch zu zweit in einem Haushalt (also meist gemeinsam mit einem Partner, Alleinerziehende sind statistisch eher selten), investieren Frauen weniger Zeit in ihr Engagement als Männer Das Zeitbudget von Frauen für das freiwillige Engagement ist noch geringer, wenn sie im Haushalt zu dritt oder zu viert, also zumeist mit einem Partner und Kindern, zusammenleben. Während dieser familiäre Typ des Zusammenlebens das Zeitbudget der Männer für

---

[60] Kritisch zu beurteilen ist in diesem Zusammenhang das zunehmende Ausweichen der höheren Schichten auf private Betreuungs- und Bildungseinrichtungen, da es den Austausch der Schichten im Rahmen der Betreuungs- und Bildungseinrichtungen weiter verringert.

[61] Wenn Engagierte mehr als eine Tätigkeit ausübten, bezieht sich der Aufwand auf alle Tätigkeiten.

das Engagement nur geringfügig beeinflusst, geht er bei Frauen mit einem deutlich geringeren Budget einher.

Grafik C6
Gesamter Zeitaufwand pro Woche (2004, 2009)
Engagierte mit ihrer zeitaufwendigsten freiwilligen Tätigkeit (Angaben in %)

Bis zu 2 Stunden pro Woche — 35 / 36
3 bis 5 Stunden pro Woche — 33 / 32
6 bis 10 Stunden pro Woche — 16 / 17
11 bis 15 Stunden pro Woche — 4 / 4
Über 15 Stunden pro Woche — 4 / 5
Unregelmäßig — 8 / 6

☐ 2004
■ 2009

tns infratest

Quelle: Freiwilligensurveys 1999, 2004 und 2009   **Sozialforschung**

Es gilt jedoch zu beachten, dass Frauen, die in größeren Familien-Haushalten leben, (im Anteil) ungleich engagierter sind als Frauen in kleineren Haushalten. Das heißt, der deutlich größere Anteil an Frauen, die sich im Rahmen einer typischen Familienkonstellation[62] engagieren, geht mit einem Typ von Engagement einher, bei dem nicht so viel Zeit ins Engagement investiert werden kann. Das ist auch nachvollziehbar, da Frauen über ihre Kinder zwar viele „Brücken" ins Engagement haben, aber andererseits auch viel Zeit für die Familienarbeit einsetzen müssen. Da immer mehr Frauen gleichzeitig auch erwerbstätig sind, verschärft sich ihre notorische Zeitknappheit weiter. Immerhin konnten sich Frauen zwischen 2004 und 2009 auf einer regelmäßigeren Basis engagieren als 2004, d. h. häufiger bis zu fünf Stunden pro Woche. 2004 waren noch 12 % der Frauen zeitlich unregelmäßig engagiert, 2009 nur noch 7 %. Diese Entwicklung ist besonders bei Rentnerinnen und Hausfrauen zu beobachten, aber auch bei Vollzeit erwerbstätigen Frauen. Das Engagement von in Teilzeit erwerbstätigen Frauen war bereits 2004 stärker von einem regelmäßigeren Takt bestimmt.[63]

---

[62] Typisch soll nur heißen, dass ein Haushalt mit 2 Erwachsenen und zwei Kindern als „normale" junge Familie empfunden wird. Empirisch gibt es diese Konstellationen heute bei Weitem nicht mehr so oft wie früher, auch wenn sich viele junge Menschen sie sich als ideale eigene Familie wünschen.

[63] Es bleibt abzuwarten, wie sich das Zeitbudget von Frauen mit Kindern für freiwilliges Engagement im Zuge von verbesserten Angeboten der Kinderbetreuung verändern wird. Auf Basis des Freiwilligensurveys von 2004 konnte nachgewiesen werden, dass Mütter bei guten Angeboten häufiger freiwillig engagiert waren. Vgl. Geiss, Picot (2009).

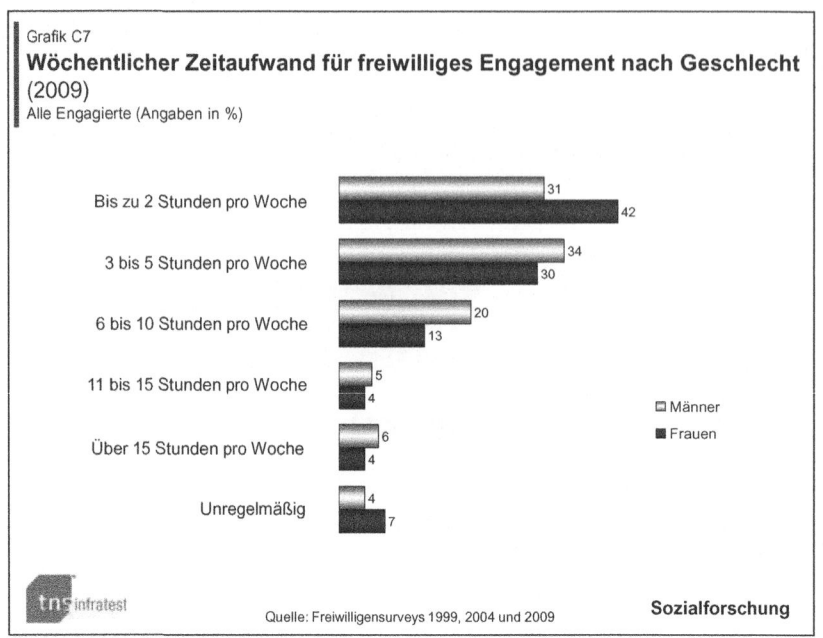

Grafik C7
Wöchentlicher Zeitaufwand für freiwilliges Engagement nach Geschlecht (2009)
Alle Engagierte (Angaben in %)

	Männer	Frauen
Bis zu 2 Stunden pro Woche	31	42
3 bis 5 Stunden pro Woche	34	30
6 bis 10 Stunden pro Woche	20	13
11 bis 15 Stunden pro Woche	5	4
Über 15 Stunden pro Woche	6	4
Unregelmäßig	4	7

TNS infratest　　　　Quelle: Freiwilligensurveys 1999, 2004 und 2009　　　　**Sozialforschung**

2.3　Zeitvolumen pro Monat für die zeitaufwendigste Tätigkeit

Der Freiwilligensurvey kann das Zeitregime des Engagements auch insofern abbilden, als er eine ungefähre Schätzung erlaubt, wie viele Stunden im Monat dafür aufgewendet werden. Im Vergleich zu 1999 kann das für die zeitaufwendigsten Tätigkeiten dokumentiert werden, was bedeutet, dass zu diesem Zeitaufwand eigentlich noch derjenige für die weniger aufwendigen Tätigkeiten hinzugerechnet werden müsste. Wandten Freiwillige 1999 noch 18 Stunden im Monat für ihre zeitaufwendigste Tätigkeit auf, waren es 2009 16 Stunden (vgl. Tabelle C5). Das heißt, es gibt zwar mehr freiwillig Engagierte (1999: 34 %, 2009: 36 %), diese wenden aber weniger Zeit für ihr Engagement auf. Das gilt für fast alle Engagementbereiche, am stärksten jedoch für den sozialen Bereich und den Umwelt- und Tierschutz (allerdings ausgehend von einem hohen Niveau). Trotz des inzwischen geringeren Zeitvolumens im sozialen Bereich und im Umwelt- und Tierschutz waren dort mehr Menschen engagiert als 1999. Möglicherweise hat diese Verstärkung auch zu einer besseren Verteilung der Aufgaben und Arbeiten geführt.

　　　Beachtlich ist das hohe Zeitbudget, das Engagierte in der Jugend- und Erwachsenenbildung (22 Stunden pro Monat), im sozialen Bereich (21 Stunden), im Gesundheitsbereich sowie bei der freiwilligen Feuerwehr und im Rettungsdienst (jeweils 20 Stunden) für ihre zeitaufwendigste Tätigkeit einbrachten. Ein durchschnittlich hoher Zeitaufwand ist in den größeren Bereichen „Sport und Bewegung", „Kunst, Kultur und Musik" sowie „Freizeit und Geselligkeit" gefordert. Im lokalen Bürgerengagement und im Bereich „Kindergarten und Schule" müssen die Engagierten im Schnitt zeitlich deutlich weniger Zeit aufbringen als Engagierte in anderen Bereichen, auch im kirchlich-religiösen Bereich war der Zeitaufwand schon immer geringer als im Durchschnitt.

Tabelle C5: Monatliches Zeitbudget, regelmäßige Terminbindung und zeitliche Begrenzung der zeitaufwendigsten Tätigkeit

	Zeitbudget pro Monat in Stunden (Ø)*	Regelmäßige terminliche Verpflichtung?		Tätigkeit zeitlich begrenzt angelegt?	
		Ja	Nein	Ja	Nein
Alle					
1999	18	74	26	25	75
2004		72	28	23	77
2009	16	72	28	20	80
Sport und Bewegung					
1999	18	75	25	20	80
2004		76	24	16	84
2009	16	76	24	13	87
Kultur und Musik					
1999	18	75	25	19	81
2004		76	24	14	86
2009	16	75	25	15	85
Freizeit und Geselligkeit					
1999	15	69	31	21	79
2004		65	35	20	80
2009	15	67	33	13	87
Sozialer Bereich					
1999	26	72	28	13	87
2004		71	29	9	91
2009	21	71	29	13	87
Gesundheitsbereich**					
1999					
2004					
2009	20	71	29	10	90
Schule und Kindergarten					
1999	11	64	36	55	45
2004		60	40	53	47
2009	9	62	38	53	47
Jugend und Bildung					
1999	21	82	18	15	85
2004		76	24	20	80
2009	22	76	24	20	80
Umwelt- und Tierschutz					
1999	25	48	52	13	87
2004		58	42	14	86
2009	19	56	44	12	88
Politik					
1999	21	83	17	37	63
2004		79	21	38	62
2009	19	80	20	36	64

	Zeitbudget pro Monat in Stunden (Ø)*	Regelmäßige terminliche Verpflichtung?		Tätigkeit zeitlich begrenzt angelegt?	
		Ja	Nein	Ja	Nein
Alle					
1999	18	74	26	25	75
2004		72	28	23	77
2009	16	72	28	20	80
Berufl. Interessenvertretung					
1999	17	76	24	32	68
2004		69	31	39	61
2009	14	74	26	34	66
Kirche und Religion					
1999	16	78	22	21	79
2004		78	22	22	78
2009	13	71	29	16	84
FFW und Rettungsdienste					
1999	22	80	20	27	73
2004		79	21	20	80
2009	20	85	15	15	85
Lokales Bürgerengagement					
1999	13	55	45	28	72
2004		57	43	34	66
2009	11	59	41	29	71

TNS Infratest Sozialforschung 2009, Angaben in Prozent, keine Angabe in „nein" eingerechnet
* Diese Frage wurde nur 1999 und 2009 gestellt
** Werte wegen geringer Fallzahlen nur für 2009 ausgewiesen

Das monatliche Zeitbudget für die zeitaufwendigste Tätigkeit veränderte sich in allen wichtigen gesellschaftlichen Gruppen (vgl. Tabelle C6). Engagierte in den neuen und alten Ländern waren 2009 in einem vergleichbaren zeitlichen Umfang engagiert. In beiden Landesteilen waren es 2009 durchschnittlich 16 Stunden pro Monat, während das Budget 1999 noch bei 18 Stunden (West) und 19 Stunden (Ost) lag. Der Zeitaufwand von Frauen und Männern verringerte sich gleichermaßen um zwei Stunden pro Monat, wobei das Zeitbudget von Frauen (mit vier Stunden weniger) zu beiden Erhebungszeitpunkten erheblich geringer war als das der Männer. Dieses Ergebnis steht im Einklang mit dem bereits konstatierten geringeren Zeitvolumen der Frauen für ihr Engagement insgesamt und dem eher niedrigen Aufwand in weiblicher geprägten Bereichen wie Kindergarten und Schule sowie Kirche und Religion.

Alle Altersgruppen setzten 2009 weniger Zeit für ihre zeitaufwendigsten freiwilligen Tätigkeiten ein als 1999. Bei Engagierten im Alter ab 66 Jahren, die 1999 im Schnitt noch 21 Stunden pro Monat investierten, verringerte sich das Zeitbudget besonders deutlich, um durchschnittlich vier auf nur noch 17 Stunden. Die in beruflicher und familiärer Hinsicht hohe Belastung der mittleren Altersgruppe 31 bis 45 Jahre macht sich auch daran bemerkbar, dass sie von allen Altersgruppen am wenigsten Zeit in ihr freiwilliges Engagement einbringen konnte (2004: 17 Stunden, 2009: 14 Stunden). In diesen Jahrgängen ist seit 1999 das Engagement gestiegen, aber gleichzeitig das dafür zur Verfügung stehende Zeitbudget deutlich gesunken. Da das Engagement bei älteren Menschen im Alter ab 66 Jahren noch mehr als bei den Familienjahrgängen gewachsen ist, stellt sich die Frage, ob in dieser Altersgruppe mehr Personen im Engagement das pro Person gesunkene Zeitbudget ausgeglichen haben.

Geht man im Zeitraum von einer etwa konstanten Bevölkerung im Alter ab 14 Jahren aus, kann man anhand der Anteile der Altersgruppen an den Engagierten, ihrer absoluten Zahl und den von ihnen eingesetzten Stunden das Zeitvolumen ermitteln, das einzelne Altersgruppen im Rahmen ihrer zeitaufwendigsten Tätigkeiten einbrachten. Diese Faktoren berücksichtigt, lässt sich für die über 65-Jährigen für das Jahr 1999 ein Zeitvolumen von 55 Mio. Stunden pro Monat ermitteln. 2009 waren das 72 Millionen, sodass es eine deutliche Überkompensation der rückläufigen Stunden pro Person gegeben hat. Im Grunde sieht man daran eine doppelte Angleichung des Verhaltens älterer Menschen an die breite Bevölkerung. Zum einen engagieren sich inzwischen anteilig deutlich mehr ältere Personen, zum anderen verhalten sich diese wie jüngere Engagierte und investieren weniger Zeit ins Engagement. Diese Angleichung des Engagements bedeutete jedoch wegen des starken Gewinns an Engagierten auch einen deutlichen Gewinn im gesamten Stundenvolumen der Altersgruppe.

Wegen der demografischen Veränderungen hat sich der Anteil der Älteren nicht nur unter den Freiwilligen erhöht, sondern auch an der Bevölkerung insgesamt. Deshalb war die Erhöhung dieses Anteils besonders wichtig, weil sie 2009 auch erheblich mehr Personen betraf. Trotz des erhöhten Beitrags der Älteren zum Zeitvolumen des Engagements kam es seit 1999 dennoch zu einem Rückgang des gesamten Stundenvolumens aller Engagierten von ca. 400 Mio. Stunden pro Monat auf ca. 380 Mio. Stunden.. Das lag daran, dass sich das Volumen, dass die Jüngeren im Alter von unter 46 Jahren einbrachten, von ca. 220 Mio. auf ca. 180 Mio. Stunden verringerte, was den Zuwachs bei den Jahrgängen im Alter ab 46 Jahren von 180 Mio. auf ca. 200 Mio. Stunden überkompensierte.

In den Familienjahrgängen konnte (auch aus demografischen Gründen) die seit 1999 rückläufige Stundenzahl nicht durch mehr Engagierte ausgeglichen werden (obwohl der Anteil der Engagierten deutlich stieg!), sodass das gesamte Zeitvolumen in dieser Gruppe deutlich rückläufig war. Hintergrund ist dabei vor allem der im Zeitraum 1999 bis 2009 deutlich abnehmende Anteil der 31- bis 45-Jährigen an der Bevölkerung, die Folge des Mitte der 1960er-Jahre einsetzenden Geburtenrückgangs. Deswegen gab es in dieser Gruppe 2009 (in absoluten Zahlen) weniger Engagierte und diese hatten auch deutlich weniger Stunden einzubringen. Ältere Engagierte gab es dagegen 2009 sogar zu über 60 % mehr (absolut) und das hat den starken Rückgang ihres monatlichen Zeitbudgets mehr als ausgeglichen. Der „Fels in der Brandung" waren die 46- bis 65-Jährigen, die bereits 1999 das ungleich höchste Zeitvolumen einbrachten (ca. 125 Mio. Stunden), welches bis 2009 stabil blieb, sodass diese Gruppe inzwischen das ungleich höchste Volumen an Stunden in das Engagement einbringt.

Erwerbstätige waren im Rahmen ihrer zeitaufwendigsten Tätigkeit 1999 im Schnitt 17 Stunden pro Monat engagiert, zehn Jahre später 15 Stunden. Mit knapp 19 Stunden im Monat verfügten Erwerbstätige, die von ihrem Arbeitgeber unterstützt wurden, über ein deutlich größeres Zeitbudget für ihr Engagement als Erwerbstätige, die keine Unterstützung erhielten (2009: 13 Stunden) oder die eine Unterstützung nicht für nötig hielten (2009: 13 Stunden). Die Unterstützung seitens der Arbeitgeber hatte 2009 bei Arbeitern einen besonders positiven Einfluss auf den zeitlichen Umfang ihres Engagements. Während Arbeiter mit Unterstützung durchschnittlich 21 Stunden pro Monat im Einsatz waren, waren solche ohne Unterstützung lediglich 13 Stunden engagiert. Da überproportional viele Arbeiter bei den Feuerwehren und Rettungsdiensten engagiert sind, profitiert dieser Engagementbereich besonders von diesem Rückhalt bzw. ist in spezieller Weise darauf angewiesen. Auch die Angestellten konnten sich bei entsprechender Unterstützung stärker in ihr Engagement einbringen. Bei Beamten ist diesbezüglich allerdings kaum ein Zusammenhang festzustellen. In Teilzeit Erwerbstätige, die zum großen Teil Frauen sind, setzten mit 12 Stunden (1999) bzw. 11,5 Stunden (2009) ein geringeres, aber nahezu konstantes Zeitbudget für ihre zeitaufwendigste Tätigkeit ein.

Beeindruckend ist der im Vergleich zu anderen Erwerbsgruppen enorm hohe zeitliche Einsatz arbeitsloser Engagierter. Sie waren 1999 im Schnitt 23 Stunden und 2009 22 Stunden pro Monat im Einsatz. Eine regelmäßige bezahlte Nebentätigkeit steht dem Engagement von Arbeitslosen nicht entgegen (ähnlich wie bei Erwerbstätigen). Anders sieht es bei der Gruppe der Schülerinnen und Schüler aus. Hier haben besonders männliche Schüler ihren (hohen) zeitlichen Einsatz zwischen 1999 und 2009 reduziert, auch Schülerinnen waren 2009 etwas weniger Stunden im Monat engagiert. Studierenden gelang es, ihren sehr hohen Einsatz (18,5 Stunden) in etwa zu halten. Studierende im Alter von bis zu 24 Jahren waren 2009 sogar etwa zwei Stunden länger pro Monat engagiert, während Studierende über 24 Jahre ihr Engagement um drei Stunden reduzierten. Der gestiegene Zeit- und Leistungsdruck, der auf Erwerbstätigen, Schülerinnen und Schülern sowie jungen Menschen in der (verlängerten) Ausbildungsphase lastet, macht sich bisher also in erster Linie durch verringerte Zeitbudgets für freiwilliges Engagement bemerkbar und weniger durch eine rückläufige Engagementquote. Eine Ausnahme stellen Studierende bis 24 Jahre dar, deren Engagement seit 1999 zwar rückläufig war, deren Zeitbudget aber anstieg.

Tabelle C6: Monatliches Zeitbudget, regelmäßige terminliche Verpflichtung und zeitliche Begrenzung der Tätigkeiten

	Zeitbudget pro Monat in Stunden (Ø)	Regelmäßige terminliche Verpflichtung?		Tätigkeit zeitlich begrenzt angelegt?	
		Ja	Nein	Ja	Nein
Alle					
1999	18	74	26	25	75
2004		72	28	23	77
2009	16	72	28	20	80
Alte Länder					
1999	18	74	26	25	75
2004		72	28	23	77
2009	16	72	28	21	79
Neue Länder					
1999	19	71	29	24	76
2004		70	30	21	79
2009	16	70	30	18	82
Männer					
1999	20	76	24	26	74
2004		74	26	23	77
2009	18	73	27	21	79
Frauen					
1999	16	70	30	23	77
2004		69	31	22	78
2009	14	70	30	19	81

	Zeitbudget pro Monat in Stunden (Ø)	Regelmäßige terminliche Verpflichtung?		Tätigkeit zeitlich begrenzt angelegt?	
		Ja	Nein	Ja	Nein
Alle					
1999	18	74	26	25	75
2004		72	28	23	77
2009	16	72	28	20	80
14–30 Jahre					
1999	19	72	28	24	76
2004		70	30	23	77
2009	17	72	28	21	79
31–45 Jahre					
1999	17	76	24	26	74
2004		71	29	25	75
2009	14	71	29	23	77
46–65 Jahre					
1999	18	75	25	23	77
2004		76	24	21	79
2009	16	74	26	19	81
66 Jahre +					
1999	21	68	32	23	77
2004		67	33	21	79
2009	17	68	32	20	80
Erwerbstätige					
1999	17	74	26	24	76
2004		74	26	23	77
2009	15	73	27	21	79
Arbeitslose					
1999	23	68	32	24	76
2004		62	38	24	76
2009	22	65	35	16	84
Schüler / Azubis / Studierende					
1999	18	75	25	29	71
2004		70	30	23	77
2009	16	74	26	22	78
Hausfrau / -mann					
1999	15	72	28	29	71
2004		70	30	21	79
2009	13	65	35	23	77
Rentner / Pensionäre					
1999	22	71	29	20	80
2004		69	31	20	80
2009	19	70	30	18	82

TNS Infratest Sozialforschung 2009, Angaben in Prozent, keine Angabe in „nein" eingerechnet

2.4   Häufigkeit der Ausübung zeitaufwendigster freiwilliger Tätigkeiten

Ein anderer Indikator des Zeitregimes freiwilligen Engagements, insbesondere für dessen Regelmäßigkeit, beschäftigt sich mit der Frequenz, mit der freiwillige Tätigkeiten ausgeübt werden. Grafik C8 zeigt anhand dieser Frage ein über alle Zeitpunkte bemerkenswert stabiles Zeitregime des Engagements. Mehr als die Hälfte der Engagierten war 2009 mindestens einmal pro Woche im Einsatz (56 %), jede bzw. jeder dritte Engagierte sogar mehrmals die Woche. Mehrmals im Monat übten 22 % der Engagierten ihre zeitaufwendigste Tätigkeit aus, 12 % waren 2009 im Schnitt einmal im Monat im Einsatz. Seltener als einmal im Monat engagierten sich nur wenige Menschen (2009: 10 %).

Besonders regelmäßig werden Tätigkeiten bei Sport und Bewegung ausgeübt und das seit 1999 mit zunehmender Tendenz (1999: 67 %, 2004: 71 %, 2009: 72 % mindestens einmal die Woche). Auch Engagierte in Kunst, Kultur und Musik sowie im sozialen Bereich waren 2009 häufiger als andere im Einsatz (63 % bzw. 62 % mindestens einmal pro Monat), allerdings mit abnehmender Tendenz. Ein Trend zu häufiger ausgeübten Tätigkeiten war 2009 bei der freiwilligen Feuerwehr und im Rettungswesen zu beobachten. Dort engagierten sich mehr Freiwillige mehrmals pro Woche. Wie schon 1999 und 2004 gaben auch 2009 eher wenige Engagierte in Schule und Kindergarten (38 %), im lokalen Bürgerengagement (38 %) und in der beruflichen Interessenvertretung (41 %) an, sich einmal pro Woche und mehr, also besonders regelmäßig zu engagieren. Während Tätigkeiten in Schule und Kindergarten häufiger nur einmal im Monat ausgeübt wurden (2009: 21 %), war sogar jede bzw. jeder fünfte Engagierte im lokalen Bürgerengagement seltener als einmal im Monat im Einsatz (2009: 22 %).

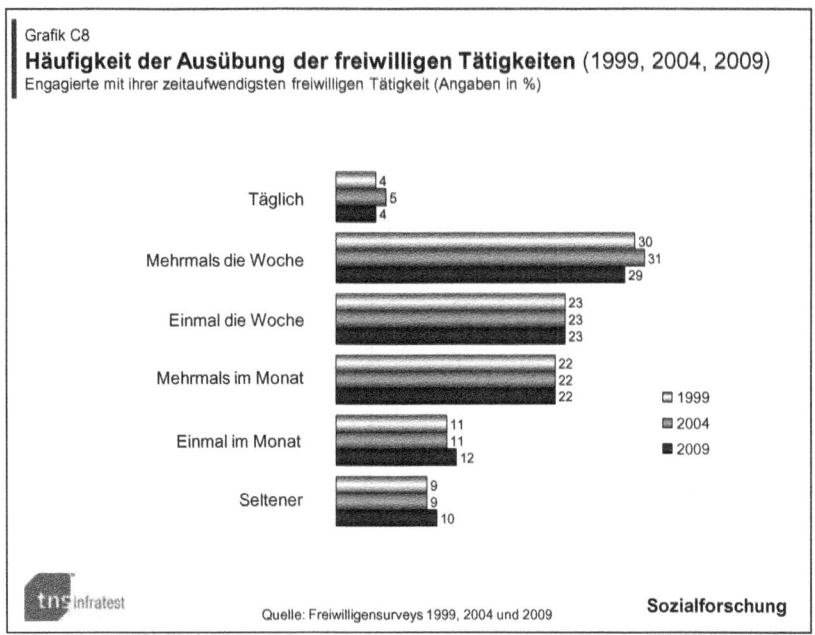

Grafik C8
Häufigkeit der Ausübung der freiwilligen Tätigkeiten (1999, 2004, 2009)
Engagierte mit ihrer zeitaufwendigsten freiwilligen Tätigkeit (Angaben in %)

	1999	2004	2009
Täglich	4	5	4
Mehrmals die Woche	30	31	29
Einmal die Woche	23	23	23
Mehrmals im Monat	22	22	22
Einmal im Monat	11	11	12
Seltener	9	9	10

tns infratest   Quelle: Freiwilligensurveys 1999, 2004 und 2009   **Sozialforschung**

Das geringere Zeitbudget, das Frauen im Vergleich zu Männern für freiwilliges Engagement zur Verfügung steht, macht sich auch bei der Frage der Tätigkeitsfrequenz bemerkbar. Frauen waren zu allen drei Zeitpunkten deutlich weniger als Männer mehrmals pro Woche engagiert (2009: Frauen: 24 %, Männer: 34 %). Sie waren stattdessen häufiger einmal im Monat bzw. seltener im Einsatz. Besonders bei Hausfrauen und Hausmännern hat sich die

Frequenz des Engagements verringert. Junge Menschen im Alter bis 30 Jahre und Schülerinnen und Schüler bzw. junge Leute in Bildung und Ausbildung engagieren sich besonders häufig (2009: 69 % mindestens einmal in der Woche). Auch ältere Menschen gehen ihrer zeitaufwendigsten Tätigkeit mit einer hohen zeitlichen Frequenz nach. Die Zeitknappheit in der Altersgruppe zwischen 31 und 45 Jahren führt dazu, dass sie sich mit eher geringer Frequenz, also nur mehrmals oder einmal im Monat, engagieren.

Die Untersuchung der zeitlichen Gestaltung freiwilliger Tätigkeiten abschließend soll es nun darum gehen, ob das Engagement in ein Gerüst regelmäßiger Termine eingebettet ist und inwieweit freiwillige Tätigkeiten zeitlich begrenzt angelegt sind, also in absehbarer Zeit beendet sein werden. Der Freiwilligensurvey zeigt bereits 1999, dass freiwilliges Engagement keine Sache der Beliebigkeit ist, sondern überwiegend in feste Zeitstrukturen eingebunden ist. Daran hat sich inzwischen kaum etwas geändert und viele der bisher untersuchten Indikatoren untermauern diesen Befund. So unterlagen 2009 72 % der zeitaufwendigsten Tätigkeiten einer regelmäßigen Terminstruktur, ähnlich wie 1999 und 2004 (vgl. Grafik C9). Auffällig ist jedoch ein Rückgang der zeitlichen Regelmäßigkeit der weniger zeitaufwendigen Tätigkeiten (1999: 67 %, 2004: 62 %, 2009: 59 %).[64] Dennoch überwiegen sowohl bei der zeitaufwendigsten Tätigkeit als auch bei einer möglichen weiteren freiwilligen Tätigkeit regelmäßige terminliche Verpflichtungen.

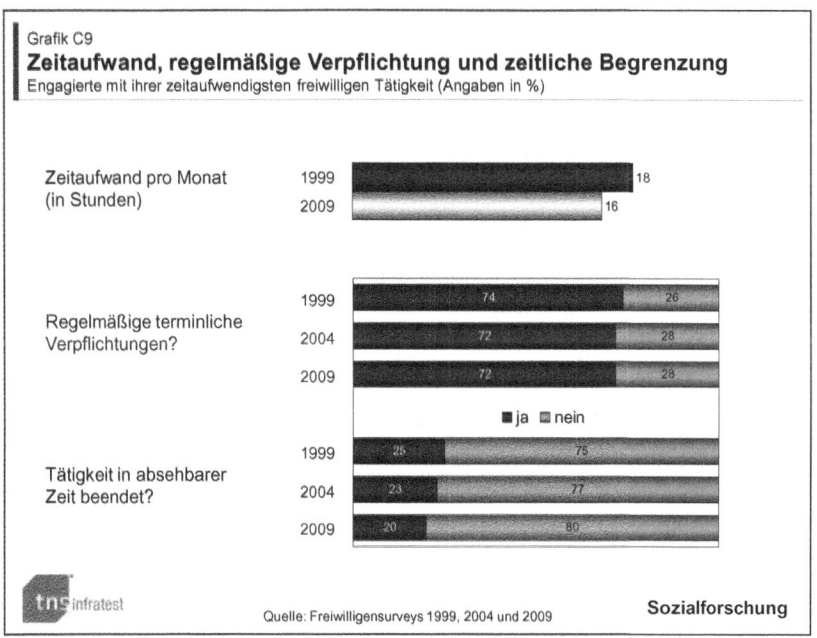

Grafik C9
Zeitaufwand, regelmäßige Verpflichtung und zeitliche Begrenzung
Engagierte mit ihrer zeitaufwendigsten freiwilligen Tätigkeit (Angaben in %)

Quelle: Freiwilligensurveys 1999, 2004 und 2009

Zu allen Zeitpunkten des Freiwilligensurveys waren Engagierte in den Bereichen „Sport und Bewegung" (76 %), „Außerschulische Jugendarbeit und Erwachsenenbildung" (76 %),

---

[64] Der Rückgang regelmäßiger Terminstrukturen bei den weniger zeitaufwendigen Tätigkeiten ist wohl eher der Nebeneffekt einer stetig gestiegenen Bereitschaft Engagierter, auch dazu Auskunft zu erteilen. Darunter waren offensichtlich mehr sporadische Tätigkeiten

„Kultur und Musik" (75 %) sowie in der beruflichen Interessenvertretung (74 %) häufiger an Termine gebunden (vgl. Tabelle C5). Engagierte in der politischen Interessenvertretung sowie bei der freiwilligen Feuerwehr und den Rettungsdiensten hatten 2009 sogar zu 80 % bzw. 85 % regelmäßige terminliche Verpflichtungen. Engagierte bei Kirche und Religion hatten 2009, ausgehend von einem hohen Niveau, in geringerem Anteil als 1999 und 2004 regelmäßige Verpflichtungen. Tätigkeiten bei Freizeit und Geselligkeit, Schule und Kindergarten, im lokalen Bürgerengagement und im Natur- und Tierschutz haben eine weniger geregelte Terminstruktur. Für Engagierte im Umwelt- und Tierschutz gab es allerdings seit 2004 deutlich mehr regelmäßige Verpflichtungen.

Freiwillige Tätigkeiten sind nicht nur überwiegend mit terminlichen Verpflichtungen verbunden, sondern zumeist auch zeitlich unbegrenzt angelegt. Während das 1999 auf drei von vier Tätigkeiten zutraf, waren das 2009 bereits 80 % der Tätigkeiten (vgl. Tabelle C5). Die weniger zeitaufwendigen Tätigkeiten waren mit 70 % zu allen Zeitpunkten weniger häufig unbegrenzt. Im Gesundheitsbereich (2009: 90 %) und im Umwelt- und Tierschutz (2009: 88 %) engagieren sich besonders viele Freiwillige in zeitlich unbegrenzt angelegten Tätigkeiten, ähnlich im sozialen Bereich, zunehmend im Freizeitbereich, bei Sport und Bewegung sowie der freiwilligen Feuerwehr und den Rettungsdiensten. Bei Tätigkeiten im Rahmen von Schulen und Kindergärten ist der Anteil zeitlich unbegrenzter Tätigkeiten am niedrigsten, was auch mit den vielen befristeten Funktionen von Eltern zusammenhängt, die sich vorrangig am Alter der Kinder orientieren. Engagement in diesem Bereich, oft von Frauen, ist ohnehin oft auf die entsprechende Familienphase begrenzt, in der die eigenen Kinder im Kindergarten- bzw. Schulalter sind.

Mit 70 % vergleichsweise niedrig ist der Anteil zeitlich unbegrenzt angelegter Tätigkeiten in der beruflichen und politischen Interessenvertretung (2009: 66 % bzw. 64 %). Hier sind viele Engagierte in leitender Funktion tätig, oft in Wahlämtern und damit nur für eine gewisse Zeit. Das bedeutet (wie in anderen Bereichen auch) aber nicht, dass Freiwillige ihr Engagement nach der Wahlperiode aufgeben. Manche bleiben über mehrere Wahlperioden im Amt, andere dem Engagementbereich in einer anderen Funktion oder Tätigkeit verbunden, einige wechseln vielleicht auch den Bereich.

Freiwillige in allen wichtigen Gruppen haben inzwischen ihre Tätigkeiten vermehrt unbegrenzt angelegt (vgl. Tabelle C6). In Ostdeutschland übten 2009 inzwischen 82 % der Freiwilligen eine Tätigkeit aus, die nicht in absehbarer Zeit beendet sein wird (1999: 76 %), in Westdeutschland waren es 79 % (1999: 75 %). Auch wenn Frauen ein geringeres Zeitbudget in ihr Engagement einbringen können als Männer und ihre Tätigkeit etwas weniger regelmäßig ausüben, haben sie doch in demselben Umfang zeitlich unbegrenzte freiwillige Tätigkeiten übernommen. Dieses Ergebnis erstaunt, da Frauen häufiger im Bereich „Kindergarten und Schule" engagiert sind und dort die Mehrheit der Tätigkeiten zeitlich begrenzt ist. Weil aber Frauen über 45 Jahre zu einem sehr hohen Anteil zeitlich unbegrenzt engagiert sind, wird der niedrige Wert der jüngeren Frauen ausgeglichen.

Arbeitslose, die monatlich besonders viel Zeit in ihr Engagement investieren, übten 2009 deutlich häufiger als 1999 bzw. 2004 eine Tätigkeit aus, die nicht in absehbarer Zeit beendet sein wird (1999 und 2004: 76 %, 2009: 84 %). Engagierte im Ruhestand hatten 2009 zu 82 % eine zeitlich unbegrenzt angelegte Aufgabe übernommen.

3. Leistungen und Anforderungen im Engagement

3.1 Was Freiwillige leisten

Die im Freiwilligensurvey wörtlich erfassten freiwilligen Tätigkeiten bzw. deren durch die Freiwilligen angegebenen Kontexte zeigen eindrucksvoll, wie thematisch vielfältig die Aufgaben und Arbeiten von Freiwilligen gelagert sind. Diese Bandbreite spiegelt sich auch in den verschiedenen Aktivitätsformen von Freiwilligen wider. Neben persönlichen Hilfeleistungen und praktischen Arbeiten sind Engagierte mit einer Reihe anderer Aufgaben betraut, viele organisieren Veranstaltungen, ein Teil besorgt die Öffentlichkeitsarbeit, andere vertreten Interessen oder übernehmen beratende Aufgaben, wieder andere kümmern sich um die pädagogische Betreuung und Anleitung einer Gruppe. Eher weniger Freiwillige führen die Verwaltungsarbeit durch, vernetzen die Organisation oder Gruppe und beschaffen finanzielle und andere Mittel für die laufende Arbeit. Zumeist übernehmen Engagierte jedoch mehrere solcher Aufgaben.

Bevor die Bedeutung der verschiedenen Aktivitätsformen für Freiwillige analysiert wird, muss auf die zunehmende Verbreitung solcher Tätigkeiten unter den Engagierten hingewiesen werden. Nannte jeder Engagierte 1999 im Schnitt noch zwei oder drei Hauptaktivitäten, waren es 2004 bereits drei und 2009 bereits vier Aufgabentypen. Weniger Zeitbudget für das Engagement (vgl. Berichtsteil C, Kapitel 2.2) steht also nicht in Opposition zu einer größeren Formenvielfalt der Tätigkeiten von Freiwilligen. Allerdings dürfte sich dadurch auch die Tätigkeitsdichte erhöht haben – eine Parallele zur Arbeitswelt. Eine andere Erklärung könnte sein, dass Freiwillige ihre Tätigkeiten aufgrund ihres gewachsenen Selbstbewusstseins anspruchsvoller beschreiben (vgl. Mitbestimmungsthematik im Berichtsteil C, Kapitel 1.3). Hierfür spricht, dass von einer zunehmenden Vielseitigkeit in allen Bereichen und Gruppen in ähnlicher Weise berichtet wird. Es geht also um ein allgemeines Phänomen, das den Freiwilligensektor insgesamt betrifft.

Die in Teil B bereits dargestellten Engagementmotive und Erwartungen drücken sich auch in der Bedeutung einzelner Tätigkeitsschwerpunkte aus. So sind Freiwillige am häufigsten mit der Organisation von Veranstaltungen und der Verrichtung praktischer Arbeiten betraut (vgl. Grafik C10). Gut ein Drittel nannte Interessenvertretung und Mitsprache als Hauptinhalt der Tätigkeit (darunter etwa gleich viele Frauen und Männer). Für jeweils ein Drittel der Befragten standen die pädagogische Betreuung und Anleitung einer Gruppe, die Durchführung von Hilfsprojekten und Beratungstätigkeiten im Mittelpunkt. Nur etwa jede bzw. jeder fünfte Engagierte nannte Mittelbeschaffung, Vernetzung oder Verwaltung als Hauptinhalt der Tätigkeit. Praktische Arbeiten waren, neben persönlichen Hilfeleistungen, ein Schwerpunkt besonders für arbeitslose Engagierte (vgl. Tabelle C7). Persönliche Hilfeleistungen sind für Frauen etwas typischer als für Männer, aber nicht in dem Maße, wie man es erwarten würde (vgl. auch die Analysen zum Bezug des Engagements der Geschlechter auf Zielgruppen). Verwaltung, Vernetzung und Öffentlichkeitsarbeit stehen bei Männern stärker im Zentrum der Aktivitäten als bei Frauen. Engagierte in den neuen Ländern berichten häufiger von Öffentlichkeitsarbeit als in den alten Ländern.

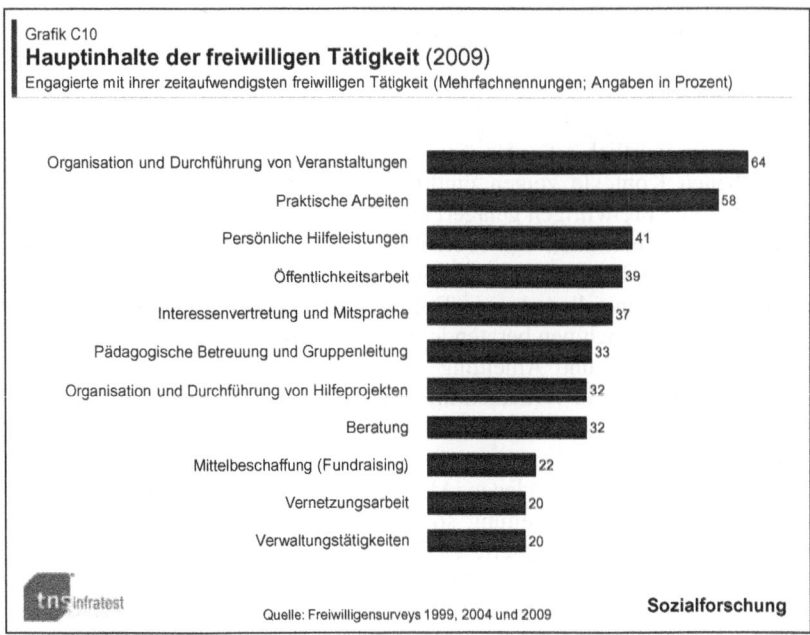

Grafik C10
Hauptinhalte der freiwilligen Tätigkeit (2009)
Engagierte mit ihrer zeitaufwendigsten freiwilligen Tätigkeit (Mehrfachnennungen; Angaben in Prozent)

Tätigkeit	Prozent
Organisation und Durchführung von Veranstaltungen	64
Praktische Arbeiten	58
Persönliche Hilfeleistungen	41
Öffentlichkeitsarbeit	39
Interessenvertretung und Mitsprache	37
Pädagogische Betreuung und Gruppenleitung	33
Organisation und Durchführung von Hilfeprojekten	32
Beratung	32
Mittelbeschaffung (Fundraising)	22
Vernetzungsarbeit	20
Verwaltungstätigkeiten	20

tns infratest   Quelle: Freiwilligensurveys 1999, 2004 und 2009   **Sozialforschung**

Die Aktivitätsprofile unterscheiden sich deutlicher, wenn man die Bereiche des Engagements vergleicht (vgl. Tabelle C8). So waren Engagierte 2009 bei Freizeit und Geselligkeit sowie bei Kultur und Musik am häufigsten mit der Organisation von Veranstaltungen und seltener mit persönlichen Hilfeleistungen beschäftigt, während Engagierte im sozialen Bereich und im Gesundheitsbereich solche Hilfeleistungen als mit Abstand wichtigste Tätigkeit benannten (vgl. Tabelle C8). Daneben üben Engagierte in den beiden letztgenannten Bereichen auch öfter beratende Funktionen aus. Tätigkeiten in den Rettungsdiensten und der freiwilligen Feuerwehr konzentrieren sich zum einen auf persönliche Hilfeleistungen und praktische Arbeiten. Zum anderen gewann seit 1999 auch die Öffentlichkeitsarbeit eine große Bedeutung. Möglicherweise macht sich darin in einem Bereich, wo viele jüngere Menschen benötigt werden, die verstärkte Suche nach Nachwuchs bemerkbar. Im Umwelt- und Tierschutz liegt der Schwerpunkt für die Mehrzahl der Engagierten bei praktischen Arbeiten und der Öffentlichkeitsarbeit.

Tabelle C7: Hauptinhalt der zeitaufwendigsten Tätigkeiten

	Pers. Hilf. (1)	Org. Hilf- proj (2)	Org. Ver- anst. (3)	Bera- tung (4)	Grup- pen- leit. (5)	Inte- ress. vert (6)	Öff lich arb (7)	Ver walt (8)	Prak. Arb (9)	Ver- netz (10)	Fund rais (11)
Alle											
1999	28	19	51	20	25	24	26	17	36	6	13
2004	31	23	58	24	27	29	32	17	45	12	19
2009	41	32	64	32	33	37	39	20	58	20	22
Alte Länder											
1999	28	19	51	20	26	23	25	17	38	7	13
2004	32	24	59	23	27	29	32	17	46	12	19
2009	40	32	64	31	33	36	38	20	58	20	21
Neue Länder											
1999	28	18	48	22	24	28	28	13	29	5	11
2004	30	20	57	25	27	31	33	15	41	11	18
2009	42	32	66	38	31	39	44	19	55	20	24
Männer											
1999	23	19	51	21	25	25	27	19	36	7	14
2004	28	22	58	25	27	30	35	20	47	13	20
2009	39	33	65	35	34	37	41	23	59	22	25
Frauen											
1999	33	19	51	19	26	24	24	13	36	5	12
2004	34	24	58	22	27	28	30	13	44	10	17
2009	42	31	64	28	32	37	36	16	56	18	19
14–30 Jahre											
1999	25	16	51	14	32	21	24	11	38	6	9
2004	31	23	57	17	34	28	27	12	45	9	15
2009	43	34	67	27	47	38	35	15	56	19	15
31–45 Jahre											
1999	28	22	57	21	28	30	27	18	38	7	16
2004	33	26	62	23	29	31	35	16	49	12	21
2009	41	35	67	29	34	38	39	18	62	21	24
46–65 Jahre											
1999	29	19	48	23	21	24	27	20	36	7	15
2004	28	22	57	25	24	28	34	20	44	13	20
2009	41	31	65	36	30	36	43	24	57	22	25
66 Jahre +											
1999	31	19	38	22	15	16	20	15	30	5	8
2004	34	19	55	31	17	28	31	17	41	11	16
2009	37	27	56	34	19	34	37	18	54	18	21
Erwerbstätige											
1999	26	21	55	22	27	27	28	19	38	7	15
2004	30	24	60	24	28	30	35	19	47	13	21
2009	39	32	68	33	35	38	41	22	59	23	25
Arbeitslose											
1999	31	18	44	23	24	22	26	16	35	5	12
2004	41	27	56	22	30	36	38	16	49	11	21
2009	54	38	64	34	39	40	44	22	67	19	26
Schüler/ Azubis/ Studierende											
1999	27	15	48	15	35	25	23	7	34	5	9
2004	33	21	55	17	33	29	24	10	45	8	14
2009	43	35	64	26	48	38	33	14	56	19	14

	Pers. Hilf. (1)	Org. Hilf- proj (2)	Org. Ver- anst. (3)	Bera- tung (4)	Grup- pen- leit. (5)	Inte- ress. vert (6)	Öff lich arb (7)	Ver walt (8)	Prak. Arb (9)	Ver- netz (10)	Fund rais (11)
Alle											
1999	28	19	51	20	25	24	26	17	36	6	13
2004	31	23	58	24	27	29	32	17	45	12	19
2009	41	32	64	32	33	37	39	20	58	20	22
Hausfrau /- mann											
1999	38	19	50	20	22	23	21	13	40	5	11
2004	36	27	62	27	26	28	32	14	54	10	19
2009	43	35	66	21	29	35	40	14	56	15	19
Rentner / Pensionäre											
1999	31	18	42	20	16	17	23	18	30	4	10
2004	30	19	55	25	17	26	30	18	40	11	16
2009	40	28	57	35	21	34	36	19	55	17	21

TNS Infratest Sozialforschung 2009, Mehrfachnennungen in Prozent

Erläuterungen zum Tabellenkopf C7:
1: Persönliche Hilfeleistungen
2: Durchführung von Hilfsprojekten
3: Organisation von Veranstaltungen
4: Beratung
5: Pädagogische Betreuung
6: Interessenvertretung und Mitsprache
7: Öffentlichkeitsarbeit
8: Verwaltungstätigkeiten
9: Praktische Arbeiten
10: Vernetzungsarbeiten
11: Mittelbeschaffung

Ein Schwerpunkt des Aktivitätsprofils von Engagierten im Bereich „Schule und Kindergarten" liegt zum einen bei der Interessenvertretung und Mitsprache, ebenso häufig werden aber auch praktische Tätigkeiten ausgeübt. Weiter gehören Hilfeleistungen und Hilfeprojekte sowie die Organisation von Veranstaltungen zum Tätigkeitsspektrum der Engagierten. Tätigkeiten von Engagierten in der politischen und beruflichen Interessenvertretung haben einen anderen thematischen Schwerpunkt als in den meisten anderen Bereichen. Naturgemäß haben die Vertretung von Interessen und die Mitsprache beiderseits einen hohen Stellenwert; Engagierte sind hier jedoch auch deutlich häufiger als anderswo mit Öffentlichkeitsarbeit, Verwaltung, Vernetzung und Mittelbeschaffung beschäftigt oder beratend tätig.

Tabelle C8: Hauptinhalt der zeitaufwendigsten Tätigkeiten

	Pers. Hilf. (1)	Org. Hilf- proj (2)	Org. Ver- anst. (3)	Bera- tung (4)	Grup- pen- leit. (5)	Inte- ress. vert (6)	Öff lich arb (7)	Ver walt (8)	Prak. Arb (9)	Ver- netz (10)	Fund rais (11)
Alle											
1999	28	19	51	20	25	24	26	17	36	6	13
2004	31	23	58	24	27	29	32	17	45	12	19
2009	41	32	64	32	33	37	39	20	58	20	22
Sport											
1999	22	14	53	16	36	18	19	19	36	5	12
2004	23	15	63	18	41	21	22	17	45	7	17
2009	34	24	67	26	45	29	28	22	57	14	21
Kultur											
1999	13	10	66	12	18	20	27	17	34	6	11
2004	14	13	72	18	20	21	34	17	42	10	18
2009	22	24	81	24	31	30	45	21	56	23	26
Freizeit											
1999	22	15	65	17	18	18	20	20	41	5	10
2004	19	16	72	19	15	26	26	18	45	8	15
2009	28	23	81	29	25	35	33	21	58	12	15
Soziales											
1999	55	33	35	30	28	20	28	18	36	10	19
2004	61	32	38	34	22	24	30	18	45	15	22
2009	67	37	44	40	26	30	34	15	52	23	24
Gesundheit*											
1999											
2004											
2009	74	25	41	42	25	25	32	13	50	16	16
Schule / Kindergarten											
1999	32	28	56	26	22	49	26	9	37	5	18
2004	37	37	61	25	28	49	34	12	50	10	27
2009	49	48	66	32	34	58	36	15	60	22	29
Jugend, Bildung											
1999	26	16	41	26	51	19	22	22	27	9	10
2004	31	27	61	28	53	29	36	19	44	20	22
2009	35	37	65	37	62	36	37	21	48	29	15
Umwelt- und Tierschutz											
1999	29	20	27	20	12	15	36	10	53	7	14
2004	33	27	26	22	10	26	33	13	64	7	20
2009	31	38	42	34	18	39	61	13	74	16	19
Politik											
1999	9	21	51	26	7	60	62	29	26	12	18
2004	16	28	57	30	9	68	74	27	35	30	32
2009	23	34	61	45	9	77	78	42	48	49	30

	Pers. Hilf. (1)	Org. Hilf- proj (2)	Org. Ver- anst. (3)	Bera- tung (4)	Grup- pen- leit. (5)	Inte- ress. vert (6)	Öff lich arb (7)	Ver walt (8)	Prak. Arb (9)	Ver- netz (10)	Fund rais (11)
Alle											
1999	28	19	51	20	25	24	26	17	36	6	13
2004	31	23	58	24	27	29	32	17	45	12	19
2009	41	32	64	32	33	37	39	20	58	20	22
Beruf											
1999	22	20	44	46	19	54	35	18	23	11	14
2004	27	25	57	47	14	66	53	20	34	27	12
2009	37	28	67	58	20	70	58	27	33	39	16
Kirche und Religion											
1999	32	22	48	16	30	16	23	13	36	6	9
2004	31	24	62	23	28	21	29	13	45	12	14
2009	37	30	68	28	35	28	35	17	59	19	18
FFW / Rettung											
1999	51	26	28	12	14	12	22	9	47	5	10
2004	70	34	47	24	24	22	39	17	62	12	22
2009	75	45	57	32	40	27	48	18	78	16	23
Bürger- engagement											
1999	19	13	46	24	12	26	36	12	36	7	11
2004	26	23	54	23	8	40	52	20	43	12	17
2009	29	31	61	36	7	43	46	18	58	20	27

TNS Infratest Sozialforschung 2009, Mehrfachnennungen in Prozent
* Werte wegen geringer Fallzahlen nur für 2009 ausgewiesen

Erläuterungen zum Tabellenkopf C8:
1: Persönliche Hilfeleistungen
2: Durchführung von Hilfsprojekten
3: Organisation von Veranstaltungen
4: Beratung
5: Pädagogische Betreuung
6: Interessenvertretung und Mitsprache
7: Öffentlichkeitsarbeit
8: Verwaltungstätigkeiten
9: Praktische Arbeiten
10: Vernetzungsarbeiten
11: Mittelbeschaffung

Die pädagogische Betreuung oder Anleitung von Gruppen ist im Rahmen der Jugend- und Bildungsarbeit ein wichtiger Schwerpunkt, ebenso die Organisation und Durchführung von Veranstaltungen und Treffen. Letzteres wird auch von vielen Engagierten im kirchlich-religiösen Bereich, im lokalen Bürgerengagement und im Sport genannt, ebenso praktische Arbeiten.

3.2 Was Freiwillige können müssen

Ebenso vielfältig wie die Tätigkeitsinhalte sind die Anforderungen, die an Freiwillige gestellt werden. Herausforderungen ermöglichen Lernerfahrungen, die für Freiwillige, insbesondere für jüngere, wertvoll sind. Insgesamt schätzten die Engagierten 2009 die an sie gestellten Anforderungen etwas weniger ausgeprägt ein. Das betraf besonders die „hohe Einsatzbereitschaft" und die „Belastbarkeit" (vgl. Tabelle C9). Von einer im Zeitverlauf gleichbleibend geforderten hohen Einsatzbereitschaft und Belastbarkeit berichteten lediglich junge Engagierte im Alter von bis zu 30 Jahren und junge Menschen in der Bildungs- und Ausbildungsphase sowie Arbeitslose. Einzig „Fachwissen" wurde den Engagierten seit 1999 auf breiter Front vermehrt abverlangt, besonders wieder jungen Menschen in der Bildungs- und Ausbildungsphase (vgl. Tabelle C10).

Freiwilliges Engagement geschieht meist nah am Menschen und so verwundert es nicht, dass Fähigkeiten des zwischenmenschlichen Umgangs weiterhin die mit Abstand wichtigste Anforderung an Engagierte sind (2009: zu 67 % in starkem Maße gefordert, vgl. Grafik C11). Dies traf besonders auf den Bereich „Außerschulische Jugendarbeit, Erwachsenenbildung" sowie die Bereiche Gesundheit und Soziales zu (vgl. Tabelle C9). Ferner wurde den Engagierten in fast allen Bereichen in starkem Maße eine hohe Einsatzbereitschaft bei der Ausübung der Tätigkeit abverlangt (besonders bei der freiwilligen Feuerwehr und den Rettungsdiensten). Einsatzbereitschaft und Belastbarkeit sind aber zumeist etwas anderes als Selbstlosigkeit oder gar Selbstaufgabe, wie die geringe, im Zeitverlauf rückläufige Bedeutung der „Selbstlosigkeit" zeigt.

Grafik C11

Anforderungen an die Tätigkeiten von Freiwilligen (2009)

Engagierte mit ihrer zeitaufwendigsten freiwilligen Tätigkeit (Angaben in %)

■ in starkem Maße ▨ in gewissem Maße ▢ nicht gefordert

	in starkem Maße	in gewissem Maße	nicht gefordert
Mit Menschen gut umgehen können	68	28	4
Hohe Einsatzbereitschaft	52	40	8
Ideenreichtum, Kreativität	45	42	13
Organisationstalent	37	48	15
Gutes Zeitmanagement	36	43	21
Fachwissen	34	42	24
Belastbarkeit	32	50	18
Führungsqualitäten	26	41	33
Selbstlosigkeit	18	49	33
Mit Behörden gut umgehen können	17	28	55

tns infratest   Quelle: Freiwilligensurveys 1999, 2004 und 2009   **Sozialforschung**

Tabelle C9: Anforderungen an die zeitaufwendigste Tätigkeit
(Kategorie „in starkem Maß")

	Org qua (1)	Führ qual (2)	Ein satz (3)	Fach wiss (4)	Mens kenn (5)	Be hörd (6)	Be last (7)	Selb los (8)	Krea tiv (9)	Zeit man (10)
Alle										
1999	39	25	57	30	70	21	37	20		
2004	38	25	55	36	68	19	33	19		
2009	37	26	52	34	68	17	32	18	45	36
Sport										
1999	39	31	56	33	71	14	36	16		
2004	41	33	55	38	71	13	33	15		
2009	40	33	51	34	69	11	31	17	42	37
Kultur										
1999	41	24	61	32	60	14	31	16		
2004	41	27	64	37	61	17	29	17		
2009	41	28	57	36	64	17	27	18	55	39
Freizeit										
1999	37	17	48	16	66	16	26	14		
2004	38	18	45	20	60	16	23	16		
2009	38	25	48	29	60	19	26	16	46	32
Soziales										
1999	39	20	64	33	81	34	52	31		
2004	36	21	54	32	78	27	43	27		
2009	32	21	48	31	76	25	39	21	42	38
Gesundheit*										
1999										
2004										
2009	24	13	52	44	78	18	41	23	37	31
Schule / Kindergarten										
1999	34	13	49	13	67	22	27	12		
2004	36	16	51	19	68	18	26	12		
2009	35	16	44	19	67	15	22	11	48	37
Jugend / Bildungsarbeit										
1999	44	31	65	36	87	23	48	16		
2004	51	36	63	51	81	16	39	17		
2009	49	39	58	47	81	17	39	11	65	43
Umweltschutz										
1999	29	15	53	39	52	22	33	28		
2004	27	15	52	46	45	29	32	22		
2009	31	8	52	41	40	22	34	20	41	27
Politik										
1999	58	32	58	28	72	50	45	25		
2004	51	34	66	41	64	36	38	22		
2009	46	35	61	37	67	42	36	16	53	39

	Org qua (1)	Führ qual (2)	Ein satz (3)	Fach wiss (4)	Mens kenn (5)	Be hörd (6)	Be last (7)	Selb los (8)	Krea tiv (9)	Zeit man (10)
Alle										
1999	39	25	57	30	70	21	37	20		
2004	38	25	55	36	68	19	33	19		
2009	37	26	52	34	68	17	32	18	45	36
Beruf										
1999	43	28	58	58	73	31	43	21		
2004	37	28	54	57	61	22	26	9		
2009	47	30	45	58	62	31	26	17	39	41
Kirche und Religion										
1999	32	20	51	18	73	14	35	27		
2004	28	19	44	25	71	11	25	20		
2009	32	19	48	22	69	8	23	17	46	29
FFW / Rettung										
1999	37	43	81	62	71	27	64	29		
2004	34	29	82	75	73	21	69	35		
2009	38	42	81	72	72	22	69	31	35	40
Bürgerengagement										
1999	40	9	50	16	75	46	26	22		
2004	37	17	54	30	65	29	26	21		
2009	33	13	47	25	59	24	28	19	40	29

TNS Infratest Sozialforschung 2009, Angaben in Prozent
* Werte wegen geringer Fallzahlen nur für 2009 ausgewiesen

Erläuterungen zum Tabellenkopf C9:
1: Organisationstalent
2: Führungsqualitäten
3: Hohe Einsatzbereitschaft
4: Fachwissen
5: Mit Menschen gut umgehen können
6: Mit Behörden gut umgehen können
7: Belastbarkeit
8: Selbstlosigkeit
9: Ideenreichtum, Kreativität
10: Gutes Zeitmanagement

Eine Anforderung, die für viele Engagierte eine motivierende Wirkung im Engagement haben dürfte, ist die Möglichkeit, sich kreativ und ideenreich zu engagieren. 2009 erstmals erhoben, erwies sich die Kreativität als eine wichtige Anforderung an die Engagierten (zu 45 % in starkem Maße). Junge und höher gebildete Engagierte sahen sich dadurch stärker gefordert, ebenso Engagierte in Kunst und Musik sowie in der außerschulischen Jugendarbeit und der Erwachsenenbildung. Eine selbstlose Einstellung wird am ehesten von älteren Engagierten gefordert, aber auch dort nur in eingeschränktem Maße (Tabelle C10). Ein kompetenter Umgang mit Behörden ist besonders in der politischen und beruflichen Interessenvertretung gefragt sowie im sozialen Bereich und im lokalen Bürgerengagement. Im freiwilligen Engagement geht es oft auch um Fähigkeiten wie das Organisieren und das Zeitmanagement (Letzteres 2009 ebenfalls neu erfragt), also im Grunde um „Managementqualitäten". Diese drücken sich am klarsten in Führungsqualitäten aus, die allerdings für die meisten Freiwilligen nicht so sehr im Mittelpunkt stehen.

Tabelle C10: Anforderungen an die zeitaufwendigste Tätigkeit
        (Auswahl „in starkem Maß")

	Org qua (1)	Führ qual (2)	Ein satz (3)	Fach wiss (4)	Mens kenn (5)	Be hörd (6)	Be last (7)	Selb los (8)	Krea tiv (9)	Zeit man (10)
Alle										
1999	39	25	57	30	70	21	37	20		
2004	38	25	55	36	68	19	33	19		
2009	37	26	52	34	68	17	32	18	45	36
Alte Länder										
1999	39	25	56	29	70	19	37	19		
2004	38	26	55	35	68	17	33	18		
2009	37	26	51	34	67	16	32	17	45	35
Neue Länder										
1999	37	23	58	31	71	29	38	24		
2004	37	20	56	37	68	23	32	20		
2009	36	23	55	36	71	24	33	20	45	36
Männer										
1999	42	30	58	37	70	23	38	21		
2004	41	31	58	45	68	21	34	21		
2009	41	31	53	41	66	21	33	19	44	36
Frauen										
1999	35	18	55	21	70	18	37	19		
2004	34	19	52	25	69	16	31	16		
2009	33	19	51	26	69	14	31	16	46	36
14–30 Jahre										
1999	41	25	62	27	72	11	38	13		
2004	36	27	66	34	71	13	38	12		
2009	35	30	63	32	74	11	36	13	49	38
31–45 Jahre										
1999	40	23	57	29	71	22	36	18		
2004	39	24	55	34	67	17	31	17		
2009	41	22	51	32	66	14	30	15	45	36
46–65 Jahre										
1999	39	28	56	32	71	28	41	25		
2004	42	27	54	40	68	23	34	22		
2009	39	28	52	36	68	22	32	20	44	37
66 Jahre +										
1999	28	20	44	31	63	23	28	26		
2004	27	19	41	32	68	20	27	24		
2009	29	21	42	35	61	22	30	23	41	30

	Org qua (1)	Führ qual (2)	Ein satz (3)	Fach wiss (4)	Mens kenn (5)	Be hörd (6)	Be last (7)	Selb los (8)	Krea tiv (9)	Zeit man (10)
Alle										
1999	39	25	57	30	70	21	37	20		
2004	38	25	55	36	68	19	33	19		
2009	37	26	52	34	68	17	32	18	45	36
Erwerbstätige										
1999	42	27	59	33	72	24	40	20		
2004	43	27	58	40	69	21	34	19		
2009	42	28	54	37	68	19	33	18	46	39
Arbeitslose										
1999	35	24	56	27	66	29	42	24		
2004	41	23	54	27	63	20	34	25		
2009	30	20	57	28	72	23	38	22	45	30
Schüler/Auszubild./ Studierende										
1999	36	24	62	27	69	10	37	11		
2004	33	27	66	32	71	11	39	10		
2009	35	32	63	34	75	10	37	11	49	37
Hausfrau/ Hausmann										
1999	34	17	52	17	70	16	32	19		
2004	32	17	49	19	70	12	27	15		
2009	31	16	49	15	66	11	28	16	44	33
Rentner/ Pensionäre										
1999	31	24	49	30	66	25	31	25		
2004	29	21	43	34	65	20	27	24		
2009	29	21	42	35	63	20	28	22	40	30

TNS Infratest Sozialforschung 2009, Angaben in Prozent

Erläuterungen zum Tabellenkopf C10:
1: Organisationstalent
2: Führungsqualitäten
3: Hohe Einsatzbereitschaft
4: Fachwissen
5: Mit Menschen gut umgehen können
6: Mit Behörden gut umgehen können
7: Belastbarkeit
8: Selbstlosigkeit
9: Ideenreichtum, Kreativität
10: Gutes Zeitmanagement

Wie bereits gesehen, sind Männer deutlich häufiger als Frauen in Leitungsfunktionen vertreten. Das zeigt sich auch in ihren Aktivitätsformen und in den Anforderungen, die an sie gestellt werden. Sie sind weit mehr „Manager" des Engagements als „Betreuer" oder „Hilfeleistende". Obwohl Frauen mehr „Dienst am Menschen" leisten, müssen sie dennoch (oder gerade deswegen) in hohem Maße Einsatzbereitschaft und Belastbarkeit zeigen. Männer sind auch häufiger beratend tätig und kümmern sich verstärkt um die Verwaltung, Mittelbeschaffung und Öffentlichkeitsarbeit. Ihr gesamtes Arbeitsprofil erfordert deswegen mehr als das der Frauen Sach- und Fachwissen sowie Führungsqualitäten. Das auch außerhalb der Zivilgesellschaft herrschende Rollenbild der Geschlechter ist somit auch im Engagement zu erkennen.

Wie bereits erwähnt, berichten Engagierte seit 1999 etwas stärker von der Notwendigkeit, über „Fachwissen" für die Ausübung ihrer freiwilligen Tätigkeit verfügen zu müssen (1999: 30 %, 2004: 36 %, 2009: 34 % „in starkem Maß"). Diese Anforderung stellt sich in besonderem Maße bei der freiwilligen Feuerwehr und den Rettungsdiensten (2009: 72 %), oft auch in der beruflichen Interessenvertretung (2009: 58 %) sowie in der außerschulischen Jugendarbeit und Bildungsarbeit (2009: 47 %). Aber auch in Bereichen, in denen 1999 Fachwissen für die Ausübung der freiwilligen Tätigkeiten eher selten gefordert war, spielte es 2009 nach Einschätzung der Befragten vermehrt eine Rolle (z. B. bei Kultur und Musik, Kirche und Religion, Schule und Kindergarten).

Angesichts der Vielfalt von Aktivitäten und Anforderungen des Engagements und eines begrenzten Zeitbudgets stellt sich die Frage, ob sich die Engagierten den Anforderungen ihrer Tätigkeiten gewachsen oder sich (zumindest manchmal) überfordert fühlen. Zu einem sehr hohen Anteil sehen sich die Engagierten den Anforderungen gewachsen (2009: 81 %; nicht grafisch oder tabellarisch ausgewiesen); von zeitweiligen Überforderungsgefühlen berichteten nur 19 % der Engagierten. Der Eindruck, den Anforderungen immer gewachsen zu sein, stieg vor allem zwischen 1999 und 2004 in praktisch allen wichtigen Gruppen und in den allermeisten Engagementbereichen an (insgesamt 1999: 75 %, 2004: 82 %). Diese positive Einschätzung ging 2004 mit einer weniger stark geforderten Belastbarkeit bei der Ausübung der Tätigkeiten einher. Nach wie vor gibt es allerdings bei Engagierten mit besonders hohen Anforderungen an die Belastbarkeit vermehrte Gefühle der Überforderung.

Weiterhin treten in einigen Bereichen des Engagements häufiger Überforderungsgefühle auf als in anderen. So berichtete 2009 mehr als jede bzw. jeder vierte Engagierte im Bereich „Freiwillige Feuerwehr und Rettungsdienste" von solchen Gefühlen (1999: 27 %, 2004: 23 %; 2009: 26 %). Angesichts der hohen Anforderungen (besonders der Belastbarkeit) in diesem Bereich ist das nachvollziehbar. Auch Engagierte in der Jugend- und Bildungsarbeit, in den Bereichen Gesundheit und Soziales fühlen sich häufiger überfordert. In diesen Bereichen sind die Anforderungen an die Belastbarkeit der Engagierten ebenfalls überdurchschnittlich hoch. Vermehrte Überforderungsgefühle im politischen Bereich hängen wohl damit zusammen, dass das Aktivitätsspektrum hier sehr anspruchsvoll ist, schon weil es so viele Engagierte in leitenden Positionen gibt.

3.3   Lernprozesse im Engagement und Weiterbildung

Freiwilliges Engagement ermöglicht über Schule, Ausbildung, Studium und Erwerbstätigkeit hinaus wichtige Lernerfahrungen. Besonders junge Menschen erwerben auf diese Weise Fähigkeiten, die für ihre Persönlichkeitsentwicklung und ihre sozialen Kompetenzen wichtig sind (vgl. Grafik C12). Das wird durch Studien bestätigt, die sich im Besonderen mit dem Kompetenzerwerb junger Menschen im freiwilligen Engagement beschäftigen.[65] Aber auch Engagierte in mittleren und älteren Jahren eröffnen sich durch freiwilliges Engagement neue Lern- und Erfahrungswelten (z. B. mit dem PC, im Internet, mit besonderen

---

[65] Vgl. Düx et al. (2009), S. 153 f.

Zielgruppen usw.). 2004 wie 2009 gaben jeweils 45 % der Engagierten an, durch ihre zeit-aufwendigste Tätigkeit in sehr hohem bzw. hohem Maße Fähigkeiten erworben zu haben, die für sie wichtig sind (davon 11 % bzw. 10 % in sehr hohem Maße). Weitere 43 % der Freiwilligen hatten 2009 in gewissem Umfang solche Fähigkeiten erlangt und nur für 12 % war das nicht der Fall.

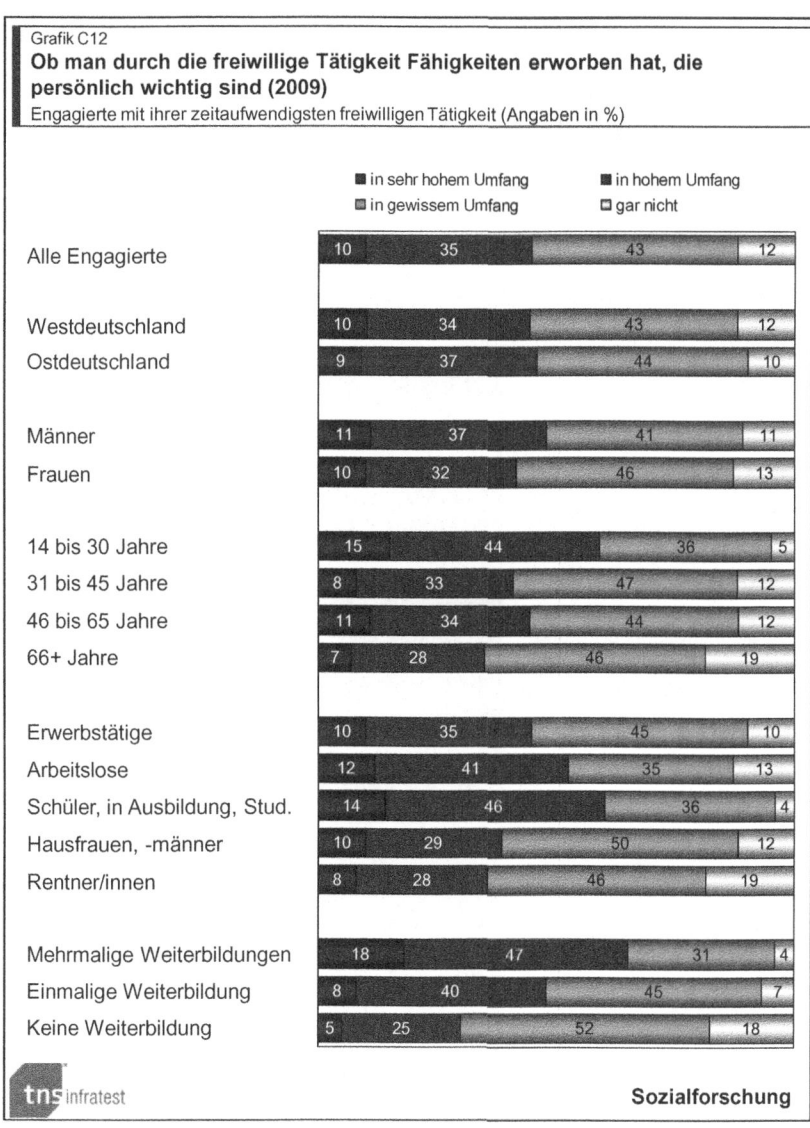

Welche Faktoren des freiwilligen Engagements und der Lebenssituation von Engagierten fördern informelle Lernprozesse? Neben der wichtigsten Größe, dem (jüngeren) Alter von Freiwilligen, war (wie bereits 2004) die Anforderung des Fachwissens von Bedeutung. Je stärker Fachwissen gefragt ist, desto intensiver die Lernerfahrungen. Noch wichtiger ist es jedoch, ob Engagierte an Maßnahmen oder Veranstaltungen zur Weiterbildung teilnehmen können (vgl. Grafik C12). Zum anderen gibt es den bemerkenswerten Effekt, dass diejenigen, die vermehrt der Anforderung der Belastbarkeit gerecht werden müssen und deswegen häufiger überlastet sind, dennoch über intensivere Lernerfahrungen berichten. Dieses gesamte Faktorenbündel trifft am meisten auf den Bereich „Freiwillige Feuerwehr und Rettungsdienste" zu (vgl. Grafik C13). Dort kombiniert sich häufig jugendliches Alter von Engagierten mit einer hohen Bedeutung von Fachwissen und Weiterbildung, außerdem ist hier die Belastbarkeit sehr gefordert.

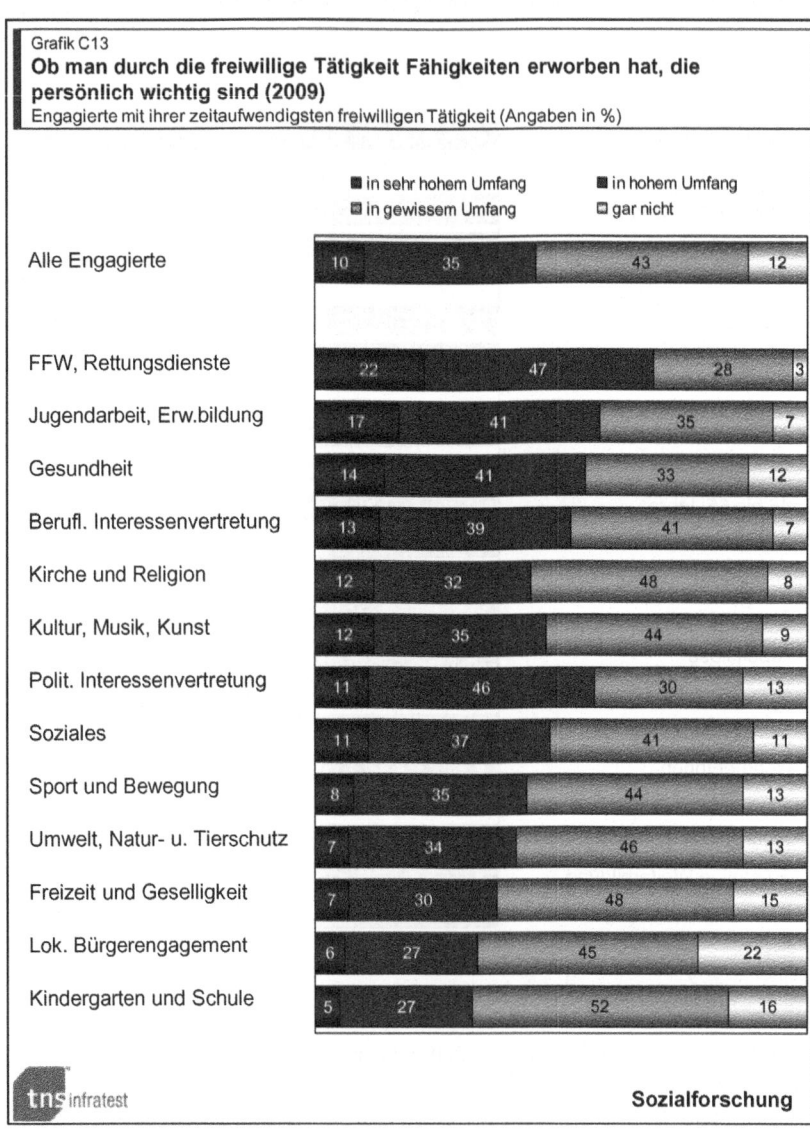

Grafik C13

Ob man durch die freiwillige Tätigkeit Fähigkeiten erworben hat, die persönlich wichtig sind (2009)

Engagierte mit ihrer zeitaufwendigsten freiwilligen Tätigkeit (Angaben in %)

	in sehr hohem Umfang	in hohem Umfang	in gewissem Umfang	gar nicht
Alle Engagierte	10	35	43	12
FFW, Rettungsdienste	22	47	28	3
Jugendarbeit, Erw.bildung	17	41	35	7
Gesundheit	14	41	33	12
Berufl. Interessenvertretung	13	39	41	7
Kirche und Religion	12	32	48	8
Kultur, Musik, Kunst	12	35	44	9
Polit. Interessenvertretung	11	46	30	13
Soziales	11	37	41	11
Sport und Bewegung	8	35	44	13
Umwelt, Natur- u. Tierschutz	7	34	46	13
Freizeit und Geselligkeit	7	30	48	15
Lok. Bürgerengagement	6	27	45	22
Kindergarten und Schule	5	27	52	16

tns infratest　　　　　　　　　　　　**Sozialforschung**

Auch in der Jugend- und Bildungsarbeit sowie in der politischen Interessenvertretung sind die Möglichkeiten zum Kompetenzerwerb groß, befördert durch die vielfältigen Tätigkeitsinhalte und Anforderungen sowie durch eine häufige Teilnahme an der Weiterbildung. Weniger stark ausgeprägt waren Lernerfahrungen in den Bereichen „Freizeit und Geselligkeit", im „Lokalen Bürgerengagement" sowie im Umfeld von „Schule und Kindergarten". In diesen Bereichen sind auch die Anforderungen an die Engagierten weniger hoch, insbesondere was das „Fachwissen" betrifft.

Die Möglichkeit zur Teilnahme an Weiterbildungskursen oder -seminaren fördert zum einen die Kompetenzen der Engagierten, ist aber zum anderen auch ein Zeichen für die Anerkennung ihrer Leistungen. In vielen Bereichen vermitteln Maßnahmen zur Weiterbildung zudem elementares Wissen, das für die Ausübung der Tätigkeit sogar Voraussetzung ist (z. B. bei der freiwilligen Feuerwehr und den Rettungsdiensten). Knapp die Hälfte der Engagierten hat bisher einmal oder mehrmals eine Veranstaltung zur Weiterbildung besucht (2009: 47 %). Interessant ist der hohe Anteil von Engagierten, die bereits mehrfach an solchen Veranstaltungen teilgenommen haben (36 %; vgl. Grafik C14). Eine knappe Mehrheit der Engagierten hat bisher keine Seminare oder Kurse zur Weiterbildung besucht (53 %).[66]

Ältere Engagierte hatten, schon weil sie ihre Tätigkeit oft bereits lange ausüben, öfter als jüngere die Gelegenheit, an einer Weiterbildung teilzunehmen. Im Vergleich zwischen Frauen und Männern haben Männer öfter an Weiterbildungen teilgenommen, was daran liegen dürfte, dass sie in ihrem Engagement häufiger als Frauen über Fachwissen verfügen müssen. Die positiven Effekte der Weiterbildung zeigen sich daran, dass diejenigen Engagierten, die bereits mehrfach an einer Weiterbildung teilgenommen hatten, ihren Kompetenzgewinn im Engagement besonders hoch veranschlagen. Einen positiven Einfluss hat auch der Anteil von Hauptamtlichen in den Organisationen. Je mehr es davon gibt, desto höher der Anteil von Engagierten, die schon einmal oder mehrmals an der Weiterbildung teilnahmen. Das verweist auf eine bessere Verfügbarkeit von Angeboten zur Weiterbildung in den Institutionen und Großorganisationen und ist sicher auch eine Frage der Finanzierung.

Die Möglichkeiten zur Teilnahme an der Weiterbildung sind im Bereich „Freiwillige Feuerwehr und Rettungsdienste" am größten (vgl. Grafik C15).[67] Drei von vier Engagierten hatten bereits mehrfach Seminare oder Kurse besucht, 9 % einmal und lediglich 16 % noch gar nicht. Die Teilnahme an Weiterbildungsmaßnahmen gehört hier zu den regulären Anforderungen, die an die Freiwilligen gestellt werden, was angesichts der besonderen Aufgaben nachvollziehbar ist. Auch in den Bereichen „Berufliche Interessenvertretung" und „Gesundheit" hatte die Hälfte der Engagierten bereits mehrmals an entsprechenden Maßnahmen teilgenommen. Angesichts hoher informeller Lerneffekte im Bereich „Kultur und Musik" verwundert der vergleichsweise niedrige Anteil von Engagierten, die sich bisher weiterbilden konnten (27 % mehrfach, 12 % einfach). Offenbar nutzen Engagierte hier auch andere Möglichkeiten der Erweiterung ihrer Fähigkeiten. Informelles Lernen ist in den Bereichen „Kindergarten und Schule" sowie „Lokales Bürgerengagement" weniger möglich. Das geht dort auch mit einer geringen Bedeutung von Weiterbildung einher.

---

[66] Die Frage lautete 2009 wie folgt: „Haben Sie im Zusammenhang mit Ihrer ehrenamtlichen bzw. freiwilligen Tätigkeit schon einmal an Kursen oder Seminaren zur Weiterbildung teilgenommen? 1: Ja, einmal. 2: Ja, mehrmals. 3: Nein / Keine Angebote vorhanden."

[67] Die Ergebnisse der Surveys von 1999 und 2004 lassen den Schluss zu, dass in Bereichen mit einem großen Angebot an Weiterbildungsmaßnahmen auch die Teilnahmequoten höher sind.

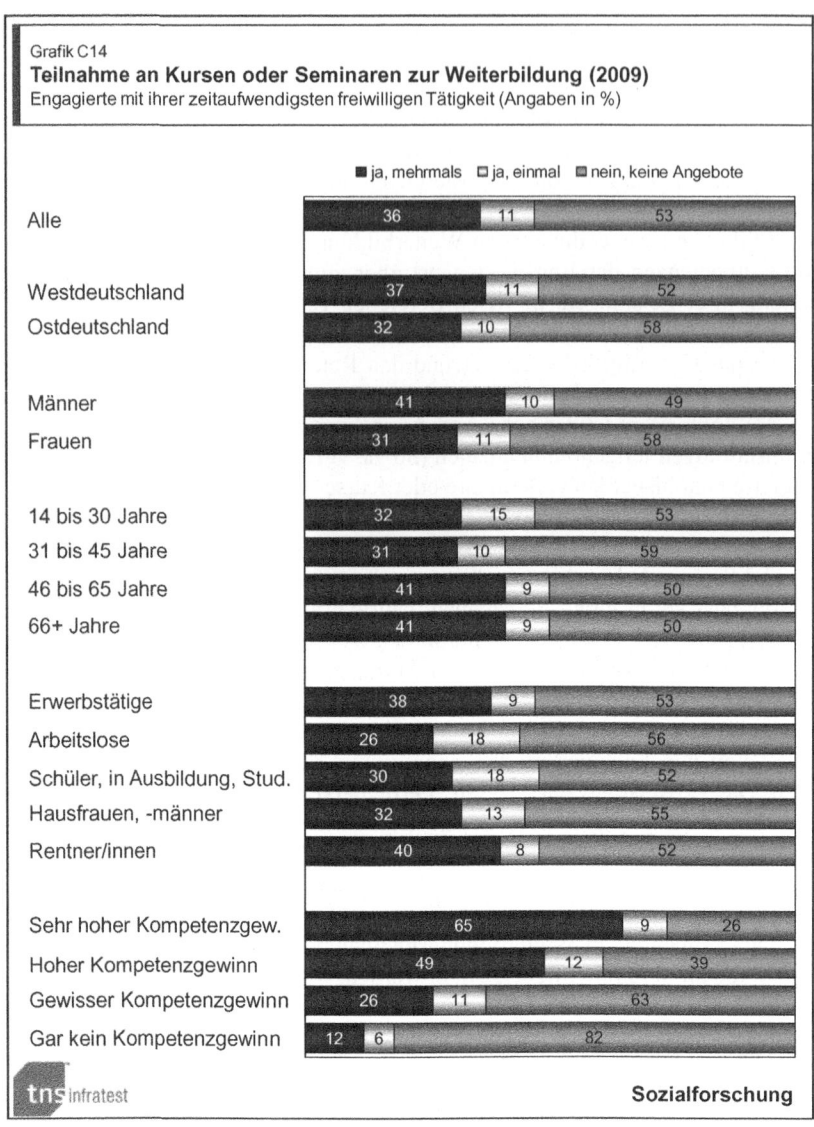

Grafik C14
Teilnahme an Kursen oder Seminaren zur Weiterbildung (2009)
Engagierte mit ihrer zeitaufwendigsten freiwilligen Tätigkeit (Angaben in %)

■ ja, mehrmals   ▢ ja, einmal   ▣ nein, keine Angebote

	ja, mehrmals	ja, einmal	nein, keine Angebote
Alle	36	11	53
Westdeutschland	37	11	52
Ostdeutschland	32	10	58
Männer	41	10	49
Frauen	31	11	58
14 bis 30 Jahre	32	15	53
31 bis 45 Jahre	31	10	59
46 bis 65 Jahre	41	9	50
66+ Jahre	41	9	50
Erwerbstätige	38	9	53
Arbeitslose	26	18	56
Schüler, in Ausbildung, Stud.	30	18	52
Hausfrauen, -männer	32	13	55
Rentner/innen	40	8	52
Sehr hoher Kompetenzgew.	65	9	26
Hoher Kompetenzgewinn	49	12	39
Gewisser Kompetenzgewinn	26	11	63
Gar kein Kompetenzgewinn	12	6	82

tns infratest   **Sozialforschung**

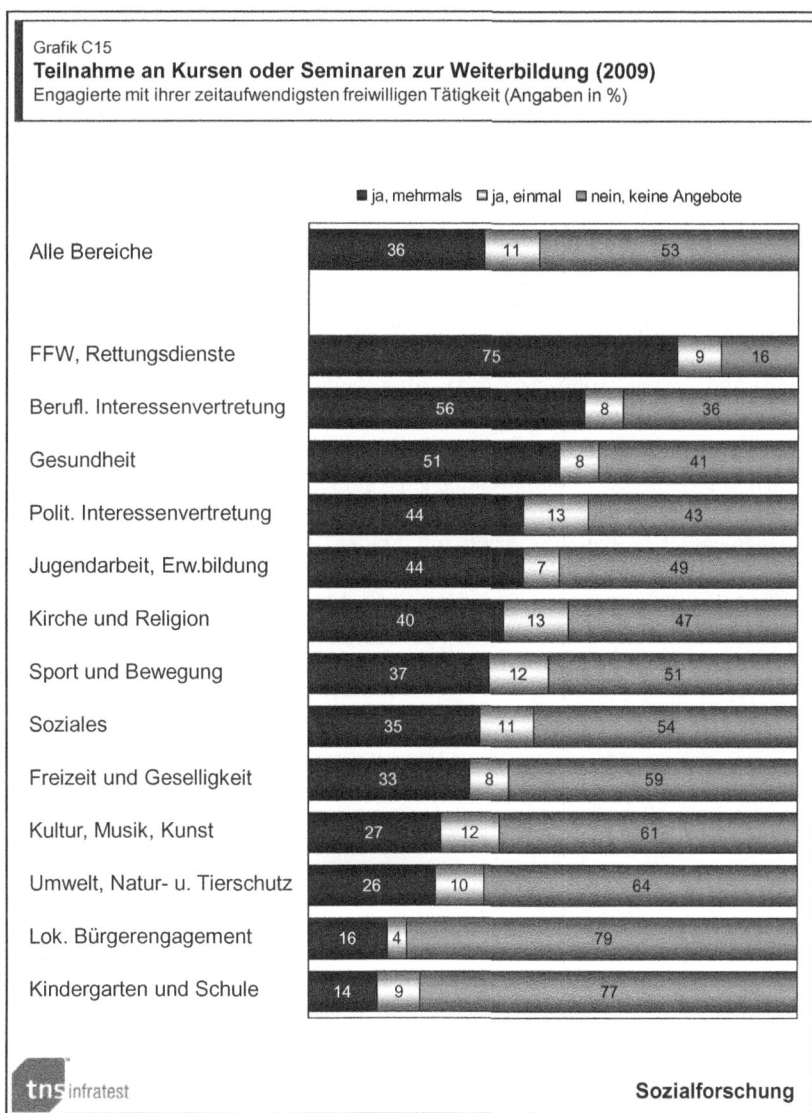

Grafik C15
Teilnahme an Kursen oder Seminaren zur Weiterbildung (2009)
Engagierte mit ihrer zeitaufwendigsten freiwilligen Tätigkeit (Angaben in %)

4. Zielgruppen des freiwilligen Engagements

Freiwilliges Engagement kann auf bestimmte Zielgruppen gerichtet sein bzw. diesen zu-gutekommen. Das muss aber nicht sein, weil sich eine Reihe von freiwilligen Tätigkeiten auf verschiedene Gruppen gleichermaßen beziehen bzw. Sach- und Facharbeiten sind, die nicht oder nur mittelbar personenbezogen sind. Andererseits sind die potenziellen Ziel-gruppen freiwilliger Tätigkeiten vielfältig. Um dieses Spektrum besser zu erfassen, wurden 2004 über die klassischen Gruppen der Kinder und Jugendlichen, der älteren Menschen und der Frauen hinaus zusätzlich die Zielgruppen der Familien, Behinderten und Zuwanderer bzw. Flüchtlinge erfasst. 2009 wurden die Zielgruppen durch eine weitere Kategorie ergänzt (Sammelkategorie „Arbeitslose, Existenzgründer und Arbeitsuchende"). Diese Erweiterungen zeigten allerdings im Ergebnis vor allem, dass die neu aufgenommenen Gruppen mit Ausnahme der Familien im freiwilligen Engagement nur eine sehr geringe Rolle spielen. In Tabelle C11 sind deshalb nur die größten Zielgruppen ausgewiesen, auch um den Zeitvergleich zu gewährleisten. Sehr kleine Zielgruppen („Behinderte", „Zuwanderer und Flüchtlinge, Arbeitslose etc.") wurden in der Kategorie „Anderer Personenkreis" zusammengefasst.

Die Mehrheit der freiwilligen Tätigkeiten richtet sich an bestimmte Zielgruppen (2009: 59 %; vgl. Grafik C16) und damit an ebenso viele wie 2004. Nach wie vor am häufigsten dreht es sich im freiwilligen Engagement speziell um Kinder und Jugendliche (2009: 35 %; 2004: 34 %; 1999: 36 %). Deutlich seltener als Kinder und Jugendliche, aber in leicht zunehmendem Maße, standen ältere Menschen im Mittelpunkt freiwilliger Tätigkeiten (2009: 10 %, 2004: 9 %, 1999: 8 %), vor allem im sozialen Bereich. An Familien richteten sich 2009 4 % der zeitaufwendigsten Tätigkeiten, traditionell besonders bei Freizeit und Geselligkeit, inzwischen weniger bei Kirche und Religion, aber mehr im lokalen Bürgerengagement. 2 % hatten speziell mit Frauen (vermehrt im Bereich „Freizeit und Geselligkeit" und im Bereich „Kirche und Religion") zu tun, ebenso mit behinderten Menschen. 1 % der zeitaufwendigsten Tätigkeiten war 2009 auf „Ausländerinnen und Ausländer bzw. Zuwanderinnen und Zuwanderer" gerichtet.

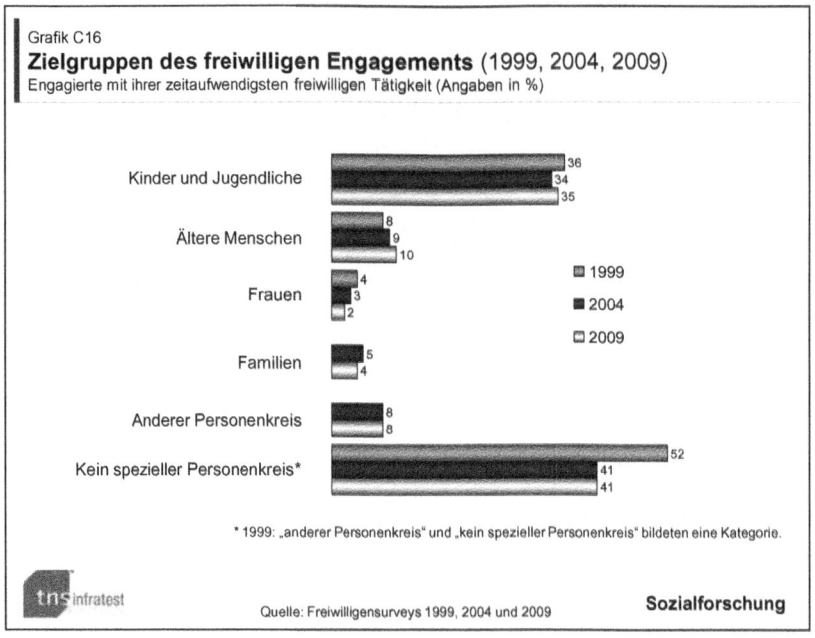

Weitere Zielgruppen spielten 2009 zu 5 % eine Rolle, besonders häufig im Engagementbereich „berufliche Interessenvertretung" (34 %). Hier sind Arbeitnehmerinnen und Arbeitnehmer, Arbeitslose, Existenzgründerinnen und Existenzgründer sowie Arbeitgeber ver-

mehrt Zielgruppen des freiwilligen Engagements. Ältere Menschen und Menschen mit Behinderungen spielen in den Bereichen Soziales und Gesundheit eine erhöhte Rolle. Wenig
mit Zielgruppen haben Tätigkeiten in den Bereichen „Freiwillige Feuerwehr und Rettungsdienste", „Umwelt- und Tierschutz" sowie in der politischen Interessenvertretung zu tun.

Tabelle C11: Zielgruppen freiwilliger Tätigkeiten

	Personenkreis, den die zeitaufwendigste Tätigkeit überwiegend betrifft					
	Kinder, Jugendliche	Ältere Menschen	Familien	Frauen	Anderer*	Kein spezieller
Alle						
1999	36	8		4		52
2004	34	9	5	3	8	41
2009	35	10	4	2	8	41
Sport und Bewegung						
1999	42	5		4		49
2004	47	4	4	4	4	37
2009	50	6	4	3	4	33
Kultur und Musik						
1999	25	4		4		67
2004	17	8	3	2	9	61
2009	18	5	4	3	8	62
Freizeit und Geselligkeit						
1999	25	11		6		58
2004	18	11	12	4	7	48
2009	18	12	10	5	5	50
Gesundheit**						
1999						
2004						
2009	6	32	4	3	19	36
Schule und Kindergarten						
1999	94	1		0		5
2004	92	0	2	0	2	4
2009	92	0	3	0	2	3
Jugend und Bildung						
1999	72	6		2		20
2004	63	7	2	2	15	11
2009	66	2	3	1	9	19
Umwelt- und Tierschutz						
1999	9	0		0		91
2004	8	2	4	0	6	80
2009	8	4	4	0	6	78
Sozialer Bereich						
1999	23	29		4		44
2004	17	33	4	3	20	23
2009	16	37	4	2	18	23

	Personenkreis, den die zeitaufwendigste Tätigkeit überwiegend betrifft					
	Kinder, Jugendliche	Ältere Menschen	Familien	Frauen	Anderer*	Kein spezieller
Alle						
1999	36	8		4		52
2004	34	9	5	3	8	41
2009	35	10	4	2	8	41
Politik						
1999	14	4		2		80
2004	12	1	4	3	10	70
2009	10	3	5	1	8	73
Kirche und Religion						
1999	29	14		6		51
2004	24	14	12	4	4	42
2009	27	12	6	4	2	49
FFW und Rettungsdienste						
1999	13			0		85
2004	18	21	0	0	2	79
2009	16	1	2	0	3	78
Lokales Bürgerengagement						
1999	12	6		3		79
2004	11	5	10	5	9	60
2009	12	10	13	0	9	56

TNS Infratest Sozialforschung 2009, Angaben in Prozent
*Aufgrund geringer Fallzahlen wurden in die Kategorie „Anderer Personenkreis" auch die 2004 erstmals erhobenen Zielgruppen „Behinderte", „Zuwanderer, und Ausländer, Flüchtlinge" und die 2009 neu erhobene Kategorie „Arbeitslose, Existenzgründer, andere Arbeitsuchende" eingerechnet.
** Werte wegen geringer Fallzahlen nur für 2009 ausgewiesen.

Deutliche Unterschiede setzen die Alters- und Erwerbsgruppen (vgl. Tabelle C12). Junge Menschen im Alter bis zu 30 Jahren bzw. in Schule, Ausbildung oder Studium engagierten sich 2009 in hohem Umfang für ihre bzw. mit ihrer eigenen „Peergroup". Mit dem Lebensalter nimmt die Bedeutung der Zielgruppe „Kinder und Jugendliche" ab; dafür gewinnen ältere Menschen an Bedeutung. Dieser Schwerpunkt beim Engagement Älterer für Ältere war bereits seit 1999 zu erkennen und verstärkte sich bis 2004. 2009 waren die Tätigkeiten von 33 % der Engagierten im Alter ab 66 Jahren bzw. von 30 % der Rentnerinnen und Rentner sowie der Pensionärinnen und Pensionäre auf ältere Menschen hin ausgerichtet.

Während das freiwillige Engagement von Frauen weiterhin einen erhöhten Bezug zu Zielgruppen hat, waren freiwillige Tätigkeiten von Männern auch 2009 weniger auf Zielgruppen ausgerichtet („keine spezielle Zielgruppe", Männer: 48 %, Frauen: 33 %). Zum einen engagieren sich Frauen häufiger als Männer für Kinder und Jugendliche; vor allem aber kümmern sie sich doppelt so häufig wie Männer um ältere Menschen. Insbesondere Frauen im Alter von über 65 Jahren leisten anderen älteren Menschen Unterstützung (oft wohl die rüstigeren den weniger rüstigeren). Bei den Frauen ist über die Zeit eine gewisse Verlagerung des Engagements von den Zielgruppen der Kinder und Jugendlichen auf ältere Menschen zu erkennen. Hausfrauen und Hausmänner engagieren sich häufig, aber mit abnehmender Tendenz für Kinder und Jugendliche (41 %) sowie für ältere Menschen (11 %).

Auffällig ist bei den Hausfrauen und Hausmännern, dass ihre freiwilligen Tätigkeiten immer weniger speziell mit Frauen zu tun haben.

Tabelle C12:   Zielgruppen freiwilliger Tätigkeiten

	Personenkreis, den die zeitaufwendigste Tätigkeit überwiegend betrifft					
	Kinder, Jugendliche	Ältere Menschen	Familien	Frauen	Anderer*	Kein spezieller
Alle						
1999	36	8		4		52
2004	34	9	5	3	8	41
2009	35	10	4	2	8	41
Alte Länder						
1999	35	8		4		53
2004	34	9	5	3	8	41
2009	35	10	5	2	7	41
Neue Länder						
1999	38	9		4		49
2004	35	8	5	2	9	41
2009	31	11	4	2	9	43
Männer						
1999	32	5		1		62
2004	32	6	4	0	8	50
2009	33	7	4	0	8	48
Frauen						
1999	41	11		8		40
2004	37	12	6	5	8	32
2009	37	14	5	5	6	33
14–30 Jahre						
1999	53	1		2		44
2004	57	1	3	1	6	32
2009	55	2	2	1	6	34
31–45 Jahre						
1999	45	3		4		48
2004	44	1	5	2	7	41
2009	46	3	4	1	6	40
46–65 Jahre						
1999	23	13		5		59
2004	22	10	7	5	9	47
2009	25	10	6	4	9	46
66 Jahre +						
1999	11	26		3		60
2004	9	32	6	2	9	42
2009	11	33	4	3	7	42

	Personenkreis, den die zeitaufwendigste Tätigkeit überwiegend betrifft					
	Kinder, Jugendliche	Ältere Menschen	Familien	Frauen	Anderer*	Kein spezieller
Alle						
1999	36	8		4		52
2004	34	9	5	3	8	41
2009	35	10	4	2	8	41
Erwerbstätige						
1999	35	4		4		57
2004	35	4	6	3	8	44
2009	36	4	5	2	8	45
Arbeitslose						
1999	36	7		7		50
2004	34	8	5	1	12	40
2009	37	7	9	1	6	40
Schüler/Azubis/Stud.						
1999	63	1		1		35
2004	61	1	2	1	6	29
2009	59	2	1	1	7	30
Hausfrau/-mann						
1999	46	11		10		33
2004	42	11	5	7	4	31
2009	41	11	4	5	4	35
Rentner/Pensionäre						
1999	11	24		4		61
2004	10	27	6	2	8	47
2009	13	30	4	3	8	42

TNS Infratest Sozialforschung 2009, Angaben in Prozent
*Aufgrund geringer Fallzahlen wurden in die Kategorie „Anderer Personenkreis" auch die 2004 erstmals erhobenen Zielgruppen „Behinderte", „Zuwanderer, Ausländer, Flüchtlinge" und die 2009 neu erhobene Kategorie „Arbeitslose, Existenzgründer, andere Arbeitsuchende" eingerechnet.

Kinder und Jugendliche sind immer noch die ungleich wichtigste Zielgruppe für freiwillig engagierte Menschen. Aufgrund der demografischen Entwicklung ist der Anteil der Kinder und Jugendlichen an der Bevölkerung jedoch rückläufig und wird weiter abnehmen. In den neuen Ländern ist diese Veränderung anhand des seit 1999 immer geringeren Bezugs des freiwilligen Engagements auf Kinder und Jugendliche bereits erkennbar. Das ist wohl ein Effekt des dort bereits stärker wirksamen demografischen Wandels, aber auch der Abwanderung jüngerer Menschen in die alten Bundesländer.

4.1 Kinder und Jugendliche sowie Familien als Zielgruppen freiwilligen Engagements

Es wurde bereits die These aufgestellt, dass Kinder und Jugendliche für ihre Eltern eine wichtige „Brücke" ins freiwillige Engagement sind. Andererseits leben engagierte Eltern ihren Kindern freiwilliges Engagement vor und legen einen wichtigen Grundstein dafür, dass sich ihre Kinder bereits in einer frühen Altersstufe oder später einmal selbst für das Gemeinwesen oder andere Menschen einsetzen. In den Engagementbereichen „Kindergarten und Schule" (92 %), „Jugendarbeit und Erwachsenenbildung" (66 %) und „Sport und Bewegung" (50 %) stellen Kinder und Jugendliche eine wichtige Zielgruppe dar. Beacht-lich ist der Zuwachs im Sportbereich, wo 1999 erst 42 % der zeitaufwendigsten Tätigkeiten im Speziellen mit Kindern und Jugendlichen zu tun hatten, 2004 bereits 47% und 2009 bereits genau die Hälfte (50 %). Im Bereich „Kindergarten und Schule" ging es 2009 auf etwa gleichbleibendem Niveau um Kinder und Jugendliche, wobei sich der enorm hohe Wert von 92 % naturgemäß aus der Typik der Einrichtungen erklärt. Im Zeitverlauf weni-ger um Kinder und Jugendliche ging es in den Bereichen „Kultur und Musik" und „Freizeit und Geselligkeit".

Kinder und Jugendliche profitieren nicht nur von freiwilligem Engagement, sondern sie engagieren sich auch besonders häufig zusammen mit ihren Altersgenossinnen und Altersgenossen. Je jünger die Freiwilligen, desto häufiger stehen Kinder und Jugendliche im Vordergrund ihrer Tätigkeiten. Man erkennt das besonders, wenn man die Altersgrup-pen sehr fein schneidet (vgl. die 69 % bei unter 20-Jährigen; vgl. Grafik C17). Bereits ab dem Alter von 20 Jahren verlieren Kinder und Jugendliche als Zielgruppe oder Mitstreiter an Bedeutung, stehen aber bei den 30- bis 34-Jährigen immer noch zu 41 % im Mittelpunkt. In der Familienphase, besonders wenn die Kinder den Kindergarten oder die Grundschule besuchen, konzentriert sich das freiwillige Engagement wieder stärker auf Kinder und Ju-gendliche (49 % der 40- bis 44-Jährigen). Das Engagement der Familienjahrgänge ist vor allem über eigene Kinder vermittelt und führt dazu, dass Eltern mit Kindern im Haushalt sich in besonders hohem Umfang für Kinder und Jugendliche einsetzen (2009: 61 % der unter 40- bis 44-Jährigen).

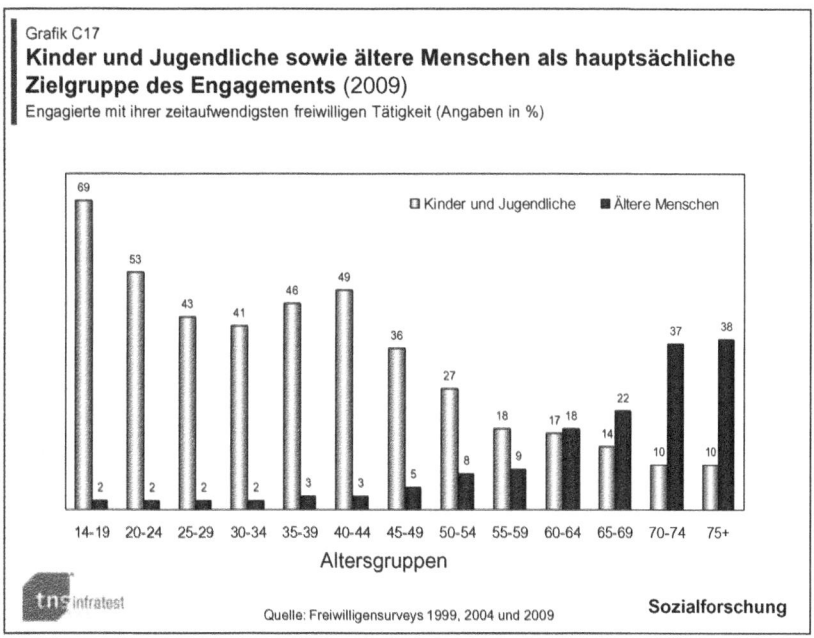

Grafik C17
Kinder und Jugendliche sowie ältere Menschen als hauptsächliche Zielgruppe des Engagements (2009)
Engagierte mit ihrer zeitaufwendigsten freiwilligen Tätigkeit (Angaben in %)

Quelle: Freiwilligensurveys 1999, 2004 und 2009

Ausgehend von den 40- bis 44-Jährigen hat das Engagement mit zunehmendem Alter im-mer weniger mit Kindern und Jugendlichen zu tun. Stattdessen gewinnen zunächst Familien und in der Folge ältere Menschen als Zielgruppen an Bedeutung. Andererseits ist das Engagement im Alter zwischen 46 und 65 Jahren weniger auf Zielgruppen bezogen, vor allem wegen der hohen Quote von Freiwilligen mit Leitungspositionen in diesen Jahrgängen. In der Altersgruppe zwischen 60 und 64 Jahren ist das Gewicht der Zielgruppen Kinder und Jugendliche und ältere Menschen etwa gleich stark (17 % Kinder und Jugendliche, 18 % ältere Menschen). Ab dem Alter von 70 Jahren stehen ältere Menschen im Mittelpunkt des Engagements (37 % bei unter 70- bis 74-Jährigen, 38 % bei den 75-Jährigen und Älteren). Teils wird es sich dabei um die Unterstützung seitens rüstiger Älterer für weniger Rüstige handeln, teils aber auch um gemeinsame Aktivitäten gesundheitlich weniger eingeschränkter, älterer Menschen.

Tabelle C13 zeigt, dass es 2009 bei Engagierten mit Kindern und Jugendlichen als Zielgruppe zu 11 % um Vorschulkinder ging, zu 28 % um Schulkinder im Alter von bis zu 14 Jahren und zu 22 % um Jugendliche im Alter über 14 Jahre ging. Eine gemischte Altersstruktur war mit 39 % der typischste Fall. Im Vergleich zu 2004 bezog sich das Engagement, bei dem es speziell um Kinder und Jugendliche ging, 2009 etwas stärker auf Jugendliche im Alter ab 14 Jahren oder es war weniger altersspezifisch. In erster Linie gemischte Altersverhältnisse von Kindern und Jugendlichen sind in allen für diese Zielgruppe typischen Bereichen zu erkennen. Nach wie vor sind allerdings im Bereich „Schule und Kindergarten" die meisten Tätigkeiten an bestimmte Altersstufen von Kindern und Jugendlichen gekoppelt. Nur 22 % der Tätigkeiten richteten sich dort 2009 an Kinder und Jugendliche gemischten Alters.

Tabelle C13:   Zusammensetzung der Zielgruppe „Kinder und Jugendliche"

	Kinder und Jugendliche				Tätigkeit betrifft die eigenen Kinder	
	Vorschul- kinder	Schul- kinder	Jugendl. über 14 Jahre	Gemischt	Ja	Nein
Alle						
2004	12	30	22	36	69	31
2009	11	28	22	39	64	36
Sport und Bewegung						
2004	5	33	21	41	66	34
2009	3	34	19	44	54	46
Kindergarten und Schule						
2004	30	39	11	20	88	12
2009	27	36	15	22	89	11
Jugend und Bildungsarbeit						
2004	3	25	30	42	56	44
2009	2	14	39	45	26	74
Kirche und Religion						
2004	11	38	23	28	47	53
2009	10	20	32	38	37	63

TNS Infratest Sozialforschung, Angaben in Prozent

Freiwilliges Engagement im Sport und in der Jugendarbeit kommt besonders häufig Kindern und Jugendlichen in gemischten Altersstufen zugute. Das traf jeweils auf 44 % bzw.

45 % der zeitaufwendigsten Tätigkeiten zu. Nur 3 % bzw. 2 % der Engagierten im Sportbereich bzw. in der Jugendarbeit kümmerten sich 2009 im Rahmen ihrer zeitaufwendigsten Tätigkeit um Vorschulkinder. Im Sportbereich lag neben den altersgemischten Gruppen ein weiterer Schwerpunkt auf Schulkindern im Alter bis zu 14 Jahren, in der Jugendarbeit auf Tätigkeiten für Schulkinder ab 14 Jahren.

Parallel zu einer etwas stärkeren Altersdurchmischung von Kindern und Jugendlichen haben die Tätigkeiten von Freiwilligen inzwischen auch etwas weniger mit eigenen Kindern zu tun (2004: 69 %, 2009: 64 %). Eine geringere Verbindung des Engagements mit eigenen Kindern ist besonders im Bereich „Außerschulische Jugendarbeit und Erwachsenenbildung" zu beobachten. Nur in Kindergarten und Schule standen seit 1999 in etwa gleich viele Tätigkeiten (und die überwiegende Anzahl) in Verbindung mit eigenen Kindern. Dort wird von Eltern oft ein Einsatz für die Krippe, den Kindergarten oder die Schule gefordert oder ist manchmal sogar Voraussetzung für die Aufnahme von Kindern in eine Einrichtung. In erster Linie dürfte es Eltern aber darum gehen, die Entwicklungsbedingungen für ihre Kinder mitzugestalten oder zu verbessern. Der sehr hohe Anteil von Tätigkeiten im Bereich „Kindergarten und Schule", die etwas mit den eigenen Kindern von Freiwilligen zu tun haben (89 %), führt dazu, dass dadurch der Gesamtdurchschnitt erheblich beeinflusst wird. Deshalb lag in den anderen Bereichen der Anteil der Tätigkeiten, die in Verbindung mit den eigenen Kindern ausgeübt werden, sowohl 2004 als auch 2009 unter den Durchschnittswerten.

Familien sind die (auch verfassungsrechtlich anerkannte) Keimzelle von Gesellschaft und Staat. Eltern legen mit der Erziehung ihrer Kinder zur Gemeinschaftsfähigkeit wichtige Grundlagen für das gesellschaftliche Zusammenleben. Die jüngeren Familienjahrgänge im Alter zwischen 30 und 45 Jahren stehen heute allerdings unter einem erheblichen Druck, beruflichen, familiären und privaten Erfordernissen gerecht zu werden. Familien gehören dennoch, wie im Kapitel zum Engagement von Familien dargestellt, weiterhin zu den besonders engagierten Gruppen und sind somit wichtige Träger der Zivilgesellschaft.

Familien engagieren sich nicht nur für andere Menschen, sondern stehen selbst im Mittelpunkt freiwilliger Tätigkeiten, z. B. wenn es um die Organisation von Familienfreizeiten, Tätigkeiten im Faschingsverein oder im Freizeit- und Gemeinschaftsverein sowie im Kirchengemeinderat geht. Sie sind jedoch viel seltener spezielle Zielgruppe des Engagements als Kinder und Jugendliche und auch im Vergleich mit den älteren Menschen stehen sie weniger im Vordergrund des Engagements. Während das Engagement für Kinder und Jugendliche bzw. für ältere Menschen stark an der Altersgruppe von Freiwilligen ausgerichtet ist, lassen sich Freiwillige, deren Engagement mit Familien zu tun hat, weniger bestimmten Altersgruppen zuordnen. Allerdings kann man festhalten, dass der Schwerpunkt im Alter zwischen 45 und 65 Jahren liegt; auch setzten sich etwas mehr Frauen als Männer für Familien ein.

4.2   Ältere Menschen als Zielgruppe des freiwilligen Engagements

Ältere Menschen bringen sich immer stärker durch öffentliche Beteiligung und freiwilliges Engagement in die Zivilgesellschaft ein. Gleichzeitig sind sie zunehmend auch eine Zielgruppe solcher Aktivitäten. Im Jahr 2009 hatten 10 % der zeitaufwendigsten Tätigkeiten mit dieser Bevölkerungsgruppe zu tun. Dabei geht es oft und zunehmend um Engagement

Älterer für Ältere bzw. um Engagement von Älteren mit Älteren. So richtete sich 2009 jede dritte Tätigkeit von Engagierten im Alter ab 66 Jahren speziell an ältere Menschen, bei den über 75-Jährigen traf das sogar auf 38 % der Tätigkeiten zu. Je jünger die Engagierten, desto seltener stehen ältere Menschen im Mittelpunkt des Engagements. Die im Zeitverlauf gestiegene Bedeutung des Engagements für ältere Menschen geht ganz überwiegend darauf zurück, dass sich vermehrt Menschen im Alter von über 65 Jahren für ältere Menschen einsetzten. Dieser Trend zeigte sich besonders zwischen 1999 und 2004, als parallel zu dem wachsenden Engagement von Menschen im Alter ab 65 Jahren auch die Ausrichtung des Engagements auf ältere Menschen deutlich stieg.

Ältere Menschen sind in einigen Engagementbereichen eine wichtige Zielgruppe des freiwilligen Engagements, wobei sich dieses Phänomen auf die Bereiche Soziales und Gesundheit konzentriert. Im sozialen Bereich hatten bereits 1999 29 % der zeitaufwendigsten Tätigkeiten speziell mit älteren Menschen zu tun, 2004 schon 33 % und 2009 bereits 37%. Auch im Gesundheitsbereich sind ältere Menschen als Zielgruppe besonders bedeutsam (2009: 32 %). Im kirchlich-religiösen Bereich sowie im Bereich „Freizeit und Geselligkeit" ging es 2009 zu je 12 % speziell um ältere Menschen, was zumindest über dem allgemeinen Durchschnitt lag.

Viele ältere Menschen wollen heute bis ins fortgeschrittene Alter an der Gesellschaft teilhaben und nicht nur in ihren klassischen Bereichen wie „Soziales", „Gesundheit" sowie „Kirche und Religion". Das wird (abgesehen von steigenden Engagementquoten) auch daran erkennbar, dass sie ausgehend von eher niedrigen Niveaus auch in den Bereichen „Sport und Bewegung", „Umwelt- und Tierschutz" und „Lokales Bürgerengagement" zunehmend zur Zielgruppe werden. Interessant ist, dass im Bereich „Berufliche Interessenvertretung" mehr Tätigkeiten als 1999 und 2004 mit älteren Menschen zu tun hatten. Ein Blick auf die wörtlichen Beschreibungen der freiwilligen Tätigkeiten zeigt, dass es sich dabei überwiegend um Arbeiten im Rahmen von Gewerkschaften (z. B. Eisenbahner, Beamte) oder Berufsverbänden handelte, wobei es oft um Vorträge, Veranstaltungen oder Ausflüge für Ruheständler ging.

Tabelle C14: Zusammensetzung der Zielgruppe „Ältere Menschen" (2009)

	Ältere Menschen				Tätigkeit betrifft eigene Familienangehörige	
	55 bis 64 Jahre	65 bis 75 Jahre	Älter als 75 Jahre	Gemischt	Ja	Nein
Alle	6	22	24	48	8	92
Sozialer Bereich	2	15	40	43	8	92
Gesundheitsbereich	3	16	32	49	17	83
Kirche und Religion	2	17	26	55	3	97
Sport und Bewegung	17	26	0	57	7	93

TNS Infratest Sozialforschung 2009, Angaben in Prozent

Tabelle C14 bezieht sich nur auf Engagierte, die ältere Menschen als Zielgruppe haben und außerdem auf jene Engagementbereiche, in denen sich Engagierte häufiger um ältere Menschen kümmern. Das Engagement für ältere Menschen hatte mit 48 % zum großen Teil einen altersgemischten Bezug, was deutlich mehr war als beim Engagement für Kinder und Jugendliche. Knapp jede vierte Tätigkeit richtete sich an Menschen über 75 Jahre (24 %), 22 % an Menschen zwischen 65 und 75 Jahren. Bei nur 6 % der Tätigkeiten ging es um Menschen im Alter zwischen 55 und 64 Jahren, besonders häufig im Bereich „Sport und Bewegung". Mit Bewegungs- und Gymnastikgruppen sind solche Tätigkeiten in stärkerem Umfang an rüstige Personen gerichtet als Tätigkeiten im sozialen Bereich. Dort dominieren Tätigkeiten in Pflege- und Seniorenheimen, die naturgemäß betagte Menschen beherbergen. Engagierte im Gesundheitsbereich und im kirchlich-religiösen Bereich hatten überwiegend mit älteren Menschen im gemischten Alter zu tun (49 % bzw. 55 %). Daneben gab es auch viele Tätigkeiten, die auf Menschen im Alter ab 75 Jahren ausgerichtet waren.

Anders als beim Engagement für Kinder, Jugendliche und Familien, das häufig mit eigenen Kindern oder anderen Familienangehörigen zu tun hat, geht es beim Engagement für ältere Menschen kaum um eigene Familienangehörige (zu 8 %). Freiwillige hatten also weitaus seltener einen familiären Anknüpfungspunkt, der sie zu ihrer freiwilligen Tätigkeit führte. Das Engagement älterer Menschen, das sich auf ältere Menschen bezieht, hat insofern einen anderen Hintergrund als das oft über die Familie vermittelte der jüngeren Familienjahrgänge.

Interessant ist, dass ältere Engagierte, die sich für ältere Menschen oder zusammen mit älteren Freiwilligen engagieren, oft durch eigene Initiative zu ihren Tätigkeiten gelangen. Das betrifft besonders oft Engagierte in den Bereichen Soziales und Gesundheit. Der Zugang dieser älteren Engagierten zum Engagement ist damit insofern individueller, als es weniger familiäre Bedürfnisse oder andere „Brücken" ins Engagement sind, die sie zu ihren Tätigkeiten führen, sondern die persönliche Betroffenheit oder der Entschluss, etwas für das Gemeinwohl oder andere Menschen zu tun.

5. Internetnutzung im Engagement

Das Internet als Medium von Information und Kommunikation ist heute aus dem beruflichen und privaten Alltag nicht mehr wegzudenken. Während im Jahr 2004 53 % der Bevölkerung über einen Internetanschluss verfügten, waren das im Jahre 2009 bereits 69 %. In den letzten fünf Jahren haben immer mehr Menschen Zugang zum Internet gewonnen, besonders Menschen in den mittleren und in den älteren Jahrgängen. Dennoch ist der Anteil von Internetnutzerinnen und Internetnutzern unter älteren Menschen im Vergleich zur Bevölkerung weiterhin eher gering.

Der Siegeszug des Internets wirkt sich deutlich und nachhaltig auf den Freiwilligensektor aus. Nutzten im Jahr 2004 noch 44 % der Freiwilligen das Internet für ihr Engagement, waren es 2009 bereits 59 %. Die Differenz zwischen der Internetnutzung für das Engagement (59 %) und der Verfügbarkeit des Mediums in der Bevölkerung (69 %) zeigt indirekt an, dass längst nicht alle Engagierten das Internet für ihre freiwilligen Tätigkeiten einsetzen können oder wollen. Seit der Freiwilligensurvey 2004 erstmalig die Internetnutzung im Zusammenhang mit dem Engagement erfragte, gibt es auch Informationen über verschiedene dabei bevorzugte Nutzungsarten. Im folgenden Abschnitt wird zunächst die

Internetnutzung in verschiedenen Gruppen, Bereichen und Tätigkeitsformen analysiert, bevor auf die unterschiedlichen Arten der Nutzung eingegangen wird.

5.1   Internetnutzung nach verschiedenen Gruppen, Bereichen und Tätigkeitsformen

Die Internetdurchdringung variiert weiterhin besonders zwischen den Altersgruppen. Je älter die Menschen, desto seltener verfügen sie über die Ausstattung, die eine Internetnutzung möglich bzw. komfortabel macht (Computer, Modem, DSL-Zugang für datenintensive Übertragung, z. B. multimedialer Inhalte). Entsprechend war der Anteil der Internetnutzerinnen und Internetnutzer unter jungen Menschen 2009 mit 96 % am höchsten und lag bei Menschen über 70 Jahren erst bei 19 %. Die altersabhängige Internetaffinität ist auch im Zusammenhang mit dem freiwilligen Engagement sichtbar, wenn auch in abgeschwächter Form (vgl. Grafik C18 bzw. Tabelle C15). So erreichte der Anteil der Internetnutzerinnen und Internetnutzer, die das Internet für ihre zeitaufwendigste Tätigkeit nutzen, unter den Freiwilligen bis 30 Jahre im Jahr 2009 68 %, während in der Gesamtbevölkerung bis 29 Jahre 95 % Internetzugang hatten.

Die mittleren Altersgruppen nutzten das Internet 2009 zu 66 % (31 bis 45 Jahre) bzw. zu 62 % (46 bis 65 Jahre). Auch in diesen Altersgruppen wird das Internet seltener für das freiwillige Engagement verwendet, als es möglich wäre. Lediglich ältere Engagierte nutzten das Internet in etwa demselben Umfang, wie sie darüber verfügten (46 % Nutzung im Engagement unter 60- bis 69-Jährigen und 49 % Verfügbarkeit in dieser Altersgruppe insgesamt). Diese Ergebnisse zeigen, dass neben der Frage des Internetzugangs für den Einsatz dieses Mediums weitere Faktoren eine Rolle spielen. Beispielsweise beeinflussen bestimmte Inhalte und Anforderungen freiwilliger Tätigkeiten das Nutzungsverhalten, worauf später eingegangen wird. Auch Organisationen und Einrichtungen können günstige Rahmenbedingungen bzw. ein positives Klima für den Einsatz des Internets schaffen und die Freiwilligen zur Internetnutzung ermutigen.

Trotz der immer noch bestehenden Unterschiede zwischen den Altersgruppen ist die in den letzten fünf Jahren fortgeschrittene Anwendung des Internets bei Engagierten jeden Alters beachtlich. So hat sich insbesondere die Altersgrenze, bis zu der Engagierte das Internet im Zusammenhang mit der zeitaufwendigsten Tätigkeit nutzen, zwischen 2004 und 2009 deutlich in die Jahrgänge bis 59 Jahre verschoben (vgl. Grafik C18). Bis zu diesem Alter nutzten Engagierte verschiedenen Alters das Internet 2009 in recht ähnlichem Umfang. Erst im Alter ab 60 Jahren ist der Einsatz dieses Mediums immer noch weniger verbreitet, was auch am seltener vorhandenen bzw. weniger komfortablen Zugang liegen dürfte.

Ähnlich wie das Lebensalter entscheidet auch der Bildungsstatus darüber, in welchem Umfang Freiwillige das Internet für das Engagement nutzen. So verwendeten im Jahr 2009 mit 69 % nahezu doppelt so viele höher Gebildete das Internet als einfach gebildete Engagierte (36 %). Engagierte mit mittlerem Bildungsabschluss nutzten das Internet in gut der Hälfte der Fälle für ihre Tätigkeit (2009: 53 %). Zwar hängt der Bildungsstatus wiederum mit dem Alter der Befragten zusammen (formal niedrigere Bildungsabschlüsse sind in den älteren Jahrgängen weiter verbreitet, und dort kommt das Internet seltener zum Einsatz als unter jüngeren Menschen). Eine Zusammenhangsanalyse bestätigt allerdings einen neben dem Merkmal „Alter" eigenständigen Einfluss der Bildung auf die Internetnutzung. Auch

Engagierte mit Leitungs- und Vorstandsfunktionen nutzten das Internet deutlich häufiger als Engagierte ohne solche Funktionen.

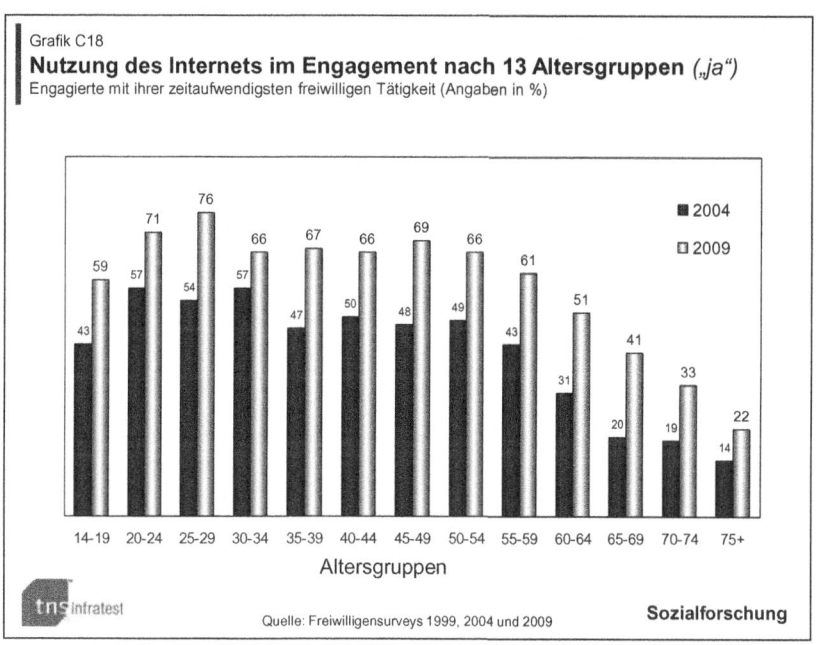

Frauen nutzten das Internet 2009 für ihr Engagement deutlich häufiger als 2004 (vgl. Tabelle C15). Allerdings verwenden Frauen das Internet immer noch seltener als Männer, wobei die Nutzungsunterschiede unter jüngeren Frauen und Männern geringer und im Alter ab 60 Jahren deutlich größer sind. Diese geschlechtsspezifischen Unterschiede hängen zum einen mit der geringeren Verfügbarkeit des Internets für Frauen zusammen. Außerdem beeinflussten die unterschiedlichen Inhalte und Anforderungen des Engagements die Internetnutzung von Frauen und Männern, vor allem weil Frauen öfter persönliche Hilfeleistungen leisten und seltener Führungs- und Leitungsfunktionen ausüben. Für den Dienst am Menschen benötigen sie aber das Internet weniger, wohingegen Männer im Rahmen ihrer Öffentlichkeitsarbeit und Verwaltungstätigkeit häufiger auf das Internet zurückgreifen. Auch müssen Frauen weniger organisieren als Männer, was sie ebenfalls weniger auf das Internet verweist.

Die Nutzung des Internets ist auch in den Erwerbsgruppen unterschiedlich stark ausgeprägt. Junge Menschen in Schule, Ausbildung und Studium sowie Erwerbstätige nutzten das Internet besonders häufig (67 % bzw. 68 %), schon deshalb, weil sie durch Schule, Ausbildung oder Hochschule und am Arbeitsplatz häufiger über einen Zugang zum Internet verfügen. Arbeitslose Engagierte gehörten 2009 zu den durchschnittlichen Nutzern (59 %), Hausfrauen sowie Rentnerinnen und Rentner sowie Pensionärinnen und Pensionäre setzen das Internet mit 48 % bzw. 35 % immer noch weniger für ihr Engagement ein. Haufrauen und Hausmänner sowie Menschen im Ruhestand gehören allerdings zu den Gruppen mit den höchsten Zuwachsraten der Internetnutzung.

Tabelle C15: Internetnutzung und Nutzungsart („sehr wichtig") nach sozialstatistischen
Merkmalen

	Internet wird genutzt	Möglichkeiten des Internets, die „sehr wichtig" sind				
		Informa-tionen	Kontakte/ Netzwerke	Aufmerksam machen	Austausch, Meinungen	Abwicklung der Arbeit
Alle						
2004	43	44	20	24	24	24
2009	59	49	28	23	28	31
Männer						
2004	50	46	20	23	26	23
2009	66	51	30	23	29	33
Frauen						
2004	34	41	20	26	21	24
2009	52	46	26	23	26	29
Alte Länder						
2004	43	44	20	24	25	24
2009	60	48	28	22	27	31
Neue Länder						
2004	41	45	21	23	23	22
2009	56	53	31	29	28	31
14–30 Jahre						
2004	51	45	25	29	28	24
2009	68	48	33	25	28	32
31–45 Jahre						
2004	51	49	21	22	23	23
2009	66	52	30	21	28	32
46–65 Jahre						
2004	41	41	17	21	22	24
2009	62	50	26	23	28	31
66 Jahre						
2004	17	26	12	26	27	26
2009	33	38	20	21	23	26
Erwerbstätige						
2004	50	47	19	22	22	24
2009	68	52	30	23	28	31
Arbeitslose						
2004	40	58	32	32	35	32
2009	58	55	30	32	41	30
Schü./Ausb./St.						
2004	49	39	26	28	29	22
2009	67	45	33	24	29	31
Hausfr./Hausm.						
2004	30	33	16	27	18	18
2009	48	46	17	17	24	22
Rentner/Pens.						
2004	22	30	14	22	27	23
2009	35	40	22	22	23	25

		Möglichkeiten des Internets, die „sehr wichtig" sind				
	Internet wird genutzt	Informa-tionen	Kontakte/ Netzwerke	Aufmerksam machen	Austausch, Meinungen	Abwicklung der Arbeit
Alle						
2004	43	44	20	24	24	24
2009	59	49	28	23	28	31
Niedriger Bildungsstatus						
2004	22	43	18	28	20	18
2009	36	54	25	29	31	32
Mittl. Bild.-stat.						
2004	41	39	13	26	25	20
2009	53	45	23	22	24	26
Hoher Bild.-stat.						
2004	52	47	25	22	25	27
2009	69	50	31	23	29	33
Leitung						
ja						
2004	57	42	23	28	25	28
2009	76	52	31	27	30	37
nein						
2004	35	46	18	20	24	20
2009	59	47	26	20	26	27

TNS Infratest Sozialforschung 2009, zeitaufwendigste freiwillige Tätigkeiten; Angaben in Prozent

Von der Zunahme der zunehmenden Internetnutzung profitieren inzwischen alle Bereiche des Engagements. Besonders stark aufgeholt hat zwischen 2004 und 2009 der Bereich „Kirche und Religion". Hier setzten 2004 lediglich 30 % der Engagierten das Internet für ihre zeitaufwendigste Tätigkeit ein. Fünf Jahre später waren es bereits 52 %. Auch im sozialen Bereich, in dem das Durchschnittsalter der Engagierten höher ist als im Bereich „Kirche und Religion", war die Nutzung des Internets im Jahr 2004 relativ gering verbreitet (34 %). Fünf Jahre später nutzten immerhin 47 % der Engagierten das Medium für ihre Tätigkeit. Im Gesundheitsbereich, für den 2009 erstmals gesicherte Zahlen vorliegen, war das Internet am seltensten verbreitet. Lediglich 39 % der Engagierten nahmen es in Anspruch, wohl auch deshalb, weil die Engagierten dort mit knapp 55 Jahren im Schnitt am ältesten waren. Hinzu kommt, dass sich die Tätigkeiten im Gesundheitsbereich stark auf konkrete Hilfeleistungen und praktische Arbeiten konzentrieren. Für diese Kernaufgaben ist in erster Linie „Anpacken" gefordert, wozu vor allem physische Präsenz und Empathie nötig sind.

Wie schon im Jahr 2004 wurde auch 2009 das Netz in der „Politischen Interessenvertretung" (2009: 80 %), in der „beruflichen Interessenvertretung" (2009: 77 %) und im Bereich „Jugendarbeit und Erwachsenenbildung" (2009: 75 %) am meisten genutzt. Für die hohe Internetnutzung im Bereich „Jugendarbeit und Erwachsenenbildung" ist zum einen das junge Alter der Engagierten verantwortlich, daneben auch die hohen Anforderungen an das Organisationstalent und das Fachwissen der Engagierten. Beide Anforderungen sind eng mit der Internetnutzung verbunden. In der beruflichen Interessenvertretung erklären die hohen Anforderungen an Führungsqualitäten und Belastbarkeit sowie die Tätigkeitsinhalte „Beratung" und „Interessenvertretung und Mitsprache" die häufige Internetnutzung.

Tabelle C16: Möglichkeiten des Internets für die zeitaufwendigste Tätigkeit

	Internet wird genutzt	Informationen beschaffen			Kontakte/ Netzwerke aufbauen			Auf Organisation aufmerksam machen			Austausch/ Meinungs- äußerung			Organisation/ Abwicklung der Arbeit		
		1	2	3	1	2	3	1	2	3	1	2	3	1	2	3
Alle																
2004	43	44	42	14	20	32	48	24	33	43	24	42	34	24	40	36
2009	59	49	37	14	28	34	38	23	33	44	27	41	32	31	40	29
Sport																
2004	46	38	50	12	16	33	51	19	38	43	18	46	36	24	41	35
2009	65	48	38	14	27	35	38	23	33	44	26	43	31	30	38	32
Kultur																
2004	46	43	40	17	28	24	48	34	33	33	30	34	36	24	34	42
2009	65	51	34	15	29	35	36	32	39	29	32	40	28	37	38	25
Freizeit																
2004	37	41	43	16	17	35	48	20	34	46	21	37	42	25	36	39
2009	52	53	37	10	28	28	44	23	37	40	27	44	29	28	41	31
Soziales																
2004	34	55	33	12	27	42	31	41	23	36	38	32	30	31	39	30
2009	47	49	36	15	26	32	42	24	30	46	26	39	35	28	39	33
Gesundh.																
2004*																
2009	39	47	44	9	31	31	38	25	26	49	29	33	38	31	33	36
Schule																
2004	41	48	43	9	17	28	55	11	32	57	22	44	34	18	41	41
2009	63	52	34	14	28	38	34	15	24	61	29	37	34	29	43	28
Jugend																
2004	62	46	48	6	30	30	40	37	34	29	31	35	34	20	44	36
2009	75	49	34	17	36	37	27	19	37	44	25	42	33	37	40	23
Umwelt																
2004	45	47	45	8	14	24	62	29	41	30	20	55	25	21	40	39
2009	52	55	33	12	25	40	35	31	40	29	42	41	17	26	49	25
Politik																
2004	64	59	32	9	29	42	29	25	34	41	34	50	16	32	42	26
2009	80	60	38	2	37	36	27	31	37	32	37	47	16	38	45	17
Beruf																
2004	63	57	24	19	24	33	43	27	23	50	34	42	24	23	41	36
2009	77	47	35	18	41	31	28	25	32	43	39	39	22	41	29	30

	Internet wird genutzt	Informationen beschaffen			Kontakte/ Netzwerke aufbauen			Auf Organisation aufmerksam machen			Austausch/ Meinungs- äußerung			Organisation/ Abwicklung der Arbeit		
		1	2	3	1	2	3	1	2	3	1	2	3	1	2	3
Alle																
2004	43	44	42	14	20	32	48	24	33	43	24	42	34	24	40	36
2009	59	49	37	14	28	34	38	23	33	44	27	41	32	31	40	29
Kirche																
2004	30	36	41	23	15	25	60	14	26	60	15	40	45	17	45	38
2009	52	37	40	23	25	31	44	18	31	51	20	37	43	24	43	33
FFW/RD																
2004	41	34	45	21	18	34	48	28	41	31	20	50	30	21	47	32
2009	57	47	46	7	24	31	45	24	40	36	18	48	34	30	41	29
Büger- eng.																
2004	37	47	35	18	27	21	52	19	25	56	33	51	16	35	30	35
2009	54	53	34	13	27	26	47	23	19	58	30	28	42	38	31	31

TNS Infratest Sozialforschung 2009, Angaben in Prozent, Skala: 1=sehr wichtig, 2=wichtig, 3=weniger wichtig,
* Werte wegen zu geringer Fallzahlen nur für 2009 ausgewiesen

5.2 Arten der Internetnutzung

Das Internet kann für verschiedene Zwecke eingesetzt werden. Am wichtigsten waren den Engagierten zu beiden Erhebungszeitpunkten die durch das Internet stark verbesserten Möglichkeiten der Beschaffung von Informationen (vgl. Grafik C19). Andere Aspekte des Netzes sind für Engagierte bei Weitem nicht so wichtig, einige haben allerdings an Bedeutung gewonnen. Das betrifft besonders die organisatorische Funktion, die den Ablauf der Arbeit erleichtert. Auch das Kontakten und Netzwerken haben sich inzwischen mehr in den Vordergrund geschoben, desgleichen die Möglichkeiten des Internets zum Austausch von Informationen oder zur öffentlichen Äußerung von Meinungen. Die Nutzung des Netzes für das freiwillige Engagement geht also zunehmend über dessen klassische Funktion als Informationsmedium hinaus. Die Möglichkeiten zur sozialen Vernetzung gewinnen an Bedeutung, was auch allgemein bei der Internetnutzung im Trend liegt, insbesondere bei jüngeren Menschen. Außerdem geht es zunehmend um die Steigerung der Effizienz der laufenden Arbeit. Kaum anders als 2004 werden die Chancen des Internets bewertet, der eigenen Organisation bzw. Arbeit öffentliche Aufmerksamkeit zu verschaffen.

In Bereichen des Engagements, in denen es viele Internetnutzer gibt, wurden auch 2009 die verschiedenen Möglichkeiten des Internets besonders hoch bewertet. Engagierte im Bereich „Jugendarbeit und Erwachsenenbildung" betonen zunehmend die Vorteile des Netzes für das Kontakten und Netzwerken, gleichzeitig aber besonders die Möglichkeiten zur Erhöhung der Effizienz der Arbeitsabläufe (vgl. Tabelle C16). Der hohe Anteil an jungen und gebildeten Engagierten erklärt auch die Vorreiterrolle dieses Bereichs. Um junge Leute zu erreichen, muss man als Organisation im Internet präsent sein und auf sich aufmerksam machen. Umso mehr erstaunt, dass Öffentlichkeitsarbeit per Internet in der Jugend- und Bildungsarbeit 2009 weniger wichtig eingestuft wurde als 2004. Da dort gleichzeitig Öffentlichkeitsarbeit als Tätigkeitsform an Bedeutung gewonnen hat, werden inzwischen möglicherweise auch andere Kanäle neben dem Internet zu Werbezwecken genutzt. Vielleicht ist in diesem (neben Politik und Beruf) von der Internetnutzung her modernsten Bereich aber auch eine gewisse Sättigung eingetreten.

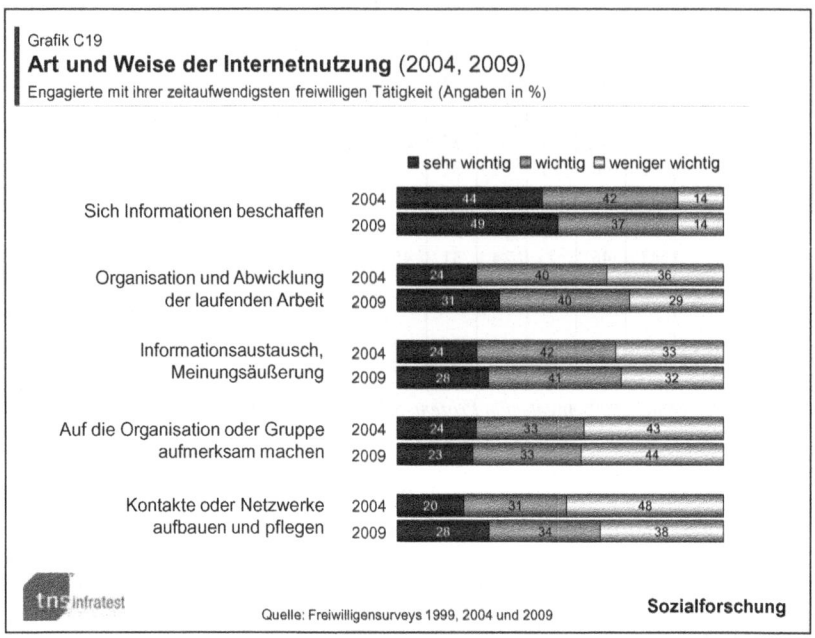

Grafik C19
Art und Weise der Internetnutzung (2004, 2009)
Engagierte mit ihrer zeitaufwendigsten freiwilligen Tätigkeit (Angaben in %)

■ sehr wichtig ▨ wichtig ▫ weniger wichtig

		sehr wichtig	wichtig	weniger wichtig
Sich Informationen beschaffen	2004	44	42	14
	2009	49	37	14
Organisation und Abwicklung der laufenden Arbeit	2004	24	40	36
	2009	31	40	29
Informationsaustausch, Meinungsäußerung	2004	24	42	33
	2009	28	41	32
Auf die Organisation oder Gruppe aufmerksam machen	2004	24	33	43
	2009	23	33	44
Kontakte oder Netzwerke aufbauen und pflegen	2004	20	31	48
	2009	28	34	38

tns infratest   Quelle: Freiwilligensurveys 1999, 2004 und 2009   **Sozialforschung**

Die Möglichkeiten, die das Internet bietet, werden auch in anderen besonders „internetnahen" Bereichen höher bewertet, etwa in der politischen und beruflichen Interessenvertretung. Während in der Politik die Beschaffung von Informationen äußerst hoch geschätzt wird, sehen Engagierte im beruflichen Bereich das Internet besonders als Möglichkeit zum Kontakten und Netzwerken, zum Meinungsaustausch und zur Organisation der Arbeit. Im Umwelt- und Tierschutz ist die Internetnutzung zwischen 2004 und 2009 weniger gestiegen als in allen anderen Bereichen. Allerdings stuften die Engagierten hier die verschiedenen Möglichkeiten des Internets höher ein, insbesondere den Meinungsaustausch sowie die Kontakte und Netzwerke.

In den vereinsdominierten Bereichen „Sport und Bewegung" und „Freizeit und Geselligkeit" sowie in den mehr an Institutionen gebundenen Bereichen „Kirche und Religion" und „Schule und Kindergarten" war das Internet als Kontakt- und Netzwerkplattform 2004 noch eher selten etabliert, hat aber inzwischen einen deutlich höheren Stellenwert erlangt. Im Bereich „Kindergarten und Schule" schätzen die Engagierten das Internet zunehmend für die Organisation bzw. Abwicklung der Arbeit. Auffällig ist hier die vergleichsweise geringe Bedeutung des Netzes für die Eigenwerbung und Darstellung der Organisationen oder Einrichtungen. Möglicherweise werden andere Kanäle bevorzugt, um die Zielgruppen des Bereichs „Kindergarten und Schule" anzusprechen, wobei der persönliche Kontakt wegen der Wohnortnähe der Einrichtungen wahrscheinlich dominiert. Ähnlich wie bei der Jugendarbeit und Erwachsenenbildung betreiben mehr Engagierte als 2004 im Bereich

„Kindergarten und Schule" Öffentlichkeitsarbeit, aber eben nicht unbedingt mit Hilfe des Internets.

Im Bereich „Kultur und Musik" spielte das Internet zum Zwecke der Pflege von Kontakten und Netzwerken, des Austauschs von Meinungen sowie der Eigenwerbung bereits 2004 eine wichtige Rolle. Bis 2009 gewann in diesem Bereich die internetbasierte Organisation und Abwicklung ihrer Arbeit an Bedeutung. Im Jahr 2004 nutzten erst 34 % der Engagierten im sozialen Bereich das Internet, dennoch wurden dessen Möglichkeiten bereits als (sehr) wichtig beurteilt. Inzwischen verwendet fast die Hälfte der Engagierten im sozialen Bereich das Internet (47 %), was allerdings immer noch deutlich unter dem Durchschnitt liegt.

Auffällig ist die größere Bedeutung der Informationsfunktion des Internets für Engagierte im Alter zwischen 45 und 65 Jahren und für Engagierte in Ostdeutschland (vgl. Tabelle C15). Austausch und Meinungsäußerung maßen besonders arbeitslose Engagierte einen hohen Stellenwert bei, junge Menschen bewerteten die *Netzwerk- und Kontaktfunktion* des Internets besonders hoch. Ältere Engagierte im Alter ab 66 Jahren schätzten die Nutzungsarten des Netzes für sich als weniger wichtig ein als Engagierte bis 65 Jahre. Insgesamt sind die Unterschiede der Nutzungsweisen des Internets im Vergleich der Altersgruppen unter 66 Jahren eher gering, ebenso zwischen West- und Ostdeutschland, zwischen Frauen und Männern und den Bildungsgruppen. Die eigentliche „Hürde" ist der Internetzugang als solcher bzw. dass man das Netz auch nutzt, bewegt man sich erst einmal in diesem Medium, wird es auch in seinen vielfältigen Möglichkeiten für das freiwillige Engagement verwendet. Vor allem die älteren Menschen werden zukünftig immer mehr Zugang zum Netz haben und es dann zunehmend auch in ähnlicher Weise nutzen wie die mittleren und jüngeren Jahrgänge.

6. Monetarisierung: Das materielle Element

Freiwilliges Engagement wird traditionell mit Unentgeltlichkeit assoziiert. Engagierte erhalten höchstens eine geringfügige Bezahlung, vorher aber „spenden" sie ihre freie Zeit (oft auch Geld) für eine gute Sache. Das Thema „Monetarisierung des Engagements" wird heute kontrovers diskutiert.[68] Auf der einen Seite heißt es, durch Bezahlung würde freiwilliges Engagement seine Eigenart verlieren, außerdem könnten sich Gewöhnungseffekte einstellen. Auf der anderen Seite wird argumentiert, dass Menschen (vor allem in weniger guten materiellen Verhältnissen) sich Engagement auch leisten können müssen und (geringfügige) Bezahlungen durchaus eine Form der Anerkennung sind.[69] Die öffentliche Diskussion über die Monetarisierung im Freiwilligensektor wurde in den letzten Jahren dadurch verstärkt, dass sich Politik, Staat und öffentliche Haushalte bei der Bewältigung ihrer Aufgaben an finanziellen Grenzen sehen, die sie nicht überschreiten wollen. In dieser Sicht ist eine Entlastung der öffentlichen Haushalte durch freiwilliges Engagement willkommen,

---

[68] Mit dem Thema Monetarisierung befasste sich u. a. 2005 eine internationale Tagung in Luzern, deren Ergebnisse in Farago, P., Ammann, H. (2006) veröffentlicht wurden.

[69] Es gibt immer wieder Vorschläge, Langzeitarbeitslose z. B. zur Betreuung älterer Menschen oder in Sportvereinen einzusetzen (sog. „Bürgerarbeit"). Das wäre jedoch schon aufgrund des möglichen Arbeitszwangs und der (wenn auch geringen) Bezahlung kein freiwilliges Engagement. Allerdings bewegen sich die „Bürgerarbeiterinnen und Bürgerarbeiter" oft im Umfeld freiwilligen Engagements, weswegen Auswirkungen auf den Freiwilligensektor beobachtet werden müssen.

wobei man dennoch auch auf monetäre Anreize setzt. Wie sich solche Anreize auf das freiwillige Engagement auswirken, hat eine Studie für Baden-Württemberg untersucht.[70]

Der Freiwilligensurvey beschäftigt sich seit 1999 empirisch mit dem Thema „Monetarisierung". Das materielle Element wird zwar als notwendige Begleitung des Engagements aufgefasst, dennoch bleiben Auswirkungen auf den zivilgesellschaftlichen Charakter stets im Blick. Erfasst werden Vergütungen für Freiwillige, Höhe und Vergütungsmodus und sowie die Einschätzung von Freiwilligen, ob die Vergütung angemessen sei. 2009 sollte eine neue Frage nach Anzeichen dafür suchen, ob im Umfeld des Engagements bezahlte Tätigkeiten eingespart und durch freiwillige Tätigkeiten ersetzt werden. Die Frage Engagement und Geld wird jedoch noch weiter angegangen. Zum einen enthält der Freiwilligensurvey Fragen zur Möglichkeit der Kostenerstattung für Freiwillige. Andererseits wird eine potenzielle Überlappung freiwilligen Engagements mit dem Arbeitsmarkt erfasst, indem der Wunsch Freiwilliger untersucht wird, dasjenige, was sie als freiwillige Tätigkeit tun, doch lieber bezahlt auszuführen. Das war bisher besonders bei Arbeitslosen und jungen Leuten zu beobachten.

Außerdem wird im Freiwilligensurvey im Rahmen zweier Listen mit allgemeinen Vorschlägen zu Verbesserungen im Freiwilligenbereich erfragt, ob Freiwillige eine vermehrte Bezahlung für freiwillige Tätigkeiten (nicht unbedingt für sich) und eine unbürokratischere Erstattung von Kosten wünschen. In mittelbarem Zusammenhang mit dem Thema Monetarisierung stehen auch Vorschläge, freiwilliges Engagement durch steuerliche Vorteile für Engagierte zu fördern (Beispiel „Hilfen für Helfer"). Dieser Komplex allgemeiner Möglichkeiten zur Förderung des Engagements wird am Ende dieser Studie diskutiert. Dort wird es um Maßnahmen gehen, die Freiwillige von Organisationen und Institutionen sowie von Staat und Öffentlichkeit fordern. In der Folge wird zunächst von verschiedenen Seiten her eine Bestandsaufnahme der aktuellen Situation und der Veränderungen zwischen 1999 und 2009 vorgenommen. Die Analyse beginnt mit dem am wenigsten heiklen Thema, der Frage der Erstattung von Kosten, die beim freiwilligen Engagement anfallen.

6.1   *Möglichkeit und Gebrauch von Kostenerstattungen*

Freiwillige Tätigkeiten sind mit Kosten für die Engagierten verbunden (z. B. Fahrtkosten, Kommunikations- oder Sachkosten). Dabei dürften (steigende) Fahrtkosten eine wesentliche Rolle spielen. Besonders dort, wo Engagierte längere Wegstrecken zurücklegen müssen, vor allem auf dem Land, können beträchtliche Kosten für private oder öffentliche Verkehrsmittel auflaufen. Viele Organisationen oder Einrichtungen erstatten, sofern sie dazu finanziell in der Lage sind, den Freiwilligen solche Kosten (voll oder teilweise). Kostenerstattung als Form der Monetarisierung wird in der Fachwelt als erwünscht betrachtet, da dadurch weder die Freiwilligkeit noch die Selbstbestimmung des Engagements in Frage gestellt werden.[71] Der Auslagenersatz kann als Ausdruck der Wertschätzung des Engagements verstanden werden. Die Erstattung der Kosten wird auch befürwortet, da sich

---

[70] Vgl. Klie et al. (2009).
[71] Vgl. Vandamme (2007).

dadurch auch finanziell weniger gut gestellte Engagierte eine freiwillige Tätigkeit besser leisten können.[72]

Ein wichtiger Befund des aktuellen Freiwilligensurveys ist, dass Engagierte inzwischen deutlich seltener als noch 1999 und 2004 (für sich selbst) die Notwendigkeit einer Erstattung von Kosten sahen. Während 2009 ein gutes Viertel der Engagierten keine Auslagen hatte (26 %), war dies 2004 erst bei 12 % der Engagierten und 1999 bei 10 % der Fall (vgl. Grafik C20). Diese rückläufige Kostenbelastung für Engagierte ist in ihrem Ausmaß erstaunlich und betraf alle Bereiche des Engagements und alle Bevölkerungsgruppen, wobei die Unterschiede im Wesentlichen bestehen blieben. Engagierte in der beruflichen Interessenvertretung hatten zu 83 % Kosten im Zusammenhang mit ihrer Tätigkeit, während das nur auf 63 % und 69 % der Engagierten in den Bereichen „Schule und Kindergarten" sowie „Lokales Bürgerengagement" zutraf. In den anderen Bereichen gaben die Engagierten in etwa durchschnittlichem Umfang Kosten an (vgl. Tabelle C17).

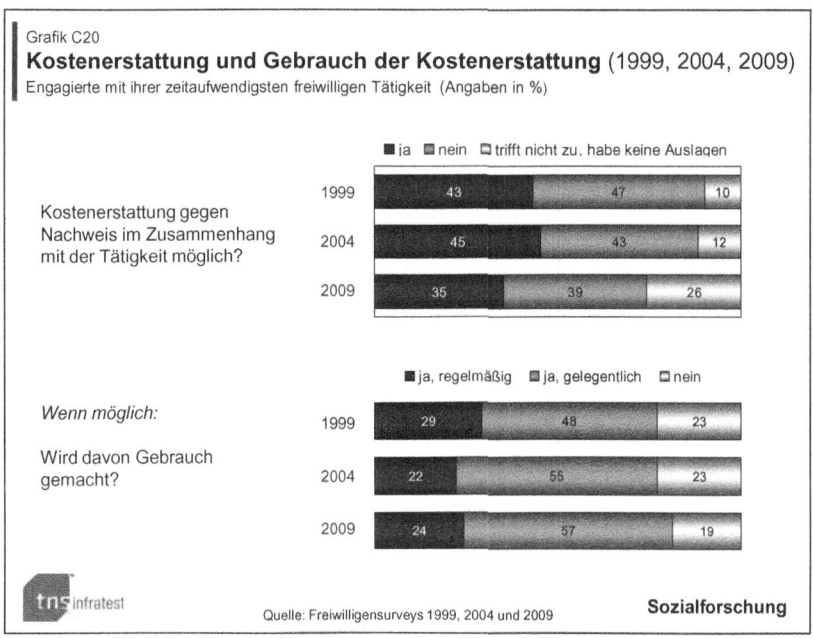

Grafik C20
Kostenerstattung und Gebrauch der Kostenerstattung (1999, 2004, 2009)
Engagierte mit ihrer zeitaufwendigsten freiwilligen Tätigkeit (Angaben in %)

Quelle: Freiwilligensurveys 1999, 2004 und 2009

Ob freiwilliges Engagement mit Kosten verbunden ist, hängt auch mit der Häufigkeit der Ausübung der Tätigkeit zusammen. Freiwillige, die besonders häufig im Einsatz waren, haben auch mehr Auslagen. Dies traf ebenso auf Engagierte in Vorstands- und Leitungsfunktionen zu. Bei Frauen, jüngeren Menschen, Hausfrauen und Hausmännern sowie für arbeitslose Engagierte fallen seltener Kosten in Zusammenhang mit ihrer Tätigkeit an. Engagierte Männer mit einem hohen zeitlichen Aufwand für ihre Tätigkeit, zumal wenn sie

---

[72] Dass man im Rahmen der vom BVG angestoßenen Reform der Hartz-IV-Reform sozial Benachteiligten durch eine finanzielle Förderung Zugänge zu Vereinen und Organisationen und damit zur gesellschaftlichen Teilhabe verschaffen will, ist prinzipiell zu begrüßen.

Leitungs- und Vorstandsfunktionen ausüben, berichten dagegen besonders häufig von finanziellen Auslagen.

Tabelle C17: Kostenerstattung nach Engagementbereichen

	Kostenerstattung gegen Nachweis im Zusammenhang mit der Tätigkeit möglich?			Wenn möglich: Wird davon Gebrauch gemacht?		
	Ja	Nein	Trifft nicht zu*	Ja, regelmäßig	Ja, gelegentlich	Nein
Alle						
1999	43	47	10	29	48	23
2004	45	43	12	22	55	23
2009	35	39	26	24	57	19
Sport und Bewegung						
1999	46	45	9	28	50	22
2004	47	43	10	18	59	23
2009	38	38	24	28	58	14
Kultur und Musik						
1999	40	52	8	25	53	22
2004	38	47	15	18	60	22
2009	33	42	25	28	54	18
Freizeit und Geselligkeit						
1999	41	49	10	26	47	27
2004	46	44	10	28	55	17
2009	31	43	26	17	65	18
Sozialer Bereich						
1999	45	48	7	34	47	19
2004	47	41	12	25	43	32
2009	33	39	28	19	58	23
Gesundheit*						
1999						
2004						
2009	28	48	24	37	50	13
Schule und Kindergarten						
1999	27	54	19	21	49	30
2004	33	50	17	17	58	25
2009	21	42	37	14	51	35
Jugend und Bildung						
1999	63	27	10	40	48	12
2004	54	34	12	31	60	9
2009	47	30	23	37	45	18
Umwelt- und Tierschutz						
1999	30	61	9	42	33	25
2004	35	55	10	26	48	26
2009	25	47	28	13	61	26

	Kostenerstattung gegen Nachweis im Zusammenhang mit der Tätigkeit möglich?			Wenn möglich: Wird davon Gebrauch gemacht?		
	Ja	Nein	Trifft nicht zu*	Ja, regelmäßig	Ja, gelegentlich	Nein
Alle						
1999	43	47	10	29	48	23
2004	45	43	12	22	55	23
2009	35	39	26	24	57	19
Politik						
1999	52	44	4	37	36	27
2004	49	42	9	21	55	24
2009	46	30	24	25	62	13
Berufl. Interessen						
1999	65	28	7	52	32	16
2004	67	28	5	33	56	11
2009	51	32	17	44	51	5
Kirche und Religion						
1999	43	44	13	20	50	30
2004	46	39	15	18	53	29
2009	39	34	27	13	61	26
FFW und Rettungsdienste						
1999	45	42	13	22	57	21
2004	54	32	14	21	53	26
2009	44	36	20	17	66	17
Lokales Bürgerengagement						
1999	39	51	10	24	69	7
2004	37	42	21	21	60	19
2009	31	38	31	25	59	16

TNS Infratest Sozialforschung 2009, Angaben in Prozent, * keine Kosten
* Werte wegen geringer Fallzahlen nur für 2009 ausgewiesen

Bei der weiteren Analyse der Möglichkeiten zur Kostenerstattung geht es um diejenigen Freiwilligen, bei denen im Engagement tatsächlich Kosten anfielen (Ergebnisse nicht tabellarisch ausgewiesen). Dabei wird deutlich, dass über den gesamten Zeitraum nur knapp die Hälfte dieser Engagierten auch Möglichkeiten zur Erstattung hatte. Diese relative Stabilität verdeckt unterschiedliche Entwicklungen in einzelnen Engagementbereichen. In den Bereichen der beruflichen Interessenvertretung sowie der Jugendarbeit und Erwachsenenbildung konnten sich die Engagierten 2009 ihre Kosten deutlich seltener erstatten lassen als 1999 bzw. 2004, lagen damit aber 2009 weiterhin auf einem deutlich günstigeren Niveau als in anderen Bereichen. In der politischen Interessenvertretung, wo die Erstattungsmöglichkeiten bereits 2004 recht gut waren, konnten sich 2009 deutlich mehr Engagierte ihre Kosten erstatten lassen. Auch in den Bereichen „Freiwillige Feuerwehr und Rettungsdienste" sowie „Kirche und Religion" gab es eine Verbesserung der Möglichkeiten der Kostenerstattung.

Ungünstiger stellt sich die Situation der Kostenerstattung in den Bereichen „Kindergarten und Schule", „Umwelt- und Tierschutz" sowie im Gesundheitsbereich dar. In letzterem Bereich waren die Möglichkeiten zur Kostenerstattung niedrig und im Zeitverlauf auch noch rückläufig. Engagierte in „Kindergarten und Schule" und im Umwelt- und Tierschutz hatten stets seltener als andere Engagierte die Möglichkeit, sich Kosten erstatten zu lassen.

Auch im Vergleich einzelner Gruppen der Bevölkerung sind die Möglichkeiten, sich Kosten erstatten zu lassen, unterschiedlich. Männern ist das häufiger möglich als Frauen, was ganz wesentlich mit der Vertretung weiblicher Engagierter in den Bereichen „Gesundheit" und „Schule und Kindergarten" zusammenhängt und derjenigen der Männer in der politischen und beruflichen Interessenvertretung sowie in der freiwilligen Feuerwehr und den Rettungsdiensten. Auch junge Menschen bzw. Schülerinnen und Schüler und junge Menschen in Ausbildung und Studium profitieren stärker von der Rückerstattung von Kosten als ältere Engagierte, die verstärkt im sozialen Bereich sowie im Gesundheitsbereich engagiert sind.

In den Jahren 1999 und 2004 ließen sich jeweils gut drei von vier Engagierten regelmäßig oder gelegentlich Kosten erstatten, wobei das 2004 weniger regelmäßig erfolgte (vgl. Grafik C20). Im Jahr 2009 holten sich, bei etwas geringeren Möglichkeiten als 2004, mehr Engagierte ihre Auslagen zurück. Vergleichsweise häufig ließen sich Engagierte in der beruflichen und politischen Interessenvertretung, im Gesundheitsbereich und im sportlichen Bereich ihre Kosten erstatten (vgl. Tabelle C17). Dies kann mit der vergleichsweise guten finanziellen Ausstattung in diesen Bereichen (mit Ausnahme des Gesundheitsbereichs) zusammenhängen (z. B. feste Teilfinanzierung durch Mitgliedsbeiträge in Berufsverbänden und Vereinen sowie teilweise staatliche oder kommunale Zuschüsse für Vereine). Hinzu kommt die hohe Regelmäßigkeit, mit der die Engagierten in den Bereichen „Berufliche Interessenvertretung" und „Jugendarbeit und Erwachsenenbildung" ihre Auslagen 2009 erstattet bekamen. Der Gesundheitsbereich nimmt dabei eine „Außenseiterposition" ein. Im Vergleich zu den anderen Bereichen mit verstärkter Inanspruchnahme der Kostenerstattung war diese Möglichkeit hier eher gering. Engagierte im Gesundheitsbereich nutzten aber diese Möglichkeiten, soweit angeboten, besonders intensiv.

Wesentlich seltener machten Engagierte im sozialen Bereich, im Umwelt- und Tierschutz, bei Kirche und Religion und besonders selten in Kindergarten und Schule von Kostenerstattungen Gebrauch. Zudem wurden in diesen Bereichen die Kosten im Vergleich zu 1999 und 2004 weniger regelmäßig erstattet. Hier spielt sicherlich auch die problematische finanzielle Lage vieler Organisationen und Einrichtungen (insbesondere im sozialen Bereich) eine Rolle, weswegen Engagierte häufiger auf Erstattungen verzichteten bzw. sich ihre Auslagen nur gelegentlich zurückholen. Nur gelegentliche Kostenerstattung ist auch in den Bereichen „Freizeit und Geselligkeit" (2009: 65 %) und „Freiwillige Feuerwehr und Rettungsdienste" (66 %) typisch.

Der Gebrauch der Kostenerstattung differenziert zwischen den soziodemografischen Gruppen nur geringfügig und wird somit vor allem durch die Engagementbereiche und deren organisatorische Umfelder bestimmt. Auffällig ist, dass sich arbeitslose Engagierte häufiger Kosten erstatten lassen und zudem unter allen Gruppen am regelmäßigsten. Das ist von der wirtschaftlichen Lage dieser Gruppe her gut nachzuvollziehen und sicher eine Stütze des Engagements dieser Gruppe. Je älter die Engagierten, desto regelmäßiger machen sie zudem Gebrauch von regelmäßigen Kostenerstattungen.

6.2   Vergütungen

Problematischer in ihren Auswirkungen auf die Monetarisierung des Freiwilligensektors sind Vergütungen einzuschätzen. Hierzu zählen vor allem pauschale Aufwandsentschädigungen, geringfügige Bezahlungen oder Honorare. Diese Formen des Entgelts für freiwilliges Engagement gelten gemeinhin als finanzielle Entschädigung eines definierten Zeitaufwandes oder einer Arbeitsleistung. Geldzahlungen können zwar motivierend wirken und für Menschen aus schwächeren finanziellen Verhältnissen freiwilliges Engagement erst möglich machen, sie bewegen sich aber auch an der Grenze zu regulären Beschäftigungen. Als weitere, eher unproblematische Form der Vergütung kann man Sachzuwendungen einstufen.

Der Anteil der Tätigkeiten, für die die Engagierten eine Vergütung erhielten, stieg von 18 % im Jahr 1999 auf 23 % im Jahr 2009 (vgl. Tabelle C18). Das bedeutet, dass der materielle Aspekt des freiwilligen Engagements zwischen 1999 und 2009 an Bedeutung gewonnen hat. Die größte Steigerung gab es allerdings bei den Sachzuwendungen (z. B. Fahrscheine, private Nutzung von Gruppenräumen oder Ausstattungsmitteln), der am wenigsten problematischen Kategorie.[73]

Daneben erhalten inzwischen mehr Engagierte eine Aufwandsentschädigung, was mit einer stärkeren Förderung dieses Typs von Bezahlung durch das Gesetz „Hilfen für Helfer" zu tun haben kann. Kaum zugenommen hat die geringfügige Bezahlung, und Honorare gibt es weiterhin nur für 2 % der zeitaufwendigsten freiwilligen Tätigkeiten. Da die Frage durch Mehrfachnennungen erhoben wurde, lässt sich neben dem Trend, dass mehr Engagierte in irgendeiner Form vergütet werden, eine weitere Entwicklung festhalten. In der Gruppe, die überhaupt ein Entgelt erhält, kommen inzwischen etwas mehr in den Genuss mehrerer Entgeltarten, was vor allem an der Ausweitung von Sachzuwendungen liegt.

Vergütungen gab es 2009 insbesondere in den Bereichen „Politische Interessenvertretung (43 %), „Freiwillige Feuerwehr und Rettungsdienste" (42 %), in der Jugend- und Bildungsarbeit (36 %) sowie in der beruflichen Interessenvertretung (31 %). Hier war es bereits 1999 üblicher als anderswo, den Engagierten eine Vergütung zu zahlen. Die Bereiche „Freiwillige Feuerwehr und Rettungsdienste" und lokales Bürgerengagement vergüteten zudem 2009 erheblich öfter als noch 1999, im lokalen Bürgerengagement geschah das allerdings von einem niedrigeren Ausgangsniveau aus (vgl. Tabelle C18).

---

[73] Hierein dürften auch Vergünstigungen durch die sogenannte Ehrenamts-Card (E-Card) fallen, die einige Bundesländer, darunter Hessen, bereits eingeführt haben. In mehreren Bundesländern, darunter Bayern, laufen Modellversuche, die eventuell auf das ganze Bundesland ausgedehnt werden. E-Cards ermöglichen Engagierten verbilligte Eintritte in Museen, Theater, Schwimmbäder usw., aber auch Rabatte bei örtlichen Unternehmen (z. B. Bäcker usw.).

Tabelle C18: Vergütungsarten nach Engagementbereichen
(Mehrfachnennungen, keine Addition zu 100 %)

	Erhalt einer gewissen Vergütung				
	Pauschale Aufwands- entschädigung	Honorar	Gering- fügige Bezahlung	Sach- zuwendungen	Tätigkeiten ohne Vergütung
Alle					
1999	7	2	4	6	82
2009	10	2	5	12	77
Sport und Bewegung					
1999	6	2	7	6	79
2009	10	2	7	12	75
Kultur und Musik					
1999	3	4	3	5	87
2009	5	3	4	12	80
Freizeit und Geselligkeit					
1999	5	0	2	3	90
2009	6	1	3	10	85
Sozialer Bereich					
1999	10	2	5	6	79
2009	11	2	5	11	78
Gesundheit*					
1999					
2009	13	1	8	12	72
Schule und Kindergarten					
1999	2	1	2	3	92
2009	3	2	3	8	88
Jugend und Bildungsarbeit					
1999	11	9	4	11	68
2009	11	10	6	20	64
Umwelt- und Tierschutz					
1999	3	1	5	5	86
2009	4	1	2	9	85
Politik					
1999	30	3	5	6	62
2009	35	0	3	8	57
Berufl. Interessenvertretung					
1999	17	1	4	9	69
2009	16	5	3	11	69
Kirche und Religion					
1999	3	1	2	5	90
2009	2	3	3	12	83
FFW und Rettungsdienste					
1999	17	2	4	4	73
2009	24	1	5	17	58
Lokales Bürgerengagement					
1999	6	0	3	0	92
2009	7	2	2	11	80

TNS Infratest Sozialforschung 2009, Angaben in Prozent
* Werte wegen geringer Fallzahlen nur für 2009 ausgewiesen

Auch wenn der Trend zu Vergütungen in fast allen Bereichen zu erkennen ist, sind diese in den Bereichen „Kindergarten und Schule", „Freizeit und Geselligkeit", „Umwelt-, Natur- und Tierschutz" sowie im kirchlichen Bereich weiterhin eher die Ausnahme. Am seltensten wurden Tätigkeiten im Bereich „Schule und Kindergarten" vergütet (1999: 8 %; 2009: 12 %). Für Tätigkeiten im Gesundheitsbereich erhielten die Engagierten 2009 immerhin zu 28 % eine Vergütung.

Von mehr Sachzuwendungen, die einfacher als finanzielle Zuwendungen an eine grö- ßere Zahl von Freiwilligen ausgegeben werden können, berichteten Engagierte in allen Bereichen. Besonders bei der freiwilligen Feuerwehr und den Rettungsdiensten und im lokalen Bürgerengagement, also dort, wo zwischen 1999 und 2009 Vergütungen ohnehin besonders zunahmen, gab es mehr Sachzuwendungen. Am häufigsten wurden diese in der Jugend- und Bildungsarbeit gewährt, am seltensten in den Bereichen „Kindergarten und Schule", „Politische Interessenvertretung" sowie im Umwelt- und Tierschutz. Aufwands- entschädigungen sind in der politischen Interessenvertretung eine wichtige und zunehmen- de Vergütung (1999: 30 %, 2009: 35 %) und haben auch in der beruflichen Interessenver- tretung (1999: 17 %, 2009: 16 %) und zunehmend bei der freiwilligen Feuerwehr und den Rettungsdiensten (1999: 17 %, 2009: 24 %) ihre Bedeutung. Honorare werden vermehrt in der Jugend- und Bildungsarbeit gezahlt (1999: 9 %, 2009: 10 %), geringfügige Bezahlun- gen im Gesundheitsbereich (2009: 8 %).

Die Tendenz, Engagierten eine Vergütung zukommen zu lassen, ist besonders stark bei jungen Leuten im Alter von bis zu 30 Jahren zu beobachten (vgl. Tabelle C19), besonders bei Jugendlichen im Alter von 14 bis 24 Jahren. Ein Viertel der bis 30-Jährigen hatte 2009 eine Sachzuwendung erhalten (unter den 14- bis 24-Jährigen sogar 30 %). Im Vergleich zu 1999 kamen 2009 etwa dreimal so viele junge Leute bzw. Schülerinnen und Schüler, Azu- bis und Studierende in den Genuss von Sachzuwendungen. Auch Aufwandsentschädigun- gen wurden für junge Menschen häufiger gezahlt (1999: 6 %, 2009: 10 %), geringfügige Bezahlungen blieben eher konstant (2009: 8 %, 1999: 7 %), das betrifft auch Honorare, wo es mit jeweils 3 % keine Änderung gab. Der materielle Aspekt scheint im „Wettbewerb" um die aus demografischen Gründen knapper werdende Gruppe der jungen Engagierten an Bedeutung zu gewinnen. Möglicherweise ist die Beziehung jüngerer Engagierter zu Vergü- tungen im Engagement auch entkrampfter und weniger tabuisiert wie in den anderen Al- tersgruppen. Eine gewisse Gegenleistung diskreditiert aus Sicht vieler junger Engagierter das Engagement nicht als „gute Tat".

Engagierte zwischen 31 und 65 Jahren erhielten 2009 kaum mehr Vergütungen als 1999. Sie profitierten in erster Linie durch Sachleistungen und pauschalierte Aufwandsent- schädigungen. Unter älteren Engagierten, die zwischen 1999 und 2009 die wichtigste Wachstumsgruppe des freiwilligen Engagements waren, waren keine Tendenzen zur Mone- tarisierung zu beobachten. Sie erhielten zu beiden Zeitpunkten konstant zu 14 % ihrer zeit- aufwendigsten Tätigkeiten eine Vergütung. Schon weil die ältere Generation in der Regel finanziell abgesichert ist (mehr noch die Engagierten), dürften Vergütungen eine geringere Rolle spielen. Zudem schließen sich aus der Sicht vieler älterer Engagierter das Ehrenamt und monetäre Vergünstigungen aus.

Es wird zu beobachten sein, wie sich die finanzielle Frage des Engagements der älte- ren Generation in Zukunft entwickeln wird, da der Ruhestand einesteils der älteren Men- schen zunehmend von finanziellen Unsicherheiten gekennzeichnet sein wird (wegen geringerer Rentenansprüche aufgrund längerer Ausbildungszeiten, Erwerbsunterbrechungen, und von Phasen von Arbeitslosigkeit).

Tabelle C19:   Vergütungsarten nach verschiedenen Gruppen
(Mehrfachnennungen, keine Addition zu 100 %)

	Erhalt einer gewissen Vergütung				
	Pauschale Aufwandsent- schädigung	Honorar	Geringfügige Bezahlung	Sachzuwen- dungen	Tätigkeiten ohne Vergütung
Alle					
1999	7	2	4	6	82
2009	10	2	5	12	77
Alte Länder					
1999	7	2	4	6	82
2009	9	2	5	11	77
Neue Länder					
1999	9	2	5	6	80
2009	10	2	4	12	75
Männer					
1999	10	2	5	6	79
2009	11	2	5	11	75
Frauen					
1999	5	2	4	5	85
2009	7	2	5	12	79
14–30 Jahre					
1999	6	3	7	8	78
2009	10	3	8	26	62
31–45 Jahre					
1999	7	2	4	5	83
2009	8	1	3	9	81
46–65 Jahre					
1999	10	2	4	4	81
2009	12	2	4	8	78
66 Jahre +					
1999	7	1	2	4	86
2009	7	2	3	5	86
Erwerbstätige					
1999	8	2	4	5	83
2009	10	2	4	10	78
Arbeitslose					
1999	8	2	2	8	79
2009	10	1	6	17	70

	Erhalt einer gewissen Vergütung				
	Pauschale Aufwandsent- schädigung	Honorar	Geringfügige Bezahlung	Sachzuwen- dungen	Tätigkeiten ohne Vergütung
Alle					
1999	7	2	4	6	82
2009	10	2	5	12	77
Schüler/Auszubild./Stud.					
1999	5	3	9	10	75
2009	11	4	9	29	58
Hausfrau/-mann					
1999	5	2	5	4	85
2009	5	2	4	7	85
Rentner/Pension.					
1999	9	2	2	4	83
2009	9	1	4	6	84

TNS Infratest Sozialforschung 2009, Angaben in Prozent

Neben Schülerinnen und Schülern sowie jungen Leuten in Ausbildung und Studium erhalten inzwischen auch arbeitslose Engagierte verstärkt Vergütungen (1999: 19 %, 2009: 30 %), was neben der zunehmenden Kostenerstattung ein weiterer Pluspunkt für das Engagement dieser finanziell schlecht abgesicherten Gruppe ist. Sie profitierte am stärksten von Sachzuwendungen (1999: 8 %, 2009: 17 %), außerdem von pauschalierten Aufwandsentschädigungen (1999: 8 %, 2009: 10 %) und geringfügigen Bezahlungen (1999: 2 %, 2009: 6 %).

Männer erhalten häufiger Vergütungen als Frauen, was sich vor allem an häufiger gezahlten Aufwandsentschädigungen zeigt. Beide Geschlechter erhalten inzwischen deutlich öfter Sachzuwendungen. Trotz der schlechteren wirtschaftlichen Lage in Ostdeutschland sind die Unterschiede bei den materiellen Indikatoren Vergütung und Kostenerstattung zwischen Ost und West erstaunlich gering. Bei der Frage der Kostenerstattung gibt es zumindest leichte Unterschiede zuungunsten der neuen Länder. Zwar haben Engagierte in den neuen Ländern etwas weniger Kosten als in den alten. Von denen, die Kosten haben, konnten sich mit 48 % jedoch etwas mehr Menschen in Westdeutschland Auslagen zurückholen (Ost: 44 %). Das sind im Vergleich zu 1999 weitgehend stabile Prozentsätze.

Wer als Engagierter eine Aufwandsentschädigung, Honorare oder geringfügige Bezahlungen erhält, wird im Freiwilligensurvey nach der Regelmäßigkeit der Vergütung sowie ihrer Angemessenheit und Höhe gefragt. Überwiegend erhielten die Engagierten die Vergütungen regelmäßig (1999: 65 %, 2009: 62 %, vgl. Grafik C21). Trotz 10 Jahren Inflation waren die Vergütungen 2009 niedriger als 1999. Setzt man eine Geldentwertung von durchschnittlich 1,5 % an, was ein konservativer Wert ist, hätten die Vergütungen eigentlich 15 % höher sein müssen, um die gleiche Kaufkraft wie 1999 zu haben. Dennoch schätzten 2009 mehr Engagierte ihre Vergütung als angemessen ein (1999: 68 %; 2009: 73 %). Ein nach wie vor sehr kleiner Teil der Engagierten war der Meinung, die Vergütung wäre zu hoch (1999: 3 %, 2009: 2 %).

Engagierte mit einer Leitungs- und Vorstandsfunktion erhalten zwar nicht viel häufiger als nicht leitende Engagierte eine Vergütung (2009: 25 % vs. 22 %; nicht grafisch bzw. tabellarisch ausgewiesen). Allerdings wurde diese Vergütung regelmäßiger ausgezahlt als bei nicht leitenden Freiwilligen (2009: 68 % vs. 58 %), und sie lag auch häufiger bei über

150 Euro pro Monat (2009: 15 % vs. 10 %). Dennoch schätzten mehr Engagierte mit Leitungs- und Vorstandsfunktion ihre Vergütung als zu niedrig ein (2009: 29 % vs. 23 %). Dies hängt sicher mit der höheren zeitlichen Belastung und der erhöhten Übernahme von Verantwortung in diesen Funktionen zusammen.

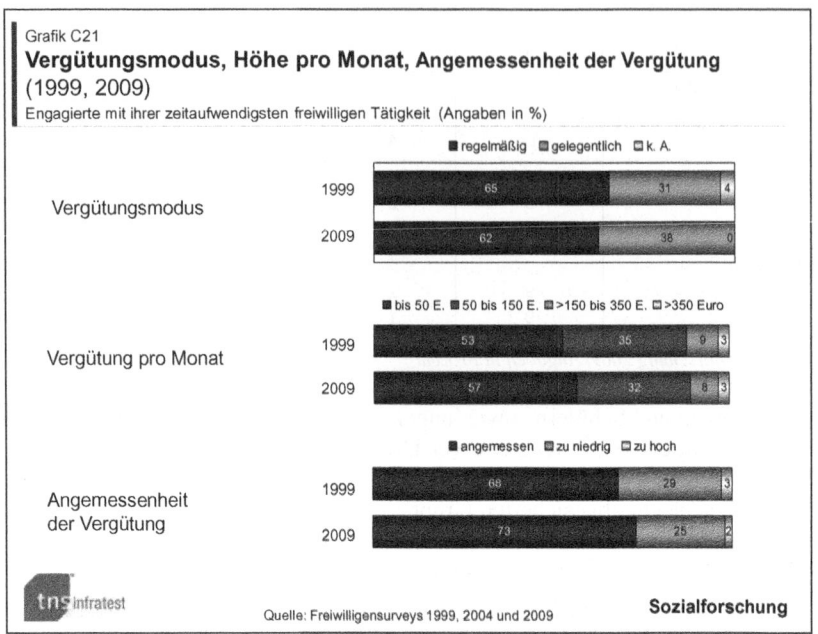

Während den Engagierten in Westdeutschland Vergütungen vermehrt nur gelegentlich gezahlt werden, wurden 2009 in Ostdeutschland die Tätigkeiten regelmäßiger vergütet. Gleichzeitig beurteilten mehr ostdeutsche Engagierte ihre Vergütung als angemessen. Damit haben sich zwar die Vergütungsmodi und auch die Beurteilung der Vergütungshöhe zwischen den beiden Landesteilen 2009 weitgehend angeglichen, nicht aber die monatliche Vergütungshöhe. Engagierte in Westdeutschland erhielten auch 2009 häufiger Vergütungen über 50 Euro pro Monat als Engagierte in Ostdeutschland (2009: 45 % West, 37 % Ost). Hierin zeigt sich dann doch ein gewisser Reflex der unterschiedlichen wirtschaftlichen Lage.

Frauen, die 2009 etwas häufiger eine Aufwandsentschädigung bzw. eine geringfügige Bezahlung erhielten, werden inzwischen diese Vergütungen unregelmäßiger gezahlt (1999: 26 % gelegentlich, 2009: 38 % gelegentlich). Gleichzeitig waren die Beträge niedriger. Dennoch bewerteten die engagierten Frauen ihre Vergütung weiterhin zu einem hohen Anteil als angemessen (2009: 74 %, 1999: 73 %). Bei Männern hat sich, was den Vergütungsmodus und die (leicht überdurchschnittliche) Vergütungshöhe angeht, zwischen 1999 und 2009 wenig geändert. Allerdings schätzten mehr Männer ihre Vergütung als angemessen ein. Die bei älteren Menschen weniger typischen Vergütungen werden besonders regelmäßig ausgezahlt und das zunehmend (1999: 69 %, 2009: 77 %). Ältere Engagierte schätzten auch die Vergütungshöhe sehr oft als angemessen ein (2009: 86 %).

Im Sportbereich wurden die Tätigkeiten 2009 weniger regelmäßig vergütet (1999: 69 %, 2009: 62 %). Auch betrug die Vergütung vermehrt nur bis zu 50 Euro pro Monat. Es erstaunt also nicht, dass die Vergütung weniger als angemessen beurteilt wurde als noch 1999 (1999: 76 %, 2009: 69 %). Ähnlich ist die Situation bei der freiwilligen Feuerwehr und den Rettungsdiensten. Dort erhielten zwar mehr Engagierte als 1999 finanzielle Vergütungen (meist Aufwandsentschädigungen), allerdings wurden diese seltener regelmäßig gezahlt. Auch bewerteten die Engagierten ihre Vergütung im Vergleich mit Engagierten anderer Bereiche häufiger als zu niedrig, wenngleich die Einschätzung besser als 1999 ausfiel. Tatsächlich umfassten die Vergütungen bei der freiwilligen Feuerwehr und den Rettungsdiensten in 78 % der Fälle nur bis zu 50 Euro pro Monat, während über alle Bereiche hinweg nur 57 % der Engagierten bis zu 50 Euro erhielten.

Im sozialen Bereich wurden 2009 etwa 64 % der Vergütungen regelmäßig gezahlt. Immerhin wurden dort deutlich mehr Tätigkeiten mit über 50 Euro pro Monat honoriert als in fast allen anderen Bereichen. Insofern verwundert es nicht, dass die Angemessenheit der Vergütung nach wie vor recht hoch eingeschätzt wurde. Engagierte in der politischen Interessenvertretung waren bezüglich der monetären Wertschätzung ihrer freiwilligen Tätigkeiten besonders „privilegiert". Sie erhielten 2009 so häufig wie in keinem anderen Engagementbereich eine finanzielle Vergütung (2009: 43 %; in der Regel pauschalierte Aufwandsentschädigungen) und die Auszahlung erfolgte zu 86 % regelmäßig. Mehr als die Hälfte dieser Vergütungen betrugen zudem über 50 Euro pro Monat. Zwar beurteilten auch in der politischen Interessenvertretung mehr Engagierte als 1999 ihre Vergütung als angemessen (1999: 66 %, 2009: 73 %), doch lag diese Bewertung nur auf durchschnittlichem Niveau.

6.3 Arbeitsmarktnähe des Engagements

In der Diskussion um Vergütungen im freiwilligen Engagement wird oft auch die Frage aufgeworfen, in welchem Verhältnis freiwillige Tätigkeiten zum Arbeitsmarkt stehen. In einigen Engagementbereichen befürchtet man, dass freiwilliges Engagement angesichts des allgemeinen Kostendrucks reguläre Arbeitsplätze verdrängt. Auf der anderen Seite weichen offenbar Menschen, die temporär oder langfristig ohne Erwerbsarbeit sind, auf geringfügig bezahlte Tätigkeiten im Freiwilligensektor aus. Dieses komplexe Thema kann im Rahmen des Freiwilligensurveys nur bedingt beleuchtet werden und beschränkt sich auf die Sicht der Freiwilligen. Die Perspektive der Organisationen, Einrichtungen und Gruppen muss durch andere Forschungsansätze beleuchtet werden.

Ein wenig kontroverser Typ der Arbeitsmarktnähe des Engagements besteht darin, dass die freiwillige Tätigkeit in einem Zusammenhang mit dem Beruf eines Freiwilligen steht. Das ist durchaus positiv zu sehen, da der Freiwilligensektor dadurch besonders von der Qualifikation der Engagierten profitiert. Für Rentnerinnen und Rentner sowie Pensionärinnen und Pensionäre ist das auch eine Chance, ihre Qualifikation weiter in sinnvolle Tätigkeiten einzubringen. Problematischer wird es, wenn Engagierte ihre eigentlich freiwillige Tätigkeit lieber bezahlt ausüben wollen und dazu (zumindest theoretisch) auch eine Chance besteht. Dieses Phänomen kann mit Hilfe von zwei Fragen untersucht werden: Gibt es ein Nebeneinander von Freiwilligen und Hauptamtlichen, die im Grunde dieselbe Tätigkeit ausüben? Wollen in diesem Falle die Freiwilligen ihre Tätigkeit lieber gegen Bezahlung ausüben?

Ein dritter Fall geht eher in die umgekehrte Richtung. Nicht Freiwillige wollen lieber hauptamtlich arbeiten, sondern hauptamtliche Tätigkeiten werden durch unbezahlte oder geringfügig bezahlte bzw. sozial wenig abgesicherte ersetzt, vor allem um Kosten zu sparen. Diese ökonomische Umstrukturierung wird im Rahmen des Freiwilligensurveys dadurch abgebildet, dass Freiwillige angeben, ob sie in ihrem Umfeld solche Prozesse wahrnehmen.

Ein Zusammenhang zwischen (derzeitigem oder früherem) Beruf und der freiwilligen Tätigkeit bestand zu allen drei Erhebungszeitpunkten bei 22 % der zeitaufwendigsten Tätigkeiten. Naturgemäß war die Arbeitsmarktnähe in der beruflichen Interessenvertretung sehr groß (2009: 85 %; vgl. Tabelle C20). Aber auch in der Jugendarbeit und Erwachsenenbildung (2009: 39 %), im sozialen Bereich (2009: 32 %) und im Gesundheitsbereich (2009: 39 %) war ein erhöhter Zusammenhang zwischen freiwilliger Tätigkeit und dem Beruf von Engagierten gegeben, wenn auch diese Nähe zu diesen Bereichen 2009 etwas seltener geworden war als noch 1999. Eine häufigere Berufsnähe war besonders dann gegeben, wenn den Engagierten in besonders hohem Maße Fachwissen bei der Ausübung ihrer Tätigkeiten abverlangt wurde, was bei den genannten Bereichen der Fall war. Hier wird der Gewinn des Freiwilligensektors besonders greifbar, indem er von der beruflichen Qualifikation Freiwilliger profitiert. Weniger Berührungspunkte zu beruflichen Inhalten existierten in den Bereichen „Sport und Bewegung" (11 %), „Kirche und Religion" und „Freiwillige Feuerwehr und Rettungsdienste" (jeweils 16 %) sowie in „Freizeit und Geselligkeit" (17 %). In den letztgenannten Bereichen (mit Ausnahme der freiwilligen Feuerwehr und der Rettungsdienste) mussten die Engagierten auch weitaus seltener Fachwissen für ihre Tätigkeit einsetzen.

Tabelle C20: Arbeitsmarktnähe freiwilliger Tätigkeiten nach Engagementbereichen

| | Zusammenhang der Tätigkeit mit derzeitigem oder früherem Beruf | | (A): Tätigkeit von anderen auch hauptberuflich ausgeübt | | | Falls (A): Interesse, Tätigkeit bezahlt auszuüben | | Tätigkeiten im Umfeld, die früher von Hauptamtlichen durchgeführt wurden? | | |
	Ja	Nein	Ja	Nein	Weiß nicht	Ja	Nein	Ja	Nein	Weiß nicht
Alle										
1999	22	78	25	71	4	24	76			
2004	22	78	22	75	3	24	76			
2009	22	78	27	70	3	27	73	13	80	7
Sport und Bewegung										
1999	13	87	25	70	5	21	79			
2004	11	89	22	75	3	25	75			
2009	11	89	25	72	3	25	75	8	86	6
Kultur und Musik										
1999	22	78	27	68	5	29	71			
2004	17	83	14	84	2	32	68			
2009	23	77	22	74	4	32	68	12	82	6

	Zusammenhang der Tätigkeit mit derzeitigem oder früherem Beruf		(A): Tätigkeit von anderen auch hauptberuflich ausgeübt			Falls (A): Interesse, Tätigkeit bezahlt auszuüben		Tätigkeiten im Umfeld, die früher von Hauptamtlichen durchgeführt wurden?		
	Ja	Nein	Ja	Nein	Weiß nicht	Ja	Nein	Ja	Nein	Weiß nicht
Alle										
1999	22	78	25	71	4	24	76			
2004	22	78	22	75	3	24	76			
2009	22	78	27	70	3	27	73	13	80	7
Freizeit und Geselligkeit										
1999	19	81	10	86	4	21	79			
2004	16	84	9	88	3	30	70			
2009	17	83	15	82	3	23	77	9	86	5
Sozialer Bereich										
1999	37	63	35	58	7	26	74			
2004	34	66	34	58	8	20	80			
2009	32	68	36	59	5	30	70	18	73	9
Gesundheit*										
1999										
2004										
2009	39	61	38	59	3	37	63	17	72	11
Schule und Kindergarten										
1999	17	83	14	83	3	21	79			
2004	21	79	15	84	1	24	76			
2009	23	77	16	81	3	28	72	10	84	6
Jugend und Bildungsarbeit										
1999	43	57	39	57	4	19	81			
2004	35	65	38	60	2	32	68			
2009	39	61	37	59	4	41	59	29	62	9
Umwelt- und Tierschutz										
1999	14	86	24	67	9	41	59			
2004	18	82	27	69	4	34	66			
2009	18	82	30	63	7	24	76	11	79	10
Politik										
1999	22	78	22	74	3	21	79			
2004	24	76	24	73	3	22	78			
2009	22	78	28	68	4	24	76	24	72	4
Berufl. Interessenvertretung										
1999	87	13	36	61	3	19	81			
2004	80	20	28	69	3	18	82			
2009	85	15	26	73	1	29	71	15	81	4

	Zusammenhang der Tätigkeit mit derzeitigem oder früherem Beruf		(A): Tätigkeit von anderen auch hauptberuflich ausgeübt			Falls (A): Interesse, Tätigkeit bezahlt auszuüben		Tätigkeiten im Umfeld, die früher von Hauptamtlichen durchgeführt wurden?		
	Ja	Nein	Ja	Nein	Weiß nicht	Ja	Nein	Ja	Nein	Weiß nicht
Alle										
1999	22	78	25	71	4	24	76			
2004	22	78	22	75	3	24	76			
2009	22	78	27	70	3	27	73	13	80	7
Kirche und Religion										
1999	21	79	19	77	4	21	79			
2004	24	76	20	79	1	13	87			
2009	16	84	25	72	3	11	89	13	78	9
FFW und Rettungsdienste										
1999	11	89	41	57	2	28	72			
2004	15	85	35	64	1	25	75			
2009	16	84	46	53	1	33	67	16	81	3
Lok. Bürgerengagement										
1999	30	70	18	81	1	15	85			
2004	31	69	14	84	2	10	90			
2009	23	77	12	86	2	34	66	3	93	4

TNS Infratest Sozialforschung 2009
* Werte wegen geringer Fallzahlen nur für 2009 ausgewiesen

Über alle drei Erhebungszeitpunkte bestand bei jedem vierten ostdeutschen Engagierten eine Verbindung zwischen Beruf und freiwilliger Tätigkeit (26 %), während dies bei konstant 21 % der westdeutschen Engagierten der Fall war (vgl. Tabelle C21). Kaum Unterschiede gibt es zwischen Frauen und Männern (Frauen 23%, Männer: 21 %), wohl aber nach Altersgruppen. Je älter die Engagierten waren, desto häufiger hatte ihre Tätigkeit mit ihrem Beruf zu tun. Besonders häufig waren Tätigkeiten von Rentnerinnen und Rentnern bzw. Pensionärinnen und Pensionären mit ihrem früheren Beruf verknüpft (2009: 28 %). Engagierte im Ruhestand bringen sich und ihre Berufserfahrungen verstärkt ins Engagement ein, wovon sowohl die Engagierten als auch die Organisationen und die Gesellschaft profitieren. Weiterhin ist die Arbeitsmarktnähe unter formal höher gebildeten Engagierten größer als unter Engagierten mit einem niedrigeren formalen Bildungsabschluss, was indirekt auch anhand der Engagierten erkennbar wird, die in höheren Berufen arbeiten.

Freiwillige Tätigkeiten von Erwerbstätigen wiesen 2009 etwas seltener als 1999 und 2004 eine Berufsnähe auf, was in erster Linie auf Veränderungen bei den Beamten zurückzuführen ist. In dieser Gruppe war die Arbeitsmarktnähe 1999 besonders stark ausgeprägt, hatte aber bis 2009 stark abgenommen. Bei arbeitslosen Engagierten und Hausfrauen bzw. Hausmännern sind mit 14 % bzw. 12 % solche Zusammenhänge viel seltener. Das zeigt, dass das Engagement von Arbeitslosen nicht in erster Linie darauf abzielt, im freiwilligen Engagement den Wiedereinstieg in den bisher ausgeübten Beruf zu schaffen. Zwar spielen berufliche Motive, vor allem aber solche der Qualifikation im Engagement von Arbeitslo-

sen eine erhöhte Rolle. Dennoch sind sie nicht die Kernpunkte der Motivation Arbeitsloser, sich zu engagieren (zumindest in Westdeutschland, in den neuen Ländern schon eher),
die ebenso im Einsatz für das Gemeinwohl und für andere Menschen wie in der Suche nach
sozialer Integration liegen wie bei anderen Engagierten auch.

Tabelle C21: Arbeitsmarktnähe freiwilliger Tätigkeiten nach verschiedenen Gruppen

	Zusammenhang Tätigkeit mit derzeitigem oder früherem Beruf		(A): Tätigkeit von anderen auch hauptberuflich ausgeübt			Falls (A): Interesse, Tätigkeit bezahlt auszuüben		Tätigkeiten im Umfeld, die früher von Hauptamtlichen durchgeführt wurden?		
	Ja	Nein	Ja	Nein	Weiß nicht	Ja	Nein	Ja	Nein	Weiß nicht
Alle										
1999	22	78	25	71	4	24	76			
2004	22	78	22	75	3	24	76			
2009	22	78	27	70	3	27	73	13	80	7
Alte Länder										
1999	22	78	25	71	4	24	76			
2004	21	79	22	76	2	24	76			
2009	21	79	26	71	3	26	74	12	82	6
Neue Länder										
1999	26	74	23	72	5	26	74			
2004	26	74	22	75	3	25	75			
2009	26	74	28	68	4	33	67	16	76	8
Männer										
1999	21	79	26	70	4	23	77			
2004	22	78	23	75	2	21	79			
2009	21	79	28	69	3	30	70	13	82	5
Frauen										
1999	24	76	22	73	5	27	73			
2004	22	78	21	76	3	27	73			
2009	23	77	25	71	4	23	77	12	79	9
14–30 Jahre										
1999	13	87	30	67	3	34	66			
2004	15	85	29	69	2	38	62			
2009	15	85	36	62	2	39	61	14	78	8
31–45 Jahre										
1999	23	77	23	73	4	28	72			
2004	21	79	20	78	2	28	72			
2009	21	79	26	72	2	26	74	11	83	6
46–65 Jahre										
1999	28	72	23	72	5	16	84			
2004	25	75	21	76	3	15	85			
2009	23	77	25	70	5	26	74	12	82	6
66 Jahre +										
1999	27	73	21	73	6	8	92			
2004	27	73	17	77	6	2	98			
2009	30	70	19	77	4	5	95	14	78	8

	Zusammenhang Tätigkeit mit derzeitigem oder früherem Beruf		(A): Tätigkeit von anderen auch hauptberuflich ausgeübt			Falls (A): Interesse, Tätigkeit bezahlt auszuüben		Tätigkeiten im Umfeld, die früher von Hauptamtlichen durchgeführt wurden?		
	Ja	Nein	Ja	Nein	Weiß nicht	Ja	Nein	Ja	Nein	Weiß nicht
Alle										
1999	22	78	25	71	4	24	76			
2004	22	78	22	75	3	24	76			
2009	22	78	27	70	3	27	73	13	80	7
Erwerbstätige										
1999	25	75	24	72	4	22	78			
2004	24	76	21	77	2	22	78			
2009	23	77	27	70	3	25	75	12	83	5
Arbeitslose										
1999	15	85	23	73	4	31	69			
2004	17	83	20	78	2	43	57			
2009	14	86	37	61	2	54	46	18	72	10
Schüler/Azubis /Studierende										
1999	12	88	35	61	4	40	60			
2004	11	89	29	69	2	38	62			
2009	15	85	35	63	2	40	60	16	76	8
Hausfrau/ -mann										
1999	17	83	17	79	4	24	76			
2004	17	83	16	81	3	29	71			
2009	12	88	21	75	4	26	74	12	77	11
Rentner/ Pensionäre										
1999	27	73	22	71	7	8	92			
2004	26	74	19	75	6	4	96			
2009	28	72	20	76	4	9	91	13	80	7

TNS Infratest Sozialforschung 2009, Angaben in Prozent

2009 vollzog sich jede vierte freiwillige Tätigkeit parallel zu einer bezahlten Tätigkeit, die einen ähnlichen Inhalt hatte (vgl. Tabelle C20). Nachdem 2004 weniger freiwillige Tätigkeiten in dieser Weise arbeitsmarktnah waren als 1999, betraf das 2009 mit 27 % wieder mehr zeitaufwendigste Tätigkeiten (1999: 25 %, 2004: 22 %). Besonders hoch war diese Parallelität von Ehren- und Hauptamt im Bereich „Freiwillige Feuerwehr und Rettungsdienste". Dort gaben 46 % der Engagierten an, dass ihre Tätigkeit in ähnlicher Form von anderen Personen beruflich, also gegen Bezahlung, ausgeübt wurde (1999: 41 %). Dies ist wohl auch dem Nebeneinander von freiwilligen Feuerwehren und Berufsfeuerwehren geschuldet. Eine ähnlich hohe Nähe zu beruflichen Tätigkeiten besteht bei Engagierten im Bereich „Justiz und Kriminalität" (46 %, wegen geringer Fallzahlen seit 1999 kumuliert; nicht tabellarisch ausgewiesen). Auch im Gesundheitsbereich (2009: 38 %), in der Jugend- und Bildungsarbeit (2009: 37 %) sowie im sozialen Bereich (2009: 36 %) ist die Parallelität von freiwilligen und beruflichen Tätigkeiten hoch. Sie blieb, was die Jugendarbeit und den sozialen Bereich betrifft, zwischen 1999 und 2009 in etwa konstant. Vergleichsweise selten kommt es in den Bereichen „Lokales Bürgerengagement" (2009: 12 %), „Freizeit und Geselligkeit" (15 %), „Schule und Kindergarten" (2009: 16 %) sowie im Bereich „Kunst, Kultur und Musik" (2009: 22 %) zu inhaltlichen Überschneidungen von freiwilligen mit bezahlten Tätigkeiten.

Während die Parallelität von freiwilligen und bezahlten Tätigkeiten kaum zwischen West- und Ostdeutschland sowie nur geringfügig zwischen Frauen und Männern differenziert, setzt das Alter der Engagierten starke Unterschiede (vgl. Tabelle C21). Je jünger die Engagierten, desto häufiger wurden mit ihren freiwilligen vergleichbare Tätigkeiten von anderen Personen gegen Bezahlung ausgeübt. Insbesondere die Tätigkeiten in den freiwilligen Feuerwehren und den Rettungsdiensten sowie in der Jugendarbeit, wo junge Engagierte überrepräsentiert waren, sind Beispiele dafür. Darüber, ob die größere Nähe zu regulären Arbeitsverhältnissen in Verbindung mit zunehmenden materiellen Vergünstigungen der jungen Engagierten steht, kann spekuliert werden. Arbeitslose Engagierte berichten wesentlich häufiger als 1999 von regulären Arbeitsverhältnissen mit ähnlichem Tätigkeitsinhalt in ihren Organisationen (1999: 23 %, 2009: 37 %).

Für gut ein Viertel der Engagierten, die ihre Tätigkeit in Parallelität mit bezahlten Tätigkeiten ausüben, wäre der Wechsel in die Bezahlung eine Option. Das waren etwas mehr Freiwillige als 1999 und 2004. Besonders groß, weil 2009 dramatisch häufiger als 1999, ist dieser Wunsch bei Engagierten in der Jugend- und Bildungsarbeit (1999: 19 %, 2009: 41 %, vgl. Tabelle C20). Auch Engagierte im Gesundheitsbereich konnten sich einen Wechsel in eine bezahlte Tätigkeit häufig vorstellen (2009: 37 %). Ein größeres Interesse daran als 1999 hatten auch Engagierte im sozialen Bereich, in der beruflichen Interessenvertretung, bei den freiwilligen Feuerwehren und Rettungsdiensten sowie im lokalen Bürgerengagement. Deutlich geringere Ambitionen als 1999, das freiwillige Engagement in eine berufliche Tätigkeit umzuwandeln, verbanden Engagierte im Umwelt- und Naturschutz und im kirchlichen Bereich.

Wiederum erklärt sich das Interesse, die freiwillige Tätigkeit lieber auf bezahlter Basis auszuüben, in hohem Maße durch das Alter. Je jünger die Engagierten, desto häufiger sind sie noch in der beruflichen Orientierungsphase und desto größer ist ihr potenzielles Interesse, die freiwillige Tätigkeit beruflich auszuüben. Bereits 1999 konnte sich jeder dritte junge engagierte Mensch im Alter von bis zu 30 Jahren, der (zumindest theoretisch) die Möglichkeit dazu sah, die Ausübung seiner Tätigkeit auf professioneller Basis vorstellen. Im Jahr 2004 waren es bereits 38 % und 2009 39 %. Unter Schülerinnen und Schülern sowie jungen Menschen in Ausbildung war das Interesse bereits 1999 mit 40 % außerordentlich hoch (2009: 40 %). Am größten war das Interesse bei arbeitslosen Engagierten, ihre freiwillige mit einer bezahlten Tätigkeit zu tauschen. Dieses Interesse hat dramatisch zugenommen. Über die Hälfte derjenigen arbeitslosen Engagierten, die die Möglichkeit dazu sahen, meldeten 2009 ihr Interesse an der Übernahme einer bezahlten Tätigkeit an (1999 waren es erst 31 %). Gestiegen ist auch das Interesse ostdeutscher Engagierter, die freiwillige Tätigkeit in eine bezahlte Tätigkeit umzuwandeln (1999: 26 %, 2009: 33 %).

Will man die Entwicklung dieser Kategorie der Arbeitsmarktnähe des Engagements bewerten, geht es zunächst darum, den absoluten Anteil der Freiwilligen zu schätzen, die im Rahmen ihres Engagements in bezahlte Tätigkeiten „drängen". Voraussetzung ist allerdings, dazu überhaupt die Möglichkeit zu haben. Von allen Engagierten waren es 1999

6 %, die sowohl die (zumindest theoretische) Möglichkeit zum Wechsel in eine bezahlte Tätigkeit hatten und diesen Wechsel auch vollziehen wollten, 2004 waren das 5 % und 2009 7 %. Hier zeigen sich also nur wenige Veränderungen. Erhöhte Anteile gibt es mit 11 % in den Metropolen Berlin und Hamburg sowie mit 10 % in Sachsen-Anhalt.

Unter jungen Engagierten sind es inzwischen immerhin 14 % der Engagierten, die Möglichkeit und Wunsch zum Wechsel in die Bezahlung zugleich hatten (1999: 10 %), ebenso ist es bei Schülerinnen und Schülern und jungen Menschen in Ausbildung und Studium sowie bei den sonstigen nicht Erwerbstätigen (keine Hausfrauen und Hausmänner, keine Ruheständlerinnen und Ruheständler). Noch größer ist dieser Personenkreis bei Arbeitslosen und dort auch besonders gestiegen (1999: 7 %, 2009: 20 %). Dass inzwischen ein Fünftel der Arbeitslosen über das Engagement in bezahlte Tätigkeiten strebt, ist ein starker Trend und muss weiter beobachtet werden.

Angesichts der knappen öffentlichen Kassen und des zunehmenden Kostendrucks in den Organisationen ist die Umwandlung von bezahlten in freiwillige Tätigkeiten eine denkbare Option.[74] Sie bedeutet allerdings die Gefahr des Verlusts der zivilgesellschaftlichen Qualität des freiwilligen Engagements. 2009 hatten 13 % der Freiwilligen den Eindruck, in ihrem Umfeld würden ehemals hauptamtliche Tätigkeiten in freiwillige Tätigkeiten umgewandelt, 80 % der Freiwilligen sahen das nicht so und 7 % konnten keine Einschätzung abgeben (vgl. Tabelle C20). Auffällig ist, dass einige Bereiche mit stärkeren Tendenzen zu Monetarisierung, darunter die politische Interessenvertretung (24 %) und die Jugendarbeit und Erwachsenenbildung (29 %), auch viel häufiger von der Umwandlung hauptamtlicher in freiwillige Tätigkeiten betroffen sind. Auch aus dem sozialen Bereich (18 %) und aus dem Gesundheitsbereich (17 %) kamen vermehrt solche Berichte.

Diese Einschätzungen von Engagierten gehen in allen Bereichen mit einem relativ hohen Anteil an Hauptamtlichen einher. Das steht zunächst nicht im Widerspruch, ist dieses Personal dort doch ein hoher Kostenfaktor, der Reduktion reizen kann. Allerdings wurde von Freiwilligen aus dem Umfeld des sozialen und gesundheitlichen Engagements 2009 sogar mehr über hauptamtliche Mitarbeiterinnen und Mitarbeiter berichtet als 2004. Auch in der Jugend- und Bildungsarbeit berichteten Engagierte 2009 von vielen Hauptamtlichen und im Vergleich zu 2004 kaum weniger. Danach scheint, zumindest für die Periode zwischen 2004 und 2009, das Problem noch nicht so gravierend zu sein und muss weiter beobachtet werden.

Allein in der politischen Interessenvertretung ging der Eindruck, dass bezahlte in freiwillige Tätigkeiten umgewandelt werden, mit einer geringeren Anzahl von Hauptamtlichen einher. Ostdeutsche Engagierte und Schülerinnen und Schüler bzw. junge Leute in Ausbildung und Studium sowie Arbeitslose hatten 2009 vermehrt den Eindruck, dass mehr ehemals bezahlte Tätigkeiten nunmehr von Freiwilligen ausgeübt werden (vgl. Tabelle C21).

---

[74] Wie das Magazin „Panorama" der ARD aufdeckte, wird das bereits getan, z.B. im sozialen Bereich, und zwar so, dass Freiwillige zwar eine gewisse Bezahlung erhalten, die aber den Arbeitgeber viel weniger kostet als der eingesparte reguläre Arbeitsplatz. Dafür werden Lücken in den Gesetzen der Sozialreformen der letzten Jahre genutzt.

7. Verbesserungsbedarf bei den Rahmenbedingungen

Nach der ausführlichen Strukturanalyse, die sich vor allem mit der objektiven Seite des Engagements beschäftigte, soll die Berichterstattung über den aktuellen Freiwilligensurvey mit einem weiteren Blick auf die subjektive Seite des Engagements abgeschlossen werden. Es geht nunmehr um den Verbesserungsbedarf bei den Rahmenbedingungen des freiwilligen Engagements und zwar aus drei verschiedenen Perspektiven. Neben den Organisationen und Institutionen sowie dem Staat und der Öffentlichkeit gehören auch die Arbeitgeber zu den Akteuren, die Rahmenbedingungen für freiwilliges Engagement setzen und Freiwillige bei der Ausübung ihrer Tätigkeit unterstützen können. Freiwillige haben dazu eine Reihe von Vorschlägen gemacht. Die Verantwortlichen und Entscheidungsträgerinnen und Entscheidungsträger in Staat, Drittem Sektor und in der Wirtschaft erhalten durch diese Informationen wichtige Hinweise, wie sie die Freiwilligen bzw. ihre Mitarbeiterinnen und Mitarbeiter in ihrem freiwilligen Engagement besser fördern können.

7.1 Unterstützung der Freiwilligen durch die Arbeitgeber

Im Jahr 2004 profitierten 29 % der Arbeitnehmerinnen und Arbeitnehmer von der Unterstützung ihres Arbeitgebers, aber gut die Hälfte der Engagierten erhielt keine Unterstützung (53 %) und 18 % sahen keinen Bedarf dafür (vgl. Grafik C22). Aus diesen Ergebnissen war ein erheblicher Verbesserungsbedarf abzulesen, insbesondere was die bessere Unterstützung von Arbeiter bzw. Arbeitern und allgemein von Arbeitnehmerinnen und Arbeitnehmern in der Privatwirtschaft betraf. Fünf Jahre später berichteten die Arbeitnehmerinnen und Arbeitnehmer in etwa gleichem Anteil, dass sie vom Arbeitgeber unterstützt wurden (2009: 30 %, 2004: 29 %). Mit 43 % gaben jedoch weniger abhängig erwerbstätige Engagierte an, nicht von ihrem Arbeitgeber unterstützt zu werden (2004: 53 %). Dieser Prozentsatz war deswegen rückläufig, weil 2009 deutlich mehr Engagierte angaben, eine solche Unterstützung nicht zu benötigen (27 %). Diese Veränderung bei den Arbeitnehmerinnen und Arbeitnehmern vollzog sich unabhängig vom Berufsstatus, Geschlecht oder Umfang der Arbeitszeit. Die Arbeitgeber sind also nicht aktiver geworden, sondern weniger Freiwillige erhoben überhaupt den Anspruch an eine Unterstützung für Engagement.

Immerhin profitierten Arbeiter 2009 vermehrt von einer Unterstützung ihres Arbeitgebers (2009: 34 % Unterstützung, 2004: 24 %, vgl. Grafik C22). Arbeiter können allerdings auch weniger als Angestellte oder Beamte auf die Unterstützung ihres Arbeitgebers verzichten und waren 2009 in etwa gleichem Umfang wie 2004 auf die Unterstützung ihres Arbeitgebers angewiesen. Das dürfte maßgeblich an den unregelmäßigeren Arbeitszeiten (bedingt z. B. durch Schichtarbeit) liegen. Auch Beamte konnten häufiger als 2004 auf die Unterstützung ihres Arbeitgebers zählen. Allerdings benötigten sie auch seltener diese Unterstützung, ähnlich wie die Angestellten. Männliche Angestellte konnten etwas häufiger als 2004 auf eine Unterstützung ihres Arbeitgebers zählen, bei weiblichen Angestellten änderte sich dagegen wenig.

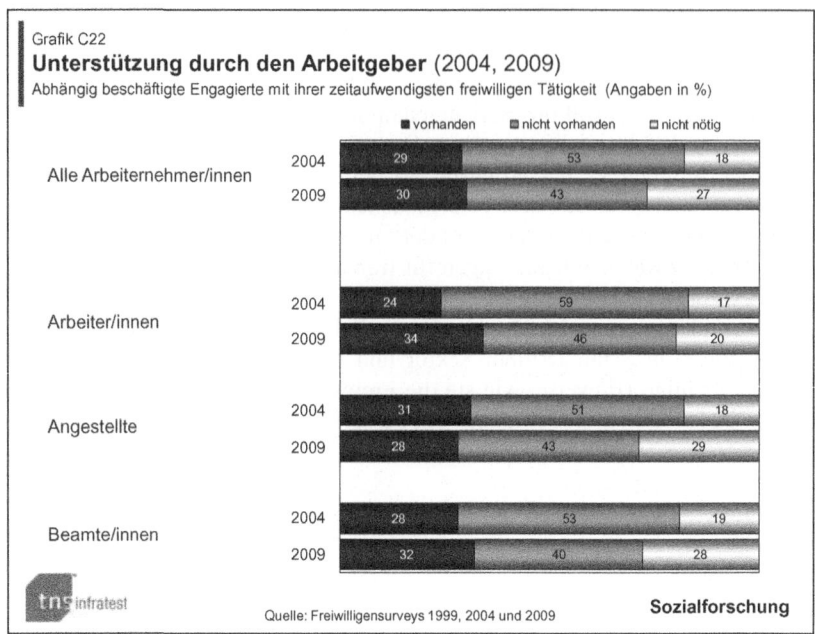

Grafik C22

Unterstützung durch den Arbeitgeber (2004, 2009)

Abhängig beschäftigte Engagierte mit ihrer zeitaufwendigsten freiwilligen Tätigkeit (Angaben in %)

Legende: ■ vorhanden   ▨ nicht vorhanden   ☐ nicht nötig

Alle Arbeiternehmer/innen
- 2004: 29 | 53 | 18
- 2009: 30 | 43 | 27

Arbeiter/innen
- 2004: 24 | 59 | 17
- 2009: 34 | 46 | 20

Angestellte
- 2004: 31 | 51 | 18
- 2009: 28 | 43 | 29

Beamte/innen
- 2004: 28 | 53 | 19
- 2009: 32 | 40 | 28

tns infratest   Quelle: Freiwilligensurveys 1999, 2004 und 2009   **Sozialforschung**

Im Unterschied zu Männern benötigen Frauen seltener die Unterstützung ihres Arbeitgebers für die Ausübung ihrer freiwilligen Tätigkeit, vor allem, wenn sie in Teilzeit beschäftigt waren, was für einen großen Teil der westdeutschen erwerbstätigen Frauen typisch ist. Vorherrschend dürften Arbeitszeitmodelle am Vormittag sein, die sich mit freiwilligen Tätigkeiten gut vereinbaren lassen (Tabelle C22). Wie bereits die Freiwilligensurveys von 1999 und 2004 zeigten, vollzieht sich freiwilliges Engagement häufig nachmittags, abends oder am Wochenende. Die zeitlichen Verpflichtungen sind also unter der Woche für viele Frauen einfacher mit beruflichen Verpflichtungen zu vereinbaren als für viele Männer. Da Frauen auch den größeren Teil der Familienarbeit übernehmen, dürfte für sie allerdings die Vereinbarkeit dieser Tätigkeiten mit dem freiwilligen Engagement zuweilen schwieriger als für Männer sein.

Tabelle C22: Unterstützung engagierter Arbeitnehmerinnen/Arbeitnehmer durch den Arbeitgeber

	Unterstützung durch den Arbeitgeber		
	Vorhanden	Nicht vorhanden	Nicht nötig
Alle			
2004	29	53	18
2009	30	43	27
Männer			
2004	30	53	17
2009	33	42	25
Frauen			
2004	29	51	20
2009	26	44	30
Arbeiter			
2004	24	59	17
2009	34	46	20
Angestellte			
2004	31	51	18
2009	28	43	29
Beamte			
2004	28	53	19
2009	32	40	28
Arbeiter			
Männer			
2004	28	58	14
2009	37	45	18
Frauen			
2004	13	63	24
2009	22	48	30
Angestellte			
Männer			
2004	29	53	18
2009	30	42	28
Frauen			
2004	32	49	19
2009	27	44	29
Beamte			
Männer			
2004	33	51	16
2009	37	39	24
Frauen			
2004	20	56	24
2009	24	43	33
Teilzeit (bis 30 Stunden)			
2004	30	49	21
2009	27	37	36
Vollzeit (über 30 Stunden)			
2004	29	53	18
2009	30	45	25

TNS Infratest Sozialforschung 2009, Angaben in Prozent

Engagierte in der beruflichen Interessenvertretung, bei der freiwilligen Feuerwehr und den Rettungsdiensten schätzen ihre Unterstützung durch die Arbeitgeber am günstigsten ein (vgl. Tabelle C23). Dennoch fühlen sich inzwischen in beiden Bereichen weniger Engagierte von ihrem Arbeitgeber unterstützt als noch 2004. Diese Entwicklung ist zwar nicht dramatisch, sollte aber weiter beobachtet werden, da diese Engagierten nur selten auf eine Unterstützung des Arbeitgebers verzichten können (Beruf: 2004 und 2009: jeweils 11 % „nicht nötig"; FFW/RD: 2004: 12 %, 2009: 11 % „nicht nötig"). Auch Engagierte im Gesundheitsbereich, in der politischen Interessenvertretung, in der Jugendarbeit und Erwachsenenbildung sowie im sozialen Bereich genießen eine erhöhte Unterstützung ihres Arbeitgebers.

Umgekehrt konnten Arbeitnehmerinnen und Arbeitnehmer im Umwelt- und Tierschutz, im lokalen Bürgerengagement und im Sport in (über) der Hälfte der Fälle nicht auf die Unterstützung ihres Arbeitgebers zählen. Nur knapp ein Fünftel der erwerbstätigen Engagierten wurde 2009 in diesen Bereichen vom Arbeitgeber unterstützt (Rest: nicht nötig) . Im Umwelt- und Tierschutz und im lokalen Bürgerengagement stellte sich die Unterstützungssituation sogar schlechter dar als 2004. Seltener als anderswo benötigten Engagierte 2009 im kirchlichen Bereich (38 %), im Freizeitbereich (35 %) und im Sport (32 %) die Unterstützung ihres Arbeitgebers. Tätigkeiten in diesen Bereichen werden häufiger als in anderen Bereichen am Wochenende ausgeübt und kollidieren deshalb weniger mit beruflichen Verpflichtungen.

Tabelle C23: Unterstützung Freiwilliger durch den Arbeitgeber

	Unterstützung durch den Arbeitgeber		
	Ja	Nein	Nicht nötig
Alle			
2004	29	53	18
2009	30	43	27
Sport und Bewegung			
2004	22	59	19
2009	18	50	32
Kultur und Musik			
2004	25	58	17
2009	28	46	26
Freizeit und Geselligkeit			
2004	14	67	19
2009	21	44	35
Sozialer Bereich			
2004	37	46	17
2009	38	37	25
Gesundheit*			
2004	52	26	22
2009			
Schule und Kindergarten			
2004	22	59	19
2009	28	44	28

	Unterstützung durch den Arbeitgeber		
	Ja	Nein	Nicht nötig
Alle			
2004	29	53	18
2009	30	43	27
Jugend und Bildung			
2004	40	45	15
2009	42	37	21
Umwelt- und Tierschutz			
2004	29	53	18
2009	18	58	24
Politik			
2004	46	39	15
2009	45	33	22
Berufl. Interessenvertretung			
2004	62	27	11
2009	59	30	11
Kirche und Religion			
2004	27	48	25
2009	21	41	38
FFW und Rettungsdienste			
2004	56	32	12
2009	54	35	11
Lokales Bürgerengagement			
2004	20	49	31
2009	19	56	25

TNS Infratest Sozialforschung 2009, Angaben in Prozent
* Werte wegen zu geringer Fallzahlen nur für 2009 ausgewiesen

Arbeitgeber können ihre Mitarbeiter auf unterschiedliche Weise bei der Ausübung ihrer freiwilligen Tätigkeit unterstützen. Am häufigsten profitierten die Arbeitnehmerinnen und Arbeitnehmer 2009 von einer flexiblen Gestaltung ihrer Arbeitszeit (72 %), von einer Freistellung von der Arbeit (68 %) und dadurch, dass sie die Infrastruktur am Arbeitsplatz (z. B. Telefon, Fax, Internet, Kopierer) für das Engagement nutzen konnten (65 %; vgl. Grafik C23). Seltener erhielten sie 2009 eine Belobigung oder Beförderung aufgrund ihres freiwilligen Engagements (41 %). Sonstige Unterstützungsformen machten 22 % der Nennungen aus. Auch wenn etwa gleich viele Engagierte angaben, von ihrem Arbeitgeber unterstützt worden zu sein, waren die Arbeitgeber hinsichtlich des Umfangs ihrer Unterstützungsleistungen offenbar etwas restriktiver als 2004. So konnten sich weniger Engagierte als 2004 ihre Arbeitszeiten flexibel einteilen; auch die Nutzung der Infrastruktur am Arbeitsplatz war eingeschränkter möglich als 2004.

Besonders ostdeutsche Arbeitnehmerinnen und Arbeitnehmer konnten seltener als 2004 die Infrastruktur am Arbeitsplatz nutzen (allerdings ausgehend von einem sehr hohen Niveau 2004; vgl. Tabelle C24). Gegen den Trend profitierten 2009 mehr ostdeutsche Engagierte von flexiblen Arbeitszeiten (76 %) und Freistellungen (73 %). Ostdeutsche Arbeitgeber zeigten sich in diesen beiden Punkten 2009 freigiebiger als westdeutsche. Von der leicht rückläufigen Unterstützung der Arbeitgeber waren Arbeitnehmerinnen stärker als

Arbeitnehmer betroffen. Sie berichteten deutlich seltener als 2004 und seltener als Männer von flexiblen Arbeitszeiten und einer Freistellung für die freiwillige Tätigkeit. In gleichem Maße wie Männer konnten Frauen 2009 die Infrastruktur ihres Arbeitgebers nutzen. Wenn auch in geringerem Umfang als 2004 erhielten engagierte Arbeitnehmerinnen 2009 vergleichsweise oft Belobigungen oder eine Beförderung. Sonstige Unterstützungsformen waren bei engagierten Arbeitnehmerinnen ebenfalls seltener als 2004 üblich.

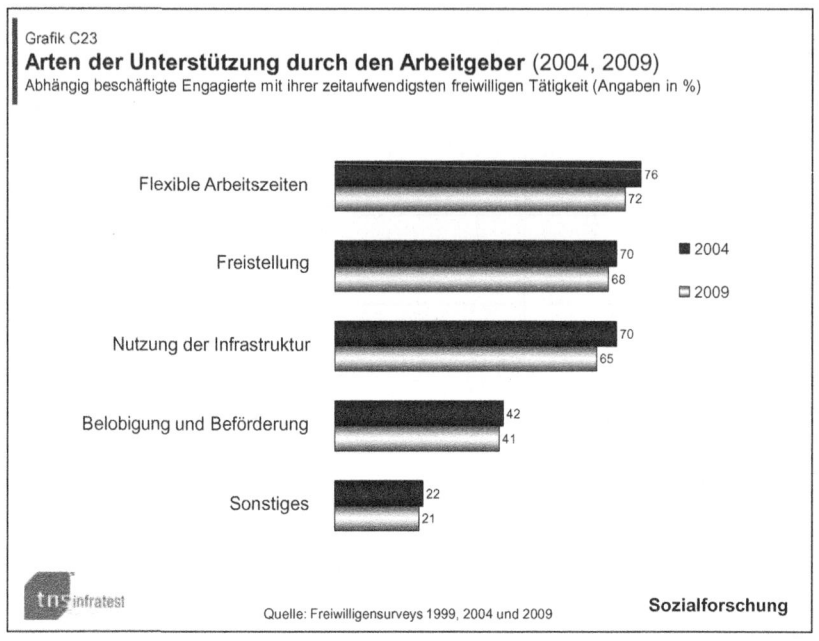

Grafik C23
Arten der Unterstützung durch den Arbeitgeber (2004, 2009)
Abhängig beschäftigte Engagierte mit ihrer zeitaufwendigsten freiwilligen Tätigkeit (Angaben in %)

Flexible Arbeitszeiten — 76 / 72
Freistellung — 70 / 68
Nutzung der Infrastruktur — 70 / 65
Belobigung und Beförderung — 42 / 41
Sonstiges — 22 / 21

■ 2004
□ 2009

tns infratest   Quelle: Freiwilligensurveys 1999, 2004 und 2009   **Sozialforschung**

Engagierte aller Altersgruppen profitieren in ähnlicher Weise von der Art und Weise der Unterstützung ihres Arbeitgebers. Engagierte bis 30 Jahre verfügten allerdings seltener als ältere Engagierte und seltener als 2004 über eine flexible Arbeitszeiteinteilung. Arbeitnehmerinnen und Arbeitnehmer mit niedrigem formalen Bildungsabschluss bzw. Arbeiter konnten seltener als 2004 die Infrastruktur ihres Arbeitgebers in Anspruch nehmen sowie seltener ihre Arbeitszeit flexibel einteilen. In dieser Gruppe wurden allerdings sonstige Unterstützungsleistungen wichtiger (2004: 26 %, 2009: 35 %).

Die unterschiedlich gewährten Unterstützungen in den Berufsgruppen sagen indirekt auch etwas über die Bedürfnisse der Engagierten aus. So wurden die engagierten Arbeiter häufiger als Angestellte und Beamte von ihrer beruflichen Tätigkeit freigestellt. Dies hängt wohl auch damit zusammen, dass Arbeiter häufiger von unregelmäßigen Arbeitszeiten betroffen sind (z. B. Schichtarbeit) und ihre freiwillige Tätigkeit schwieriger mit beruflichen Verpflichtungen vereinbaren können. Arbeiter konnten dafür seltener als Angestellte und Beamte die Infrastruktur ihres Arbeitgebers nutzen, benötigten aber wahrscheinlich diese Unterstützung auch weniger. Angestellte profitierten 2009 am häufigsten von einer flexiblen Einteilung ihrer Arbeitszeit (78 %), was unter Arbeitern (67 %) und mehr noch unter Beamten (56 %) (auch im Vergleich zu 2004) seltener der Fall war.

Tabelle C24: Arten der Unterstützung durch die Arbeitgeber (Mehrfachnennungen)

	Arten der Unterstützung durch den Arbeitgeber				
	Frei-stellung (1)	Nutzung Infrastruktur (2)	Flexible Arbeitszeit (3)	Lob/Be-förderung (4)	Sons-tiges (5)
Alle					
2004	70	70	76	42	22
2009	68	65	72	41	21
Alte Länder					
2004	70	68	77	41	22
2009	67	65	71	39	21
Neue Länder					
2004	71	79	72	47	23
2009	73	67	76	47	20
Männer					
2004	74	69	77	35	22
2009	73	65	75	37	21
Frauen					
2004	65	72	74	52	23
2009	60	66	67	47	21
14–30 Jahre					
2004	70	67	74	47	21
2009	67	63	65	45	14
31–45 Jahre					
2004	70	70	74	36	19
2009	71	62	74	34	23
46–65 Jahre					
2004	70	71	78	45	26
2009	67	69	73	45	21
Niedriger Bildungsstatus					
2004	75	65	78	41	26
2009	77	54	65	46	35
Mittlerer Bildungsstatus					
2004	71	68	77	46	19
2009	76	61	75	40	17
Hoher Bildungsstatus					
2004	67	73	74	40	23
2009	62	71	73	40	20
Arbeiter					
2004	78	64	78	35	20
2009	86	47	67	41	32
Angestellte					
2004	69	72	77	42	23
2009	63	69	78	41	20
Beamte					
2004	70	67	62	47	18
2009	71	71	56	40	12

	Arten der Unterstützung durch den Arbeitgeber				
	Frei-stellung (1)	Nutzung Infrastruktur (2)	Flexible Arbeitszeit (3)	Lob/e-förderung (4)	Sons-tiges (5)
Alle					
2004	70	70	76	42	22
2009	68	65	72	41	21
Vollzeit ab 30 Stunden					
2004	71	71	74	39	22
2009	72	66	74	39	21
Teilzeit bis 29 Stunden					
2004	66	66	82	55	21
2009	60	63	68	45	17

TNS Infratest Sozialforschung 2009, Angaben in Prozent

Erläuterungen zum Tabellenkopf C24: Unterstützungsformen durch den Arbeitgeber
1: bei der Freistellung für mein Engagement
2: Ich kann die Infrastruktur, z. B. Räume, Telefon oder den Kopierer, für mein Engagement nutzen.
3: Flexible Arbeitszeitgestaltung kommt meinem Engagement zugute
4: Mein freiwilliges Engagement wird anerkannt, z. B. durch Lob oder bei Beförderungen.
5: Sonstiges

7.2   Unterstützung der Freiwilligen durch die Organisationen und Einrichtungen

Organisationen und Einrichtungen setzen wichtige Rahmenbedingungen für die Ausübung der freiwilligen Tätigkeiten und das viel unmittelbarer als der Gesetzgeber oder die Medien, weil sie das eigentliche Umfeld des Engagements sind. Unterstützung von Engagierten reicht von der Bereitstellung von Finanzmitteln für die Projektarbeit, der Kostenerstattung und der Ausstattung mit Sachmitteln über die fachliche Unterstützung, dem Angebot an Weiterbildung bis hin zu zwischenmenschlichen Faktoren, wie der Anerkennung der Arbeit der Freiwilligen durch hauptamtliches Personal. Positiv zu bewerten ist, dass 2009 viele Punkte unproblematischer gesehen wurden als noch 1999, was vor allem auf die Periode zwischen 1999 und 2004 zurückging. Am dringlichsten ist nach wie vor eine verbesserte finanzielle Ausstattung von Projekten (2009: 62 %; vgl. Grafik C24). Daneben wünschten sich die Engagierten eine bessere Ausstattung für Projekt- und Gruppenarbeiten (geeignete Räume, ausreichende Sachmittel usw.). Der Schwerpunkt der Kritik bzw. der Verbesserungsvorschläge liegt demnach bei Finanzierungs-, Infrastruktur- und Ausstattungsfragen. Hierin gab es nur wenig Entspannung, immerhin ist die Lage jedoch auch nicht prekärer geworden.

    Hinter den handfesten Fragen, die letztlich immer auch die finanziellen Einnahmen, aber auch die Verfügung über Besitzstände (z. B. Immobilien und Vermögen, Kirche!) zum Hintergrund haben, stehen Forderungen „weicherer" Art deutlich zurück. Gut ein Drittel der Engagierten sieht Verbesserungsbedarf bei den Möglichkeiten für die Weiterbildung. Insbesondere Engagierte, die bereits an solchen Maßnahmen teilgenommen haben, mahnten hier Verbesserungen an (2009: 40 %). Der Bedarf scheint also oft durch ein bereits vorhandenes Angebot erst richtig geweckt zu werden. Da, wie bereits zu sehen war, Weiterbildung für Freiwillige mit deutlichen Lerneffekten verbunden ist, kommen sie sozusagen auf den

Geschmack bzw. wünschen sich Lernmöglichkeiten auch für andere Engagierte, die bisher keine Möglichkeit dazu hatten. Viele der Engagierten, die bessere Möglichkeiten der Weiterbildung fordern, wünschten auch eine bessere fachliche Unterstützung ihrer Arbeit. Positiv schlägt zu Buche, dass mehr fachliche Unterstützung und mehr Weiterbildung 2009 seltener als 1999 angemahnt wurden.

Monetäre Wünsche individueller Art wie eine unbürokratischere Kostenerstattung oder eine bessere Vergütung für Freiwillige sind im Blick der Engagierten vergleichsweise unkritisch und weiter zurückgegangen. Wie im Kapitel zur Monetarisierung bereits deutlich wurde, waren die Möglichkeiten für Engagierte, sich Auslagen erstatten zu lassen, zwischen 1999 und 2009 in etwa gleich geblieben, Vergütungen hatten dagegen zugenommen, vor allem in Form von Sachleistungen. Die Frage, ob die Tätigkeit der Freiwilligen durch Hauptamtliche besser anerkannt werden sollte, stand bereits 1999 für die Freiwilligen nicht im Vordergrund ihrer Bedürfnisse und ist seitdem noch weniger relevant geworden. In der Organisationsform der Parteien, wo die Anerkennung durch Hauptamtliche 1999 und 2004 noch besonders angemahnt wurde, hat sich die Situation 2009 deutlich entspannt. Ungünstiger stellt sich dieses Problem dagegen in Gewerkschaften und auch in Verbänden dar.

Wenngleich die Kritik an der finanziellen Ausstattung für Projekte in Schule und Kindergarten, bei der freiwilligen Feuerwehr und den Rettungsdiensten sowie im Umwelt- und Tierschutz etwas abgenommen hat, wünschen sich dort weiterhin besonders viele Engagierte finanzielle Verbesserungen (vgl. Tabelle C25). In der Jugendarbeit und Erwachsenenbildung hat sich die Lage dagegen deutlich entspannt, auch bei Kultur und Musik, im lokalen Bürgerengagement und der beruflichen Interessenvertretung. Im sozialen Bereich ist dagegen die Kritik an der mangelnden finanziellen Ausstattung immer stärker geworden. Im kirchlich-religiösen Bereich gibt es in dieser Hinsicht weiterhin deutlich weniger Probleme, was das günstigere Umfeld der Institution anzeigt (vgl. auch die Frage der Räume und der Ausstattung), eher unkritisch ist aber auch die Lage im stark vereinsbasierten Freizeitbereich, der allerdings immerhin in durchschnittlichen Maße Probleme bei Räumen und Ausstattung hat.

Tabelle C25: Verbesserungswünsche an die Organisationen (Mehrfachnennungen)

	Da drückt der Schuh, da wären Verbesserungen wichtig							
	Fachl. Unter- stütz. (1)	Weiter- bildung (2)	Aner- kennung (3)	Vergü- tung (4)	Kosten- erstat- tung (5)	Räume/ Aus- stat- tung (6)	Finanz- mittel (7)	Nichts davon
Alle								
1999	37	39	32	26	34	46	63	15
2004	34	35	28	22	33	43	63	15
2009	33	35	27	23	32	42	62	17
Sport								
1999	34	37	30	30	36	49	65	13
2004	32	33	26	23	33	49	64	15
2009	30	34	25	25	36	48	65	15
Kultur								
1999	36	42	26	28	35	57	66	15
2004	28	32	21	17	29	45	60	20
2009	27	33	25	23	34	46	61	17
Freizeit								
1999	30	31	28	24	31	44	54	22
2004	27	26	27	19	27	40	57	20
2009	29	30	18	14	22	41	54	25
Soziales								
1999	43	40	33	28	37	37	58	19
2004	35	34	29	26	36	37	61	21
2009	38	37	35	32	38	37	64	15
Gesundheit*								
1999								
2004								
2009	38	46	29	38	46	38	65	12
Kiga, Schule								
1999	44	40	31	20	36	51	73	9
2004	42	38	29	19	36	52	76	10
2009	31	36	25	19	31	44	71	14
Jugend								
1999	34	40	35	28	39	47	69	11
2004	35	43	24	29	43	43	63	8
2009	32	34	27	21	32	43	60	16

	Da drückt der Schuh, da wären Verbesserungen wichtig							
	Fachl. Unter- stütz. (1)	Weiter- bildung (2)	Aner- kennung (3)	Vergü- tung (4)	Kosten- erstat- tung (5)	Räume/ Aus- stat- tung (6)	Finanz- mittel (7)	Nichts davon
Alle								
1999	37	39	32	26	34	46	63	15
2004	34	35	28	22	33	43	63	15
2009	33	35	27	23	32	42	62	17
Umwelt								
1999	38	42	25	19	38	57	71	11
2004	34	35	30	26	40	45	76	11
2009	36	37	28	21	28	48	68	14
Politik								
1999	36	41	36	22	26	43	64	13
2004	49	41	42	24	34	38	69	8
2009	46	41	32	19	24	37	64	11
Beruf								
1999	48	52	31	29	37	34	62	10
2004	41	37	23	17	30	27	51	14
2009	35	50	31	26	29	42	51	20
Kirche								
1999	36	39	37	15	24	34	52	22
2004	31	34	32	20	25	35	54	17
2009	35	33	29	14	23	31	50	25
FFW/RD								
1999	42	36	38	32	43	54	74	8
2004	33	38	28	32	47	52	77	7
2009	35	37	32	31	41	48	70	9
Lokal. Bürger- engagement								
1999	40	36	35	19	30	45	61	14
2004	38	40	26	16	31	34	59	18
2009	26	21	25	17	37	34	54	19

TNS Infratest Sozialforschung 2009, Angaben in Prozent
* Werte wegen zu geringer Fallzahlen nur für 2009 ausgewiesen

Erläuterungen zum Tabellenkopf C25:
Da drückt der Schuh, da wären Verbesserungen wichtig:
(1) bei der fachlichen Unterstützung der Tätigkeit
(2) bei den Weiterbildungsmöglichkeiten
(3) bei der Anerkennung der Tätigkeit durch hauptamtliche Kräfte in der Organisation
(4) bei der finanziellen Vergütung für die geleistete Arbeit
(5) bei einer unbürokratischen Kostenerstattung
(6) bei der Bereitstellung von geeigneten Räumen und Ausstattungsmitteln für die Projekt- und Gruppenarbeit
(7) bei der Bereitstellung von Finanzmitteln für bestimmte Projekte

Engpässe bei Räumen und Ausstattung nehmen inzwischen vermehrt Engagierte in den Bereichen Sport sowie bei der freiwilligen Feuerwehr und den Rettungsdiensten sowie im

Umwelt- und Tierschutz wahr. Vor allem im kirchlichen Bereich und beim Bürgerengagement, teils in den Bereichen Soziales, Gesundheit und Politik, war 2009 die Ausstattung mit Räumen und Sachmitteln seltener als in anderen Bereichen ein kritisches Thema. Das war bereits 1999 so (außer beim Bürgerengagement). Oft sind in diesen Bereichen freiwillige Tätigkeiten an Institutionen oder überregionale Organisationen angebunden, die gegenüber selbstorganisierten Strukturen besser mit Infrastruktur ausgestattet sind. Problembereiche bleiben die freiwillige Feuerwehr und die Rettungsdienste, wo sich allerdings aus technischen und medizinischen Gründen auch besonders hohe Anforderungen an die Ausstattung stellen. Ein weiterer kritischer Bereich ist in dieser Hinsicht der Umwelt- und Tierschutz, ebenso aber auch der Sport. Raum- und Ausstattungsprobleme haben sich im Bereich „Kindergarten und Schule" zwar verringert (und das trotz der Informalisierung der Strukturen), sind aber immer noch leicht überdurchschnittlich, ebenso in der Jugend- und Bildungsarbeit.

Verbesserte Möglichkeiten zur Weiterbildung wünschen sich besonders viele Engagierte in der beruflichen Interessenvertretung (50 %), im Bereich Gesundheit (46 %) sowie in der Politik (41 %). In diesen Bereichen hat ein großer Teil der Engagierten bereits an Maßnahmen zur Weiterbildung teilgenommen, in der beruflichen Interessenvertretung und im Bereich Gesundheit sogar mehrmals. Engagierte im Bereich „Kultur und Musik" forderten 2004 und 2009 seltener als 1999 Verbesserungen bei den Weiterbildungsmöglichkeiten. In fast allen Bereichen geht inzwischen eine rückläufige Kritik an fehlenden Möglichkeiten der Weiterbildung einher mit ebenso weniger dringlich eingeschätzten Verbesserungen bei der fachlichen Unterstützung der Freiwilligen.

Nur Engagierte im Bereich Politik wünschten sich 2009 eine bessere fachliche Unterstützung als 1999. In der beruflichen Interessenvertretung war dieses Bedürfnis hingegen stark rückläufig, ebenso im lokalen Bürgerengagement und im Bereich „Kindergarten und Schule". Überall erfolgte der Rückgang von hohen Problemniveaus aus, besonders im Bereich Kindergarten und Schule. Hier denkt man wieder an Wirkungen der Informalisierung der organisatorischen Strukturen seit 1999, wobei der Wunsch nach besserer Weiterbildung davon weniger betroffen und die diesbezügliche Kritik noch etwa durchschnittlich ausgeprägt ist. Rückläufig war die Kritik an mangelnder fachlicher Unterstützung auch in den Bereichen Soziales, Kultur und Musik und in der freiwilligen Feuerwehr und den Rettungsdiensten. Anerkennung der Arbeit von Freiwilligen durch Hauptamtliche wurde 2004 in den meisten Bereichen weniger kritisch eingeschätzt als 1999 (2004: 28 %, 1999: 32 %). Im Jahr 2009 fiel die Kritik von Engagierten noch ein wenig geringer aus als 2004. Dennoch verbleibt da, wo Freiwillige in ihrer Tätigkeit direkten Kontakt mit Hauptamtlichen haben, weiterhin erhöhter Handlungsbedarf. Am günstigsten beurteilten Engagierte im Bereich „Freizeit und Geselligkeit" die Anerkennung Freiwilliger durch Hauptamtliche (2009: 18 %). Dort waren allerdings auch selten hauptamtliche Mitarbeiterinnen und Mitarbeiter beschäftigt. Im lokalen Bürgerengagement und in Schule und Kindergarten bemängeln die Engagierten die Anerkennung durch Hauptamtliche inzwischen ebenfalls weniger. Im Bereich „Schule und Kindergarten" waren allerdings wegen der veränderten Anbindung der Tätigkeiten (mehr in Gruppen und Initiativen) auch weniger Hauptamtliche vorhanden und im Bürgerengagement gibt es ohnehin nur wenig bezahlte Mitarbeiter.

Dennoch stellte sich auch in einigen Bereichen, in denen es viele Hauptamtliche gibt, das Problem der Anerkennung freiwilliger Tätigkeiten 2009 weniger kritisch dar, so bei Kirche und Religion sowie in der außerschulischen Jugendarbeit und Erwachsenenbildung.

Im sozialen Bereich, wo der Verbesserungsbedarf 2004 geringer als 1999 eingeschätzt wurde, wünschten sich 2009 wieder mehr Engagierte eine bessere Anerkennung durch Hauptamtliche. Auch in der beruflichen Interessenvertretung (darunter viele Tätigkeiten in Gewerkschaften) wurde seit 2004 wieder eine bessere Anerkennung der Arbeit von Freiwilligen gewünscht.

Wenngleich eine unbürokratische Kostenerstattung für viele Engagierte nicht an erster Stelle der Wünsche nach Verbesserung steht, gibt es in einzelnen Bereichen Schwerpunkte der Kritik. Das betrifft besonders den Bereich Gesundheit (46 %), die freiwillige Feuerwehr und die Rettungsdienste (41 %), wo allerdings die Kritik in letzter Zeit deutlich nachgelassen hat. Besonders im Bereich Gesundheit sind seltener als in den anderen Bereichen Möglichkeiten zur Kostenerstattung gegeben, wobei jedoch die vorhandenen Möglichkeiten stark genutzt werden. Bei der freiwilligen Feuerwehr und den Rettungsdiensten liegen diese Verhältnisse allerdings deutlich günstiger. Im Bereich „Freizeit und Geselligkeit" gibt es die ungleich geringste Kritik an den Möglichkeiten der Kostenerstattung und diese ist auch noch stark rückläufig. Gering ist sie auch im Bereich „Kirche und Religion". Auf weiterhin höherem Niveau der Kritik hat sich das Meinungsbild in der Jugend- und Bildungsarbeit dennoch deutlich entspannt, ebenso gab es Verbesserungen im Umwelt- und Tierschutz und in der beruflichen Interessenvertretung. Im Sport blieben dagegen die Schwierigkeiten überdurchschnittlich.

Auch wenn die Frage einer besseren Vergütung von Freiwilligen nicht im Mittelpunkt der Wünsche der Engagierten steht, gibt es Bereiche, wo sie sich deutlich kritischer darstellt. In den Bereichen „Soziales" (32 %) und „Gesundheit" (38 %) wird der Wunsch nach besserer finanzieller Vergütung für die geleistete Arbeit besonders häufig geäußert. Tätigkeiten sind dort häufiger als anderswo arbeitsmarktnah, sei es, dass sie öfter mit dem Beruf der Engagierten in Verbindung stehen oder von anderen Mitarbeitern hauptberuflich ausgeübt wurden. Auch die Engagierten in der freiwilligen Feuerwehr und den Rettungsdiensten wünschten sich über die Zeit konstant häufiger Verbesserungen bei der finanziellen Vergütung für ihre Tätigkeit (1999: 32 %, 2009: 31 %). Hier sind häufig Hauptamtliche aktiv und wenn Engagierte wahrnehmen, dass sie ihre Tätigkeit auch gegen Bezahlung ausüben könnten, wollen sie das 2009 auch mehr als 1999. Ebenso in starker Überlappung mit dem Arbeitsmarkt wünschen sich dennoch weniger Engagierte in der Jugendarbeit und Erwachsenenbildung Verbesserungen bei der Vergütung. Diese sind hier allerdings auch üblicher als in anderen Bereichen und höher. Bei Freizeit und Geselligkeit hat die Vergütungsfrage inzwischen eine äußerst niedrige Bedeutung, ebenso bei Kirche und Religion und im lokalen Bürgerengagement. In einigen Bereichen waren die Werte oft sehr schwankend.

7.3   *Weiterhin höherer Unterstützungsbedarf bei älteren Menschen und Arbeitslosen, geringerer Unterstützungsbedarf bei jüngeren Engagierten*

Die insgesamt rückläufige Kritik von Engagierten an den Rahmenbedingungen des freiwilligen Engagements in den Organisationen und Institutionen ist sowohl in den alten als auch in den neuen Ländern zu erkennen. Die Angaben der ostdeutschen Engagierten deuten inzwischen auf eine bessere Situation bei der Infrastruktur hin (Räume und Ausstattungsmittel; vgl. Tabelle C26). Besonders problematisch wurde in Ostdeutschland 1999 und 2004 die finanzielle Ausstattung der Projektarbeit eingestuft. 2009 hat es dabei aber ebenso eine Entspannung wie bei den Räumen und der Ausstattung gegeben, wobei die Finanzierung von Freiwilligenprojekten in den neuen Ländern weiterhin größere Probleme macht als in den alten. Auch eine bessere Vergütung für Freiwillige wird von ostdeutschen Engagierten mehr als von westdeutschen gewünscht (West: 22 %, Ost: 28 %), wieder ein Hinweis auf die schwierigere materielle Lage in den neuen Ländern, aber (wie meistens) ein Unterschied, der nicht dramatisch groß ist. Das trifft noch mehr auf die Kritik an der Kostenerstattung zu, die in den neuen Ländern höher ist als in den alten. Die Frage der Räume und der Ausstattung für freiwillige Tätigkeiten stellt sich in den neuen Ländern allerdings inzwischen sogar günstiger dar als in den alten Ländern.

Engagierte Frauen und Männer unterschieden sich in ihrer Kritik an den Rahmenbedingungen in Organisationen und Institutionen zu allen Zeitpunkten nur wenig. Nur in der Frage der Anerkennung durch Hauptamtliche wünschten sich Frauen etwas häufiger Verbesserungen (Frauen: 29 %, Männer: 26 %). Das liegt auch daran, dass Frauen häufiger in Institutionen und Einrichtungen engagiert sind, in denen auch viele Hauptamtliche beschäftigt sind (z. B. bei den Kirchen, Kindergärten und Schulen). Dadurch sind sie mehr von dieser Thematik betroffen. Angesichts dessen ist allerdings der Unterschied in der Kritik zu den Männern eher gering. Auffälliger ist die Bedürfnislage der Hausfrauen und Hausmänner. Fehlende Anerkennung durch Hauptamtliche steht bei ihnen deutlich häufiger auf der Agenda als für Frauen insgesamt (33 %). Außerdem kritisierten sie immer häufiger mangelnde Finanzmittel für die Projektarbeit, ebenso die zu geringe Verfügung über Räume und Sachmittel. Fehlende fachliche Unterstützung und eine bessere Vergütung von Freiwilligen standen für sie dagegen zunehmend weniger in der Kritik, die Frage der Kostenerstattung allerdings mehr.

Es wurde bereits gezeigt, dass ältere Menschen heute viel stärker öffentlich beteiligt sind und in diesem Zusammenhang deutlich mehr als 1999 freiwillige oder ehrenamtliche Aufgaben übernommen haben. Parallel dazu hat allerdings auch ihre *Kritik* an den Verhältnissen in den Organisationen und Institutionen deutlich zugenommen, besonders auch an der finanziellen Ausstattung für Projektarbeiten. Wählten 1999 noch 27 % der älteren Engagierten überhaupt keinen Kritikpunkt aus der Liste, so waren es 2009 nur noch 18 %. Mehr Engagierte seit 1999 bedeuteten also auch ein Mehr an kritischen Engagierten, die sich ihre Gedanken über die Verbesserung der Arbeitssituation von Freiwilligen machen.

Stärker als die anderen Altersgruppen wünschen sich inzwischen ältere Engagierte mehr Anerkennung von hauptamtlichen Mitarbeitern und das, gegen den allgemeinen Trend, auch zunehmend (1999: 27 %, 2009: 33 %). Ebenso im Gegensatz zur Entwicklung in den anderen Altersstufen wünschten sie sich mehr fachliche Unterstützung und bessere Möglichkeiten zur Weiterbildung. Es geht aber nicht nur um steigende Kritik an den Arbeitsbedingungen und den Möglichkeiten der eigenen Weiterentwicklung. Besonders stark hat bei den Älteren die Kritik an einer zu bürokratischen Kostenerstattung zugenommen (1999: 23 %, 2009: 34 %). Somit sehen die Älteren diese Angelegenheit inzwischen ebenso verbesserungswürdig wie die mittleren Generationen im Alter zwischen 31 und 65 Jahren, nachdem sie in diesem Punkt bis 2004 eher zurückhaltend waren. So wie die anderen Altersgruppen auch, also eher wenig, wünschen sich ältere Engagierte Verbesserungen bei der Vergütung für die freiwillige Tätigkeit (2009: 22 %).

Tabelle C26:   Verbesserungswünsche an die Organisationen (Mehrfachnennungen)

	Da drückt der Schuh, da wären Verbesserungen wichtig							
	Fachl. Unter- stütz. (1)	Weiter- bildung (2)	Aner- ken- nung* (3)	Vergü- tung (4)	Kosten- erstat- tung (5)	Räume/ Aus- stattg. (6)	Finanz- mittel (7)	Nichts davon
Alle								
1999	37	39	32	26	34	46	63	15
2004	34	35	28	22	33	43	63	15
2009	33	35	27	23	32	42	62	17
Alte Länder								
1999	38	39	32	25	33	46	61	15
2004	35	36	28	22	32	43	62	16
2009	33	36	27	22	32	43	60	17
Neue Länder								
1999	36	39	32	29	39	47	71	12
2004	30	30	27	25	39	43	71	12
2009	30	33	27	28	36	39	67	15
Männer								
1999	38	39	32	26	36	47	65	13
2004	33	34	27	22	35	44	64	14
2009	32	35	26	23	33	43	62	16
Frauen								
1999	37	39	31	25	33	45	61	17
2004	34	35	29	23	31	42	63	16
2009	33	36	29	23	32	41	62	18
14–30 Jahre								
1999	36	40	31	28	32	53	64	12
2004	31	35	28	24	32	55	62	12
2009	28	34	25	22	26	46	58	17
31–45 Jahre								
1999	40	39	32	25	37	51	69	11
2004	35	36	28	22	38	47	69	12
2009	30	33	24	22	33	44	65	17
46–65 Jahre								
1999	39	40	33	27	37	41	61	16
2004	35	33	27	23	33	39	63	17
2009	35	36	28	25	35	40	63	16
66 Jahre +								
1999	28	32	27	20	23	31	49	27
2004	34	34	31	19	25	30	55	21
2009	37	38	33	22	34	37	58	18

	Da drückt der Schuh, da wären Verbesserungen wichtig							
	Fachl. Unter- stütz. (1)	Weiter- bildung (2)	Aner- ken- nung* (3)	Vergü- tung (4)	Kosten- erstat- tung (5)	Räume/ Aus- stattg. (6)	Finanz- mittel (7)	Nichts davon
Alle								
1999	37	39	32	26	34	46	63	15
2004	34	35	28	22	33	43	63	15
2009	33	35	27	23	32	42	62	17
Erwerbstätige								
1999	38	40	31	25	39	48	67	12
2004	34	35	26	22	36	44	66	13
2009	31	34	25	22	34	41	64	17
Arbeitslose								
1999	35	44	34	25	30	49	67	18
2004	33	38	33	32	45	47	71	17
2009	46	40	34	34	40	55	65	11
Schü./Ausz./ Stud.								
1999	36	42	32	31	27	53	63	13
2004	30	34	30	24	31	56	59	12
2009	25	32	25	25	23	46	57	16
Hausfrau/-mann								
1999	45	37	33	25	30	44	57	15
2004	37	35	35	21	29	43	64	16
2009	35	37	33	19	34	50	68	14
Rentner/Pension.								
1999	32	35	30	22	28	34	53	25
2004	35	32	29	19	26	33	56	20
2009	38	38	32	22	34	37	58	18

TNS Infratest Sozialforschung 2009, Angaben in Prozent
* durch Hauptamtliche

Erläuterungen zum Tabellenkopf C26:
Da drückt der Schuh, da wären Verbesserungen wichtig:
(1)   bei der fachlichen Unterstützung der Tätigkeit
(2)   bei den Weiterbildungsmöglichkeiten
(3)   bei der Anerkennung der Tätigkeit durch hauptamtliche Kräfte in der Organisation
(4)   bei der finanziellen Vergütung für die geleistete Arbeit
(5)   bei einer unbürokratischen Kostenerstattung
(6)   bei der Bereitstellung von geeigneten Räumen und Ausstattungsmitteln für die Projekt- und Gruppenarbeit
(7)   bei der Bereitstellung von Finanzmitteln für bestimmte Projekte

Entgegen dem Trend bei den älteren Engagierten, kritisierten junge Engagierte im Alter von bis zu 30 Jahren 2009 die Rahmenbedingungen in den Organisationen durchweg weniger. Sie bewegen sich offensichtlich zunehmend in einem Umfeld, wo Projektmittel einigermaßen verfügbar sind, seit 2004 auch Räume und sachliche Ausstattung. Bemerkenswert ist außerdem, dass sie, besonders aber die Gruppe der Schülerinnen bzw. Schüler und der jungen Menschen in Ausbildung und Studium deutlich seltener Verbesserungen bei der fachlichen Unterstützung und der Weiterbildung einfordern. Es war bereits gezeigt worden, dass das Bedürfnis nach Qualifizierung im oder durch das Engagement gerade bei den jungen Engagierten besonders hoch ist. Da junge Menschen im Engagement auch häufig Lernerfahrungen machen, scheint dieses Bedürfnis recht gut und (wie die abnehmende Kritik zeigt) vor allem zunehmend befriedigt zu werden.

Nicht nur im ideellen, sondern auch im materiellen Bereich gab es bei jungen Leuten einen deutlichen Rückgang der Kritik an den Bedingungen des Engagements. Unbürokratischere Erstattung von Kosten und eine bessere Vergütung für Freiwillige wurden immer weniger angemahnt. Wie bereits im Kapitel zur Monetarisierung ausgeführt, waren junge Engagierte zu allen drei Zeitpunkten diejenige Altersgruppe, in denen das monetäre Element im freiwilligen Engagement die größte Rolle spielt. Sie hatten vermehrt die Möglichkeit zur Kostenerstattung und profitierten häufiger von Vergütungen (meist in Form von Sachleistungen, aber auch in Form von pauschalen Aufwandsentschädigungen). Auch wollten sie vermehrt ihre freiwillige Tätigkeit hauptberuflich ausüben, wenn auch nicht so häufig wie Arbeitslose.

Wie kann man die Konstellation unter den jungen Engagierten auf den Punkt bringen? Die finanzielle Lage junger Menschen ist meist knapp, nicht so sehr, weil sie „arm" sind, sondern weil sie ausgeprägte Bedürfnisse auch im materiellen Bereich haben.[75] In dieser Lage ist jeder Euro willkommen und wird auch aufgrund eines geringeren „Tabus", das materielle Element strikt aus dem Engagement auszuschließen, angenommen. Dieser Befund hängt bei jungen Menschen aber nicht mit ihrer eigentlichen Motivation zum Engagement zusammen, die sich zum einen am Gemeinwesen und an sozialen Motiven orientiert, zum anderen mit Bedürfnissen einhergeht, die eigenen Kompetenzen weiterzuentwickeln. Bedürfnisse nach Qualifikation haben auch etwas mit den beruflichen Wünschen und Erwartungen junger Menschen zu tun und werden offensichtlich gut befriedigt. Aber auch das materielle Element scheint im Blick der jungen Leute hinreichend berücksichtigt zu sein, sodass sie ihm im Laufe der Zeit immer weniger Bedeutung beimessen.

Die Rahmenbedingungen in den Organisationen und Institutionen wurden von arbeitslosen Engagierten bereits 1999 kritischer gesehen als von anderen Gruppen. Neben besserer Weiterbildung wünschten sich arbeitslose Engagierte bereits 1999 vermehrt eine bessere Anerkennung durch Hauptamtliche. In diesen Punkten ist ihre Kritik gleich geblieben, sodass diese wegen der allgemeinen Entspannung in diesem Punkt jetzt deutlich überdurchschnittlich geworden ist. Der Wunsch arbeitsloser Engagierter nach Verbesserungen bei der fachlichen Unterstützung der Tätigkeit hat stark zugenommen (1999: 35 %, 2009: 46 %). Besonders eine bessere Infrastruktur des Engagements (Räume und Sachmittel) zählt inzwischen zu den Wünschen von arbeitslosen Engagierten.

Im Gegensatz zu 1999, als sie die Themen Kostenerstattung und Vergütung ebenso häufig oder sogar weniger thematisierten als andere Gruppen, fordern arbeitslose Engagierte inzwischen deutlich häufiger Verbesserungen in finanziellen Fragen (Kostenerstattung und Vergütung). Zwar ist seit 2004 ihre besonders ausgeprägte Kritik an den Möglichkeiten der Kostenerstattung wieder rückläufig. Dennoch bleibt sie deutlich und wird von einem Bedeutungsanstieg der Frage der Vergütung für die Tätigkeit begleitet. Allerdings stand auch 2009 nur für etwa ein Drittel der Arbeitslosen die Frage der *Vergütung* im Mittelpunkt ihrer Verbesserungsvorschläge, sodass auch für diese Gruppe die materielle Frage des Engagements ungleich mehr mit der Frage der Sicherung einer ausreichenden Infrastruktur zu tun hat (Projektfinanzen, Räume, Ausstattung usw.).

---

[75] Vgl. dazu den Beitrag des Autors in der aktuellen Shell Jugendstudie (Gensicke 2010b).

7.4   Unterstützung der Freiwilligen durch Staat und Öffentlichkeit

Staat[76] und Öffentlichkeit können freiwilliges Engagement durch eine Reihe von Maßnahmen stabilisieren, fördern und unterstützen. Der wichtigste Unterschied zu den Möglichkeiten und Maßnahmen, die Organisationen und Institutionen zur Verfügung stehen, besteht darin, dass sich solche Maßnahmen oft nur mittelbar auf die Freiwilligen beziehen, weil sie den großen Rahmen des Dritten Sektors bzw. der Gesellschaft betreffen. Zum einen bestimmt der Staat die Bedingungen für die Arbeit der Organisationen und Institutionen des Dritten Sektors, zum anderen kann er selbst eine Infrastruktur für die Engagementförderung vorhalten oder zumindest unterstützen, wie Informations- und Kontaktstellen für freiwilliges Engagement. In diesem Punkt trifft er sich mit Großorganisationen und Institutionen wie Sozialverbänden und Kirchen, die diesen Typ an Infrastruktur ebenso unterstützen können. Der Staat kann jedoch auch direkt Rahmenbedingungen für Engagierte verbessern und ihnen z. B. steuerliche Vorteile gewähren.

Der Beitrag der Medien liegt insbesondere in der Steigerung der öffentlichen Sichtbarkeit und damit der Anerkennung des freiwilligen Engagements. Sie können damit zu einem positiven Image des Engagements beitragen. Medien sollten aber auch kritische Beobachter möglicher Probleme und Missstände bei den Rahmenbedingungen des Engagements sein. Überregional nehmen die Medien diese Rollen nur gelegentlich wahr, die öffentlich-rechtlichen[77] mehr als die privaten. In der regionalen Berichterstattung, vor allem in den Kommunen, ist das Engagement stärker präsent. Mit dem Internet ist ein neues Medium hinzugekommen, das besonders gut für die Engagementförderung geeignet ist, da die Vielfalt der Präsentations- und Nutzungsmöglichkeiten besonders groß ist. Dazu kommen die Chancen der kollektiven wie individuellen Einflussnahme und Kommunikation. Der Nachteil des Netzes ist seine Unübersichtlichkeit, die einen viel aktiveren und findigeren Umgang erfordert, als mit den konventionellen Medien. Diese halten inzwischen selbst umfangreiche Angebote im Netz vor.

Abgesehen vom besonderen Beitrag der Medien, kann die öffentliche Engagementförderung in zwei Richtungen erfolgen. Steuerliche Erleichterungen können für Privatpersonen oder für Organisationen und Institutionen gewährt werden. Letzteres war bisher der typische Weg in Deutschland, zunehmend wird jedoch fiskalisch auch am Individuum bzw. seinem Haushalt angesetzt (z. B. durch das Gesetz „Hilfen für Helfer"). Steuererleichterungen für Privatpersonen haben den Nachteil, dass nur diejenigen etwas davon haben, die überhaupt Geld verdienen, vor allem jene, die man als Besserverdienende bezeichnet. Insofern haben solche Maßnahmen eine gewisse soziale Schlagseite. Diese ist immer noch vorhanden, wird aber begrenzt, wenn man Steuererleichterungen auf die öffentliche Infrastruktur des freiwilligen Engagements hin ausrichtet. Am geringsten ist der Schichteffekt nach

---

[76] Für die Umsetzung konkreter Maßnahmen ist in erster Linie die kommunale oder landespolitische Ebene zuständig. Zur Maßnahmenkoordination auf Bundesebene und zur bundesweiten „Sichtbarmachung" des Themas mit entsprechender politischer Prominenz ist darüber hinaus die bundespolitische Verantwortlichkeit von zentraler Wichtigkeit.

[77] 2010 widmeten sich das öffentlich-rechtliche Fernsehen und der entsprechende Rundfunk eine ganze Woche schwerpunktmäßig dem Engagement. Das ist sehr zu begrüßen, auch wenn damit geringere Einschaltquoten verbunden waren. Der hämische Kommentar des SPIEGEL dazu war überflüssig. Man kann nicht erwarten, dass das Thema „Engagement" in der breiten Bevölkerung mit dem Aufmerksamkeitswert populärer Themen aus Sport und Unterhaltung konkurrieren kann, schon gar nicht mit dem besonders in den Privatmedien verbreiteten Sex & Crime.

oben, wenn diese öffentliche Infrastruktur von allen Bevölkerungsgruppen in ähnlichem Maße genutzt wird, ja der Effekt kann sich sogar umkehren, wenn es sich um Einrichtungen handelt, die vermehrt von den unteren Schichten genutzt werden.

Der Freiwilligensurvey lässt verschiedene Maßnahmen der Engagementförderung seit 1999 durch die Engagierten bewerten (Grafik C25). Die wichtigste Priorität ist dieselbe geblieben. Weiterhin sehen die Freiwilligen unverändert den höchsten Verbesserungsbedarf bei einer besseren öffentlichen Information und Beratung über Möglichkeiten des freiwilligen Engagements. Dabei steht das Eigeninteresse an Beratung sicher nur teilweise im Vordergrund, sondern vor allem der Wunsch nach mehr Mitstreitern. Hinter diesem Kernanliegen, das einen deutlichen Schwerpunkt bei der Infrastruktur setzt, aber unterschiedlich erreicht werden kann, stehen im Meinungsbild der Engagierten andere Maßnahmen deutlich zurück. Vor allem zwischen 1999 und 2004 reduzierte sich die Bedeutung, die Freiwillige steuerlichen Erleichterungen geben, deutlich. Das geschah also und wurde offensichtlich nicht reflektiert, bevor das Gesetz „Hilfen für Helfer" in die Öffentlichkeit kam. Seit 2004 wurden steuerliche Erleichterungen wieder ein wenig mehr gefordert, erlangten aber bei Weitem nicht die Bedeutung von 1999.

Grafik C25
Verbesserungsvorschläge der Freiwilligen an den Staat bzw. die Öffentlichkeit (1999, 2004, 2009)
Engagierte mit ihrer zeitaufwendigsten freiwilligen Tätigkeit (Angaben in %)

Da drückt der Schuh, da wären Verbesserungen nötig ...

Bessere Information und Beratung über Möglichkeiten des freiwilligen Engagements: 57 / 55 / 55

Bessere steuerliche Absetzbarkeit der Unkosten: 56 / 43 / 46

Bessere steuerliche Absetzbarkeit der Aufwandsentschädigungen: 52 / 44 / 46

Bessere Anerkennung durch Berichte in Presse und Medien: 47 / 48 / 46

Bessere Anerkennung freiwilliger Tätigkeiten als berufliches Praktikum: 47 / 40 / 40

Bessere Absicherung Freiwilliger durch Haftpflicht- und Unfallversicherung: 44 / 38 / 41

Bessere öffentliche Anerkennung, z.B. durch Ehrungen: 23 / 24 / 25

■ 1999   ▨ 2004   ▯ 2009

tns infratest   Quelle: Freiwilligensurveys 1999, 2004 und 2009   **Sozialforschung**

Wie bessere Information und Beratung zum Engagement wünschten sich seit 1999 nahezu unverändert viele Engagierte auch eine bessere Anerkennung des Engagements und der Arbeit von Freiwilligen durch Berichte in Presse und Medien. Hierbei hält sich vermutlich das Interesse, persönlich anerkannt zu werden, die Waage mit dem Wunsch nach einem anregenden öffentlichen Klima für freiwilliges Engagement. Diese Aspekte sind Freiwilligen inzwischen ebenso wichtig wie steuerliche Erleichterungen. Man kann damit seit 2004 eine stärkere Priorität bei der Förderung des Engagements durch Information, Beratung und Kommunikation feststellen, zumindest bei den Bedürfnissen der Engagierten. In einem

Punkt dieses Typs der Förderung sind Freiwillige jedoch weiterhin zurückhaltend. Relativ wenige wünschen mehr öffentliche Ehrungen für Freiwillige. Da diese Art der Anerkennung inzwischen ohnehin stärker verbreitet ist, ist es nachvollziehbar, dass Freiwilligen im Zweifelsfall die Anerkennung des Engagements in den Medien wichtiger ist bzw. die aktive Ansprache der Bevölkerung, um die Vielfalt der Möglichkeiten des Engagements aufzuzeigen.

Weniger wird inzwischen die Anerkennung freiwilliger Tätigkeiten als berufliches Praktikum gewünscht, aber doch immer noch von 40 % der Engagierten, besonders von Arbeitslosen und Hausfrauen und Hausmänner sowie jüngeren Menschen. Diese Gruppen würden auch am meisten davon profitieren. Eine bessere Absicherung durch Unfall- und Haftpflichtversicherung war 2009 41 % der Engagierten ein Anliegen. Seltener wurde dieser Wunsch wohl auch deshalb geäußert, da viele Bundesländer pauschale Unfallversicherungen für Engagierte einrichteten. Es deutet jedoch einiges darauf hin, dass dieser Versicherungsschutz vielen Engagierten noch nicht hinreichend bekannt ist, von anderen möglicherweise aber auch als unzureichend angesehen wird.

Verbesserungsbedarf in den Engagementbereichen

Engagierte in den Bereichen „Soziales" (65 %) und „Gesundheit" (64 %) messen der besseren Information und Beratung über Möglichkeiten des freiwilligen Engagements eine besonders hohe Wichtigkeit bei (vgl. Tabelle C27). Möglicherweise liegt das auch daran, dass Tätigkeiten in diesen Bereichen mit höheren Belastungen einhergehen oder wegen eventuell vorhandener Vorurteile in der Öffentlichkeit stärker beworben werden müssen. Dagegen sahen in der außerschulischen Jugendarbeit und Erwachsenenbildung und (von einem sehr hohen Niveau ausgehend) im lokalen Bürgerengagement deutlich weniger Engagierte als 1999 und 2004 die Notwendigkeit zur öffentlichen Aufklärung über die Möglichkeiten des Engagements. Dem Bürgerengagement fällt es wegen seiner lokal verwurzelten Themen, die oft vitale Interessen von Ein- und Anwohnerinnen und Ein- und Anwohnern betreffen, wahrscheinlich leichter, ohne großen Aufwand Engagierte zu finden. Dass Engagierte in den vereinsbasierten Bereichen Sport und Freizeit sowie im kirchlich-religiösen Engagement öffentliche Beratung und Information nicht ganz so häufig fordern wie solche in anderen Bereichen des Engagements, kann damit zusammenhängen, dass hier die klassischen Kanäle der Gewinnung Freiwilliger noch etwas intakter sind.

Eine bessere Absetzbarkeit von Aufwandsentschädigungen wünschen Engagierte in der beruflichen Interessenvertretung (2009: 64 %) besonders häufig, erhöht auch im sozialen Bereich (2009: 54 %) sowie in der Jugendarbeit und Erwachsenenbildung und bei der freiwilligen Feuerwehr und den Rettungsdiensten (2009: jeweils 52 %). Die berufliche Interessenvertretung sowie die freiwillige Feuerwehr und die Rettungsdienste gehören zu den Bereichen, in denen häufiger Aufwandsentschädigungen gezahlt werden. Im Freizeitbereich sowie im Umwelt- und Tierschutz wurden dagegen seltener steuerliche Erleichterungen als 1999 gefordert. Bessere steuerliche Absetzbarkeit von Unkosten wünscht nach wie vor über die Hälfte der Engagierten im sozialen Bereich und in der beruflichen Interessenvertretung. In der politischen Interessenvertretung war dieser Wunsch stark rückläufig. Dagegen fordern in den vereinsdominierten Bereichen Sport, Kultur und Freizeit inzwischen wieder mehr Engagierte bessere Möglichkeiten der Absetzbarkeit von Unkosten, nach stark rückläufigen Wünschen im Jahre 2004. Das Gleiche gilt für den Bereich des lokalen Bürgerengagements.

Tabelle C27:   Verbesserungswünsche an den Staat und die Öffentlichkeit
(Mehrfachnennungen)

	Da drückt der Schuh, da wären Verbesserungen wichtig							
	Ver-sichg. (1)	Unkos-ten (2)	Auf-wand (3)	Prakti-kum (4)	Aner-kenng. (5)	Medien (6)	Infor-mation (7)	Nichts davon
Alle								
1999	44	56	52	47	23	47	57	13
2004	38	43	44	40	24	48	55	15
2009	41	46	46	40	25	46	55	14
Sport								
1999	44	58	55	43	24	45	53	13
2004	38	45	47	36	23	43	51	17
2009	41	51	48	36	24	40	51	15
Kultur								
1999	45	54	46	44	22	48	50	15
2004	32	41	40	32	23	55	42	18
2009	45	43	43	36	28	50	54	12
Freizeit								
1999	45	59	53	41	26	45	54	15
2004	32	38	37	30	25	47	43	22
2009	38	42	39	30	27	46	48	20
Soziales								
1999	51	59	51	53	23	50	63	12
2004	43	44	47	54	26	55	65	11
2009	44	55	54	45	28	53	65	9
Gesundheit*								
1999								
2004								
2009	45	45	51	54	30	53	64	13
Schule								
1999	44	53	52	48	17	45	58	13
2004	37	45	44	46	21	48	64	13
2009	41	42	41	40	23	44	58	14
Jugend								
1999	43	52	51	60	28	56	61	10
2004	40	40	34	43	23	46	50	14
2009	48	51	52	50	20	48	48	14
Umwelt								
1999	48	56	50	49	27	67	64	7
2004	45	45	48	49	23	55	64	8
2009	41	42	35	38	20	60	58	12
Politik								
1999	47	59	52	49	24	52	60	9
2004	44	52	48	47	29	62	68	7
2009	33	39	42	45	26	55	59	12

	Da drückt der Schuh, da wären Verbesserungen wichtig							
	Ver-sichg. (1)	Unkos-ten (2)	Auf-wand (3)	Prakti-kum (4)	Aner-kenng. (5)	Medien (6)	Infor-mation (7)	Nichts davon
Alle								
1999	44	56	52	47	23	47	57	13
2004	38	43	44	40	24	48	55	15
2009	41	46	46	40	25	46	55	14
Beruf								
1999	34	60	62	52	27	51	66	9
2004	49	54	52	39	27	54	63	10
2009	46	56	64	52	24	61	61	8
Kirche								
1999	38	47	44	49	20	39	55	19
2004	36	37	36	41	18	40	52	19
2009	34	40	40	37	20	40	52	20
FFW/RD								
1999	36	59	66	51	26	47	58	9
2004	38	53	50	44	32	49	60	12
2009	38	50	52	44	32	50	59	13
Lok. Bürger-engagement								
1999	60	53	38	42	35	55	73	8
2004	37	30	34	28	23	47	57	16
2009	45	45	40	37	22	42	52	21

TNS Infratest Sozialforschung 2009, Angaben in Prozent
* Werte wegen zu geringer Fallzahlen nur für 2009 ausgewiesen

Erläuterungen zum Tabellenkopf C27:
Da drückt der Schuh, da wären Verbesserungen wichtig:
(1) bessere Absicherung durch Haft- und Unfallversicherung
(2) steuerliche Absetzbarkeit der Kosten des Ehrenamts
(3) steuerliche Absetzbarkeit der Aufwandsentschädigungen
(4) Anerkennung des Ehrenamts als berufliches Praktikum oder Weiterbildung
(5) Anerkennung des Ehrenamts durch Ehrungen
(6) mehr Anerkennung in Presse und Medien
(7) mehr Aufklärung über Möglichkeiten des freiwilligen Engagements

Eine bessere Anerkennung freiwilligen Engagements durch Presse und Medien wünschen sich besonders viele Engagierte im Umwelt- und Tierschutz (2009: 60 %, aber rückläufig) und, im Zeitlauf verstärkt, solche in der beruflichen Interessenvertretung (2009: 61 %). Öffentliche Ehrungen wünschten sich insbesondere Engagierte bei der freiwilligen Feuerwehr und den Rettungsdiensten (2009: 32 %) sowie solche im Gesundheitsbereich (30 %). Die Anerkennung der Tätigkeit als Weiterbildung bzw. als berufliches Praktikum wünschten sich zum einen Engagierte in Bereichen mit vielen jüngeren Engagierten (Kindergarten, Schule, Jugendarbeit, Erwachsenenbildung) bzw. mit vielen Frauen (Soziales und Gesundheit). Allerdings war der Wunsch nach einer beruflichen Verwertung der freiwilligen Tätigkeit in all diesen Bereichen (außer Gesundheit) rückläufig. Wo die Tätigkeit von Freiwilligen mit ihrem Beruf sehr häufig in Verbindung steht wie bei der beruflichen Interessenvertretung, liegt der Wunsch nach einer Zertifizierung der Tätigkeit näher.

Das Phänomen, dass trotz einer Erweiterung des Versicherungsschutzes für Freiwillige dennoch relativ häufig und wieder mehr Verbesserungen bei der Versicherung gefordert werden, ist besonders in den Bereichen „Jugendarbeit und Erwachsenenbildung" und „Berufliche Interessenvertretung" zu erkennen. Am wenigsten und immer weniger werden Probleme beim Versicherungsschutz im Bereich Kirche und Religion (2009: 34 %) sowie in der politischen Interessenvertretung gesehen (2009: 33 %). Stark rückläufig waren Forderungen nach mehr Versicherungsschutz im Bereich Umwelt- und Tierschutz.

Problemwahrnehmung in Ost und West, erhöhte bei Älteren und Arbeitslosen

Ost- und westdeutsche Engagierte unterscheiden sich relativ wenig bei der Bewertung der Rahmenbedingungen, die durch Staat und Öffentlichkeit gesetzt werden, wie auch bei den Wünschen nach Verbesserungen in den Organisationen und Institutionen. Erstaunlich ist es jedoch, dass ostdeutsche Engagierte zumindest in puncto Information und Beratung über das Engagement einen immer geringeren Verbesserungsbedarf sehen (1999: 58 %, 2004: 55 %, 2009: 51 %, vgl. Tabelle C28), während westdeutsche Engagierte der Verbesserung von Information und Beratung über das Engagement einen konstanten Stellenwert einräumten (56 %). Das geschah in einer Situation, in der das Engagement in den neuen Ländern seit 2004 nicht mehr vorankam und weiter deutlich hinter den alten Ländern zurückblieb. In den meisten neuen Ländern wurden Information und Beratung seit 1999 deutlich weniger gefordert.

Am schwächsten war der Trend in Mecklenburg-Vorpommern, und in Brandenburg gab es (ausgehend von einem niedrigeren Niveau) sogar etwas mehr Forderungsdruck nach besserer Information und Beratung. Am stärksten war der Rückgang in Sachsen und in Thüringen. Es gibt in den neuen Ländern somit einen gewissen Nord-Süd-Unterschied, wobei sich die Süd-Länder an die bereits vorher schon niedrigeren Werte der Nord-Länder anpassten und Sachsen-Anhalt dazwischen steht (Berlin hat eine gewisse Ausnahmesituation). Der Trend wurde in den neuen Ländern besonders von den 31- bis 45- Jährigen getragen, von Erwerbstätigen und Menschen mit Hochschulabschlüssen, alles hoch engagierte Gruppen. Ältere Menschen, vor allem Rentnerinnen und Rentner sowie Pensionärinnen und Pensionäre, deutlich weniger engagierte Gruppen, vollzogen diesen Trend dagegen nicht mit.

In den neuen Ländern veranschlagt man jedoch auch die steuerliche Förderung niedriger als in Westdeutschland, vielleicht, weil man wegen niedrigerer Einkommen auch weniger davon profitieren würde. Fast nur auf westdeutsche Engagierte geht es zurück, dass seit 2004 wieder etwas mehr Handlungsbedarf bei der steuerlichen Förderung des Engagements gesehen wurde. Weiterhin wünschen sich mehr ostdeutsche als westdeutsche Engagierte eine stärkere öffentliche Anerkennung des Engagements durch Ehrungen (2009: Ost: 31 %, West: 23 %). In den alten Ländern scheint dieser Typ der Förderung des Engagements etablierter, aber auch routinierter zu sein als in den neuen Ländern. Frauen und Männer setzen beim Verbesserungsbedarf nur wenige Unterschiede. Nur die bessere Anerkennung des freiwilligen Engagements als berufliches Praktikum bzw. Weiterbildung steht bei Frauen, insbesondere westdeutschen Frauen, stärker im Vordergrund.

Vergleicht man die jungen Engagierten im Alter von bis zu 30 Jahren mit den Engagierten im Alter von über 65 Jahren erkennt man, dass sie in gewisser Hinsicht Kontrastgruppen sind, besonders auch in der Entwicklung ihres Meinungsbilds zur öffentlichen Förderung des Engagements über die Zeit. Stieg bei den jungen Menschen der Anteil derer, die bei keinem Punkt der Liste Verbesserungen wünschten, von 10 % auf 17 % an, so sank dieser Prozentsatz der rundum Zufriedenen bei den Älteren von 30 % auf nur noch 16 %. Folgerichtig stieg die Kritik der älteren Engagierten in allen Punkten an und in einigen davon deutlich, bei jungen Menschen ging sie dagegen in allen Punkten zurück, teilweise drastisch.

Besonders auffällig ist die gegenläufige Entwicklung der Älteren zu den 14- bis 30-Jährigen bei der Frage der Information und Beratung über Möglichkeiten zum Engagement. Sehen hier inzwischen 57 % der ältesten Gruppe Handlungsbedarf, so nur noch 51 % der jungen Leute. Die 31- bis 45-Jährigen vollzogen die Entwicklung der jüngeren Gruppe moderat mit, sodass sich in dieser Frage inzwischen an der Altersgrenze von 45 Jahren sogar ein Gegensatz zwischen Jüngeren und Älteren aufgebaut hat. Auch die Medienpräsenz des Engagements ist bei den Älteren (49 %) inzwischen deutlich wichtiger als bei der jüngsten Gruppe (43 %) und auch hier hat sich ein gewisser Gegensatz zwischen den bis 45-Jährigen und den über 45- Jährigen aufgetan.

Ein auffälliger Prozess ist die drastische Abwertung materieller Faktoren bei jungen Menschen, vor allem der Steuererleichterungen, aber auch der Frage, ob Engagement als Praktikum oder Weiterbildung anerkannt und ob ein besserer Versicherungsschutz nötig sei. Das steht im Einklang mit der inzwischen allgemein niedrigeren Bewertung des Materiellen im Engagement bei jungen Leuten, obwohl dieser Faktor in der Praxis ihres Engagements vermehrt eine Rolle spielt. Dass jedoch immer weniger junge Menschen eine Verbesserung der beruflichen Anerkennung des Engagements für notwendig erachten, erstaunt angesichts der Wichtigkeit, die jungen Menschen dem Qualifikationserwerb im Engagement beimessen. Offensichtlich scheint dennoch die Frage der Zertifizierung von abnehmender Bedeutung zu sein und der konkrete Erwerb von Kompetenzen mehr im Vordergrund zu stehen.

Steuer- und Versicherungsfragen stehen bei 46- bis 65-Jährigen besonders im Vordergrund der Verbesserungsvorschläge. Das veränderte Meinungsbild bei Engagierten im Alter von über 45 Jahren über die öffentliche Förderung des freiwilligen Engagements trug den Wiederanstieg materieller Forderungen seit 2004 sogar fast ausschließlich. Vor allem die 46- bis 65-Jährigen stehen somit für beide Typen der Förderung des Engagements, die materielle bzw. individuell- steuerliche sowie diejenige, die auf bessere Beratung und Kommunikation setzt.

Steuerfragen im Zusammenhang mit dem Engagement sind für Erwerbstätige ein wichtiges Anliegen. Denen, die steuerpflichtig Geld verdienen, liegen fiskalische Fragen naturgemäß näher als anderen. Das führt dazu, dass sie als Engagierte diese Dinge in fast ähnlicher Höhe gewichten wie eine bessere Information und Beratung über Möglichkeiten des freiwilligen Engagements und höher als dessen mediale Anerkennung und Kommunikation. Dass die 46- bis 65-Jährigen dem Meinungsbild der Erwerbstätigen zwar stark ähneln, aber dennoch Information und Beratung besonders hoch und höher als Steuerfragen einstufen, dürfte daran liegen, dass es unter diesen besonders viele Freiwillige in Leitungs- und Vorstandsfunktionen gibt, die sich auch vermehrt Gedanken über die öffentliche Engagementförderung machen.

Tabelle C28: Verbesserungswünsche an den Staat und die Öffentlichkeit
(Mehrfachnennungen)

	Da drückt der Schuh, da wären Verbesserungen wichtig							
	Ver-sichg. (1)	Un-kosten (2)	Auf-wand (3)	Prakti-kum (4)	Aner-kenng. (5)	Medien (6)	Infor-mation (7)	Nichts davon
Alle								
1999	44	56	52	47	23	47	57	13
2004	38	43	44	40	24	48	55	15
2009	41	46	46	40	25	46	55	14
Alte Länder								
1999	45	56	52	48	22	47	56	13
2004	38	44	44	41	22	48	55	16
2009	41	47	46	40	23	47	56	14
Neue Länder								
1999	40	56	51	43	31	47	58	13
2004	38	43	43	36	30	49	55	14
2009	40	44	43	38	31	45	51	16
Männer								
1999	44	57	54	44	25	49	55	12
2004	38	45	44	36	26	50	52	14
2009	41	47	46	36	25	47	53	14
Frauen								
1999	44	54	49	51	21	45	58	15
2004	38	42	44	45	20	46	58	16
2009	40	46	45	43	24	46	57	15
14–30 Jahre								
1999	42	51	47	55	26	52	57	10
2004	34	39	39	47	24	46	54	14
2009	30	35	32	44	23	43	51	17
31–45 Jahre								
1999	47	63	61	50	19	45	58	10
2004	41	50	49	42	23	50	55	12
2009	41	49	50	39	23	44	52	16
46–65 Jahre								
1999	46	59	54	44	24	46	59	12
2004	40	46	48	39	24	50	55	15
2009	45	53	53	42	26	49	59	11
66 Jahre +								
1999	36	39	32	30	25	44	43	30
2004	33	29	31	29	22	44	54	23
2009	43	42	40	31	26	49	57	16

	Da drückt der Schuh, da wären Verbesserungen wichtig							
	Ver- sichg. (1)	Un- kosten (2)	Auf- wand (3)	Prakti- kum (4)	Aner- kenng. (5)	Medien (6)	Infor- mation (7)	Nichts davon
Alle								
1999	44	56	52	47	23	47	57	13
2004	38	43	44	40	24	48	55	15
2009	41	46	46	40	25	46	55	14
Erwerbstätige								
1999	46	63	59	46	22	47	59	10
2004	40	51	50	40	23	51	54	14
2009	43	52	51	39	24	47	54	13
Arbeitslose								
1999	46	59	49	49	21	40	61	13
2004	42	50	47	50	29	55	57	10
2009	46	52	52	56	29	48	58	13
Schü./Ausz./ Stud.								
1999	38	42	39	58	31	56	54	12
2004	32	35	34	48	26	45	53	14
2009	27	28	28	46	22	42	50	18
Hausfrau/-mann								
1999	52	57	53	53	19	40	59	13
2004	38	38	32	46	17	41	55	19
2009	43	50	51	47	26	48	64	10
Rentner/Pension.								
1999	39	45	40	34	27	46	49	25
2004	37	30	34	29	25	45	56	21
2009	43	43	42	33	28	49	59	15

TNS Infratest Sozialforschung 2009, Angaben in Prozent

Erläuterungen zum Tabellenkopf C28:
Da drückt der Schuh, da wären Verbesserungen wichtig:
(1)   bessere Absicherung durch Haft- und Unfallversicherung
(2)   steuerliche Absetzbarkeit der Kosten des Ehrenamts
(3)   steuerliche Absetzbarkeit der Aufwandsentschädigungen
(4)   Anerkennung des Ehrenamts als berufliches Praktikum oder Weiterbildung
(5)   Anerkennung des Ehrenamts durch Ehrungen
(6)   mehr Anerkennung in Presse und Medien
(7)   mehr Aufklärung über Möglichkeiten des freiwilligen Engagements

Arbeitslose Engagierte treten nicht nur an Organisationen und Institutionen, sondern auch an Staat und Öffentlichkeit mit mehr Wünschen und Forderungen heran als 1999 und 2004. Bei ihnen machen sich besonders stark (und auch zunehmend) der Druck des Arbeitsmarktes bemerkbar und damit auch der Wunsch nach einer Anerkennung der Tätigkeit als berufliches Praktikum bzw. als Weiterbildung (2009: 56 %). Dass sie auch eine bessere steuerliche Förderung wünschen, klingt zunächst merkwürdig, da sie ja kein steuerpflichtiges Einkommen haben, das von fiskalischen Erleichterungen profitieren könnte. Wahrscheinlich ist es das materielle Element, das sich in der finanziell knapperen Lebenssituation von Arbeitslosen in den Vordergrund drängt, vielleicht aber auch der Wunsch, materielle Gratifikationen des Engagements nicht auf das Arbeitslosengeld angerechnet zu bekommen.

Literatur

Freiwilligensurvey 2009

Ammann, H. (2011, Hg.): Grenzenlos, Freiwilliges Engagement in der Schweiz, Österreich und Deutschland, Seismo Verlag Zürich

Bayerisches Staatsministerium für Arbeit und Sozialordnung, Familie und Frauen, (Autorin: Martina Wegener) Freiwilligensurvey Bayern 2009: Ergebnisse und Trends, München
http://www.verwaltung.bayern.de/egov-portlets/xview/Anlage/4021511/Freiwilligensurvey Bayern2009-ErgebnisseundTrends.pdf

Geiss, S. (2010): Zivilgesellschaft und freiwilliges Engagement in Augsburg 2009: Ergebnisse des Freiwilligensurveys, der repräsentativen Erhebung zu Ehrenamt, Freiwilligenarbeit und bürgerschaftlichem Engagement, Studie im Auftrag der Stadt Augsburg, TNS Infratest Sozialforschung München
http://www.buendnis.augsburg.de/fileadmin/buendnis-aug/dat/11_materialien/pdf/freiwilligen survey_augsburg_2009.pdf

Gensicke, T. (2011a), Notwendigkeit einer integrierten Theorie für die Beschreibung der Zivilgesellschaft, in: Priller et al. (2011)

Gensicke, T. (2011b): Konzept und Ergebnisse des deutschen Freiwilligensurveys (1999, 2004, 2009), in: Ammann 2011

Gensicke, T. (2011c): Öffentliche Beteiligung und freiwilliges Engagement in Sachsen-Anhalt 1999–2004–2009: Ergebnisse des Freiwilligensurveys, der repräsentativen Erhebung zu Ehrenamt, Freiwilligenarbeit und bürgerschaftlichem Engagement, Auswertung im Auftrag der Landeszentrale für politische Bildung Sachsen-Anhalt
http://www.sachsen-anhalt.de/fileadmin/Elementbibliothek/Bibliothek_Engagiert/Downloads/ Dokumente/Studien-Gesetze/Freiwilligen-Surve_Sachsen-Anhalt2011.pdf

Gensicke, Thomas (2011d): Öffentliche Beteiligung und freiwilliges Engagement in Mecklenburg-Vorpommern 1999–2004–2009: Ergebnisse des Freiwilligensurveys, der repräsentativen Erhebung zu Ehrenamt, Freiwilligenarbeit und bürgerschaftlichem Engagement, Auswertung im Auftrag Netzwerk freiwilliges Engagement Mecklenburg-Vorpommern, TNS Infratest Sozialforschung München. (http://www.netzwerk-mv.net/media//netzwerk-mv/absatz/fws-mecklen burg-vorpommern-text.pdf und http://www.netzwerk-mv.net/media//netzwerk-mv/absatz/ freiwilligensurvey-mecklenburg-vorpommern.pdf

Gensicke, T., Geiss, S. (2012): Zivilgesellschaft und freiwilliges Engagement in Sachsen 1999–2004–2009: Ergebnisse des Freiwilligensurveys, der repräsentativen Erhebung zu Ehrenamt, Freiwilligenarbeit und bürgerschaftlichem Engagement, Studie im Auftrag Sächsischen Staatsministeriums für Soziales, TNS Infratest Sozialforschung München

Gensicke, T., Geiss, S. (2011): Zivilgesellschaft und freiwilliges Engagement in Brandenburg 1999–2004–2009: Ergebnisse des Freiwilligensurveys, der repräsentativen Erhebung zu Ehrenamt, Freiwilligenarbeit und bürgerschaftlichem Engagement, Studie im Auftrag der Staatskanzlei des Landes Brandenburg, TNS Infratest Sozialforschung München
http://www.stk.brandenburg.de/media/lbm1.a.4856.de/FWS_Brandenburg_108393.pdf

Gensicke, T., Geiss, S. (2011): Zivilgesellschaft und freiwilliges Engagement in Berlin 1999–2004–2009: Ergebnisse des Freiwilligensurveys, der repräsentativen Erhebung zu Ehrenamt, Freiwilligenarbeit und bürgerschaftlichem Engagement, Studie im Auftrag des Berliner Senats, TNS Infratest Sozialforschung München http://www.berlin.de/imperia/md/content/buergeraktiv/aktuelles/endfassung_der_pr__sentation_15.06.2011.pdf?start&ts=1308211828&file=endfassung_der_pr__sentation_15.06.2011.pdf

Gensicke, T., Geiss, S. (2011): Zivilgesellschaft und freiwilliges Engagement in Hamburg 1999–2004-2009: Ergebnisse des Freiwilligensurveys, der repräsentativen Erhebung zu Ehrenamt, Freiwilligenarbeit und bürgerschaftlichem Engagement, Studie im Auftrag der Freien und Hansestadt Hamburg, TNS Infratest Sozialforschung München
http://www.hamburg.de/engagement/veroeffentlichungen/3076870/freiwilligensurvey-hamburg.html

Gensicke, T., Geiss, S. (2011): Zivilgesellschaft und freiwilliges Engagement in Nordrhein-Westfalen 1999–2004-2009: Ergebnisse des Freiwilligensurveys, der repräsentativen Erhebung zu Ehrenamt, Freiwilligenarbeit und bürgerschaftlichem Engagement, Studie im Auftrag des Ministeriums für Familie, Kinder, Jugend, Kultur und Sport des Landes Nordrhein-Westfalen, TNS Infratest Sozialforschung München
http://www.engagiert-in-nrw.de/pdf/freiwilligensurvey_2009_110614.pdf

Gensicke, T., Geiss, S. (2010): Zivilgesellschaft und freiwilliges Engagement in Niedersachsen 1999-2004-2009: Ergebnisse des Freiwilligensurveys, der repräsentativen Erhebung zu Ehrenamt, Freiwilligenarbeit und bürgerschaftlichem Engagement, Studie im Auftrag der Staatskanzlei des Landes Niedersachsen, TNS Infratest Sozialforschung München
http://www.freiwilligenserver.de/doc/doc_download.cfm?uuid=EB172169C2975CC8A58F4085B6817D94&&IRACER_AUTOLINK

Gensicke, T., Geiss, S. (2010): Zivilgesellschaft und freiwilliges Engagement in Rheinland-Pfalz 1999-2004-2009: Ergebnisse des Freiwilligensurveys, der repräsentativen Erhebung zu Ehrenamt, Freiwilligenarbeit und bürgerschaftlichem Engagement, Studie im Auftrag der Staatskanzlei des Landes Rheinland-Pfalz, Mainz
http://www.wir-tun-was.de/fileadmin/site_images/page_content/wettbewerbe/Landestudie_Netz.pdf

Gensicke, T., Geiss, S. (2010): Zivilgesellschaft und freiwilliges Engagement im Saarland 2009: Ergebnisse des Freiwilligensurveys, der repräsentativen Erhebung zu Ehrenamt, Freiwilligenarbeit und bürgerschaftlichem Engagement, Studie im Auftrag der Staatskanzlei des Saarlandes, TNS Infratest Sozialforschung München
http://lv-saarland.drk.de/fileadmin/user_upload/Download_allgemein/Freiwilligensurvey__BE-67_06_108019_END1.pdf

Gensicke, T., Olk. T. (2011): Stand und Entwicklung des bürgerschaftlichen Engagements in Ostdeutschland / den neuen Bundesländern, Bericht im Auftrag des Bundesministeriums des Inneren über den Stand der zivilgesellschaftlichen Entwicklung in den neuen Ländern, Halle/Saale 2011 (erscheint 2013 im VS Verlag Wiesbaden)

Jakob, G., Englert, C., Geiss, S. (2011): Ehrenamt, freiwilliges und bürgerschaftliches Engagement in Hessen. Ergebnisse des Freiwilligensurveys 1999-2004-2009, Studie im Auftrag der Landesehrenamtsagentur und der Staatskanzlei des Landes Hessen, Darmstadt/München
http://www.hessen-nachhaltig.de/c/document_library/get_file?uuid=d1541212-7c8c-4291-a26c-2507cfd9fa56&groupId=11890

Jakob, G., Englert, C., Geiss, S. (2011): Der Freiwilligensurvey für den Kreis Offenbach. Ergebnisse aus dem Freiwilligensurvey 2009, Studie im Auftrag des Landkreises Offenbach, Darmstadt/München
http://www.kreis-offenbach.de/index.phtml?NavID=1856.498&La=1

Picot, S. (2012): Jugend in der Zivilgesellschaft. Freiwilliges Engagement Jugendlicher von 1999 bis 2009. Analysen auf Basis des Freiwilligensurveys, Verlag Bertelsmann Stiftung, (siehe Online-Vorabversion):
http://www.bertelsmann-stiftung.de/bst/de/media/xcms_bst_dms_33702_33705_2.pdf

Priller, Eckhard; Mareike Alscher, Dietmar Dathe und Rudolf Speth, R. (2011, Hg.): Zivilengagement. Herausforderungen für Gesellschaft, Politik und Wissenschaft. LIT Verlag Berlin

Senatorin für Arbeit, Frauen, Jugend, Gesundheit und Soziales der Freien Hansestadt Bremen (2011) in Kooperation mit der Freiwilligenagentur Bremen: Freiwilligensurvey 2009. Bremen engagiert sich. Ergebnisse und Trends, Bremen
http://www.buergerengagement.bremen.de/sixcms/detail.php?gsid=bremen89.c.7475.de

Freiwilligensurvey 2004

Gensicke, T., Olk, T. (2009): Entwicklung der Zivilgesellschaft in Ostdeutschland. Quantitative und qualitative Befunde, VS Verlag Wiesbaden

Gensicke, T., Picot, S., Geiss, S. (2006): Freiwilliges Engagement in Deutschland 1999–2004. Ergebnisse der repräsentativen Trenderhebung zu Ehrenamt, Freiwilligenarbeit und bürgerschaftlichem Engagement, VS Verlag Wiesbaden

Gensicke T., Geiss S. (2006): Bürgerschaftliches Engagement: Das politisch-soziale Beteiligungsmodell der Zukunft? Analysen auf Basis der Freiwilligensurveys 1999 und 2004, in: Hoecker B. (Hg.): Politische Partizipation zwischen Konvention und Protest, Verlag Barbara Budrich Leverkusen/Opladen

Gensicke T., Geiss S. (2005): Freiwilliges Engagement in Hessen 1999–2004 im Trend (Freiwilligenarbeit, Ehrenamt, Bürgerengagement), Studie im Auftrag der Hessischen Staatskanzlei, In: Engagement-Land Hessen. Landesstudie zum freiwilligen Bürgerengagement, Hessische Landesregierung Wiesbaden

Gensicke T., Geiss S. (2005): Freiwilliges Engagement im kirchlich-religiösen Bereich. Studie im Auftrag des Sozialwissenschaftlichen Instituts der Evangelischen Kirche in Deutschland (EKD), TNS Infratest Sozialforschung, München

Gensicke T. (2005): Freiwilliges Engagement in Niedersachsen 1999-2004 im Trend (Freiwilligenarbeit, Ehrenamt, Bürgerengagement), Studie im Auftrag der Nieder- sächsischen Staatskanzlei, Niedersächsische Staatskanzlei, TNS Infratest Sozialforschung München

Gensicke T. (2005): Freiwilliges Engagement in Berlin 1999-2004 im Trend (Freiwilligenarbeit, Ehrenamt, Bürgerengagement), Studie im Auftrag Senatsverwaltung für Gesundheit, Soziales und Verbraucherschutz, Berlin, und der Paritätischen Bundesakademie, TNS Infratest Sozialforschung München

Gensicke T. (2005): Freiwilliges Engagement in Sachsen-Anhalt 1999-2004 im Trend (Freiwilligenarbeit, Ehrenamt, Bürgerengagement), Studie im Auftrag der Staatskanzlei Sachsen-Anhalt, TNS Infratest Sozialforschung München

Gensicke T. (2005): Freiwilliges Engagement in Einrichtungen für Kinder, Jugendliche, ältere Menschen und Behinderte. Studie im Auftrag der Bundesarbeitsgemeinschaft der Freien Wohlfahrtspflege, TNS Infratest Sozialforschung, München

Gensicke M., Geiss S. (2005): Formen und Arrangements der Betreuung von Vorschulkindern. Sonderauswertung auf der Grundlage des Freiwilligensurveys 2004 im Auftrag des Bundesministeriums für Familie, Senioren, Frauen und Jugend, TNS Infratest Sozialforschung, München

Gensicke T., Lopez-Diaz K. (2005): Freiwilliges Engagement in Rheinland-Pfalz 1999–2004 im Trend (Freiwilligenarbeit, Ehrenamt, Bürgerengagement), Studie im Auftrag des Ministeriums des Innern und für Sport Rheinland-Pfalz, in: Wir tun 'was – Freiwilliges Engagement in Rheinland-Pfalz, Ministerium des Innern und für Sport Mainz

Gensicke T., Lopez-Diaz K. (2005): Freiwilliges Engagement in Sachsen 1999-2004 im Trend (Freiwilligenarbeit, Ehrenamt, Bürgerengagement), Studie im Auftrag des Sächsischen Staatsministeriums für Soziales, Sächsisches Staatsministerium für Soziales, TNS Infratest Sozialforschung München

Gensicke T., Geiss S., Lopez-Diaz K. (2005): Freiwilliges Engagement in Nordrhein-Westfalen 1999-2004 im Trend (Freiwilligenarbeit, Ehrenamt, Bürgerengagement), Studie im Auftrag der Nordrhein-Westfälischen Staatskanzlei und des Ministeriums für Gesundheit, Soziales, Frauen und Familie, TNS Infratest Sozialforschung München

Gensicke T., Geiss S., Riedel S. (2005): Freiwilliges Engagement in Bayern 1999-2004 im Trend (Freiwilligenarbeit, Ehrenamt, Bürgerengagement), Studie im Auftrag des Bayerischen Staatsministeriums für Arbeit und Sozialordnung, Familie und Frauen, in: Wir für uns – Bürgerschaftliches Engagement in Bayern, München

Freiwilligensurvey 1999

Rosenbladt B. v. (Hg.) (2009): Freiwilliges Engagement in Deutschland. Ergebnisse der Repräsentativerhebung zu Ehrenamt, Freiwilligenarbeit und bürgerschaftlichem Engagement in Deutschland (Hauptbericht), VS Verlag Wiesbaden (3. Auflage)

Klages H., Braun J. (Hg.) (2009): Zugangswege zum freiwilligen Engagement und Engagementpotential in den neuen und alten Bundesländern, VS Verlag Wiesbaden (3. Auflage)

Picot S. (Hg.) (2009): Freiwilliges Engagement in Deutschland: Frauen und Männer, Jugend, Senioren, Sport, VS Verlag Wiesbaden (3. Auflage)

Gensicke T. (2009): Freiwilliges Engagement in den neuen und alten Ländern. In: Klages H., Braun, J. (Hg.)

Picot S. (2009): Jugend und freiwilliges Engagement. In: Picot S. (Hg.)

Klages, H. (2009): Engagementpotenzial in Deutschland, in: Klages H., Braun, J. (Hg.)

Gensicke T. (2001): Freiwilliges Engagement in Rheinland-Pfalz. Ehrenamt, Freiwilligenarbeit, Bürgerengagement. Landesstudie im Auftrag des Ministeriums für Inneres und Sport, Mainz

Gensicke T. (2001): Freiwilliges Engagement in Bayern: Freiwilligenarbeit, Ehrenamt, Bürgerengagement, Kurzgutachten im Auftrag des Bayerischen Staatsministeriums für Arbeit und Sozialordnung, Familie und Frauen, in: Wir für uns – Bürgerschaftliches Engagement in Bayern, Bayerisches Staatsministerium für Arbeit und Sozialordnung, Familie und Frauen, München

Gensicke T., Hartung S. (2003): Freiwilliges Engagement in Berlin (Freiwilligenarbeit, Ehrenamt, Bürgerengagement), Studie im Auftrag des Berliner Senats und der Paritätischen Bundesakademie Berlin, Infratest Sozialforschung, München

Andere Literatur

Alscher M., Dathe, D., Priller, E., Speth, R. (2009): Bericht zur Lage und zu den Perspektiven des bürgerschaftlichen Engagements in Deutschland im Auftrag des BMFSFJ, Wissenschaftszentrum Berlin
http://www.bmfsfj.de/RedaktionBMFSFJ/Broschuerenstelle/Pdf-Anlagen/buergerschaftliches-engagement-bericht-wzb-pdf,property=pdf,bereich=bmfsfj, sprache=de,rwb=true.pdf

Braun J., Bischoff S., Gensicke, T. (2001): Förderung des freiwilligen Engagements und der Selbsthilfe in Kommunen, ISAB-Berichte 72, Köln

Deutsche Shell (Hg.) (2010): Jugend 2010. Eine pragmatische Generation behauptet sich, Fischer Taschenbuch Verlag Frankfurt am Main

Düx W., Prein G., Sass E., Tully, C. J. (2009): Kompetenzerwerb im freiwilligen Engagement. Eine empirische Studie zum informellen Lernen im Jugendalter, VS Verlag Wiesbaden

Enquetekommission „Zukunft des Bürgerschaftlichen Engagements" Deutscher Bundestag (2002): Bürgerschaftliches Engagement: Auf dem Weg in eine zukunftsfähige Bürgergesellschaft, Leske und Budrich Verlag Opladen

Farago P., Ammann P. (Hg.) (2005): Monetarisierung der Freiwilligkeit, Seismo Verlag Luzern

Forschungsverbund DJI/TU Universität Dortmund (2011): Jugendliche Aktivitäten im Wandel. Gesellschaftliche Beteiligung und Engagement in Zeiten des Web 2.0, TU Dortmund http://www.forschungsverbund.tu-dortmund.de/108/

Geiss S., Picot S. (2008): Familien und Zeit für freiwilliges Engagement, in: Heitkötter, M., Jurcyk, K., Lange, A., Meier-Gräwe, U. (Hg.): Zeit für Beziehungen? Zeit in und Zeitpolitik für Familien, VS Verlag Wiesbaden

Gensicke, T. (2010b): Wertorientierungen, Befinden und Problembewältigung, in: Deutsche Shell (2010)

Gensicke, T. (2010c): Notwendigkeit einer integrierten Theorie für die Beschreibung der Zivilgesellschaft, in: Priller et al. (2010)

Gensicke, T. (2009): Werte und Wertewandel, in: Wichard Woyke, Uwe Andersen (Hg.): Handwörterbuch des politischen Systems der Bundesrepublik Deutschland, VS Verlag Wiesbaden

Gensicke T. (2000): Deutschland im Übergang. Lebensgefühl, Wertorientierungen, Bürgerengagement, Speyerer Forschungsberichte 204, Speyer

Klages H., Gensicke T. (1999): Wertewandel und bürgerschaftliches Engagement an der Schwelle zum 21. Jahrhundert, Speyerer Forschungsberichte 193, Speyer

Klein, A., Kern, K., Geißel, B., Berger, M. (Hg.) (2004): Zivilgesellschaft und Sozialkapital. Herausforderung politischer und sozialer Integration, VS Verlag Wiesbaden

Klie, T., Stemmer, P., Wegner, M (2009): Untersuchung zur Monetarisierung von Ehrenamt und Bürgerschaftlichem Engagement in Baden-Württemberg, Zentrum für Zivilgesellschaftliche Entwicklung Freiburg

Olk T. (Hg.) (2003): Förderung des bürgerschaftlichen Engagements. Fakten, Prioritäten, Empfehlungen, Berlin

Picot S., Willert M. (2002): Politik per Klick – Internet und Engagement Jugendlicher, in: Deutsche Shell (2006), 14. Shell Jugendstudie, Fischer Taschenbuch Verlag Frankfurt am Main

Picot S. (2006): Freiwilliges Engagement von Jugendlichen 1999–2004 in: Gensicke T., Picot S., Geiss S.

Priller, Eckhard., Alscher, Mareike, Droß, Patrick. J., Paul, Franziska., Poldrack, Clemens J., Schmeißer, Claudia, Waitkus, Nora (2012): Dritte-Sektor-Organisationen heute: Eigene Ansprüche und ökonomische Herausforderungen. Ergebnisse einer Organisationsbefragung. Discussion Paper SP IV 2012 - 402, WZB Berlin
www.wzb.eu/org2011

Vandamme, R. (2007): Monetarisierung und Bürgerschaftliches Engagement – Plädoyer für eine konsequente Stärkung des Bürgerschaftlichen Engagements!, in: BBE- Newsletter 24/2007

Zimmer, A., Priller, E.: Gemeinnützige Organisationen im gesellschaftlichen Wandel: Ergebnisse der Dritte-Sektor-Forschung, Wiesbaden 2004

Freiwilligensurvey 2009
Methodenbericht zur repräsentativen Erhebung

Vorbemerkung

TNS Infratest Sozialforschung führte von Ende April bis Ende Juli 2009 im Auftrag des Bundesministeriums für Familie, Senioren, Frauen und Jugend (BMFSFJ) zum dritten Mal seit 1999 den Freiwilligensurvey (Ehrenamt, Freiwilligenarbeit und bürgerschaftliches Engagement) durch. Erste Ergebnisse der Untersuchung wurden dem BMFSFJ im September 2009 von TNS Infratest Sozialforschung in schriftlicher Form vorgelegt und vor dem BMFSFJ präsentiert. Der Abschlussbericht des 3. Freiwilligensurveys wird im Herbst 2010 vorliegen und kann dann von der Öffentlichkeit eingesehen werden. Mit der Publikation des Berichts wird das eigentliche Projekt im Auftrag des BMFSFJ abgeschlossen sein. Die Daten werden dann der wissenschaftlichen Fachöffentlichkeit für eigene Auswertungen im Rahmen anderer Projektansätze zur Verfügung gestellt.

Mit den folgenden Erläuterungen und Materialien wird den Datennutzerinnen und Datennutzern eine Hilfe zum Umgang mit dem Datenbestand gegeben. Die Unterlagen sind überwiegend identisch mit dem Materialband des Jahres 2005, der damals von TNS Infratest erstellt und vom BMFSFJ dem interessierten Fachpublikum zugänglich gemacht wurde. In Kapitel 1 werden zunächst Erläuterungen zur Untersuchungsanlage und Methodik gegeben. In Kapitel 2 folgen Erläuterungen zur Konzeption des Fragebogens, zur Erfassung von freiwilligem Engagement und zu Änderungen am Fragebogen seit 2004. In Kapitel 3 werden Informationen zur Durchführung der Befragung, zur Stichprobe sowie zur Prüfung und Hochrechnung der freiwilligen Tätigkeiten gegeben. In Kapitel 4 befindet sich der Fragebogen in der Fassung als Worddokument (der Originalfragebogen war als CATI-Interview programmiert).

Die Arbeit mit den Daten des Freiwilligensurveys ist nicht einfach. Um Interpretationsfehler zu vermeiden, wird dringend geraten, die Anforderungen zu beachten, die sich aus den methodischen Charakteristika des Erhebungsansatzes ergeben. Das sind insbesondere

- die disproportionale Stichprobenanlage,
- der Wechsel von der personenbezogenen zur tätigkeitsbezogenen Merkmalsbeschreibung und Analyse,
- die Gewichtung der Stichproben, die auf beiden Auswertungsebenen erforderlich ist, also die Notwendigkeit einer Verwendung der als Variable im Datensatz beigefügten Gewichtungsfaktoren.

Der Datensatz enthält neben den quantitativen Daten auch offene Textangaben, mit denen die Befragten ihre ausgeübten ehrenamtlichen Tätigkeiten beschrieben haben. Bei insgesamt 20.005 Befragungspersonen und 9.053 erfassten Textangaben darf hierbei keine Genauigkeit erwartet werden, wie sie vielleicht in Fallstudien erreicht wird.

Zusammen mit der großen Fallzahl der Stichprobe ermöglichen die Textangaben für die ehrenamtlichen Tätigkeiten auch differenzierte Analyseansätze für bestimmte Sektoren freiwilligen Engagements. Der Datenbestand soll damit zwei Zielen gerecht werden: einerseits ein Gesamtbild freiwilligen Engagements in Deutschland zu zeichnen, andererseits auch die Heterogenität dieses gesellschaftlichen Sektors durch ausreichende Differenzierung zu berücksichtigen.

1.   Untersuchungsanlage

1.1   Untersuchungsauftrag

Im Auftrag des BMFSFJ führte TNS Infratest im Jahr 2009 nach 1999 und 2004 zum dritten Mal den Freiwilligensurvey durch. Diese Neuauflage ermöglicht Aussagen über die Entwicklung des freiwilligen Engagements in Deutschland über einen Zeitraum von nunmehr 10 Jahren. Untersucht wurden im Einzelnen:

- Entwicklung der Engagementquote und der Engagementbereitschaft: Nimmt freiwilliges Engagement in Deutschland zu oder ab? Und: Wie ist die Entwicklung in bestimmten Bevölkerungsgruppen (Altersgruppen, Frauen/Männer, West/Ost, soziale Schichten)? Wie hat sich die Bereitschaft zu freiwilligem Engagement unter nicht Engagierten entwickelt?
- Wie ist die Sicht der Freiwilligen? Inwiefern haben sich ihre Erwartungen, Probleme, Wünsche geändert? Womit waren sie im Jahre 2009 zufrieden bzw. unzufrieden? Welche Anforderungen stellt die freiwillige Tätigkeit an sie? Welches sind die Hauptinhalte der Tätigkeit?

Neue bzw. zu erweiternde Komplexe waren die Erfassung bzw. Identifizierung

- von Mitgliedschaften in Organisationen/Vereinen bzw. von politischen Aktivitäten,
- des mit den Hartz-Reformen veränderten Arbeitsmarktregimes und des mit der Leistungsverdichtung in der Arbeitswelt gewandelten Zeitregimes der Erwerbstätigen, ergänzt durch Änderungen des Zeitregimes bei Schülerinnen bzw. Schülern und Studierenden aufgrund von Veränderungen im Bildungssystem,
- des Grades und der Entwicklung der sogenannten Monetarisierung des Engagements, also des materiellen Elementes der Zivilgesellschaft,
- der Ausprägung und Entwicklung des Engagementpotenzials bzw. von Engagementhemmnissen,
- des Migrationshintergrundes in einer nochmals erweiterten Form.

Diese Änderungen basieren hauptsächlich auf Anregungen von Seiten der Expertinnen und Experten aus dem BMFSFJ sowie des Projektbeirats, die von TNS Infratest aufgegriffen und umgesetzt wurden. Die Änderungen am Fragebogen werden in Kapitel 2.3 ausführlich behandelt.

1.2   Methode

Die Projektausschreibung des BMFSFJ verlangte wiederum eine repräsentative Untersuchung, die

- für die gesamte Bevölkerung ab 14 Jahren
- Umfang, Art, Struktur, Bedingungen und Motivation freiwilliger bzw. ehrenamtlicher Tätigkeit sowie die Entwicklungen seit 1999

erfasst.

Grundlage der Untersuchung muss daher eine *Zufallsstichprobe der Bevölkerung* sein, in der jede Person die gleiche Auswahlwahrscheinlichkeit hat. Die zufällig ausgewählten Personen wurden mit einem standardisierten Fragebogen interviewt. Freiwillige bzw. ehrenamtlich tätige Personen konnten nicht auf irgendeine Weise vorab ausgewählt werden, sondern wurden durch geeignete Fragen im Interview identifiziert.

Die Bevölkerungsstichprobe musste ausreichend groß sein, um eine Substichprobe an engagierten Personen abzubilden und sollte gleichzeitig das sehr heterogene Spektrum möglicher freiwilliger bzw. ehrenamtlicher Tätigkeiten abbilden. Der BMFSFJ-Auftrag umfasste eine bundesweite Bevölkerungsbefragung mit insgesamt 18.000 Interviews. Diese Stichprobe konnte durch das Engagement des Zukunftfonds der Generali AG und der Bertelsmann Stiftung um weitere 2.000 Fälle aufgestockt werden. Die Erhöhung der Stichprobe kam zum einen jungen Befragten zwischen 14 und 24 Jahren zugute sowie allen Bundesländern außer den großen Ländern NRW, Bayern, Baden-Württemberg und Niedersachsen. Die Bundesländer Saarland und Berlin gaben jeweils eigene Aufstockungen ihrer Länderstichproben um 600 bzw. 400 Interviews in Auftrag. Neben der Bundesauswertung wird TNS Infratest die Auswertung mehrerer Länderstichproben übernehmen (Hessen, Niedersachsen, Hamburg, Saarland, Nordrhein-Westfalen, Brandenburg). Erstmals werden im Rahmen des Freiwilligensurveys auch Kommunalstudien angefertigt. Bisher haben zwei Kommunen, der Landkreis Offenbach und die Stadt Augsburg, eigene Stichproben und Auswertungen beauftragt.

Die Befragung im (Früh-)Sommer 2009 wurde von geschulten Interviewerinnen und Interviewern *telefonisch* durchgeführt, und zwar mit der Technik des computerunterstützten Interviewens (CATI). Die Methodik telefonischer Bevölkerungsumfragen bei TNS Infratest wird im nächsten Punkt näher erläutert. Der Umfang des Fragenprogramms variierte je nach Umfang des individuellen freiwilligen bzw. ehrenamtlichen Engagements. Alle Befragten durchliefen ein Basisprogramm von bis zu 15 Minuten Interviewzeit; durch Nachfrageblöcke für engagierte Befragte konnte sich die Interviewdauer in Einzelfällen auf 45 bis 50 Minuten erhöhen. Die durchschnittliche Interviewzeit lag bei ca. 20 Minuten.

1.3   Zur Methodik telefonischer Bevölkerungsumfragen bei TNS Infratest

1.3.1   Grundgesamtheit und Stichprobenanlage

Grundgesamtheit von Bevölkerungsbefragungen sind in der Regel alle in Privathaushalten lebenden deutschsprechenden Personen ab 14 Jahren. Weitere studienspezifische Einschränkungen sind möglich. Die telefonische Durchführung der Befragung reduziert die Grundgesamtheit auf die Auswahlgesamtheit „deutschsprechende Personen ab 14 Jahren in Festnetz-Telefonhaushalten".[77]

Die Befragung basiert auf dem Infratest-Telefon-Master-Sample (ITMS), das für derartige Untersuchungen aufgebaut wurde und zu verzerrungsfreien Stichproben ohne Klumpeneffekte führt. Das ITMS ist als multistratifizierte Haushaltsstichprobe auf Flächenbasis mit zufälliger Zielpersonenauswahl konzipiert. Das Random-Digit-Dialling wird gemäß dem ADM-Standard (Arbeitsgemeinschaft Deutscher Markt- und Sozialforschungsinstitute) durchgeführt, eine Erweiterung des sog. Gabler-Häder-Verfahrens. Kennzeichnend hierfür ist, dass die Generierung der Telefonnummern nicht im Rahmen der einzelnen Stichproben realisiert wird, sondern dass dieser Randomisierungsschritt bereits im Rahmen der Erstellung der Auswahlgrundlage implementiert ist. Es wird so garantiert, dass auch Telefonanschlüsse in der Auswahlgrundlage enthalten sind und verzerrungsfrei gezogen werden können, die nicht in Verzeichnisse eingetragen sind.

1.3.2   Erstellung der ADM-Auswahlgrundlage und eindeutige regionale Verortung der
        Rufnummern

ITMS-Stichproben werden aus der Auswahlgrundlage der „Arbeitsgemeinschaft ADM-Telefonstichproben" gezogen. Erstellungsbasis dieser Auswahlgesamtheit ist die Rufnummernstammliste der Bundesnetzagentur (BNA) und das aktuelle Telefonverzeichnis.

Die BNA weist Nummernblöcke aus, die sie ihrerseits an die Netzbetreibergesellschaften zugeteilt hat. Der BNA-Bestand ist durch 10er-, 100er-, 1.000er- und auch 10.000er-Blöcke gekennzeichnet. Im Rahmen eines Abgleichs der BNA-Daten mit dem aktuellen Telefonbuch werden Kennzeichen vergeben, ob es sich um einen Eintrag handelt oder nicht und – soweit dies anhand des Eintrags erkennbar ist – ob es sich um einen gewerblichen oder privaten Anschluss handelt.

Das ITMS bei TNS Infratest ist als haushaltsproportionale Gemeindestichprobe konzipiert. Jede Telefonnummer muss eindeutig regional verortet sein. Nicht eingetragene Telefonnummern sind nur dann eindeutig verortbar, sofern sich alle eingetragenen Rufnummern des Blockes in einer einzigen Gemeinde befinden. Ist dies nicht der Fall, wird im ITMS-System bei den generierten Rufnummern mit mehreren möglichen Gemeindekennziffern eine per Zufall innerhalb des betreffenden Blockes ausgewählt. Diese Zufallsauswahl ist per Bedeutungsgewicht so gesteuert, dass die Häufigkeitsverteilung der Gemeindekennziffern der nicht eingetragenen Nummern im jeweiligen Block der Verteilung der eingetragenen Nummern entspricht.

---

[77] Personen in Anstaltshaushalten (Alten- und Pflegeheime, Wohnheime, Gefängnisse usw.) werden nicht befragt. Personen, die über keine ausreichenden Deutschkenntnisse für ein Interview verfügen, können ebenfalls nicht befragt werden. Dasselbe gilt bei telefonischen Befragungen natürlich auch für Haushalte ohne Telefonanschluss und Haushalte, die nur über Mobilfunk erreichbar sind; diese machten im Jahr 2008 ca. 10% aller Haushalte aus.

In Nummernblöcken ohne einen einzigen Eintrag ist die Gemeindekennziffervergabe komplexer: Es werden im Falle eines Nummernblockes der T-Com die Gemeindekennziffern der Nachbarblöcke mit Einträgen angesetzt. Bei anderen nationalen und überregionalen Anbietern erfolgt diese Zuordnung pro Ortsnetzvorwahl gemäß der Verteilung der Einträge dieser Gruppe von Netzbetreibergesellschaften. Im Fall von regionalen Anbietern ist die Verteilung der Gemeindekennziffer pro Vorwahl des jeweils einzelnen Anbieters entscheidend. Die Auswahlgrundlage enthält also lediglich Telefonnummern und qualifizierende Sekundärmerkmale, jedoch keine Namen und Adressen, da diese für eine anonyme Befragung unerheblich sind. Dieses hochkomplexe Erstellungsverfahren sichert die Inklusion aller vergebenen Rufnummern mit berechenbaren Auswahlwahrscheinlichkeiten. Es garantiert auch die Selektion von Rufnummern ohne Eintrag und ebenso die Auswahl von Nummern, die in Blöcken ohne Eintrag liegen. Damit sind vor allem auch die Anschlüsse der Haushalte bei den neuen Netzbetreibergesellschaften enthalten.

Die Nummern aller Teilnehmerinnen und Teilnehmer, die auf keinen Fall im Zusammenhang mit einer Befragung angerufen werden wollen, werden in der Auswahlgrundlage gesperrt.

1.3.3 Schichtung, Ziehung und Stichprobenrealisierung

Die Schichtung der Haushaltsstichprobe erfolgt zum einen anhand von Kriterien der amtlichen Gebietseinteilung (Bundesländer, Nielsen-Gebiete, Regierungsbezirke, Kreise, ggf. – bei Schwerpunktstichproben – Gemeinden und Gemeindeteile) zum anderen anhand der BIK- Gemeindetypen (10er-Skala). Das jeweilig verwendete Schichtungsmodell ist studienspezifisch wählbar und wird hinsichtlich der angestrebten Nettofallzahl, der Effizienz der Feldarbeit und anderer studienspezifischer Gesichtspunkte optimiert.

Das Nettosoll wird erstens mit dem reziproken Wert der erwarteten Ausschöpfung multipliziert und in einer Allokationsrechnung unter Verwendung des Cox-Verfahrens auf die Schichtungszellen verteilt. Diese Brutto-Sollverteilung des Schichtungs-tableaus wird zweitens haushaltsproportional auf die jeweiligen schichtangehörigen Gemeinden verteilt und damit das Ziehungsbrutto auf Gemeindeebene berechnet. Die Ziehung der Telefonnummern erfolgt pro Gemeinde per reiner Zufallsauswahl. Nicht private Einträge, bereits gezogene sowie gesperrte Rufnummern werden dabei negiert. Das ITMS besteht also aus einer mikrostratifizierten und ungeklumpten Stichprobe, die sich proportional zur Zahl der Privathaushalte auf die Mikrozellen aufteilt. Die Multistratifikation und Aufteilung der Stichprobe auf die Zellen erfolgt vollautomatisch über ein Allokationsprogramm.

Die Stichprobenrealisierung erfolgt nach dem Konzept der Nettosteuerung vollautomatisch per Sample-Management-System (SMS). Dabei geht das Schichtungstableau der Allokationsrechnung als Sollstruktur in die Steuerung der Feldarbeit ein. Es ist somit gewährleistet, dass in jeder Zelle die erforderliche Zahl von Interviews durchgeführt wird. Von diesem Programm wird auch – falls nötig – die Gleichverteilung der Interviews auf Befragungstage und Tageszeiten gesteuert.

Um mögliche Einflüsse der Tageszeit auf Untersuchungsergebnisse von vornherein auszuschalten, wird die Stichprobe nach einem Verfahren der „dynamischen Repräsentativität" bezüglich der Besetzung der Zellen des Multistratifikationstableaus optimiert, sodass sich für jedes Stundenintervall vorgabenproportionale Teilstichproben ergeben.

Innerhalb jeder Steuerungszelle sind die Datensätze der Telefonhaushalte nach Zu-
fallszahlen sortiert. Somit bildet jede Zelle eine Urne im klassischen Sinne. Nicht erreichte
Haushalte werden zurückgelegt und kommen in einem größeren zeitlichen Abstand zu
anderen Tageszeiten zur Wiedervorlage. Die an einem bestimmten Tag nicht erreichten
Haushalte werden durch solche substituiert, die an anderen Tagen nicht erreicht werden.
Damit entfällt der sogenannte „not-at-home-bias" weitgehend (nur Haushalte, die auch nach
dem 10. Kontakt nicht angetroffen werden, werden ausgesteuert; nach unserer Erfahrung
handelt es sich dabei um (noch) nicht geschaltete Telefonnummern, auf die keine Ansage
des Netzbetreibers geschaltet ist).

1.3.4 Gewichtung

Nicht in allen von den Interviewerinnen und Interviewern kontaktierten Haushalten kommt
ein Interview zustande. Diese Ausfälle können sich disproportional zur Grundgesamtheit
verteilen und so Verzerrungen der Stichprobe hervorrufen. Derartige Verzerrungen werden
durch aufeinanderfolgende Faktorengewichtungen ebenso ausgeglichen, wie die von der
Haushaltsgröße und der Zahl der Telefonanschlüsse abhängende Auswahlchance für die
Zielperson.

Telefonnummern- und Haushaltsstichprobe (Bereinigung der Auswahlchancen)

Das ITMS führt zu Stichproben, in denen jede Telefonnummer die gleiche Auswahlchance
hat. Haushalte mit mehreren genutzten Anschlüssen haben daher eine der Zahl dieser Anschlüsse entsprechende Mehrfachchance bei der Auswahl. Zu deren Bereinigung wird die
realisierte Stichprobe mit der reziproken Zahl der für Gespräche genutzten Anschlüsse –
nur diese haben Einfluss auf die Auswahlchance der Haushalte – je Haushalt multipliziert.

Gewichtung der Haushaltsstichprobe nach Bundesländern und Gemeindetypen

Diese Stufe der Gewichtung soll Abweichungen vom ursprünglichen haushaltsproportiona-
len Sample-Ansatz korrigieren. Aufgrund der beschriebenen Stichprobensteuerung durch
das ITMS, das zu vollständiger Proportionalität führt, sind diese Korrekturen in der Regel
nur geringfügig.

Haushalts- und Personenstichprobe (Umwandlung, Transformation)

Das beschriebene Auswahlverfahren führt zu einer haushaltsrepräsentativen Stichprobe,
wobei nach der ersten Gewichtungsstufe jeder Haushalt die gleiche Chance hat, in die
Auswahl zu kommen.
    In jedem der ausgewählten Haushalte wird nur eine Zielperson für das Interview per
Zufall ausgewählt. Hierzu wird der Schwedenschlüssel verwendet. Dieses Verfahren pro-
duziert innerhalb des einzelnen Haushaltes gleiche Auswahlchancen für die potenziellen
Zielpersonen. Auf der Ebene der Gesamtstichprobe aller Haushalte ist die Auswahlchance
des Einzelnen umgekehrt proportional zur Zahl der potenziellen Zielpersonen in ihrem
jeweiligen Haushalt. Um eine repräsentative Personenstichprobe zu erhalten, ist daher die

erstellte Stichprobe ex post mathematisch mit diesem reziproken Wert so umzuformen, dass die Personen stichprobentheoretisch die gleichen Auswahlchancen erhalten.

Gewichtung der Personenstichprobe nach demografischen Merkmalen

Die Stichprobe wird nun an die der amtlichen Statistik entnommenen demografischen Strukturen der Grundgesamtheit verglichen und angepasst. Als Datenbasis dient die aktuelle Bevölkerungsfortschreibung des Statistischen Bundesamtes (für die Verteilung nach Geschlecht und Altersgruppen, getrennt nach allen Bundesländern) und ggf. der aktuelle Mikrozensus (für weitere Merkmale wie z. B. Schulabschluss).

Retransformation

Bei Bedarf werden in einer weiteren Gewichtungsstufe die durch die Personengewichtung erzielten Verbesserungen der Stichprobenstruktur auf die Haushaltsstichprobe zurückprojiziert, sodass nunmehr auch Auswertungen von Haushaltsmerkmalen den gleichen Repräsentationsgrad aufweisen wie Auswertungen auf der Personenebene.

1.3.5 Fazit

Sowohl bei der Stichprobenanlage (Schichtung a priori) als auch bei der Gewichtung (Schichtung a posteriori) wird die Stichprobe nach der Verteilung der Privathaushalte bzw. den soziodemografischen Strukturen der deutschen Wohnbevölkerung und nicht etwa nach den Telefonhaushalten bzw. der deutschen „Telefonbevölkerung" ausgerichtet. Der Anteil der Personen in Privathaushalten, die über Festnetz erreichbar sind, liegt bundesweit über 90 %. Merkmalsunterschiede zwischen Festnetztelefon-Haushalten und Privathaushalten insgesamt sind eher klein und können nach dem vorgestellten Stichproben- und Gewichtungsverfahren für die allermeisten Merkmale bei bundesweiten Studien praktisch vernachlässigt werden.

2. Der Fragebogen des Freiwilligensurveys

2.1 Konzeption des Fragebogens

Die Konzeption des Fragebogens entstand bereits im Vorfeld des 1. Freiwilligensurveys 1999. Damals wie heute wird das Thema des freiwilligen bzw. ehrenamtlichen Engagements der Bürgerinnen und Bürger im weiteren Kontext der Fragen nach Gemeinsinn, Sozialkapital und Kräften des zivilgesellschaftlichen Zusammenhalts diskutiert.[78] Zwar kann eine repräsentative Erhebung zum Thema des ehrenamtlichen Engagements – auch wenn sie „umfassend" angelegt sein soll – nicht dieses ganze Forschungsfeld mit seinen vielfältigen methodischen Ansätzen und inhaltlichen Perspektiven abdecken. Aber sie kann sich bemühen, Brückenschläge und Querverbindungen zu ermöglichen.

Dies war bei der Konzeption des Fragebogens eine wichtige Leitlinie. Der Fragebogen enthält daher eine Reihe von Fragen, die auf den ersten Blick vielleicht nicht unbedingt

---

[78] Vgl. Kistler et al (1999).

zum Thema gehören würden. Die Breite der einbezogenen Fragen sollte es ermöglichen, das Thema „Freiwilliges Engagement" im engeren Sinne in den relevanten sozialen und ökonomischen Zusammenhängen zu untersuchen.

Das im Rahmen des 1. Freiwilligensurveys erarbeitete Fragebogenkonzept hatte sich bewährt und wurde für die 2. und 3. Erhebungswelle im Wesentlichen übernommen. Viele verschiedene Fragestellungen können, mittlerweile über einen Zeitraum von 10 Jahren, mit Hilfe der Fülle an Daten beantwortet werden. Der Freiwilligensurvey ist neben seiner Trendorientierung offen für neue Fragestellungen. Im Prozess der Fragebogenentwicklung für den Pretest wurden sogar ungleich mehr Neuerungen berücksichtigt und eingebracht als 2004. Von diesen Neuerungen konnten jedoch letztlich nicht alle beibehalten werden, da der Grundbestand des Surveys größere kompensatorische Kürzungen nicht zuließ.

Trotz der umfangreichen Änderungen am Fragebogen der Hauptstudie 2009 bleiben der grundsätzliche Aufbau und die Themeninhalte weitgehend gleich. Die Übersicht auf der nächsten Seite zeigt den strukturellen Fragebogenaufbau und das Spektrum der berücksichtigten Themenkomplexe. Im Anschluss an die grafische Darstellung wird das Vorgehen der Identifizierung engagierter Personen erläutert. Anschließend sind die wesentlichen Änderungen des Fragebogens dokumentiert.

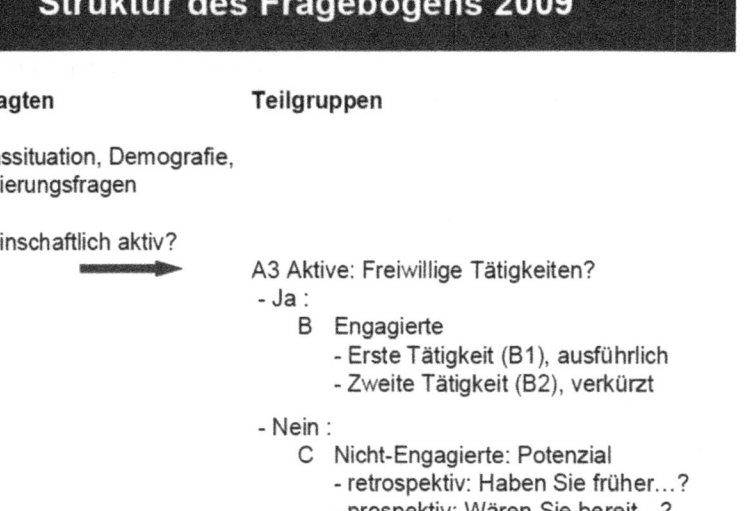

Themenkomplexe des Fragebogens 2009:
Sozialer und ökonomischer Kontext

Soziale Integration, Informeller Bereich:	Gemeinschaftsaktivität in Gruppen, Vereinen, Organisationen, Einrichtungen	Berufliche Tätigkeiten
• Nachbarschaft • Familie • Freundeskreis/Netzwerke	darunter:	- Staat - Wirtschaft - in Ausbildung
Mitgliedschaft in Vereinen/ Organisationen Politisches Interesse Kirchenbindung	Freiwillige bzw. ehrenamtliche Tätigkeiten in 14 Engagementbereichen	Individuelles Zeitregime

Infostellen für freiwilliges Engagement, Soziodemografie, Migrationshintergrund, Wertorientierungen

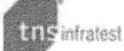

Sozialforschung

1.2   Erfassung des freiwilligen Engagements

Um das Messkonzept zur Erfassung freiwilligen Engagements nachzuvollziehen, wird im Folgenden eine ausführliche Erläuterung gegeben. Teil A des Fragebogens ist das Messkonzept zur Erfassung der Tätigkeiten, die hier gemeint sind, wenn von freiwilligem Engagement gesprochen wird. Es handelt sich um ein *komplexes* Messkonzept, das folgende Komponenten und Aspekte beinhaltet:

(1)   Stützung des Antwortverhaltens durch Vorgabe von 14 Aktivitäts- bzw. Engagementbereiche[79]

„Aktivitäts- bzw. Engagementbereiche" sind mögliche Tätigkeitsfelder, in denen man aktiv bzw. engagiert sein kann. Die Nennung dieser Bereiche soll es den Befragten erleichtern, Tätigkeiten zu assoziieren, die hier gemeint sein könnten (siehe Frage A1).

---

[79] Im 1. Freiwilligensurvey wurden 15 Bereiche abgefragt. Da der 11. Bereich „Wirtschaftliche Selbsthilfe" damals kaum besetzt war (unter 1 % Aktive bzw. Engagierte) entschloss man sich, in den folgenden Erhebungen auf diesen Bereich zu verzichten. Die restlichen 14 Aktivitäts- und Engagementbereiche wurden 2004 und 2009 unverändert abgefragt.

(2)   Einbeziehung des „Vorfelds" an Aktivität

Ablaufkonzept des Fragebogens im Teil A ist zweistufig. Es wird zunächst nach Aktivität oder Aktivsein in einem allgemeineren Sinn gefragt. In welcher der genannten Engagementbereiche macht man auf freiwilliger Basis irgendwo *aktiv mit*? Wer z. B. in einem Sportverein, einer politischen Partei, einer Jugendgruppe oder einer Selbsthilfe- gruppe aktives Mitglied ist, kann und soll das hier angeben. Erst im zweiten Schritt erfolgt eine Eingrenzung auf diejenigen, die im engeren Sinne eine freiwillige bzw. ehrenamtliche Tätigkeit oder eine vergleichbare Freiwilligenarbeit ausüben.

(3)   Eingrenzung der interessierenden Tätigkeiten

▪   Der erläuternde Zwischentext zur Eingrenzung der Tätigkeiten lautet (Frage A2): „Uns interessiert nun, ob Sie in den Bereichen, in denen Sie aktiv sind, auch ehrenamtliche Tätigkeiten ausüben oder in Vereinen, Initiativen, Projekten oder Selbst- hilfegruppen engagiert sind. Es geht um freiwillig übernommene Aufgaben und Arbeiten, die man unbezahlt oder gegen geringe Aufwandsentschädigung ausübt."

▪   Die eigentliche Nachfrage zur Aktivität in den verschiedenen Bereichen lautet (Frage A3): „Sie sagten, Sie sind im Bereich ‚xxx' aktiv. Haben Sie derzeit in diesem Bereich auch Aufgaben oder Arbeiten übernommen, die Sie *freiwillig oder ehrenamtlich* ausüben?"

▪   Falls diese Frage bejaht wird, wird in einem dritten Schritt die freiwillige bzw. ehrenamtliche Tätigkeit genauer bezeichnet, und zwar in den Worten der Befragten. Die Texte werden im Wortlaut erfasst. Dabei soll zuerst die „Gruppe, Organisation oder Einrichtung" angegeben werden, in der man tätig ist, und dann die „Aufgabe, Funktion oder Arbeit", die man dort ausübt.

Dieses Vorgehen vermeidet es, sich zu sehr auf einzelne terminologische Schlüsselbegriffe zu stützen (wie z.B. „Ehrenamt" oder „Bürgerengagement"), die zu ungewollten Eingrenzungen führen könnten und bei denen nicht klar ist, welchen Bedeutungsgehalt die Befragten damit jeweils verbinden.

Vielmehr wird deutlich gemacht, dass es um Tätigkeiten in einem gewissen organisatorischen Rahmen geht – also das Mitmachen in einer Gruppe, einer Organisation oder einer Einrichtung. Es wird weiterhin deutlich gemacht, dass es nicht um jegliche Aktivität geht, sondern nur um solche, die mit der Übernahme einer „Verantwortungsrolle" (Klages) verbunden ist.

(4)   Merkmalsprofil einer bestimmten Tätigkeit

Ist eine Tätigkeit als interessierende ehrenamtliche bzw. freiwillige Tätigkeit identifiziert, wird diese konkrete Tätigkeit durch eine Reihe von Nachfragen genauer beschrieben (Fragenblock B im Fragebogen). Damit wird ein standardisiertes Merkmalsprofil der Tätigkeiten quer über die verschiedenen Engagementbereiche erstellt. Der Satz an Fra- gen enthält dabei auch Kontrollfragen, mit denen die von der bzw. vom Befragten genannten freiwilligen Tätigkeiten auf ihre Übereinstimmung mit definitorischen Kriterien freiwilligen Engagements überprüft werden können. Die Kontrollfragen beziehen sich etwa auf den Grenzbereich zwischen freiwilliger und nebenberuflicher Tätigkeit, auf den Zeitaufwand für die Tätigkeit usw. In gewissem Umfang können definitorische Abgrenzungen damit nachträglich – je nach Analyseziel – enger oder weiter vorgenommen werden.

(5) Unterscheidung der Personenebene und der Tätigkeitenebene

Der Untersuchungsauftrag erforderte nicht nur die Identifizierung von freiwillig engagieren *Personen*, sondern die Identifizierung und genaue Beschreibung der ausgeübten *Tätigkeiten* und ihrer Rahmenbedingungen. Eine Person kann *verschiedene* freiwillige Tätigkeiten ausüben.

Im Fragebogenkonzept 1999 wurde daher eine Reihe von Entscheidungen getroffen: Auf welcher Aggregationsebene soll eine „Tätigkeit" definiert sein? Wie viele solcher „Tätigkeiten" sollen pro Person erfasst werden? Und wie viele solcher Tätigkeiten sollen im Hinblick auf Inhalte und Rahmenbedingungen der Tätigkeit genauer beschrieben werden? Im hier vorgelegten Konzept sind diese Fragen folgendermaßen entschieden:

a) Aggregationsniveau

Als „eine" freiwillige Tätigkeit, die den Bezugspunkt für die genaueren Nachfragen (Block B) bildet, werden alle Funktionen, Aufgaben und Arbeiten gewertet, die eine Person *in einer einzelnen Gruppe oder Organisation* ausübt. Zum Beispiel: Wenn jemand im Sportverein Vorstandsmitglied *und* Jugendtrainer ist, so beziehen sich die Nachfragen zu Zeitaufwand, Aufwandsentschädigung usw. nicht auf beide Funktionen getrennt, sondern zusammengenommen.

Fragebogentechnisch wird das dadurch erreicht, dass als *erstes* nach der Gruppe/ Organisation gefragt wird, in der man tätig ist, und *dann* nach den Aufgaben/Funktionen/ Arbeiten, die man dort ausübt.

b) Zahl der pro Person erfassten Tätigkeiten

Der Anspruch des Fragebogenkonzepts geht dahin, *alle* freiwilligen Tätigkeiten, die eine Person ausübt, zu erfassen. Oder anders gesagt: Die repräsentative Stichprobe soll weitgehend *alle* freiwilligen Tätigkeiten, die in Deutschland ausgeübt werden, im verkleinerten Abbild widerspiegeln.

Fragebogentechnisch wird dies dadurch erreicht, dass *pro Engagementbereich* bis *zu zwei Tätigkeiten* angegeben werden können. Im theoretischen Maximalfall kann eine Person bis zu 30 Gruppen/Organisationen mit den dort ausgeübten Tätigkeiten/Funktionen angeben.

c) Zahl der genauer beschriebenen ehrenamtlichen Tätigkeiten

Falls eine Person mehr als eine Tätigkeit ausübt, wird zunächst diejenige ausgewählt, für die *am meisten Zeit aufgewendet wird* (Frage A5). Für die zweite Tätigkeit, die nach demselben Merkmalskatalog beschrieben werden soll, wird eine *Zufallsauswahl* aus den weiteren ausgeübten Tätigkeiten vorgenommen (computergesteuerte Auswahl aus den aufgelisteten Tätigkeiten in Frage A4).

2.3   Neue oder geänderte Fragen im Fragebogen

Fragebogen zu gelangen. Konkret bedeutete dies eine Kürzung des Pretest-Fragepro-gramms um ein Drittel, wobei überwiegend auf diejenigen Fragen verzichtet wurde, die erst dieses Jahr als neue Fragen vom Auftraggeber bzw. Projektbeirat in den Fragebogen aufge-nommen wurden. Die abschließende Streichrunde mit dem Auftraggeber zog sich länger hin als erwartet, sodass die Haupterhebung einen Monat später als ursprünglich geplant Ende April starten konnte. Die durchschnittliche Interviewdauer in der Hauptstudie lag bei 20,33 Minuten.

Im Folgenden wird hauptsächlich auf Fragebogenänderungen Die Überarbeitung des Fragenprogramms für den 3. Freiwilligensurvey begann im Jahr 2008 in Abstimmung mit dem wissenschaftlichen Beirat, den Vertreterinnen und Vertretern der Bundesländer und den einschlägigen Expertinnen und Experten des BMFSFJ. Die Ergebnisse dieser Arbeits-runden und Gespräche mündeten in den Pretest, der vom 25. März bis 2. April 2009 unter 200 zufällig ausgewählten Personen ab 14 Jahren durchgeführt wurde.

Das Hauptergebnis des Pretests war die dringende Notwendigkeit, den Fragebogen zu kürzen. Statt der beauftragten 20 Minuten Durchschnittsdauer benötigten die Befragten im Schnitt 30 Minuten, um durch den eingegangen, die nach dem diesjährigen Pretest vorge-nommen wurden. An den entsprechenden Stellen verweisen wir auf vorausgegangene Än-derungen. Die Fragebogenentwicklung des Pretests sowie der Pretest- Verlauf sind ausführ-lich im Pretest-Bericht von Dr. Thomas Gensicke vom 5. Mai 2009 beschrieben, der dem Auftraggeber vorliegt.

2.3.1   Hinzunahmen von Fragen

Politische Aktivitäten

Auf Wunsch des DJI wurde erstmals die Verbreitung politischer Aktivitäten in der Bevölke-rung abgefragt. Im Pretest-Fragebogen war dieser Fragenkomplex deutlich umfangreicher und umfasste auch die Themen „Kompetenzerwerb im Engagement" sowie „Prosoziale Einstellungen". Der gesamte Themenblock für sich genommen beanspruchte bereits fünf Minuten Interviewzeit. Angesichts der Überlänge des Fragebogens verständigte man sich für die Hauptstudie auf eine verkürzte Fragenversion, die auf der nächsten Seite dargestellt ist.

E25	Es gibt verschiedene Möglichkeiten, politisch aktiv zu sein. Welche der folgenden Dinge haben Sie bereits getan?	Ja	Nein	k. A.
		1	2	3
1:	ein politisches Amt oder anderweitig politische Verantwortung übernommen	☐	☐	☐
2:	bei Unterschriftensammlungen für politische Ziele	☐	☐	☐
3:	sich an einer Demonstration beteiligt	☐	☐	☐
4:	sich an einer Bürgerinitiative beteiligt	☐	☐	☐
5:	an einer Bürgerversammlung in Ihrem Ort oder in Ihrem Ortsteil teilgenommen	☐	☐	☐

Arbeitsmarkt und Zeitregime

Ziel der neu aufgenommenen Fragen war es, die seit 2004 veränderten Arbeitsmarktverhältnisse sowie die zunehmende Verdichtung und Verunsicherung des Zeitregimes der Erwerbstätigen sowie der jungen Leute in Ausbildung abzubilden. Die entsprechenden Fragen waren zu Beginn und am Ende des Interviews platziert. Auf die Mehrzahl der ursprünglich geplanten Fragen musste in der Hauptstudie aus Zeitmangel verzichtet werden; die verbliebenen Fragen sind im Folgenden aufgelistet.

E3: „Hausfrauen/Hausmänner, Rentnerinnen/Rentner, Sonstige + unter 66 Jahre"	
E3e Wenn Sie eine gute Stelle finden könnten: Würden Sie dann gerne arbeiten?	
	1: Ja ☐
	2: Nein ☐
	3: k. A. ☐
E3: „Arbeitslos gemeldet"	
E3f Beziehen Sie...	
	1: Arbeitslosengeld I ☐
	2: Arbeitslosengeld II
	(sogenanntes Hartz IV) ☐
	3: k. A. ☐
Arbeitslosengeld II	
E3g Sind Sie in einem sogenannten 1-Euro-Job tätig?	
	Ja☐ ☐
	Nein☐ ☐

E3: Erwerbstätige

D-23   **Können Sie Ihre Freizeit über die Woche hinweg einigermaßen planen? Oder ist Ihr Wochenablauf <u>wegen Ihrer beruflichen Verpflichtungen</u> zu unregelmäßig?**

          1: Kann meine Freizeit meistens planen   □

          2: Mein Wochenablauf ist zu unregelmäßig   □

          3: Ist mal so – mal so   □

          4: k. A.   □

E3: Schülerinnen/Schüler, in Ausbildung, im Studium

D-24   **Können Sie Ihre Freizeit über die Woche hinweg einigermaßen planen? Oder ist Ihr Wochenablauf <u>wegen Ihrer Verpflichtungen in Schule, Ausbildung oder Studium</u> zu unregelmäßig?**

          1: Kann meine Freizeit meistens planen   □

          2: Mein Wochenablauf ist zu unregelmäßig   □

          3: Ist mal so – mal so   □

          4: k. A.   □

E4: Schule und Berufsschule / Fachschule

D-25   **Bleibt Ihnen neben der Schule, der Ausbildung noch genügend freie Zeit für andere Dinge?**

          1: Ja, meistens   □

          2: Nein, meistens nicht   □

          3: Ist mal so, mal so   □

          4: k. A.   □

E4: Fachhochschule, Universität + regelmäßiger oder gelegentlicher Job in D5

D-26   **Bleibt Ihnen neben dem Jobben und dem Studium noch genügend freie Zeit für andere Dinge?**

          1: Ja, meistens   □

          2: Nein, meistens nicht   □

          3: Ist mal so, mal so   □

          4: k. A.   □

Monetarisierung

Neben neu entwickelten Fragen wurden für den Freiwilligensurvey 2009 auch wiederkehrende Themen behandelt, die bereits 1999 zum Einsatz gekommen waren, 2004 aber vorübergehend aus dem Fragenprogramm herausgenommen worden waren. Hierzu gehören die Themen „Kostenerstattung" sowie das Thema „Vergütung", die beide insbesondere für die finanziell weniger gut gestellten Freiwilligen relevant sind. Die Fragen wurden im Vergleich zu 1999 nur geringfügig sprachlich verändert und kamen im Pretest und in der Hauptstudie zum Einsatz.

B1-22 (1999: B118) Können Sie für finanzielle Auslagen Ihrer Tätigkeit gegen Nachweis eine Kostenerstattung erhalten?

      1: Ja.   ☐

      2: Nein.   ☐

      3: Trifft nicht zu, habe keine Auslagen.   ☐

      4: k. A.   ☐

wenn B1-22 „ja"

B1-22a (1999: B118A) Machen Sie davon regelmäßig oder gelegentlich Gebrauch?

      1: Ja, regelmäßig.   ☐

      2: Ja, gelegentlich.   ☐

      3: Nein.   ☐

      4: k. A.   ☐

B1-23 (1999: B119) Erhalten Sie persönlich eine gewisse Vergütung, beispielsweise ...
Alle Vorgaben vorlesen und Zutreffendes ankreuzen. Mehrfachnennungen möglich.

      1: eine pauschalierte Aufwandsentschädigung   ☐ → B1-24

      2: Honorare   ☐ → B1-24

      3: eine geringfügige Bezahlung   ☐ → B1-24

      4: Sachzuwendungen, z.B. Fahrscheine,

      5: private Nutzung von Gruppenräumen oder
          Ausstattungsmitteln   ☐ → B1-27

      6: Nein, nichts davon   ☐ → B1-27

      7: k. A.   ☐

B1-24 (1999: B120) Erhalten Sie diese Vergütung regelmäßig oder nur gelegentlich?

      1: Regelmäßig.   ☐

      2: Gelegentlich.   ☐

      3: k. A.   ☐

B1-25 (1999: B121) Halten Sie diese Vergütung insgesamt gesehen für ...

      1: angemessen   ☐

      2: zu niedrig   ☐

      3: oder zu hoch?   ☐

      4: k. A.   ☐

B1-26a (1999: 122A) Wenn Sie einmal schätzen, wie hoch im Durchschnitt pro Monat die Vergütung ist: Liegt sie ...

      1: bis 150 Euro?   ☐ → B1-26b

      2: über 150 Euro?   ☐ → B1-26c

      3: k. A.   ☐

B1-26b (1999: B122B) Liegt sie ...	1: bis 50 Euro?	☐
	2: unter 50 Euro?	☐
	3: k. A.	☐
B1-26c (1999: B122C) Liegt sie	1: bis 350 Euro?	☐
	2: über 350 Euro?	☐ → B1-26d
	3: k. A.	☐
B1-26d Liegt sie ...	1: bis 500 Euro?	☐
	2: über 500 Euro?	☐
	3: k. A.	☐

Von TNS Infratest Sozialforschung neu entwickelt wurde für den diesjährigen Pretest der Themenblock „Monetarisierung des Engagements". Es handelte sich dabei um Fragen einer eventuell zunehmenden Vergütung freiwilliger Tätigkeiten, und zwar in Bezug auf das konkrete Umfeld der Engagierten. Auch die Problematik zunehmender 1-Euro-Jobs im Freiwilligensektor und die mögliche Ersetzung hauptamtlicher Mitarbeiterinnen und Mitarbeiter durch Freiwillige war von TNS Infratest operationalisiert worden. Bis auf eine Frage, die im Folgenden dokumentiert ist, konnte der Themenblock aus Zeitmangel in der Hauptstudie nicht berücksichtigt werden.

B1-30a Gibt es in Ihrem Umfeld ehrenamtliche bzw. freiwillige Tätigkeiten, die früher hauptamtlich durchgeführt wurden?		
	1: Ja	☐
	2: Nein	☐
	3: weiß nicht (nicht vorlesen)	☐
	4: k.A.	☐

Engagementpotenzial und Engagementhemmnisse

Wie bei den meisten Fragen zur Kostenerstattung und zur Vergütung handelt es sich bei den zusätzlichen Fragen zum „Engagementpotenzial" und zu den „Engagementhemmnissen" um eine Wiederverwendung von Fragen aus dem Jahr 1999. Eine kleine Erweiterung stellt die Frage dar, ob die Interessierten bei der Suche nach Engagementmöglichkeiten auf das Internet zurückgreifen würden. Der Zeitknappheit wurde dadurch Rechnung getragen, dass die Potenzialfragen 2009 nur denjenigen gestellt wurden, die sicher waren, sich engagieren zu wollen. Das sollte auch zu einer Schärfung des Aussagegehalts der Fragen beitragen und ermöglichte dennoch einen Vergleich zu 1999, wenn auch eingeschränkt auf die entsprechende Filtergruppe. Angesichts des enormen Streichbedarfs musste in der Hauptstudie auf die Hinderungsgründe für freiwilliges Engagement (C13) und die Kenntnis einer persönlichen Kontaktaufnahme (C11) verzichtet werden.

C-7 Würden Sie das Internet nutzen, um sich über Möglichkeiten zum Engagement zu erkundigen?

            1: Ja, habe ich bereits getan. □

            2: Ja, würde ich tun. □

            3: Nein, würde ich nicht tun. □

C-8 (1999: C8) Haben Sie da schon bestimmte Vorstellungen, in welchem Bereich Sie sich engagieren würden?

            1: Ja. □

            2: Nein. □

            3: k. A. □

C-9 (1999: C9) An welchen Bereich oder welche Bereiche denken Sie da?
Int.: Antwort spontan geben lassen und dem zutreffenden Bereich zuordnen.
Mehrfachnennungen möglich.

          (1)   Sport und Bewegung □

          (2)   Kultur und Musik □

          (3)   Freizeit und Geselligkeit □

          (4)   Sozialer Bereich □

          (5)   Gesundheitlicher Bereich □

          (6)   Kindergarten und Schule □

          (7)   Außerschulische Jugend- und Bildungsarbeit □

          (8)   Umwelt, Naturschutz, Tierschutz □

          (9)   Politik und politische Interessenvertretung □

          (10) Berufliche Interessenvertretung □

          (11) Kirchlicher / religiöser Bereich □

          (12) Justiz und Kriminalitätsprobleme □

          (13) Freiwillige Feuerwehr, Unfall- oder Rettungsdienst □

          (14) Sonstige bürgerschaftliche Aktivität am Wohnort □

C-10 (1999: C10) Wissen Sie, mit wem Sie Kontakt aufnehmen könnten, um sich genauer über die Möglichkeiten und Bedingungen des Engagements zu erkundigen?

            1: Ja. □

            2: Nein. □

C-12 (1999: C12) Wenn Sie sich engagieren würden, was wäre Ihnen dann wichtig an einer freiwilligen oder ehrenamtlichen Tätigkeit? Ich lese Ihnen verschiedene Punkte vor.
Antworten Sie bitte mit einer Antwortskala von 1 bis 5. Wert 1 heißt: Ist mir unwichtig, während Wert 5 heißt: Ist mir außerordentlich wichtig. Mit den Werten dazwischen können Sie Ihre Antwort abstufen.
Wie wichtig wäre Ihnen, ...   *(Rotation der Items!)*

	unwichtig				außerordentlich wichtig
	1	2	3	4	5
1: dass Sie damit etwas für das Gemeinwohl tun können.	☐	☐	☐	☐	☐
2: dass Sie damit anderen Menschen helfen können.	☐	☐	☐	☐	☐
3: dass Sie damit eigene Interessen vertreten.	☐	☐	☐	☐	☐
4: dass Ihnen die Tätigkeit Spaß macht.	☐	☐	☐	☐	☐
5: dass Sie dadurch mit Menschen zusammenkommen, die Ihnen sympathisch sind.	☐	☐	☐	☐	☐
6: dass Sie eigene Kenntnisse und Erfahrungen erweitern können.	☐	☐	☐	☐	☐
7: dass Sie eigene Verantwortung und Entscheidungsmöglichkeiten haben.	☐	☐	☐	☐	☐
8: dass Sie für Ihre Tätigkeit auch Anerkennung finden.	☐	☐	☐	☐	☐
9: dass Ihnen die Tätigkeit für Ihre heutigen oder zukünftigen beruflichen Möglichkeiten etwas nützt.	☐	☐	☐	☐	☐
10: dass Sie eigene Kenntnisse und Erfahrungen einbringen können.	☐	☐	☐	☐	☐
11: dass Sie mit Menschen anderer Generationen zusammen sein können.	☐	☐	☐	☐	☐

Erweiterte Erfassung des Migrationshintergrundes

Der Migrationshintergrund wurde bereits im Jahr 2004 deutlich breiter erfasst als 1999. Im 3. Freiwilligensurvey gaben die Befragten zusätzlich zu ihrer Staatsangehörigkeit, ihrem Zuzugsjahr und Herkunftsland Auskunft über den Erwerb der deutschen Staatsangehörigkeit und das Herkunftsland von im Ausland geborenen Elternteilen. Diese Maßnahmen ermöglichen es, Personen mit Migrationshintergrund im Freiwilligensurvey 2009 noch besser zu erfassen.[80] Als weitere Merkmale, die migrationsrelevant sind, werden moslemische sowie anderweitige christliche Religionszugehörigkeiten erfragt. Außerdem konnten die freiwilligen Tätigkeiten Migrantinnen und Migranten (Zuwanderinnen und Zuwanderer, Ausländerinnen und Ausländer, Flüchtlinge) als Zielgruppe haben.

Nach wie vor ist das Beherrschen der deutschen Sprache die Grundvoraussetzung für die Teilnahme an einem langen telefonischen Interview. Insofern verwundert es nicht, dass Menschen mit Migrationshintergrund in telefonischen Befragungen, so auch im Freiwilli-

---

[80] In der Stichprobe des 2. Freiwilligensurveys befanden sich 9,5% Befragte mit Migrationshintergrund statt 2,5% Nichtdeutsche im Freiwilligensurvey 1999. Bei identischer Merkmalsklassifizierung ist der Migrantenanteil an der Stichprobe 2009 mit 9,1% in etwa identisch mit dem Anteil 2004.

gensurvey, unterrepräsentiert sind.[81] Fremdsprachige Interviews wären zur besseren Erfassung von Menschen mit Migrationshintergrund und ihrem Engagement wünschenswert, was allerdings mit einem höheren finanziellen Aufwand verbunden wäre, insbesondere was die Übersetzungen, Stichprobenziehungen und den fremdsprachigen Interviewereinsatz angeht.

D-32 Haben Sie die deutsche Staatsangehörigkeit seit Geburt?

Ja.	☐
Nein.	☐

D-33 Wie haben Sie die deutsche Staatsangehörigkeit erworben?

Durch Einbürgerung	☐
Durch Anerkennung als Aussiedler	☐
Sonstiges	☐

D-39 In welchem Land wurde Ihr nicht aus Deutschland stammendes Elternteil geboren?

In_____ →

D-41 In welchem Land wurde Ihre Mutter geboren?

In_____ →

D-42 Und in welchem Land wurde Ihr Vater geboren?

In_____ →

Weitere *einzelne* Zusatzfragen bzw. Frageänderungen

Abgesehen von den Erweiterungen bzw. Veränderungen bezüglich der fünf angesprochenen, zu erweiternden bzw. zu vertiefenden Erkenntnis-Komplexe wurden seitens des Projektbeirats eine Vielzahl kleinerer Zusatzfragen bzw. Frageänderungen eingebracht, die bereits im Pretest berücksichtigt waren. Der Vollständigkeit halber listen wir auch diese Änderungen im Folgenden auf (Änderungen und neue Fragen grau unterlegt).

E3 (2004: E003) Sind Sie derzeit ...

erwerbstätig?	☐	
arbeitslos gemeldet?	☐	
Schüler, in Ausbildung, im Studium?	☐	
Hausfrau, Hausmann?	☐	
Rentner, Pensionär?	☐	
im Wehrdienst,	☐	
im Zivildienst?	☐	
Sonstiges	☐	...

---

[81] Auf diese Problematik sind wir ausführlich in der Sonderauswertung „Freiwilliges Engagement von Migrantinnen und Migranten eingegangen Vgl. Geiss, Gensicke (2006)

E4 (2004: E004) Sind Sie auf einer Schule, Fachschule, Hochschule oder in einer betrieblichen Ausbildung oder Fortbildung?

Schule	☐
Berufsschule/Fachschule	☐
Fachhochschule/Universität	☐
Betriebliche Ausbildung	☐
Betriebliche Fortbildung	☐

E5 (2004: E2004A) Welche Schulform besuchen Sie?

Hauptschule	☐
Realschule	☐
Gymnasium	☐
Sekundarschule / Mittelschule	☐
Integrierte Gesamtschule	☐
Sonderschule, Förderschule	☐
Sonstige Schulform	☐

E7 Nutzen Sie in Ihrer Schule ganztägige Angebote?

Ja.	☐
Nein.	☐

E8 Ist das ein neunjähriges Gymnasium (G9) oder ein achtjähriges (G8)?

Neunjährig (G9)	☐
Achtjährig (G8)	☐

E31 (2004: E029)

Sind Sie ...	
römisch-katholisch	☐
evangelisch	☐
Angehöriger einer anderen christlichen Religionsgemeinschaft	☐
moslemischen Glaubens	☐
jüdischen Glaubens	☐
oder Sonstiges?	☐

A10 (2004: A010) Sagen Sie mir bitte, ob Sie den folgenden Aussagen über Ihr ehrenamtliches oder freiwilliges Engagement voll und ganz zustimmen, teilweise zustimmen oder überhaupt nicht zustimmen.

	Stimme voll und ganz zu	Stimme teilweise zu	Stimme überhaupt nicht zu
Ich will durch mein Engagement vor allem mit anderen Menschen zusammenkommen.	☐	☐	☐
Ich will durch mein Engagement die Gesellschaft zumindest im Kleinen mitgestalten.	☐	☐	☐
Ich will durch mein Engagement Ansehen und Einfluss in meinem Lebensumfeld gewinnen.	☐	☐	☐
Ich will durch mein Engagement auch beruflich vorankommen.	☐	☐	☐
Ich will mir Qualifikationen erwerben, die im Leben wichtig sind.	☐	☐	☐

B1-1 (2004: B11) Geht es bei dieser Tätigkeit speziell um einen der folgenden Personenkreise?
Int.: Alle Vorgaben vorlesen. Nur eine Nennung.

Kinder und Jugendliche	☐
Familien	☐
Ältere Menschen	☐
Behinderte	☐
Zuwanderer, Ausländer, Flüchtlinge	☐
Frauen	☐
Arbeitslose, Existenzgründer, andere Arbeitsuchende	☐
Anderer Personenkreis	☐
Kein spezieller Personenkreis	☐

Filter: Wenn in B1-1 Ältere Menschen
B1-1c Gehören diese Menschen vorwiegend folgenden Altersgruppen an?
Int.: Alle Vorgaben vorlesen. Nur eine Nennung.

Älter als 75 Jahre	☐
65 bis 75 Jahre	☐
55 bis 64 Jahre	☐
Alter eher gemischt	☐

Filter: Wenn in B1-1 „Familien", „Ältere Menschen", „Behinderte": „Zuwanderer etc",
„Frauen", „Arbeitslose etc.", „Anderer Personenkreis":
B1-1d Geht es dabei unmittelbar auch um eigene Familienangehörige?

ja	☐
nein	☐

Filter: Wenn Schüler/Berufsschüler/Fachschüler laut Frage E4
B1-2a (2004: B12B) Hat Ihre Tätigkeit etwas mit der Schule zu tun?

Ja.	☐
Nein.	☐

B1-2b Erhalten Sie dafür in der Schule ausreichende Unterstützung?

Ja.	☐
Nein.	☐

Filter: Wenn Studenten laut Frage E4, „Fachhochschule/Universität":
B1-2c (2004: B12C) Hat Ihre Tätigkeit etwas mit den Aktivitäten an Ihrer Hochschule zu tun?

Ja.	☐
Nein.	☐

B1-2d Erhalten Sie dafür in der Fachhochschule, Universität ausreichende Unterstützung?

Ja.	☐
Nein.	☐

B1-3 (2004: B13) In welchem organisatorischen Rahmen üben Sie Ihre Tätigkeit aus?
Ist das ...
Int.: Alle Vorgaben vorlesen. Nur eine Nennung.

ein Verein	☐
ein Verband	☐
eine Gewerkschaft	☐
eine Partei	☐
die Kirche oder eine religiöse Vereinigung	☐
eine Selbsthilfegruppe	☐
eine Initiative oder ein Projekt	☐
eine sonstige selbstorganisierte Gruppe	☐
eine staatliche oder kommunale Einrichtung	☐
eine private Einrichtung	☐
eine Stiftung	☐
allein, nicht in einer Gruppe, Organisation oder Einrichtung	☐
Sonstiges	☐

Wenn B1-3=Stiftung
B1-3a Ist das eine s genannte Bürger-Stiftung?

1: Ja.   ☐
2: Nein.   ☐

B1-21 (1999: B117) Und wie viele Stunden pro Monat wenden Sie ungefähr dafür auf?
Int.: Ganze Stunden (1–200) eingeben!
Int.: „Weiß nicht" = 9998 / „Keine Angabe" = 9999

_____*Std.*

B1-11 (2004: B111 + B112) Welche Anforderungen stellt die Tätigkeit an Sie? Ich nenne Ihnen
einige Punkte. Sagen Sie mir bitte jeweils, ob das für Ihre Tätigkeit in starkem Maß, in
gewissem Maß oder nicht gefordert ist.

	in starkem Maß	in gewissem Maß	nicht
Organisationstalent	☐	☐	☐
Führungsqualitäten	☐	☐	☐
Hohe Einsatzbereitschaft	☐	☐	☐
Fachwissen	☐	☐	☐
Mit Menschen gut umgehen können	☐	☐	☐
Mit Behörden gut umgehen können	☐	☐	☐
Belastbarkeit	☐	☐	☐
Selbstlosigkeit	☐	☐	☐
Ideenreichtum, Kreativität	☐	☐	☐
Gutes Zeitmanagement	☐	☐	☐

B1-34a Sie sagten, dass Sie eigene Erlebnisse oder Erfahrungen zu Ihrer freiwilligen Tätigkeit bewegten. Waren dies Dinge aus dem familiären Bereich (z.B. Pflege eines Angehörigen oder Kinderbetreuung)?

Ja.   ☐
Nein.   ☐

Zwei Fragen zum Engagement von Schülerinnen und Schülern wurden auf Anregung der Bertelsmann Stiftung[82] bereits im Vorfeld des Pretests eingebracht und für die Hauptstudie unverändert übernommen. Von Interesse ist, inwiefern und auf welche Weise die Schule den Schülerinnen und Schülern Anstöße für ihr Engagement gibt. Diese Fragen verbessern den Zuschnitt des Freiwilligensurveys für junge Leute, der bisher mit jeder Welle des Surveys zielgenauer wurde (2009 siehe E5, E7, E8, B1-2b, B1-2d sowie im Folgenden noch die Erweiterung seitens des Ministeriums bzgl. der jugendlichen Freizeitgestaltung: E13c).

B1-34b Hat Ihnen auch die Schule, z.B. durch Projekte, Arbeitsgruppen oder andere Anregungen, Anstöße zu Ihrer freiwilligen bzw. ehrenamtlichen Tätigkeit gegeben?

Ja.   ☐
Nein.   ☐
Nicht vorlesen – Weiß nicht   ☐

B1-34c Durch welche Anstöße oder Anregungen geschah das? (Mehrfachnennungen)

Durch soziale oder gemeinnützige Projekte im Unterricht   ☐
Durch Mitarbeit in Schülergremien (z.B. Klassenrat,
Schülervertretung, Schülermitverantwortung, Schülerkonferenz usw.)   ☐
Durch Mitarbeit in Arbeitsgruppen (z.B. Schülerzeitung, Arbeitskreis
„Dritte Welt", Arbeitskreis zur Organisation von Schulfesten oder Ähnliches) ☐
Durch Zusammenarbeit mit sozialen oder gemeinnützigen Einrichtungen
außerhalb der Schule   ☐
Durch den persönlichen Einsatz oder durch individuelles Übernehmen
von Aufgaben (z.B. Einsatz als Streitschlichter, Schulsanitätsdienst)   ☐
Sonstiges   ☐

---

[82] Die Bertelsmann Stiftung finanziert 2009 zusätzliche 1.000 Interviews mit jungen Leuten im Alter von 14 bis 24 Jahren. Diese Altersgruppe ist seit 1999 im FWS als „Jugend" definiert und Zielgruppe intensiver vertiefender Auswertungen. Ein Engagement der Bertelsmann Stiftung bei einer vertiefenden Zusatzauswertung für Jugendliche im Rahmen des FWS wird angestrebt.

Auf Wunsch des Familienministeriums wurden die folgenden Fragen neu aufgenommen.

Wenn D-27 sehr gut, gut

D29d Einige Menschen stellen heute einen Teil ihres Vermögens einer Stiftung zur Verfügung, die damit gemeinnützige Aktivitäten fördert. Haben Sie davon schon einmal gehört?

      1: Ja. □

      2: Nein. □

D29e Käme so etwas für Sie in Frage?

      1: Nein. □

      2: Habe ich bereits getan. □

      3: Käme in Frage. □

D48 Und wie wichtig finden Sie folgende Dinge? Benutzen Sie bitte wieder die Skala. Und wie wichtig sind folgende Dinge für Sie persönlich?

(keine Rotation)

	unwichtig			außer ordentlich wichtig	
	1	2	3	4	5
1: Zeit für die Familie zu haben	□	□	□	□	□
2: Zeit für Freunde, Hobbys und Reisen zu haben	□	□	□	□	□
3: Zeit für Bildung und Weiterbildung zu haben	□	□	□	□	□

3. Durchführung der Befragung

Die Befragung in der Haupterhebung begann am 28. April und wurde am 30. Juli 2009 abgeschlossen. Die 20.005 Interviews verteilen sich demnach über einen Zeitraum von drei Monaten. Dabei wurden die Bundesländer mit früherem Ferienbeginn zeitlich vorrangig bearbeitet. Für die Befragung wurden speziell geschulte Telefon-Interviewerinnen und Telefon-Interviewer des TNS-Infratest-Stabes in fünf Telefon-Studios eingesetzt (München, Berlin, Parchim, Güstrow und Greifswald). Alle Studios arbeiten nach denselben Standards und sind an das zentrale System der Stichprobensteuerung angeschlossen.

Von den zufällig ausgewählten Befragungspersonen haben rd. 51 % an der Befragung teil- genommen. Eine genauere Übersicht über Art und Umfang von Ausfällen in der Befragung zeigt die folgende Übersicht („Rücklaufmeldung").[83] Da die Teilnahme an der Befragung freiwillig ist, kann nicht ausgeschlossen werden, dass aufgrund der Nichtteilnahme bestimmte Personengruppen unterrepräsentiert und andere dementsprechend überrepräsentiert sind. Dies kann in einem gewissen Umfang durch einen Vergleich der Stichprobenstruktur mit Bevölkerungsstatistiken der amtlichen Statistik festgestellt werden. Soweit Abweichungen auftreten, werden diese durch eine sogenannte „Gewichtung" rechnerisch korrigiert.

In der vorliegenden Erhebung wurde durch die vorgenommene Gewichtung sichergestellt, dass die Stichprobe im Hinblick auf die Verteilungen nach

- Bundesland,
- Gemeindegrößenklassen (BIK),
- Geschlecht,
- Altersgruppen.

mit der amtlichen Bevölkerungsstatistik übereinstimmt. Dies gilt nicht nur für die bundesweite Stichprobe, sondern auch auf der Ebene der Bundesländer. An den Parametern für die Gewichtung wurde hinsichtlich der Vergleichbarkeit der Ergebnisse nichts geändert.

---

[83] In diese Rücklaufmeldung gingen die 1.000 zusätzlichen Interviews mit 14-24-jährigen Befragten, die von der Bertelsmann-Stiftung finanziert wurden, nicht mit ein.

 **infratest**   <u>Rücklaufmeldung</u>

Projekt:	67.01.102766
Projektleiter:	Gensicke, Geiss
Feldzeit:	28.4. - 27.7.2009
Zielgruppe:	Bev. ab 14 Jahren
Auswahlverfahren:	ITMS
Telefon-Studio:	München

Bruttoansatz	**98212**	**100,0%**
Telefonnummer nicht geschaltet		48,8%
Fax / Modem		2,5%
Doppeladresse laut KP/ZP		0,0%
Sonst. techn. Ausfälle		0,5%
nicht im Befr.-Gebiet		
Maximale Kontaktzahl erreicht		7,2%
Nicht verwendbare Nummern gesamt		**59,0%**
Bereinigtes Brutto	**40247**	**100,0%**
Zelle voll		-
Kein Privathaushalt		4,9%
Im HH keine Verständigung		1,4%
Mit ZP keine Verständigung		-
ZP nicht in der Lage		0,5%
42 Ausfall		-
Keine Person in ZG		0,1%
Neutrale Ausfälle gesamt	**2755**	**6,8%**
Verbleibende Adressen	**37492**	**100,0%**
Teilnehmer nimmt nicht ab		10,0%
Besetzt		0,2%
priv. Anrufbeantworter		3,1%
Abbruch Interview		8,8%
ZP vorübergehend krank, T		3,6%
KP beschäftigt		-
ZP beschäftigt		-
KP verweigert Auskunft		19,8%
ZP verweigert Auskunft		2,6%
Kein Termin möglich		1,2%
Sonst. Ausfälle		-
Ausfälle gesamt	**18486**	**49,3%**
Durchgeführte Interviews	**19006**	**50,7%**

3.1 Die realisierte Stichprobe befragter Bundesbürgerinnen und Bundesbürger

Grundgesamtheit der repräsentativen Stichprobe ist die Wohnbevölkerung Deutschlands ab 14 Jahren. Die Auswahl der Befragten erfolgt nach einem Zufallsverfahren, das im Kapitel 1.3 näher beschrieben ist („Zur Methodik telefonischer Bevölkerungsumfragen von TNS Infratest").

Die Stichprobe ist im vorliegenden Fall in ihrer Verteilung nach Bundesländern disproportional angelegt. Für vergleichende Länderanalysen sollen auch die kleinen Bundesländer mit einer bestimmten Mindestfallzahl vertreten sein. Dank des besonderen Engagements des BMFSFJ (18.000 Fälle statt 15.000 in 2004), des Zukunftfonds der Generali AG (1.000 Zusatzfälle) sowie der Bertelsmann Stiftung (1.000 Zusatzfälle bei 14-bis 24-Jährigen) konnten in jedem Bundesland mindestens 1.000 Fälle realisiert werden. Die Bundesländer Berlin und Saarland hatten zusätzlich Stichprobenaufstockungen von 600 bzw. 400 Fällen beauftragt. Größere Bundesländer (Bayern, Baden-Württemberg, Nordrhein-Westfalen, Niedersachsen und Hessen) gingen mit einem geringeren als ihrem eigentlichen Anteil in die Stichprobe ein. Die Gewichtung stellt nachträglich ein proportionales Verhältnis aller Bundesländer her.

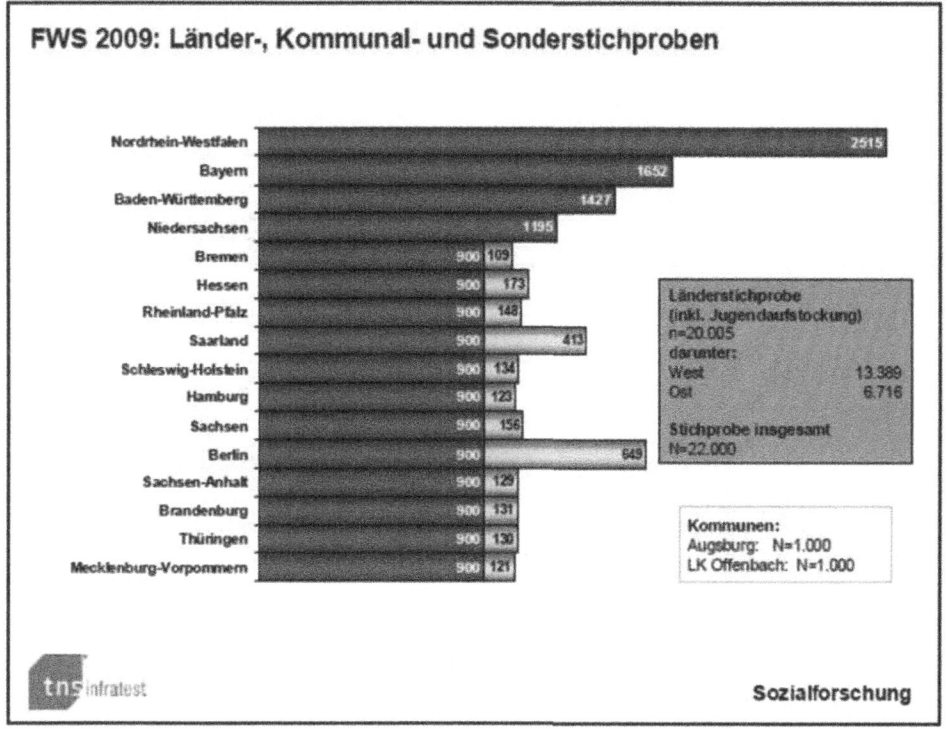

Für bundesweite Auswertungen wird die Stichprobe im Rahmen des Gewichtungsmodells „re-proportionalisiert". Durch einen rechnerischen Faktor erhalten die Befragten jedes Bundeslandes das Gewicht, das ihrem Bevölkerungsanteil im Bund entspricht.[84]

Tabelle 1 zeigt die Fallzahl realisierter Interviews insgesamt und nach Ländern.

Umfang der Stichprobe auf Länderebene			
Länder nach Größe	Bevölkerungs- anteil in % (Haushalte)	Gewichtete Fallzahl in der Gesamt- stichprobe	Ungewichtete Fallzahl in der Gesamt- stichprobe
Nordrhein-Westfalen	21,8	4.261	2.515
Bayern	15,2	2.989	1.652
Baden-Württemberg	13,0	2.490	1.427
Niedersachsen	9,7	1.962	1.195
Bremen	0,8	166	1.009
Hessen	7,4	1.432	1.073
Rheinland-Pfalz	4,9	993	1.048
Saarland	1,3	259	1.313
Sachsen	5,2	1.130	1.056
Berlin	4,1	798	1.549
Schleswig-Holstein	3,4	711	1.034
Sachsen-Anhalt	3,0	656	1.029
Thüringen	2,8	619	1.030
Brandenburg	3,1	679	1.031
Hamburg	2,1	407	1.023
Mecklenburg-Vorpom- mern	2,1	452	1.021
Gesamt	**100,0**	**20.005**	**20.005**
darunter:			
neue Länder	21,7	4.335	6.716
alte Länder	78,3	15.670	13.289

---

[84] Zum Gewichtungsmodell vgl. im Übrigen Kapitel 1.

3.2 Prüfung und Hochrechnung der beschriebenen freiwilligen Tätigkeiten

Die befragten 20.005 Personen haben in Frage A3 des Interviews, mit der die ehrenamtlichen Tätigkeiten erfasst werden, in insgesamt 13.816 Fällen eine Angabe gemacht. Ob die genannte Tätigkeit den Kriterien für die Definition ehrenamtlichen Engagements entspricht, wurde im Rahmen der Datenprüfung überprüft. Eine zweite Prüfung bezog sich auf die Zuordnung der Tätigkeiten zu den 14 Engagementbereichen (Sektoren). Ein dritter Arbeitsschritt bezieht sich auf die Gewichtung bzw. Hochrechnung der Tätigkeiten. Diese ist erforderlich, weil die genaueren Merkmalsprofile der Tätigkeiten (Fragenblock B) nur für eine Auswahl der Tätigkeiten vorliegen.

Diese drei Arbeitsschritte und ihre Ergebnisse werden im Folgenden kurz erläutert.

Prüfung der Tätigkeiten auf zulässige Angaben (Validität)

a) *Technische Kriterien*

	abs.	%
Tätigkeitsangaben gesamt	13.816	100

b) *Inhaltliche Kriterien*

Es gibt technische und inhaltliche Gründe, die zu einer Bewertung der Tätigkeitsangabe als „ungültig" führen können.

- Als ungültig gewertet werden diejenigen Angaben, die nach technischen Kriterien unbrauchbar sind, und diejenigen, die nach inhaltlichen Kriterien der Definition ehrenamtlichen Engagements *eindeutig* nicht entsprechen.
- Dagegen werden die Fälle, bei denen eine eindeutige Beurteilung nicht möglich ist, als ehrenamtliche/freiwillige Tätigkeiten akzeptiert und in die Auswertung einbezogen. Die Begründung dafür ist, dass im Zweifelsfall die subjektive Zuordnung, die die Befragten selbst getroffen haben, gelten soll.

Prüfung der Bereichszuordnung der Tätigkeiten

Die Zuordnung einer konkreten Tätigkeit zu einem der 14 vorgegebenen Engagementbereiche ist nicht immer eindeutig. Beispielsweise könnte eine ehrenamtliche Hausaufgabenbetreuung für ausländische Kinder, die im Rahmen der kirchlichen Gemeindearbeit organisiert wird, mit gutem Recht entweder dem sozialen Bereich zugeordnet werden oder dem Bereich Schule/Kindergarten oder dem Bereich außerschulische Jugendarbeit/Bildungsarbeit oder dem Bereich Kirche.

Selbst wenn man versuchen wollte, eindeutige Zuordnungsregeln zu formulieren, wären Unschärfen oder Mehrfachzuordnungen kaum zu vermeiden. In der vorliegenden Erhebung wurde die Zuordnung allerdings nicht ex post nach bestimmten Codierregeln, sondern im Interview vom Befragten selbst vorgenommen. Bei der Überprüfung dieser Zuordnungen wurde nach folgender Regel verfahren: Im Zweifelsfall gilt die Zuordnung, die der Befragte selbst vorgenommen hat. Nur in Fällen einer eindeutigen Fehlzuordnung wird die Bereichszuordnung nachträglich korrigiert. Dies betraf 17,7 % der Fälle. Die Verteilung der Tätigkeiten auf die 14 Bereiche hat sich dadurch nicht wesentlich verändert.

Tätigkeiten-Gewichtung

Die 13.816 Tätigkeitsangaben in Frage A3 sind die Basis für alle personenbezogenen Aussagen zum Anteil von Personen mit ehrenamtlichem Engagement insgesamt und in verschiedenen Bevölkerungsgruppen. Auch die Verteilung über die 14 Engagementbereiche stützt sich auf diese Angaben.

Analysen zur „Binnenstruktur" des ehrenamtlichen Engagements stützen sich dagegen auf die Fragen im Fragebogenteil B. Diese liegen für jede ehrenamtlich bzw. freiwillig engagierte Person zunächst mit Bezug auf *eine* konkret ausgeübte Tätigkeit vor (Fragenblock B1). Für einen Teil der Personen liegen die gleichen Angaben auch noch für eine *zweite* ausgeübte Tätigkeit vor (Fragenblock B2). Nicht für alle genannten Tätigkeiten jedoch liegen ausführliche Merkmalsbeschreibungen vor. Die Zahlenverhältnisse sind folgendermaßen:

(1)	Befragte gesamt	20.005	
(2)	Darunter: mit ehrenamtlichem Engagement	7.006	85
(3)	Auswertbare Angaben zur (zeitaufwendigsten) Tätigkeit im Fragenblock B1	7.006	
(4)	Auswertbare Angaben zu einer weiteren Tätigkeit (Fragenblock B2)	2.047	
(5)	Summe (3) + (4): Tätigkeiten mit genauer beschriebenem Merkmalsprofil	9.053	
(6)	Angegebene Tätigkeiten ohne genauer beschriebenes Merkmalsprofil	3.075	
(7)	Summe (5) + (6): Angegebene Tätigkeiten gesamt	12.128	

Die genauer beschriebenen Tätigkeiten (Zeile 5) sind keine Zufallsauswahl aus allen angegebenen Tätigkeiten (Zeile 7), sondern eine systematische Auswahl. Die Systematik liegt darin, dass die Beschreibungen sich primär auf die zeitaufwendigste Tätigkeit (Zeile 3) beziehen. Weniger zeitaufwendige ehrenamtliche Tätigkeiten sind daher systematisch unterrepräsentiert. Diese Verzerrung wird mit Hilfe der *„Tätigkeiten-Gewichtung"* ausgeglichen. Das Modell dieser Gewichtung ist auf der folgenden Seite genauer beschrieben.

Für die Auswertungen wird der Personen-Gewichtungsfaktor (siehe Kapitel 1) mit dem Tätigkeits-Gewichtungsfaktor kumulativ verrechnet. Durch dieses Verfahren sind die tätigkeitsbezogenen Ergebnisse der Befragung für die Gesamtheit aller ehrenamtlich/ freiwillig ausgeübten Tätigkeiten verallgemeinerbar.

Tätigkeiten-Gewichtung

Basis sind alle gültigen Tätigkeiten (n = 12.128).

Für 9.053 davon liegen genauere Angaben aus den Fragebogenteilen B1 (n = 7.006) oder B2 (n = 2.047) vor. B1 beschreibt für jede Person die zeitaufwendigste (oder ggf. einzige) Tätigkeit. Diese hat also eine Auswahlchance von 100 % und erhält daher den Gewich- tungsfaktor 1,000.

---

[85] Ungewichtete Fallzahlen.

B2 dagegen ist eine Auswahl aller weiteren (weniger zeitaufwendigen) genannten Tätigkeiten. Das Gewicht der 2.047 B2-Fälle wird daher durch einen Faktor T auf das Gewicht <u>aller</u> Nicht- B1-Fälle hochgerechnet (12.128 – 7.006 = 5.122). Dies geschieht getrennt („geschichtet") innerhalb der 14 Engagementbereiche, damit die Struktur nach Bereichen derjenigen der 12.128 Nennungen insgesamt entspricht. Im Durchschnitt gehen die B2-Fälle mit einem Gewicht von T = 2,502 in die Auswertung ein.

Alle Tätigkeiten, für die **keine** näheren Angaben aus B1 oder B2 vorliegen (n = 3.075), erhalten das Gewicht 0,0.

Bereich [1]	Angaben im Fragebogen			Gesamt	Gesamt minus B1	Sp.5 : Sp.3 Faktor T
	Nur A (1)	B1: (2)	B2: (3)	(4)	(5)	(6)
1	324	1537	250	2111	574	2,296
2	265	660	177	1102	442	2,497
3	198	496	143	837	341	2,385
4	306	702	182	1190	488	2,681
5	120	301	102	523	222	2,176
6	418	838	277	1533	695	2,509
7	210	270	110	590	320	2,909
8	165	298	112	575	277	2,473
9	202	313	134	649	336	2,507
10	138	211	89	438	227	2,551
12	400	785	252	1437	652	2,587
13	68	56	43	167	111	2,581
14	124	360	89	573	213	2,393
15	137	179	87	403	224	2,575
Gesamt	3075	7006	2047	12128	5122	2,502

1) Siehe Variable b1.sek_1

3.3 Hinweise zur Auswertung der Personendaten und Tätigkeitendaten

Teil 1: Personenbezogene Auswertungen

Basis sind 20.005 (Daten 2004) bzw. 49.927 (Trenddaten) befragte Personen ab 14 Jahren, die repräsentativ für die Wohnbevölkerung Deutschlands ab 14 Jahren sind. Die Struktur der Stichprobe wurde auf ihre Übereinstimmung mit regionalen und demografischen Verteilungen der Grundgesamtheit lt. amtlicher Bevölkerungsfortschreibung überprüft („Personengewichtung"). Die überproportionale Zahl von Befragten in den kleineren Bundesländern wurde dabei rechnerisch so korrigiert, dass alle Länder entsprechend ihrem tatsächlichen Bevölkerungsanteil repräsentiert sind. Für die personenbezogenen Auswertungen muss der Gewichtungsfaktor „gew" verwendet werden.

Die personenbezogenen Auswertungen sind immer dann zu verwenden, wenn es darum geht, für die erste Tätigkeit Umfang und Struktur der Bevölkerungsgruppen zu beschreiben, die im Bereich von Ehrenamt und Freiwilligenarbeit engagiert oder nicht engagiert sind. Da jede engagierte Person verschiedene Tätigkeiten dieser Art ausüben kann, wird bei tätigkeitsbezogenen Aussagen hier in der Regel auf die erste beschriebene Tätigkeit (Fragebogenteil B1) Bezug genommen; dies ist diejenige, für die die Person am meisten Zeit aufwendet. Der Fragebogenteil B wurde dann abgefragt, wenn eine Befragte oder ein Befragter mehr als eine freiwillige Tätigkeit ausübte und bereit war, dazu weitere Fragen zu beantworten. In den ersten beiden Freiwilligensurveys wurden die meisten Fragen aus B1 auch für die zweite Tätigkeit abgefragt. Aus Zeitgründen musste der B2-Teil dieses Jahr stark gekürzt werden. Nach wie vor enthalten sind organisatorische Fragen zur 2. Tätigkeit.

Das ausführliche Merkmalsprofil zur Beschreibung der ausgeübten Tätigkeit ist für die erste, zeitaufwendigste Tätigkeit (B1) enthalten und in verkürzter Form – sofern weitere Tätigkeiten ausgeübt werden – für eine zufällig ausgewählte zweite Tätigkeit (B2).

Teil 2: Tätigkeitsbezogene Auswertungen

Basis für tätigkeitsbezogene Auswertungen sind 9.053 ehrenamtliche bzw. freiwillige Tätigkeiten, die die Befragten in den Fragebogenteilen B1 und B2 genauer beschrieben haben. Diese sind auf insgesamt 12.128 Tätigkeiten, die im Fragebogenteil A genannt wurden, hochgerechnet („Tätigkeitengewichtung"). Durch die zusätzliche Berücksichtigung des Personengewichtungsfaktors wird die gewichtete Basis in den Tabellen mit 12.455 Fällen ausgewiesen.

Die tätigkeitsbezogene Auswertungsebene ist deshalb erforderlich, weil jede ehrenamtlich engagierte Person im Durchschnitt 2,2 ehrenamtliche bzw. freiwillige Tätigkeiten ausübt. Diese Tätigkeiten können in verschiedenen Engagementbereichen angesiedelt sein. Wenn die Merkmalsprofile des Engagements – der ausgeübten Tätigkeiten ebenso wie der Personen, die sie ausüben – für die einzelnen Engagementbereiche dargestellt werden sollen, muss die Person mit ihren verschiedenen Tätigkeiten, also ggf. mehrfach gezählt werden.

Die Verteilung der Merkmale auf Tätigkeitenbasis weicht dort von den entsprechenden Verteilungen in der personenbezogenen Auswertung ab. Das ist etwas irritierend, muss aber so sein, weil Personen mit mehreren ehrenamtlichen Tätigkeiten hier mit entsprechend stärkerem Gewicht eingehen.

Die Fragen zum Merkmalsprofil der Tätigkeiten (Fragenblock B) sind hier – anders als in den personenbezogenen Tabellen – nicht nach B1 und B2 unterschieden, weil bei tätigkeitsbezogener Analyse beide Teile integriert werden. Sollen also Aussagen zu allen freiwilligen Tätigkeiten gemacht werden (und nicht zwischen erster und zweiter Tätigkeit unterschieden werden), muss der Tätigkeitendatensatz zur Anwendung kommen.

Hochrechnung der Ergebnisse

Die 20.005 befragten Personen repräsentieren die Wohnbevölkerung Deutschlands ab 14 Jahren, die insgesamt 65 Mio. Personen umfasst. Jede Person aus der befragten Zufallsstichprobe steht demnach für 3.250 Personen in der repräsentierten Grundgesamtheit.

In Umkehrung dieses Auswahlsatzes kann der Faktor 3.250 als Hochrechnungsfaktor verwendet werden. Dabei ergeben sich folgende Größenordnungen:

Teilgruppe	Anzahl Befragte	% der Stichprobe	hoch- gerechnet
Alle Befragten	20.005	100	65 Mio.
1 % der Befragten	200	1	650 Tsd.
Personen, die eine freiwillige Tätigkeit ausüben (gewichtet)	7.173	36	23,4 Mio.

4. Fragebogen

Freiwilligensurvey 2009: Ehrenamt, Freiwilligenarbeit, Bürgerschaftliches Engagement

Fragebogen für Hauptstudie 2009
TNS Infratest Sozialforschung Projektleitung: Dr. Thomas Gensicke

Aufbau des Fragebogens:

E-Teil: Alle Befragten: persönliche und lokale Lebenssituation, Orientierungsfragen
A-Teil: Alle Befragten: Ehrenamtliche bzw. freiwillige Tätigkeiten?

> **JA**:
> Angaben zur 1. Tätigkeit: **B1-Teil**
> evt. Angaben zur 2. Tätigkeit: **B2-Teil**
> **NEIN**:   **C-Teil**: früheres Engagement, Potenzial von Nichtengagierten
>   Bestimmungsgründe pot. Engagements

D-Teil: Alle Befragten: Infostellen, Demografie, Erwerbstätigkeit, Bildung und Werte

Einführungstext:
Wir führen eine repräsentative Umfrage für das Bundesministerium für Familie, Senioren, Frauen und Jugend durch. Es geht um das Thema „Aktivitäten der Bürgerinnen und Bürger in verschiedenen Bereichen" und darum, was Leute in ihrer Freizeit tun.

Teil E: An alle: Demografie, Wohnort, Kinder, Netzwerke, Politik, Kompetenzen, Kirchenbindung

E1 (2004: E001) Ich möchte sie zunächst um einige Angaben zu Ihrer Person bitten.
Int.: Geschlecht der Zielperson eintragen.
      Sie sind ...   1: männlich   ☐
                               2: weiblich   ☐

E2 (2004: E002) In welchem Jahr wurden Sie geboren?   19 ___
      Int.: Eingabe 19xx
      Int.: „Keine Angabe" = NULL

E3 (2004: E003) Sind Sie derzeit ...   1: erwerbstätig   ☐
                                    2: arbeitslos gemeldet   ☐
                                    3: Schüler, in Ausbildung, im Studium   ☐
                                    4: Hausfrau, Hausmann   ☐
                                    5: Rentner, Pensionär   ☐
                                    6: im Wehrdienst   ☐
                                    7: im Zivildienst   ☐
                                    8: Sonstiges   ☐
                                    9: KA   ☐

E3: „Hausfrauen, Rentner, Sonstige + unter 66 Jahre"
E3e Wenn Sie eine gute Stelle finden könnten: Würden Sie dann gerne arbeiten?
                                    1: ja   ☐
                                    2: nein   ☐
                                    3: KA   ☐

E3: „Arbeitslos gemeldet"
E3f Beziehen Sie...
                                    1: Arbeitslosengeld 1   ☐
                                    2: Arbeitslosengeld 2
                                    (so genanntes Hartz IV)   ☐
                                    3: KA   ☐

Arbeitslosengeld 2
E3g Sind Sie in einem so genannten 1-Euro-Job tätig?
                                    ja   ☐
                                    nein   ☐

E3: „Schüler, in Ausbildung, im Studium"

E4 (2004: E004) Sind Sie auf einer Schule, Fachschule, Hochschule oder einer betrieblichen Ausbildung oder Fortbildung?

1: Schule	□
2: Berufsschule/Fachschule	□
3: Fachhochschule/Universität	□
4: Betriebliche Ausbildung	□
5: Betriebliche Fortbildung	□
6: KA	□

E4: „Schüler"

E5 (2004: E2004A) Welche Schulform besuchen Sie?

1: Hauptschule	□
2: Realschule	□
3: Gymnasium	□
4: Sekundarschule / Mittelschule	□
5: Integrierte Gesamtschule	□
6: Sonderschule, Förderschule	□
7: sonstige Schulform	□
8: KA	□

E4: „Schüler"

E6 (2004: E004B) Ist das eine Ganztagsschule oder eine Halbtagsschule?

1: Ganztagsschule	□
2: Halbtagsschule	□
3: KA	□

E6: „Ganztagsschule"

E7 Nutzen Sie in ihrer Schule regelmäßig ganztägige Angebote?

1: ja	□
2: nein	□
3: KA	□

E5: „Gymnasium"

E8 Ist das ein neunjähriges Gymnasium (G9) oder ein achtjähriges (G8)?

1: neunjährig (G9)	□
2: achtjährig (G8)	□
3: KA	□

Alle

E9 (2004: E005) Wie lange leben Sie schon an Ihrem derzeitigen Wohnort?

Int.: Vorgaben bitte vorlesen!

1: Seit Ihrer Geburt	□
2: Seit mehr als 10 Jahren	□
3: Seit 3 bis 10 Jahren	□
4: oder seit weniger als 3 Jahren	□
5: KA	□

E11 (2004: E2007B) Was würden Sie sagen: Wie gut ist der soziale Zusammenhalt in Ihrem Wohnviertel?

Int.: Vorgaben bitte vorlesen!

1: sehr gut	☐
2: eher gut	☐
3: befriedigend	☐
4: eher schlecht	☐
5: sehr schlecht	☐
6: KA	☐

E12 (2004: E008) Wie groß ist Ihr Freundes- und Bekanntenkreis hier am Ort? Würden Sie sagen...

Int.: Vorgaben bitte vorlesen!

1: sehr groß	☐
2: mittel	☐
3: eher klein	☐
4: KA	☐

E13a Sind Sie Mitglied in einem gemeinnützigen Verein oder einer gemeinnützigen Organisation? *(Interviewer: nicht Kirchenmitgliedschaft)*

1: ja	☐
2: nein	☐
3: KA	☐

wenn ja

E13b In welchen der folgenden Vereine oder Organisationen sind Sie Mitglied ?

(Mehrfachnennungen: Items außer „andere" rotieren)

1: Sportverein	☐
2: Kultur-, Kunst oder Musikverein	☐
3: Bereich Bildung / Kinderbetreuung, z.B. Förderverein	☐
4: politische Partei	☐
5: Gewerkschaft, Berufsverband	☐
6: Jugendorganisation	☐
7: Hilfsorganisation, Wohltätigkeitsverband	☐
8: Umwelt- oder Tierschutzorganisation	☐
9: Bürgerinitiative, Bürgerverein	☐
10: Anderes	☐
11: KA	☐

nur an Alter 14-24 Jahre

E13c Wenn Sie einmal an Ihre <u>Freizeit</u> denken, über die sie in einer normalen Woche verfügen: Wofür nutzen Sie diese Freizeit vor allem?

(Mehrfachnennungen: Items außer „andere" rotieren)

1: sich mit elektronischen Medien beschäftigen (Internet, Playstation, Computerspiele, iPOD, Handy usw.)	☐
2: etwas mit Freunden oder Bekannten unternehmen, etwas erleben	☐
3: Fernsehen, Radio hören	☐
4: Sport treiben, Ausflüge, Wandern usw.	☐
5: sich für eine gute Sache oder ein Projekt freiwillig engagieren	☐
6: Lesen, etwas Kreatives oder Kulturelles tun	☐
7: andere Dinge	☐
8: KA	☐

E14 Wie teilen sich die Personen in Ihrem Haushalt auf? Bitte denken Sie auch daran, sich selbst mitzuzählen.

Anzahl an Personen

1: Kinder unter 6 Jahren	_____
2: Kinder von 6 bis unter 14 Jahren	_____
3: Personen von 14 bis unter 18 Jahren	_____
4: Personen von 18 bis 60 Jahren	_____
5: Personen über 60 Jahren	_____
99: KA	

wenn in E14 Kinder bis 14 Jahre

E15 Wie alt ist das jüngste Kind im Haushalt? _____ Jahre

99: KA

wenn in E14 Kinder bis 14 Jahre

E16 (2004: E013) Sind Sie selbst die Person im Haushalt, die das Kind oder die Kinder vorwiegend betreut?

1: Ja	☐
2: teilweise	☐
3: nein	☐
4: KA	☐

wenn in E14 Kinder bis 14

Wenn Befragter laut E3, 1=Erwerbstätig:..., der Hausarbeit <u>und Ihrer beruflichen Tätigkeit</u>

E17 (2004: E014) Bleibt Ihnen neben der Kinderbetreuung und der Hausarbeit noch genügend Zeit für andere Dinge übrig?

1: Ja	☐
2: Teilweise	☐
3: Nein	☐
4: KA	☐

Alle
E18 (2004: E018) Gibt es in Ihrer Familie eine pflegebedürftige Person?

1: Ja	☐
2: Nein	☐
3: KA	☐

wenn E18=Ja
E19 (2004: E019) Sind Sie das selbst oder ist das eine andere Person?

1: Befragter selbst	☐
2: andere Person	☐
3: KA	☐

wenn E19=andere Person
E20 (2004: E020) Sind Sie selbst die Person, die sich vorwiegend um die Pflege kümmert?

1: Ja	☐
2: Teilweise	☐
3: Nein	☐
4: KA	☐

Wenn Befragter laut E3, Erwerbstätig: ..., der Hausarbeit und Ihrer beruflichen Tätigkeit...
E21 (2004: E021) Bleibt Ihnen neben der Pflege und der Hausarbeit noch genügend Zeit für andere Dinge übrig?

1: Ja	☐
2: Teilweise	☐
3: Nein	☐
4: KA	☐

E22 (2004: E022) Wenn Sie mal Hilfe brauchen, z.B. bei Besorgungen, kleineren Arbeiten oder der Betreuung von Kindern oder Kranken: Gibt es da Personen außerhalb Ihres Haushaltes, an die Sie sich ohne Probleme wenden können?

1: Ja	☐
2: Nein	☐
3: KA	☐

wenn E22 ja
E22a (2004: E023) Sind das Verwandte, Nachbarn oder sonstige Bekannte oder Freunde?
Mehrfachnennungen möglich!

1: Verwandte	☐
2: Nachbarn	☐
3: Bekannte/Freunde	☐
4: Andere, z.B. Gemeindeschwester	☐
5: KA	☐

E23 (2004: E024) Gibt es umgekehrt Personen außerhalb Ihres Haushalts, denen Sie selbst regelmäßig oder gelegentlich helfen, z.B. bei Besorgungen, kleineren Arbeiten oder der Betreuung von Kindern oder Kranken?

1: Ja	☐
2: Nein	☐
3: KA	☐

wenn E23 ja

E23a (2004: E025) Sind das Verwandte, Nachbarn oder sonstige Bekannte oder Freunde?
Mehrfachnennungen möglich!

1: Verwandte	☐
2: Nachbarn	☐
3: Bekannte/Freunde	☐
4: Andere	☐
5: KA	☐

E24 (2004: E031) Wie sehr interessieren Sie sich dafür, was in der Politik und im öffentlichen Leben vor sich geht?
Vorgaben vorlesen!

1: Stark	☐
2: Mittel	☐
3: Wenig	☐
4: KA	☐

E25 Es gibt verschiedene Möglichkeiten, politisch aktiv zu sein. Welche der folgenden Dinge haben Sie bereits getan?

	ja 1	nein 2	KA 3
1: ein politisches Amt oder anderweitig politische Verantwortung übernommen	☐	☐	☐
2: bei Unterschriftensammlungen für politische Ziele unterschrieben	☐	☐	☐
3: sich an einer Demonstration beteiligt	☐	☐	☐
4: sich an einer Bürgerinitiative beteiligt	☐	☐	☐
5: an einer Bürgerversammlung in ihrem Ort oder in Ihrem Ortsteil teilgenommen	☐	☐	☐

E30 (2004: E028) Gehören Sie einer Konfession oder Religionsgemeinschaft an?

1: Ja	☐
2: Nein	☐
3: KA	☐

wenn E30 „ja"
E31 (2004: E029) Sind Sie...

1: römisch-katholisch	☐
2: evangelisch	☐

Int.: Nur die ersten zwei Kategorien vorlesen!

3: Angehöriger einer anderen christlichen Religionsgemeinschaft	☐
4: moslemischen Glaubens	☐
5: jüdischen Glaubens	☐
6: oder sonstiges?	☐
7: KA	☐

wenn E30 „ja"
E32 (2004: E030) Wie sehr fühlen Sie sich dieser Kirche oder Religionsgemeinschaft verbunden?
Vorgaben vorlesen!

1: Stark	☐
2: Mittel	☐
3: Wenig	☐
4: KA	☐

Teil A: An alle Befragten: Erfassung des Engagements, Fragen über das Engagement insgesamt

A1 (2004: A001) Es gibt vielfältige Möglichkeiten, *außerhalb von Beruf und Familie irgendwo mitzumachen*, beispielsweise *in einem Verein, einer Initiative, einem Projekt oder einer Selbsthilfegruppe*. Ich nenne Ihnen verschiedene Bereiche, die dafür in Frage kommen. Bitte sagen Sie mir, ob Sie sich in einem oder mehreren dieser Bereiche *aktiv beteiligen*. Sind Sie irgendwo aktiv ...

	ja 1	nein 2	KA 3
(1) im Bereich **Sport und Bewegung** *z.B. in einem Sportverein oder in einer Bewegungsgruppe?*	☐	☐	☐
(2) im Bereich **Kultur und Musik** *z.B. einer Theater- oder Musikgruppe, einem Gesangsverein, einer kulturellen Vereinigung oder einem Förderkreis?*	☐	☐	☐
(3) im Bereich **Freizeit und Geselligkeit** *z.B. in einem Verein, einer Jugendgruppe oder einem Seniorenclub*	☐	☐	☐
(4) im **sozialen Bereich** *z.B. in einem Wohlfahrtsverband oder einer anderen Hilfsorganisation, in der Nachbarschaftshilfe oder einer Selbsthilfegruppe*	☐	☐	☐
(5) im **Gesundheitsbereich** *z.B. als Helfer in der Krankenpflege oder bei Besuchsdiensten, in einem Verband oder einer Selbsthilfegruppe*	☐	☐	☐
(6) im Bereich **Schule oder Kindergarten** *z.B. in der Elternvertretung, der Schülervertretung oder einem Förderkreis*	☐	☐	☐
(7) in der **außerschulischen Jugendarbeit oder der Bildungsarbeit für Erwachsene** *z.B. Kinder- oder Jugendgruppen betreuen oder Bildungsveranstaltungen durchführen*	☐	☐	☐
(8) im Bereich **Umwelt, Naturschutz** oder **Tierschutz** *z.B. in einem entsprechenden Verband oder Projekt*	☐	☐	☐
(9) im Bereich **Politik und politische Interessenvertretung** *z.B. in einer Partei, im Gemeinderat oder Stadtrat, in politischen Initiativen oder Solidaritätsprojekten*	☐	☐	☐
(10) im Bereich der **beruflichen Interessenvertretung außerhalb des Betriebes** *z.B. in einer Gewerkschaft, einem Berufsverband, einer Arbeitsloseninitiative*	☐	☐	☐
(11) im **kirchlichen** oder **religiösen Bereich** *z.B. in der Kirchengemeinde, einer kirchlichen Organisation oder einer religiösen Gemeinschaft*	☐	☐	☐
(12) im Bereich der **Justiz und der Kriminalitätsprobleme** *z.B. als Schöffe oder Ehrenrichter, in der Betreuung von Straffälligen oder Verbrechensopfern*	☐	☐	☐
(13) im **Unfall- oder Rettungsdienst** oder in der **freiwilligen Feuerwehr**	☐	☐	☐
(14) im Bereich sonstiger **bürgerschaftlicher Aktivität an Ihrem Wohnort** *z.B. in Bürgerinitiativen oder Arbeitskreisen zur Orts- und Verkehrsentwicklung, aber auch Bürgerclubs und sonstiges, das bisher nicht genannt wurde*	☐	☐	☐

Filter: Wenn in **keinem** der genannten Bereiche JA, dann springe auf **TEIL C**.

A2 (2004: A002) Uns interessiert nun, ob Sie in den Bereichen, in denen Sie aktiv sind, auch *ehrenamtliche Tätigkeiten* ausüben oder *in Vereinen, Initiativen, Projekten oder Selbsthilfegruppen engagiert* sind. Es geht um *freiwillig übernommene Aufgaben und Arbeiten*, die man *unbezahlt* oder *gegen geringe Aufwandsentschädigung* ausübt.

Filterung: Die folgenden Fragen A3(1) bis A3(15) werden jeweils nur aufgerufen, wenn in Frage A1 JA für den jeweiligen Bereich angegeben wurde.

A3_01 (2004: A003) Sie sagten, Sie sind im Bereich *Sport und Bewegung* aktiv. Haben Sie derzeit in diesem Bereich auch Aufgaben oder Arbeiten übernommen, die Sie freiwillig oder ehrenamtlich ausüben?

1: Ja	□ → A3(1)1A
2: Nein	□ → A3(2)
3: KA	□

A3(1)1A (2004: A3X1A) In welcher Gruppe, Organisation oder Einrichtung sind Sie da tätig? Sagen Sie mir bitte den Namen und ein Stichwort, um was es sich handelt.

(INT.: Falls in diesem Bereich in mehreren, bitte hier die wichtigste Gruppe, Organisation oder Einrichtung nennen.)

(Bezeichnung eintragen)

A3(1)1B (2004: A3X1B) Und was machen Sie dort konkret? Welche Aufgabe, Funktion oder Arbeit üben Sie dort aus?
(Stichworte eintragen)   *A) + B) = T1*

A3(1)1C (2004: A3X1C) Gibt es derzeit noch eine andere Gruppe, Organisation oder Einrichtung im Bereich Sport und Bewegung, in der Sie Aufgaben oder Arbeiten übernommen haben, die Sie freiwillig oder ehrenamtlich ausüben?

1: Ja	□ → A3(1)2A
2: Nein	□ → A3(2)
3: KA	□

A3(1)2A (2004: A3X2A) Was ist das für eine Gruppe, Organisation oder Einrichtung? Sagen Sie mir bitte den Namen und ein Stichwort, um was es sich handelt.
(INT.: Falls in diesem Bereich in mehreren, bitte hier die wichtigste Gruppe, Organisation oder Einrichtung nennen.)

(Bezeichnung eintragen)

A3(1)2B (2004: A3X2B)Und was machen Sie dort konkret? Welche Aufgabe, Funktion oder Arbeit üben Sie dort aus?

(Stichworte eintragen)   *A) + B) = T2*

A3(2) Sie sagten, Sie sind im Bereich **Kultur und Musik** tätig.
       Haben Sie derzeit in diesem Bereich ...

       Entsprechend wie Frage A3(1) mit den jeweiligen Nachfragen.   *T3 - 4*

A3(3) Sie sagten, Sie sind im Bereich **Freizeit und Geselligkeit** aktiv.
       Haben Sie derzeit in diesem Bereich ...   *T5 - 6*

A03(4) Sie sagten, Sie sind im **sozialen Bereich** tätig.
       Haben Sie derzeit in diesem Bereich ...   *T7 - 8*

A3(5) Sie sagten, Sie sind im **Gesundheitsbereich** tätig.
       Haben Sie derzeit in diesem Bereich ...   *T9 - 10*

A3(6) Sie sagten, Sie sind im Bereich **Schule oder Kindergarten** tätig.
       Haben Sie derzeit in diesem Bereich ...   *T11 - 12*

A3(7) Sie sagten, Sie sind in der **außerschulischen Jugendarbeit oder der Bildungsarbeit** tätig.
       Haben Sie derzeit in diesem Bereich ...   *T13 - 14*

A3(8) Sie sagten, Sie sind im Bereich **Umwelt, Naturschutz** oder **Tierschutz** tätig.
       Haben Sie derzeit in diesem Bereich ...   *T15 - 16*

A3(9) Sie sagten, Sie sind im Bereich **Politik und politische Interessenvertretung** tätig.
       Haben Sie derzeit in diesem Bereich ...   *T17 - 18*

A3(10) Sie sagten, Sie sind im Bereich der **beruflichen Interessenvertretung außerhalb des Betriebes** tätig.
       Haben Sie derzeit in diesem Bereich ...   *T19 - 20*

A3(11) Sie sagten, Sie sind im **kirchlichen oder religiösen Bereich** tätig.
Haben Sie derzeit in diesem Bereich ...   *T23 - 24*

A3(12) Sie sagten, Sie sind im Bereich der **Justiz und der
Kriminalitätsprobleme** tätig.
Haben Sie derzeit in diesem Bereich ...   *T25 - 26*

A3(13) Sie sagten, Sie sind im **Unfall- und Rettungsdienst oder der
freiwilligen Feuerwehr** tätig.
Haben Sie derzeit in diesem Bereich ...   *T27 - 28*

A3(14) Sie sagten, Sie sind im Bereich **bürgerschaftlicher Aktivität an
Ihrem Wohnort** tätig.
Haben Sie derzeit in diesem Bereich ...   *T29 - 30*

*Filterführung: Wenn in Fragen A3(1) bis (14) **keine** ehrenamtliche Tätigkeit genannt,
springe auf **TEIL C**.
Wenn eine oder mehrere ehrenamtliche Tätigkeiten genannt, weiter mit Frage A4.*

**A4 (2004: A004) Sie haben uns bisher folgende Aufgaben, Funktionen oder Arbeiten genannt, die
Sie ehrenamtlich oder freiwillig ausüben. Bitte überprüfen Sie unbedingt, dass es sich bei
Ihren Tätigkeiten, die ich Ihnen nun nenne, nicht um dieselben Tätigkeiten handelt. Die
Liste soll nur unterschiedliche Tätigkeiten enthalten.**
Diesen Hinweis nur einblenden, wenn 2 oder mehr Tätigkeiten genannt werden.

*Texte auf der nächsten Maske bitte vorlesen. Bitte überprüfen Sie, dass keine Tätigkeit
mehrfach genannt wurde (gegebenenfalls mit der Befragungsperson abklären). Falls doppelt
genannte Tätigkeit vorhanden: Code der Tätigkeit, die gelöscht werden soll, eingeben!*

Beispiel:

Code	Text
1	Gruppierung/Organisation – Aufgabe/Funktion
2	Gruppierung/Organisation – Aufgabe/Funktion
10	Gruppierung/Organisation – Aufgabe/Funktion
19	Gruppierung/Organisation – Aufgabe/Funktion
31	Alle aufgeführten Tätigkeiten sind OK (bestätigen durch Eingabe von Code "31")

*Filterung: Wenn in Frage A4 (Auflistung) insgesamt nur **eine Nennung**, springe auf A6.*

A5 (2004: A005) Was würden Sie sagen: Für welche dieser ehrenamtlichen oder freiwilligen Tätigkeiten, die Sie ausüben, wenden Sie am meisten Zeit auf?
Int.: Code eintragen

Am meisten Zeit für ...   _____   ***wird B1***

31: WN / KA

A6 (2004: A006) Einmal alles zusammengenommen: Wieviel Zeit wenden Sie für Ihr gesamtes ehrenamtliches oder freiwilliges Engagement im Durchschnitt pro Woche etwa auf?
Vorgaben vorlesen.

1: bis zu 2 Std. pro Woche	☐
2: 3- 5 Std. pro Woche	☐
3: 6 – 10 Std. pro Woche	☐
4: 11 – 15 Std. pro Woche	☐
5: über 15 Std. pro Woche	☐
6: Nicht zu sagen, ist keine regelmäßige Tätigkeit	☐
7: KA	☐

A7 (2004: A007) Wären Sie bereit und in der Lage, Ihr ehrenamtliches oder freiwilliges Engagement noch auszuweiten und weitere Aufgaben zu übernehmen, wenn sich etwas Interessantes bietet?

1: Ja	☐
2: Nein	☐
3: Kann man nicht sagen / kommt drauf an	☐
4: KA	☐

A8 (2004: A008) Wenn Sie einmal zurückdenken: Wie alt waren Sie, als Sie erstmals ein ehrenamtliches oder freiwilliges Engagement in Vereinen, Initiativen, Projekten oder Selbsthilfegruppen übernommen haben?
Int.: „Weiss nicht" = 998 / „Keine Angabe" = 999.

Mit _____ Jahren

998: Weiß nicht	☐
999: KA	☐

A9 (2004: A009)Ist Ihr ehrenamtliches oder freiwilliges Engagement für Sie persönlich ein wichtiger Teil Ihres Lebens oder spielt das in Ihrem Leben keine wichtige Rolle? Würden Sie sagen, es ist für Sie...
Int.: Bitte Vorgaben vorlesen

1: Sehr wichtig	☐
2: wichtig	☐
3: weniger wichtig oder	☐
4: gar nicht wichtig	☐
5: KA	☐

A10 (2004: A010) Sagen Sie mir bitte, ob Sie den folgenden Aussagen über Ihr ehrenamtliches oder freiwilliges Engagement voll und ganz zustimmen, teilweise zustimmen oder überhaupt nicht zustimmen.

	Stimme voll und ganz zu	Stimme teilweise zu	Stimme überhaupt nicht zu
	1	2	3
1: „Ich will durch mein Engagement vor allem mit anderen Menschen zusammenkommen."	☐	☐	☐
2: „Ich will durch mein Engagement die Gesellschaft zumindest im Kleinen mitgestalten."	☐	☐	☐
3: „Ich will durch meine Engagement Ansehen und Einfluss in meinem Lebensumfeld gewinnen."	☐	☐	☐
4: „Ich will durch meine Engagement auch beruflich vorankommen."	☐	☐	☐
5: „Ich will mir Qualifikationen erwerben, die im Leben wichtig sind."	☐	☐	☐

Teil B1: Beschreibung der zeitaufwändigsten Tätigkeit

B1:   Bezeichnung der Tätigkeit B1 in allen Bildschirmmasken des Fragenblocks B1 oben auf der Seite einblenden.

B1 (2004: B1) Unsere Befragung soll ein umfassendes Bild ehrenamtlichen und freiwilligen Engagements in Deutschland möglich machen. Dazu tragen Sie durch Ihre Auskünfte bei. Unsere folgenden Fragen beziehen sich konkret auf die folgende von Ihnen genannte Tätigkeit:
Eingeblendeten Text vorlesen.

B1-0 (2004: B10) Wie würden Sie diese Tätigkeit insgesamt charakterisieren? Welcher der folgenden Begriffe passt am besten?
Int.: Alle Vorgaben vorlesen. Nur eine Nennung.

1: Ehrenamt	☐
2: Freiwilligenarbeit	☐
3: Nebenberufliche Tätigkeit	☐
4: Selbsthilfe	☐
5: Bürgerschaftliches Engagement	☐
6: Initiativen- oder Projektarbeit	☐
7: KA	☐

B1-1 (2004: B11) Geht es bei dieser Tätigkeit speziell um einen der folgenden Personenkreise?

    Int.: Alle Vorgaben vorlesen. Nur eine Nennung.

1: Kinder und Jugendliche	☐
2: Familien	☐
3: Ältere Menschen	☐
4: Behinderte	☐
5: Zuwanderer, Ausländer, Flüchtlinge	☐
6: Frauen	☐
7: Arbeitslose, Existenzgründer, andere Arbeitssuchende.	☐
8: anderer Personenkreis	☐
9: kein spezieller Personenkreis	☐
10: KA	☐

Filter 2009. Wenn in B1-1 Kinder und Jugendliche und Befragter >= 18 Jahre
Filter 2004. Wenn in B1-1 Kinder und Jugendliche

B1-1a (2004: B12) Handelt es sich dabei überwiegend um:

    Int.: Alle Vorgaben vorlesen. Nur eine Nennung.

1: Kleinkinder bis zu 5 Jahren	☐
2: Schulkinder 6 bis 13 Jahre	☐
3: Jugendliche ab 14 Jahren	☐
4: oder ist das Alter gemischt	☐
5: KA	☐

Filter: Wenn Personen im HH bis unter 18 Jahren laut Frage E14 und B1-1 Kinder u. Jugendliche
    und Befragter >= 18 Jahre:
Filter 2004: Wenn eigene Kinder im HH laut Frage E12 und B1-1Engagement für Kinder u.
    Jugendliche:

B1-1b (2004: B12A) Geht es dabei unmittelbar auch um Ihre eigenen Kinder?

1: ja	☐
2: nein	☐
3: KA	☐

Filter: Wenn in B1-1 Ältere Menschen

B1-1c Gehören diese Menschen vorwiegend folgenden Altersgruppen an?

    Int.: Alle Vorgaben vorlesen. Nur eine Nennung.

1: 55 bis 64 Jahre	☐
2: 65 bis 75 Jahre	☐
3: älter als 75 Jahre	☐
4: Alter eher gemischt	☐
5: KA	☐

Filter: Wenn in B1-1 „Familien", „Ältere Menschen", „Behinderte": „Zuwanderer etc", „Frauen",
    „Arbeitslose etc.", „anderer Personenkreis"::

B1-1d Geht es dabei unmittelbar auch um eigene Familienangehörige?

1: ja ☐

2: nein ☐

3: KA ☐

Filter: Wenn Schüler/Berufsschüler-Fachschüler laut Frage E4

B1-2a (2004: B12B) Hat Ihre Tätigkeit etwas mit der Schule zu tun?

1: ja ☐

2: nein ☐

3: KA ☐

Filter: Wenn B1-2a=ja

B1-2b Erhalten Sie dafür in der Schule ausreichende Unterstützung?

1: ja ☐

2: nein ☐

3: KA ☐

Filter: Wenn Studenten laut Frage E4, „Fachhochschule/Universität":

B1-2c (2004: B12C) Hat Ihre Tätigkeit etwas mit den Aktivitäten an Ihrer Hochschule zu tun?

1: ja ☐

2: nein ☐

3: KA ☐

Filter: Wenn B1-2c=ja

B1-2d Erhalten Sie dafür in der Fachhochschule / Universität ausreichende Unterstützung?

1: ja ☐

2: nein ☐

3: KA ☐

B1-3 (2004: B13) In welchem organisatorischen Rahmen üben Sie Ihre Tätigkeit aus? Ist das ...

Int.: Alle Vorgaben vorlesen. Nur eine Nennung.

1: ein Verein ☐

2: ein Verband ☐

3: eine Gewerkschaft ☐

4: eine Partei ☐

5: die Kirche oder eine religiöse Vereinigung ☐

6: eine Selbsthilfegruppe ☐

7: eine Initiative oder ein Projekt ☐

8: eine selbst organisierte Gruppe ☐

9: eine staatliche oder kommunale Einrichtung ☐

10: eine private Einrichtung ☐

11: eine Stiftung ☐

12: allein, nicht in einer Gruppe, Organisation oder Einrichtung ☐→B1-8

13: Sonstiges ☐

14: KA ☐

Wenn B1-3=Stiftung
B1-3a Ist das eine so genannte Bürger-Stiftung?

        1: ja   □
        2: nein   □
        3: KA   □

B1-6 (2004: B16) Gibt es in [BITTE ORGANISATION GEMÄß B1-3 EINSETZTEN] GILT AUCH FÜR
FRAGEN B1-7a; B1-7b
IHREM VEREIN/
IHREM VERBAND/
IHRER GEWERKSCHAFT/
IHRER PARTEI/
IHRER KIRCHE ODER RELIGIÖSEN VEREINIGUNG/
IHRER SELBSTHILFEGRUPPE/
IHRER INITIATIVE ODER IHREM PROJEKT/
IHRER SELBSTORGANISIERTEN GRUPPE/
DIESER STAATLICHEN ODER KOMMUNALEN EINRICHTUNG/
DIESER PRIVATEN EINRICHTUNG/
DIESER STIFTUNG

auch hauptamtliche Mitarbeiter, die fest angestellt sind?

        1: ja   □
        2: nein   □
        3: weiß nicht   □
        4: KA   □

B1-7a (2004: B17A) Gibt es in [BITTE ORGANISATION GEMÄß B1-3 EINSETZTEN] **einen
Ansprechpartner, der sich speziell um die Ehrenamtlichen oder Freiwilligen
kümmert?**

        1: Ja   □
        2: Nein   □
        3: weiß nicht   □
        4: KA   □

B1-7b (2004: B17B) Haben Sie in [BITTE ORGANISATION GEMÄß B1-3 EINSETZTEN]
ausreichende Möglichkeiten zur Mitsprache und Mitentscheidung?

        1: Ja   □
        2: Teils / Teils   □
        3: Nein   □
        4: KA   □

B1-8 (2004: B18) Was ist der Hauptinhalt Ihrer eigenen Tätigkeit: Geht es überwiegend ...
Int.: Alle Vorgaben vorlesen und Zutreffendes ankreuzen. Mehrfachnennungen möglich.

1: um persönliche Hilfeleistungen □
2: um die Organisation und Durchführung von Hilfeprojekten □
3: um die Organisation und Durchführung von Treffen oder Veranstaltungen □
4: um Beratung □
5: um pädagogische Betreuung oder die Anleitung einer Gruppe □
6: um Interessenvertretung und Mitsprache □
7: um Informations- und Öffentlichkeitsarbeit □
8: um Verwaltungstätigkeiten □
9: um praktische Arbeiten, die geleistet werden müssen □
10: um Vernetzungsarbeit □
11: um Mittelbeschaffung (Fundraising) □
12: Nichts davon □
13: KA □

B1-10 (2004: B110) Haben Sie eine Leitungs- oder Vorstandsfunktion?
1: Ja □
2: Nein □
3: KA □

B1-11 (2004: B111 + B112) Welche Anforderungen stellt die Tätigkeit an Sie? Sagen Sie mir bitte jeweils, ob das Folgende für Ihre Tätigkeit in starkem Maß, in gewissem Maß oder nicht gefordert ist.

	In starkem Maß	In gewissem Maß	Nicht
	1	2	3
1: Organisationstalent	□	□	□
2: Führungsqualitäten	□	□	□
3: Hohe Einsatzbereitschaft	□	□	□
4: Fachwissen	□	□	□
5: Mit Menschen gut umgehen können	□	□	□
6: Mit Behörden gut umgehen können	□	□	□
7: Belastbarkeit	□	□	□
8: Selbstlosigkeit	□	□	□
9: Ideenreichtum, Kreativität	□	□	□
10: Gutes Zeitmanagement	□	□	□

B1-12 (2004: B113) Wie kommen Sie insgesamt mit den Anforderungen in Ihrer Tätigkeit zurecht?
1: Bin den Anforderungen immer gewachsen □
2: fühle mich manchmal überfordert □
3: KA □

B1-13 (2004: B113A) In welchem Umfang haben Sie durch Ihre Tätigkeit Fähigkeiten erworben, die
für Sie wichtig sind?

1: in sehr hohem Umfang	☐
2: in hohem Umfang	☐
3: in gewissem Umfang	☐
4: gar nicht	☐
5: KA	☐

B1-14 (2004: B116) Nutzen Sie für Ihre Tätigkeit das Internet (inkl. E-Mail)?

1: ja	☐
2: nein	☐
3: KA	☐

wenn B1-14 ja

B1-15 (2004: B117) Sagen Sie mir bitte, ob Ihnen bei Ihrer Tätigkeit folgende Möglichkeiten des
Internets sehr wichtig, wichtig oder weniger wichtig sind.

	Sehr wichtig 1	wichtig 2	weniger wichtig 3
1: Sich Informationen zu beschaffen	☐	☐	☐
2: Kontakte, Netzwerke aufzubauen und zu pflegen	☐	☐	☐
3: Auf Ihre Organisation oder Gruppe aufmerksam zu machen, für Ihre Sache werben	☐	☐	☐
4: Zum Informationsaustausch, zur Meinungsäußerung	☐	☐	☐
5: Zur Organisation und Abwicklung der laufenden Arbeit	☐	☐	☐

B1-17 (2004: B115) Haben Sie im Zusammenhang mit Ihrer ehrenamtlichen bzw.
freiwilligen Tätigkeit schon einmal an Kursen oder Seminaren zur Weiterbildung
teilgenommen?

1: Ja, einmal	☐
2: Ja, mehrmals	☐
3: Nein / Keine Angebote vorhanden	☐
4: KA	☐

B1-18 (2004: B119) Ist die Tätigkeit für Sie mit regelmäßigen zeitlichen Verpflichtungen
verbunden?

1: Ja	☐
2: Nein	☐
3: KA	☐

B1-20 (2004: B121) Wie häufig üben Sie die Tätigkeit aus?

Int.: Alle Vorgaben vorlesen. Nur eine Nennung.

1: Täglich	☐
2: Mehrmals in der Woche	☐
3: Einmal in der Woche	☐
4: Mehrmals im Monat	☐
5: Einmal im Monat	☐
6: Seltener	☐
7: KA	☐

B1-21 (1999: B117) Und wie viele Stunden pro Monat wenden Sie ungefähr dafür auf?

Int: Ganze Stunden (1-200) eingeben!

Int: „Weiß nicht" = 9998 / „Keine Angabe" = 9999

_____ Std.

0: Unter 1 Stunde   ☐

B1-22 (1999:B118) Können Sie für finanzielle Auslagen Ihrer Tätigkeit gegen Nachweis eine Kostenerstattung erhalten?

1: Ja	☐
2: Nein	☐
3: Trifft nicht zu, habe keine Auslagen	☐
4: KA	☐

wenn B1-22 „ja"

B1-22a (1999: B118A) Machen Sie davon regelmäßig oder gelegentlich Gebrauch?

1: Ja, regelmäßig	☐
2: Ja, gelegentlich	☐
3: Nein	☐
4: KA	☐

B1-23 (1999: B119) Erhalten Sie persönlich eine gewisse Vergütung, beispielsweise ...

Alle Vorgaben vorlesen und Zutreffendes ankreuzen. Mehrfachnennungen möglich.

1:	eine pauschalierte Aufwandsentschädigung	☐→ B1-24
2:	Honorare	☐→ B1-24
3:	eine geringfügige Bezahlung	☐→ B1-24
4:	Sachzuwendungen, z.B. Fahrscheine, private Nutzung von Gruppenräumen oder Ausstattungsmitteln	☐→ B1-27
5:	Nein, nichts davon	☐→ B1-27
6:	KA	☐

B1-24 (1999: B120) Erhalten Sie diese Vergütung regelmäßig oder nur gelegentlich?

1: Regelmäßig	☐
2: Gelegentlich	☐
3: KA	☐

B1-25 (1999: B121) Halten Sie diese Vergütung insgesamt gesehen für ...

1: angemessen	☐
2: zu niedrig	☐
3: oder zu hoch?	☐
4: KA	☐

B1-26a (1999: 122A) Wenn Sie einmal schätzen, wie hoch im Durchschnitt pro Monat die Vergütung ist: Liegt sie ...

1: bis 150 Euro	☐→ B1-26b
2: über 150 Euro?	☐→ B1-26c
3: KA	☐

B1-26b (1999: B122B) Liegt sie ...

1: bis 50 Euro	☐
2: unter 50 Euro?	☐
3: KA	☐

B1-26c (1999: B122C) Liegt sie ...

1: bis 350 Euro	☐
2: über 350 Euro?	☐→ B1-26d
3: KA	☐

B1-26d Liegt sie ...

1: bis 500 Euro	☐
2: über 500 Euro?	☐
3: KA	☐

B1-27 (2004: B122) Wird die Aufgabe, für die Sie sich engagieren, in absehbarer Zeit beendet sein oder ist sie zeitlich nicht begrenzt?

1: In absehbarer Zeit beendet	☐
2: Zeitlich nicht begrenzt	☐
3: KA	☐

B1-28 (2004: B126) Wird Ihre Tätigkeit in ähnlicher Form von anderen Personen beruflich, also gegen Bezahlung ausgeübt?

1: Ja	☐
2: Nein	☐
3: Weiß nicht	☐
4: KA	☐

Falls Ja in Frage B1-28:

B1-29 (2004: B127) Wären Sie persönlich daran interessiert, diese Tätigkeit beruflich, also gegen Bezahlung auszuüben?

1: Ja	☐
2: Nein	☐
3: KA	☐

B1-30 (2004: B128) Hat Ihre Tätigkeit mit der beruflichen Tätigkeit zu tun, die Sie ausüben oder früher ausgeübt haben?

1: Ja	☐
2: Nein	☐
3: KA	☐

B1-30a Gibt es in Ihrem Umfeld ehrenamtliche bzw. freiwillige Tätigkeiten, die früher hauptamtlich durchgeführt wurden?

1: ja	☐
2: nein	☐
3: weiß nicht (nicht vorlesen)	☐
4: KA	☐

B1-31 (2004: B129) Welche Erwartungen verbinden Sie mit dieser Tätigkeit?

Sagen Sie es bitte anhand einer Antwortskala von 1 bis 5. Wert 1 heißt: Ist mir *unwichtig*, während Wert 5 heißt: Ist mir *außerordentlich wichtig*. Mit den Werten dazwischen können Sie Ihre Antwort abstufen.

Wie wichtig ist Ihnen ...
(Rotation der Items!)

		unwichtig 1	2	3	4	außerordentlich wichtig 5
1:	dass Sie damit etwas für das Gemeinwohl tun können	☐	☐	☐	☐	☐
2:	dass Sie damit anderen Menschen helfen können	☐	☐	☐	☐	☐
3:	dass Sie damit eigene Interessen vertreten	☐	☐	☐	☐	☐
4:	dass Ihnen die Tätigkeit Spaß macht	☐	☐	☐	☐	☐
5:	dass Sie dadurch mit Menschen zusammenkommen, die Ihnen sympathisch sind	☐	☐	☐	☐	☐
6:	dass Sie eigene Kenntnisse und Erfahrungen erweitern können	☐	☐	☐	☐	☐
7:	dass Sie eigene Verantwortung und Entscheidungsmöglichkeiten haben	☐	☐	☐	☐	☐
8:	dass Sie für Ihre Tätigkeit auch Anerkennung finden	☐	☐	☐	☐	☐
9:	dass Sie eigene Kenntnisse und Erfahrungen einbringen können	☐	☐	☐	☐	☐
10:	dass Sie mit Menschen anderer Generationen zusammen sein können	☐	☐	☐	☐	☐

B1-32 (2004: B131) Nun noch etwas anderes:

Wie viele Jahre üben Sie diese Tätigkeit schon aus?

_____ Jahre

0: Unter 1 Jahr   □

999: KA

B1-33 (2004: B132) Wo kam für Sie damals der Anstoß her, die Tätigkeit zu übernehmen?

Int.: Vorgaben vorlesen. Mehrfachnennungen möglich

Der Anstoß kam...

1: von leitenden Personen aus der Gruppe oder Organisation, in der Sie tätig sind   □

2: von Freunden oder Bekannten von Ihnen, die dort schon aktiv waren   □

3: von Mitgliedern Ihrer Familie, die dort schon aktiv waren   □

4: von einer Informations- und Kontaktstelle   □

5: von Hinweisen aus der Presse, dem Rundfunk oder dem Fernsehen   □

6: von eigenen Erlebnissen oder Erfahrungen, die Sie dazu bewegten aktiv zu werden   □

7: Sonstiges   □

8: KA   □

B1-34 (2004: B133) Ging die Initiative von Ihnen selbst aus oder wurden Sie geworben oder gefragt, ob Sie die Aufgaben übernehmen wollen?

1: Eigene Initiative   □

2: Wurde geworben / gefragt   □

3: Nichts davon, bin so hineingewachsen   □

4: Trifft nicht zu   □

5: KA   □

Wenn in B1-33 „eigene Erlebnisse..."

B1-34a Sie sagten, dass Sie eigene Erlebnisse oder Erfahrungen zu Ihrer freiwilligen Tätigkeit bewegten. Waren dies Dinge aus dem familiären Bereich (z.B. Pflege eines Angehörigen oder Kinderbetreuung)

1: ja   □

2: nein   □

3: WN   □

4: KA   □

an Schule laut E4

B1-34b Hat Ihnen auch die Schule, z.B. durch Projekte, Arbeitsgruppen oder andere Anregungen Anstöße zu Ihrer freiwilligen bzw. ehrenamtlichen Tätigkeit gegeben?

1: ja   □

2: nein   □

3: nicht vorlesen - weiß nicht   □

4: KA   □

wenn ja

B1-34c Durch welche Anstöße oder Anregungen geschah das? (Mehrfachnennungen)

1: durch soziale oder gemeinnützige Projekte im Unterricht □
2: durch Mitarbeit in Schülergremien (z.B. Klassenrat, Schülervertretung,
3: Schülermitverantwortung, Schülerkonferenz usw.) □
4: durch Mitarbeit in Arbeitsgruppen (z.B. Schülerzeitung, Arbeitskreis
   „Dritte Welt", Arbeitskreis zur Organisation von Schulfesten oder Ähnliches) □
5: durch Zusammenarbeit mit sozialen oder gemeinnützigen Einrichtungen
   außerhalb der Schule □
6: durch den persönlichen Einsatz oder durch individuelles Übernehmen von
   Aufgaben (z.B. Einsatz als Streitschlichter, Schulsanitätsdienst) □
7: sonstiges □
8: KA □

E3: Erwerbstätige

B1-35 (2004: B136A) Und nun noch eine Frage zu Ihrem Arbeitgeber. Unterstützt Sie dieser bei Ihrem freiwilligen Engagement?

         1: Ja □
         2: Nein □
         3: ist nicht notwendig (NICHT VORLESEN) □
         4: KA □

wenn erwerbstätig und B1-35 „ja"

B1-35a (2004: B136) Inwiefern unterstützt Sie Ihr Arbeitgeber bei Ihrem freiwilligen oder ehrenamtlichen Engagement?
Alle Vorgaben vorlesen, zutreffende Punkte ankreuzen. <u>Mehrfachnennungen</u> möglich. (Rotation der Items!)

	Ja	Nein
1: bei der Freistellung für mein Engagement	□	□
2: ich kann die Infrastruktur, z.B. Räume, Telefon oder den Kopierer für mein Engagement nutzen	□	□
4: flexible Arbeitszeitgestaltung kommt meinem Engagement zugute	□	□
5: mein ehrenamtliches oder freiwilliges Engagement wird anerkannt, z.B. durch Lob oder bei Beförderungen	□	□
6: Sonstiges	□	□

B1-36 (2004: B134) Es wird viel darüber diskutiert, mit welchen Maßnahmen man ehrenamtliches oder freiwilliges Engagement fördern und unterstützen könnte. Zunächst zu der Frage, was die <u>Organisationen</u> selbst tun könnten. Wenn Sie an Ihre eigene Tätigkeit denken, bei welchen der folgenden Punkte würden Sie sagen: Da drückt der Schuh, da wären Verbesserungen wichtig?
Alle Vorgaben vorlesen, zutreffende Punkte ankreuzen. <u>Mehrfachnennungen</u> möglich.
(Rotation der Items!)

	Ja	Nein
1: bei der fachlichen Unterstützung der Tätigkeit	☐	☐
2: bei den Weiterbildungsmöglichkeiten	☐	☐
3: bei der Anerkennung der Tätigkeit durch hauptamtliche Kräfte in der Organisation	☐	☐
4: bei der finanziellen Vergütung für die geleistete Arbeit	☐	☐
5: bei einer unbürokratischen Kostenerstattung	☐	☐
6: bei der Bereitstellung von geeigneten Räumen und Ausstattungsmitteln für die Projekt- und Gruppenarbeit	☐	☐
7: bei der Bereitstellung von Finanzmitteln für bestimmte Projekte	☐	☐
8: Nichts davon	☐	☐

B1-37 (2004: B135) Andere Vorschläge zur Förderung ehrenamtlichen oder freiwilligen Engagements richten sich an den Staat und die Öffentlichkeit. Denken Sie bitte wieder an Ihre eigene Tätigkeit und Ihre persönliche Situation. Bei welchen der folgenden Punkte würden Sie sagen: Da drückt der Schuh, da wären Verbesserungen wichtig?
Alle Vorgaben vorlesen, zutreffende Punkte ankreuzen. <u>Mehrfachnennungen</u> möglich.
(Rotation der Items!)

	Ja	Nein
	1	2
1: bei der Absicherung durch Haftpflicht- und Unfallversicherung	☐	☐
2: bei der steuerlichen Absetzbarkeit von Unkosten	☐	☐
3: bei der steuerlichen Freistellung von Aufwandsentschädigungen	☐	☐
4: bei der Anerkennung ehrenamtlicher Tätigkeit als berufliches Praktikum oder als berufliche Weiterbildung	☐	☐
5: bei der öffentlichen Anerkennung in Form von Ehrungen und ähnlichem	☐	☐
6: bei der öffentlichen Anerkennung durch Berichte in der Presse und den Medien	☐	☐
7: bei der besseren Information und Beratung über Gelegenheiten zum ehrenamtlichen oder freiwilligen Engagement	☐	☐
8: Nichts davon	☐	☐

Filter: *Wenn in Frage A4 nur **eine** Tätigkeit genannt, dann folgender Überleitungstext:*

B1-38 **(2004: B137A)** Vielen Dank für die Auskünfte zu Ihrem Engagement. Wir haben nun noch einige allgemeinere Fragen.

1: Weiter mit Teil D.

Filter: *Wenn in Frage A4 **zwei** Tätigkeiten aufgelistet, dann folgender Überleitungstext:*

B1-39 (2004: B137B) Vielen Dank für die Auskünfte zu Ihrer wichtigsten ehrenamtlichen oder
freiwilligen Tätigkeit. Sie haben vorhin angegeben, dass Sie auch noch eine zweite
Tätigkeit ausüben, nämlich ...
Eingeblendeten Text vorlesen.

Tätigkeit 2:   Organisation
                               Tätigkeit

Dürfen wir Ihnen auch zu dieser Tätigkeit noch einige Fragen stellen?

1: Befragter verweigert Auskunft zur weiteren Tätigkeit   □ → D1
2: Weiter zur zweiten Tätigkeit   □ → B2-0

Teil B2   Beschreibung der zweiten Tätigkeit

Filter: *Wenn in Frage A4 **drei oder mehr** Tätigkeiten, wird eine davon zufällig ausgewählt.*
            Überleitungstext:
B1-40 (2004: B137C) Vielen Dank für die Auskünfte zu Ihrer wichtigsten ehrenamtlichen oder
freiwilligen Tätigkeit. Sie haben vorhin angegeben, dass Sie noch weitere Tätigkeiten
ausüben. Wir wählen eine davon zufällig aus, und zwar ...(B1-36c)
Eingeblendeten Text vorlesen.

Ausgewählte Tätigkeit :   Organisation
                          Tätigkeit

Dürfen wir Ihnen auch zu dieser Tätigkeit noch einige Fragen stellen?

1: Befragter verweigert Auskunft zur weiteren Tätigkeit   □ → D1
2: Weiter zur zweiten Tätigkeit   □ → B2-0

B2:	**Bezeichnung der Tätigkeit B2 in allen Bildschirmmasken des Fragenblocks B2 oben auf der Seite einblenden.**

Es folgt der Fragenblock **B2**:
Vielen Dank für die Auskünfte zu Ihrem Engagement. Wir haben nun noch einige
allgemeinere Fragen.

B2-0 (2004: B20) Wie würden Sie diese Tätigkeit insgesamt charakterisieren? Welcher der folgenden Begriffe passt am besten?
Int.: Alle Vorgaben vorlesen. Nur eine Nennung.

1: Ehrenamt ☐
2: Freiwilligenarbeit ☐
3: Nebenberufliche Tätigkeit ☐
4: Selbsthilfe ☐
5: Bürgerschaftliches Engagement ☐
6: Initiativen- oder Projektarbeit ☐
7: KA ☐

B2-1 (2004: B21) Geht es bei dieser Tätigkeit speziell um einen der folgenden Personenkreise?
Int.: Vorgaben vorlesen

1: Kinder und Jugendliche ☐
2: Familien ☐
3: Ältere Menschen ☐
4: Behinderte ☐
5: Zuwanderer, Ausländer, Flüchtlinge ☐
6: Frauen ☐
7: Arbeitslose, Existenzgründer, andere
Arbeitssuchende. ☐
8: anderer Personenkreis ☐
9: kein spezieller Personenkreis ☐
10: KA ☐

B2-3 (2004: B23) In welchem organisatorischen Rahmen üben Sie Ihre Tätigkeit aus? Ist das ...
Int.: Alle Vorgaben vorlesen. Nur eine Nennung.

1: ein Verein ☐
2: ein Verband ☐
3: eine Gewerkschaft ☐
4: eine Partei ☐
5: die Kirche oder eine religiöse Vereinigung ☐
6: eine Selbsthilfegruppe ☐
7: eine Initiative oder ein Projekt ☐
8: eine selbst organisierte Gruppe ☐
9: eine staatliche oder kommunale Einrichtung ☐
10: eine private Einrichtung ☐
11: eine Stiftung ☐
12: allein, nicht in einer Gruppe,
Organisationoder Einrichtung ☐
13: Sonstiges ☐
14: KA ☐

B2-5 (2004: B210) Haben Sie eine Leitungs- oder Vorstandsfunktion?

      1: Ja ☐

      2: Nein ☐

      3: KA ☐

B2-6 (2004: B219) Ist die Tätigkeit für Sie mit regelmäßigen zeitlichen Verpflichtungen verbunden?

      1: Ja ☐

      2: Nein ☐

      3: KA ☐

B2-8 (2004: B221) Wie häufig üben Sie die Tätigkeit aus?

Int.: Alle Vorgaben vorlesen. Nur eine Nennung.

      1: Täglich ☐

      2: Mehrmals in der Woche ☐

      3: Einmal in der Woche ☐

      4: Mehrmals im Monat ☐

      5: Einmal im Monat ☐

      6: Seltener ☐

      7: KA ☐

B2-16 (2004: B231) Nun noch etwas anderes:

Wie viele Jahre üben Sie diese Tätigkeit schon aus?

999: KA   _____ Jahre

      0: Unter 1 Jahr ☐

B2-17 (2004: B222) Wird die Aufgabe, für die Sie sich engagieren, in absehbarer Zeit beendet sein oder ist sie zeitlich nicht begrenzt?

      1: In absehbarer Zeit beendet ☐

      2: Zeitlich nicht begrenzt ☐

      3: KA ☐

Teil C   Nur an nicht Engagierte: Früheres Engagement, Beendigungsgründe, Potenzial und Hinderungsgründe

C-1 (2004: C001) Waren Sie früher einmal in Vereinen, Initiativen, Projekten oder Selbsthilfegruppen engagiert und haben dort ehrenamtlich oder freiwillig Aufgaben oder Arbeiten ausgeübt?

1: Ja	□	
2: Nein	□ → C-6	
3: KA	□	

wenn C-1 "ja"

C-3 (2004: C004) Wie bewerten Sie aus heutiger Sicht Ihr damaliges Engagement? Waren Ihre Erfahrungen ...

1: sehr positiv	□
2: eher positiv	□
3: eher negativ	□
4: sehr negativ	□
5: KA	□

wenn C-1 "ja"

C-4 (2004: C005) Warum haben Sie Ihre Engagement damals beendet?
Int.: Alle Vorgaben vorlesen und zutreffende ankreuzen. Mehrfachnennungen möglich. (Rotation der Items!)

1: Der zeitliche Aufwand war zu groß.	□
2: Mein finanzieller Aufwand war zu groß.	□
3: Die Gruppe oder Organisation wurde aufgelöst.	□
4: Es gab keine Finanzierung mehr für das Vorhaben.	□
5: Ich bin an einen anderen Ort umgezogen.	□
6: Die Tätigkeit war von vornherein zeitlich begrenzt	□
7: KA	□

C-6 (2004: C007) Wären Sie heute oder zukünftig interessiert, sich in Vereinen, Initiativen, Projekten oder Selbsthilfegruppen zu engagieren und dort Aufgaben oder Arbeiten zu übernehmen, die man freiwillig oder ehrenamtlich ausübt?

1: Ja	□
2: Vielleicht, kommt drauf an	□
3: Nein	□
[Nicht vorlesen:]	
4: Weiß nicht, habe darüber noch nicht nachgedacht	□
5: KA	□

wenn C-6 „ja, vielleicht"
C-7 Würden Sie das Internet nutzen, um sich über Möglichkeiten zum Engagement zu erkundigen?

1: ja, habe ich bereits getan	☐
2: ja, würde ich tun	☐
3: nein, würde ich nicht tun	☐
4: WN	☐
5: KA	☐

Achtung Programmierung: Folgende Fragen sind identisch mit C9 bis C13 aus dem Fragebogen 1999

wenn C-6=Ja (Achtung Programmierung: Filter enger als 1999)
C-8 (1999: C8) Haben Sie da schon bestimmte Vorstellungen, in welchem Bereich Sie sich engagieren würden?

1: Ja	☐
2: Nein	☐
3: KA	☐

wenn C-8=Ja
C-9 (1999: C9) An welchen Bereich oder welche Bereiche denken Sie da?
Int.: Antwort spontan geben lassen und dem zutreffenden Bereich zuordnen. Mehrfachnennungen möglich.

(1)	Sport und Bewegung	☐
(2)	Kultur und Musik	☐
(3)	Freizeit und Geselligkeit	☐
(4)	Sozialer Bereich	☐
(5)	Gesundheitlicher Bereich	☐
(6)	Kindergarten und Schule	☐
(7)	Außerschulische Jugend- und Bildungsarbeit	☐
(8)	Umwelt, Naturschutz, Tierschutz	☐
(9)	Politik und politische Interessenvertretung	☐
(10)	Berufliche Interessenvertretung	☐
(11)	Kirchlicher / religiöser Bereich	☐
(12)	Justiz und der Kriminalitätsprobleme	☐
(13)	Freiwillige Feuerwehr, Unfall- oder Rettungsdienst	☐
(14)	Sonstige bürgerschaftliche Aktivität am Wohnort	☐
(15)	KA	☐

wenn C-8="Ja"
C-10 (1999: C10) Wissen Sie, mit wem Sie Kontakt aufnehmen könnten, um sich genauer über die Möglichkeiten und Bedingungen des Engagements zu erkundigen?

1: Ja	☐
2: Nein	☐
3: KA	☐

wenn C-8="Ja"

C-12 (1999: C12) Wenn Sie sich engagieren würden, was wäre Ihnen dann wichtig an einer freiwilligen oder ehrenamtlichen Tätigkeit? Ich lese Ihnen verschiedene Punkte vor. Antworten Sie bitte mit einer Antwortskala von 1 bis 5. Wert 1 heißt: Ist mir unwichtig, während Wert 5 heißt: Ist mir außerordentlich wichtig. Mit den Werten dazwischen können Sie Ihre Antwort abstufen.

Wie wichtig ist Ihnen ...
(Rotation der Items!)

		unwichtig 1	2	3	4	außerordentlich wichtig 5
1:	dass Sie damit etwas für das Gemeinwohl tun können	□	□	□	□	□
2:	dass Sie damit anderen Menschen helfen können	□	□	□	□	□
3:	dass Sie damit eigene Interessen vertreten	□	□	□	□	□
4:	dass Ihnen die Tätigkeit Spaß macht	□	□	□	□	□
5:	dass Sie dadurch mit Menschen zusammenkommen, die Ihnen sympathisch sind	□	□	□	□	□
6:	dass Sie eigene Kenntnisse und Erfahrungen erweitern können	□	□	□	□	□
7:	dass Sie eigene Verantwortung und Entscheidungsmöglichkeiten haben	□	□	□	□	□
8:	dass Sie für Ihre Tätigkeit auch Anerkennung finden	□	□	□	□	□
9:	dass Ihnen die Tätigkeit für Ihre heutigen oder zukünftigen beruflichen Möglichkeiten etwas nützt	□	□	□	□	□
10:	dass Sie eigene Kenntnisse und Erfahrungen einbringen können	□	□	□	□	□
11:	dass Sie mit Menschen anderer Generationen zusammen sein können	□	□	□	□	□

Teil D: Kontaktstellen, Beruf, Einkommen, Migration, Bildung und
Wertorientierungen
an alle Befragten

D-1 (2004: D001) In vielen Städten und Kreisen werden <u>Informations- und Kontaktstellen</u>
eingerichtet, die sich an Bürger und Bürgerinnen richten, die sich für freiwilliges
Engagement interessieren. Das sind Freiwilligenagenturen, Selbsthilfekontaktstellen,
Seniorenbüros oder Mehrgenerationenhäuser: Hatten Sie bereits Kontakt zu einer
solchen Stelle?

1: Ja	☐
2: Nein	☐
3: KA	☐

D-4 (2004: D005) Wären Sie persönlich interessiert, sich bei einer solchen Stelle einmal
über Möglichkeiten für freiwilliges Engagement zu informieren?

1: Ja	☐
2: Nein	☐
3: KA	☐

Nur Saarland: ersetzt D1-D4 aus Hauptbogen
D-1a Im Saarland wurden seit einigen Jahren in jedem Landkreis Ehrenamtsbörsen
eingerichtet. Das sind Kontaktstellen, in denen Menschen beraten werden, die sich
freiwillig oder ehrenamtlich engagieren wollen. Hatten Sie schon einmal Kontakt zu
einer solchen Ehrenamtsbörse?

ja	☐
nein	☐

wenn ja
D-1b Wie zufrieden waren Sie mit der Dienstleistung der Ehrenamtsbörse?

Zufrieden	☐
teils-teils	☐
nicht zufrieden	☐

D-1c Im Saarland gibt es eine Landesarbeitsgemeinschaft pro Ehrenamt
(LAG pro Ehrenamt). Haben Sie von dieser bereits etwas gehört?

Ja	☐
nein	☐

wenn ja
D-1d Meinen Sie, dass die „LAG pro Ehrenamt" eine gute Arbeit leistet oder ist das
nicht der Fall?

leistet gute Arbeit	☐
leistet keine gute Arbeit	☐
weiß nicht	☐

Ende nur Saarland

Abschließend noch einige Fragen zu beruflichen Tätigkeiten.

An Arbeitslose und Nichterwerbstätige (lt. E3):
D-5 (2004: D007) Üben Sie zum Geldverdienen gelegentlich oder regelmäßig eine bezahlte Tätigkeit aus?

1: Ja, regelmäßig	□ → D-6
2: Ja, gelegentlich	□ → D-6
3: Nein	□ → D-9
4: KA	□

An Erwerbstätige (lt. E3) und Personen mit bezahlter Tätigkeit (lt. D-5):
D-6 (2004: D008) Wie viele Stunden beträgt im Durchschnitt Ihre wöchentliche Arbeitszeit?

_____Std. pro Woche
88: Keine Angabe
99: Weiss nicht

Filter: Erwerbstätige (lt. E3) mit bezahlter Tätigkeit lt. Frage D-5:
Beziehen Sie die folgenden Fragen bitte auf Ihre heutige bezahlte Tätigkeit.

D-10 (2004: D012) In welcher beruflichen Stellung sind Sie tätig?
Vorgaben vorlesen

1: Arbeiter	□
2: Angestellte	□
3: Beamter	□
4: Selbständiger	□
5: Sonstige	□
6:KA	□

D-15 (2004: D013E) Sind Sie ...

1: Auszubildender oder Praktikant/In	□
2: Mithelfende Familienangehörige/r	□
3: Aushilfskraft	□
4: im sozialen oder ökologischen Jahr	□
5: Sonstiges	□
6: KA	□

E3: Erwerbstätige
D-23 Können Sie Ihre Freizeit über die Woche hinweg einigermaßen planen? Oder ist ihr Wochenablauf <u>wegen ihrer beruflichen Verpflichtungen</u> zu unregelmäßig?

1: kann meine Freizeit meistens planen	□
2: mein Wochenablauf ist zu unregelmäßig	□
3: ist mal so - mal so	□
4: KA	□

E3: Schüler, in Ausbildung, im Studium

D-24 Können Sie Ihre Freizeit über die Woche hinweg einigermaßen planen? Oder ist ihr Wochenablauf <u>wegen ihrer Verpflichtungen in Schule, Ausbildung oder Studium</u> zu unregelmäßig?

    1: kann meine Freizeit meistens planen   □

    2: mein Wochenablauf ist zu unregelmäßig   □

    3: ist mal so - mal so   □

    4: KA   □

E4: Schule und Berufsschule / Fachschule

D-25 Bleibt Ihnen neben der Schule, der Ausbildung noch genügend freie Zeit für andere Dinge?

    1: ja, meistens   □

    2: nein, meistens nicht   □

    3: ist mal so, mal so   □

    4: KA   □

E4: Fachhochschule, Universität + regelmäßigem oder gelegentlichem Job in D5

D-26 Bleibt Ihnen neben dem Jobben und dem Studium noch genügend freie Zeit für andere Dinge?

    1: ja, meistens   □

    2: nein, meistens nicht   □

    3: ist mal so, mal so   □

    4: KA   □

D-27 (2004: D017) Wie würden Sie heute Ihre finanzielle Situation einstufen? Als ...

    1: sehr gut   □

    2: gut   □

    3: befriedigend   □

    4: weniger gut   □

    5: schlecht   □

    6: KA   □

D-29 (2004: D019) Manche Menschen leisten gelegentlich oder regelmäßig Geldspenden für soziale oder gemeinnützige Zwecke. Haben Sie in den letzten 12 Monaten solche Spenden geleistet?

    1: Ja   □ → D29a

    2: Nein   □ → D30

    3: KA   □ → D29a

D-29a (2004: D020) Waren das in den letzten 12 Monaten insgesamt unter oder über 100 €?

    1: unter / bis zu 100 €   □ → D30

    2: über 100 €?   □ → D29b

    3: KA   □

D-29b **(2004: D021)** Waren es insgesamt unter oder über 500 €?

1: unter / bis zu 500 €	□ → D30
2: über 500 €?	□ → D29c
3: KA	□

D-29c Waren es insgesamt unter oder über 1000 €?

1: unter / bis zu 1000 €	□ → D30
2: über 1000 €?	□ → D30
3: KA	□

Wenn D-27 sehr gut, gut

D29d Einige Menschen stellen heute einen Teil ihres Vermögens einer <u>Stiftung</u> zur Verfügung, die damit <u>gemeinnützige Aktivitäten fördert</u>. Haben Sie davon schon einmal gehört?

1: ja	□
2: nein	□
3: WN	□
4: KA	□

Wenn „ja"

D29e Käme so etwas für Sie in Frage?

1: nein	□
2: habe ich bereits getan	□
3: käme in Frage	□
4: WN	□
5: KA	□

Nun noch einige Fragen zu Ihrer Person:

D-31 (2004: D027) Haben Sie die deutsche Staatsangehörigkeit?

1: Ja	□
2: Nein	□
3: KA	□

Falls D31 = ja

D-32 Haben Sie die deutsche Staatsangehörigkeit seit Geburt?

1: Ja	□
2: Nein	□
3: KA	□

Falls D32 = nein'

D-33 Wie haben Sie die deutsche Staatsangehörigkeit erworben?

1: durch Einbürgerung	□
2: durch Anerkennung als Aussiedler	□
3: Sonstiges	□
4: KA	□

D-34 (2004: D023) Wurden Sie in Deutschland geboren (auch ehemalige Ostgebiete, die heute nicht mehr zu Deutschland gehören)?

1: Ja   ☐

2: Nein   ☐

3: KA   ☐

Filter: Wenn nicht in Deutschland geboren

D-36 (2004: D023W) In welchem Land wurden Sie geboren?

in_____

Filter: Wenn nicht in Deutschland geboren

D-37 (2004: D026) Wann sind Sie nach Deutschland gezogen?

Jahr _____ → **D-39**

9999: Keine Angabe

AN ALLE!

D-38 (2004: D025) Sind Ihre beiden Elternteile in Deutschland geboren?

1: ja, beide   ☐

2: ein Elternteil   ☐

3: Nein, beide nicht   ☐

4: KA   ☐

Filter: D38: Ein Elternteil nicht in Deutschland geboren

D-39 In welchem Land wurde ihr nicht aus Deutschland stammendes Elternteil geboren?

in_____→

Filter: D38: Beide Elternteile nicht in Deutschland geboren

D-41 In welchem Land wurde Ihre Mutter geboren?

in_____→

Filter: D38: Beide Elternteile nicht in Deutschland geboren

D-42 Und In welchem Land wurde Ihr Vater geboren?

in_____→

Filter: Wenn Staatsangehörigkeit DEUTSCH.
Filter: Jahrgänge 1940 und älter springen auf D-45.
Filter: Frauen springen auf D-45.
Nicht an E3: Wehr- oder Zivildienst

D-44 (2004: D028) Haben Sie Wehrdienst oder Zivildienst geleistet?

1: Ja, Wehrdienst ☐
2: Ja, Zivildienst ☐
3: Nein, weder noch ☐
4: Nein, noch nicht ☐
5: KA ☐

Männer und Frauen:
D-45 (2004: D029) Haben Sie einmal ein Freiwilliges Soziales Jahr oder einen anderen Freiwilligendienst geleistet?

1: Ja ☐
2: Nein ☐
3: KA ☐

Filter: Nicht an Schüler:
D-46 (2004: D030) Welchen höchsten Bildungsabschluss haben Sie?
Int.: Alle Vorgaben vorlesen. Nur eine Nennung.

1: Volks- oder Hauptschule / Abschluss 8. Klasse ☐
2: Mittlere Reife / Abschluss 10. Klasse ☐
3: Fachhochschulreife ☐
4: Abitur / Hochschulreife ☐
5: Abgeschlossenes Hochschulstudium ☐
6: keinen Schulabschluss ☐
7: KA ☐

D-47 (2004: D033) Zum Abschluss noch eine ganz allgemeine Frage. Wenn Sie einmal daran denken, was Sie in Ihrem Leben eigentlich anstreben: Wie wichtig sind Ihnen die folgenden Dinge, die ich Ihnen vorlese?

Verwenden Sie bitte wieder die Antwortskala von 1 bis 5, wobei der Wert 1 heißt: Das ist mir unwichtig und der Wert 5 heißt: Das ist mir außerordentlich wichtig. Mit den Zahlen dazwischen können Sie Ihre Antwort abstufen.

Wie wichtig sind folgende Dinge für Sie
persönlich?
(Rotation der Items!)

		unwichtig				außerordentlich wichtig
		1	2	3	4	5
1:	Fleißig und ehrgeizig sein	☐	☐	☐	☐	☐
2:	Einen hohen Lebensstandard haben	☐	☐	☐	☐	☐
3:	Macht und Einfluss haben	☐	☐	☐	☐	☐
4:	Die eigene Phantasie und Kreativität entwickeln	☐	☐	☐	☐	☐
5:	Nach Sicherheit streben	☐	☐	☐	☐	☐
6:	Sozial Benachteiligten und gesellschaftlichen Randgruppen helfen	☐	☐	☐	☐	☐
7:	Sich und seine Bedürfnisse gegen andere durchsetzen	☐	☐	☐	☐	☐
8:	Gesetz und Ordnung respektieren	☐	☐	☐	☐	☐
9:	Auch solche Meinungen tolerieren, denen man eigentlich nicht zustimmen kann	☐	☐	☐	☐	☐
10:	Sich politisch engagieren	☐	☐	☐	☐	☐
11:	Die guten Dinge des Lebens in vollen Zügen genießen	☐	☐	☐	☐	☐
12:	Sich für den Umweltschutz einsetzen	☐	☐	☐	☐	☐

D48 Und wie wichtig finden Sie folgende Dinge? Benutzen Sie bitte wieder die Skala.

Wie wichtig sind folgende Dinge für Sie
persönlich?
(Rotation der Items!)

		unwichtig				außerordentlich wichtig
		1	2	3	4	5
1:	Zeit für die Familie haben	☐	☐	☐	☐	☐
2:	Zeit für Freunde, Hobbys und Reisen haben	☐	☐	☐	☐	☐
3:	Zeit für Bildung und Weiterbildung zu haben	☐	☐	☐	☐	☐

ENDE: Wir danken Ihnen für dieses Gespräch und wünschen Ihnen noch einen schönen Abend!

The manufacturer's authorised representative in the EU is Springer
Nature Customer Service Centre GmbH, Europaplatz 3, 69115 Heidelberg,
Germany. If you have any concerns regarding our products, please
contact ProductSafety@springernature.com

Printed and bound by CPI Group (UK) Ltd, Croydon, CR0 4YY

24/04/2026

02096311-0016